北部湾城市群高质量协同发展研究
（2008 —2016）

曾 鹏 李洪涛 杨莎莎 等著

中国财经出版传媒集团

经济科学出版社
Economic Science Press
·北京·

图书在版编目（CIP）数据

北部湾城市群高质量协同发展研究：2008-2016/
曾鹏等著. --北京：经济科学出版社，2023.12
ISBN 978-7-5218-5138-0

Ⅰ. ①北… Ⅱ. ①曾… Ⅲ. ①北部湾-城市群-发展
-研究-2008-2016 Ⅳ. ①F299.276

中国国家版本馆 CIP 数据核字（2023）第 175684 号

责任编辑：李晓杰
责任校对：王肖楠　蒋子明
责任印制：张佳裕

北部湾城市群高质量协同发展研究（2008-2016）
曾 鹏 李洪涛 杨莎莎 等著
经济科学出版社出版、发行　新华书店经销
社址：北京市海淀区阜成路甲 28 号　邮编：100142
教材分社电话：010-88191645　发行部电话：010-88191522
网址：www.esp.com.cn
电子邮箱：lxj8623160@163.com
天猫网店：经济科学出版社旗舰店
网址：http://jjkxcbs.tmall.com
北京季蜂印刷有限公司印装
880×1230　16 开　33 印张　1120000 字
2023 年 12 月第 1 版　2023 年 12 月第 1 次印刷
ISBN 978-7-5218-5138-0　定价：120.00 元
（图书出现印装问题，本社负责调换。电话：010-88191545）
（版权所有　侵权必究　打击盗版　举报热线：010-88191661
QQ：2242791300　营销中心电话：010-88191537
电子邮箱：dbts@esp.com.cn）

本 书 作 者

曾　鹏　李洪涛　杨莎莎　付德申　钟学思
王俊俊　许杰智　秦慧玲　韩晓涵　胡　月
邢小玉　李佳泓　钱杨杨　邢梦昆　侯岚芬
王佳赫　唐艳军　黄　弢　韦惠文　章昌平
杨德云　胡良人　黄焕汉　何朝秋　梁仁海
汪　玥　庞钰凡

序　一

改革开放以来，中国进入了高速工业化与城镇化的发展阶段，城市逐渐成为支撑区域乃至国家经济发展的中心。随着经济规模的扩大与城市的扩张，城市之间的经济联系越发紧密，进而形成了城市互联体系——城市群。新时代下经济进入高质量发展节选，城市群也面临着高质量协同发展的压力。党的二十大报告强调"以城市群为依托构建大中小城市协调发展格局"。城市群高质量协同发展作为新时代下党中央对我国区域协调发展战略实施的目标要求，是我国区域发展的客观规律，对我国实现区域共同富裕具有重要意义。

2017年《北部湾城市群发展规划》得到国务院的批复，北部湾城市群正式成为国家级城市群。"十四五"时期，国家发展和改革委出台的《北部湾城市群建设"十四五"实施方案》提出北部湾城市群要强化南宁核心辐射带动、夯实湛江、海口的支撑作用、重点建设环湾滨海地区和南北钦防、湛茂阳城镇发展轴等目标，优化国土空间利用效率和开发品质，打造"一湾双轴、一核两极"的城市群框架。因此，可以认为，未来北部湾城市群的发展需要以高质量系统发展为目标，以解决城市群内发展不平衡不充分发展的现实困境，构建科学合理的城市群协同发展的城镇格局、空间网络、产业结构、职能分工体系。

近年来，曾鹏教授等作者一直在关注着城市群高质量协同发展问题。他们在广泛收集国内外有关区域高质量协同发展、城市群协同发展、区域协调发展与城市群协同发展等研究文献的基础上，开展北部湾城市群高质量协同发展研究，由协同水平、等级规模、职能分工、空间分布、综合发展水平构建城市群高质量协同发展水平评估体系及实证数据分析模型，并对北部湾城市群展开系统评估分析，为回答如何推动以城市群为依托构建大中小城市协调发展格局提供了关键的理论依据和现实依据。

曾鹏教授等作者从北部湾城市群高质量协同发展的内在逻辑出发，运用区域经济学理论、空间经济学理论、数量经济学理论构建"协同水平—等级规模—职能分工—空间布局—综合发展"的北部湾城市群高质量协同发展评估模型，具有较强的系统性和创新性，有利于多元化、多角度开展北部湾城市群高质量协同发展问题的研究。同时，弥补了国内外学者研究城市群高质量协同发展问题时不同维度研究存在割裂的不足。

这部著作的问世，体现了学术性、时代性和实践性的统一，反映了曾鹏教授等作者对现实深切关注、对学问孜孜以求的精神。在本书出版之际，我欣然接受他们的请求，乐为此序。治学无止境，望曾教授等作者在既得成果的基础上，继续发扬虚心好学的精神，与时俱进，不断攀登，在治学上达到更高的水平，取得更多、更丰硕的成果。

中国社会科学院学部委员、中国社会科学院大学首席教授、博士研究生导师

程恩富

2023 年 12 月

序　二

　　城市群是未来区域发展的主要趋势，是以中心城市为核心形成外部扩散的城市集合区域。城市群高质量协同发展是新时代下党中央对中国区域发展的要求，反映出中国城镇化发展的现实状况。"以城市群为依托构建大中小城市协调发展格局"，这是对我国区域协调发展与城市群发展的新部署、新要求，是新时代解决"人民日益增长的美好生活需要"和"不平衡不充分的发展"之间矛盾的重要途径，对加快建设现代化经济体系、促进高质量发展、实现"两个一百年"奋斗目标，具有重大战略意义。

　　城市群的高质量协同发展既是城市群大中小城市构建形成协调发展的城镇格局，也是城市群经济、社会、文化、生态等不同维度的协同。高质量协同发展是新时代我国推动城市群发展面临的一项全新任务，协调不同大中小不同城市间关系，构建协调发展城镇格局与分工体系是城市群高质量协同发展的关键。北部湾城市群的建设在西部大开发战略格局和国家对外开放大局中具有独特的地位，而实现高质量协同是北部湾城市群建设的核心要义。如何构建科学合理的城市群协同发展的城镇格局、空间网络、产业结构、职能分工体系，是学界亟待研判的重大现实问题。因此，开展北部湾城市群高质量协同发展评估是对北部湾城市群建设、区域协调发展理论的进一步深化与提升，是将学术研究与国家发展战略重大需求紧密结合的集中体现。

　　北部湾城市群高质量协同发展要以构建现代化产业体系，发挥地缘优势、挖掘区域特征为目标，实现区域协调发展，建立宜居宜业的蓝色海湾城市群。曾鹏教授等作者通过对城市群高质量协同发展的学理分析，从协同发展—综合发展两个维度由协同水平、等级规模、职能分工、空间分布、综合发展水平等多方位对北部湾城市群展开系统评估，通过对北部湾城市群高质量协同发展的模型构建、指标测度、对比分析，第一次构建对中国城市群的高质量协同发展的评估分析实证方法、评估测算成果、政策系统设计分析，取得了丰硕的成果。

　　本书观点鲜明，论证严密，既有学术价值，又有实践意义，重点探讨了北部湾城市群高质量协同发展的特征、趋势、未来发展的实施路径，不仅对北部湾城市群高质量协同发展的实现具有直接的指导意义，对于我国其他城市群高质量协同发展同样具有重要的参考价值。

　　面对城市群高质量协同发展这一复杂研究问题，这本书围绕北部湾展开针对性研究分析，总体而言是一项较高水平的研究成果。理论来源于实践，反过来指导实践，在实践中发展并接受实践的检验。该书的出版，凝结了曾鹏教授等作者的智慧和汗水。我相信本书对于促进北部湾城市群的高质量协同发展水平、进一步推动中国城市群的建设发展，具有重要参考价值和理论支持意义。

山东大学经济研究院院长、长江学者特聘教授、博士研究生导师

2023 年 12 月

序　　三

　　城市群是一种以大中城市为核心、辐射带动周边中小城市和乡镇的城镇化发展模式，是经济社会发展的重要载体和引擎。城市群高质量协同发展是新时代推进新型城镇化建设、实现高质量发展的必然选择。城市群的高质量协同发展是一个包含要素优化配置、产业分工合作、公共设施共建共享、生态环境协同治理等多因素的系统性动态综合过程。在这一过程中除了要发挥市场的主导作用和支配功能，政府也要起到协商和引导作用，加快推进城市群内大中小各个城市的相互开放、协调发展，促进各个城市资源和要素在城市群体系内的优化配置，发挥城市群内的各个城市的要素禀赋、经济基础、交通运输等比较优势，促进城市群体系内产业合理分工，形成合作共赢的区域合作体系。

　　北部湾城市群作为中国西南地区重要的国家级城市群，具有独特的区位优势、资源禀赋和开放条件。北部湾城市群是新时代下推进西部大开发战略、海上丝绸之路的关键节点。北部湾城市群内部城市间发展差异较大、行政区划跨度较大，使得北部湾城市群的高质量协同发展问题对于推进城市群一体化建设尤为关键。

　　目前，关于城市群高质量协同发展的研究仍然没有一个为大家所认同的理论体系，这也体现了城市群的高质量协同发展问题研究的繁杂和难度。一方面，如何推动城市群高质量协同发展涉及多个学科，特别是城市经济学、国际贸易学、发展经济学、城市规划学、地理经济学、区域经济学、产业经济学以及社会学、民族学等等；另一方面不同城市群的高质量协同发展的推进也可能存在着区域的异质性，需要因地制宜、因时制宜地展开有针对性的研究。

　　近年来，曾鹏教授等作者一直关注着城市群与区域经济可持续发展问题，他们在广泛收集国内外有关国内外区域经济研究成果的基础上，构建由协同水平、等级规模、职能分工、空间分布、综合发展水平等多方位的北部湾城市群高质量协同发展水平评估体系及实证数据分析模型，对北部湾城市群高质量协同发展展开多维度分析。曾鹏教授等作者从北部湾城市群高质量协同发展出发，将北部湾城市群建设中国民经济社会发展各项指标有机地结合起来，突破单一层面研究的限制，一方面从协同水平、等级规模、职能分工、空间分布对北部湾城市群的协同发展展开分析；另一方面从综合发展、人口就业、区域经济、农业生产、工业企业、基础设施、社会福利、居民生活、科教文卫、环境保护等十个方面开展了大量的评估分析工作，研究成果具有较强的系统性和创新性，有利于多元化、多角度地开展北部湾城市群高质量协同发展研究。

　　这部著作体现了学术性、时代性和实践性的统一，反映了曾鹏教授等作者对现实深切关注、对学问孜孜以求的精神风貌。在本书出版之际，我欣然接受他们的请求，乐为此序。治学无止境，望曾教授等作者在既得成果的基础上，继续发扬虚心好学的精神，与时俱进，不断攀登，在治学上达到更高的水平，取得更多、更丰硕的成果。

哈尔滨工业大学经济与管理学院原院长、博士研究生导师

2023 年 12 月

前　　言

本书是 2020 年度教育部哲学社会科学研究后期资助重大项目"北部湾城市群高质量协同发展研究（2008－2016）"（课题编号：20JHQ008）的核心成果。课题于 2020 年 6 月立项，2021 年 6 月结项，历时一年由曾鹏、李洪涛、杨莎莎、付德申、钟学思、王俊俊、许杰智、秦慧玲、韩晓涵、胡月、邢小玉、李佳泓、钱杨杨、邢梦昆、侯岚芬、王佳赫、唐艳军、黄弢、韦惠文、章昌平、杨德云、胡良人、黄焕汉、何朝秋、梁仁海、汪玥、庞钰凡等来自广西民族大学、大理理工大学、沈阳农业大学、桂林旅游学院、桂林理工大学共同完成，并于 2023 年 12 月在经济科学出版社出版。在课题的研究期间课题组多次深入北部湾城市群各城市展开实际调研，收集到了极为丰富的一线材料和数据，为著作的撰写提供了坚实的写作基础。

本书以促进推动北部湾城市群科学发展，为实施区域协调发展、全面建成小康社会、实现中华民族伟大复兴的中国梦为指导思想，将理论和实践相结合，以北部湾城市群市域为单位对宏观整体上的北部湾城市群高质量协同发展展开研究，通过分别以人口就业、区域经济、基础设施、科教文卫和生态环境为主要维度，从区域发展的高质量协同水平出发，构建协同、综合发展的评价指标体系形成对北部湾城市群的全面评估，并针对实证数据分析结果形成对应的政策建议。本书包含北部湾城市群协同发展水平评估、各城市高质量协同及综合发展评估两个部分。一方面从协同水平、等级规模、职能分工、空间分布对北部湾城市群的协同发展展开分析，另一方面从综合发展、人口就业、区域经济、工业企业、农业生产、社会发展、基础设施、科教文卫、居民生活等维度建立形成一整套完整的北部湾城市群高质量协同发展评估模型分析体系。

本书主要包含以下几个部分的内容。

第一，北部湾城市群的城市协同水平研究。本书通过对北部湾城市群城市间的发展同步性与差异性的测算分析，系统评估北部湾城市群的城市协同水平以及发展的差异情况。

第二，北部湾城市群的城市职能结构研究。本书以北部湾城市群各城市内的各行业的从业人数为主要指标，分别运用纳尔逊标准差法和最低必要量法，对北部湾城市群城市中各行业部门的就业从业人口必要量及城市专业化部门职能强度进行测算分析。

第三，北部湾城市群的城市等级规模研究。本书分别通过城市位序理论、四城市指数和城市重心理论分别对北部湾城市内的人口、经济、信息、物流、土地等方面的等级规模以及各城市等级分布情况进行测算分析，并进行空间可视化处理。

第四，北部湾城市群的城市空间结构研究。本书通过空间分形位数与空间重心模型对城市群的城市空间结构及空间关联性展开测算分析。分别从经济与人口两个维度识别北部湾城市群的空间关联性，再进一步对北部湾城市群的空间重心演变迁移轨迹进行详细分析。

第五，北部湾城市群的综合发展水平研究。本书分别从综合发展、人口就业、区域经济、农业生产、工业企业、基础设施、社会福利、居民生活、科教文卫、生态环境等十个维度构建形成北部湾城市群综合发展的评估模型，实现对北部湾城市群高质量协同发展的全方位的综合性评估分析。

第六，北部湾城市群高质量协同发展的政策建议。本书基于对北部湾城市群高质量协同发展的评估分析，结合相关政策规划。从人口就业、区域经济、农业生产、工业企业、基础设施、社会福利、居民生活、科教文卫、环境保护等九个方面建立形成具备针对性的政策建议报告。

本书凝聚了项目组的心血和努力，从数据的全面性与完整性中明显地反映出团队所花费的时间与精力，体现出当代学者所崇尚的刻苦钻研、积极进取的精神风貌。我们相信通过此系列报告能引起读者们对北部湾城市群高质量协同发展现状有更深入的认识，也盼望能引起一些新的思考与启发。

2023 年 12 月

目　　录

第一章 绪 论

一、研究背景与问题提出

2017 年 1 月 20 日，国务院批复的《北部湾城市群发展规划》将北部湾城市群定义为国家级城市群，北部湾城市群的建设是国家面向东盟国际大通道的重要枢纽，是我国"两横三纵"城镇化格局与全面开放发展的重要组成部分。以城市群为主体构建大中小城市协调发展的城镇格局是新时代下区域协调发展的重要方向。城市群高质量协同发展对于构建新发展格局、促进区域协调发展、提升城市群综合实力具有重要的战略意义。

（一）研究背景

城市群（urban agglomerations）是在区域经济高速发展过程中以中心城市为核心形成向外部是扩散的城市集合区域，城市群的发展特征主要表现为各城市紧密的经济联系、合理的产业分工合作、通畅的物流交通连接、一体化的区域规划建设等方面。城市群的高质量协同发展意味着各个城市资源和要素在城市群体系内的优化配置，发挥城市群内的各个城市的要素禀赋、经济基础、交通运输等比较优势，促进城市群体系内不同城市产业合理分工并保持紧密的合作。

北部湾城市群是以北部湾港口群为起点的海上开放通道和以边境口岸为支撑的陆上开放通道交汇地区，位于全国"两横三纵"城镇化战略格局中沿海纵轴最南端，是我国沿海沿边开放的重要区域，也是我国与东盟开放合作的战略前沿。北部湾城市群的形成有利于深化中国—东盟战略合作、促进 21 世纪海上丝绸之路和丝绸之路经济带的战略互动，有利于拓展区域发展新空间、促进东中西部地区协调发展，有利于推进海洋生态文明建设、维护国家安全。

2017 年 1 月 20 日，国务院批复《北部湾城市群发展规划》（以下简称《规划》，规划期为 2017～2020 年，展望到 2030 年。规划范围包括广西壮族自治区南宁市、北海市、钦州市、防城港市、玉林市、崇左市，广东省湛江市、茂名市、阳江市和海南省海口市、儋州市、东方市、澄迈县、临高县、昌江县，陆域面积 11.66 万平方千米，海岸线 4234 千米，还包括相应海域。《规划》将北部湾城市群总体定位为面向东盟、服务"三南"（中国西南、中南、华南）、宜居宜业的蓝色海湾城市群。

北部湾城市群具有以下几个方面的发展特色：

（1）资源要素禀赋优越。北部湾城市群地处热带亚热带，生态环境质量较好，港口、岸线、油气、农林、旅游资源丰富，地势平坦，国土开发利用潜力较为充足，环境容量较大，人口经济承载力较强。

（2）发展活力日渐提升。北部湾城市群经济增速近年持续保持在全国平均水平以上，海洋经济、休闲旅游等特色产业和临港型工业集群正逐步形成，创新创业活力不断涌现，人力资源较为丰富，经济综合实力不断增强。

（3）开放合作不断深化。以北部湾港口群为起点的海上开放通道和以边境口岸为支撑的陆上开放通道加快形成，中国—东盟博览会、海南国际旅游岛、重点开发开放试验区、边境经济合作区、中马"两国双园"等开放平台建设有序推进，开放合作领域不断拓展，开放型经济初具规模。

（4）城镇发展基础较好。南宁市已发展成为 500 万人以上的大城市，海口、湛江等城市引领作用逐步增强，南（宁）北（海）钦（州）防（城港）、湛（江）茂（名）阳（江）、海（口）澄（迈）文（昌）等地区城镇较为密集，其他中小城市和小城镇发育加快，热带亚热带城市风貌特征明显，基础设施日益完善。

（5）社会人文联系紧密。北部湾城市群各城市文化同源、人缘相亲、民俗相近，人文交流密切，区域认同感较强，粤桂琼三省区海洋、旅游、生态治理等领域合作不断加强，毗邻区域合作逐步推进。

逐渐崛起的北部湾城市群日益成为各方投资的热土，但与长三角、珠三角等地区比较，北部湾城市群实力相对不足，只有发挥产业集群与北部湾城市群的协同效应，北部湾城市群才能形成比较强势的战略地位。

北部湾城市群高质量协同发展是指北部湾城市群各城市在保持自身特色和优势的基础上，实现资源要素的高效流动和优化配置，形成优势互补、分工协作、协同创新、共享共赢的发展格局，提升城市群的综合实力和竞争力，为全面建设社会主义现代化国家和构建新发展格局做出贡献。

北部湾城市群高质量协同发展有利于推进西部大开发形成新格局，推动构建新发展格局，打造高质量发展的接续动力源。北部湾城市群地处西部陆海新通道的重要枢纽，背靠大西南，毗邻粤港澳，面向东南亚，是海上丝绸之路的重要节点，是我国沿海沿边开放的重要区域，也是我国与东盟开放合作的战略前沿。加快北部湾城市群建设，有利于深度对接长江经济带发展、粤港澳大湾区建设等区域重大规划，协同推进海南自由贸易港建设，融入共建"一带一路"，积极拓展全方位开放合作，提升我国西部地区的开放水平和发展质量，为全国经济社会发展提供有力支撑。

北部湾城市群高质量协同发展有利于优化提升北部湾现代化港口群，畅通陆海运输大通道，完善城际综合交通网络，强化综合交通枢纽功能，推动交通设施互联互通。北部湾城市群拥有我国南部最大海湾，港口、岸线、油气、农林、旅游资源丰富，港口货物吞吐量和集装箱吞吐量均居全国前列。加快北部湾城市群建设，有利于充分发挥西部陆海新通道引领作用，明确城市、港口、口岸功能定位，科学优化城市空间和临港产业布局，强化港城互融互济，提升陆海统筹发展水平，打造安全高效的海上通道，增强我国国际物流能力和国际竞争力。

北部湾城市群高质量协同发展有利于筑牢陆海一体的生态安全屏障，共建高水平蓝色生态湾区，坚持陆海统筹、全域保护、重点开发，加强生态环境保护和修复，提升生态文明建设水平。北部湾城市群生态环境质量全国一流，生态安全格局总体稳固，近岸海域水质优良比例稳定在91%左右。加快北部湾城市群建设，建立健全生态保护补偿机制，加强沿海防护林、珊瑚礁等重要生态系统的保护和修复，推进碳达峰碳中和目标落实，构建生产生活生态相统一的绿色发展模式，为经济社会发展提供可持续支撑。

北部湾城市群高质量协同发展有利于统筹国内国际两个市场、两种资源，发挥面向东盟开放合作的前沿和窗口作用，加强海南自由贸易港和自由贸易试验区制度集成创新，推动全方位开放不断向纵深迈进。北部湾城市群区位优势独特，战略地位重要，对外开放通道加快形成，重大开放平台有序建设，开放合作领域不断拓展。加快北部湾城市群建设，有利于以积极参与建设更为紧密的中国—东盟命运共同体为引领，协同共建面向东盟开放合作高地，推进开放通道建设，提升双向开放水平，促进区域经济一体化，增强我国在国际和地区事务中的话语权和影响力。

（二）问题提出

城市群的高质量发展的表现规律就是空间关联过程，空间关联反映了城市群系统运行中所形成的一系列组织关系和相互作用关系的总和，是城市群空间结构的本质属性。从城镇化初期单个城市孤立极化发展开始，随着经济联系的深入和交通、信息联系的便捷，区域城市实现向多核网络的群体跃变。在这一跃变过程中，不仅涉及城市群的个体间空间结构上的显性整合，还包含了经济、社会和文化领域的多层次隐性融合。空间形态上体现为地域邻近、城镇密集、设施网络体、空间景观连续的演变过程。而在空间形态演变的背后，则是广泛存在的由自然联系、经济联系、人口联系、社会文化联系、技术知识传播联系等组成的多维联系网络，并逐步向一体化方向发展。长久来看，提升城市群的质量是构建群内具有市场性的经济关联基础、促进城市群内经济协调发展的关键。

然而，目前北部湾城市群高质量协同发展主要面临以下问题挑战：

（1）经济发展水平相对不高，产业结构有待优化，碳达峰碳中和目标下传统发展路径亟待转型。北部湾城市群的地区生产总值、人均地区生产总值、财政收入等主要经济指标均低于全国平均水平，经济增长主要依赖资源消耗和投资拉动，绿色化、数字化转型尚未形成新动能，与碳达峰碳中和的要求存在较大差距。

（2）中心城市辐射带动能力有限，部分节点城市发展不及预期。北部湾城市群的城市规模小、城市数量少、城市间联系弱，城市集聚优势尚未发挥出来。南宁市作为核心城市，首位度不够突出，对周边城市的辐射带动作用不够强。北海、玉林、阳江等节点城市的功能定位不够清晰，产业发展缺乏特色和竞争力，城市之间的协同发展仅停留在浅层次上。

（3）城市功能分工不够清晰，同质化竞争明显，对外通道建设滞后。北部湾城市群拥有我国南部最大海湾，港口资源丰富，但城市之间的功能定位和分工协作不够明确，城市功能重复度高，城市发展效率低下。城市与港口、产业的联动发展不够紧密，城市的综合服务能力和国际竞争力有待提升。

（4）环境基础设施短板突出，生态环境问题仍然不容忽视。北部湾城市群的生态环境质量总体较好，但也面临一些突出的生态环境问题，如水资源短缺、水污染、海岸侵蚀、生物多样性下降等。环境基础设施建设滞后，污水处理等能力不足，环境风险防控体系不健全，生态保护与修复机制不完善。

开展北部湾城市群高质量协同发展评估是对北部湾城市群建设、区域协调发展理论的进一步深化与提升。符合国家实施区域协调发展战略，以城市群为主体构建大中小城市和小城镇协调发展的城镇格局，推动形成全面开放新格局的战略要求。本书对于北部湾城市构建现代化产业体系、发挥地缘优势、挖掘区域特征、实现区域协调发展，建立宜居宜业的蓝色海湾城市群，具有重要的理论意义和现实意义。

二、城市群协同发展的理论基础

（一）城市群的概念、界定与规划

城市群是在城市经济高速发展以中心城市为核心形成向外部是扩散的城市集合区域，其特点主要体现在城市之间的经济联系、产业分工、城市交通、基础设施等方面（徐涛等，2014）。

长期来看，提升城市群的质量是构建群内具有市场性的经济关联基础、促进城市群内经济协调发展的关键（张衔春等，2015）。城市群是在区域城镇化过程中出现的、很独特的地域空间现象。早在1915年，英国学者格迪斯就提出"集合城市"的概念。

1957年，法国地理学家戈特曼（Jean Gottman）发表《大都市带：东北海专的城市化》，将那种聚合形成连绵密集的城市区并进而成为巨大的城市空间形态，用原意为"巨大城邦"的希腊词如城镇群、城市体系、大都市区、城市场、城市功能经济区、城市通勤区、城市化地区、城乡混合区、区域共同体、全球城市区域、巨型城市、多中心大都市带等来进行命名（王玉明，2015）。

自改革开放以来，我国新型工业化和新型城镇化建设日益发展，城市群在推进国家新型城镇化的进程中起到重要作用，城市群的数量迅速增加，其范围也随之扩张（马燕坤、肖金成，2020）。

在20世纪80年代初，我国学者开始研究城市群现象。1983年，于洪俊、宁越敏在《城市地理概论》首次使用"巨大城市带"的译名向国内介绍戈特曼的思想。周一星提出"都市连绵区"的概念，随后，如"大都市带""都市连绵区""城镇密集区"等表述城市群现象的概念也应运而生（杨龙、米鹏举，2020）。

所有这些词汇几乎均是限定在城镇密集发展的群体空间。因为空间关联的过程就是城市群体化发展的表现规律，空间关联是城市群空间结构的本质属性，同时也反映城市群系统在运行过程中形成的组织关系和相互关系。城镇化初期，单个城市单独发展，随着经济发展速度的加快，经济联系逐渐深入，交通不断便捷，区域城市也从独立发展向多种网络发展蜕变。这体现城市群个体空间结构上的显性整合，其中也不乏经济、社会和文化领域的多层次融合。在空间形态的多种演进过程中，由自然、经济、人口、文化、信息、政治等联系而成的多维网络也逐渐一体化（卓云霞、刘涛，2020）。

集群公理是地理学的基本公理之一，与空间聚集一样。集群也是经济发展在空间上表现出的重要特征之一，成为经济发展过程中的普遍现象。这种集群式的经济地理景观也出现在城市群中（宋准等，2020）。

城市群形成的自然基础是城市的地理接近性，但这并不是城市群形成的必要条件（程玉鸿、罗金济，2013）。因此，在"关系接近性"的角度来看，城市群的稳定性主要取决于两方面：第一，此区域中各种正式和非正式的制度安排；第二，此区域中各种非正式联系中不同区域对本地关系的依赖程度。所以，现代意义城市群与地理意义城市群的根本区别，主要在于多样化的连续的一体化关系。

在我国古代有"三五成群"的讲法，所以许多学者认为3个城市就可以成为1个城市群。其实这样定义是有歧义的，城市群的动态发展和区域格局变化造成城市群之间的模糊特性。城市群也是一个概念，其概念一定有内涵和外延，也一定有明确的标准。因此，在研究城市群时，对姚士谋提出的概念进行相应调整，重新界定城市群的概念，城市群应有以下 3 个基本条件：有一定数量的城市；有一个或者一个以上的大都市作为城市群的核心；在城市群体系内各个城市有密切的经济联系。与此同时，城市群规划以下必需要素（刘玉亭等，2013）：

第一，科学地界定城市群的范围。城市群可以包含许多城市，但并非越多越好。对城市群的划分可考量城市的辐射半径、城市经济产业等方面的联系度和交通运输条件。城市群内形成高度发达的综合运输通道和半小时、1 小时和 2 小时经济圈。

第二，明确城市群内各城市的功能定位。城市群的高质量协同发展要避免城市间的恶性竞争，实现城市群内部各城市根据自身区位优势、发展基础的差异化发展。因此，要明确城市群内部各城市的功能定位，突出城市群内部的中心城市、次中心城市、节点城市，引导各城市群因地制宜的发展模式。

第三，城市群的空间布局。城市群内部大中小城市之间需要形成可持续发展的空间结构，提高资源配置效率。城市群的高质量协同发展要优化各城市间的空间布局，形成对城市空间的高效利用与合理规划，促进各类要素资源在城市群内部的高效集聚。

第四，构建合理的城镇体系。不同的城市聚集在城市群里，规模自然不同，有特大城市，也有大中小城市和小城镇，在合理规划城市体系时，要在明确不同规模城市的基础上建立完善合理的城市群体系。

第五，产业发展与分工协作。城市群的高质量协同发展需要以产业发展为基础，建立现代化产业链集群，推动城市群内部大中小城市在产业发展上的分工合作，推动城市群的产业专业化与多样化发展，确保城市群整体的产业链的高质量发展。

第六，基础设施互联互通。解决"断头路"的问题是城市规划第一个要解决的问题。交通一体化就是解决这个问题的关键一环，只有解决交通问题，城市之间才会真正地联系起来。

第七，生态环境共建共保。在城市群体系内，不同城市因为所处位置不同，环境保护侧重点也不同。规划上下游一体化生态走廊，划定生态红线，成立生态保护基金，建立生态补偿机制，城市间共同协作保护环境，将保护从政策切实落实至行动。

第八，基本公共服务共享。公共服务对一个城市群体系至关重要，一些小城市离中心城市较远，因为经济水平低，所以公共服务体系不发达。缩小公共服务差距是城市规划必须要完成的任务。

第九，开放发展合作共赢。建设城市群内部合作，与城市群之外的地区展开协同合作，发挥城市群对经济区的辐射带动作用，扩大开放，加快发展。

第十，机制创新。在跨地市、跨省的城市之间加强合作、进行协调，建立合理的协同机制，如市长联席会议制度等。

（二）城市群协同发展的内涵意义

协同发展是指与两个或者两个以上的不同资源或者个体相互协调、相互协作完成某一目标，达到共同发展的双赢效果（刘士林，2013）。许多国家和地区认为协同发展论是实现社会可持续发展的基础。

首先，协同发展是顺应时代发展的要求，从定义来看，协同发展是"和谐"共赢。在人民利益的基础上来推动中国寻找各方利益的最大公约数。首先，改革是一场资源的重新整合和产业结构的重新调整。深化改革已经不仅是政策要求，更是时代的要求。改革越深入越要注意协同，既抓改革方案协同，也抓改革落实协同，更抓改革效果协同，促进各项改革举措在政策去向上相互配合、在实施过程中相互促进、在改革成效上相得益彰，朝着全面深化改革总目标聚焦发力。

其次，协同发展是实现可持续发展的基础。城市群要实现可持续发展就必须推动产业化与城镇化的协调，满足人民对现代化生活的向往。推动城市群的可持续发展需要以协同发展为基础，协调不同城市与产业的发展关系。

城市群的协同发展这个概念中可以看出"和谐""共赢"是发展的主旋律，不同城市有不同的优势因素，将不同城市的这些优势因素有机结合在一起，相互协作，达到共同富裕。此发展方式既保证了公正公平，又发挥核心城市带头领导作用，在融合不同地区因素的前提下，发挥不同地区优势，取长补短，达到城市的共同发展。创新协同发展与合作治理的体制机制是实现这一目标的首要步骤切入点

（江曼琦，2013）。

城市群的协同发展是多元素相互合作共享的中和动态过程，其中包括优化配置、产业分工合作、公共设施共享、环境协同治理等多种因素。政府的协商引导作用尤为重要，有利于推进城市群内大中小各个城市的协调发展，促进各个城市资源和要素，优化城市群体系内的配置，巩固奠定城市群内的各个城市的经济基础，发挥交通运输等比较优势，合理划分城市群体系内不同城市产业分工，各产业之间保持紧密的合作关系和经济合作（陈美玲，2013）。同时，加强公共设施的共建和共享，针对城市群内跨区域的交通运输、通信网络资源开发、产业分配等公共设施及相关领域问题，需要通过加强城市群内各个城市政府之间的沟通或依据上级政府乃至中央政府直接政策安排。另外城市群内也应重视生态环境问题，加强生态环境的协同治理，鼓励各地区采取同样的政策安排和统一的行动安排，在应对资源开采、水体污染、大气污染等区域性环境问题，进行跨区域生态环境问题治理。

三、研究目的与意义

（一）研究目的

党的十九大强调，"建立更加有效的区域协调发展新机制。以城市群为主体构建大中小城市和小城镇协调发展的城镇格局。推动形成全面开放新格局，形成陆海内外联动、东西双向互济的开放格局。"党的二十大进一步强调，"以城市群、都市圈为依托构建大中小城市协调发展格局。"推动城市群建设，实现区域的协调发展是我国目前区域发展的重要战略任务，要求从发展方式、经济结构、社会进步、生态建设等多个维度对城市群的综合发展进行评估，探悉城市群发展特点和趋势。因此，开展北部湾城市群高质量协同发展评估正是顺应了我国区域协调发展战略的趋势和要求，以综合发展水平的独特视角诠释北部湾城市群所包含的关乎国民生产生活的方方面面，把区域协调发展从口号层面深化到具体绩效评价。

本书将理论和实践相结合，以北部湾城市群市域为单位对宏观整体上的北部湾城市群高质量协同发展展开研究，包含北部湾城市群协同发展水平评估、各城市高质量协同及综合发展评估两个部分，一方面从协同水平、等级规模、职能分工、空间分布对北部湾城市群的协同发展展开分析，另一方面从综合发展、人口就业、区域经济、农业生产、工业企业、基础设施、社会福利、居民生活、科教文卫、生态环境等维度建立一级指标体系，形成一整套完整的北部湾城市群高质量协同发展评估模型分析体系，最终结合北部湾城市群的发展现状提出促进北部湾城市群综合发展水平的实现路径。

（二）理论意义

第一，本书构建了北部湾城市群高质量协同发展水平评估体系及实证数据分析模型，实现了对城市群高质量协同发展水平评估的突破与创新。从协同水平、等级规模、职能分工、空间分布、综合发展水平等多方位展开分析研究，运用 spss、arcgis 等计量与地理信息软件将评估结果直观展示，最后将评估结果进行对比分析，做到定量和定性、理论和实践的有机统一。

第二，本书将北部湾城市群建设中国民经济社会发展各项指标有机地结合起来，突破单一层面研究的限制，形成对北部湾城市群高质量协同发展的系统全面分析。本书一方面分别对北部湾城市群内各行业部门就业人口必要构成最低必要量、城市专业部门行业只能强度、城市群内各城市的人口规模和发育情况、各资源要素的在区域内的空间关联性及其重心变动轨迹以及城市群内部各城市经济发展的同步性和差异性进行深入分析；另一方面从综合发展、人口就业、区域经济、工业企业、农业生产、社会发展、基础设施、科教文卫、居民生活等九个方面多视角、多维度对北部湾城市群综合发展的现状评估。

第三，本书开展北部湾城市群高质量协同发展评估是对北部湾城市群建设、区域协调发展理论的进一步深化与提升。本书将公开渠道发布的数据进行全方位收集和整理，是全方位、多视角对北部湾城市群高质量协同发展水平进行综合评估的著作，关于北部湾城市群高质量协同发展评估的指标体系构建的完整与全面也是目前国内外少有的。

（三）现实意义

第一，本书多维度深入探讨北部湾城市群综合发展现状，全方位体现北部湾城市群发展水平及差异。

通过对北部湾城市群高质量协同发展的系统评估，分别从协同水平、等级规模、职能分工、空间分布、综合发展水平等多方位实现对北部湾城市群2008~2016年发展状况的数据分析，对于研判北部湾城市群的发展趋势、掌握北部湾城市群发展状况，具有重要的实践参考价值。

第二，本书从区域发展的高质量协同水平出发，构建协同、综合发展的评价指标体系对北部湾城市群各项指标的发展进行评估，并结合北部湾城市群的发展现状提出促进北部湾城市群综合发展水平的实现路径。对于新时代下实现北部湾城市群高质量协同发展、推进区域协调发展战略，具有重要的实践参考价值。

四、研究内容与方法

（一）研究内容

本书主要研究内容主要分为十三章，包括绪论、协同发展综合评估分析、综合发展评估分析、政策建议等四个部分。

第一章绪论。本章从北部湾城市群发展的政策与现实背景提出本书的问题，系统总结凝练城市群协同发展的理论基础，总结本书的研究目的与意义，并对本书的研究内容与方法进行总体汇报。

第二章北部湾城市群协同发展综合评估分析。本章分别从协同水平、职能结构、等级规模、空间结构四个维度对北部湾城市群协同发展展开综合评估分析。首先，从空间因素的角度出发对北部湾城市群协同水平进行评估测算。其次，对北部湾城市群城市中各行业部门的就业从业人口必要量及城市专业化部门职能强度进行测算分析。再次，分别对北部湾城市内的人口、经济、信息、物流、土地等方面的等级规模以及各城市等级分布情况进行测算分析。最后，对城市群内部的空间关联性问题进行测算分析。

第三章至第十二章为北部湾城市群综合发展水平及各二级指标的评估分析。本书建立了北部湾城市群综合发展评估模型，该模型编选了既具备理论研究价值又符合实际应用场景的十大类指标，涵盖了区域经济社会的方方面面，该十章分别从综合发展、人口就业、区域经济、农业生产、工业企业、基础设施、社会福利、居民生活、科教文卫、生态环境十个方面对北部湾城市群进行了全方位的经济分析，并对综合评估的结果进行了比较与评析，从而实现对北部湾城市群高质量协同发展的不同维度、不同视角的综合性评估分析。

第十三章提升北部湾城市群高质量协同发展的政策建议。本书通过对北部湾城市群高质量协同发展研究过程中协同水平、等级规模、职能分工、空间分布、综合发展水平的评估分析，结合北部湾城市群发展规划、广西北部湾经济区"十三五"规划、北部湾城市群各地级市国民经济和社会发展"十三五"规划等内容，提出了北部湾城市群高质量协同发展的政策建议。

（二）研究方法

本书主要涉及以下三种研究方法。

第一，文献研究法。根据北部湾城市群高质量协同发展的研究内容，查阅国内外相关文献获得充足的资料，通过对区域经济学、经济地理学、北部湾城市群等方面文献的总结梳理，提炼北部湾城市群高质量协同发展的评估方法，进而为研究提供参考与借鉴。

第二，现实研判与理论分析。本书基于对北部湾城市群高质量协同发展的现实研判，从理论分析的角度，构建北部湾城市群高质量协同发展的评估分析框架，真实反映北部湾城市群高质量协同发展评价的内在机理、发展特征及规律。

第三，实证分析法。本书主要采用同步性、差异性指数、达西和乌尔曼的最低必要量法、纳尔逊标准差法、位序—规模分形模型、空间分形关联维数、空间重心、灰色综合评价、灰色聚类分析等多种实证分析方法相结合的方式展开对北部湾城市群高质量协同发展的实证研究。

第二章　北部湾城市群协同发展综合评估分析

一、北部湾城市群协同发展水平评估分析

（一）北部湾城市群协同发展水平内涵及构成要素

1. 测算方法的内涵意义

由于城市群内部各城市之间的经济发展水平不同，从而引起一系列的经济社会问题，已经对我国的经济发展和产业结构的优化产生了严重的制约作用。由于不同地区的经济周期是不同的，那么它们对统一经济政策的反应也是不同的。政策的效果也会有明显的差异。也就是说各城市间的经济周期同步性不高，如果采用"一刀切"的宏观经济政策一般很难达到预期的效果，相反会很容易将地区间首位差距拉大。为了能够更加全面地反映城市群内部经济发展的差异性和产业的差异性，可以通过对经济周期相关系数和差异性指数的分析，再结合相关的理论提出相应的对策。

2. 数据来源及研究对象

本书的数据来源是《中国城市统计年鉴（2008~2017）》《广西统计年鉴（2008~2017）》《广东统计年鉴（2008~2017）》《海南统计年鉴（2008~2017）》以及各城市的各年度国民经济发展统计公报数，对直接数据或经过有关计算后的数据进行测度研究。研究对象为北部湾城市群内部的10个城市，其中包括广西壮族自治区的南宁、北海、防城港、钦州、玉林、崇左6个城市，广东省的阳江、湛江和茂名3个城市和海南省的海口市。

（二）北部湾城市群协同发展水平指标体系及其评估方法

1. 北部湾城市群协同发展同步性指数测算

本书通过经济周期的相关系数对北部湾城市群内部各城市间经济协调发展的关联同步性进行测算。以前的研究主要是通过对两个城市在一定时期GDP的交叉相关系数进行测算的，并且对其他变量取平均值，极大地降低时间波动的重要性。为此，通过对经济周期同步性进行测算，不仅可以保留时间的观测值，也可以使用面板分析方法来对经济周期同步性和传导机制进行分析研究。

研究经济周期同步性传统上采用的公式如下所示：

$$\rho_{ij} = F\left(\sum_{t=1}^{T} \frac{X_{ij}}{T}, \sum_{t=1}^{T} \frac{u_{ij}}{T} \right) \tag{2-1}$$

其中，ρ_{ij} 代表地区 i 与地区 j 的 GDP 交叉相关系数，u_{ij} 代表随机冲击，X_{ij} 代表解释变量。

因此，使用此方法来估计损失时间的变化，使用面板数据模型进行研究。经济周期同步性在时间点 t 的指标（$\rho_{ij,t}$）采取如下公式：

$$\rho_{ij,t} = F(X_{ij,t}, u_{ij,t}) \tag{2-2}$$

由公式可以看出来，公式（2-1）相当于将公式（2-2）取平均值。

ρ_{ij} 对通用变量 d 的公式如下所示：

$$\rho_{ij} = \frac{\sum_{t=1}^{T} \left[(d_{it} - \overline{d_i})(d_{jt} - \overline{d_j}) \right]}{\sqrt{\sum_{t=1}^{T} (d_{it} - \overline{d_i})^2} \sqrt{\sum_{t=1}^{T} (d_{jt} - \overline{d_j})^2}} \tag{2-3}$$

将公式（2 - 3）分解得到如下所示：

$$\rho_{ij} = \frac{1}{2}\left\{2 - \sum_{t=1}^{T}\left[\frac{(d_{it} - \overline{d_i})}{\sqrt{\frac{1}{T}\sum_{t=1}^{T}(d_{it} - \overline{d_i})^2}} - \frac{(d_{jt} - \overline{d_j})}{\sqrt{\sum_{t=1}^{T}(d_{jt} - \overline{d_j})^2}}\right]^2\right\} \quad (2-4)$$

可以将公式（2 - 4）稍微变化一下，可以得到：

$$\rho_{ij} = \frac{1}{T}\sum_{t=1}^{T}\left\{1 - \frac{1}{2}\left[\frac{(d_{it} - \overline{d_i})}{\sqrt{\frac{1}{T}\sum_{t=1}^{T}(d_{it} - \overline{d_i})^2}} - \frac{(d_{jt} - \overline{d_j})}{\sqrt{\sum_{t=1}^{T}(d_{jt} - \overline{d_j})^2}}\right]^2\right\} \quad (2-5)$$

因为 $\rho_{ij} = \sum_{t=1}^{T}\dfrac{\rho_{ij,t}}{T}$，所以：

$$\rho_{ij,t} = 1 - \frac{1}{2}\left[\frac{(d_{it} - \overline{d_i})}{\sqrt{\frac{1}{T}\sum_{t=1}^{T}(d_{it} - \overline{d_i})^2}} - \frac{(d_{jt} - \overline{d_j})}{\sqrt{\frac{1}{T}\sum_{t=1}^{T}(d_{jt} - \overline{d_j})^2}}\right]^2 \quad (2-6)$$

其中，ρ_{ij}、$\rho_{ij,t}$ 代表平均值，d_{it} 和 d_{jt} 表示地区 i 和地区 j 的 GDP 增长率。使用这种计算方法不仅可以捕获时间维度，同时还可以获得整个时期相关系数。

2. 北部湾城市群协同发展差异性指数测算

本书通过使用泰尔指数及其嵌套分解方法和基尼系数分解模型进行测算分析，是为了能够更加全面地反映区域经济发展的差异性和产业的差异性。

（1）泰尔指数及其嵌套分解方法。

泰尔指数可以分解成两个指数的指标，即泰尔指数 T 和泰尔指数 L。前面的指数是以 GDP 的比重加权，而后面的则是以人口的比重加权。本书主要是通过采用泰尔指数 T，具体计算公式如下所示：

$$T = \sum_{i=1}^{N} y_i \ln\left(\frac{y_i}{P_i}\right) \quad (2-7)$$

其中，N 代表的是区域的个数；y_i 为 i 区域 GDP 占北部湾城市群整体 GDP 的份额；P_i 为 i 区域人口数占北部湾城市群整体的份额。泰尔指数 T 越大，就代表北部湾城市群各区域间经济发展水平差异越大。

在不同的空间尺度下，中国的区域差异具有明显差别。空间尺度越小，区域经济差异越大，对总体区域差异的贡献份额也越大。如果以地市级行政单元为基本空间单元，对泰尔指数 T 做一阶段分解，可将北部湾城市群的总体差异分解为广东、广西、海南三大区域之间的差异与三大区域内各地市之间的差异。计算公式为：

$$T_p = \sum_i \sum_j \left(\frac{Y_{ij}}{Y_i}\right)\ln\left(\frac{Y_{ij}/Y}{P_{ij}/P}\right) \quad (2-8)$$

其中，Y_{ij} 表示第 i 区域第 j 市的 GDP；Y 表示所有市的总 GDP；P_{ij} 表示第 i 区域第 j 市的人口；P 表示所有市的总人口。

如果定义第 i 区域的市际差异为：

$$T_{pi} = \sum_j \left(\frac{Y_{ij}}{Y_i}\right)\ln\left(\frac{Y_{ij}/Y_i}{P_{ij}/P_i}\right)$$

则公式（2 - 8）中的泰尔指数 T_p 可被分解为：

$$\begin{aligned}
T_{pi} &= \sum_i \left(\frac{Y_i}{Y}\right)T_{pi} + \sum_j \left(\frac{Y_i}{Y}\right)\ln\left(\frac{Y_i/Y}{P_i/P}\right) \\
&= \sum_i \left(\frac{Y_i}{Y}\right)T_{pi} + T_{BR} \\
&= T_{WR} + T_{BR}
\end{aligned} \quad (2-9)$$

其中，Y_i 表示第 i 区域的总 GDP；P_i 表示第 i 区域的总人口；T_{WR} 表示区域内差异；T_{BR} 表示区域间差异。

泰尔系数的变化范围为 0 ~ 1，泰尔系数越小，表明区域差异越小，区域之间发展越均衡；反之，表明区域差异越大，区域之间发展差距越不均衡。

（2）基尼系数分解模型。

将基尼系数引入北部湾城市群经济和产业发展的研究中，可以用来衡量一个地区的经济差异和产业差异状况。将其按照产业进行分解，可分解为第一产业基尼系数、第二产业基尼系数和第三产业基尼系数，分别用以分析一个地区的第一产业、第二产业和第三产业的发展差异状况。同时，还可以用基尼系数的变化衡量一个地区的差异变化程度，基尼系数的变化量可以分解为结构性效应、集中效应和综合效应的变化量，这三者分别由产业结构的变化，产业集中度的变化和产业结构与产业集中度的共同变化引起。基尼系数的相关计算公式如下：

首先，通过公式（2-10），分别求得第一产业、第二产业和第三产业的分项基尼系数 C_k：

$$C_k = \frac{2}{n^2 \times u_y} \times \sum_{i=1}^{n} (i \times y_i) - \frac{n+1}{n} \tag{2-10}$$

其次，通过公式（2-11），将三次产业的分项基尼系数进行汇总，求得总基尼系数 G：

$$G = \sum_{k=1}^{3} S_k C_k \tag{2-11}$$

最后，采用公式（2-12）~公式（2-14），求得相邻两个时间阶段之间的基尼系数改变量 ΔG。

$$\Delta S_k = S_{k(t+1)} - S_{kt} \tag{2-12}$$

$$\Delta C_k = C_{k(t+1)} - C_{kt} \tag{2-13}$$

$$\Delta G = \sum_{k=1}^{3} \Delta S_k C_{kt} + \sum_{k=1}^{3} S_{kt} \Delta C_k + \sum_{k=1}^{3} \Delta S_k \Delta C_k \tag{2-14}$$

其中，第一产业、第二产业和第三产业的分项基尼系数分别为 C_1、C_2 和 C_3，n 为省（市）个数，t 为时间阶段（单位：年），y_i 为地区人均产业产值（i 是 y_i 从小到大排序的序号，且有 $y_1 < y_2 < \cdots < y_n$），u_y 为 y_i 的平均值，S_k 为第 k 产业的总产值在地区生产总值中的比重，$\sum_{k=1}^{3} \Delta S_k C_{kt}$、$\sum_{k=1}^{3} S_{kt} \Delta C_k$ 和 $\sum_{k=1}^{3} \Delta S_k \Delta C_k$ 分别为结构性效应、集中效应和综合效应的变化量，$\frac{S_k C_k}{G}$ 为分项基尼系数对总基尼系数的贡献率。

基尼系数的变化范围为 0~1，当基尼系数小于 0.2 时，表示分配绝对平均；基尼系数为 0.2~0.3，表示分配比较平均；基尼系数为 0.3~0.4，表示分配相对合理；基尼系数为 0.4~0.5，表示分配差距较大；基尼系数大于 0.6，表示分配差距悬殊。

（三）北部湾城市群协同发展情况指标体系分析

1. 北部湾城市群协同发展同步性情况排序变化比较分析

通过对 2008~2016 年北部湾城市群包括阳江市、湛江市、茂名市、南宁市、北海市、防城港市、钦州市、玉林市、崇左市、海口市在内的 10 个城市的真实 GDP 进行测算，可以得到关于北部湾城市群内各城市间 C-M 同步化指数，具体的测度结果如图 2-1 所示。

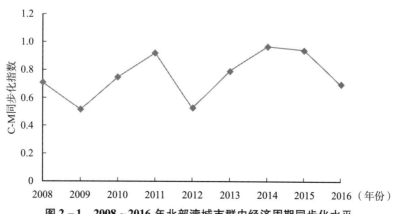

图 2-1　2008~2016 年北部湾城市群内经济周期同步化水平

由图 2 - 1 可以看出，2008～2016 年，北部湾城市群 C - M 同步化指数均在 0.5～1.0 内波动，说明北部湾城市群经济周期的同步化水平较为显著。在 2008～2009 年，C - M 同步化指数从 0.71 下降至 0.51，表面经济周期同步化水平减弱。从 2009 年开始，C - M 同步化指数呈现出大幅度上升的趋势，直至 2011 年达 0.92，说明北部湾城市群经济周期同步化水平有了较大的提升。2011～2012 年，C - M 同步化指数从 0.92 下降至 0.52，下降幅度较大，表明同步化水平减弱。从 2012 年开始，C - M 同步化指数大幅度上升，直至 2014 年达 9 年的最大值，2014～2015 年 C - M 同步化指数维持在一个相对较高的水平，表明 2012～2014 年北部湾城市群经济周期的同步化水平不断增强，并在 2014～2015 年维持相对稳定的状态。2015～2016 年，C - M 同步化指数从 0.94 下降至 0.70，表明经济周期同步化水平下降，也就意味着在此期间北部湾城市群经济周期同步性较不稳定。

2. 北部湾城市群协同发展差异性情况排序变化比较分析

计算 2008～2016 年北部湾城市群和粤、桂、琼的泰尔系数，结果如图 2 - 2 所示。它可以直观地反映出该时间段各地区经济发展差异的变化情况。

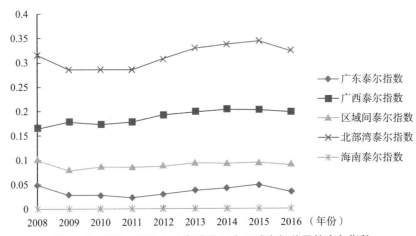

图 2 - 2　2008～2016 年北部湾及三大区域市级差异的泰尔指数

从图 2 - 2 可以看出，广东省内各城市间经济差异在 2008～2011 年不断缩小，在 2011～2016 年经济差异先增大后缩小，总体变化趋势较为平缓，从而说明广东省内各城市间的经济差异没有太大的波动，较为稳定。广西区内各城市间在 2008～2010 年泰尔指数先上升后下降，说明经济差异先增大后缩小；从 2010 年开始，泰尔指数不断上升直至 2014 年达最大值 0.084，说明广西区内各城市间的经济差异在该时间段内不断增大；在 2014～2015 年泰尔指数开始下降，说明城市间经济差异开始缩小。三大区域间的经济差异在 2009 年趋于缓慢上升，上升的幅度并不大，总体上看区域间的经济差异并没有太大的起伏。北部湾城市群整体的经济差异在 2011 年前后呈现出较大的波动起伏，在 2008～2009 年呈现缓慢上升的态势，在 2011～2015 年则呈快速上升的走向，说明在 2011～2015 年北部湾城市群经济差异水平呈现直线上升的趋势，增长的幅度较大。在 2015～2016 年泰尔指数开始下降，说明北部湾城市群的经济差异水平逐渐缩小，见表 2 - 1。

表 2 - 1　　　　　　　2008～2016 年区域间和区域内差异的泰尔指数分解及其对整体差异的贡献

年份	北部湾泰尔指数	广东泰尔指数	广西泰尔指数	区域间泰尔指数	广东（%）	广西（%）	区域间（%）
2008	0.0464	0.0080	0.0595	0.0137	9.85	73.32	16.83
2009	0.0471	0.0033	0.0657	0.0126	4.15	80.45	15.4
2010	0.0480	0.0032	0.0641	0.0143	3.93	78.57	17.5
2011	0.0499	0.0031	0.0671	0.0140	3.73	79.67	16.6
2012	0.0556	0.0049	0.0757	0.0146	5.16	79.51	15.33
2013	0.0621	0.0079	0.0823	0.0166	7.36	77.07	15.57

年份	北部湾泰尔指数	广东泰尔指数	广西泰尔指数	区域间泰尔指数	广东（%）	广西（%）	区域间（%）
2014	0.0639	0.0093	0.0845	0.0162	8.44	76.83	14.72
2015	0.0652	0.0136	0.0798	0.0179	12.25	71.65	16.1
2016	0.0609	0.0069	0.0772	0.0172	6.77	76.26	16.97

由表 2 - 1 的贡献率可以看出，北部湾城市群总体差异中有 70% 左右的变化是由广西区内城市间差异引起的，广西的贡献率自 2008 年以来有上升有下降，但总体上其贡献率是上升的，从 2008 年的 73.32% 上升至 2016 年的 76.26%。广东的贡献率虽有波动，但总体上呈下降的趋势，从 2008 年的 9.85% 下降至 2016 年的 6.77%。而区域间的贡献率变化也不大，主要围绕在 16% 上下波动。2008 年以来，随着广东省差异的减小，广西差异的增大，引起北部湾城市群总体差异的主要部分是广西区内城市间的经济差异。

根据公式（2 - 10）分别计算 2008 ~ 2016 年的第一产业基尼系数、第二产业基尼系数、第三产业基尼系数，再根据公式（2 - 11）来对三次产业的分项基尼系数进行汇总，可得到总的基尼系数，见表 2 - 2。

表 2 - 2　　　　　　　　　　　　　　2008 ~ 2016 年三次产业的基尼系数

年份	基尼系数				三次产业的基尼系数（%）		
	第一产业	第二产业	第三产业	汇总	第一产业	第二产业	第三产业
2008	0.2080	0.2363	0.3176	0.2635	15.85	35.37	48.78
2009	0.1400	0.2051	0.2939	0.2315	11.68	32.68	55.64
2010	0.1453	0.1922	0.3113	0.2342	11.34	32.20	56.46
2011	0.1447	0.2092	0.3086	0.2393	10.85	35.08	54.07
2012	0.1475	0.2298	0.3103	0.2491	10.43	37.29	52.28
2013	0.1508	0.2515	0.3220	0.2636	9.74	39.59	50.67
2014	0.1623	0.2677	0.3185	0.2733	9.24	40.41	50.35
2015	0.1672	0.2618	0.3189	0.2725	9.38	38.70	51.93
2016	0.1654	0.25290	0.3120	0.2660	9.52	37.81	52.67

由表 2 - 2 可直观地看出，北部湾城市群只有 2008 年第一产业的基尼系数为 0.208 超过 0.2，其余年份的基尼系数均在 0.1 ~ 0.2，且第一产业的基尼系数总体呈现下降的趋势。北部湾城市群第二产业的基尼系数均在 0.2 ~ 0.3，说明北部湾城市群内部分配比较平均。第三次产业除了 2009 年的基尼系数小于 0.3，其余年份的基尼系数均大于 0.3 且在 0.30 ~ 0.33 的范围内，从而说明北部湾城市群内部分配较为合理。

从贡献率方面分析，第三产业的贡献率自 2008 年不断趋于上升，同时第一产业和第二产业的贡献率不断趋于缩小，而到 2011 年第三产业的贡献率则不断趋于下降，同时第二产业的贡献率不断趋于上升，到了 2015 年第三产业贡献率又开始上升，同时第二产业又开始下降，总体来说第二产业和第三产业的贡献率呈上升趋势，第一产业的贡献率则呈现下降趋势。第三产业的基尼系数及其贡献率均较大，差不多均在 50% 以上，第二产业居于中间，贡献率均在 30% 以上，与它们相比，第一产业的基尼系数和贡献率均较小；从而也说明了北部湾城市群内部服务业发展的不平衡现象也是影响城市群总体收入的决定性因素。

为能够进一步了解区域间差异的变化情况，可以通过对基尼系数变化的分解对其进行研究。2008 ~ 2016 年的基尼系数变化进行三次分解的结果如表 2 - 3 所示。

表 2 - 3　　　　　　　　对 2007 ~ 2016 年基尼系数的变化进行三次产业的分解结果

时间	基尼系数变动值	结构性效应	集中性效应				综合效应
			总效应	第一产业	第二产业	第三产业	
2007 ~ 2008 年	- 0.0001	0.00005	- 0.0002	- 0.0007	0.0019	- 0.0014	0.00005
2008 ~ 2009 年	- 0.0321	0.0029	- 0.0355	- 0.0137	- 0.0123	- 0.0096	0.0005
2009 ~ 2010 年	0.0028	0.0005	0.0039	0.0010	- 0.0048	0.0076	- 0.0006

续表

时间	基尼系数变动值	结构性效应	集中性效应				综合效应
			总效应	第一产业	第二产业	第三产业	
2010～2011年	0.0051	0.0005	0.0054	－0.0001	0.0067	－0.0012	0.0002
2011～2012年	0.0098	0.0003	0.0095	0.0005	0.0083	0.0008	0.0001
2012～2013年	0.0145	0.0001	0.0142	0.0006	0.0088	0.0049	0.0002
2013～2014年	0.0097	0.0027	0.0073	0.0020	0.0067	－0.0014	－0.0003
2014～2015年	－0.0007	0.0008	－0.0016	0.0008	－0.0025	0.0001	0.00005
2015～2016年	－0.0065	0.0004	－0.0069	－0.0003	－0.0036	－0.0031	0.00001

由表2-3可以发现，结构性效应和集中性效应的值多为正数，它们两者综合效应的数值均较小。北部湾城市群基尼系数发生变化主要是由于产业的结构性效应和集中性效应，而综合效应对基尼系数变化的影响较小。结构性效应主要是由各产业产值份额的改变对城市差距产生影响所导致的，集中性效应主要是由各产业不均衡的产业分布所引起的。

结构性效应在2007～2016年均为正值，说明结构性效应对经济差距的扩大具有促进作用，集中性效应在2007～2008年、2008～2009年、2014～2015年、2015～2016年内均为负值，说明在此期间集中性效应对北部湾城市群经济差距的扩大起到缓解作用，综合效应除2009～2010年和2013～2014年外，其余年份均为正值，说明集中性效应对北部湾城市群内各城市间经济差距扩大起到阻碍作用，但是它的数值较小，影响不是较大，见表2-4。

表2-4　　　　　　　　　　北部湾城市群经济差异变动的产业效应分解

时间	第一产业			第二产业			第三产业		
	结构性效应	集中性效应	综合效应	结构性效应	集中性效应	综合效应	结构性效应	集中性效应	综合效应
2007～2008年	－0.0011	－0.0007	0.00002	0.0014	0.0019	0.00003	－0.0002	－0.0014	0.000002
2008～2009年	－0.0016	－0.0137	0.0005	－0.0061	－0.0123	0.0008	0.0106	－0.0096	－0.0008
2009～2010年	－0.0014	0.0010	－0.0001	0.0049	－0.0048	－0.0003	－0.0039	0.0076	－0.0002
2010～2011年	－0.0005	－0.0001	0.000002	0.0017	0.0067	0.0001	－0.0017	－0.0012	0.00002
2011～2012年	－0.0005	0.0005	－0.000009	0.0006	0.0083	0.0001	0.0001	0.0008	0.000001
2012～2013年	－0.0008	0.0006	－0.00002	0.0024	0.0088	0.0001	－0.0015	0.0049	－0.0001
2013～2014年	－0.0022	0.0020	－0.0002	－0.0006	0.0067	－0.00004	0.0055	－0.0014	－0.0001
2014～2015年	－0.0004	0.0008	－0.00001	－0.0026	－0.0025	0.0001	0.0038	0.0001	0.000004
2015～2016年	0.00005	－0.0003	－0.0000005	－0.0013	－0.0036	0.000046	0.0017	－0.0031	－0.00004

由表2-4可知，第一产业结构性效应在2015～2016年为正值，说明在此期间促进了经济差异的扩大，其余年份均为负值，说明大户北部湾城市群经济差异的扩大起到抑制作用，集中效应的负值多于正值，说明对北部湾城市群各城市经济差距的扩大起着推进作用，而综合效应的正值多于负值，说明在一定程度上缓解了经济差距的继续扩大。第二产业结构性效应和集中性效应的正值多于负值，说明对北部湾城市群经济差异的拉大起到一定的正向促进作用，综合效应在2009～2010年和2013～2014年为负值，说明一些城市第二产业的发展在此期间取得了进步，呈现扩散发展的趋势，也就是说在此期间对城市经济差异起到一定的缓解作用，其余年份对北部湾城市群经济差异的拉大起着促进作用。第三产业结构性效应和集中性效应均是正值多于负值，说明对经济差异的拉大起到促进作用，综合效应的负值多于正值，说明对北部湾城市群经济差异的拉大有缓解作用。

（四）研究发现与讨论

1. 研究发现

本书通过对北部湾城市群内部的GDP来计算C－M同步化指数，根据计算的结果可以看出在2008～

2016 年同步化指数的变化趋势较大，但其数值均在 0.50～1.0；说明北部湾城市群的经济周期的同步化水平比较显著，也说明了首位城市对城市群周边城镇的辐射和带动能力较弱。

根据北部湾城市群的生产总值和年末总人口来计算泰尔指数，同时采取了嵌套分解的方法将泰尔指数进行一阶段的分解，可以得出省（区）内各城市间的差异、区域间的差异以及北部湾城市群的差异。广东省内部各城市的经济发展较为平缓，各城市间暂无较大的经济差异。广西内部各城市间的经济差异总体上在不断地扩大。区域间的经济差异总体上并没有太大的起伏。北部湾城市群经济差异水平呈现先增大后缩小的趋势。

根据北部湾城市群第一产业、第二产业、第三产业的基尼系数，可以看出城市群内部在这些方面的分配较为合理。从第一产业、第二产业和第三产业贡献率方面分析，第三产业的贡献率最大，说明第三产业是北部湾城市群经济差异扩大的主导因素，第三产业在城市群内的不均衡分布和比较高的产业份额是城市群内部经济差异拉大的主要原因。从北部湾城市群内部各城市的经济发展差距角度来说，结构性效应起到的是推动作用，集中效应起到的是抑制的作用，根据集中效应和结构效应可以看出北部湾城市群各城市间还存在一定的经济差异。

2. 讨论

根据 C－M 同步化指数，可以看出北部湾城市群的同步化水平较高，首位城市的发展的优势还不够，对周边的地区未发挥较好的带动作用，可以通过政府干预的手段来对城市群的内部进行调控，促进首位城市的发展的同时加大对中小城镇的培育和发展，也要促使首位城市和其他大中城市在发展的过程中与周边城镇的联系，形成辐射带动的作用。为了城市群能够更好地发展，还可以通过加强城市群内部的经济互联度来扩大城市群的影响边界。

通过对泰尔指数采用进行嵌套分解的方法来看，北部湾城市群的泰尔指数较大，说明城市群内部总体上存在一定经济差异。城市群内部的通达性不仅能给内外资源的交流带来方便，也能给缩小城市间的经济差异带来积极的作用。通过进一步加强对城市群内外部的物流和交通的网络化和基础性设施建设，来提高城市群内外通达性，缩小城市间的差距，提高城市群的竞争实力。

通过对第一产业、第二产业、第三产业基尼系数的计算，可以看出北部湾城市群内部第三产业是引起城市间差异的主要因素。可以通过大力发展第三产业来优化城市群的产业结构。第三产业的基尼系数要明显高于第一产业和第二产业，所以缩小城市群整体经济的差异的关键是缩小各城市第三产业的差距。北部湾城市群的集中效应要高于结构性效应，也就是说产业集聚对基尼系数的缩小会有明显的效果。所以，要进一步发挥产业的集聚效应，促进各类有特色产业园区的发展，在注重技术创新的同时也要结合各个地方资源特色来加强政府对城市群在产业方面的引导，促进各种要素资源和产品自由、有序和合理地流动，形成具有竞争力的城市群。

二、北部湾城市群职能结构评估分析

（一）北部湾城市群职能结构的内涵及构成要素

1. 测算方法的内涵意义

纳尔逊标准差法，是测算城市群职能结构的主要方法，较以往的其他测算方法更具优势：一是可以在职能分类的统计测算上更为客观、准确、精密；二是可以从多维度分析区域内城市的职能结构，而不再局限于一个维度内进行分析，与实际情况更相符；三是可以更专业地分析城市的主导职能。

2. 数据来源及研究对象

关于区域内城市群职能结构的研究，首先需要确定能够反映城市职能的行业部门类型，本书根据《中国城市统计年鉴（2008～2017）》《广西统计年鉴（2008～2017）》《广东统计年鉴（2008～2017）》《海南统计年鉴（2008～2017）》的行业部门分类，将区域中的城市行业部门分为 19 个：（1）农、林、牧、渔业；（2）采矿业；（3）制造业；（4）电力燃气及水的生产和供应业；（5）建筑业；（6）交通运输、仓储和邮电通信业；（7）信息传输、计算机服务软件业；（8）批发和零售业；（9）住宿和餐饮业；（10）金融业；（11）房地产业；（12）租赁和商务服务业；（13）科学研究、技术服务和地质勘察业；（14）水利环境和公共设备管理业；（15）居民服务和其他服务行业；（16）教育；（17）卫生、社会保障和社会福利；（18）文化体育和娱乐业；（19）公共管理和社会组织。由于本书的统计分析需要反映城市中非农业部门的特点，（1）农、林、牧、渔业产业部门并不能对其进行反映，故只采用（2）～（19）共18个行业部门进行分析。其次，本书的对象是北部湾城市群，包括广东省的阳江市、湛江市、茂名市，广西壮族自治区的南宁市、防城港市、钦州市、玉林市、崇左市以及海南省的海口市。

（二）北部湾城市群职能结构评估测算

1. 城市群职能结构测算

首先，收集整理2008～2016年北部湾城市群内10个城市的各行业部门就业人数相关数据，并且计算得出各年份城市群各行业部门就业人数在总就业人数中的占比，再根据达西和乌尔曼的最低必要量法，得出各年份城市群内各行业部门的最低必要量，即城市群内最低的行业部门就业人数占比。由此便可得出各年份城市群各行业部门在基本经济活动中的最低必要量和相应的就业人口数量。

其次，需要通过计算城市群各年份各行业部门的就业比重平均值（$\overline{X}$），并将其与城市群各行业部门职能参与值（X_i）比较，作为一种评判标准衡量该行业是否属于城市群内的专业化职能。如果城市某一行业部门职能参与值（X_i）较就业比重平均值（$\overline{X}$）大，该行业部门则被认为是专业化职能。通过计算城市群各年份各行业部门的就业比重标准差（δ），并将其与城市某一行业部门职能参与值（X_i）和就业比重平均值（$\overline{X}$）的差值进行倍数关系比较，来判断城市该行业部门专业化职能作用的强度。通过对2008～2016年数据进行计算，得到9年北部湾城市群在18个行业部门的职工最低必要量、就业人口构成平均值与标准差，通过以2008年的指标为参考，对北部湾城市群的职能结构进行比较研究。

2. 城市群职能结构的分类

依据纳尔逊标准差法，通过对某一行业部门职能参与值（X_i）和就业比重平均值（$\overline{X}$）与就业比重标准差（δ）不同倍数的和进行对比，将城市群内的行业部门划分为优势职能、突出职能和强势职能。若某一行业部门职能参与值（X_i）大于就业比重平均值（$\overline{X}$）与0.5倍就业比重标准差（δ）的和（$\overline{X}+0.5\delta$），且小于就业比重平均值（$\overline{X}$）与就业比重标准差（δ）的和（$\overline{X}+\delta$），则为优势职能；若某一行业部门职能参与值（X_i）大于就业比重平均值（$\overline{X}$）与就业比重标准差（δ）的和（$\overline{X}+\delta$），且小于就业比重平均值（$\overline{X}$）与2倍就业比重标准差（δ）的和（$\overline{X}+2\delta$），则为突出职能；若某一行业部门职能参与值（X_i）大于就业比重平均值（$\overline{X}$）与2倍就业比重标准差（δ）的和（$\overline{X}+2\delta$），则为强势职能。

本书将通过对2008～2016年北部湾城市群内10个城市的18个行业职能部门数据资料进行计算，按照上述分类标准进行比较，整理出各年份间城市内的城市智能结构分类表。

（三）北部湾城市群职能结构分析

1. 北部湾城市群职能结构的基本状况分析

通过表2－5可以得出2008年北部湾城市群职能情况。北部湾城市群多数行业部门的就业最低必要量水平较为均衡，其中就业最低必要量最高的行业为公共管理和社会组织达到1.19万人，就业最低必要量最低的行业为居民服务和其他服务行业，且就业最低必要量超过1万人的仅有1个行业，说明北部湾城市群就业规模基础在2008年处在较低的水平。通过对人口构成平均值的分析，2008年北部湾城市群中平均就业人口数量较大的行业从高至低依次为教育、制造业、公共管理和社会组织、建筑业、交通运输仓储和邮电通信业、卫生社会保障和社会福利以及批发和零售业，其平均就业人口数量均超过1万人，表明在2008年北部湾城市群内第二产业的就业人口发展规模和吸纳能力较第三产业的而言更具优势。再对2008年北部湾城市群的人口构成标准差进行分析，水利环境和公共设备管理业、文化体育和娱乐业、电力燃气及水的生产与供应产业、采矿业、信息传输计算机服务软件业以及居民服务和其他服务行业的人口构成标准差小于0.5，表明这些行业2008年在北部湾城市群内分布较为均衡，在各个城市间的就业人口发展规模和吸纳能力无显著差异；而制造业、教育、建筑业、公共管理和社会服务、交通运输仓储和邮电通信业以及批发与零售业的人口构成标准差大于1，表明这些行业2008年在北部湾城市群内分布趋向于向大城市集中，在各个城市间的就业人口规模和吸纳能力差异较大。

表 2 - 5　　　　　　2008 年北部湾城市群各行业职工最低必要量、人口构成平均值和标准差

城市职能	最低必要量（万人）	平均值 $\overline{X}$	标准差 δ	$\overline{X}+0.5\delta$	$\overline{X}+\delta$	$\overline{X}+2\delta$
采矿业	0.01	0.25	0.24	0.37	0.49	0.73
制造业	0.91	4.26	3.47	5.99	7.73	11.20
电力燃气及水的生产和供应业	0.21	0.57	0.29	0.72	0.86	1.16
建筑业	0.36	2.68	2.03	3.70	4.71	6.74
交通运输、仓储和邮电通信业	0.38	1.52	1.41	2.23	2.93	4.34
信息传输、计算机服务软件业	0.06	0.29	0.22	0.40	0.51	0.73
批发和零售业	0.37	1.16	1.18	1.75	2.34	3.52
住宿和餐饮业	0.09	0.47	0.50	0.72	0.97	1.48
金融业	0.31	0.79	0.60	1.09	1.39	1.99
房地产业	0.06	0.50	0.58	0.79	1.08	1.66
租赁和商务服务业	0.06	0.68	0.82	1.10	1.50	2.31
科学研究、技术服务和地质勘察业	0.08	0.5	0.69	0.85	1.19	1.89
水利环境和公共设备管理业	0.15	0.55	0.39	0.74	0.94	1.33
居民服务和其他服务行业	0	0.07	0.07	0.10	0.14	0.21
教育	0.96	4.72	3.12	6.28	7.84	10.96
卫生、社会保障和社会福利	0.37	1.5	0.99	1.99	2.49	3.48
文化体育和娱乐业	0.04	0.29	0.35	0.47	0.64	0.99
公共管理和社会组织	1.19	3.01	1.62	3.82	4.63	6.25

通过表 2 - 6 可以得出 2009 年北部湾城市群的职能情况。北部湾城市群多数行业部门的就业最低必要量水平依旧较为均衡，公共管理和社会组织依旧为就业最低必要量最高的行业达到 1.26 万人，就业最低必要量最低的产业为采矿业、居民服务和其他服务行业。2009 年北部湾城市群仅有制造业、教育以及公共管理和社会组织的就业最低必要量大于 1 万人，较 2008 年而言，北部湾城市群中小城市在部分行业部门的就业人口规模有所增加。对人口构成平均值进行分析，2009 年北部湾城市群中平均就业人口数量超过 1 万人的行业从高至低依次为教育、制造业、建筑业、公共管理和社会服务、卫生社会保障和社会福利、交通运输仓储和邮电通信业以及批发与零售业，2009 年北部湾城市群内第二产业对就业人口的发展规模和吸纳能力依旧高于第三产业。分析 2009 年北部湾城市群的人口构成标准差，水利环境和公共设备管理业、文化体育和娱乐业、电力燃气及水的生产与供应产业、信息传输计算机服务软件业、采矿业以及居民服务和其他服务行业的人口构成标准差小于 0.5，表明这些行业 2009 年在北部湾城市群内分布依旧较为均衡，在各个城市间的就业人口发展规模和吸纳能力仍无较大差距；而制造业、教育、建筑业、公共管理和社会服务、交通运输仓储和邮电通信业、批发与零售业以及卫生社会保障和社会福利的人口构成标准差大于 1，表明这些行业 2009 年在北部湾城市群内第二产业分布逐步向大城市集中，在各个城市间的业人口发展规模和吸纳能力差异愈加扩大。

表 2 - 6　　　　　　2009 年北部湾城市群各行业职工最低必要量、人口构成平均值和标准差

城市职能	最低必要量（万人）	平均值 $\overline{X}$	标准差 δ	$\overline{X}+0.5\delta$	$\overline{X}+\delta$	$\overline{X}+2\delta$
采矿业	0	0.23	0.25	0.35	0.48	0.74
制造业	1.05	4.31	3.75	6.18	8.06	11.81
电力燃气及水的生产和供应业	0.21	0.58	0.30	0.73	0.88	1.18
建筑业	0.41	3.05	2.34	4.22	5.39	7.72
交通运输、仓储和邮电通信业	0.4	1.57	1.59	2.37	3.16	4.76
信息传输、计算机服务软件业	0.04	0.31	0.26	0.44	0.57	0.82
批发和零售业	0.16	1.13	1.24	1.75	2.37	3.61
住宿和餐饮业	0.09	0.47	0.53	0.73	1.00	1.52
金融业	0.15	0.85	0.69	1.20	1.54	2.23

城市职能	最低必要量（万人）	平均值 $\overline{X}$	标准差 δ	$\overline{X}+0.5\delta$	$\overline{X}+\delta$	$\overline{X}+2\delta$
房地产业	0.07	0.52	0.60	0.82	1.11	1.71
租赁和商务服务业	0.09	0.68	0.87	1.12	1.56	2.43
科学研究、技术服务和地质勘察业	0.08	0.52	0.70	0.87	1.22	1.92
水利环境和公共设备管理业	0.15	0.56	0.40	0.76	0.96	1.36
居民服务和其他服务行业	0	0.08	0.08	0.12	0.16	0.25
教育	1.09	4.89	3.15	6.47	8.04	11.18
卫生、社会保障和社会福利	0.4	1.65	1.09	2.19	2.74	3.83
文化体育和娱乐业	0.05	0.32	0.38	0.51	0.70	1.07
公共管理和社会组织	1.26	3.04	1.65	3.86	4.69	6.34

通过表 2－7 可以得出 2010 年北部湾城市群的职能情况。北部湾城市群多数行业部门的就业最低必要量水平依旧较为均衡，就业最低必要量最高的行业依旧为公共管理和社会组织达到 1.31 万人，居民服务和其他服务行业为最低的行业部门。通过对人口构成平均值的分析，2010 年北部湾城市群中平均就业人口数量大于 1 万人的行业从高至低依次为教育、制造业、公共管理和社会组织、建筑业、卫生社会保障和社会福利、交通运输仓储和邮电通信业以及批发和零售业，表明北部湾城市群内第二产业对就业人口的发展规模和吸纳能力在 2010 年仍高于第三产业。再对 2010 年北部湾城市群的人口构成标准差进行分析，水利环境和公共设备管理业、文化体育和娱乐业、电力燃气及水的生产与供应产业、采矿业、信息传输计算机服务软件业以及居民服务和其他服务行业的人口构成标准差小于 0.5，表明这些行业 2010 年在北部湾城市群内分布较为均衡，较 2008 年和 2009 年而言没有发生较大变化，各个城市间的就业人口发展规模和吸纳能力依旧没有显著差异；而制造业、教育、公共管理和社会服务、建筑业、批发与零售业以及卫生社会保障和社会福利的人口构成标准差大于 1，表明 2010 年在北部湾城市群内第二产业的分布向大城市集中，在各个城市间的业人口发展规模和吸纳能力差异较大，而第三产业向较为均衡地分布发展。

表 2－7　　　　　2010 年北部湾城市群各行业职工最低必要量、人口构成平均值和标准差

城市职能	最低必要量（万人）	平均值 $\overline{X}$	标准差 δ	$\overline{X}+0.5\delta$	$\overline{X}+\delta$	$\overline{X}+2\delta$
采矿业	0.01	0.23	0.26	0.36	0.49	0.74
制造业	1.06	4.65	3.91	6.60	8.56	12.47
电力燃气及水的生产和供应业	0.21	0.58	0.30	0.73	0.88	1.18
建筑业	0.41	3.15	2.15	4.22	5.30	7.45
交通运输、仓储和邮电通信业	0.48	1.34	0.99	1.83	2.33	3.32
信息传输、计算机服务软件业	0.03	0.31	0.26	0.43	0.56	0.82
批发和零售业	0.16	1.21	1.32	1.87	2.53	3.85
住宿和餐饮业	0.08	0.47	0.52	0.73	1.00	1.52
金融业	0.15	0.90	0.72	1.26	1.61	2.33
房地产业	0.09	0.58	0.69	0.93	1.27	1.96
租赁和商务服务业	0.09	0.68	0.94	1.15	1.62	2.55
科学研究、技术服务和地质勘察业	0.1	0.55	0.74	0.92	1.29	2.03
水利环境和公共设备管理业	0.2	0.58	0.40	0.78	0.99	1.39
居民服务和其他服务行业	0	0.10	0.10	0.15	0.20	0.30
教育	1.13	5.05	3.19	6.64	8.24	11.43
卫生、社会保障和社会福利	0.47	1.76	1.15	2.34	2.92	4.07
文化体育和娱乐业	0.05	0.34	0.36	0.52	0.70	1.06
公共管理和社会组织	1.31	3.38	2.40	4.58	5.78	8.18

通过表 2－8 可以得出 2011 年北部湾城市群的职能情况。北部湾城市群多数行业部门的就业最低必要

量水平依旧较为均衡，其中，公共管理和社会组织依旧为就业最低必要量最高的行业达到1.39万人，居民服务和其他服务行业也依旧为就业最低必要量最低的行业。在2011年北部湾城市群的就业最低必要量中超过1万人的行业，仅有制造业、教育以及公共管理和社会组织3个行业，部分行业部门的就业人口规模持续缓慢增长。对人口构成平均值进行分析，2011年北部湾城市群中平均就业人口数量超过1万人的行业从高至低依次为教育、制造业、建筑业、公共管理和社会服务、卫生社会保障和社会福利、交通运输仓储和邮电通信业、批发与零售业以及金融业，2011年北部湾城市群第三产业的发展规模和吸纳能力虽有所发展，但较第二产业的发展规模和吸纳能力而言还具有一定的差距。分析2011年北部湾城市群的人口构成标准差，水利环境和公共设备管理业、文化体育和娱乐业、信息传输计算机服务软件业、电力燃气及水的生产与供应产业、采矿业以及居民服务和其他服务行业的人口构成标准差小于0.5，表明这些行业2011年在北部湾城市群内分布依旧较为均衡，在各个城市间的就业人口发展规模和吸纳能力仍较为均衡；而制造业、教育、建筑业、交通运输仓储和邮电通信业、公共管理和社会服务、批发与零售业、卫生社会保障和社会福利以及租赁和商务服务业的人口构成标准差大于1，表明2011年在北部湾城市群内第二产业分布依旧向大城市集中，在各个城市间的业人口发展规模和吸纳能力差异愈加扩大，同时，第三产业的部分行业也开始有向大城市集中的趋势。

表2-8　　2011年北部湾城市群各行业职工最低必要量、人口构成平均值和标准差

城市职能	最低必要量（万人）	平均值 $\overline{X}$	标准差 δ	$\overline{X}+0.5\delta$	$\overline{X}+\delta$	$\overline{X}+2\delta$
采矿业	0.01	0.23	0.27	0.36	0.49	0.76
制造业	1.37	5.10	4.03	7.11	9.12	13.15
电力燃气及水的生产和供应业	0.31	0.61	0.27	0.75	0.89	1.16
建筑业	0.44	4.14	3.22	5.75	7.36	10.58
交通运输、仓储和邮电通信业	0.48	1.71	1.86	2.64	3.57	5.43
信息传输、计算机服务软件业	0.08	0.39	0.29	0.54	0.68	0.97
批发和零售业	0.18	1.39	1.40	2.09	2.80	4.20
住宿和餐饮业	0.08	0.51	0.60	0.81	1.11	1.71
金融业	0.16	1.01	0.86	1.44	1.87	2.74
房地产业	0.09	0.59	0.73	0.95	1.32	2.05
租赁和商务服务业	0.1	0.78	1.04	1.30	1.82	2.87
科学研究、技术服务和地质勘察业	0.11	0.58	0.79	0.97	1.36	2.15
水利环境和公共设备管理业	0.24	0.59	0.40	0.79	0.99	1.39
居民服务和其他服务行业	0	0.10	0.12	0.16	0.22	0.34
教育	1.24	5.17	3.24	6.79	8.41	11.65
卫生、社会保障和社会福利	0.55	1.92	1.22	2.53	3.14	4.36
文化体育和娱乐业	0.05	0.32	0.38	0.51	0.70	1.08
公共管理和社会组织	1.39	3.23	1.71	4.08	4.94	6.65

通过表2-9可以得出2012年北部湾城市群的职能情况。北部湾城市群多数行业部门的就业最低必要量水平依旧较为均衡，但整个行业的最低必要量水平持续偏低。其中，最低必要量最高的行业为制造业，所需就业人数达到1.71万人，而最低必要量最低的行业为居民服务和其他服务行业。2012年北部湾城市群的就业最低必要量中超过1万人的行业，仅有制造业、教育以及公共管理和社会组织3个行业，表明虽然北部湾城市群内各行业部门发展规模基础有所提升，但并不明显。通过人口构成平均值的分析可得，2012年北部湾城市群中平均就业人口数量超过1万人的行业排序为制造业、教育、建筑业、公共管理和社会服务、卫生社会保障和社会福利、交通运输仓储和邮电通信业、批发与零售业以及金融业，北部湾城市群内第二产业与第三产业的发展规模和吸纳能力差距在持续逐步扩大。再分析2012年北部湾城市群的人口构成标准差，水利环境和公共设备管理业、文化体育和娱乐业、信息传输计算机服务软件业、电力燃气及水的生产与供应产业、采矿业以及居民服务和其他服务行业的人口构成标准差小于0.5，表明这些行业2012年在北部湾城市群内分布依旧没有较大差距；而制造业、建筑业、教育、公共管理和社会服务、交通

运输仓储和邮电通信业、批发与零售业以及卫生社会保障和社会福利的人口构成标准差大于1，表明2012年在北部湾城市群内第二产业分布走向依旧集中于大城市，各个城市间的业人口发展规模和吸纳能力发展不均衡，而第三产业多数行业在发展水平在城市间较为均衡提升。

表2－9　　　　　　　2012年北部湾城市群各行业职工最低必要量、人口构成平均值和标准差

城市职能	最低必要量（万人）	平均值 $\bar{X}$	标准差 δ	$\bar{X}+0.5\delta$	$\bar{X}+\delta$	$\bar{X}+2\delta$
采矿业	0	0.26	0.28	0.40	0.54	0.82
制造业	1.71	5.48	4.55	7.75	10.03	14.57
电力燃气及水的生产和供应业	0.31	0.61	0.29	0.75	0.90	1.18
建筑业	0.42	4.46	3.34	6.12	7.79	11.13
交通运输、仓储和邮电通信业	0.4	1.70	1.76	2.58	3.46	5.22
信息传输、计算机服务软件业	0.08	0.39	0.29	0.54	0.68	0.98
批发和零售业	0.16	1.50	1.50	2.25	3.00	4.50
住宿和餐饮业	0.09	0.52	0.63	0.83	1.14	1.77
金融业	0.18	1.05	0.96	1.52	2.00	2.96
房地产业	0.1	0.66	0.80	1.05	1.45	2.25
租赁和商务服务业	0.1	0.71	0.96	1.18	1.66	2.62
科学研究、技术服务和地质勘察业	0.13	0.66	0.86	1.09	1.52	2.38
水利环境和公共设备管理业	0.28	0.64	0.42	0.85	1.07	1.49
居民服务和其他服务行业	0	0.06	0.06	0.09	0.12	0.18
教育	1.38	5.19	3.29	6.83	8.47	11.96
卫生、社会保障和社会福利	0.62	2.01	1.26	2.64	3.27	4.53
文化体育和娱乐业	0.05	0.31	0.35	0.48	0.66	1.01
公共管理和社会组织	1.44	3.35	1.80	4.25	5.15	6.95

通过表2－10可以得出2013年北部湾城市群的职能情况。北部湾城市群第二产业与第三产业各行业部门的就业人口分布较为均衡。其中，制造业为最低必要量最高的行业，就业人数达到1.67万人，而最低必要量指数最低的行业为居民服务和其他服务业与采矿业。2013年北部湾城市群仅有制造业、教育以及公共管理和社会组织3个行业的就业最低必要量超过1万人，表明北部湾城市群整体的就业人口规模水平依旧较低。分析人口构成平均值，2013年北部湾城市群中平均就业人口数量超过1万人的行业依次为建筑业、制造业、教育、公共管理和社会服务、批发与零售业、卫生社会保障和社会福利、交通运输仓储和邮电通信业以及金融业，北部湾城市群的第二产业在2013年迅猛发展，而第三产业的发展规模依旧不足，第二产业与第三产业之间的差异性更大。通过对2013年北部湾城市群的人口构成标准差进行分析，文化体育和娱乐业、电力燃气及水的生产与供应产业、采矿业以及居民服务和其他服务行业的人口构成标准差小于0.5，说明2013年北部湾城市群的第三产业也开始逐渐向大中城市聚集，在不同城市的发展规模出现了差距；而建筑业、制造业、教育、批发与零售业、公共管理和社会服务、交通运输仓储和邮电通信业、卫生社会保障和社会福利以及租赁和商务服务业的人口构成标准差大于1，说明北部湾城市群2013年第二产业与第三产业的部分行业均继续向大城市集中，城市间的发展不均衡。

表2－10　　　　　　　2013年北部湾城市群各行业职工最低必要量、人口构成平均值和标准差

城市职能	最低必要量（万人）	平均值 $\bar{X}$	标准差 δ	$\bar{X}+0.5\delta$	$\bar{X}+\delta$	$\bar{X}+2\delta$
采矿业	0	0.17	0.20	0.27	0.38	0.58
制造业	1.67	6.14	4.03	8.15	10.17	14.20
电力燃气及水的生产和供应业	0.28	0.63	0.34	0.80	0.97	1.31
建筑业	0.38	6.45	5.90	9.39	12.34	18.23
交通运输、仓储和邮电通信业	0.4	1.63	1.37	2.32	3.00	4.37
信息传输、计算机服务软件业	0.14	0.54	0.56	0.82	1.10	1.66

续表

城市职能	最低必要量（万人）	平均值 $\overline{X}$	标准差 δ	$\overline{X}+0.5\delta$	$\overline{X}+\delta$	$\overline{X}+2\delta$
批发和零售业	0.18	2.42	3.30	4.07	5.72	9.03
住宿和餐饮业	0.1	0.65	0.71	1.00	1.36	2.06
金融业	0.18	1.08	0.94	1.55	2.02	2.96
房地产业	0.15	0.85	0.97	1.33	1.82	2.78
租赁和商务服务业	0.16	0.86	1.10	1.41	1.96	3.05
科学研究、技术服务和地质勘察业	0.15	0.76	0.99	1.25	1.75	2.74
水利环境和公共设备管理业	0.3	0.74	0.60	1.03	1.33	1.93
居民服务和其他服务行业	0	0.06	0.07	0.09	0.13	0.20
教育	1.44	5.31	3.39	7.01	8.70	12.10
卫生、社会保障和社会福利	0.69	2.17	1.36	2.85	3.52	4.88
文化体育和娱乐业	0.05	0.33	0.39	0.52	0.72	1.10
公共管理和社会组织	1.49	3.50	1.87	4.44	5.37	7.23

　　通过表 2－11 可以得出 2014 年北部湾城市群的职能情况。北部湾城市群整体各个行业部门的就业人口最低必要量水平依旧偏低。其中，最低必要量最高的行业为公共管理和社会组织，所需就业人数达到 1.55 万人，而居民服务和其他服务业依旧是最低必要量最低的行业。北部湾城市群在 2014 年最低必要量超过 1 万人的行业，仅有教育与公共管理和社会组织 2 个，城市群整体的就业人口规模较低。对人口构成平均值进行分析，2014 年北部湾城市群中平均就业人口数量超过 1 万人的行业排序为建筑业、制造业、教育、公共管理和社会服务、卫生社会保障和社会福利、批发与零售业、交通运输仓储和邮电通信业、金融业、电力燃气及水的生产与供应产业以及房地产业，表明在 2014 年北部湾城市群的第三产业在不断发展，但仍与第二产业相比仍有着较大的差距。分析 2014 年北部湾城市群的人口构成标准差，文化体育和娱乐业、采矿业以及居民服务和其他服务行业的人口构成标准差小于 0.5，2014 年北部湾城市群的第三产业持续向大中城市集中；而建筑业、制造业、教育、公共管理和社会服务、批发与零售业、电力燃气及水的生产与供应产业、交通运输仓储和邮电通信业、卫生社会保障和社会福利、租赁和商务服务业、房地产业、科学研究技术服务和地质勘察业以及金融业的人口构成标准差大于 1，北部湾城市群第二产业依旧在吸纳就业人口上呈现主导作用，但同时第三产业逐渐向大中城市的集聚现象也更为明显。

表 2－11　　　　2014 年北部湾城市群各行业职工最低必要量、人口构成平均值和标准差

城市职能	最低必要量（万人）	平均值 $\overline{X}$	标准差 δ	$\overline{X}+0.5\delta$	$\overline{X}+\delta$	$\overline{X}+2\delta$
采矿业	0.01	0.16	0.21	0.27	0.38	0.59
制造业	0.58	5.95	3.93	7.91	9.87	13.80
电力燃气及水的生产和供应业	0.27	1.11	1.63	1.93	2.74	4.38
建筑业	0.59	6.45	5.87	9.38	12.32	18.19
交通运输、仓储和邮电通信业	0.30	1.67	1.54	2.44	3.21	4.75
信息传输、计算机服务软件业	0.13	0.53	0.53	0.79	1.06	1.59
批发和零售业	0.18	1.73	1.65	2.55	3.38	5.03
住宿和餐饮业	0.10	0.62	0.69	0.97	1.31	2.00
金融业	0.20	1.18	1.03	1.70	2.21	3.24
房地产业	0.16	1.01	1.29	1.65	2.30	3.59
租赁和商务服务业	0.17	0.97	1.32	1.64	2.30	3.62
科学研究、技术服务和地质勘察业	0.16	0.80	1.09	1.34	1.88	2.97
水利环境和公共设备管理业	0.22	0.73	0.64	1.05	1.37	2.01
居民服务和其他服务行业	0	0.07	0.08	0.11	0.15	0.23
教育	1.48	5.38	3.36	7.07	8.75	12.11

续表

城市职能	最低必要量（万人）	平均值 $\overline{X}$	标准差 δ	$\overline{X}+0.5\delta$	$\overline{X}+\delta$	$\overline{X}+2\delta$
卫生、社会保障和社会福利	0.75	2.30	1.42	3.01	3.72	5.13
文化体育和娱乐业	0.06	0.31	0.38	0.49	0.68	1.06
公共管理和社会组织	1.55	3.60	1.87	4.54	5.47	7.35

通过表2－12可以得出2015年北部湾城市群的职能情况。北部湾城市群整体各行业部门的就业人口最低必要量仍旧处在较低水平。其中，公共管理和社会组织依旧为最低必要量最高的行业，所需人数达到1.61万人，而最低必要量最低的行业为采矿业。2015年北部湾城市群仅有公共管理和社会组织、教育2个行业的最低必要量超过1万人，表明北部湾城市群就业人口的发展规模未能实现较明显的提升，中小城市的整体就业人口规模水平依旧不高。对人口构成平均值进行分析可得，2015年北部湾城市群平均就业人口数量超过1万人的行业部门从高至低依次为建筑业、制造业、教育、公共管理和社会服务、卫生社会保障和社会福利、交通运输仓储和邮电通信业、批发与零售业、金融业、电力燃气及水的生产与供应产业以及房地产业，北部湾城市群大部分行业部门的就业人口规模有一定程度的提升，但其行业整体发展依旧较缓慢，第二产业依旧在经济发展和就业人口吸纳上呈现主导地位，第三产业在就业人口吸纳能力也正处在持续提升的状态。对2015年北部湾城市群的人口构成标准差进行分析，依旧仅有文化体育和娱乐业、采矿业以及居民服务和其他服务行业的人口构成标准差小于0.5，说明北部湾城市群内各行业分布较为均衡，其他行业均有向大中城市聚集的趋势；而建筑业、制造业、教育、公共管理和社会服务、卫生社会保障和社会福利、交通运输仓储和邮电通信业、批发与零售业、金融业、电力燃气及水的生产与供应产业、房地产业、租赁和商务服务业以及科学研究技术服务和地质勘察业的人口构成标准差大于1，说明北部湾城市群内整体行业部门向大中城市集中，中小城市的发展受到制约，阻碍了城市群整体的发展。

表2－13　　　　2015年北部湾城市群各行业职工最低必要量、人口构成平均值和标准差

城市职能	最低必要量（万人）	平均值 $\overline{X}$	标准差 δ	$\overline{X}+0.5\delta$	$\overline{X}+\delta$	$\overline{X}+2\delta$
采矿业	0	0.16	0.22	0.28	0.39	0.61
制造业	0.65	0.78	3.60	7.57	9.37	12.97
电力燃气及水的生产和供应业	0.27	1.20	1.62	1.91	2.72	4.34
建筑业	0.44	6.48	6.12	9.54	12.60	18.72
交通运输、仓储和邮电通信业	0.28	1.71	1.65	2.53	3.36	5.01
信息传输、计算机服务软件业	0.13	0.52	0.53	0.79	1.06	1.59
批发和零售业	0.18	1.70	1.59	2.50	3.29	4.88
住宿和餐饮业	0.11	0.60	0.65	0.93	1.25	1.91
金融业	0.19	1.31	1.17	1.90	2.49	3.66
房地产业	0.16	1.04	1.32	1.70	2.36	3.68
租赁和商务服务业	0.18	0.90	1.23	1.51	2.13	3.37
科学研究、技术服务和地质勘察业	0.13	0.79	1.09	1.34	1.88	2.97
水利环境和公共设备管理业	0.30	0.75	0.60	1.05	1.35	1.95
居民服务和其他服务行业	0.01	0.07	0.08	0.11	0.15	0.23
教育	1.43	5.37	3.35	7.04	8.71	12.06
卫生、社会保障和社会福利	0.73	2.37	1.50	3.12	3.88	5.38
文化体育和娱乐业	0.06	0.31	0.40	0.51	0.71	1.11
公共管理和社会组织	1.61	3.67	1.80	4.57	5.47	7.27

通过表2－13可以得出2016年北部湾城市群的职能情况。北部湾城市群整体各行业部门就业人口最低必要量的低水平仍未能有改善。其中，最低必要量最高的行业依旧为公共管理和社会组织，所需人数达到1.66万人，采矿业也依旧为最低必要量最低的行业。2016年仅有公共管理和社会组织、教育2个行业是北部湾城市群最低必要量超过1万人的行业，北部湾城市群中小城市就业人口的发展规模始终受到一定

的限制，基础水平始终较差，对就业人口的吸纳能力也十分有限。分析人口构成平均值，2016 年北部湾城市群平均就业人口数量超过 1 万人的行业部门排序为建筑业、制造业、教育、公共管理和社会服务、卫生社会保障和社会福利、批发与零售业、交通运输仓储和邮电通信业、金融业、电力燃气及水的生产与供应产业以及房地产业，说明大部分行业部门的就业人口发展已小规模，但不同行业部门之间发展具有差异性，第二产业的发展规模与水平仍高于第三产业。分析 2016 年北部湾城市群的人口构成标准差，依旧是除文化体育和娱乐业、采矿业以及居民服务和其他服务行业外，其他行业的人口构成标准差均大于 0.5，表明大部分行业部门在城市群内的发展不均衡；而建筑业、制造业、教育、公共管理和社会服务、交通运输仓储和邮电通信业、批发与零售业、卫生社会保障和社会福利、电力燃气及水的生产与供应产业、房地产业、金融业以及科学研究技术服务和地质勘察业的人口构成标准差大于 1，表明 2016 年北部湾城市群内部大中城市和中小城市的就业人口规模依旧存在较大的差距，城市群内的多数行业向大中城市不断聚集，导致不同城市内的发展规模和水平不一致。

表 2 - 13　　　　　2016 年北部湾城市群各行业职工最低必要量、人口构成平均值和标准差

城市职能	最低必要量（万人）	平均值 $\bar{X}$	标准差 δ	$\bar{X}+0.5\delta$	$\bar{X}+\delta$	$\bar{X}+2\delta$
采矿业	0	0.15	0.21	0.26	0.36	0.57
制造业	0.65	5.64	3.50	7.39	9.14	12.63
电力燃气及水的生产和供应业	0.27	1.07	1.55	1.84	2.62	4.17
建筑业	0.41	6.91	6.63	10.23	13.54	20.17
交通运输、仓储和邮电通信业	0.29	1.74	1.79	2.63	3.53	5.32
信息传输、计算机服务软件业	0.12	0.52	0.52	0.78	1.04	1.56
批发和零售业	0.17	1.76	1.64	2.58	3.40	5.03
住宿和餐饮业	0.10	0.61	0.67	0.95	1.28	1.96
金融业	0.18	1.48	1.48	2.22	2.96	4.44
房地产业	0.18	1.14	1.51	1.90	2.65	4.16
租赁和商务服务业	0.16	0.74	0.80	1.14	1.55	2.35
科学研究、技术服务和地质勘察业	0.11	0.78	1.02	1.30	1.81	2.83
水利环境和公共设备管理业	0.22	0.73	0.58	1.02	1.30	1.88
居民服务和其他服务行业	0.01	0.07	0.08	0.11	0.15	0.22
教育	1.19	5.37	3.40	7.08	8.78	12.18
卫生、社会保障和社会福利	0.65	2.48	1.59	3.28	4.07	5.67
文化体育和娱乐业	0.04	0.32	0.40	0.52	0.73	1.13
公共管理和社会组织	1.66	3.78	1.85	4.71	5.64	7.50

2. 北部湾城市群职能结构的分类分析

从表 2 - 14 可以分析 2008 年北部湾城市群的职能结构。南宁市在强势职能和突出职能方面远远超过其他城市，具备明显的优势。湛江市第二产业的大部分行业部门处于强势职能和突出职能。茂名市第三产业行业部门的发展优于第二产业。海口市的第三产业多数职业部门处于突出职能和优势职能。玉林市和崇左市仅各有一个优势职能，而阳江北海市、防城港市和钦州市则无优势职能。整个城市群的发展不均衡，分布不合理，强势职能和突出职能向大中城市聚集。

表 2 - 14　　　　　　　　2008 年北部湾城市群体系职能结构

城市	强势职能	突出职能	优势职能
阳江			
湛江	采矿业	制造业、电力燃气及水的生产与供应产业、教育	交通运输、仓储和邮电通信业、信息传输、计算机服务软件业、金融业、水利环境和公共设备管理业、卫生、社会保障和社会福利、公共管理和社会组织

城市	强势职能	突出职能	优势职能
茂名	居民服务和其他服务行业	教育	电力燃气及水的生产与供应产业、建筑业、公共管理和社会组织
南宁	制造业、交通运输、仓储和邮电通信业、信息传输、计算机服务软件业、批发与零售业、住宿和餐饮业、金融业、租赁和商务服务业、科学研究、技术服务和地质勘察业、水利环境和公共设备管理业、卫生、社会保障和社会福利、文化体育和娱乐业、公共管理和社会组织	电力燃气及水的生产与供应产业、建筑业、房地产业、教育	居民服务和其他服务行业
北海			
防城港			
钦州			
玉林			教育
崇左			采矿业
海口		住宿和餐饮业、房地产业、文化体育与娱乐业	建筑业、交通运输、仓储和邮电通信业、信息传输、计算机服务软件业、批发和零售业、金融业、租赁和商务服务业、科学研究、技术服务和地质勘察业、水利环境和公共设备管理业

　　从表2－15可以分析2009年北部湾城市群的职能结构。南宁市仍在强势职能和突出职能方面具有明显优势，但住宿和餐饮业由强势职能衰退为突出职能。茂名市的居民服务和其他服务行业也同样衰退为突出职能。湛江市和海口市的优势职能均稍有变动，其他城市并无变化，北部湾城市群的强势职能和突出职能依旧集中在大中城市。

表2－15　　　　　　　　　　　　　2009年北部湾城市群体系职能结构

城市	强势职能	突出职能	优势职能
阳江			
湛江	采矿业	电力燃气及水的生产与供应产业、教育	制造业、交通运输、仓储和邮电通信业、金融业、水利环境和公共设备管理业、卫生、社会保障和社会福利、公共管理和社会组织
茂名		居民服务和其他服务行业、教育	电力燃气及水的生产与供应产业、建筑业、公共管理和社会组织
南宁	制造业、交通运输、仓储和邮电通信业、信息传输、计算机服务软件业、批发与零售业、金融业、租赁和商务服务业、科学研究、技术服务和地质勘察业、水利环境和公共设备管理业、卫生、社会保障和社会福利、文化体育和娱乐业、公共管理和社会组织	电力燃气及水的生产与供应产业、建筑业、住宿和餐饮业、房地产业、教育	居民服务和其他服务行业
北海			
防城港			
钦州			
玉林			教育
崇左			采矿业
海口		住宿和餐饮业、房地产业、居民服务和其他服务行业、文化体育与娱乐业	建筑业、交通运输、仓储和邮电通信业、信息传输、计算机服务软件业、批发和零售业、科学研究、技术服务和地质勘察业、水利环境和公共设备管理业

从表 2－16 可以分析 2010 年北部湾城市群的职能结构。南宁市的强势职能和突出职能依旧远高于其他城市，但交通运输仓储和邮电通信也从强势职能衰退为突出职能。湛江市的交通运输仓储和邮电通信业从优势职能晋升为突出职能，同时部分第三产业的优势职能发生衰退。海口市第二产业和第三产业均发展迅速，房地产行业晋升为强势职能，建筑业和交通运输仓储和邮电通信业晋升成为突出职能。茂名市第三产业的优势职能同样也发生了衰退。其他城市的职能结构整体并没有变化，整体来看，北部湾城市群的优势职能发生衰退。

表 2－16　　　　　　　　　　　　　　2010 年北部湾城市群体系职能结构

城市	强势职能	突出职能	优势职能
阳江			
湛江	采矿业	电力燃气及水的生产与供应产业、交通运输、仓储和邮电通信业、教育	制造业、金融业、水利环境和公共设备管理业、卫生、社会保障和社会福利
茂名		居民服务与其他服务行业、教育	建筑业
南宁	制造业、信息传输、计算机服务软件业、批发和零售业、金融业、租赁和商务服务业、科学研究、技术服务和地质勘察业、水利环境和公共设备管理业、卫生、社会保障和社会福利、文化体育和娱乐业、公共管理和社会组织	电力燃气及水的生产与供应产业、建筑业、交通运输、仓储和邮电通信业、住宿和餐饮业、房地产业、教育	居民服务和其他服务行业
北海			
防城港			
钦州			
玉林		教育	
崇左		采矿业	
海口	房地产业	建筑业、交通运输、仓储和邮电通信业、住宿和餐饮业、居民服务和其他服务行业、文化体育和娱乐业	信息传输、计算机服务软件业、批发和零售业、科学研究、技术服务和地质勘察业、水利环境和公共设备管理业

从表 2－17 可以分析 2011 年北部湾城市群的职能结构。南宁市的强势职能和突出职能仍具备明显的优势，但优势职能发生些许衰退。海口市第三产业的多个行业部门不断地向强势职能和突出职能转变。湛江市和茂名市第三产业的突出职能和优势职能发生衰退。阳江市、北海市、防城港市、钦州市、玉林市以及崇左市依旧没有变化。北部湾城市群内城市之间的发展仍旧具有一定的差距。

表 2－17　　　　　　　　　　　　　　2011 年北部湾城市群体系职能结构

城市	强势职能	突出职能	优势职能
阳江			
湛江	采矿业	电力燃气及水的生产与供应产业、教育	制造业、水利环境和公共设备管理业、卫生、社会保障和社会福利、公共管理和社会组织
茂名		建筑业、居民服务和其他行业服务	教育、公共管理和社会组织
南宁	制造业、交通运输、仓储和邮电通信业、批发和零售业、金融业、租赁和商务服务业、科学研究、技术服务和地质勘察业、水利环境和公共设备管理业、卫生、社会保障和社会福利、文化体育和娱乐业、公共管理和社会组织	电力燃气及水的生产与供应产业、建筑业、信息传输、计算机服务软件业、住宿和餐饮业、房地产业、教育	

城市	强势职能	突出职能	优势职能
北海			
防城港			
钦州			
玉林			教育
崇左			采矿业
海口	住宿和餐饮业、房地产业、居民服务和其他行业服务	信息传输、计算机服务软件业、批发和零售业、文化体育和娱乐业	交通运输、仓储和邮电通信业、租赁和商务服务业、公共管理和社会组织

从表2－18可以分析2012年北部湾城市群的职能结构。南宁市在强势职能、突出职能方面优势依旧明显，居民服务和其他服务行业又发展成为突出职能。湛江市建筑业发展成为优势职能，第二产业较第三产业而言更具优势地位。茂名市第三产业逐渐衰退，第二产业不断进步。海口市的文化体育和娱乐业从突出职能退化为优势职能。其余城市没有发生变化。城市群内第二产业发挥职能态势较第三产业而言更加良好，城市群整体的职能结构依旧不是特别合理，呈现出向大城市集中的分布现象。

表2－18　　　　　　　　　　　　2012年北部湾城市群体系职能结构

城市	强势职能	突出职能	优势职能
阳江			
湛江	采矿业	电力燃气及水的生产与供应产业、教育	制造业、建筑业、水利环境和公共设备管理业、卫生、社会保障和社会福利、公共管理和社会组织
茂名		建筑业	电力燃气及水的生产与供应产业、教育、公共管理和社会组织
南宁	制造业、交通运输、仓储和邮电通信业、批发和零售业、金融业、租赁和商务服务业、科学研究、技术服务和地质勘察业、水利环境和公共设备管理业、卫生、社会保障和社会福利、文化体育和娱乐业、公共管理和社会组织	电力燃气及水的生产与供应产业、建筑业、信息传输、计算机服务软件业、住宿和餐饮业、房地产业、居民服务和其他服务行业、教育	
北海			
防城港			
钦州			
玉林			电力燃气及水的生产与供应产业、教育
崇左			采矿业
海口	住宿和餐饮业、房地产业、居民服务和其他服务行业	信息传输、计算机服务软件业、批发和零售业	交通运输、仓储和邮电通信业、租赁和商务服务业、水利环境和公共设备管理业、文化体育和娱乐业

从表2－19可以分析2013年北部湾城市群的职能结构。南宁市第三产业一些行业部门由强势职能衰退为突出职能和优势职能，但第二产业的优势依旧明显。湛江市和茂名市的部分行业部门在突出职能和优势职能之间有所变化。玉林市和崇左市的第二产业有所发展，玉林市的制造业成为优势职能，崇左市的采矿业成为突出职能。海口市第三产业的行业部门变化较大，强势职能、突出职能和强势职能均发生了改变。北部湾城市群整体的职能结构有发生变化，第二产业有所发展，第三产业有所衰退，但职能结构分布不均衡的现象并没有得到改善。

表 2－19　　　　　　　　　　2013 年北部湾城市群体系职能结构

城市	强势职能	突出职能	优势职能
阳江			
湛江	采矿业	电力燃气及水的生产与供应产业	建筑业、交通运输、仓储和邮电通信业、住宿和餐饮业、金融业、水利环境和公共设备管理业、教育、卫生、社会保障和社会福利、公共管理和社会组织
茂名		电力燃气及水的生产与供应产业、教育	建筑业
南宁	制造业、建筑业、信息传输、计算机服务软件业、金融业、租赁和商务服务业、科学研究、技术服务和地质勘察业、水利环境和公共设备管理业、卫生、社会保障和社会福利、文化体育和娱乐业、公共管理和社会组织	电力燃气及水的生产与供应产业、交通运输、仓储和邮电通信业、住宿和餐饮业、房地产业、居民服务和其他服务行业、教育	批发和零售业
北海			
防城港			
钦州			
玉林			制造业、教育
崇左		采矿业	
海口	批发和零售业、房地产业、居民服务和其他服务行业	交通运输、仓储和邮电通信业、信息传输、计算机服务软件业、住宿和餐饮业、文化体育和娱乐业	租赁和商务服务业、科学研究、技术服务和地质勘察业

　　从表 2－20 可以分析 2014 年北部湾城市群的职能结构。南宁市依旧占据着大多数的突出职能，某些第三产业的行业部门重新从突出职能发展为强势职能。湛江市和茂名市的突出职能和优势职能均表现出衰退现象。海口市的批发和零售业从强势职能退化为突出职能，其他城市无变化。整个城市群内第三产业的行业部门表现为衰退迹象，各城市间依旧存在着发展规模的差异性。

表 2－20　　　　　　　　　　2014 年北部湾城市群体系职能结构

城市	强势职能	突出职能	优势职能
阳江			
湛江	采矿业	教育	建筑业、交通运输、仓储和邮电通信业、批发和零售业、水利环境和公共设备管理业、卫生、社会保障和社会福利、公共管理和社会组织
茂名		教育	建筑业
南宁	制造业、电力燃气及水的生产与供应产业、建筑业、交通运输、仓储和邮电通信业、信息传输、计算机服务软件业、金融业、租赁和商务服务业、科学研究、技术服务和地质勘察业、水利环境和公共设备管理业、卫生、社会保障和社会福利、文化体育和娱乐业、公共管理和社会组织	批发和零售业、住宿和餐饮业、房地产业、居民服务和其他服务行业、教育	
北海			
防城港			
钦州			
玉林			制造业、教育
崇左		采矿业	

城市	强势职能	突出职能	优势职能
海口	房地产业、居民服务和其他服务行业	交通运输、仓储和邮电通信业、信息传输、计算机服务软件业、批发和零售业、住宿和餐饮业、金融业、文化体育和娱乐业	科学研究、技术服务和地质勘察业

从表 2－21 可以分析 2015 年北部湾城市群的职能结构。南宁市在强势职能与突出职能方面依旧占据着优势地位，但制造业由强势职能退为突出职能。湛江市、茂名市和海口市第三产业行业部门的优势职能增加。阳江市、北海市、防城港市、钦州市、玉林市以及崇左市的职能结构分类没有发生变化，依旧在城市群中处在较为落后的位置。整个北部湾城市群内第二产业不断向中小城市进行转移，大中城市第三产业的行业部门规模不断扩大，但城市群内城市间的发展差异依旧存在。

表 2－21　　　　　　　　　　　　2015 年北部湾城市群体系职能结构

城市	强势职能	突出职能	优势职能
阳江			
湛江	采矿业	教育	建筑业、交通运输、仓储和邮电通信业、批发和零售业、住宿和餐饮业、金融业、水利环境和公共设备管理业、卫生、社会保障和社会福利、公共管理和社会组织
茂名		教育	制造业、建筑业、批发和零售业
南宁	电力燃气及水的生产与供应产业、建筑业、信息传输、计算机服务软件业、金融业、租赁和商务服务业、科学研究、技术服务和地质勘察业、水利环境和公共设备管理业、卫生、社会保障和社会福利、文化体育和娱乐业、公共管理和社会组织	制造业、交通运输、仓储和邮电通信业、批发和零售业、住宿和餐饮业、房地产业、居民服务和其他服务行业、教育	
北海			
防城港			
钦州			
玉林			制造业、教育
崇左		采矿业	
海口	房地产业、居民服务和其他服务行业	交通运输、仓储和邮电通信业、信息传输、计算机服务软件业、批发和零售业、住宿和餐饮业	金融业、科学研究、技术服务和地质勘察业、文化体育和娱乐业、公共管理和社会组织

从表 2－22 可以分析 2016 年北部湾城市群的职能结构。南宁市的强势职能和突出职能依旧在城市群内占据主导地位。湛江市的优势职能不断提升，但强势职能和突出职能依旧仅有采矿业和教育。海口市的强势职能有些衰退，突出职能和优势职能发展较好。茂名市第二产业行业部门中的采矿业、制造业与建筑业成为优势职能。阳江市、北海市、防城港市、钦州市、玉林市以及崇左市依旧无变化，且发展较为缓慢。北部湾整个城市群的第三产业不断发展并在大中城市集中，第二产业向大中城市聚集的现象也因向中小城市逐渐转移而发生改变，整体的城市群职能结构分布还不是十分均衡，其发展水平仍然有待提升。

表 2 - 22　　　　　　　　　　　　　　**2016 年北部湾城市群体系职能结构**

城市	强势职能	突出职能	优势职能
阳江			
湛江	采矿业	教育	建筑业、批发和零售业、金融业、租赁和商务服务业、水利环境和公共设备管理业、居民服务和其他服务行业、卫生、社会保障和社会福利、公共管理和社会组织
茂名		教育	采矿业、制造业、建筑业
南宁	制造业、电力燃气及水的生产与供应产业、建筑业、金融业、租赁和商务服务业、科学研究、技术服务和地质勘察业、水利环境和公共设备管理业、卫生、社会保障和社会福利、文化体育和娱乐业、公共管理和社会组织	交通运输、仓储和邮电通信业、信息传输、计算机服务软件业、批发和零售业、住宿和餐饮业、房地产业、居民服务和其他服务行业、教育	
北海			
防城港			
钦州			
玉林			制造业、教育
崇左		采矿业	
海口	房地产业	交通运输、仓储和邮电通信业、信息传输、计算机服务软件业、批发和零售业、住宿和餐饮业、居民服务和其他服务行业、文化体育和娱乐业	金融业、租赁和商务服务业、科学研究、技术服务和地质勘察业、水利环境和公共设备管理业

（四）研究发现与讨论

1. 研究发现

本书通过对 2008～2016 年北部湾城市群的职能体系进行分析，可以得到以下研究发现。

（1）核心城市地位突出。北部湾城市群内大部分行业部门的发展均有向核心城市集中的趋势，核心城市南宁市在强势职能和突出职能上占据着绝对主导地位，部分行业部门仅仅在核心城市南宁市以及海口市、湛江市和茂名市具有较好的发展规模。整体城市群发展过度向大城市集中，中小城市没能得到较好的发展，二者之间具有显著的发展水平和发展规模差异。

（2）职能结构局部趋同。整体来看，几年来北部湾城市群内部的各个城市的强势职能、突出职能和优势职能并无过多变化，城市群职能结构的局部趋同现象比较严重，需要进一步优化改善。强势职能和突出职能集中在大中城市，中小城市甚至没有优势职能，城市群发展不成熟，职能结构也不稳定。经济形态明显向南宁市聚集，海口市、湛江市和茂名市在进一步发展中，而其他城市的发展则严重落后。

（3）产业定位尚未明确。北部湾城市群内第二产业和第三产业在近些年均不断发展，但依旧过度集中于大中城市，与其他城市发展水平和发展规模逐渐出现脱节现象，这种过度集中加大了大中城市的压力，不利于城市群的整体持续发展。城市群内第二产业职能优势依旧，第三产业也在不断发展，但不同城市的产业定位不明确，应继续进行产业结构调整，明确城市群内不同城市的产业定位。大中城市的第三产业发展规模不断扩大，同时将第二产业向中小城市进行转移，刺激人口就业，带动经济发展。

2. 讨论

通过对北部湾城市群 2008～2016 年职能结构的分析，可以看到城市群核心城市职能优势明显，大中城市与中小城市的发展水平和发展规模具有较大的差异性，这种城市群内部的经济聚集表现为，各类生产要素和物质在空间结构上依旧向大中城市高度聚集。不同等级规模并相互作用的城市组成的城市群经济体系，呈现出远大于分散经济体系的社会经济效益。人口规模的扩大为城市提供了发展基础，推动了大中城市第二产业和第三产业行业部门优势职能的不断发展，同时滞后了中小城市的经济发展。

北部湾城市群应该依据各城市自身实际的发展条件和发展阶段，明确产业定位和产业分工，改变长期以来形成的职能结构趋同模式，破除区域行政壁垒，加强城市群内城市间的沟通交流。依据国家相关政策，合理统筹城乡，完善基础设施建设，南宁市为中心不断增强综合承载力，辐射带动中小城市，促进整个城市群的协调发展。

三、北部湾城市群等级规模结构评估分析

（一）北部湾城市群等级规模结构的内涵及构成要素

1. 测算方法的内涵意义（城市群位序理论、城市分形理论）

（1）城市群位序理论。首位城市是指区域内部城镇人口规模占比最大的城市。区域内整体的演化过程往往由首位城市的发展变化来集中体现，因此对区域内城市群分析研究的重要手段之一是对首位城市的发展水平进行观测研究。首位度是区域内的首位城市与第二位城市的人口规模之比，在一定程度上代表了区域内的城市发展要素在最大城市的集中程度。

为了能够对区域内部城市群的集中程度进行更加准确全面的分析，相关学者对首位度进行了补充，并且提出了四城市指数。四城市指数是将区域内首位城市的人口数与次于它的3个城市的人口数之和进行比较的数量指标。同城市首位度相比，四城市指数可以通过对区域内城市群首位度的分布情况进行分析，从而反映出城市群内部大中城市之间的发展关系，以及除了首位城市以外的其他大中城市的人口规模和发展情况。本书是通过对北部湾城市群的首位度、四城市指数来对其等级规模结构进行分析。

（2）城市分形理论。城市分形理论是探索空间复杂性和奇异性的重要工具，可运用分形维数刻画城市地理系统的时空演化规律。城市是自组织系统，其自组织演化受某种规则支配，具有分形特征。分维，又称分形维或分数维，通常用分数或带小数点的数表示，它是分形的定量表征和基本参数，是分形理论的一项重要原则。美国数学家曼德布罗特提出的分形几何学进行演变以及经济学应用形成了城市分形理论，分形理论是研究区域内城市群规模分布的重要数学描述方法。

2. 数据来源及研究对象

运用上述位序—规模分形模型对北部湾城市群内部地级以上级别城市2008年、2009年、2010年、2011年、2012年、2013年、2014年、2015年、2016年的城镇人口、地区生产总值、全社会固定资产投资总额（不含农户）、邮电业务总量、城市建成区面积5项指标进行测度研究，来分析北部湾城市群内部城镇的等级规模结构和发展情况。城镇人口反映城市群内部的人口等级规模，地区生产总值反映城市群内部的经济总量等级规模，全社会固定资产投资总额（不含农户）反映城市群内部的投资总量综合发展水平的物流等级规模，电信业务总量反映出城市群在通信规模及传输上的发展差距，建成区面积反映了城市群在经济发展扩张上空间结构的等级规模。本书选取的指标数值以地级以上城市值为统计口径，数据主要来自《中国城市统计年鉴（2008～2017）》《广西统计年鉴（2008～2017）》《广东统计年鉴（2008～2017）》《海南统计年鉴（2008～2017）》以及各城市的各年度国民经济发展统计公报数。研究对象为北部湾城市群中的10个城市，其中包括广东省的阳江、湛江和茂名3个城市，广西的南宁、北海、防城港、钦州、玉林、崇左6个城市和海南省的海口市。

（二）北部湾城市群等级规模结构评估测算

1. 城市群首位度、四城市指数的测算

首位度（二城市指数）：

$$S_2 = \frac{P_1}{P_2} \qquad (2-15)$$

四城市指数：

$$S_4 = \frac{P_1}{P_2 + P_3 + P_4} \qquad (2-16)$$

其中，P_1 是指首位城市的人口数，P_2、P_3、P_4 分别是指第二、第三和第四位城市的人口数。根据城市位序—规模理论中有关学者的研究，区域内部城市群首位的合理范围数值应该在 2 左右，四城市指数的合理范围值应该在 1 左右。如果城市群首位度为 2、四城市指数为 1 时，说明城市群内部的城镇规模为标准型分布，资源的占有、分配较为均衡，规模等级结构合理；当城市群首位度小于 2、四城市指数小于 4 时，说明城市群内部城镇规模呈现松散分布，城市中心性不明显，对其他城市影响较弱，规模等级区分不明显；当城市群首位度大于 2、四城市指数大于 1 时，说明城市群内部城镇规模呈现极化分布，中心城市的集聚能力强，首位城市的发展在区域内占据主导地位。

2. 城市群等级规模结构的测算

如果区域内城市群是由 n 个城市组成的，可以通过人口尺度 r 对 n 个城市的规模按照大小顺序来进行衡量，从而可以得出与 r 有关的省域内城市数目 $N(r)$。从而构建城市群的位序—规模分形模型：

$$\ln N(r) \propto r - D \tag{2-17}$$

在对等式的两边进行对数化处理可得到关于 $(r, N(r))$ 的等式方程：

$$\ln N(r) = A - D\ln r \tag{2-18}$$

其中，D 分维数反映城市等级规模结构的分布情况，具体含义如表 2-23 所示。

表 2-23　　　　　　　　　　　　**D 值的范围及对应城市等级规模含义**

D 值范围	城市等级规模状况
$D = 1$	城市体系为理想状态，城市形态良好
$D < 1$	省域内城市等级规模分散，省域内城市发展不协调
$D > 1$	省域内城市等级规模集中，省域内城市的发展普遍保持良好上升势态
$D \to 0$	省域内只有一个城市的情况
$D \to \infty$	省域内城市间无差别无等级的发展

（三）北部湾城市群等级规模结构分析

1. 北部湾城市群首位度、四城市指数的评估分析

本书是通过对北部湾城市群内部的首位城市、排序第二、第三和第四城市的城镇人口数进行计算，从而对城市群内部首位城市及其他大中城市的人口规模分布以及特征进行全面直观的分析。

从北部湾城市群首位度和四城市指数的测算结果（见表 2-23），可以绘制出北部湾城市群城市首位度和四城市指数折线图（见图 2-3、图 2-4），并因此得到北部湾城市群内部关于首位城市发展特征的研究分析结果。

由表 2-24 可知，北部湾城市群在 2008 年、2013 年、2014 年、2016 年的首位度数值均大于 1.40，在 2010 年、2011 年、2015 年的首位度数值均小于 1.40，其中 2008 年的首位度数值 1.44 是 2008~2016 年中数值最大，2015 年的首位度数值 1.37 是最小的。北部湾城市群首位度由 2008 年 1.44 下降至 2010 年的 1.38 后又上升至 2014 年的 1.41。北部湾城市群的首位度指数均保持在 1.50 以下，整体呈现较为良好的发展趋势，但是它们的首位度数值均小于 2.0，说明首位城市集聚的优势并不明显，在人口规模上并没有与第二位城市形成比较明显的差别，北部湾城市群呈现均衡化发展，城市群的首位度距离理想值仍有较大的增长空间。

表 2-24　　　　　　　　　　　**北部湾城市群城市首位度、四城市指数**

年份	首位度	四城市指数
2008	1.44	0.55
2009	1.40	0.53
2010	1.38	0.52
2011	1.39	0.52
2012	1.40	0.52

年份	首位度	四城市指数
2013	1.41	0.52
2014	1.41	0.52
2015	1.37	0.50
2016	1.42	0.52

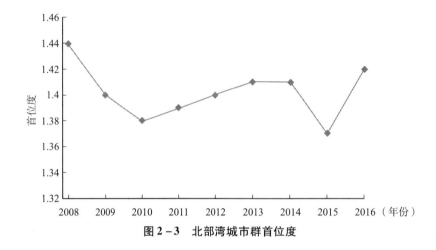

图 2 - 3　北部湾城市群首位度

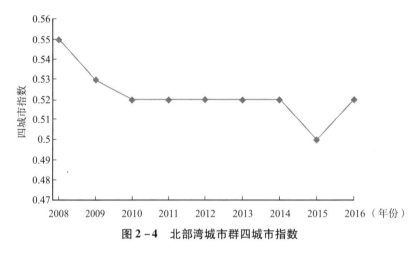

图 2 - 4　北部湾城市群四城市指数

北部湾城市群在 2008 年、2009 年的四城市指数分别为 0.55 和 0.53，在 2010～2014 年四城市指数一直维持在 0.52 这个数值左右。其中 2008 年的四城市指数是 2008～2016 年中数值最大的，2015 年的四城市指数为 0.50 是最小的。北部湾城市群的四城市指数均低于 0.60，说明首位城市在北部湾城市群内部并没有明显的优势，城市群也没有很好地实现首位城市的带动作用。

结合北部湾城市群的首位度和四城市指数的测度分析，2010 年和 2015 年的首位度和四城市指数均有所下降，城市规模向着均衡的方向发展。北部湾城市群呈现中等规模城市进入高速发展的阶段，但是首位城市的发展呈现出动力不足的局面，如何通过政策调整、政策引导的方式来对北部湾城市群内部的等级规模结构进行梳理是在新形势下推动经济健康稳定发展的当务之急。

2. 北部湾城市群人口等级规模的评估分析

人口等级规模采用城镇人口指标来进行测度，通过对北部湾城市群城镇人口数据的整理以及位序—规模分析，构建关于北部湾城市群内部城市体系的人口等级规模的模拟回归方程、分维值、决定系数的实证分析框架。表 2 - 25 是将北部湾城市群以城镇人口指标作为判断指标。通过公式（4 - 4）进行运算而构建的关于（r，$N(r)$）位序—规模回归方程分析模型的结果。北部湾城市群的人口等级规模的分维数不断增大，从 2008 年的 0.851 增长为 2012 年的 1.023，2008 年、2009 年和 2013 年的人口等级规模的分维数小于

1 且均在 0.80 ~ 1.0，说明其内部首位城市的发展水平较高，而其余大中城市在人口等级规模上存在一定的问题，需要通过对中间序列以上城市人口吸引力的强化来加强其内部人口等级规模的稳定性。北部湾城市群在 2010 年、2011 年、2012 年、2014 年、2015 年、2016 年的人口等级规模的分维数大于 1 且均在 1.0 ~ 1.1，说明其内部中间序列以上城市的人口密度较为集中，城市群内的人口等级规模分布较为均衡，整体呈现出良好的发展态势。现如今面临的挑战是使用什么方法来对中间序列以上的城市进行规划引导，并促进北部湾城市群的发展。

表 2 – 25 　　　　　　　　　　　　北部湾城市群人口等级规模分维数测度结果

年份	回归方程	分维数	决定系数
2008	$\ln N(r) = -2.604 + 0.851\ln r$	0.851***	0.904
2009	$\ln N(r) = -2.604 + 0.851\ln r$	0.851***	0.904
2010	$\ln N(r) = -3.899 + 1.085\ln r$	1.085***	0.827
2011	$\ln N(r) = -3.578 + 1.016\ln r$	1.016***	0.812
2012	$\ln N(r) = -3.650 + 1.023\ln r$	1.023***	0.851
2013	$\ln N(r) = -3.568 + 0.999\ln r$	0.999***	0.871
2014	$\ln N(r) = -3.657 + 1.013\ln r$	1.013***	0.894
2015	$\ln N(r) = -3.641 + 1.008\ln r$	1.008***	0.892
2016	$\ln N(r) = -4.011 + 1.060\ln r$	1.060***	0.926

注：*** 表示在 1% 水平下通过统计显著性检验。

图 2 – 5 ~ 图 2 – 13 分别绘制出北部湾城市群点列 r 至点列 $N(r)$ 的双对数折线图。

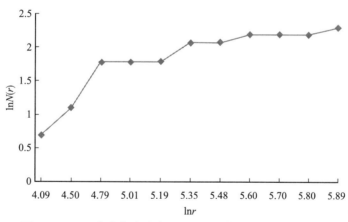

图 2 – 5　2008 年北部湾城市群位序—规模分布双对数折线图

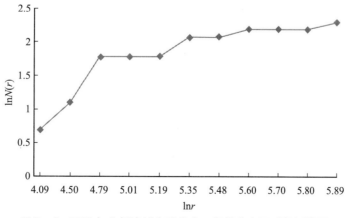

图 2 – 6　2009 年北部湾城市群位序—规模分布双对数折线图

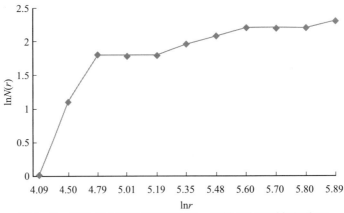

图 2－7 2010 年北部湾城市群位序—规模分布双对数折线图

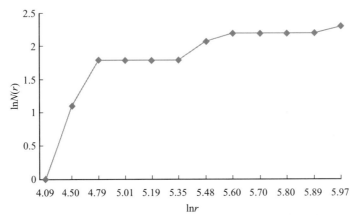

图 2－8 2011 年北部湾城市群位序—规模分布双对数折线图

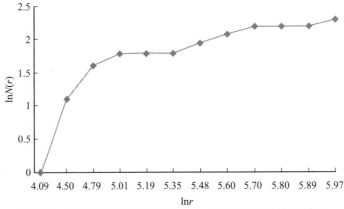

图 2－9 2012 年北部湾城市群位序—规模分布双对数折线图

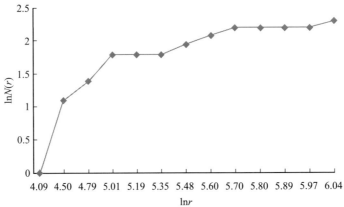

图 2－10 2013 年北部湾城市群位序—规模分布双对数折线图

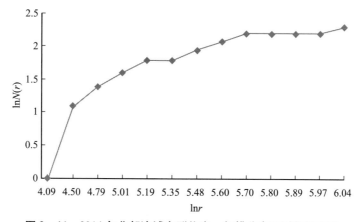

图 2 - 11　2014 年北部湾城市群位序—规模分布双对数折线图

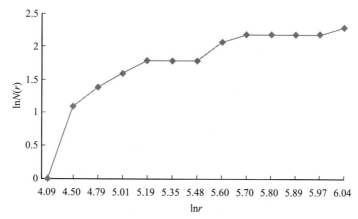

图 2 - 12　2015 年北部湾城市群位序—规模分布双对数折线图

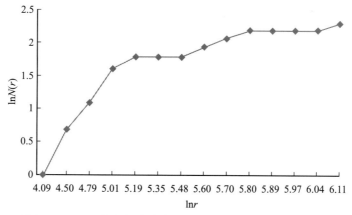

图 2 - 13　2016 年北部湾城市群位序—规模分布双对数折线图

3. 北部湾城市群经济等级规模的评估分析

　　本书中的等级规模采用的是地区生产总值指标来对其进行测算，并通过对北部湾城市群地区生产总值数据的整理以及位序—规模分析，从而构建关于北部湾城市群内部城市体系的经济等级规模的模拟回归方程、分维值、决定系数的实证分析框架。表 2 - 26 将北部湾城市群地区生产总值指标作为判断尺度，通过公式（4 - 4）进行运算而构建的关于位序—规模回归方程分析模型的结果。北部湾城市群在 2011 年的分维值为 1.128，是 2008 ~ 2016 年中分维值最大的，分维值最小的是 2010 年的 0.743，2008 ~ 2016 年经济等级规模的分维数均在 0.70 ~ 1.20，说明北部湾城市群内部的经济等级规模分布较为集中，城市群体系初步形成规模，发展倾向于均衡发展。通过对首位城市的培育来带动中小城镇的发展，扩大其经济影响的范围，构建区域经济一体化。

表 2－26   北部湾城市群地区经济等级规模分维数测度结果

年份	回归方程	分维数	决定系数
2008	$\ln N(r) = -4.516 + 0.952\ln r$	0.952***	0.901
2009	$\ln N(r) = -5.560 + 1.086\ln r$	1.086***	0.766
2010	$\ln N(r) = -3.294 + 0.743\ln r$	0.743***	0.902
2011	$\ln N(r) = -6.252 + 1.128\ln r$	0.128***	0.803
2012	$\ln N(r) = -6.076 + 1.089\ln r$	1.089***	0.814
2013	$\ln N(r) = -4.457 + 0.859\ln r$	0.859***	0.848
2014	$\ln N(r) = -6.207 + 1.076\ln r$	1.076***	0.797
2015	$\ln N(r) = -4.602 + 0.858\ln r$	0.858***	0.863
2016	$\ln N(r) = -6.450 + 1.084\ln r$	1.084**	0.94

注：***、**分别表示在1%、5%水平下通过统计显著性检验。

图 2－14～图 2－22 分别绘制出北部湾城市群点列 r 至点列 $N(r)$ 的双对数折线图。

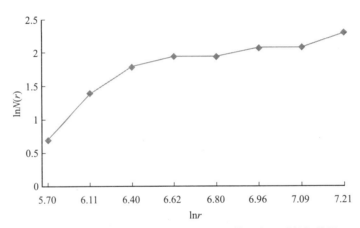

图 2－14   2008 年北部湾城市群位序—规模分布双对数折线图

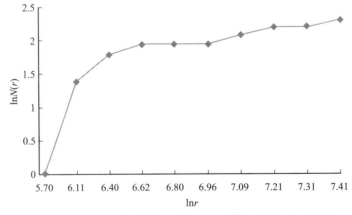

图 2－15   2009 年北部湾城市群位序—规模分布双对数折线图

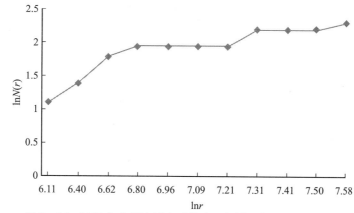

图 2 – 16　2010 年北部湾城市群位序—规模分布双对数折线图

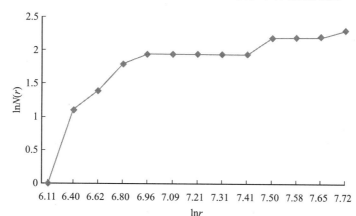

图 2 – 17　2011 年北部湾城市群位序—规模分布双对数折线图

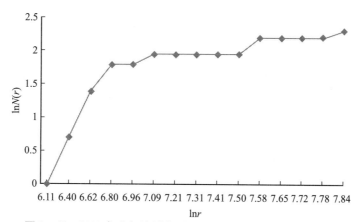

图 2 – 18　2012 年北部湾城市群位序—规模分布双对数折线图

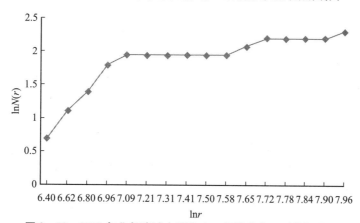

图 2 – 19　2013 年北部湾城市群位序—规模分布双对数折线图

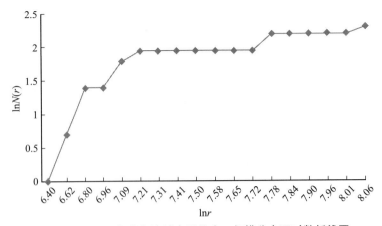

图2－20　2014年北部湾城市群位序—规模分布双对数折线图

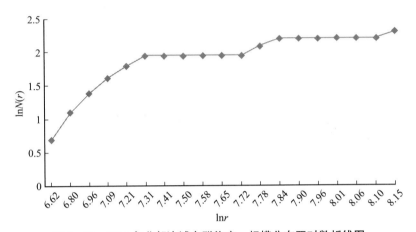

图2－21　2015年北部湾城市群位序—规模分布双对数折线图

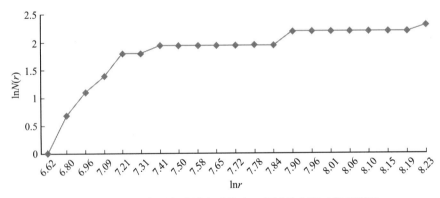

图2－22　2016年北部湾城市群位序—规模分布双对数折线图

4. 北部湾城市群物流等级规模的评估分析

本书中的城市群物流等级规模采用的是全社会固定资产投资总值（不含农户）指标来对其进行测度，并对北部湾城市群全社会固定资产投资总值（不含农户）的整理以及进行位序—规模分析，从而构建关于北部湾城市群内部城市体系的物流等级规模的模拟回归方程、分维值、决定系数的实证分析框架。表2－27是将北部湾城市群全社会固定资产投资总值作为判断尺度，通过公式（4－4）进行运算而构建的关于（r，N(r)）位序—规模回归方程分析模型的结果。2008～2016年北部湾城市群物流等级规模分维值均小于1，在2008年、2010年、2011年、2012年、2014年、2015年和2016年的分维值均在0.6～1.0，说明北部湾城市群内部全社会固定资产投资总值存在着分布不均衡的情况，其物流等级规模也较为分散，首位城市能够在全社会固定资产投资方面占绝对优势的地位，虽然中间序列以上城市对全社会固定资产的投资吸引力在提高，但还是没有实现北部湾城市群内部物流等级规模的稳定成熟。北部湾城市群在 2009 年、2013 年的物流等级规模的分维值偏低，说明北部湾城市群内部首位城市在全社会固定资产投资总值的流向上产生了垄断效应，由于缺乏对中小城镇资金的投入致使它的经济发展十分缓慢，说明政府可以通过政策的引导来对城市群内部的等级规模进行调整、培育和发展。

表 2 - 27　　　　　　　　　　　北部湾城市群物流等级规模分维数测度结果

年份	回归方程	分维数	决定系数
2008	$\ln N(r) = -2.141 + 0.694\ln r$	0.694*	0.682
2009	$\ln N(r) = -0.751 + 0.446\ln r$	0.446**	0.597
2010	$\ln N(r) = -3.185 + 0.775\ln r$	0.775***	0.617
2011	$\ln N(r) = -3.845 + 0.835\ln r$	0.835***	0.596
2012	$\ln N(r) = -3.085 + 0.710\ln r$	0.710***	0.396
2013	$\ln N(r) = -0.616 + 0.376\ln r$	0.376***	0.527
2014	$\ln N(r) = -2.639 + 0.633\ln r$	0.633***	0.552
2015	$\ln N(r) = -4.363 + 0.845\ln r$	0.845***	0.599
2016	$\ln N(r) = -4.975 + 0.909\ln r$	0.909***	0.707

注：***、**、* 分别表示在 1%、5%、10% 水平下通过统计显著性检验。

图 2 - 23 ~ 图 2 - 31 分别绘制出北部湾城市群点列 r 至点列 $N(r)$ 的双对数折线图。

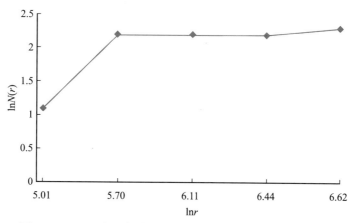

图 2 - 23　2008 年北部湾城市群位序—规模分布双对数折线图

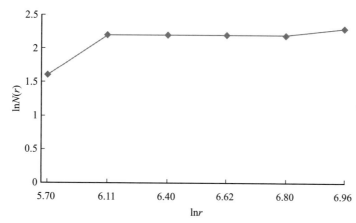

图 2 - 24　2009 年北部湾城市群位序—规模分布双对数折线图

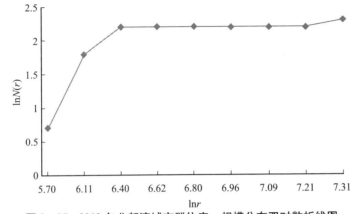

图 2 - 25　2010 年北部湾城市群位序—规模分布双对数折线图

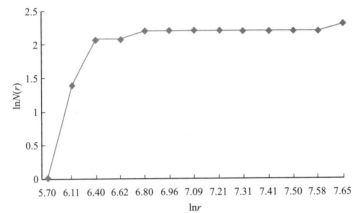

图 2 - 26　2011 年北部湾城市群位序—规模分布双对数折线图

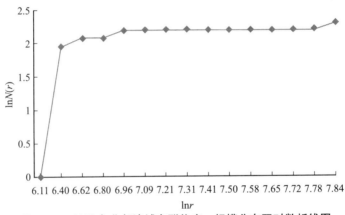

图 2 - 27　2012 年北部湾城市群位序—规模分布双对数折线图

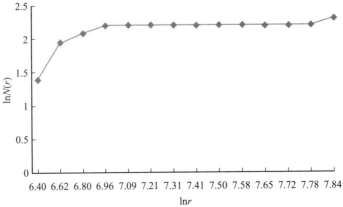

图 2 - 28　2013 年北部湾城市群位序—规模分布双对数折线图

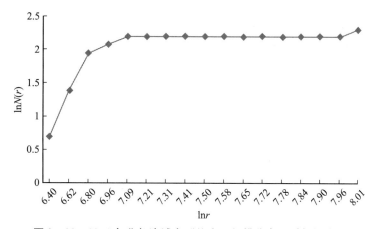

图 2 – 29 2014 年北部湾城市群位序—规模分布双对数折线图

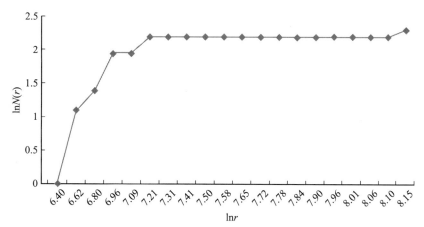

图 2 – 30 2015 年北部湾城市群位序—规模分布双对数折线图

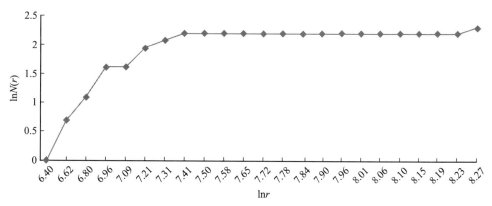

图 2 – 31 2016 年北部湾城市群位序—规模分布双对数折线图

5. 北部湾城市群信息等级规模的评估分析

本书中的城市群的信息流等级规模采用邮电业务总量指标来对其进行测度，并通过对北部湾城市群邮电业务总量的整理以及进行位序—规模分析，从而构建关于北部湾城市群内部城市体系的信息流等级规模的模拟回归方程、分维值、决定系数的实证分析框架。表 2 – 28 是将北部湾城市群邮电业务总量作为判断尺度，通过公式（4 – 4）进行运算而构建的关于（r，N(r)）位序—规模回归方程分析模型的结果。北部湾城市群在 2008 年、2009 年、2010 年、2012 年、2013 年、2014 年、2015 年的信息流等级规模分维值均在 0.50 ~ 1.0，其中 2014 年的分维值 0.892 是最大的，说明邮电业务比较集中，北部湾城市群内部首位城市和中间序列以上的城市信息流等级规模水平比较高，呈现出发展不均衡的情况。北部湾城市群在 2011

年、2016 年的信息流等级规模分维值比较低，说明城市群内部信息流等级规模分散，首位城市的垄断性较强，中小城镇的发展水平不足，将不利于城镇间的交流和发展。

表 2－28　　　　　　　　　　　　　北部湾城市群信息流等级规模分维数测度结果

年份	回归方程	分维数	决定系数
2008	$\ln N(r) = -0.718 + 0.622\ln r$	0.622 ***	0.790
2009	$\ln N(r) = -0.652 + 0.595\ln r$	0.595 ***	0.891
2010	$\ln N(r) = -0.705 + 0.603\ln r$	0.603 ***	0.879
2011	$\ln N(r) = 0.046 + 0.474\ln r$	0.474 ***	0.837
2012	$\ln N(r) = -1.653 + 0.831\ln r$	0.831 ***	0.768
2013	$\ln N(r) = -1.247 + 0.782\ln r$	0.782 ***	0.930
2014	$\ln N(r) = -1.915 + 0.892\ln r$	0.892 ***	0.837
2015	$\ln N(r) = -0.405 + 0.525\ln r$	0.525 ***	0.963
2016	$\ln N(r) = 0.021 + 0.405\ln r$	0.405 ***	0.831

注：*** 表示在 1% 水平下通过统计显著性检验。

图 2－32～图 2－40 分别绘制出北部湾城市群点列 r 至点列 $N(r)$ 的双对数折线图。

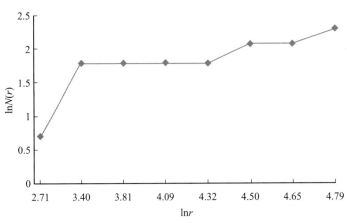

图 2－32　2008 年北部湾城市群位序—规模分布双对数折线图

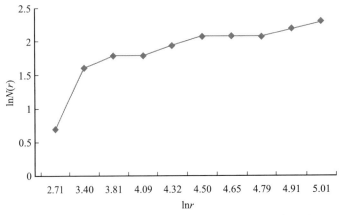

图 2－33　2009 年北部湾城市群位序—规模分布双对数折线图

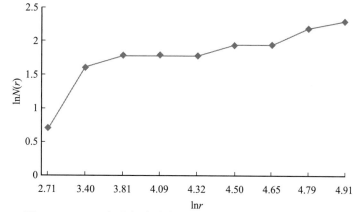

图 2 − 34　2010 年北部湾城市群位序—规模分布双对数折线图

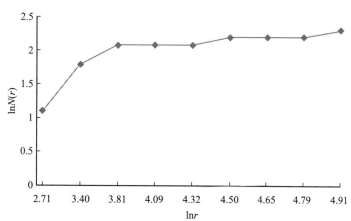

图 2 − 35　2011 年北部湾城市群位序—规模分布双对数折线图

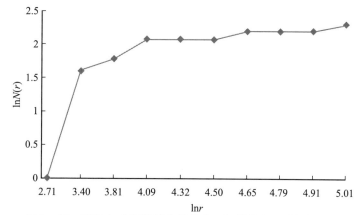

图 2 − 36　2012 年北部湾城市群位序—规模分布双对数折线图

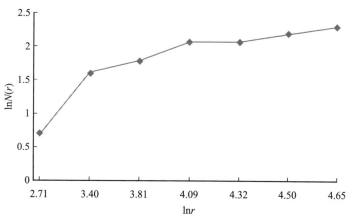

图 2 − 37　2013 年北部湾城市群位序—规模分布双对数折线图

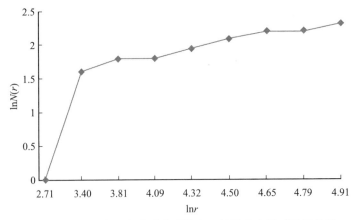

图 2-38　2014 年北部湾城市群位序—规模分布双对数折线图

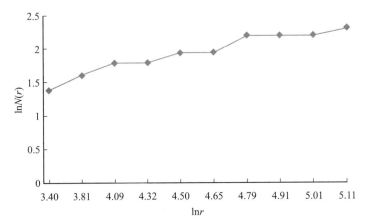

图 2-39　2015 年北部湾城市群位序—规模分布双对数折线图

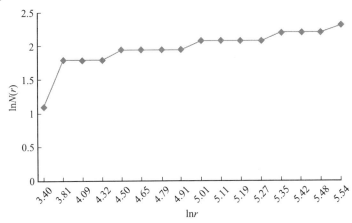

图 2-40　2016 年北部湾城市群位序—规模分布双对数折线图

6. 北部湾城市群土地等级规模的评估分析

　　本书中城市群的土地等级规模是采用城市建成区面积指标来对其进行测度，并通过对北部湾城市群城市建成区面积的整理以及位序—规模分析，从而构建关于北部湾城市群内部城市体系的土地等级规模的模拟回归方程、分维值、决定系数的实证分析框架。表 2-29 是将北部湾城市群城市建成区面积作为判断尺度，通过公式（4-4）进行运算而构建关于（r，N(r)）位序—规模回归方程分析模型的结果。北部湾城市群只有在 2009 年的土地等级规模的分维值是大于 1 的，在其余年份的分维值均在 0.70～1.0，说明北部湾城市群内部的土地等级规模较为均衡，但是也存在着首位城市的发展速度明显快于其他大中小城市的情况，需要通过对大中小城市的空间进行合理科学的规划来加快城镇化进程，从而带动经济的发展。

表 2 - 29	北部湾城市群土地等级规模分维数测度结果		
年份	回归方程	分维数	决定系数
2008	$\ln N(r) = -1.516 + 0.748\ln r$	0.748 ***	0.951
2009	$\ln N(r) = -2.788 + 1.011\ln r$	1.011 ***	0.866
2010	$\ln N(r) = -2.562 + 0.950\ln r$	0.950 ***	0.861
2011	$\ln N(r) = -1.915 + 0.816\ln r$	0.816 ***	0.906
2012	$\ln N(r) = -2.740 + 0.955\ln r$	0.955 ***	0.947
2013	$\ln N(r) = -2.392 + 0.872\ln r$	0.872 ***	0.904
2014	$\ln N(r) = -2.755 + 0.929\ln r$	0.929 ***	0.860
2015	$\ln N(r) = -2.453 + 0.871\ln r$	0.871 ***	0.890
2016	$\ln N(r) = -2.329 + 0.896\ln r$	0.896 ***	0.889

注：*** 表示在1%水平下通过统计显著性检验。

图 2 - 41 ~ 图 2 - 49 分别绘制出北部湾城市群点列 r 至点列 $N(r)$ 的双对数折线图。

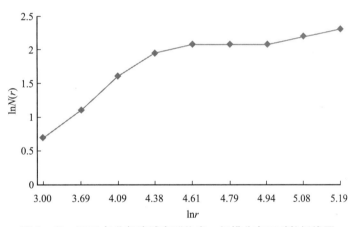

图 2 - 41　2008 年北部湾城市群位序—规模分布双对数折线图

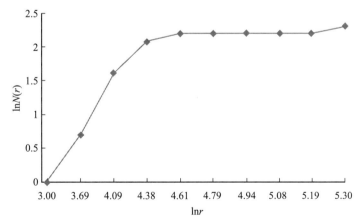

图 2 - 42　2009 年北部湾城市群位序—规模分布双对数折线图

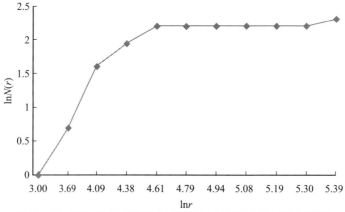

图 2－43　2010 年北部湾城市群位序—规模分布双对数折线图

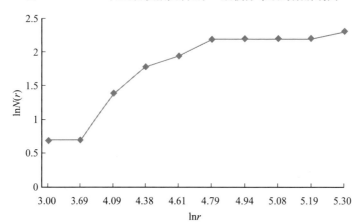

图 2－44　2011 年北部湾城市群位序—规模分布双对数折线图

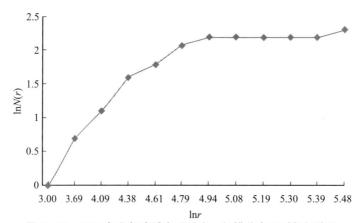

图 2－45　2012 年北部湾城市群位序—规模分布双对数折线图

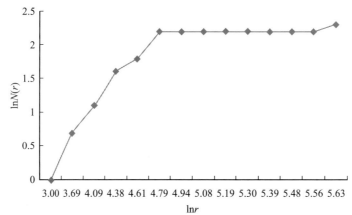

图 2－46　2013 年北部湾城市群位序—规模分布双对数折线图

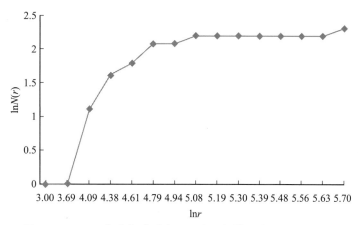

图 2 - 47　2014 年北部湾城市群位序—规模分布双对数折线图

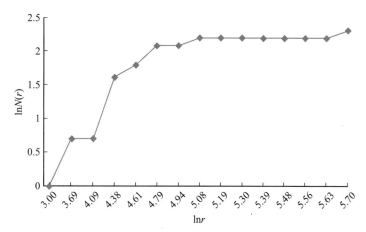

图 2 - 48　2015 年北部湾城市群位序—规模分布双对数折线图

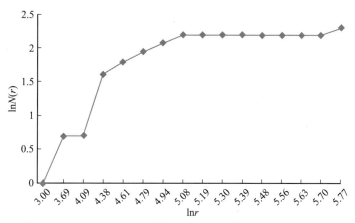

图 2 - 49　2016 年北部湾城市群位序—规模分布双对数折线图

（四）研究发现与讨论

1. 研究发现

北部湾城市群的首位城市的发展并没有与其他城市之间拉开差距，优势不明显，并不能对周围的城市的发展起到较好的带动作用。近年来，随着我国经济的快速发展和新常态下的经济压力，北部湾城市群内部各城市呈现出不同的发展状况，但其规模等级结构并不明显，说明城市群的差序化格局还需要进一步完善。

从四城市指数来看，北部湾城市群内部发展较为稳定，虽然首位城市与其他城市之间的发展存在着差距，但发展差距并不明显。由于首位城市的发展动力不足，需要对城市群内部城市进行规划引导和功能定位，从而以此来对城市群内部进行内部协调。

通过对北部湾城市群人口等级规模分维值的测算，北部湾城市群的首位城市在人口等级规模方面存在一定的优势，但是内部中间序列以上城市在人口等级规模方面的发展还存在不足，说明需要提高中小城市对人口的吸纳能力，来稳定人口等级规模的结构体系。

通过对北部湾城市群经济等级规模分维值的测算，北部湾城市群的首位城市在经济等级规模方面并没有明显的优势，城市群的发展动力不足，等级规模结构呈现不稳定的状态。在新经济常态下，需要通过政府的支持和引导来促进中小城市经济的发展，从而构建经济一体化实现城市群内部经济等级规模的完善和稳定。

北部湾城市群内部的首位城市由于各方面的优势可以吸引更多的社会固定资产（不含农户）的投资，还可以进一步促进首位城市对各类要素资源的获取，其余城市虽然对全社会固定资产投资（不含农户）的吸引力在提高，但由于它们的地理、环境和自身发展等多方面的限制，对全社会固定资产（不含农户）的获取能力有限，因此需要政府通过政策手段进行调控，从而使得社会固定资产（不含农户）的流向更加均衡。

北部湾城市群在邮电业务总量方面的分布比较集中，在信息流等级规模上呈现中间序列以上的城市发展水平比较高，中小城镇的发展不足。城市群的信息传递是通过信息流来衡量的，北部湾城市群内部的中小城镇在信息流发展规模的滞后与经济水平较低相一致，说明需要通过采用鼓励和扶持的手段来对中小城镇的发展进行培育，进一步扩大城市的边界影响力。

北部湾城市群在建成区面积规模上整体呈现较为合理的状态，但由于北部湾城市群受地理因素的限制，如何对城市群内部中间序列以上的城市进行适度地扩张是进行政策调整的关键问题，通过对空间的扩张进行详细的规划，促使城市间的边界场达到最优，加大对中小城镇的培育力度来强化城市群的稳定性。

2. 讨论

北部湾城市群各城市之间在各类要素资源的发展规模上有较大的差距，城市群的等级规模结构也需要进行调整优化其配置。北部湾城市群首位城市并没有在各类要素发展规模上呈现绝对的优势，而且内部的中小城镇在各类要素上的分布比较分散，发展水平也比较低。

由于北部湾城市群发展水平较低、均衡的发展规模受到限制和经济也无法保持长期稳定的发展，使得城市群的中小城镇出现各类要素分布分散、发展水平较低等现象。北部湾城市群整体的经济发展较为缓慢，外界的因素对人均收入的影响也比较大，由于不能保持人均收入水平提升使得城市群的发展小于临界水平，从而不能实现高水平均衡化的发展。通过土地等级规模的分析，可以看出北部湾城市群内部建成区面积分布比较合理，需要对中间以上序列及中小城镇的空间进行扩张和政策调整来强化城市群发展的稳定性。

四、北部湾城市群空间结构评估分析

（一）北部湾城市群空间结构的内涵及构成要素

1. 测算方法的内涵意义

（1）空间分形关联维数。对城市群内部空间结构研究和测度的方法有很多种，分形关联维数法是比较常用的一种测度方法，可以通过分形关联维数的方法对各类要素资源在城市群内部进行空间关联性问题的研究。

（2）空间重心。重心是物理力学中的概念，是指物体各部分所受重力产生合力的作用点。在对城市群各类要素空间重心的研究中，空间重心是指城市群内各城市子矢量的合力点，也就是维持城市群内各要素平衡的点。对一个城市群来说，计算某种属性的"重心"通常是借助各城市的某种属性和地理坐标来表达。从计算方法来看，决定重心的因素有地理位置和属性两个方面，而各城市的地理位置是保持不变的（假设在研究中各城市的地理位置不变），那么重心的变化就代表着属性的变化。

2. 数据来源及研究对象

本书中使用的数据来源于 Google Earth 地球软件、《中国城市统计年鉴（2008～2017）》《广西统计年鉴（2008～2017）》《广东统计年鉴（2008～2017）》《海南统计年鉴（2008～2017）》以及各城市的各年度国民经济发展统计公报数，研究对象为北部湾城市群内部的 10 个城市，其中包括广东省的阳江、湛江和茂名 3 个城市，广西壮族自治区的南宁、北海、防城港、钦州、玉林、崇左 6 个城市和海南省的海口市。

（二）北部湾城市群空间结构评估测算

1. 城市群分形关联维数的测算

假定城市群的内部有 S 个城市，那么关于城市的分形关联函数就可以写成：

$$C(r) = \frac{1}{S^2} \sum_{ij=1}^{s} \theta(r - e_{ij}) \tag{2-19}$$

其中，$C(r)$ 是距离小于 r 的点对数与总对数 S^2 的比；r 代表码尺；S 代表城市数数；e_{ij} 代表 i，j 两个城市之间的欧氏距离，也就是乌鸦距离；$\sum_{ij=1}^{s} \theta(r - e_{ij})$ 为 Heaviside 的跃阶函数。这个函数有下面的性质：

$$\theta(r - e_{ij}) = \begin{cases} 1 & e_{ij \leqslant r} \\ 0 & e_{ij > r} \end{cases} \tag{2-20}$$

若城市体系的空间分布是分形的，那么就具有标度不变的性质，即：

$$C(\lambda r) \propto \lambda C(r) \tag{2-21}$$

$$C(r) \propto r^{\alpha} \tag{2-22}$$

其中，r 代表尺码，α 代表标度因子，$\alpha = F$ 代表的是分维数，如果 $r \to 0$ 时，则有：

$$F \ln r = \ln C(r) \tag{2-23}$$

F 代表的是乌鸦距离（欧氏距离）下的空间关联维数，而且它的变化范围在 [0, 2]。如果 $F \to 0$ 时，就意味着城市群内部各城市之间的空间分布比较紧密，从而说明城市的分布高度地集中在某一地方；如果 $F \to 2$ 时，就意味着城市群内部的空间结构比较松散，且各城市之间的空间作用力和空间联系均较弱，各城市之间的空间分布比较均匀。如果 $F \to 1$ 时，就意味着城市群内部各组成要素能够均匀地分布在某条线上面（地离线）。如果 $1 < F < 2$ 时，若 F 越大，就意味着各组成要素的分布较为分散。反之，就意味着越聚集。

S_{ij} 代表着第 i 城市与第 j 个城市之间的距离，本书通过 Google Earth 地球这个软件对城市群内部各城市的经度和纬度进行收集获取，并且使用欧氏距离的测算方法对其两两城市之间的距离进行计算。

首先我们将任何两个城市看作球体上面的两个点，因此两个城市之间的欧式距离就相当于是球面上弧长。其次分别以赤道（0°）和本初子午线（0°）为 X 轴和 Y 轴来建立一个直角坐标系，若假设地球就是一个正球体，并且可以将度数改成小数的形式，具体计算如公式（2-24）所示。然后再代入公式（2-25），就可以计算出示范点两两城市之间的乌鸦距离（欧氏距离）e_{ij}，由此构建出北部湾城市群的乌鸦距离矩阵。

$$小数形式 = 度数值 + \frac{分数值}{60} + \frac{秒数值}{3600} \tag{2-24}$$

$$S = 2 \arcsin \sqrt{\sin^2\left(\frac{(Lart1 - Lart2) \times \pi}{360}\right) + \cos\left(\frac{Lart1 \times \pi}{180}\right) \times \left(\frac{Lart2 \times \pi}{180}\right) \sin^2\left(\frac{(Lung1 - Lung2) \times \pi}{360}\right)}$$
$$\times 6378.137 \tag{2-25}$$

其中，$Lart1$ 和 $Lung1$ 分别代表 A 点的纬度和经度，$Lart2$ 和 $Lung2$ 分别代表 B 点的纬度和经度；因为经度和纬度是矢量，正负号代表的是它们的方向，因此可以以数轴上的东经和北纬为正向，西经和南纬为负方向；设地球的半径为 6378.137 千米。

首先用 $Lart1$ 和 $Lung1$ 来代表任意一 A 点的纬度和经度，假设 A 点至本初子午线的距离为 S_1，A 点至赤道线的距离为 S_2，因此我们可以得到 A 点在直角坐标系中的坐标。

然后用 $Lart2$ 和 $Lung2$ 来代表 A 点的纬度和经度以及该点至本初子午线上的距离为 S_1，将 $Lart2 = Lat1$ 和 $Lung2 = 0$ 代入公式（2-25）可以得到：

$$\begin{cases} 当\ Lung > 0\ 时 \quad S_1 = 2\arcsin\sqrt{\cos^2\left(\dfrac{Lat1 \times \pi}{180}\right) \times \sin^2\left(\dfrac{Lung1 \times \pi}{360}\right)} \times 6378.137 \\ 当\ Lung < 0\ 时 \quad S2 = 0 - 2\arcsin\sqrt{\cos^2\left(\dfrac{Lat3 \times \pi}{180}\right) \times \sin^2\left(\dfrac{Lung3 \times \pi}{360}\right)} \times 6378.137 \end{cases} \quad (2-26)$$

最后用 $Lat3$ 和 $Lung3$ 来表示赤道线上距离 A 点的距离为 S_2 点的纬度和经度，那么将 $Lat3 = 0$ 和 $Lung3 = Lung1$ 代入公式（2-26）可以得到：

$$\begin{cases} 当\ Lat > 0\ 时 \quad S_2 = 2\arcsin\sqrt{\sin^2\left(\dfrac{Lat1 \times \pi}{360}\right)} \times 6378.137 \\ 当\ Lat > 0\ 时 \quad S_2 = 0 - 2\arcsin\sqrt{\sin^2\left(\dfrac{Lat1 \times \pi}{360}\right)} \times 6378.137 \end{cases} \quad (2-27)$$

2. 城市群空间重心的测算

通过对北部湾城市群经纬度数据与本初午线和赤道的距离进行测算。以本初子午线（0°经线）为纵轴、赤道（0°纬线）为横轴来建立直角坐标系，北部湾城市群直角坐标系上的坐标值可以利用两点间的距离公式进行计算，同时将北部湾城市群的经纬度转换为直角坐标系上相应的坐标。

假设本初子午线上面距离 A 点距离为 S_1 的点的纬度和经度分别为 $Lung2$ 和 $Lat2$，可将 $Lung = 0$、$Lat1 = Lat2$ 代入公式（2-25）可以得到：

$$S_1 = 2\arcsin\sqrt{\cos^2\left(\frac{Lat1 \times \pi}{180}\right) \times \sin^2\left(\frac{Lung1 \times \pi}{360}\right)} \times 6378.137 \quad (2-28)$$

接下来，假设赤道线上面距离 A 点距离为 S_2 的点的纬度和经度分别为 $Lung3$ 和 $Lat3$，可以将 $Lung1 = Lung3$、$Lat3 = 0$ 代入公式（2-28）可以得到：

$$S_2 = 2\arcsin\sqrt{\sin^2\left(\frac{Lat1 \times \pi}{360}\right)} \times 6378.137 \quad (2-29)$$

最后假设一个城市群由若干个城市构成，其中第 i 个城市的重心坐标为 (x_i, y_i)，E_{ij} 为这个城市在某种属性意义下的"重量"，所以在这种属性意义下城市的重心坐标为：

$$x_i = \frac{\sum(E_{ij} \times x_{ij})}{\sum E_{ij}}, \ y_i = \frac{\sum(E_{ij} \times y_{ij})}{\sum E_{ij}} \quad (2-30)$$

其中，j 代表年份，E_{ij} 代表各项指标。

（三）北部湾城市群空间结构分析

1. 北部湾城市群空间分形关联维数的评估分析

可以根据表2-30北部湾城市群地级以上各城市的纬度和经度，首先对北部湾城市群纬度与经度至赤道和本初子午线间的距离进行测算，同时要通过计算北部湾城市群内两个城市之间的乌鸦距离（欧氏距离），来构建出北部湾城市群的乌鸦距离矩阵，如表2-31所示。

表 2-30　　　　　　　　　　　北部湾城市群地级以上各城市经纬度

地区	经度（°）	纬度（°）
阳江	111.98	21.87
湛江	110.35	21.27
茂名	110.92	21.67
南宁	108.37	22.82
北海	109.12	21.48
防城港	108.35	21.70
钦州	108.62	21.95
玉林	110.17	22.63
崇左	107.37	22.40
海口	110.32	20.03

表 2 - 31　　　　　　　　　　　　　北部湾城市群乌鸦距离矩阵

地区	阳江	湛江	茂名	南宁	北海	防城港	钦州	玉林	崇左	海口
阳江	0	181.48	111.82	386.42	299.03	375.70	347.12	204.78	478.99	267.83
湛江		0	73.96	267.40	129.63	212.62	194.39	152.53	332.62	138.07
茂名			0	292.26	187.53	265.86	239.74	131.91	375.21	192.94
南宁				0	168.02	124.69	100.21	186.02	112.90	370.52
北海					0	83.38	73.56	167.70	207.70	204.10
防城港						0	39.41	214.29	127.66	276.67
钦州							0	176.69	138.25	277.30
玉林								0	289.07	289.85
崇左									0	404.11
海口										0

对 r 取 20 千米、40 千米、80 千米、100 千米，将 d_{ij} 大于 r 的城市数量记为 $C(r)$，从而可以得出一组与点 $(r, C(r))$ 相对应的数据，接下来对 $(r, C(r))$ 的对数化进行回归分析，可以得出关于北部湾城市群的空间结构分维数结果，如表 2 - 32 所示。

表 2 - 32　　　　　　　　北部湾城市群尺度距离 r 及空间关联维函数 $C(r)$

r	北部湾
20	10
40	12
60	12
80	16
100	18
120	24
140	36
160	38
180	44
200	54
220	64
240	66
260	66
280	76
300	84
320	84
340	86
360	88
380	94
400	96
420	98
440	98
460	98
480	100

通过点列 r 至点列 $C(r)$ 绘制出北部湾城市群的双对数坐标，如图 2 - 50 所示。

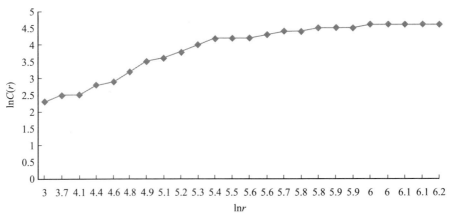

图 2-50 北部湾城市群分形关联维数双对数坐标

表 2-33 为北部湾城市群空间布局结构分维数的测算结果，它的空间布局结构分维数为 0.911 接近于 1，说明北部湾城市群的空间分布是围绕在某一种地理特征要素（如首位城市、交通干道、水源等）集中从而形成比较均衡的分布，城市群的空间布局结构比较均衡稳定，城市群的发展水平也比较成熟。

表 2-33   北部湾城市群空间布局结构分维数测度结果

城市群	回归方程	分维数	决定系数
北部湾	$\ln C(r) = -0.921 + 0.911\ln r$	0.911***	0.941

注：*** 表示在 1% 水平下通过统计显著性检验。

2. 北部湾城市群空间重心的评估分析

通过公式（2-28）和公式（2-29）将北部湾城市群内部各城市的纬度和经度转换成直角坐标系下点的坐标，令 $x = S_1$，$y = S_2$，能够得到北部湾城市群内部各城市所代表的点在直角坐标系上面相对应的坐标，如表 2-34 所示。

表 2-34   北部湾城市群各城市位置代表点本初子午线和赤道的距离   单位：千米

北部湾城市群	与赤道距离（坐标）	与本初子午线距离（坐标）
阳江	2434.555	11196.39
湛江	2367.763	11110.87
茂名	2412.291	11121.43
南宁	2540.309	10768.82
北海	2391.141	10976.15
防城港	2415.631	10882.87
钦州	2443.461	10882.13
玉林	2519.158	10951.37
崇左	2493.554	10721.60
海口	2229.728	11232.87

根据公式（2-25）、公式（2-29）和公式（2-30）对 E_{ij} 分别取城市年末总人口和地区生产总值，从而能够得到关于北部湾城市群的人口和经济的重心坐标。并且还可以通过对 2008～2016 年相关数据的计算来得到关于北部湾城市群人口和经济重心的演变轨迹路线。

由图 2-51 可以看出北部湾城市群人口重心变动幅度较大，在 2008～2011 年呈现向西北方向移动，2011～2013 年呈现向东南方向移动变化，2013～2015 呈现向西移动，2015 年后再向东部方向移动的变化趋势，北部湾城市群人口重心不断发生变动的原因是湛江和南宁这两座城市人口规模不断地发生变化。2008～2011 年在人口规模的发展上湛江具有较大的优势，所以北部湾城市群的人口重心开始向着湛江的方向移动的 2011～2013 年南宁在人口规模的发展上有着比较明显的变化，从而北部湾城市群的人口重心开始向着南宁的方向移动，2013～2015 年北部湾城市群先向着湛江方向移动，说明湛江在人口规模方面的优势变得更大，2015 年以后，北部湾城市群的人口重心变动主要是受湛江和南宁共同作用，北部湾城市群在人口重心方面开始逐渐趋于稳定。

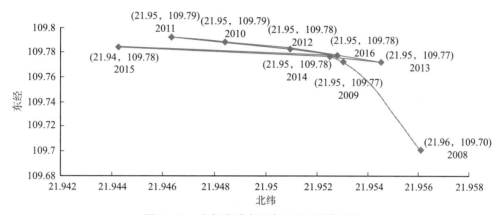

图 2-51　北部湾城市群人口重心演变路径

由图 2-52 可以看出北部湾城市群的经济重心变动幅度较大，2008～2011 年呈现向西北的方向移动，说明北部湾城市的经济重心不断向湛江的方向移动，从而也可以看出在这个时间段内湛江的经济发展水平有了很大的提高，增加了它对北部湾城市群经济重心的吸引力，2011～2015 年总体上呈现向东部移动，说明城市群在湛江和南宁的共同作用下经济重心向东部方向移动，从而也可以看出湛江和南宁在该时间段内的经济发展规模均呈现出较高的水平，对城市群经济重心均起到吸引的作用，2015～2016 年向西北方向移动，说明城市群的经济重心不断向湛江方向移动，同时茂名和北海经济的发展对经济重心的移动也产生了一定的作用，从而可以看出北部湾城市整体的经济发展水平有了一定的提升，从而可以看出北部湾城市群的经济重心不断变化并逐渐趋向稳定阶段。

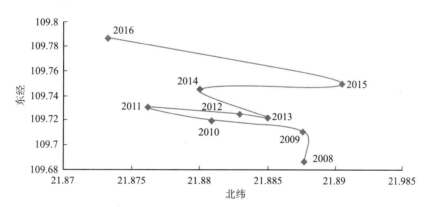

图 2-52　北部湾城市群经济重心演变路径

（四）研究发现与讨论

1. 研究发现

北部湾城市群空间布局结构的分维数 F 接近于 1，说明北部湾城市群的空间分布上是围绕在某一种地理特征要素（如首位城市、交通干道、水源等）聚集从而形成比较均衡的分布，城市群的空间布局结构较为均衡，为了让城市群能够更好地发展，可以通过对城市群内部各城市进行空间上的扩张发展来扩大城市群的规模和影响边界。

通过分析北部湾城市群的尺度距离和空间关联维函数的对应坐标可以得出，北部湾城市群对应的城市数量是随着城市间距的扩大而呈现出平滑的上升趋势，这也说明了北部湾城市群内部空间布局较为合理，城市的数量和空间结构是相互对应的。

北部湾城市群在2008～2016年呈现出人口重心变动的幅度较大的特征，在2008～2015年由于湛江和南宁在人口规模上有着较大的优势，因此在此期间人口重心先是不断地向着湛江的方向移动，然后向着南宁的方向移动，北部湾城市群人口重心在2015年后受湛江和南宁的公共作用的结果开始趋于稳定。北部湾城市群各个城市的经济发展存在着较大的差距，在不同的时期各个城市的经济发展规模和水平也有着较大的差异，从而导致北部湾城市群的经济重心变动幅度较大，城市群可以通过对内部等级关系的梳理和制定科学合理的规划结构来加强城市群的建设。

2. 讨论

通过对北部湾城市群空间布局结构特征的研究，可以看出北部湾城市群是围绕着某一种地理特征要素（如首位城市、交通干道、水源等）聚集。说明北部湾城市群在空间布局的结构还不够稳定，虽然有着以首位城市形成都市圈的结构，但其首位城市在各类要素的发展规模上并没有呈现绝对的优势，没有对周边的城镇起到较好的辐射和带动作用，城市群的发展尚未成熟。在促进首位城市发展的同时加大对城市群内部中小城镇的培育和发展，通过中心城市本身的优势特点和经济带动能力来对各个方面要素产生吸引促进其发展成为健康稳定发展的城市群。

北部湾城市群空间布局结构需要避免对某一地理特征要素产生集聚的效应，来完善城市群内部的规模结构。点轴的开发理论认为要想形成梯度化的城镇模式，需要通过对重点轴实施扩散式的开发，这样才能够对周围城市起到带动的作用，也有利于形成城乡一体化建设。点轴开发理论与平面板块的递进模式不同，它需要建立一个立体的网络布局结构来对城市群的经济发展进行综合性分析。如果对北部湾城市群采取点轴的开发模式，则需要评估各个城市之间的经济联系强度、经济发展水平，以便能够对城市群空间结构进行合理布局，有利于构建各城市间的空间网络结构，可以更好地利用点轴开发理论来对城市群的发展和培育进行指导。

北部湾城市群在人口重心和经济重心的变化幅度较大，北部湾城市群的人口和经济重心呈现的主要还是靠近首位城市发展的现象，说明目前北部湾城市群还是以中心—边缘的空间结构作为主体的。由于城市群的发展对国家的经济、政治、文化网络结构有着非常重要的作用，可以通过加大对城市群培育的力度，来促进各城镇不同的要素在空间上形成的集聚关系。随着第三产业在大中城市的发展速度加快，城市群的中心—边缘结构也出现不断弱化的现象，城市群的边缘城镇得到快速发展，城市群的内部就能够形成较为均衡的发展模式。

北部湾城市群的经济重心有较大幅度的变化，表明了城市群各城市之间的经济发展水平存在着差异性。可以将城市群内部的大中城市视为经济增长的极点，那么中小城镇就是联系各个城市间必不可少的轴线，这样就通过点轴网络构建了相互联系的体系。北部湾城市群经济重心的大幅变动不仅说明了城市群内部经济发展的不稳定性，也说明了首位城市对周边地区的辐射和带动能力较弱。北部湾城市群需要明确中心城市的核心地位和等级规模体系，针对不同的城镇采取科学合理的方法，构建科学合理的城镇布局和交通网络体系来促进城市群整体经济的发展。

第三章　北部湾城市群综合发展水平评估分析

一、北部湾城市群城市综合发展水平测算方法

（一）北部湾城市群城市综合发展水平评估指标体系建立

1. 北部湾城市群城市综合发展水平内涵及构成要素

改革开放以来，北部湾城市群城镇化率不断提升，城市经济已成为北部湾经济的主导部分。随着北部湾城镇化进程深入推进，越来越多的人口将向城市聚集，创造了越来越多的财富。但是在城镇化进程中各区域发展存在非均衡性，广东、广西、海南地区之间差距较大。北部湾城市群发展不平衡、不全面，大多数城市在促进经济增长的同时，易忽视与之相对应社会发展体系的构建和生态环境的保护。因此，研究北部湾城市群城市的综合发展水平并构建相应的评估体系，有助于全面认识和掌握北部湾城市群城镇化进程中存在的不足，探悉问题形成的原因，为促进北部湾城市群高质量发展提供有力参考依据。

北部湾城市群城市综合发展水平评估是指对城市在一定时期内经济、社会、人力、基础设施、生态环境等领域发展水平和潜力的综合评价。从横向角度看，城市综合发展水平评估是当前城市要素在发展中的体现，受要素总量和要素质量的影响。城市综合发展水平不仅是衡量城市经济发展状况，还包括城市社会发展程度、城市经济发展的质量和经济发展支撑体系的现实情况。城市社会发展需要一定的经济基础，但这并不意味一个城市经济发展必然将有与之匹配的社会发展水平。因此，在大力发展经济的同时必须注重城市社会发展水平的同步。北部湾城市群城市经济与社会的发展均需要一定的支撑体系，它包括两方面：一是城市基础设施和人力资本水平；二是城市的生态环境承载能力。综合发展水平高的城市必然是在人造与自然两方面均具有较强的承载力，能充分适应城市经济、社会的快速发展。从纵向角度看，城市综合发展水平也反映北部湾城市群城市要素未来的发展潜力。首先，城市的经济、社会、资源等方面的发展水平是城市综合发展水平评估的重要部分，是对城市各方面所具备达到先进程度和城市运行高效率的直观反映。其次，北部湾城市群城市发展的动态趋势是城市未来发展潜力的展现，各种要素资源将可持续地为北部湾城市群城市综合发展水平的进一步提升而服务。综上所述，北部湾城市群综合发展水平评估主要是围绕人口就业、区域经济、农业生产、工业企业、基础设施、社会福利、居民生活、科教文卫、生态环境9个维度展开的。人口就业是对北部湾城市群综合发展水平评估的第一级内容，是对城市群短期城市活力变化的研究；区域经济、农业生产以及工业企业是对北部湾城市群综合发展水平评估研究的第二级内容，是对城市群中期城市经济变化和生产变化的研究；基础设施、居民生活以及社会福利是对北部湾城市群综合发展水平评估研究的第三级内容，是对城市群中长期城市建设变化和生活变化的研究；生态环境、科教文卫是对北部湾城市群综合发展水平评估研究的第四级内容，是对城市群长期城市软实力变化的研究。图3-1为北部湾城市群城市综合发展水平评估逻辑。

（1）人口就业。人口就业作为城市化文明提升的重要体现，人口就业实力的提升是进行城市发展的基本载体和实现路径。人口就业的发展是城市完成高层次经济社会发展目标的基础，人口及就业结构优势可以保证地区劳动力、生产要素投入的高效化。合理的人口及就业结构有利于促进城市的经济结构升级以及资源配置效率提升。人口就业与经济发展间存在着密切的联系，单从就业的角度考虑，快速的经济增长需要更多的人口就业，若经济增速放缓会在减少社会就业岗位的同时降低社会的稳定性，影响改革发展的推动。

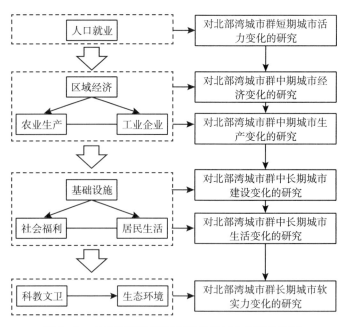

图 3-1　北部湾城市群城市综合发展水平评估逻辑

　　城市的人口就业状况与其经济产业发展有着直接的联系。经济产业结构的变化调整将导致城市人口就业状况的转变，经济和产业发展为城市内部的居民及劳动力人口提供物质基础。经济及产业的调整变化是通过对地区及城市生产要素分配、生产力及生产关系协调进行优化而实现的，经济产业的变化将第一时间反映在城市的人口就业层面。一方面，人口变化趋势、结构优势对城市综合发展起到推动作用；另一方面，人口素质提升、就业结构及保障的完整也会对城市经济转型、产业升级起到重要作用。因此从人口变化、人口结构、就业结构、就业保障4个方面对北部湾城市群城市人口就业状况进行评估。

　　首先，人口变化是人口就业状况的基本要素。城市的人口变化直接反映出其人口就业状况的演化过程，人口就业状况良好的城市其人口变化趋势更为合理，城市的人口承载力、人口增量控制更为科学。人口变化包含人口增量、人口分布蔓延等内容。人口增量是对城市人口的增长比例、增长模式状况的体现，为实现城市人口增长对经济社会发展的促进作用，城市的人口变化应当合理控制。人口分布蔓延情况是对城市人口分布、城市布局、城市发展趋势进行的评估，城市的人口变化要对其增长比例进行控制，避免中心区人口过密以及新兴发展地区劳动力人口缺失的问题。

　　其次，城市人口结构是评估城市人口就业状况的基础条件。人口结构反映城市人口比例、分布。人口结构的均衡对城市经济社会发展起到重要作用。因此，本书通过社会抚养比、性别结构等内容对城市人口结构进行分析。社会抚养比反映城市实际劳动力人口的分布情况，人口老龄化会导致社会抚养比的下降，在短期内呈现城市劳动力充沛、有效刺激城市发展，形成人口红利优势。性别结构反映城市人口发展的均衡程度，性别比例的失衡容易引发诸多社会问题，不利于城市的稳定发展。

　　再次，就业结构是人口就业状况评估的重要体现。就业结构反映城市各部门发展中劳动力数量及分布的基本情况。就业结构直观地反映城市劳动力的分布情况，也代表着城市产业发展的基本情况。因此，本书通过就业结构变化、就业贡献率、就业偏离系数等内容对城市就业结构进行评估分析。就业结构变化反映城市劳动力人口在各产业部门间变化的基本情况，根据城市及产业的发展规律，劳动力人口往往会随着工业劳动生产率的提升由第一产业向第二产业进行转移，而随着第二产业的集聚效应以及劳动生产率的持续提升，劳动力人口会继而向第三产业进行转移，城市的产业就业结构呈现梯度化发展趋势。就业贡献率进一步反映城市各产业部门吸纳就业人口的实力，就业贡献率由各产业部门视角对就业人口的分布及集中情况进行评估。

　　最后，就业保障是城市人口就业状况的有力支撑。城市是工业革命后人口集聚及经济社会发展的主要载体，随着城市生产生活水平不断提升，通过提升就业保障实力可以确保城市对人力资本的集聚吸引实力。本书通过就业保障枢纽度、就业保障职能规模等方面对就业保障进行评估。就业保障枢纽度是城市所提供的就业保障与城市经济人口之间的关系，就业保障枢纽度更高的城市其就业保障实力更强。就业保障职能规模是对城市在地区内能够提供就业保障实力的横向比较，就业保障职能规模更强的城市，说明城市就业保障实力更强，所能够提供的社会福利更具备优势。

（2）区域经济。改革开放以来，我国经济取得了突飞猛进的发展，现已成为全球第二大经济体，区域经济发展的形势对政府政策出台以及个人机构的投资决策具有重要影响。因此，区域经济调控能力对于推进我国社会主义市场经济进一步深化改革具有重要意义。

随着我国经济快速发展，各地区城镇化、市场化进程不断加速，城市内部的组成要素发生巨大变化，区域经济反映地区及城市生产力及发展潜力的基本情况。经济及产业的调整变化是通过对地区及城市生产要素分配、生产力及生产关系协调进行优化而实现的，生产力作为各类生产要素中最活跃的部分，经济产业的变化会第一时间反映在城市的区域经济上。区域经济发展也制约着城市的综合发展，生产力作为城市发展中最具能动性的要素，对于协调各类要素资源的分配、经济产业结构升级起到重要作用。区域经济发展助推城市综合发展，而城市经济结构优化、经济发展及金融投资服务设施完善也对城市经济转型、产业升级起到重要作用。因此，本书从经济结构、经济发展、金融投资3个方面对北部湾城市群城市区域经济实力进行评估。

首先，经济结构是一个多维的、多层次的经济学要素，因而经济结构划分也具有不同角度。其中，按照生产关系角度，经济结构可以体现为各类所有制结构；按照产业结构的角度，可划分为产业聚集、产业专业化等内容。产业聚集是对产业聚集程度的评估，产业聚集度越高，聚集范围内的企业就可以得到更专业化的服务，从而提高企业的竞争力。产业专业化是对城市产业所具有的专业优势进行的评估。专业性程度越高，越能够促进劳动生产率提升，使企业受益于外部规模带来成本节约，并降低企业的劳动力成本。产业结构的调整将有效促进经济增长，通过改善需求结构而增加有效需求，通过改善供给结构、改造传统产业打造新型主导产业，为经济增长带来新的产业动力。

其次，城市经济发展是评估城市区域经济发展水平的基础条件。经济增长带动经济发展，而经济发展将促进经济增长的延续和飞跃，但经济增长不一定就有经济发展。因此，本书通过经济承载力、劳动生产率等内容对城市经济发展进行分析。经济承载力是对城市健康可持续发展的重要反映，城市经济承载力反映经济增长对城市经济社会发展的影响，城市经济承载力越弱，说明其整体经济社会发展水平越低，无法有效利用经济资源优势。劳动生产率是反映城市企业经济效益的重要评价指标，劳动生产率高，说明企业的就业人员工作平均熟练程度高，企业的科学技术发展程度和应用程度高；劳动生产率低则说明城市企业的经济效益差，对城市经济发展起的作用有限。

最后，金融是现代经济的核心，金融的发展对经济的发展起着至关重要的杠杆作用，而这个杠杆作用主要是由金融投资来实现的。因此，本书通过金融发展水平等内容对城市金融投资进行评估分析。金融发展水平是对金融事业投入和产出的体现，城市的金融发展水平要根据对金融的资金、物质和人力的投入进行统计。金融发展水平越高的城市，说明其对金融事业投资和发展的资金投入较多，而且能够充分满足城市发展对于金融发展的需求。

（3）农业生产。改革开放以来，中国农业发展速度迅猛，成效显著。其表现为农业基础设施建设逐步改善，农业现代化科技水平显著提升，农民大幅度持续增收。中国农业正处于由传统农业向现代农业过渡的时期。

城市的农业发展与其产业发展有着直接关联。经济发展过程中的产业结构调整，通过地区及城市生产要素分配、生产力及生产关系协调进行优化而实现。生产力作为各类生产要素中最为活跃的部分，产业结构的变化将迅速反映在城市的农业发展领域。农业发展水平也制约着城市的综合发展，城市综合发展对农业发展水平的提升具有推动作用，而农业结构的优化、农业发展和农业产出的提高也将促进城市的综合发展。本书将围绕农业结构、农业发展、农业产出3个维度对北部湾城市群城市农业发展水平展开系统评估。

首先，农业结构是农业发展的基本要素，城市的农业结构直接反映其农业发展的演化过程。农业结构表示农产品质检的比例关系。农业结构包含农业发展结构、农业产出率等内容。农业发展结构是对城市农业的多样化种植、种植水平和市场化程度、农业种植人员对市场分析意识的能力3个方面的综合评价。农业发展结构越好，说明城市农业种植品种较多。农业发展结构越好越能实现对城市经济社会发展的有效促进作用。农业产出率是对城市农业产品生产效率的评估分析，在固定的时间内，提高农业种植水平，改进农业种植技术，可以获得更多的农业产品产量，进而提高农业产出率。通过对城市农业产出率的评估分析，可以为城市进行农业产出增长比例调整提供理论与数据支撑。

其次，农业发展是评估农业综合发展水平的重要部分。农业发展反映城市农业土地的发展情况、农业发展水平。因此，本书通过农业土地发展、农业发展强度等内容对城市农业发展进行分析。农业土地发展反映城市农业生产用地的使用和建设情况，由于存在着地区间土地城镇化差异以及经济发展不平衡等问题，农业土地发展的情况也各不一样，通过对城市农用耕地面积、农业灌溉面积等多个指标的评估分析，可以为城市说明其农业土地发展水平的程度。农业发展强度是对城市农业投入和产出的体现。农业发展强度越高的城市，说明其对农业发展投入的资金、物质、人力越多，农业科技投入也越多，同时农业产出量增加、产出种类增多。

最后，农业作为传统产业和国民经济的基础产业。农业产出增长可以分为外延式和内生式增长，外延式增长是通过生产要素投入的增加促使产出的增加。因此，推进农业生产要素进一步改进，对于解决农业产出问题、促进农业可持续发展有着极其重要的意义。因此，本书通过城市农业承载力、农业产出增量等内容对农业产出进行评估分析。农业承载力反映城市农业承载媒介对于被承载对象的支持程度情况。农业承载力是一定时期范围内，城市的农业系统对于城市的社会、经济发展以及居民发展需求的满足程度。农业承载力越大，说明城市的农业发展质量与城市居民的使用需求比例一致。农业产出增量反映农产品产出总量的变化量程度，其受到城市所在地区的气候条件能否满足农业生产的需求的影响，与加大对保障和维系农业产出的各方面投资是否到位有关。

（4）工业企业。工业是国民经济的主导产业，成为带动生产总值增长的主要力量。为促进经济社会可持续发展，各地区将调整产业结构、培育支柱产业和主导产业为主要手段，通过重点培养地区支柱产业以带动相关产业的发展，提升当地经济发展水平。以往依靠传统密集型产业发展经济，造成我国许多地方产业发展存在优势不突出、升级转型缓慢、产业层次低和竞争力弱等问题，导致工业面临环境成本过高等限制问题。

随着我国经济社会发展，各地区城镇化进程不断推进，城市内部的组成要素发生明显变化。工业企业反映地区及城市生产力及发展潜力的基本情况。工业企业发展水平将制约着城市的综合发展，城市综合发展将对工业企业发展水平形成推动作用，而工业发展、企业发展则将促进城市的综合发展。因此，本书将围绕工业结构、企业发展2个维度对北部湾城市群城市工业企业发展水平进行评估。

首先，工业结构指各工业部门组成及其在再生产过程中所形成的技术经济联系，通常指部门结构、轻重工业结构和采掘—原材料—制造工业结构。影响地区工业结构的因素包括社会经济制度、要素供给结构、社会需求结构、国际贸易和地区贸易及经济地理位置等。因此，本书通过工业发展质量、工业增长水平等内容对城市工业结构进行分析。工业发展质量反映城市工业生产发展的好坏程度，根据城市规模和人口规模的重点，确保城市工业的发展既能满足当前市场需求，也能够适应未来市场的发展需求。工业增长水平是对城市工业企业发展程度的评估分析，由于存在着地区间发展不平衡问题，工业发展的增长水平的差距也各不相同，通过对城市工业企业数、工业企业生产率、工业产值增重等多个指标的评估分析，可以反映城市工业增长水平的程度。

其次，企业发展是城市工业企业发展的有力支撑。企业发展实质是企业面对未来未知环境的适应能力，使企业得以稳健运行。城市的企业发展规模是城市吸纳从业人力资本、优化城市人口、提升城市从业者素质的重要保证。本书通过企业利润增长、企业发展水平等方面对企业发展进行评估。企业利润增长提供企业经营发展的支撑力度，通过规划企业内部筹资、投资、经营、利润分配等财务活动，减少企业税务手工操作出错率，降低企业人工成本，提高税额核算工作效率，这将有效降低税收负担，使企业税后利润得到增长，实现企业自身的持续健康发展。企业发展水平是对企业发展投入和对城市经济贡献值的体现，企业发展水平越高的城市，说明其对企业投资和发展的资金、政策优惠投入较多。

（5）基础设施。基础设施是城市经济社会发展必要基础，是体现城市综合服务功能的重要载体，在新型城镇化进程中扮演着重要角色。伴随着新型城镇化目标进一步明确，对城镇化基础设施建设的需求迫在眉睫。对此，根据每个城市的各自特点进行规划和设计，加大城镇基础设施建设的投入力度，提高城市基础设施建设水平，有助于加快推进新型城镇化建设步伐。

基础设施反映地区及城市生产力及发展潜力的基本情况。基础设施建设是各类生产要素中最为活跃的部分，城市建设的变化将迅速反映在城市的基础设施上。基础设施发展制约着城市生产力的发展，城市面积的扩张会对城市综合发展起到推动作用，城市建设的提升、城市物流的发展将对城市经济转型、产业升级起到积极影响。因此，本书将围绕城市面积、城市建设、城市物流 3 个维度对北部湾城市群城市基础设施发展水平进行评估。

首先，城市面积是基础设施发展水平的基本要素，城市的面积直接反映其基础设施实力的演化过程，基础设施发展水平高的城市其面积变化趋势更为合理，土地城镇化、城市蔓延紧凑度、城镇扩张控制更为科学。城市面积包含城市蔓延度、土地城镇化等内容。城市蔓延度是对城市土地可持续发展的评价，在快速城镇化过程中，城市不断扩张而产生的城市蔓延与土地可持续发展紧密相关，合理控制城市蔓延度可以节约资源，促进城市内涵式发展，实现对城市经济社会发展的有效促进。城市蔓延度越高，说明在城镇化进程中城市资源相互协调，城市经济发展状况良好。土地城镇化是对农用土地转变为城镇建设用地的评估，土地城镇化程度越高，说明地区农村用地转变为城市建设用地的面积就越多。

其次，城市建设是评估城市基础设施发展水平的基础条件。随着城市经济得到发展，城镇化率逐渐上升，给城市带来了大量的劳动力，城市的产业得到发展，使城市经济发展水平得到进一步提升。因此，本书通过基础设施建设、城市基础设施发展质量两方面内容反映城市基础设施发展水平。基础设施建设投入资金越多的地区，城市基础设施建设越完善，城市经济发展水平较高。基础设施发展质量反映城市基础设施的建设好坏程度，为城市未来发展奠定充实基础。

最后，城市物流是基础设施发展水平评估的体现之一。在市场经济的拉动下，物流以运输业为重点、以信息技术为支撑、融合仓储现代化，有利于降低企业运营成本，提高经济运行效率。本书通过物流发展水平、交通基础设施等内容对城市物流进行评估分析。物流发展水平反映城市资源是否得到合理配置的基本情况，由于每个地区之间资源禀赋的不同以及长期以来的非均衡发展战略，经济社会发展存在不平衡性，地区间差异较大，区域物流发展也是如此。交通基础设施反映城市物流的发展情况，其完善程度将对城市的物流发展形成影响，城市交通基础设施越完善，城市路网密度越大，物流的发展也越迅速。

（6）社会福利。社会福利是由国家和社会依法提供的，用以保障所有社会成员正常的物质与精神生活的需求。就现实发展而言，中国城镇居民已享受到较完善的社会福利，但农村地区的福利制度建设力度仍需加强。

城市的社会福利水平与其经济发展、产业结构有着直接相关的联系。经济发展、产业结构调整通过地区及城市生产要素分配、生产力及生产关系协调进行优化而实现，进而促进城市社会福利水平提升。社会福利趋势、结构优势会对城市综合发展起到推动作用，城镇福利和农村福利质量的提升、财政能力的提升也会对城市经济转型、产业结构升级起到重要作用。因此，本书从城镇福利、农村福利、财政能力 3 个维度对北部湾城市群城市社会福利发展水平进行评估。

首先，城镇福利代表城市居民的福利，表现为城市居民对物质和文化生活需要得到满足而产生的效用。人们一般把城镇福利理解为直接感觉到的利益和满足。因而，城镇福利包含社会福利覆盖范围、社会福利承载能力等内容。社会福利覆盖范围反映城市社会福利能够保障城市居民享受的基本情况。城镇化进程不断推进，城市规模也随之扩大，社会福利的保障程度能否与城市扩大规模相适应，直接影响城市经济能否稳定增长，城市居民生活质量能否进一步提高。社会福利承载能力反映城市社会福利承载媒介对于被承载对象的支持程度情况，社会福利承载力越大，说明城市的社会福利质量与城市居民的使用需求比例一致。通过城镇福利部分的分析评估，体现城镇福利变化对城市发展的重要影响作用，城镇福利的评估是进行社会福利水平评估的基础。

其次，农村福利代表农村居民的福利，表现的是农村居民对物质和文化生活需要得到满足而产生的效用。因此，本书通过城乡消费差距、农村生活状况等内容对城市农村福利进行分析。城乡消费差距反映城市地区和农村地区居民消费比例的基本差异情况，消费更高的地区往往其经济社会发展水平更具备优势。农村生活状况反映农村居民的日常居住生活环境、农村基础设施的完善、就业环境的好坏程度，也反映农村居民就业工资的收入发展的情况。农村生活状况越好的地区，其经济发展越好，农村居民的生活质量越高。

最后，财政能力表示地方政府以公共权力为基础而筹集财力、提供公共产品以满足区域内居民的公共需要，促进经济增长与社会发展与合理进行再分配的能力总和。因此，本书通过政府财政汲取能力、收入支出分权能力、财政支出水平等内容对城市就业结构进行评估分析。财政汲取能力反映城市政府获取财政收入能力的基本情况，财政汲取能力是政府为提供公共产品和公共服务从辖区内获得收入的能力。一个城市政府汲取能力越强，说明政府能提供的公共产品能力越强，进一步推进城市经济的发展。收入支出分权能力是对城市政府在财政收入支出方面的自主决算能力进行的评估，而财政分权是指给予地方政府一定的税收权力和支出责任范围。收入支出分权能力越高，说明城市政府能够更好地根据城市状况来分配财政的预算支出，为城市的发展提供支持。

（7）居民生活。居民生活作为城镇化文明提升的重要体现，居民生活质量的提升是进行城市发展的基本载体和实现路径。居民生活的发展是城市完成高层次经济社会发展目标的基础，居民生活的优势可以保证地区劳动力、生产要素投入的高效化。高质量的居民生活有利于促进城市的经济结构升级、资源配置效率提升。

城市的居民生活质量与其经济产业发展有着直接联系。经济产业结构的变化将导致城市居民生活质量的转变，经济和产业发展为城市内部的居民及劳动力人口提供物质基础，经济产业的变化将迅速反映在城市的居民生活领域。居民生活水平的提升、生活环境的改善也会对城市经济转型、产业升级起到重要作用。因此，本书将围绕居民生活水平和城市生活环境两个维度对北部湾城市群城市居民生活质量进行评估。

首先，居民生活水平是指居民用以满足生活需要的消费程度，包含一系列居民物质生活需要和精神生活需要。因此，本书通过社会保障水平、居民工资发展水平、社会福利增长等内容对城市生活水平进行评估分析。社会保障水平反映城市为居民提供社会保障的基本情况，对公民暂时失去劳动能力以及因各种原因发生生活困难时给予物质帮助，保障其基本生活。社会保障水平越高，说明城市居民受公共保障权益越大。居民工资发展水平反映城市居民生活水平和生活质量。社会福利增长反映的范围比社会保障更加宽泛，社会保障主要解决居民的基本生活需求，而社会福利旨在提高人们的生活质量，涉及医疗、教育、住房等几个方面。

其次，城市生活环境是城市居民生活质量的有力支撑。城市是工业革命后人口集聚及经济社会发展的主要载体。完善的生活环境系统是城市吸纳人力资本、优化就业结构、提升城市居民生活水平的重要保证。本书由供电能力、公共服务提供能力等方面对生活环境进行评估。供电能力决定了电力系统对城市生产生活保障所提供的支撑力度，电能质量和可靠性决定能否满足用电用户的需求。供电能力高，说明城市电网供电质量高、可靠性强，能满足城市日常的生活生产需求。公共服务提供能力是对城市在地区内能够及时意识公共服务需求并能及时提供公共服务的反应，公共服务职能规模更强的城市，说明城市公共服务保障实力更强。良好的生活环境可以确保城市整体居民生活质量的稳定提升，是形成城市居民生活质量提升的重要保障。

（8）科教文卫。在现代经济社会中，科教文卫的建设对社会经济发展与增长的影响越来越重要。纵观世界各国的政府，无论在资金投入还是在政策制定上均大力支持科教文卫事业的发展。

城市的科教文卫事业发展与其经济产业发展有着直接相关的联系。经济产业结构的调整促进城市科教文卫事业发展水平的提升。经济及产业的调整是通过对地区及城市生产要素分配、生产力及生产关系协调进行优化而实现的，生产力作为各类生产要素中最为活跃的部分，经济产业的变化将迅速反映在城市的科教文卫领域。科教文卫事业发展也制约着城市的综合发展，生产力对于协调各类要素资源的分配、经济产业结构升级起到重要作用。科教文卫总体发展趋势会对城市综合发展起到推动作用。因此，本书由科技教育、文化旅游、医疗卫生3个维度对北部湾城市群城市科教文卫事业发展进行评估。

首先，随着社会的发展，科技教育的不断演进，各行各业对于科技教育的认识日益深入，理解也更科学化。科技教育包含科技发展水平、教育投入水平等内容。科学发展水平是对城市科学投入和产出、科学创新能力和科学贡献率的体现，科学发展水平越高的城市，说明其对科学投入资金越多，而科学产出量也越多。教育投入水平对教育领域所需的各种物质条件、财力条件、人力条件等投入程度进行的评估，教育投入水平较高的城市，其对教育领域提供的物质、资金和教育人才的投入量也较大。

其次，城市文化旅游是评估城市科教文卫事业发展的基础条件。文化旅游反映城市文化发展情况和城市旅游业发展情况。城市城镇化比例的上升、地区差距的扩大，不仅导致城市文化发展水平差距拉大，还使地区整体的旅游业发展出现水平失衡、结构不合理等问题。因此，本书从文化发展水平、文化投入水平对城市文化旅游进行分析。文化发展水平是对城市文化发展投入和产出的体现。文化发展水平越高的城市，其对文化保护和发展的资金投入越多，而且能够较好地满足城市居民对于精神文化上的需求。文化投入水平反映对文化保护和发展领域所需的各种物质条件、财力条件、人力条件等投入程度进行的评估。文化投入水平较高的城市，说明其对文化保护和发展领域提供的物质、资金和人才的投入量也越大。

最后，医疗卫生是为全社会提供医疗卫生服务产品的要素、活动和关系的总和。其构成医疗卫生行业的各方参与者、医疗卫生产品和医疗服务市场。因此，本书通过医疗提供质量、医疗能力提高等内容对医疗卫生进行评估分析。医疗提供质量反映城市提供的医疗资源的好坏程度，能够根据具体城市规模和人口规模而有针对性地满足医疗需求。城市所提供的医疗资源既能满足当前需求，医疗资源的质量也能够保证城市居民未来的医疗需求。医疗能力反映解决居民基本医疗需求的能力，涉及医院规模、医生数量以及医生的医疗能力、医院治疗设施等方面。医疗能力逐步提高，说明城市居民的日常生活将获得较充分的保障。

（9）生态环境。生态环境是城市居民生存和发展的基础。重视城市生态环境建设，加快推进城市生态环境问题治理，防止过度开发，合理利用和保护环境，是推动经济健康有序发展的必然要求。国家将生态文明建设纳入"五位一体"建设的全过程，并提出重点完成生态环境"优化""节约""保护""建设"四大目标及任务。生态环境建设与城市城镇化发展紧密相连，两者互相促进，共同进步。

随着中国经济快速发展，各地区城镇化、市场化进程不断加速，城市内部的组成要素发生了巨大变化，生态环境从侧面反映地区及城市生产力及发展潜力的基本情况。生态环境制约着城市的综合发展，城市综合发展对于协调各类要素资源的分配、经济产业结构升级起到重要作用。因此，本书从生态绿化、环境治理2个维度对北部湾城市群城市生态环境发展水平进行评估。

首先，生态绿化是运用生态学原理和技术，借鉴地带性植物群落的种类组成、结构特点和演替规律，以植物群落为绿化基本单位，对城市生态布局和绿地基础进行改善的生态绿化过程。因此，本书通过绿化面积增长、生态发展等内容对城市绿化面积进行评估分析。绿化面积增长主要解决居民的城市绿化需求，绿化面积旨在提高人们的城市生活生态绿化的绿地服务半径，涉及公园面积、公园绿地面积等。绿化面积的扩大，说明城市居民的日常生活获得较充分的保障。生态发展是对城市绿地事业发展程度的评估分析，通过对城市绿地面积、公园面积、公园绿地面积、绿化覆盖面积等指标的评估分析，可以表明城市生态发展水平的程度，生态发展水平越高，其城市的绿化面积、绿化覆盖率等生态绿化发展就越全面，城市居民能够享有更好的生活环境。

其次，环境治理是通过经济、行政、法律等手段对环境实施管理，预防和控制生产生活过程中所产生的污染，确保达到较好的环境目标，以实现经济效益、社会效益和生态效益的统一。本书围绕环境损害程度、综合利用水平等方面对生态治理进行评估。环境损害程度反映城市的生产生活对环境绿化的破坏程度，环境损害程度越低的城市往往其经济社会发展水平更具备优势，体现城市劳动力的分布情况以及产业的基本发展阶段。综合利用水平是城市建设逐步完善的基础，较高的综合利用水平是促进城市污染治理提升的重要保障。

2. 北部湾城市群城市综合发展水平指标体系及其评估方法

为客观全面地评价北部湾城市群城市综合发展水平，科学合理地掌握北部湾城市各城市综合发展水平的各个方面及内在机理，需要对北部湾城市群综合发展水平展开评估。构建一整套能够客观、准确、科学反映综合发展水平各个方面及其内在结构特征的指标体系，运用科学、合理的数学评价计量模型对指标体系进行评价、分析。

北部湾城市群城市综合发展水平评价指标体系由系统层、板块层、结构层、要素层3层指标构成，这3层指标分别对应为9个一级指标、25个二级指标、218个三级指标，其中一级、二级指标均是合成性指标，三级指标为通过直观指标直接计算得到，这将在下一节内容中对具体的测算方法进行阐述分析。

指标体系是一个完整的评估体系，从人口就业、区域经济、农业生产、工业企业、基础设施、社会福利、居民生活、科教文卫、生态环境等9个方面对北部湾城市群综合发展水平进行全面、准确、科学的评估工作。

在确定评估权重和指标处理的过程中，首先对三级指标进行无量纲化处理，对于正向性指标，可以通过公式（3－1）计算：

$$X_{ik} = \frac{Y_{ik} - \min_i Y_{ik}}{\max_i Y_{ik} - \min_i Y_{ik}} \times 100 \tag{3－1}$$

对于负向性指标，可以通过公式（3－2）计算：

$$X_{ik} = \frac{\max_i Y_{ik} - Y_{ik}}{\max_i Y_{ik} - \min_i Y_{ik}} \times 100 \tag{3－2}$$

北部湾城市群综合发展水平评估指标体系形成了一个 $Y10 \times 218$ 的矩阵，由于本书共有 218 个三级指标，且指标之间联系密切，为避免评价重叠性，对 218 个指标进行灰色综合评价和灰色聚类分析。

通过灰色理论评估指标体系与相关参考因子之间的关系，判断各项指标距离理想最优指标之间的距离。通过设立北部湾城市群城市综合发展水平评估指标最优指标作为参考数列 X_0 及各城市指标数列 $X_0(k)$，以北部湾城市群综合发展水平评估指标体系各项指标作为比较数列 X_i 及各城市指标数列 $X_i(k)$，继而求出各指标与最优指标之间的灰色关联度。灰色关联度越大说明该项指标与最优状态越为接近，该项指标的发展水平也就越高，而灰色关联度越弱则说明该项指标的综合发展水平越低。因此，通过对北部湾城市群综合发展水平评估指标体系的灰色关联度测算，可以得到各城市综合发展水平的强弱顺序。

在对各项 4 层指标进行无量纲化处理后，将各项指标数据转化为 0～100 区间的标准值，因此选择最优指标数列的值为 100。通过公式（3－3）对灰色关联系数 $\zeta_i(k)$ 进行求解。

$$\zeta_i(k) = \frac{\min_i \min_k |X_0(k) - X_i(k)| + \delta \max_i \max_k |X_0(k) - X_i(k)|}{|X_0(k) - X_i(k)| + \delta \max_i \max_k |X_0(k) - X_i(k)|} \tag{3－3}$$

其中，δ 为分辨系数，$\delta \in [0, 1]$，通常取 0.5。

通过公式（3－4）计算各项指标的灰色关联系数。

$$\overline{r_i} = \frac{1}{n} \sum_{i=1}^{n} \zeta_i(k), \quad k = 1, 2, \cdots, m \tag{3－4}$$

通过公式（3－5）计算各项指标在综合评价中的权重 r_i。

$$r_i = \frac{\overline{r_i}}{\sum_{k=1}^{m} \overline{r_i}}, \quad k = 1, 2, \cdots, m \tag{3－5}$$

$$D_i = \sum_{k=1}^{m} r_i x_i(k), \quad i = 1, 2, \cdots, n \tag{3－6}$$

其中，D_i 数值越大说明北部湾城市群各城市该项指标与理想最优状态更为接近，因此通过对 D_i 数值的分析就可得到城市在综合发展水平层面的排序情况。

3. 北部湾城市群城市综合发展水平指标体系评价方法

第一，北部湾城市群城市综合发展水平指标变化类型及界定。通过分析北部湾城市群城市三级指标的变化趋势，将指标体系中各项指标变化发展态势划分为 6 类形态。

一是持续上升型。这一类型的指标为 2008～2016 年保持持续上升状态的指标。处于持续上升型的指标，不仅意味着城市在各项指标数据上的不断增长，更意味着城市在该项指标以及综合发展水平整体上的竞争力或优势不断扩大。城市的持续上升型指标数量越多，意味着城市的综合发展水平越强。

二是波动上升型。这一类型的指标为 2008～2016 年存在较多波动变化的指标。其总体趋势为上升趋势，但在个别年份出现下降的情况，指标并非连续性上升状态。波动上升型指标意味着在评价的时间段内，虽然指标数据存在较大的波动变化，但是其评价末期数据值高于评价初期数据值。波动上升型指标数量的增加，说明城市的综合发展实力并不稳定，但整体变化趋势良好。

三是持续保持型。这一类型的指标为 2008～2016 年该项指标数值上保持平稳，变化波动较少。持续保持型指标意味着城市在该项指标上保持平稳，其竞争力并未出现明显变化，一方面说明城市对已有优势具备保持实力，另一方面也说明城市在该项指标上的持续增长动力不足。持续保持型指标较多，说明城市在综合发展水平上未能实现进一步发展。

　　四是波动保持型。这一类型的指标为2008～2016年该项指标数值虽然呈现波动变化状态，但总体数值情况保持一致。波动保持型指标意味着城市在该项指标上虽然呈现波动状态，但在评价末期和评价初期的数值基本保持一致。波动保持型指标较多，说明城市在综合发展水平上并不稳定，未能实现持续性的增长趋势。

　　五是波动下降型。这一类的指标为2008～2016年该项指标上总体呈现下降趋势，但期间存在上下波动的情况，指标并非连续性下降状态。波动下降型指标意味着在评估的时间段内，指标数据存在较大的波动变化，评价末期数据值低于评价初期数据值。波动下降型指标数量的增多，说明城市的综合发展水平呈现下降趋势，并且这一趋势伴随着不稳定的特征。

　　六是持续下降性。这一类的指标为2008～2016年该指标上保持持续的下降状态。处于持续下降型的指标，意味着城市在该项指标上不断处在劣势状态，并且这一状况并未得到改善。城市的持续下降型指标数量越多，说明城市的综合发展水平越弱。

　　第二，指标的排名区段和优劣势的判定。首先，排名区段的划分标准为：排名前3名的城市定为上游区；4～7名为中游区；8～10名为下游区。其次，优劣势的评价标准。评价指标的优劣度分为强势、优势、中势、劣势4个层次，凡是在评价时段内处于前2名的指标，均属于强势指标；在评价时段内处于3～5名的，均属优势指标；在评价时段内处于6～8名的，均属中势指标；在评价时段内始终处于9～10名的指标，均属劣势指标。对各级指标的评价均采用此标准。

（二）北部湾城市群城市综合发展水平评估指标体系的测算与评价

　　北部湾城市群综合发展水平各三级指标的测算方法参考曾鹏等（2017）[①] 的研究成果，并总结区域经济学、经济地理学相关理论形成了北部湾城市群综合发展水平各三级指标的测算方法。

1. 北部湾城市群城市人口就业三级指标测算方法

第一，总人口相对增长率的测算公式：

$$NICH = \frac{Y_{i,t_2} - Y_{i,t_1}}{Y_2 - Y_1} \qquad (3-7)$$

其中，$NICH$ 为总人口相对增长率，Y_{i,t_2}、Y_{i,t_1} 分别表示 i 城市末期和初期的总人口，Y_2、Y_1 分别表示全国在末期和初期的总人口。经过总人口相对增长率的测算，可以对城市在一定时期内城市人口变化增长趋势与全国人口的变化增长趋势之间的关系展开分析；总人口相对增长率数值越大，说明城市的人口增长速率越快，呈现出地区人口集聚能力的不断提升。

第二，总人口绝对增量加权指数的测算公式：

$$I = \frac{\Delta X_i}{\Delta X} \times \frac{1}{S_i} \qquad (3-8)$$

其中，I 为总人口绝对增量加权指数，ΔX_i 表示 i 城市的总人口在一段评估时间内的变化量，ΔX 表示全国的总人口在一段评估时间内的变化量，S_i 为 i 城市的土地面积占全国土地面积的比重。经过总人口绝对增量加权指数的测算，可以对城市人口变化增长趋势与其土地面积之间的关系展开分析；总人口绝对增量加权指数越大，说明城市的人口要素集中度越高，城市人口变化增长趋向于密集型发展。

第三，城市蔓延指数的测算公式：

$$SI = \frac{(A_{t_2} - A_{t_1})/A_{t_1}}{(P_{t_2} - P_{t_1})/P_{t_1}} \qquad (3-9)$$

其中，SI 为城市蔓延指数，A_{t_2}、A_{t_1} 为城市在一段评估时间内的末期和初期的建成区面积，P_{t_2}、P_{t_1} 为城市在一段时间内的末期和初期的总人口。城市蔓延指数数值超过1，说明城市的建成区面积的增长将快于人口的增长水平，城市的发展呈现出蔓延的趋势。但城市的蔓延并非不限制扩大为理想状态，所以城市蔓延指数所在最优的取值范围，通常认为 $SI = 1.12$ 为最优合理状态。

第四，城市适度人口容量的测算公式：

$$P = Den \times L_s \qquad (3-10)$$

① 曾鹏，钟学思，李洪涛等. 珠江－西江经济带城市发展研究（2010～2015）［M］. 北京：经济科学出版社，2017：卷一至卷十.

其中，P 为城市适度人口容量，Den 为适度的城市人口密度，L_s 为城市建设用地面积。经过城市建设用地面积的测算，可以对城市的适度人口容量进行判断，通常认为城市人口密度适宜区间是在 1 万人/平方千米以内。因此，通过将城市人口密度和建设用地面积有机结合，得到城市适度的人口容量范围。城市的适度人口容量范围越大，说明城市的人口承载力越大，其发展的潜力越大。

第五，人口弧弹性的测算公式：

$$AE = (\Delta Q/Q)/(\Delta P/P) \qquad (3-11)$$

其中，AE 为城市的人口弧弹性，ΔQ 为在一段评估时间内城市总人口的变化量，Q 为城市在评估末期时的总人口，ΔP 为在一段评估时间内城市生产总值的变化量，P 为城市在评估末期时的生产总值。城市人口弧弹性越大，说明城市的人口变化增长速率将快于其经济的变化增长速率，城市呈现人口的扩张发展趋势。

第六，城市人口密度的测算公式：

$$Den = POP/AREA \qquad (3-12)$$

其中，Den 为城市的人口密度，POP 为城市总人口，$AREA$ 为城市的建成区面积。城市的人口密度反映出城市人口的密集程度，城市人口密度越大，说明城市的人口承载力越大。

第七，城市人口承载力的测算公式：

$$ES = POP/Den \qquad (3-13)$$

其中，ES 为城市人口承载力，POP 为城市总人口，Den 为全国平均人口密度。经过城市人口承载力的测算，可以对城市的人口变化增长情况与全国范围内平均容量范围之间的关系进行分析。城市的人口承载力系数越大，说明城市的整体密度更大、容量更高。

第八，半城镇化率的测算公式：

$$HURB = (Per - Cen)/POP \qquad (3-14)$$

其中，$HURB$ 为城市的半城镇化率，Per 为城市的常住人口，Cen 为城市的户籍人口，POP 为城市的总人口。经过半城镇化率的测算，可以对城市非户籍人口的城镇化程度展开分析。城市的半城镇化率数值越大，说明城市处在城镇化发展的阶段中，向城市进行转移的潜在人口不断增多，城市的活力较高，其城镇化发展的潜力更大。

第九，城镇化率的测算公式：

$$Urb = URB/Per \qquad (3-15)$$

其中，Urb 为城市的城镇化率，URB 为城市的城镇人口，Per 为城市的常住人口。城市的城镇化率数值越大，说明城市的整体发展水平越高；城市内的人力资源处在不断丰富的状态，城市对外部各类资源要素的集聚吸引能力将不断提升。

第十，平均抚养系数的测算公式：

$$Raise = nloc/Job \qquad (3-16)$$

其中，$Raise$ 为城市的平均抚养系数，$nloc$ 为城市的非就业人口数，Job 为城市的总就业人口数。经过城市的平均抚养系数测算，可以对城市的劳动力结构进行分析；城市的平均抚养系数越大，说明城市不能转换为劳动力的人口越多，城市的整体负担越大。与此同时，城市的抚养系数过高意味着城市逐渐步入老龄化社会，城市发展活力逐步降低。

第十一，户籍门槛的测算公式：

$$\begin{cases} Thr = Flow/POP \\ Flow = Per - POP \end{cases} \qquad (3-17)$$

其中，Thr 为城市的户籍门槛，$Flow$ 为城市的流动人口，POP 为城市的总人口，Per 为城市的常住人口。经过城市的户籍门槛测算，可以对城市的流动性及城市活力进行判断；城市处在高速发展阶段，其流动人口数量会不断增加，城市的劳动力资源丰富、人口集聚能力更强；而城市发展能力较弱，对人力资源吸引能力较弱时，其户籍门槛相对较小。

第十二，人口性别结构的测算公式：

$$Gen = Man/Woman \qquad (3-18)$$

其中，Gen 为城市的人口性别结构，Man 为城市的男性人口数，$Woman$ 为城市的女性人口数。经过城市的人口性别结构测算，可以对城市人口发展的稳定性、可持续性进行分析；当人口性别结构较大程度的偏离1时（合适的男女人口比例区间在1.02～1.07内），说明地区出现显著的人口结构不协调；对城市经济社会稳定发展将造成长远的影响，不利于城市的活力提升和发展的可持续性。

第十三，城镇人口扩张弹性系数的测算公式：

$$E = \frac{(U_{t_2} - U_{t_1})/U_{t_1}}{(P_{t_2} - P_{t_1})/P_{t_1}} \tag{3-19}$$

其中，E 为城镇人口扩张弹性系数，U_{t_2}、U_{t_1} 为城市在一段评估时间内末期和初期的建成区面积，P_{t_2}、P_{t_1} 为在同一段评估时间内城市的城镇人口数量。城市的人口扩张弹性系数越大，说明城市的人口扩张幅度越小；城市城镇化与城市面积之间呈现协调发展的关系，城镇人口的增加并未导致城市的过度拥挤及承载力压力问题的出现。

第十四，非农比率的测算公式：

$$nfarm = NFarm/POP \tag{3-20}$$

其中，$nfarm$ 为城市的非农比率，$NFarm$ 为城市的非农业人口，POP 为城市的总人口。城市的非农比率数值越大，说明城市发展的经济结构趋于合理化，其进行非农发展的劳动力人口资源更为丰富，城市的经济社会发展活力更为充沛。

第十五，Moore 就业结构的测算公式：

$$e = \arccos \frac{\sum_{i=1}^{n} W_{i,t_1} W_{i,t_2}}{\sqrt{\sum_{i=1}^{n} W_{i,t_1}^2} \cdot \sqrt{\sum_{i=1}^{n} W_{i,t_2}^2}} \tag{3-21}$$

其中，e 为 Moore 就业结构，W_{i,t_1}、W_{i,t_2} 为一段评估时间内初期和末期的 i 产业的从业人员比重。Moore 就业结构反映出不同产业就业结构的变化程度；Moore 就业结构指数越大，说明城市就业结构的变化程度越大。

第十六，产业就业贡献率的测算公式：

$$Con_i = \Delta L_i/\Delta L \tag{3-22}$$

其中，Con_i 为城市的 i 产业就业贡献率，ΔL_i 为城市的 i 产业一段评估时间内的就业人员变化量，ΔL 为同一段评估时间内城市总就业人员的变化量。经过城市的产业就业贡献率的测算，可以对城市某一产业评估时间段内为城市总体增加就业人员的占比进行评估；产业就业贡献率数值越大，说明城市的该产业所提供的就业机会、劳动力需求程度越高，产业发展活力更强劲。

第十七，就业弧弹性的测算公式：

$$AE = (\Delta Q/Q)/(\Delta P/P) \tag{3-23}$$

其中，AE 为就业弧弹性，ΔQ 为一段评估时间内城市就业人员的变化量，Q 为城市评估末期时的总就业人员，ΔP 为一段评估时间内城市生产总值的变化量，P 为城市评估末期时的生产总值。城市就业弧弹性越大，说明城市的劳动力人口变化增长速率将快于其经济的变化增长速率，城市劳动力发展呈现扩张发展趋势。

第十八，就业结构偏离系数的测算公式：

$$D_i = \left| \frac{V_i}{E_i} - 1 \right| \tag{3-24}$$

其中，D_i 为城市 i 产业的就业结构偏离程度，$\frac{V_i}{E_i}$ 为城市 i 产业比较劳动生产率，V_i 为城市 i 产业的产值比重，E_i 为城市 i 产业的就业比重。城市就业结构偏离系数越大，说明城市的就业结构偏离系数越小；城市的就业结构协调程度越高，城市的劳动生产率越高。城市的就业结构偏离系数越大，说明城市的就业结构和产业结构出现不协调、不稳定的状态。

第十九，就业密度的测算公式：

$$Job = LAB/AREA \tag{3-25}$$

其中，Job 为城市的就业密度，LAB 为城镇就业人口，$AREA$ 为城市的建成区面积。城市的就业密度反映出城市劳动力人口的密集程度，城市就业密度越大，说明城市的人力资源丰富，城市的生产效率较高，生产成本较低。

第二十，就业强度的测算公式：

$$E = \frac{X_{i,t}}{\frac{1}{n} \sum_{j}^{n} X_{i,t}} \tag{3-26}$$

其中，E 为城市的就业强度，$X_{i,t}$ 为 i 城市的总就业人口。经过城市的就业强度测算，可以对城市的就业人口情况与地区整体平均水平之间的关系展开研究。城市就业强度数值超过 1，说明城市的劳动力资源数量将高于地区的平均水平；而城市的就业强度系数越小，说明城市的劳动力资源不具备优势，城市活力较弱。

第二十一，非农产业就业区位商的测算公式：

$$Q_{ij} = \frac{L_{ij}/L_i}{L_j/L} \tag{3-27}$$

其中，Q_{ij} 为 i 城市的非农产业就业区位商，L_{ij} 为 i 城市非农产业就业人口，L_i 为 i 城市的总人口，L_j 为全国的非农产业就业人口，L 为全国的总人口。城市的非农产业就业区位商数值大于 1，说明该城市的非农产业就业人口处于优势地位，城市的就业结构具备优势；而城市的非农产业就业区位商数值越小，说明城市的非农产业就业程度越低，城市的就业结构和产业结构不具备优势。

第二十二，就业人口集中指数的测算公式：

$$\Delta OP = \frac{1}{2} \left| \frac{op_i}{op} - \frac{s_i}{s} \right| \tag{3-28}$$

其中，ΔOP 为就业人口集中指数，op_i 为 i 城市的就业人口，op 为全国的就业人口，s_i 为 i 城市的建成区面积，s 为全国的建成区面积。ΔOP 的取值范围在 $[0, 1]$；城市的就业人口集中指数数值越大，说明城市的就业人口分布越不均衡，城市的就业人口发展趋向于集中化。

第二十三，社会保障与就业支出比重增量的测算公式：

$$P = \frac{X_{it_2}}{X_{t_2}} - \frac{X_{it_1}}{X_{t_1}} \tag{3-29}$$

其中，P 为 i 城市的社会保障与就业支出的比重增量，X_{it_2}、X_{it_1} 为 i 城市一段评估时间内的末期和初期的社会保障与就业支出的总量，X_{t_2}、X_{t_1} 为同一段评估时间内的末期和初期的全国社会保障与就业支出。城市的社会保障与就业支出比重增长越大，说明城市的财政投入于社会保障与就业支出的总量越高，城市整体就业保障水平更具备优势。

第二十四，失业保险平均增长指数的测算公式：

$$S = (X_{t_2} - X_{t_1})/X_{t_1}(t_2 - t_1) \times 100 \tag{3-30}$$

其中，S 为城市失业保险平均增长指数，X_{t_2}、X_{t_1} 为城市一段评估时间内的末期和初期的失业保险参保人数。城市的失业保险平均增长指数数值越大，说明城市在评估时间段内的失业保险覆盖程度越高，整体城市就业保障水平得以提升。

第二十五，就业保障枢纽度的测算公式：

$$A_i = \frac{V_i}{(P_i \cdot G_i)} \tag{3-31}$$

其中，A_i 为 i 城市的就业保障枢纽度，V_i 为 i 城市的失业保险参保人数，P_i 为 i 城市的常住人口，G_i 为 i 城市的生产总值。经过城市的就业保障枢纽度测算，可以对城市就业保障程度与其他经济社会发展指标之间的关系展开分析；城市的就业保障枢纽度系数越大，说明城市的就业保障能力越强，其在经济社会发展中的地位越高。

第二十六，就业保障强度的测算公式：

$$N_i = (X_i - \overline{X})/Sd \tag{3-32}$$

其中，N_i 为 i 城市的就业保障强度，X_i 为 i 城市的失业保险参保人数，$\overline{X}$ 为北部湾城市群城市的平均失业保险参保人数，Sd 为城市的就业保障标准差。当 $N_i < 0$ 时，说明城市并不具备就业保障职能；当 $0 \leq N_i \leq$

0.5 时，说明城市的就业保障职能规模处于中等水平；当 $0.5 \leqslant N_i < 1$ 时，说明城市具备较为显著的城市就业保障能力；当 $1 \leqslant N_i < 2$ 时，说明城市的就业保障强度在地区内处于主导地位；当 $N_i \geqslant 2$ 时，说明城市的就业保障已成为其优势职能；城市的就业保障强度系数越大，说明城市的就业保障水平越强。

第二十七，就业保障区位商的测算公式：

$$Q_{ij} = \frac{L_{ij}/L_i}{L_j/L} \tag{3-33}$$

其中，Q_{ij} 为 i 城市的就业保障区位商，L_{ij} 为 i 城市的失业保险参保人数，L_i 为 i 城市的就业人口总数，L_j 为全国失业保险参保人数，L 为全国总就业人数。城市的就业保障区位商数值越大，说明城市的就业保障水平越高，城市所具备的就业保障能力更强。

第二十八，就业保障职能规模的测算公式：

$$\begin{cases} T_{ij} = |Q_{ij} - 1| \times L_{ij} \\ Q_{ij} = \dfrac{L_{ij}/L_i}{L_j/L} \end{cases} \tag{3-34}$$

其中，T_{ij} 为 i 城市的就业保障职能规模，Q_{ij} 为 i 城市的就业保障区位商，L_{ij} 为 i 城市的失业保险参保人数，L_i 为 i 城市的就业人口总数，L_j 为全国失业保险参保人数，L 为全国总就业人数。城市的就业保障职能规模系数越大，说明城市的就业保障水平越高，城市所具备的就业保障能力更强。

第二十九，就业保障职能地位的测算公式：

$$F_{ij} = T_{ij} \Big/ \sum_{i=1}^{n} T_{ij} \tag{3-35}$$

其中，F_{ij} 为 i 城市的就业保障职能地位，T_{ij} 为 i 城市的就业保障职能规模。城市就业保障职能地位越高，说明城市的就业保障能力在地区内的水平更具备优势；城市对人力资源的吸引集聚能力扩大，城市发展具备的就业及劳动力发展方面的潜力。

2. 北部湾城市群城市区域经济水平三级指标测算方法

第一，产业结构的测算公式：

$$e = \arccos \frac{\sum_{i=1}^{n} W_{i,t_1} W_{i,t_2}}{\sqrt{\sum_{i=1}^{n} W_{i,t_1}^2} \cdot \sqrt{\sum_{i=1}^{n} W_{i,t_2}^2}} \tag{3-36}$$

其中，e 为产业结构，W_{i,t_1}、W_{i,t_2} 分别为 i 城市的一段评估时间内初期和末期的产业比重。产业结构体现产业发展的变化程度，产业结构指数与城市产业结构变化程度呈正向变化趋势。

第二，产业不协调指数的测算公式：

$$\varphi_1 = \frac{GDP_i/GDP}{Y_i/Y} - 1 \tag{3-37}$$

其中，φ_1 为产业不协调指数，GDP_i/GDP 表示城市 i 产业的产值与总产值的比重，Y_i/Y 表示 i 产业的就业人员与总就业人口的比重。经过产业不协调指数测算，可以对城市产业产值增长趋势与其就业人员之间的关系展开分析；产业不协调指数越小，说明城市的产业要素集中度越高，城市产业产值变化增长趋向于高速发展。

第三，产业多样化指数的测算公式：

$$RV = \sum_{J=1}^{3} S_{IJ} \left(\sum_{j \in J} \frac{S_{ij}}{S_{IJ}} \log_2 \frac{S_{IJ}}{S_{ij}} \right) \tag{3-38}$$

其中，RV 为产业多样化指数，S_{ij} 分别表示 i 城市第 j 产业的就业比重，S_{IJ} 分别表示北部湾的第 J 个部门产业的就业比重。产业多样化指数越低，说明产业间的联系越少，越需要加强城市与城市之间、产业与产业之间的联系。

第四，区域相对增长指数的测算公式：

$$L = \frac{\sum\limits_{j=1}^{3} b_{ij,t}}{\sum\limits_{j=1}^{3} b_{ij,0}} \div \frac{B_t}{B_0} \tag{3-39}$$

其中，L 为区域相对增长指数，$b_{ij,0}$、$b_{ij,t}$ 分别表示 i 城市在一段时间内初期和末期的 j 类产业产值；B_0 表示期初北部湾经济总规模，B_t 表示期末北部湾经济总规模。

第五，产业专业化的测算公式：

$$\begin{cases} SS_i = \dfrac{1}{2} \sum\limits_{j=1}^{19} |S_{ij} - S_j| \\ S_{ij} = \dfrac{L_{ij}}{L_i} \end{cases} \tag{3-40}$$

其中，SS_i 为 i 区域的产业专业化，S_{ij} 为 j（$j=1$，2，3，…，19）产业在 i 区域中所占就业比重，S_j 为某一产业在北部湾所占的就业比重，L_{ij} 分别表示的是 i 城市第 j 产业的就业人数，L_i 分别代表 i 城市的三次产业的总从业人口。SS_i 取值范围在 $0 \sim 1$ 之间，SS_i 数值越大，表示区域的产业专业化程度越高；城市产业专业化越强，说明城市的产业发展趋于密集、专业化，城市产业的产值对城市经济发展更强。

第六，产业聚集指数的测算公式：

$$D_{ij(0-t)} = \frac{b_{ij(0-t)}}{\sum\limits_{j=1,2}^{n} b_{ij(0-t)}} \tag{3-41}$$

其中，$D_{ij(0-t)}$ 表示在（$0-t$）这段时间内 j 产业在 i 地区的动态集聚指数，$b_{ij(0-t)}$ 表示在（$0-t$）时间内 j 产业在 i 地区的增长速度，$\sum\limits_{j=1,2}^{n} b_{ij(0-t)}$ 表示 i 产业在（$0-t$）时间内的北部湾平均增长速度。经过产业集聚指数测算，可以对城市的产业产值增长情况与北部湾范围内平均容量范围之间的关系进行分析；城市的产业集聚指数数值越大，说明城市产业的整体密度更大、容量范围更高。

第七，Herfindahl 指数的测算公式：

$$UE = 1 - \sum (N_{ij}/N_i)^2 \tag{3-42}$$

其中，UE 为 Herfindahl 指数，N_{ij} 为 i 城市第 j 产业的产值，N_i 为城市所有产业的总产值之和。城市的 Herfindahl 指数数值越大，说明城市经济发展越好，城市产业进出口数量越大，产业为城市经济的发展提供越多的动力。

第八，资本劳动比的测算公式：

$$\begin{cases} v = z/l \\ z = z_s(1-\rho) + z_t \end{cases} \tag{3-43}$$

其中，v 表示资本劳动比，z 为固定资本形式总额，l 为所有从业人员，z_s 为上年固定资产累计值，ρ 为固定资产折旧率，z_t 为当年固定资产新增值。资本劳动比 v 越大，说明城市人均劳动者的资本存量越大，城市的资本存量更为丰富。

第九，劳动生产率的测算公式：

$$R_i = \frac{G_i/G}{L_i/L} \tag{3-44}$$

其中，R_i 为劳动生产率，G_i 为 i 城市的总产值，G 为北部湾生产总值，L_i 为 i 城市的劳动人口，L 为北部湾劳动总人口。城市的劳动生产率越高，说明城市的整体发展水平越高，城市内的人力资源处在不断丰富的状态，城市对外部各类资源要素的集聚吸引能力将不断提升。

第十，劳动产出弹性的测算公式：

$$E_L = \frac{\Delta Y}{Y} \Big/ \frac{\Delta L}{L} = \frac{\partial f}{\partial L} \frac{L}{Y} \tag{3-45}$$

其中，E_L 为劳动产出弹性，ΔY 为城市地区生产总值的增量，Y 为城市地区生产总值，ΔL 是总从业人员的增量，L 为城市从业人员总数。劳动产出弹性系数越大，说明经济发展越好，从业人员的工作效率越高。

第十一，Balassa 指数的测算公式：

$$A_i = \frac{|X_i - M_i|}{(X_i + M_i)}, \ 0 \leqslant A_i \leqslant 1 \tag{3-46}$$

其中，A_i 为 Balassa 指数，i 表示产业，X_i、M_i 分别表示 i 产业的进口和出口。城市的 Balassa 指数数值越大，说明城市经济发展越好，城市产业进出口数量越大，产业为城市经济的发展提供越多的动力。

第十二，GL 指数的测算公式：

$$GL_i = 1 - \frac{|X_i - M_i|}{(X_i + M_i)} = 1 - A_i \tag{3-47}$$

其中，GL_i 为 Grubel and Lloyd GL 指数，i 表示产业，X_i、M_i 分别表示 i 产业的进口和出口，A_i 为 Balassa 指数。城市的 GL 指数数值越大，说明城市经济发展越好，城市产业进出口数量越大，产业为城市经济的发展提供越多的动力。

第十三，经济人口承载力的测算公式：

$$ES = \frac{P_i}{\overline{P}} \tag{3-48}$$

其中，ES 为城市的经济人口承载力，P_i 为 i 城市的 GDP 总量，$\overline{P}$ 为北部湾人均 GDP。经过经济人口承载力测算，对城市的经济人口变化增长情况与北部湾范围内平均容量范围之间的关系进行分析；城市的经济人口承载力系数越大，说明城市的整体经济人口密度更大、容量范围更高。

第十四，城市人均人力资本的测算公式：

$$\overline{Hum} = (\overline{X} - S)/S \tag{3-49}$$

其中，$\overline{Hum}$ 为城市人均人力资本，$\overline{X}$ 为城市的平均工资，S 为城市的最低工资标准。城市的人均人力资本越强，说明城市的人均工资提升水平越高，城市发展的潜力越大。

第十五，经济增长的测算公式：

$$\Delta Y = Y_{i,t} - Y_{i,0} \tag{3-50}$$

其中，ΔY 为城市的经济增长情况，$Y_{i,t}$、$Y_{i,0}$ 为 i 城市一段评估时间内末期和初期的生产总值。经济增长反映一个城市一段时间中经济发展的情况；经济增长越大，说明这一段时间内城市经济发展越快，发展动力越强。

第十六，金融强度的测算公式：

$$E = \frac{X_{i,t}}{\dfrac{1}{n}\sum_{j}^{n} X_{i,t}} \tag{3-51}$$

其中，E 为金融强度，$X_{i,t}$ 为城市年末金融机构各项存款余额。经过城市的金融强度测算，可以对城市的年末金融机构各项存款余额与地区整体平均水平之间的关系展开研究。城市金融强度的数值超过 1，说明城市的年末金融机构各项存款余额将高于地区的平均水平；城市的金融强度系数越小，说明城市的年末金融机构各项存款余额不具备优势，城市活力较弱。

第十七，投资弧弹性的测算公式：

$$AE = (\Delta Q/Q)/(\Delta P/P) \tag{3-52}$$

其中，AE 为投资弧弹性，ΔQ 为一段评估时间内城市投资增长的变化量，Q 为城市在评估末期时的总投资增长量，ΔP 为一段评估时间内城市生产总值的变化量，P 为城市在评估末期时的生产总值。城市投资弧弹性越大，说明城市的金融投资变化增长速率将快于其经济的变化增长速率，城市劳动力发展呈现扩张发展趋势。

第十八，投资强度的测算公式：

$$E = Q_i/P_i \tag{3-53}$$

其中，E 为城市的投资强度，Q_i 为 i 城市的全社会固定生产投资，P_i 为 i 城市的生产总值。城市投资强度系数越大，说明城市的整体发展水平越高，城市内的金融投资资源处在不断丰富的状态；城市对外部各类资源要素的集聚吸引能力将不断提升。

第十九，金融存款比重增量的测算公式：

$$P = \frac{X_{it_2}}{X_{t_2}} - \frac{X_{it_1}}{X_{t_1}} \qquad (3-54)$$

其中，P 为 i 地区的城市金融存款的变化量，X_{it_2}、X_{it_1} 分别为 t_2、t_1 年份地区的城市金融存款的总量，X_{t_2}、X_{t_1} 为同一段评估时间内的末期和初期的北部湾金融存款。城市的金融存款比重增长越高，说明城市的财政投入与社会经济发展的总量越高，城市整体金融投资水平将更具备优势。

第二十，金融存款增长指数的测算公式：

$$S = (X_{t_2} - X_{t_1}) / X_{t_1} (t_2 - t_1) \times 100 \qquad (3-55)$$

其中，S 为城市金融存款增长指数，X_{t_2}、X_{t_1} 为城市一段评估时间内的末期和初期的金融存款量。城市的金融存款增长指数数值越大，说明城市评估时间段内的金融存款覆盖程度越高，整体城市金融投资水平将得以提升。

第二十一，投资枢纽度的测算公式：

$$A_i = \frac{V_i}{(P_i \cdot G_i)} \qquad (3-56)$$

其中，A_i 为城市的投资枢纽度，V_i 为城市的固定资产投资总额，P_i 为城市的常住人口，G_i 为城市的生产总值。经过城市的投资枢纽度测算，可以对城市投资程度与其他经济社会发展指标之间的关系展开分析；城市的投资枢纽度系数越大，说明城市的投资能力越强，其在经济社会发展中的地位越高。

第二十二，投资流强度的测算公式：

$$\begin{cases} F_i = N_i \times E_i \\ N_i = P_i / L_i \\ E_i = \sum_{j=1}^{m} E_{ij} \\ E_{ij} = L_{ij} - L_{ij}(L_j / L) \\ Q_{ij} = \dfrac{L_{ij} / L_i}{L_j / L} \end{cases} \qquad (3-57)$$

其中，F_i 为 i 城市的城市流强度，N_i 为 i 城市的功能效益，E_i 为 i 城市的三次产业的总体外向功能，P_i 为 i 城市的 GDP，L_i 为城市的产业投资，E_{ij} 为 i 城市的 j 类产业投资外向功能，Q_{ij} 为 i 城市的 j 类产业投资区位商（$Q_{ij} < 1$，说明 i 城市的 j 类产业投资不具备外向功能，即 $E_{ij} = 0$；$Q_{ij} > 1$，说明 i 城市的 j 类产业投资具备外向功能），L_{ij} 为 i 城市的 j 类产业投资，L_j 为北部湾 j 类产业投资，L 为北部湾产业投资。城市产业投资流强度系数越大，说明城市之间发生的经济集聚和扩散所产生的产业投资要素流动强度系数越大，城市经济影响力将越强。

第二十三，投资倾向度的测算公式：

$$K_i = \frac{F_i}{P_i} \qquad (3-58)$$

其中，K_i 为 i 城市的投资倾向度，F_i 为 i 城市的投资流强度，P_i 为 i 城市的 GDP。城市倾向度系数越大，说明城市的投资总功能量的外向强度越强。

第二十四，金融投资职能规模的测算公式：

$$\begin{cases} T_{ij} = |Q_{ij} - 1| \times L_{ij} \\ Q_{ij} = \dfrac{L_{ij} / L_i}{L_j / L} \end{cases} \qquad (3-59)$$

其中，T_{ij} 为 i 城市的金融投资职能规模，Q_{ij} 为 i 城市的金融投资区位商，L_{ij} 为 i 城市的某一产业的投资总量，L_i 为 i 城市的总产业投资总量，L_j 为北部湾某一产业的投资总量，L 为北部湾总产业投资总量。城市的金融投资职能规模系数越大，说明城市的金融投资水平越高，城市所具备的投资能力更强。

第二十五，金融投资职能地位的测算公式：

$$F_{ij} = T_{ij} / \sum_{i=1}^{n} T_{ij} \qquad (3-60)$$

其中，F_{ij} 为 i 城市的金融投资职能地位，T_{ij} 为 i 城市的金融投资职能规模。城市金融投资职能地位越高，说明城市的金融投资能力在地区内的水平更具备优势，城市对资金的吸引集聚能力扩大；城市发展具备的投资及经济发展方面的潜力。

3. 北部湾城市群城市农业生产三级指标测算方法

第一，第一产业比重的测算公式：

$$Pro_j = P_j / P \tag{3-61}$$

其中，Pro_j 为城市的第一产业比重，P_j 为城市的第一产业产值，P 为城市的生产总值。经过第一产业比重测算，可以对城市第一产业与总产业增长趋势之间的关系展开分析。第一产业比重越高，说明城市的第一产业在城市整个产业中比例越大，第一产业对城市经济发展贡献越大。

第二，第一产业投资强度的测算公式：

$$E_j = Q_j / P \tag{3-62}$$

其中，E_j 为城市的第一产业投资强度，Q_j 为城市对第一产业的投资总额，P 为城市的生产总值。经过城市的第一产业投资强度测算，可以对城市的第一产业投资情况与地区整体经济发展水平之间的关系展开研究。城市的第一产业投资强度系数越大，说明城市财政经济对于第一产业资金、技术、物质等方面的投资越多，城市第一产业的发展要高于地区的平均水平；而城市的第一产业投资强度系数越小，说明城市第一产业发展不占优势，城市活力较弱。

第三，第一产业不协调度的测算公式：

$$\varphi_1 = \frac{GDP_i / GDP}{Y_i / Y} - 1 \tag{3-63}$$

其中，φ_1 为第一产业不协调度，GDP_i / GDP 表示城市第一产业的产值与城市总产值的比重，Y_i / Y 表示第一产业的就业人员与城市总就业人口的比重。城市第一产业不协调度越小，说明城市第一产业在城市中的发展结构良好，第一产业对城市经济发展发挥促进作用。

第四，第一产业贡献率的测算公式：

$$Con_i = \Delta L_i / \Delta L \tag{3-64}$$

其中，Con_i 为城市的第一产业贡献率，ΔL_i 为 i 城市的第一产业在一段评估时间内就业人员变化量，ΔL 为在同一段评估时间内城市总就业人员的变化量。经过城市的第一产业贡献率测算，可以对城市第一产业在评估时间段内对城市总体增加就业人员的占比进行评估。城市第一产业贡献率数值越大，说明城市的该产业所提供的就业机会、劳动力需求程度越高，产业发展活力更高。

第五，第一产业弧弹性的测算公式：

$$AE = (\Delta Q / Q) / (\Delta P / P) \tag{3-65}$$

其中，AE 为城市的第一产业弧弹性，ΔQ 为在一段评估时间内固定资产投资额（不含农户）增长量，Q 为城市在评估末期时的固定资产投资额（不含农户），ΔP 为在一段评估时间内城市生产总值的变化量，P 为城市在评估末期时的生产总值。第一产业弧弹性越大，说明城市的第一产业经济发展变化增长速率将快于其经济的变化增长速率，城市呈现出第一产业的扩张发展趋势。

第六，第一产业结构偏离系数的测算公式：

$$D_i = \left| \frac{V_i}{E_i} - 1 \right| \tag{3-66}$$

其中，D_i 为第一产业的就业结构偏离程度，$\dfrac{V_i}{E_i}$ 为第一产业比较劳动生产率，V_i 为第一产业的产值比重，E_i 为第一产业的就业比重。城市的第一产业结构偏离系数越小，说明城市的第一产业就业结构协调程度越高，城市的劳动生产率越高；而城市的就业结构偏离系数越大，说明城市的就业结构和产业结构将出现不协调、不稳定的状态。

第七，第一产业区位商的测算公式：

$$Q_{ij} = \frac{L_{ij} / L_i}{L_j / L} \tag{3-67}$$

其中，Q_{ij} 为 i 城市的第一产业就业区位商，L_{ij} 为 i 城市第一产业就业人员，L_i 为 i 城市的总就业人口，L_j 为北部湾第一产业就业人员，L 为北部湾总就业人口。城市的第一产业区位商数值大于1，说明该城市的第一产业就业人员处于优势地位，城市的就业结构具备优势；而城市的第一产业区位商数值越小，说明城市的第一产业就业程度越低，城市的农业就业结构、产业结构不具备优势。

第八，第一产业劳动产出率的测算公式：

$$LPro_i = \frac{P_i}{L_i} \tag{3-68}$$

其中，$LPro_i$ 为城市的第一产业劳动生产率，P_i 为城市的第一产业生产总值，L_i 为城市的第一产业从业人员。经过第一产业劳动产出率测算，可以对城市第一产业的产值和第一产业从业人员的比重进行分析。第一产业劳动产出率越大，说明第一产业经济发展水平越高，第一产业对城市经济发展的贡献将越大。

第九，农业强度的测算公式：

$$E = \frac{X_{i,t}}{\frac{1}{n}\sum_{j}^{n} X_{i,t}} \tag{3-69}$$

其中，E 为农业强度，$X_{i,t}$ 为城市的粮食作物播种面积。经过城市的农业强度测算，可以对城市的农业发展情况与地区整体平均水平之间的关系展开研究。城市农业强度数值超过1，说明城市的粮食作物播种面积将高于地区的平均水平；而城市的农业强度系数越小，说明城市的粮食作物播种面积不具备优势，城市活力较弱。

第十，农业指标动态变化的测算公式：

$$U_v = (U_{t_2} - U_{t_1})(t_2 - t_1)/U_{t_1} \tag{3-70}$$

其中，U_v 为城市的农业指标动态变化，U_{t_2}、U_{t_1} 为同一段评估时间内末期和初期的城镇粮食作物播种面积。农业指标动态变化越大，说明城市的粮食作物播种面积增加变大，对应呈现出地区经济活力的增强以及城市规模的扩大。

第十一，农业蔓延指数的测算公式：

$$SI = \frac{(A_j - A_i)/A_i}{(P_j - P_i)/P_i} \tag{3-71}$$

其中，SI 为城市的农业蔓延指数，A_j、A_i 为城市一段评估时间内末期和初期的粮食产量，P_j、P_i 为城市在一段时间内的末期和初期的城镇人口。农业蔓延指数数值超过1，说明城市的粮食总产量的增长将快于城镇人口的增长水平，农业的发展呈现出蔓延的趋势。但农业的蔓延并非不限制扩大为理想状态，所以农业蔓延指数所在最优的取值范围，通常认为 $SI=1.12$ 为最优合理状态。

第十二，农业指标相对增长率的测算公式：

$$NICH = \frac{Y_{2i} - Y_{1i}}{Y_2 - Y_1} \tag{3-72}$$

其中，$NICH$ 为农业指标相对增长率，Y_{2i}、Y_{1i} 表示 i 城市末期和初期的粮食产量，Y_2、Y_1 表示北部湾在末期和初期的总粮食产量。经过农业指标相对增长率测算，可以对城市一定时期内城市粮食产量变化增长趋势与北部湾总粮食产量的变化增长趋势之间的关系展开分析。总粮食产量相对增长率数值越大，说明城市的粮食产量增长速率越快，地区农业集聚能力提升。

第十三，农业指标绝对增量加权指数的测算公式：

$$I = \frac{\Delta X_i}{\Delta X} \times \frac{1}{S_i} \tag{3-73}$$

其中，I 为城市的农业指标绝对增量加权指数，ΔX_i 为 i 城市的粮食产量一段时间内的增量，ΔX 为北部湾粮食产量在该段时间内的增量，S_i 为 i 城市面积占北部湾面积的比重。经过农业指标绝对增量加权指数测算，可以对城市粮食产量增长趋势与其土地面积之间的关系展开分析；粮食产量绝对增量加权指数越大，说明城市的粮食产量集中度越高，城市粮食产量变化增长趋向于高速型发展。

第十四，食物生态足迹的测算公式：

$$FP_i = \sum_{j=1}^{m} \frac{C_e P_i C_{ij}}{M_{ij}(1 - L_j) Y_{ij}} \tag{3-74}$$

其中，FP_i 为 i 城市的食物生态足迹，j 为城市某一类农产品的产量，C_e 为耗粮系数，P_i 为 i 城市的总人口，C_{ij} 为 i 城市的 j 类农产品的人均消费量，M_{ij} 为 i 城市的 j 类农产品的复种系数，L_j 为 j 类农产品的损耗系数，Y_{ij} 为 i 城市的 j 类农产品的标准产量。食物生态足迹反映城市对各类食物的消费变化程度；食物生态足迹越强，说明城市的发展水平越高，城市发展规模越大，城市居民对各类食物需求也越强。

第十五，人均食物生态足迹的测算公式：

$$fp_i = \sum_{j=1}^{m} \frac{C_e C_{ij}}{M_{ij}(1 - L_j) Y_{ij}} \tag{3-75}$$

其中，fp_i 为 i 城市的人均食物生态足迹，j 为城市某一类农产品的产量，C_e 为耗粮系数，C_{ij} 为 i 城市的 j 类农产品的人均消费量，M_{ij} 为 i 城市的 j 类农产品的复种系数，L_j 为 j 类农产品的损耗系数，Y_{ij} 为 i 城市的 j 类农产品的标准产量。人均食物生态足迹反映城市人均食物消费变化水平；人均食物生态足迹系数越大，说明城市内部平均消耗能力更强，城市的均衡发展水平越高。

第十六，农业生产比重增量的测算公式：

$$P = \frac{X_{i u_2}}{X_{t_2}} - \frac{X_{i t_1}}{X_{t_1}} \tag{3-76}$$

其中，P 为地区的城市农业生产比重增量，$X_{i u_2}$、$X_{i t_1}$ 分别为 i 城市 t_2、t_1 年份粮食产量，X_{t_2}、X_{t_1} 分别为同一段评估时间内末期和初期的北部湾农业生产比重增量。城市的农业生产比重增长越高，说明城市农业生产发展程度越高，城市整体粮食产量水平更具备优势。

第十七，农业生产平均增长指数的测算公式：

$$S = (X_{t_2} - X_{t_1}) / X_{t_1}(t_2 - t_1) \times 100 \tag{3-77}$$

其中，S 为农业生产平均增长指数，X_{t_2}、X_{t_1} 为城市一段评估时间内末期和初期的粮食产量。城市的农业生产平均增长指数数值越大，说明城市在评估时间段内的农业生产能力越强，整体城市农业生产水平将得以提升。

第十八，农业枢纽度的测算公式：

$$A_i = \frac{V_i}{P_i \cdot G_i} \tag{3-78}$$

其中，A_i 为 i 城市的农业枢纽度，V_i 为 i 城市的粮食作物产量，P_i 为 i 城市的常住人口，G_i 为 i 城市的生产总值。经过城市农业枢纽度测算，可以对城市农业发展程度与其他经济社会发展指标之间的关系展开分析。城市的农业枢纽度系数越大，说明城市的农业发展水平越高，其在经济社会发展中的地位越高。

第十九，农业生产流强度的测算公式：

$$\begin{cases} F_i = N_i \times E_i \\ N_i = P_i / L_i \\ E_i = \sum_{j=1}^{m} E_{ij} \\ E_{ij} = L_{ij} - L_{ij}(L_j / L) \\ Q_{ij} = \dfrac{L_{ij}/L_i}{L_j/L} \end{cases} \tag{3-79}$$

其中，F_i 为 i 城市的农业生产流强度，N_i 为 i 城市的农业生产功能效益，E_i 为 i 城市的农业生产总体外向功能，P_i 为 i 城市的 GDP，L_i 为 i 城市的农作物总产量，E_{ij} 为 i 城市的 j 类农作物产量外向功能，Q_{ij} 为 i 城市的 j 类农作物产量区位商（$Q_{ij} < 1$，说明 i 城市的 j 类农作物产量不具备外向功能，即 $E_{ij} = 0$；$Q_{ij} > 1$，说明 i 城市的 j 类农作物产量具备外向功能），L_{ij} 为 i 城市的 j 类农作物产量，L_j 为北部湾 j 类农作物产量，L 为北部湾农作物总产量。城市农业生产流强度系数越大，说明城市之间发生的经济集聚和扩散所产生的农业生产要素流动强度越强，城市经济影响力越强。

第二十，农业生产倾向度的测算公式：

$$K_i = \frac{F_i}{P_i} \tag{3-80}$$

其中，K_i 为 i 城市的农业生产倾向度，F_i 为 i 城市的农业生产流强度，P_i 为 i 城市的 GDP。城市的农业生产倾向度系数越大，说明城市的农业总功能量的外向强度越强。

第二十一，农业生产职能规模的测算公式：

$$\begin{cases} T_i = \sum_{i=1}^{n} T_{ij} \\ T_{ij} = |Q_{ij} - 1| \times L_{ij} \\ Q_{ij} = \dfrac{L_{ij}/L_i}{L_j/L} \end{cases} \quad (3-81)$$

其中，T_i 为 i 城市的农业生产职能规模，Q_{ij} 为 i 城市的农业生产区位商，L_{ij} 为 i 城市的第 j 农类作物产量，L_i 为 i 城市的农作物总量，L_j 为北部湾第 j 类农作物产量，L 为北部湾农作物总量。城市的农业生产职能规模系数越大，说明城市的农业生产水平越高，城市所具备的农业生产能力更强。

第二十二，农业生产职能地位的测算公式：

$$F_i = T_i / \sum_{i=1}^{n} T_i \quad (3-82)$$

其中，F_i 为 i 城市的农业生产职能地位，T_i 为 i 城市的农业生产职能规模。城市农业生产职能地位越高，说明城市的农业生产能力在地区内的水平更具备优势；城市对农业人力资源的吸引集聚能力扩大，城市发展具备的农业发展及农业劳动力发展方面的潜力。

4. 北部湾城市群城市工业企业三级指标测算方法

第一，工业结构的测算公式：

$$IS = DC/FC \quad (3-83)$$

其中，IS 为工业结构，DC 为内资企业数，FC 为外资企业数。经过城市的工业结构测算，可以对城市工业发展的稳定性、可持续性进行分析。当工业结构数值偏离 1 时，说明地区出现显著的工业结构不协调，对城市经济社会稳定发展将造成长远的影响，不利于城市的活力提升和发展的可持续性。

第二，企业扩张弹性系数的测算公式：

$$E = \frac{(U_{t_2} - U_{t_1})/U_{t_1}}{(P_{t_2} - P_{t_1})/P_{t_1}} \quad (3-84)$$

其中，E 为企业扩张弹性系数，U_{t_2}、U_{t_1} 分别为城市一段评估时间内末期和初期的城市用地面积，P_{t_2}、P_{t_1} 分别为同一段评估时间内末期和初期城市的城镇企业数量。城市的企业扩张弹性系数越大，说明城市的企业数量扩张幅度越小，城市城镇化与城市面积之间呈现协调发展的关系，城镇企业数量的增加并未导致城市的过度拥挤及承载力压力问题的出现。

第三，工业发展强度的测算公式：

$$E = \frac{X_{i,t}}{\dfrac{1}{n} \sum_{j}^{n} X_{i,t}} \quad (3-85)$$

其中，E 为城市的工业发展强度，$X_{i,t}$ 为城市的规模以上工业总产值。通过城市的工业发展强度测算，可以对城市的工业产值发展情况与地区整体平均水平之间的关系展开研究。城市工业发展强度超过 1，说明城市的工业产值发展出要高于地区的平均水平。城市的工业发展强度越小，说明城市的工业产值发展能力不具备优势，城市活力较弱。

第四，工业密度的测算公式：

$$Den = Com/AREA \quad (3-86)$$

其中，Den 为城市的工业密度，Com 为城市的工业企业数量，$AREA$ 为城市的建成区面积。城市的工业密度反映城市工业的密集程度；城市工业密度越大，说明城市的工业承载力越大。

第五，税收贡献率的测算公式：

$$Con = Rev/Earn \quad (3-87)$$

其中，Con 为城市的税收贡献率，Rev 为城市的税收，$Earn$ 为城市的销售收入。经过城市的税收贡献率测算，可以对评估时间段内城市税收占城市总体增加销售收入的比率进行评估。税收贡献率数值越大，说明城市的经济发展越好，市场发展活力更高。

第六，工业弧弹性的测算公式：

$$AE = (\Delta Q/Q)/(\Delta P/P) \tag{3-88}$$

其中，AE 为工业弧弹性，ΔQ 为一段评估时间内城市工业产值增量，Q 为城市评估末期时的工业产值，ΔP 为一段评估时间内城市生产总值的变化量，P 为城市评估末期时的生产总值。城市工业弧弹性越大，说明城市的工业产值增长速率将快于其经济的变化增长速率，城市呈现出工业的扩张发展趋势。

第七，Moore 工业结构的测算公式：

$$e = \arccos \frac{\sum_{i=1}^{n} W_{i,t_1} W_{i,t_2}}{\sqrt{\sum_{i=1}^{n} W_{i,t_1}^2} \cdot \sqrt{\sum_{i=1}^{n} W_{i,t_2}^2}} \tag{3-89}$$

其中，e 为 Moore 工业结构，W_{i,t_1}、W_{i,t_2} 为 t_1、t_2 时期 i 城市某类企业的产值与总产值的比重。Moore 工业结构反映不同企业发展结构的变化程度；Moore 工业结构指数越大，说明城市企业结构的变化程度越大。

第八，工业不协调度的测算公式：

$$\varphi_1 = \frac{GDP_i/GDP}{Y_i/Y} - 1 \tag{3-90}$$

其中，φ_1 为城市的工业不协调度，GDP_i/GDP 表示城市某类企业的产值与企业总产值的比重，Y_i/Y 表示城市某类企业数的与总企业数的比重。企业不协调度越小，说明城市企业在城市中的发展结构良好，企业对城市经济发展起促进作用。

第九，工业偏离系数的测算公式：

$$D_i = \left| \frac{V_i}{E_i} - 1 \right| \tag{3-91}$$

其中，D_i 为城市某类企业的工业偏离系数，$\frac{V_i}{E_i}$ 为某类企业生产率（产值/企业数），V_i 为某产业的产值比重，E_i 为某类企业数与总企业数的比重。城市的工业偏离系数越小，说明城市的就业结构协调程度越高，城市的劳动生产率越高；城市的工业偏离系数越大，说明城市的工业结构和产业结构将出现不协调、不稳定的状态。

第十，企业利润相对增长率的测算公式：

$$NICH = \frac{Y_{2i} - Y_{1i}}{Y_2 - Y_1} \tag{3-92}$$

其中，$NICH$ 为企业利润相对增长率，Y_{2i}、Y_{1i} 表示 i 城市末期和初期的企业利润，Y_2 和 Y_1 表示整体在末期和初期的企业利润。经过企业利润相对增长率测算，可以对一定时期内城市企业获取利润变化增长趋势与全国企业利润的变化增长趋势之间的关系展开分析。企业利润相对增长率数值越大，说明城市企业获取利润的增长速率越快，呈现出地区企业集聚能力的提升。

第十一，企业利润绝对增量加权指数的测算公式：

$$I = \frac{\Delta X_i}{\Delta X} \times \frac{1}{S_i} \tag{3-93}$$

其中，I 为企业利润绝对增量加权指数，ΔX_i 为 i 城市的企业利润一段时间内的增量，ΔX 为全国的企业利润该段时间内的增量，S_i 为 i 城市面积占全国面积的比重。经过企业利润绝对增量加权指数测算，可以对城市企业获取利润的变化增长趋势与其土地面积之间的关系展开分析。企业利润绝对增量加权指数越大，说明城市的企业要素集中度越高，城市企业获取利润的变化增长趋向于高速发展。

第十二，企业利润比重增量的测算公式：

$$P = \frac{X_{it_2}}{X_{t_2}} - \frac{X_{it_1}}{X_{t_1}} \tag{3-94}$$

其中，P 为地区的企业利润的变化量，X_{it_2}、X_{it_1} 分别为 i 城市 t_2、t_1 年份地区的企业利润的总量，X_{t_2}、X_{t_1} 分别为 t_2、t_1 年份全国的企业利润。城市的企业利润比重增长越高，城市整体企业利润水平更具备优势。

第十三，企业利润枢纽度的测算公式：

$$A_i = \frac{V_i}{P_i \cdot G_i} \tag{3-95}$$

其中，A_i 为 i 城市的企业利润枢纽度，V_i 为 i 城市的工业企业主营业务收入，P_i 为 i 城市的常住人口，G_i 为 i 城市的生产总值。经过城市的企业利润枢纽度测算，可以对城市企业利润程度与其他经济社会发展指标之间的关系展开分析。城市的企业利润枢纽度系数越大，说明城市的企业利润能力越强，其在经济社会发展中的地位越高。

第十四，企业利润平均增长指数的测算公式：

$$S = (X_{t_2} - X_{t_1})/X_{t_1}(t_2 - t_1) \times 100 \tag{3－96}$$

其中，S 为城市的企业利润平均增长指数，X_{t_2}、X_{t_1} 为城市一段评估时间内末期和初期的企业利润。城市的企业利润平均增长指数数值越大，说明城市评估时间段内的企业获取利润越高，整体城市企业利润水平得以提升。

第十五，企业产值流强度的测算公式：

$$\begin{cases} F_i = N_i \times E_i \\ N_i = P_i/L_i \\ E_i = \sum_{j=1}^{m} E_{ij} \\ E_{ij} = L_{ij} - L_i(L_j/L) \\ Q_{ij} = \dfrac{L_{ij}/L_i}{L_j/L} \end{cases} \tag{3－97}$$

其中，F_i 为 i 城市的企业产值流强度，N_i 为 i 城市的企业产值功能效益，E_i 为 i 城市的总体外向功能，P_i 为 i 城市的 GDP，E_{ij} 为 i 城市的 j 类企业产值外向功能，L_i 为 i 城市的企业产值，Q_{ij} 为 i 城市 j 类企业产值区位商（$Q_{ij} < 1$，说明 i 城市的 j 类企业产值不具备外向功能，即 $E_{ij} = 0$；$Q_{ij} > 1$，说明 i 城市的 j 类企业产值具备外向功能），L_{ij} 为 i 城市的 j 类企业产值，L_j 为全国 j 类企业产值，L 为全国企业产值。城市企业产值流强度系数越大，说明城市之间发生的经济集聚和扩散水平越强。

第十六，企业产值倾向度的测算公式：

$$K_i = \frac{F_i}{P_i} \tag{3－98}$$

其中，K_i 为 i 城市的企业产值倾向度，F_i 为 i 城市的企业产值流强度，P_i 为 i 城市的 GDP。城市企业产值倾向度系数越大，说明城市的企业产值总功能量的外向强度越强。

第十七，企业产值职能规模的测算公式：

$$\begin{cases} T_{ij} = |Q_{ij} - 1| \times L_{ij} \\ Q_{ij} = \dfrac{L_{ij}/L_i}{L_j/L} \end{cases} \tag{3－99}$$

其中，T_{ij} 为 i 城市的 j 类企业产值职能规模，Q_{ij} 为 i 城市的 j 类企业产值区位商，L_{ij} 为 i 城市的 j 类企业产值，L_i 为 i 城市的企业总产值，L_j 为全国 j 类企业产值，L 为全国企业总产值。城市的企业利润相对职能规模系数越大，说明城市的企业获取利润水平越高，城市所具备的企业获取利润能力更强。

第十八，企业产值职能地位的测算公式：

$$F_{ij} = T_{ij}/\sum_{i=1}^{n} T_{ij} \tag{3－100}$$

其中，F_{ij} 为 i 城市的 j 类企业产值职能地位，T_{ij} 为 i 城市的 j 类企业产值职能规模。城市企业产值职能地位越高，说明城市的企业产值获取能力在地区内的水平更具备优势；城市对企业的吸引集聚能力扩大，城市发展具备的就业及劳动力发展方面的潜力。

5. 北部湾城市群城市基础设施三级指标测算方法

第一，城镇扩张强度的测算公式：

$$P_i = \frac{\Delta U_i}{TLA} \times 100\% \tag{3－101}$$

其中，P_i 为 i 城市的城镇扩张强度，ΔU_i 为 i 城市的扩张建成区面积，TLA 为土地总面积。经过城镇扩张强度测算，可以对城市建设用地土地的扩张面积的变化增长趋势之间的关系展开分析。城镇扩张强度系数越大，说明城市的建设用地面积增长速率越快，呈现出地区人口集聚能力的提升。

第二，土地产出率的测算公式：

$$Land = Nfarm / U \qquad (3-102)$$

其中，$Land$ 为城市的土地产出率，$Nfarm$ 为城市的非农产业产值，U 为城市的建成区面积。土地产出率数值越大，表明城市单位土地面积的第二产业、第三产业的平均年产值越高，城市发展过程中的土地资源得到合理充分的利用；缓解城市土地资源紧缺而束缚经济发展的状况，实现社会经济的可持续发展。

第三，城镇用地动态变化的测算公式：

$$U_v = (U_{t_2} - U_{t_1}) (t_2 - t_1) / U_{t_1} \qquad (3-103)$$

其中，U_v 为城镇用地动态变化，U_{t_2}、U_{t_1} 分别为 t_2、t_1 时期的建成区面积。经过城镇用地动态变化测算，将说明城市行政区域土地面积一个时期内的增长变化。城镇用地动态变化越大，说明城市的行政区域土地面积增加变大，呈现出地区经济活力的增强以及城市规模的扩大。

第四，土地城镇化的测算公式：

$$U = \frac{S}{L} \qquad (3-104)$$

其中，U 为城市的土地城镇化，S 为建成区面积，L 为区域土地面积。城市的土地城镇化与其行政区域土地面积之间保持直接联系；城市的土地城镇化程度越高，说明城市的城镇用地面积越大，城市的发展的潜力越大。

第五，城市蔓延紧凑度的测算公式：

$$C = 2 \sqrt{\pi A} / P \qquad (3-105)$$

其中，C 为城市蔓延紧凑度，A 为半径，P 为城镇建成区周长。城市人口弧弹性越大，说明城市的人口变化增长速率将快于其经济的变化增长速率，城市呈现出人口的扩张发展趋势。

第六，城市破碎化度的测算公式：

$$F = PF / UA \qquad (3-106)$$

其中，F 为城市破碎化度，PF 为中心区除建成区外的建设用地面积，UA 为建成区面积。城市破碎化度反映城市人口的密集程度；城市人口密度越大，说明城市的基础设施建设强度越大。

第七，城市用地强度的测算公式：

$$E = \frac{X_{i,t}}{\frac{1}{n} \sum_j^n X_{i,t}} \qquad (3-107)$$

其中，E 为城市用地强度，$X_{i,t}$ 为 i 城市建成区土地面积。城市用地强度数值超过1，说明城市的土地使用能力将高于地区的平均水平；城市的用地强度系数越小，说明城市的土地使用能力不具备优势，土地利用率不高。

第八，排水管道密度的测算公式：

$$Dens = Drain / Area \qquad (3-108)$$

其中，$Dens$ 为排水管道密度，$Drain$ 为排水管道长度，$Area$ 为城市建成区面积。经过排水管道密度测算，可以对城市排水管道建设程度展开分析。城市的排水管道密度系数越大，说明城市经济发展越强，城市发展规模越大；城市基础设施建设发展越好，城市的发展活力较高，其城镇化发展的潜力巨大。

第九，基础设施弧弹性的测算公式：

$$AE = (\Delta Q / Q) / (\Delta P / P) \qquad (3-109)$$

其中，AE 为基础设施弧弹性，ΔQ 为在一段评估时间内城市道路面积的变化量，Q 为城市在评估末期时的道路面积，ΔP 为 GDP 增长量，P 为城市评估末期的生产总值。城市基础设施弧弹性系数越大，说明城市的道路面积变化增长速率将快于其经济的变化增长速率，城市基础设施发展呈现扩张发展趋势。

第十，城市道路相对增长率的测算公式：

$$NICH = \frac{Y_{2i} - Y_{1i}}{Y_2 - Y_1} \qquad (3-110)$$

其中，$NICH$ 为城市道路相对增长率，Y_{2i}、Y_{1i} 表示 i 城市末期和初期的城市道路面积，Y_2 和 Y_1 表示整体在末期和初期的城市道路面积。经过城市道路相对增长率测算，可以对一定时期内城市道路面积增长趋势与全国城市道路面积增长趋势之间的关系展开分析。总城市道路相对增长率数值越大，说明城市的道路面积增长速率越快，地区人口集聚能力越强。

第十一，城市道路绝对增量加权指数的测算公式：

$$I = \frac{\Delta X_i}{\Delta X} \times \frac{1}{S_i} \tag{3-111}$$

其中，I 为城市道路绝对增量加权指数，ΔX_i 为 i 城市的城市道路面积一段时间内的增量，ΔX 为全国的城市道路面积在该段时间内的增量，S_i 为 i 城市面积占全国面积的比重。城市道路绝对增量加权指数的数值越大，说明 i 城市道路要素越趋于集中，城市的经济社会发展活力更为充沛。

第十二，城市基础设施承载力的测算公式：

$$ES = \frac{S_i}{\bar{S}} \tag{3-112}$$

其中，ES 为城市基础设施承载力，S_i 为 i 城市的道路面积，$\bar{S}$ 为全国的人均道路面积。经过基础设施承载力测算，可以对城市的道路面积变化增长情况与全国范围内平均容量范围之间的关系进行分析。城市的基础设施承载力系数越大，说明城市的整体密度更大、容量范围更高。

第十三，物流区位商的测算公式：

$$Q_{ij} = \frac{L_{ij}/L_i}{L_j/L} \tag{3-113}$$

其中，Q_{ij} 为 i 城市的物流区位商，L_i 为 i 城市的货物运输总量，L_{ij} 为 i 城市的 j 类货物运输总量，L_j 为全国 j 类货物运输总量，L 为全国货物运输总量。城市的物流区位商数值越大，说明城市的物流水平越高，城市所具备的物流效率更强。

第十四，城市车辆平均增长指数的测算公式：

$$S = (X_{t_2} - X_{t_1})/X_{t_1}(t_2 - t_1) \times 100 \tag{3-114}$$

其中，S 为城市车辆平均增长指数，X_{t_2}、X_{t_1} 为城市一段评估时间内末期和初期的城市汽车数量。城市的城市车辆平均增长指数数值越大，说明城市评估时间段内的城市汽车数量越多，整体城市物流水平得以提升。

第十五，电信枢纽度的测算公式：

$$A_i = \frac{V_i}{P_i \cdot G_i} \tag{3-115}$$

其中，A_i 为 i 城市的电信枢纽度，V_i 为 i 城市的流量指标，P_i 为 i 城市常住人口，G_i 为 i 城市的 GDP。城市的电信枢纽度反映城市路网的密集程度；城市路网密度系数越大，说明城市的物流发展完善、城市的生产效率较高以及生产成本较低。

第十六，城市物流强度的测算公式：

$$\begin{cases} F_i = N_i \times E_i \\ N_i = P_i/L_i \\ E_i = \sum_{j=1}^{m} E_{ij} \\ E_{ij} = L_{ij} - L_i(L_j/L) \\ Q_{ij} = \frac{L_{ij}/L_i}{L_j/L} \end{cases} \tag{3-116}$$

其中，F_i 为 i 城市的物流强度，N_i 为 i 城市的物流功能效益，E_i 为 i 城市的总体外向功能，P_i 为 i 城市的 GDP，E_{ij} 为 i 城市的 j 类物流流量外向功能，L_i 为 i 城市的物流流量，Q_{ij} 为 i 城市 j 类物流流量区位商（$Q_{ij} < 1$，说明 i 城市的 j 类物流流量不具备外向功能，即 $E_{ij} = 0$；$Q_{ij} > 1$，说明 i 城市的 j 类物流流量具备外向功能），L_{ij} 为 i 城市的 j 类物流流量，L_j 为全国 j 类物流流量，L 为全国物流流量。城市企业产值流强度系数越大，说明城市之间发生的经济集聚和扩散所产生的企业要素流动强度越强，城市经济影响力越强。

第十七，城市物流倾向度的测算公式：

$$K_i = \frac{F_i}{P_i} \tag{3-117}$$

其中，K_i 为 i 城市物流倾向度，F_i 为 i 城市的物流强度，P_i 为 i 城市的 GDP。城市物流倾向度系数越大，说明城市的物流流量总功能量的外向强度越强。

第十八，城市货运（客运）职能规模的测算公式：

$$\begin{cases} T_{ij} = |Q_{ij} - 1| \times L_{ij} \\ Q_{ij} = \dfrac{L_{ij}/L_i}{L_j/L} \end{cases} \tag{3-118}$$

其中，T_{ij} 为 i 城市货运（客运）职能规模，Q_{ij} 为 i 城市的货运（客运）区位商，L_{ij} 为 i 城市的货运（客运）总量，L_i 为 i 城市的货运（客运）总量，L_j 为全国 j 类货运（客运）总量，L 为全国货运（客运）总量。城市的货运（客运）职能规模系数越大，说明城市所具备的货运（客运）水平更高。

第十九，城市货运（客运）职能地位的测算公式：

$$F_{ij} = T_{ij} / \sum_{i=1}^{n} T_{ij} \tag{3-119}$$

其中，F_{ij} 为 i 城市货运（客运）职能地位，T_{ij} 为 i 城市货运（客运）职能规模。城市货运（客运）职能地位系数越大，说明城市的货运（客运）能力在地区内的水平更具备优势。

6. 北部湾城市群城市社会福利三级指标测算方法

第一，城乡收入差距的测算公式：

$$IG = 1 - IR/IU \tag{3-120}$$

其中，IG 为城乡收入差距，IR 为农民人均纯收入，IU 为城镇居民人均可支配收入。经过城乡消费差距测算，可以对城镇居民以及明村居民的消费支出程度展开分析。城市的城乡消费差距越小，说明城市的整体经济发展水平越高，城市内城镇居民收入与农村居民消费能力水平趋于接近的状态；潜在向城市进行转移的人口不断增多，城市的活力较高，其城镇化发展的潜力巨大。

第二，消费强度的测算公式：

$$E = \frac{X_{i,t}}{\dfrac{1}{n}\sum_{j}^{n} X_{i,t}} \tag{3-121}$$

其中，E 为城市的消费强度，$X_{i,t}$ 为 i 城市的城镇居民人均现金消费支出。经过城市的消费强度测算，可以对城市的消费情况与地区整体平均水平之间的关系展开研究。城市消费强度数值超过 1，说明城市的居民消费支出将高于地区的平均水平；城市的消费强度系数越小，说明城市的居民消费支出能力不具备优势，城市活力较弱。

第三，收入弧弹性的测算公式：

$$AE = (\Delta Q/Q)/(\Delta P/P) \tag{3-122}$$

其中，AE 为收入弧弹性，ΔQ 为在一段评估时间内城市居民收入增长量，Q 为城市居民收入，ΔP 为一段评估时间内城市生产总值的变化量，P 为城市末期的生产总值。城市收入弧弹性系数越大，说明城市的居民收入增长速率将快于其经济的变化增长速率，城市呈现出居民收入的扩张发展趋势。

第四，收入结构的测算公式：

$$IS = EX/IU \tag{3-123}$$

其中，IS 为城市的收入结构，EX 为城镇居民人均消费支出，IU 为城镇居民人均可支配收入。经过收入结构测算，可以对城镇居民人均消费支出与城镇居民人均可支配收入的比重展开分析。城市收入结构系数越大，说明城市的整体经济发展水平越高，城镇居民生活消费支出能力越强；城市对外部各类资源要素的集聚吸引能力将不断提升。

第五，养老保险覆盖率的测算公式：

$$C_{ij} = L_{ij}/L_i \tag{3-124}$$

其中，C_{ij} 为 i 城市的养老保险覆盖率，L_{ij} 为 i 城市的城镇基本养老保险参保人数，L_i 为 i 城市的总人口数。经过养老保险覆盖率测算，可以对城市的养老保险发展情况进行分析。城市的养老保险覆盖率系数越大，说明城市的经济发展越强，城市养老保险事业发展越好、容量范围更高；城市能够享受养老保险保障的居民数量越多。

第六，城镇零售消费水平的测算公式：

$$S = \frac{S_a}{G} \qquad (3-125)$$

其中，S 为城镇零售消费水平，S_a 为城镇消费品零售总额，G 为国内生产总值。城市的城镇零售消费水平反映城市居民消费支出能力的程度；城市居民消费支出能力越强，说明城市的零售消费水平越高。

第七，医疗保险覆盖率的测算公式：

$$C_{ij} = L_{ij}/L_i \qquad (3-126)$$

其中，C_{ij} 为 i 城市的医疗保险覆盖率，L_{ij} 为 i 城市的城镇医疗保险参保人数，L_i 为 i 城市的总人口数。经过医疗保险覆盖率测算，可以对城市的医疗保险发展情况进行分析。城市的医疗保险覆盖率系数越大，说明城市的经济发展越强，城市医疗保险事业发展越好、容量范围更高；城市能享受医疗保险保障的居民数量越多。

第八，福利承载力的测算公式：

$$ES = \frac{P_i}{\overline{P}} \qquad (3-127)$$

其中，ES 为城市福利承载力，P_i 为 i 城市的城镇可支配收入，$\overline{P}$ 为全国人均 GDP。经过福利承载力测算，可以对城市的公共保障事业变化增长情况与全国范围内平均容量范围之间的关系进行分析。城市的福利承载力系数越大，说明城市的整体经济发展越强，政府公共保障事业对居民的保障强度越强。

第九，收入差距的测算公式：

$$Gap = IU_{city}/IU_{village} \qquad (3-128)$$

其中，Gap 为城市的收入差距，IU_{city} 为城镇居民人均可支配收入，$IU_{village}$ 为农村居民人均纯收入。城市的收入差距系数越小，说明城市的整体经济发展水平越高，城市内城镇居民收入与农村居民收入水平趋于接近的状态；城市对外部各类资源要素的集聚吸引能力将不断提升。

第十，城乡消费差距的测算公式：

$$Gap = EX_{village}/EX_{city} \qquad (3-129)$$

其中，Gap 为城乡消费差距，$EX_{village}$ 为农村居民人均消费支出，EX_{city} 为城镇居民人均消费支出。经过城乡消费差距测算，可以对城镇居民以及农村居民的消费支出程度展开分析。城市的城乡消费差距系数越小，说明城市的整体经济发展水平越高，城市内城镇居民收入与农村居民消费能力水平趋于接近的状态；潜在向城市进行转移的人口不断增多，城市的活力较高，其城镇化发展的潜力巨大。

第十一，农村纯收入相对增长率的测算公式：

$$NICH = \frac{Y_{2i} - Y_{1i}}{Y_2 - Y_1} \qquad (3-130)$$

其中，$NICH$ 为农村纯收入相对增长率，Y_{2i}、Y_{1i} 表示 i 城市末期和初期的农村纯收入，Y_2 和 Y_1 表示整体末期和初期的农村纯收入。经过农村纯收入相对增长率测算，可以对城市一定时期内农村居民收入变化增长趋势与全国农村居民收入的变化增长趋势之间的关系展开分析。农村纯收入相对增长率系数越大，说明农村居民收入增长速率越快，农村人口劳动生产能力不断提升。

第十二，农村纯收入绝对增量加权指数的测算公式：

$$I = \frac{\Delta X_i}{\Delta X} \times \frac{1}{S_i} \qquad (3-131)$$

其中，I 为农村纯收入绝对增量加权指数，ΔX_i 为 i 城市的农村纯收入一段时间内的增量，ΔX 为全国的农村纯收入该段时间内的增量，S_i 为 i 城市面积占全国面积的比重。经过农村纯收入绝对增量加权指数测算，可以对城市的农村纯收入增长趋势与全国农村纯收入之间的关系展开分析。农村纯收入绝对增量加权指数数值越大，说明农村居民收入越高，地区农村发展较快。

第十三，农村支出比重增量的测算公式：

$$P = \frac{X_{iu_2}}{X_{t_2}} - \frac{X_{iu_1}}{X_{t_1}} \qquad (3-132)$$

其中，P 为农村生活支出比重增量，X_{iu_2}、X_{iu_1} 为 i 政府一段评估时间内末期和初期的农村支出的总量，X_{t_2}、X_{t_1} 为同一段评估时间内末期和初期的全国的农村支出利润。农村支出比重增量越大，说明政府的财政投入与农村支出的总量越高，农村整体发展水平更具备优势。

第十四，农村支出平均增长指数的测算公式：

$$S = (X_{t_2} - X_{t_1}) / X_{t_1} (t_2 - t_1) \times 100 \qquad (3-133)$$

其中，S 为地区农村支出的平均增长指数，X_{t_2}、X_{t_1} 为政府一段评估时间内末期和初期的农村支出。农村支出平均增长指数数值越大，说明评估时间段内的农村支出能力越强，整体农村支出水平得以提升。

第十五，农村收入枢纽度的测算公式：

$$A_i = \frac{V_i}{P_i \cdot G_i} \qquad (3-134)$$

其中，A_i 为 i 城市的农村收入枢纽度，V_i 为 i 城市的农村居民人均纯收入，P_i 为 i 城市的常住人口，G_i 为 i 城市的 GDP。经过城市的农村收入枢纽度测算，可以对城市农村福利程度与其他经济社会发展指标之间的关系展开分析。城市的农村收入枢纽度系数越大，说明城市的农村收入能力越强，其在经济社会发展中的地位越高。

第十六，乡村户数密度的测算公式：

$$Den = House/AREA \qquad (3-135)$$

其中，Den 为乡村户数密度，$House$ 为乡村户数，$AREA$ 为城市的行政区域面积。城市的乡村户数密集度系数越大，说明农村地区的经济发展程度越高，城市农村发展的劳动力人口资源更为丰富，农村的经济社会发展活力更为充沛。

第十七，地方政府财政汲取能力的测算公式：

$$Z_i = \frac{a_i}{b_i} (i = 1, 2, 3, \cdots, n) \qquad (3-136)$$

其中，Z_i 为 i 城市的地方政府财政汲取能力，a_i 为 i 城市的财政预算收入，b_i 为 i 城市的 GDP。地方政府财政汲取能力反映出城市内的财政收入来源处于不断丰富的状态，城市对外部各类资源要素的集聚吸引能力将不断提升。

第十八，地方政府财政收入分权能力的测算公式：

$$Y_i = \frac{C_i}{D_i} = \frac{a_i}{A_i} \times \frac{F_i}{f_i} \qquad (3-137)$$

其中，Y_i 为 i 城市的地方政府财政收入分权能力，$C_i = a_i/A_i$，C_i 代表 i 城市的预算人均财政收入，a_i 是 i 城市的预算财政收入，A_i 为 i 城市的年末总人口数。$D_i = f_i/F_i$，D_i 代表 i 城市的预算人均财政收入，f_i 是 i 城市的预算财政收入，F_i 是 i 城市年末总人口总数。城市地方政府财政支出分权能力系数越大，说明城市的财政能力越强，城市经济发展呈现扩张发展趋势。

第十九，地方政府财政支出分权能力的测算公式：

$$X_i = \frac{H_i}{G_i} = \frac{m_i}{A_i} \times \frac{F_i}{n_i} \qquad (3-138)$$

其中，X_i 为 i 城市的地方政府财政支出分权能力，$H_i = m_i/A_i$，H_i 代表 i 城市的预算人均财政支出，m_i 是 i 城市的财政预算财政支出，A_i 为 i 城市的年末总人口数，$G_i = n_i/F_i$，G_i 代表 i 城市的预算人均财政支出，n_i 是 i 城市的预算财政支出，F_i 是 i 城市年末总人口总数。城市地方政府财政支出分权能力系数越大，说明城市的财政能力越强，城市经济发展呈现扩张发展趋势。

第二十，地方政府财政自给能力的测算公式：

$$Q_i = \frac{a_i}{m_i} \qquad (3-139)$$

其中，Q_i 为 i 城市的地方政府财政自给能力，a_i 为 i 城市的财政一般预算内支出，m_i 为中央财政一般预算内支出。地方政府财政自给能力系数越大，说明城市的经济发展程度越高，城市的劳动生产率越高。

第二十一，政府财政流强度的测算公式：

$$
\begin{cases}
F_i = N_i \times E_i \\
N_i = P_i / L_i \\
E_i = \sum_{j=1}^{m} E_{ij} \\
E_{ij} = L_{ij} - L_i(L_j/L) \\
Q_{ij} = \dfrac{L_{ij}/L_i}{L_j/L}
\end{cases}
\tag{3-140}
$$

其中，F_i 为 i 城市的政府财政流强度，N_i 为 i 城市的功能效益，E_i 为 i 城市的 j 类政府财政支出的总体外向功能，P_i 为 i 城市的 GDP，L_i 为城市的政府财政支出，E_{ij} 为 i 城市的 j 类政府财政支出外向功能，Q_{ij} 为 i 城市的 j 类政府财政支出区位商（$Q_{ij}<1$，说明 i 城市的 j 类政府财政支出不具备外向功能，即 $E_{ij}=0$；$Q_{ij}>1$，说明 i 城市的 j 类政府财政支出具备外向功能），L_{ij} 为 i 城市的 j 类政府财政支出，L_j 为全国 j 类政府财政支出，L 为全国政府财政支出。城市政府财政流强度系数越大，说明城市之间发生的经济集聚和扩散所产生的财政支出要素流动强度越强，城市经济影响力越强。

第二十二，政府财政倾向度的测算公式：

$$
K_i = \frac{F_i}{P_i}
\tag{3-141}
$$

其中，K_i 为 i 城市的政府财政倾向度，F_i 为 i 城市的政府财政流强度，P_i 为 i 城市的 GDP。城市政府财政倾向度系数越大，说明城市的政府财政总功能量的外向强度越强。

第二十三，政府财政职能规模的测算公式：

$$
\begin{cases}
T_{ij} = |Q_{ij}-1| \times L_{ij} \\
Q_{ij} = \dfrac{L_{ij}/L_i}{L_j/L}
\end{cases}
\tag{3-142}
$$

其中，T_{ij} 为 i 城市的政府财政职能规模，Q_{ij} 为 i 城市的政府财政区位商，L_{ij} 为 i 城市的 j 类政府财政支出，L_i 为 i 城市的地方财政一般预算内支出，L_j 为全国 j 类政府财政支出，L 为全国财政一般预算内支出。城市的政府财政相对职能规模系数越大，说明城市的政府财政水平越高，城市所具备的政府财政能力更强。

第二十四，政府财政职能地位的测算公式：

$$
F_{ij} = T_{ij} / \sum_{i=1}^{n} T_{ij}
\tag{3-143}
$$

其中，F_{ij} 为 i 城市的政府财政职能地位，T_{ij} 为 i 城市的政府财政职能规模。城市政府财政职能地位越高，说明城市的政府财政能力地区内的水平更具备优势，城市对人力资源的吸引集聚能力扩大，城市发展具备财政能力及劳动力发展方面的潜力。

第二十五，财政支出水平的测算公式：

$$
S = \frac{S_a}{G}
\tag{3-144}
$$

其中，S 为财政支出水平，S_a 为公共服务支出，G 为国内生产总值。城市的财政支出水平越高，说明其经济发展水平越高，政府财政用于提升和改善城市各项支出的能力越大。

7. 北部湾城市群城市居民生活三级指标测算方法

第一，社会保障水平的测算公式：

$$
NICH = \frac{Y_{i,t_2} - Y_{i,t_1}}{Y_2 - Y_1}
\tag{3-145}
$$

其中，$NICH$ 为社会保障水平，Y_{i,t_2} 为社会保障支出总额、Y_{i,t_1} 为国内生产总值。城市社会保障水平越高，说明城市经济发展越好，城市的公共保障事业发展水平越高；城市居民能够享受到更好的社会保障。

第二，总工资弧弹性的测算公式：

$$
AE = (\Delta Q/Q)/(\Delta P/P)
\tag{3-146}
$$

其中，AE 为总工资弧弹性，ΔQ 为一段评估时间内总工资增长量，Q 为城市评估末期时的（在岗工资总额)，ΔP 为一段评估时间内生产总值增长量，P 为城市评估末期时的生产总值。城市总工资弧弹性系数越大，说明城市的总工资增长速率将快于其经济的变化增长速率，城市工资发展呈现上升趋势。

第三，平均工资增长强度的测算公式：

$$P_i = \frac{\Delta U_i}{TLA} \times 100\% \tag{3-147}$$

其中，P_i 为城市的平均工资增长强度，ΔU_i 为在岗职工平均工资增长量，TLA 为人均 GDP。经过平均工资增长强度测算，可以对城市平均工资增长的变化增长趋势之间的关系展开分析。城镇平均工资增长强度系数越大，说明城市的平均工资增长速率越快，呈现出地区人口集聚能力的提升。

第四，城市人力资本的测算公式：

$$HC = (\overline{U} - U)/U \tag{3-148}$$

其中，HC 为城市人力资本，$\overline{U}$ 为城市的在岗职工平均工资，U 为城市的最低工资标准。城市的人力资本系数越大，说明城市的工资提高水平越高，城市的经济发展越好，城市发展的潜力越大。

第五，职工工资相对增长率的测算公式：

$$NICH = \frac{Y_{2i} - Y_{1i}}{Y_2 - Y_1} \tag{3-149}$$

其中，$NICH$ 为职工工资相对增长率，Y_{2i}、Y_{1i} 表示 i 城市末期和初期的在岗职工工资总额，Y_2、Y_1 表示全国末期和初期的在岗职工工资总额。经过城市职工工资相对增长率测算，可以对城市一定时期内城市职工工资增长趋势与全国职工工资的变化增长趋势之间的关系展开分析。城市职工工资相对增长率数值越大，说明城市的职工工资增长速率越快，城市职工工资不断增长。

第六，职工工资绝对增量加权指数的测算公式：

$$I = \frac{\Delta X_i}{\Delta X} \times \frac{1}{S_i} \tag{3-150}$$

其中，I 为城市的职工工资绝对增量加权指数，ΔX_i 为 i 城市的在岗职工工资总额一段时间内的增量，ΔX 为北部湾在岗职工工资总额在该段时间内的增量，S_i 为 i 城市行政区域土地面积占北部湾行政区域土地面积的比重。职工工资绝对增量加权指数数值越大，说明城市人口要素越集中。

第七，职工工资比重增量的测算公式：

$$P = \frac{X_{it_2}}{X_{t_2}} - \frac{X_{it_1}}{X_{t_1}} \tag{3-151}$$

其中，P 为 i 地区的职工工资比重增量，X_{it_2}、X_{it_1} 分别为 t_2、t_1 时期 i 地区的（在岗职工工资的总量），X_{t_2}、X_{t_1} 分别为 t_2、t_1 年份全国（北部湾）的城市在岗职工工资比重增量。城市的职工工资比重增量越高，说明城市的职工工资增长与全国的职工工资增长的总量越高，城市整体职工工资水平更具优势。

第八，职工工资强度的测算公式：

$$E = Y/\overline{L} \tag{3-152}$$

其中，E 为城市的职工工资强度，Y 为城市的职工工资总额（在岗职工工资总额），$\overline{L}$ 为地区的平均就业人口（北部湾年末单位从业人员数）。职工工资强度系数越大，说明城市经济发展越好，职工工资水平越高，人民生活水平越高。

第九，城镇公园用地动态变化的测算公式：

$$U_v = (U_{t_2} - U_{t_1})(t_2 - t_1)/U_{t_1} \tag{3-153}$$

其中，U_v 为城镇公园用地动态变化，U_{t_2}、U_{t_1} 为 t_2、t_1 时期城镇公园用地面积（公园绿地面积）。城市的城镇公园用地动态变化情况，说明城市公园用地面积一个时期内的增长变化态势。城镇公园用地动态变化系数越大，说明城市的公园用地增加数量变大，对应呈现出地区经济活力的增强以及城市规模的扩大。

第十，供水能力延展指数的测算公式：

$$SI = \frac{(A_j - A_i)/A_i}{(P_j - P_i)/P_i} \tag{3-154}$$

其中，SI 为供水能力延展指数，A_i、A_j 分别为 i 和 j 时期的供水管道长度，P_i 和 P_j 分别为 i 和 j 时期的城市人口（城市年末总人口）。城市供水能力延展指数数值超过1，说明城市的供水管道长度的增长将快于人口的增长水平，城市的供水管道发展呈现蔓延趋势。但城市的供水管道延展并非不限制扩大为理想状态，所以城市供水管道延展指数所在最优的取值范围，通常认为 $SI = 1.12$ 为最优合理状态。

第十一，城市供气能力的测算公式：

$$T = \frac{N_{yehua}}{T_{yehua}} \qquad (3-155)$$

其中，T 为城市供气能力，T_{yehua} 为用液化石油气的使用人口，N_{yehua} 为用液化石油气的使用量（液化石油气家庭用量）。经过城市供气能力测算，可以对城市的用液化石油气使用情况进行分析。城市的加权城市供气能力系数越大，说明城市经济发展越好，城市的发展规模越大，城市能够给居民提供更优质的基础设施服务。

第十二，城市供电强度的测算公式：

$$E = \frac{X_{i,t}}{\frac{1}{n}\sum_{j}^{n} X_{i,t}} \qquad (3-156)$$

其中，E 为城市供电强度，$X_{i,t}$ 为 i 城市的全社会电总量。城市供电强度数值超过 1，说明城市的供电能力将高于地区的平均水平；城市的供电强度系数越小，说明城市的供电发展能力不具备优势，城市活力较弱。

第十三，城市供气密度的测算公式：

$$Den = Gases/AREA \qquad (3-157)$$

其中，Den 为城市供气密度，$Gases$ 为城市的用气总量（液化石油气家庭用量），$AREA$ 为城市的建成区面积。城市的供气密度反映城市用气总量的密集程度；城市供气密度系数越大，说明城市的供气承载力越大。

第十四，城市用电承载力 ES 的测算公式：

$$ES = \frac{X}{\overline{X}} \qquad (3-158)$$

其中，ES 为城市用电承载力，X 为城市的用电总量（全社会用电量），$\overline{X}$ 为全国（北部湾）人均用电量。经过城市用电承载力测算，可以对城市的用电量变化增长情况与全国范围内平均容量范围之间的关系进行分析。城市的用电承载力系数越大，说明城市的整体密度更大、容量范围更高。

第十五，城市通信流强度的测算公式：

$$\begin{cases} F_i = N_i \times E_i \\ N_i = P_i/L_i \\ E_i = \sum_{j=1}^{m} E_{ij} \\ E_{ij} = L_{ij} - L_i(L_j/L) \\ Q_{ij} = \dfrac{L_{ij}/L_i}{L_j/L} \end{cases} \qquad (3-159)$$

其中，F_i 为 i 城市的城市通信流强度，N_i 为 i 城市的城市通信功能效益，E_i 为 i 城市的城市通信总体外向功能，P_i 为 i 城市的 GDP，I_i 为 i 城市的通信业务总量，E_{ij} 为 i 城市的 j 类通信业务总量外向功能，Q_{ij} 为 i 城市的 j 类通信业务总量区位商（$Q_{ij} < 1$，说明 i 城市的 j 类通信业务总量不具备外向功能，即 $E_{ij} = 0$；$Q_{ij} > 1$，说明 i 城市的 j 类通信业务总量具备外向功能），L_{ij} 为 i 城市的 j 类通信业务总量，L_j 为全国 j 类通信业务总量，L 为全国通信业务总量。城市通信流强度系数越大，说明城市之间发生的经济集聚和扩散所产生的通信要素流动强度越强，城市经济影响力越强。

第十六，城市通信倾向度的测算公式：

$$K_i = \frac{F_i}{P_i} \qquad (3-160)$$

其中，K_i 为 i 城市通信倾向度，F_i 为 i 城市的城市通信流强度，P_i 为 i 城市的 GDP。城市通信倾向度系数越大，说明城市的通信业务总功能量的外向强度越强。

第十七，城市通信职能规模的测算公式：

$$\begin{cases} T_{ij} = \left| Q_{ij} - 1 \right| \times L_{ij} \\ Q_{ij} = \dfrac{L_{ij}/L_i}{L_j/L} \end{cases} \qquad (3-161)$$

其中，T_{ij} 为 i 城市的城市通信职能规模，Q_{ij} 为 i 城市的城市通信区位商，L_{ij} 为 i 城市的某一城市邮政通信总量，I_{ij} 为 i 城市的城市通信总量，L_j 为全国邮政业务总量，L 为全国总通信总量。城市的通信相对职能规模系数越大，说明城市的通信水平越高，城市所具备的通信能力更强。

第十八，城市通信职能地位的测算公式：

$$F_{ij} = T_{ij} / \sum_{i=1}^{n} T_{ij} \qquad (3-162)$$

其中，F_{ij} 为 i 城市通信职能地位，T_{ij} 为 i 城市通信职能规模。城市通信职能地位越高，说明城市的通信能力在地区内的水平更具备优势，城市对人力资源的吸引集聚能力扩大，城市发展具备就业及劳动力发展方面的潜力。

8. 北部湾城市群城市科教文卫三级指标测算方法

第一，师生比（小学、中学）的测算公式：

$$R = T/S \qquad (3-163)$$

其中，R 为城市的师生比（小学、中学），T 为城市的教师数量（专任教师数），S 为城市的学生数量（在校学生数）。城市的师生比（小学、中学）数值越大，说明城市的教育行业教师数量增长速率越快，学生能够享受到更丰富的教师教育资源，地区教育集聚能力提升。

第二，行业基本活动值的测算公式：

$$K_{st} = \left(e_{st} - \frac{E_{st}}{E_t} \times e_i \right) / e_{st} \qquad (3-164)$$

其中，K_{st} 为行业基本活动值，e_{st} 为城市科技行业人数（城市年鉴按行业分组人口科技人员），e_t 为城市总人口（年末城市总人口），E_{st} 为全国科技行业人数（北部湾科技人员），E_t 为全国总就业人口（整体年末城镇就业人数）。行业基本活动值数值越大，说明城市的科教行业人员要素集中度越高，城市科技行业人数变化增长趋向于密集型发展。

第三，城市创新职能指数的测算公式：

$$F = (P/MP) \times P \qquad (3-165)$$

其中，F 为城市创新职能指数，P 为城市科技部门就业人口（城市年鉴按行业分组人口科技人员）占总人口的比重，MP 为全国（北部湾）科技部门就业比重占总就业人口比重。城市创新职能指数数值越大，说明城市的创新活动能力越强，城市的科技创新职能属性越突出。

第四，学校密度的测算公式：

$$Den = Scholl/AREA \qquad (3-166)$$

其中，Den 为城市的学校密度，$School$ 为城市的学校总数，$AREA$ 为城市的建成区面积。城市的学校密度反映城市学校数量的密集程度；城市学校密度系数越大，说明城市的学校承载力越大。

第五，Moore 学生结构的测算公式：

$$e = \arccos \frac{\sum_{i=1}^{n} W_{i,t_1} W_{i,t_2}}{\sqrt{\sum_{i=1}^{n} W_{i,t_1}^2} \cdot \sqrt{\sum_{i=1}^{n} W_{i,t_2}^2}} \qquad (3-167)$$

其中，e 为 Moore 学生结构，W_{i,t_1}、W_{i,t_2} 为 i 城市一段评估时间内初期和末期的各学校的学生比重。Moore 结构反映各学校学生结构的变化程度；Moore 学生结构系数越大，说明城市学生结构的变化程度越大。

第六，教育贡献率的测算公式：

$$Con = \Delta L/L \qquad (3-168)$$

其中，Con 为城市的教育贡献率，ΔL 为城市的教师增长量（专任教师增长量），L 为城市的教师总量（专任教师总量）。经过城市的教育贡献率测算，可以对城市学校教育在评估时间段内为教师（学生）数量增加的占比进行评估。教育就业贡献率数值越大，说明城市的教育事业所提供的就业机会、劳动力需求程度越高，教育业发展活力更高。

第七，教育弧弹性的测算公式：

$$AE = (\Delta Q/Q)/(\Delta P/P) \tag{3-169}$$

其中，AE 为教育弧弹性，ΔQ 为一段评估时间内城市学生数增长量（在校学生数增长量），Q 为城市学生数量，ΔP 为一段评估时间内城市生产总值的变化量，P 为城市评估末期时的生产总值。城市教育弧弹性系数越大，说明城市的学生数量增长速率将快于其经济的变化增长速率，城市呈现出学生数量的扩张发展趋势。

第八，教育强度的测算公式：

$$E = Edu/P \tag{3-170}$$

其中，E 为城市的教育强度，Edu 为城市的教育支出总额，P 为城市的生产总值。经过教育强度测算，可以对城市教育提升财政支付能力的大小程度展开分析。城市教育强度系数越大，说明城市的整体发展水平越高，城市内的教育处在不断丰富的状态；城市对外部各类资源要素的集聚吸引能力将不断提升。

第九，科技强度的测算公式：

$$E = Sci/P \tag{3-171}$$

其中，E 为城市的科技强度，Sci 为城市的科技支出总额，P 为城市的生产总值。经过科技强度测算，可以对城市科技提升财政支付能力大小程度展开分析。城市科技强度系数越大，说明城市的整体发展水平越高，城市内的科技处在不断丰富的状态；城市对外部各类资源要素的集聚吸引能力将不断提升。

第十，城市文化蔓延指数的测算公式：

$$SI = \frac{(A_j - A_i)/A_i}{(P_j - P_i)/P_i} \tag{3-172}$$

其中，SI 为城市文化蔓延指数，A_i、A_j 分别为 i 时期和 j 时期的图书馆个数（公共图书馆数量），P_i 和 P_j 分别为 i 时期和 j 时期的城市人口（城市年末人口）。城市文化蔓延指数数值超过 1，说明城市的文化的增长将快于人口的增长水平，城市的文化发展呈现出蔓延的趋势。但城市的文化蔓延并非不限制扩大为理想状态，所以城市文化蔓延指数所在最优的取值范围，通常认为 $SI = 1.12$ 为最优合理状态。

第十一，广播节目综合人口覆盖率（%）。城市的广播节目综合人口覆盖率数值越大，说明城市的经济发展越强，城市文化基础设施事业发展越好、容量范围更高，城市能享受丰富文化的居民数量越多。

第十二，每百人公共图书馆藏书量。每百人公共图书馆藏书量越多，说明城市图书馆为居民提供的公共图书数量越多，城市的经济发展越强，城市为居民提供的公共事业发展得越好。

第十三，文化强度的测算公式：

$$E = Cul/P \tag{3-173}$$

其中，E 为城市的文化强度，Cul 为城市的文化支出总额，P 为城市的生产总值。经过文化强度测算，可以对城市文化提升财政支付能力的大小程度展开分析。城市文化强度系数越大，说明城市的整体发展水平越高，城市内的文化处在不断丰富的状态；城市对外部各类资源要素的集聚吸引能力将不断提升。

第十四，公共图书馆藏书相对增长率的测算公式：

$$NICH = \frac{Y_{2i} - Y_{1i}}{Y_2 - Y_1} \tag{3-174}$$

其中，$NICH$ 为公共图书馆藏书相对增长率，Y_{2i}、Y_{1i} 表示 i 城市末期和初期的城市图书馆藏书量（公共图书馆总藏书量），Y_2、Y_1 表示全国在末期和初期的全国城市图书馆藏书量（北部湾公共图书馆总藏书量）。经过公共图书馆藏书相对增长率测算，可以对一定时期内城市公共图书馆藏书变化增长趋势与全国公共图书馆藏书变化增长趋势之间的关系展开分析。公共图书馆藏书相对增长率数值越大，说明城市的公共图书馆藏书增长速率越快，城市公共事业发展活力不断增强。

第十五，旅游业贡献率的测算公式：

$$Con = \Delta L/\Delta P \tag{3-175}$$

其中，Con 为旅游业贡献率，ΔL 为城市的旅游业总收入（国内旅游总收入）一段评估时间内的增量，ΔP 为同一段评估时间内城市的地区生产总值增量。经过城市的旅游就业贡献率测算，可以对城市旅游业收入在评估时间段内城市地区生产总值增加就业人员的占比进行评估。旅游业贡献率数值越大，说明城市的旅游业所提供的就业机会、劳动力需求程度越高，旅游业发展活力更高。

第十六，医院绝对增量加权指数的测算公式：

$$I = \frac{\Delta X_i}{\Delta X} \times \frac{1}{S_i} \tag{3-176}$$

其中，I 为城市的医院绝对增量加权指数，ΔX_i 为 i 城市的医院（医院、卫生院增量）一段时间内的增量，ΔX 为全国的医院在该段时间内的增量，S_i 为 i 城市面积占全国面积的比重。经过医院绝对增量加权指数测算，可以对医院增长趋势与其土地面积之间的关系展开分析。城市医院绝对增量加权指数数值越大，说明城市的医院要素集中度越高，城市医院变化增长趋向于密集型发展。

第十七，病床比重增量的测算公式：

$$P = \frac{X_{it_2}}{X_{t_2}} - \frac{X_{it_1}}{X_{t_1}} \tag{3-177}$$

其中，P 为 i 城市的城市病床的变化量，X_{it_2}、X_{it_1} 分别为 t_2、t_1 年份 i 城市病床的总量（医院、卫生院床位数）。X_{t_2}、X_{t_1} 分别为 t_2、t_1 年份全国的城市病床比重增量（医院、卫生院床位数增量）。城市的病床比重增量数值越大，说明城市的病床数量与全国的病床数量的总量越高，城市整体医疗水平更具备优势。

第十八，医疗支出水平的测算公式：

$$M = E/P \tag{3-178}$$

其中，M 为城市的医疗支出水平，E 为城市的卫生支出总额，P 为城市的生产总值。医疗支出水平反映医疗卫生支出在城市地区生产总值的所占比重；医疗支出水平越高，说明城市的医疗卫生水平越高，越具备优势。

第十九，医疗优势度的测算公式：

$$E = \frac{X_{i,t}}{\frac{1}{n}\sum_j^n X_{i,t}} \tag{3-179}$$

其中，E 为城市医疗优势度，$X_{i,t}$ 为 i 城市的医疗卫生支出。城市医疗优势度数值超过 1，说明城市的医疗卫生能力将高于地区的平均水平；城市的医疗优势度系数越小，说明城市的医疗卫生能力不具备优势，城市医疗水平较弱。

第二十，医生平均增长指数的测算公式：

$$S = (X_{t_2} - X_{t_1})/X_{t_1}(t_2 - t_1) \times 100 \tag{3-180}$$

其中，S 为城市医生平均增长指数，X_{t_2}、X_{t_1} 为 t_2、t_1 时期的城市医生数。城市的医生平均增长指数数值越大，说明城市在评估时间段内的医生增长程度越高，整体城市卫生医疗水平得以提升。

第二十一，卫生枢纽度的测算公式：

$$A_i = \frac{V_i}{P_i \cdot G_i} \tag{3-181}$$

其中，A_i 为 i 城市的卫生枢纽度，V_i 为 i 城市的医院数量（医院、卫生院数量），P_i 为 i 城市的常住人口，G_i 为 i 城市的生产总值。经过城市的卫生枢纽度测算，可以对城市医疗卫生程度与其他经济社会发展指标之间的关系展开分析。城市的卫生枢纽度系数越大，说明城市的医疗卫生能力越强，在经济社会发展中的地位越高。

第二十二，卫生强度的测算公式：

$$N_{ij} = (X_{ij} - \overline{X_j})/Sd \tag{3-182}$$

其中，N_{ij} 为 i 城市的卫生强度，X_{ij} 为 i 城市的卫生行业从业人员数，$\overline{X_j}$ 为北部湾城市群城市的平均卫生行业从业人员数，Sd 为城市的医疗卫生标准差。当 $N_{ij} < 0$ 时，说明 i 城市并不具备医疗卫生职能；当 $0 \leq N_{ij} \leq 0.5$ 时，说明 i 城市的医疗卫生职能规模处于中等水平；当 $0.5 \leq N_{ij} < 1$ 时，说明 i 城市具备较为显著的城市医疗卫生能力；当 $1 \leq N_{ij} < 2$ 时，说明 i 城市的医疗卫生强度在地区内处于主导地位；当 $N_{ij} \geq 2$ 时，说明 i 城市的医疗卫生是其就是优势职能。城市的医疗卫生强度系数越大，说明城市的医疗卫生水平越高。

第二十三，卫生区位熵的测算公式：

$$Q_{ij} = \frac{L_{ij}/L_i}{L_j/L} \tag{3-183}$$

其中，Q_{ij} 为 i 城市的卫生区位熵，L_{ij} 为 i 城市的卫生行业从业人员数，L_i 为 i 城市的就业人口总数（年末单位从业人员数），L_j 为全国（北部湾）卫生行业从业人员数，L 为全国总就业人数（北部湾年末单位从业人员数）。城市的卫生区位商数值越大，说明城市的医疗卫生水平越高，城市所具备的医疗卫生能力更强。

第二十四，卫生职能规模的测算公式：

$$\begin{cases} Q_{ij} = \frac{L_{ij}/L_i}{L_j/L} \\ T_{ij} = |Q_{ij}-1| \times L_{ij} \end{cases} \tag{3-184}$$

其中，Q_{ij} 为城市卫生区位熵，L_{ij} 为 i 城市的卫生行业从业人员数，L_i 为城市的就业人口总数，L_j 为全国卫生行业从业人员数，L 为全国总就业人数。T_{ij} 为城市卫生职能规模。城市卫生相对职能规模系数越大，说明城市的医疗卫生水平越高，城市所具备的医疗卫生能力更强。

第二十五，卫生职能地位的测算公式：

$$F_{ij} = T_{ij}/\sum_{i=1}^{n} T_{ij} \tag{3-185}$$

其中，F_{ij} 为城市卫生职能地位，T_{ij} 为城市卫生职能规模。城市卫生职能地位越高，说明城市的卫生能力在地区内的水平更具备优势，城市对人力资源的吸引集聚能力扩大；城市发展具备的医疗卫生保障及劳动力发展方面的潜力。

9. 北部湾城市群城市生态环境三级指标测算方法

第一，城镇绿化扩张弹性系数的测算公式：

$$E = \frac{(U_{t_2}-U_{t_1})/U_{t_1}}{(P_{t_2}-P_{t_1})/P_{t_1}} \tag{3-186}$$

其中，E 为城镇绿化扩张弹性系数，U_{t_2}、U_{t_1} 为城市一段评估时间内末期和初期的建成区面积，P_{t_2}、P_{t_1} 为同一段评估时间内城市的绿地面积。城市的绿化扩张弹性系数越大，说明城市的绿化扩张幅度越小，城市城镇化与城市面积之间呈现协调发展的关系；城镇绿化面积的增加并未导致城市用地面积的过度拥挤及承载力压力问题的出现。

第二，生态绿化强度的测算公式：

$$E = \frac{X_{i,t}}{\frac{1}{n}\sum_{j}^{n} X_{i,t}} \tag{3-187}$$

其中，E 为生态绿化强度，$X_{i,t}$ 为 i 城市公园绿地面积。经过城市的生态绿化强度测算，可以对城市的公园绿地面积与北部湾城市群整体平均水平之间的关系展开研究。城市生态绿化强度数值超过 1，说明城市的公园绿地将高于北部湾城市群的平均水平；城市的生态绿化强度系数越小，说明城市的公园绿地不具备优势，城市活力较弱。

第三，城镇绿化动态变化的测算公式：

$$U_v = (U_{t_2}-U_{t_1})(t_2-t_1)/U_{t_1} \tag{3-188}$$

其中，U_v 为城镇绿化动态变化，U_{t_2}、U_{t_1} 为 t_2、t_1 时期园林绿地面积。城镇绿化动态变化幅度越大，说明城市的绿地面积增加变大，对应呈现出地区经济活力的增强以及城市规模的扩大。

第四，绿化扩张强度的测算公式：

$$P_i = \frac{\Delta U_i}{TLA} \times 100\% \tag{3-189}$$

其中，P_i 为绿化扩张强度，ΔU_i 为 i 城市的绿地扩张面积，TLA 为北部湾城市群的总绿地面积。经过绿化扩张强度测算，可以对城市绿化扩张面积的变化增长趋势之间的关系展开分析。绿化扩张强度系数越大，说明城市的绿地面积增长速率越快，呈现出地区人口集聚能力的不断提升。

第五，城市绿化蔓延指数的测算公式：

$$SI = \frac{(A_j - A_i)/A_i}{(P_j - P_i)/P_i} \qquad (3-190)$$

其中，SI 为城市绿化蔓延指数，A_j、A_i 为城市一段评估时间内末期和初期的绿地面积，P_j、P_i 为城市一段时间内末期和初期的总人口。城市绿化蔓延指数数值超过 1，说明城市的绿化面积的增长将快于人口的增长水平，城市的绿化发展呈现出蔓延的趋势。但城市的绿化蔓延并非不限制扩大为理想状态，所以城市绿化蔓延指数所在最优的取值范围，通常认为 $SI = 1.12$ 为最优合理状态。

第六，环境承载力的测算公式：

$$ES = \frac{S}{\bar{S}} \qquad (3-191)$$

其中，ES 为城市的环境承载力，S 为城市绿地面积，$\bar{S}$ 为北部湾城市群的人均绿地面积。经过环境承载力测算，可以对城市的绿地面积增长情况与北部湾城市群范围内平均容量范围之间的关系进行分析。城市的环境承载力系数越大，说明城市的绿化面积整体密度更大、容量范围更高。

第七，城市绿化相对增长率的测算公式：

$$NICH = \frac{Y_{2i} - Y_{1i}}{Y_2 - Y_1} \qquad (3-192)$$

其中，$NICH$ 为城市绿化相对增长率，Y_{1i}、Y_{2i} 表示 i 城市初期和末期的绿地面积，Y_1 和 Y_2 表示初期和末期的北部湾城市群绿地面积。经过城市绿化相对增长率测算，可以对一定时期内城市绿化面积增长趋势与北部湾城市群绿化面积的变化增长趋势之间的关系展开分析。城市绿化相对增长率数值越大，说明城市的绿化面积增长速率越快，城市绿化面积不断扩大。

第八，城市绿化绝对增量加权指数的测算公式：

$$I = \frac{\Delta X_i}{\Delta X} \times \frac{1}{S_i} \qquad (3-193)$$

其中，I 为城市绿化绝对增量加权指数，ΔX_i 为 i 城市绿地面积一段时间内的增量，ΔX 为北部湾城市群的绿化面积在该段时间内的增量，S_i 为 i 城市面积占北部湾城市群面积的比重。经过城市绿化绝对增量加权指数测算，可以对城市绿化增长趋势与其土地面积之间的关系展开分析。城市绿化绝对增量加权指数数值越大，说明城市的绿化要素集中度越高，城市绿化变化增长趋向于密集型发展。

第九，地区环境相对损害指数（EVI）的测算公式：

$$EVI = (RD \div CD)/(RC \div CC) = (RD \div CD)/(RA \div CA) = RD_A/CD_A \qquad (3-194)$$

其中，EVI 为地区环境相对损害指数，RD 为城市工业废水排放量污染排放量，CD 为北部湾城市群工业废水污染排放总量，RC 为城市环境承载量，CC 为北部湾城市群环境承载量，RA 为城市土地面积，CA 为北部湾城市群土地总面积，RD_A 为城市污染量，CD_A 为北部湾城市群污染量。城市的地区环境相对损害指数数值越小，说明城市在其经济发展过程中注重环境绿化的保护，城市整体环境状况较其他地区更具优势。

第十，单位 GDP 消耗能源的测算公式：

$$S = U/P \qquad (3-195)$$

其中，S 为城市的单位 GDP 消耗能源，U 为城乡居民生活用电，P 为城市的地区生产总值。经过单位 GDP 消耗能源（用电）测算，可以对城市城镇生活消费用电与地区经济发展情况的关系展开分析。城市的单位 GDP 消耗能源系数越大，说明城市的整体发展水平越高，城市的发展活力较高，其城镇化发展的潜力巨大。

第十一，环保支出水平的测算公式：

$$S = E/P \qquad (3-196)$$

其中，S 为城市的环保支出水平，E 为城市的环境保护支出总额，P 为城市的地区生产总值。经过环保支出水平测算，可以对城市环境保护财政支付能力大小程度展开分析。城市环保支出水平越高，说明城市的整体发展水平越高，城市内的环保支出源处在不断丰富的状态，城市对外部各类资源要素的集聚吸引能力将不断提升。

第十二，污染处理率比重增量的测算公式：

$$P = \frac{X_{it_2}}{X_{t_2}} - \frac{X_{it_1}}{X_{t_1}} \qquad (3-197)$$

其中，P 为城市的污染处理率比重增量，X_{it_2}、X_{it_1} 为 i 城市一段评估时间内末期和初期的污染处理率，X_{t_2}、X_{t_1} 为同一段评估时间内末期和初期的北部湾城市群的污染处理率。城市的污染处理率比重增量越大，说明城市的污染处理率高于北部湾城市群的污染处理率，该城市整体污染处理率水平更具备优势。

第十三，综合利用率平均增长指数的测算公式：

$$S = (X_{t_2} - X_{t_1})/X_{t_1}(t_2 - t_1) \times 100 \tag{3-198}$$

其中，S 为地区综合利用率的平均增长指数，X_{t_2}、X_{t_1} 为一段评估时间内末期和初期的城市工业固体废物综合利用率。城市的综合利用率平均增长指数数值越大，说明城市评估时间段内的综合利用覆盖程度越高，整体城市综合利用水平得到提升。

第十四，综合利用率枢纽度的测算公式：

$$A_i = \frac{V_i}{P_i \cdot G_i} \tag{3-199}$$

其中，A_i 为 i 城市的综合利用率枢纽度，V_i 为 i 城市的工业固体废物综合利用率，P_i 为 i 城市的常住人口，G_i 为 i 城市的地区生产总值。经过城市的综合利用率枢纽度测算，可以对城市综合利用程度与其他经济社会发展指标之间的关系展开分析。城市的综合利用率枢纽度数值越大，说明城市的综合利用率能力越强，其在经济社会发展中的地位越高。

第十五，环保支出规模强度的测算公式：

$$N_{ij} = (X_{ij} - \overline{X_j})/Sd \tag{3-200}$$

其中，N_{ij} 为 i 城市的环保支出规模强度，X_{ij} 为 i 城市的环保支出总额，$\overline{X_j}$ 为北部湾城市群的平均环保支出，Sd 为北部湾城市群你的环保支出标准差。当 $N_{ij} < 0$ 时，说明城市并不具备环保支出职能；当 $0 \leqslant N_{ij} \leqslant 0.5$ 时，说明城市的环保支出职能规模处于中等水平；当 $0.5 \leqslant N_{ij} < 1$ 时，说明城市具备较为显著的环保支出能力；当 $1 \leqslant N_{ij} < 2$ 时，说明城市的环保支出能力在地区内处于主导地位；当 $N_{ij} \geqslant 2$ 时，说明城市的环保支出是其优势职能。城市的环保支出规模强度系数越大，说明城市的环保支出水平越高。

第十六，环保支出区位熵的测算公式：

$$Q_{ij} = \frac{L_{ij}/L_i}{L_j/L} \tag{3-201}$$

其中，Q_{ij} 为城市的环保支出区位熵，L_{ij} 为 i 城市的环保支出总额，L_i 为 i 城市的财政一般预算支出，L_j 为北部湾城市群环保支出总额，L 为北部湾城市群财政一般预算支出总额。城市的环保支出区位商数值越大，说明城市的环保支出水平越高，城市所具备的环保支出能力更强。

第十七，环保支出职能规模的测算公式：

$$\begin{cases} T_{ij} = |Q_{ij} - 1| \times L_{ij} \\ Q_{ij} = \dfrac{L_{ij}/L_i}{L_j/L} \end{cases} \tag{3-202}$$

其中，T_{ij} 为 i 城市的环保支出职能规模，Q_{ij} 为 i 城市的环保支出区位熵，L_{ij} 为 i 城市的环保支出，L_i 为城市的财政一般预算支出，L_j 为北部湾城市群环保支出总额，L 为北部湾城市群财政一般预算支出总额。城市的环保支出职能规模系数越大，说明城市的环保支出水平越高，城市所具备的环保支出能力更强。

第十八，环保支出职能地位的测算公式：

$$F_{ij} = T_{ij}/\sum_{i=1}^{n} T_{ij} \tag{3-203}$$

其中，F_{ij} 为 i 城市的环保支出职能地位，T_{ij} 为 i 城市的环保支出职能规模。城市环保支出职能地位越高，说明城市的环保支出能力在北部湾城市群内的水平更具备优势，城市保护环境和治理环境的能力增大，城市发展具备的绿化及环境治理发展方面的潜力。

（三）北部湾城市群城市综合发展水平评估指标体系数据来源

通过对客观性直接可测量指标的简单测算，将获取指标体系第三层要素层指标。在评价过程中，本书所使用的数据均为国家现行统计体系中公开发布的指标数据，主要来自《中国城市统计年鉴（2008～2017）》《广西统计年鉴（2008～2017）》《广东统计年鉴（2008～2017）》《海南统计年鉴（2008～2017）》

以及各城市的各年度国民经济发展统计公报数，评价范围主要包括对南宁市、北海市、防城港市、钦州市、玉林市、崇左市、阳江市、湛江市、茂名市、海口市 10 个城市。

二、北部湾城市群城市综合发展水平综合评估分析

（一）北部湾城市群城市综合发展水平排序变化比较分析

根据北部湾城市群城市综合发展水平指标体系和数学评价模型，对 2008～2016 年北部湾城市群内 10 个城市的综合发展水平进行了评价。下面是本次评估期间北部湾城市群 10 个城市的综合发展水平排名及变化情况和指标评价结构。

表 3-1 为 2008 年北部湾城市群城市综合发展水平排名，北部湾城市群 10 个城市综合发展水平处于上游区的依次是南宁市、海口市、茂名市；处在中游区的依次是湛江市、玉林市、防城港市、阳江市；处在下游区的依次是北海市、崇左市、钦州市。

表 3-1　　　　　　　　2008 年北部湾城市群城市综合发展水平排名

地区	排名	区段	地区	排名	区段	地区	排名	区段
南宁	1	上游区	湛江	4	中游区	北海	8	下游区
海口	2		玉林	5		崇左	9	
茂名	3		防城港	6		钦州	10	
			阳江	7				

表 3-2 为 2009 年北部湾城市群城市综合发展水平排名，北部湾城市群 10 个城市综合发展水平处于上游区的依次是南宁市、海口市、湛江市；处在中游区的依次是茂名市、玉林市、防城港市、北海市；处在下游区的依次是阳江市、崇左市、钦州市。相比于 2008 年，南宁市、海口市依然保持在上游区行列；湛江市排名上升至第 3 名，进入上游区；茂名市排名下降至第 4 名，进入中游区；北海市排名上升至第 7 名，进入中游区；阳江市从中游区下降至下游区，下降 1 名，下降幅度较小。

表 3-2　　　　　　　　2009 年北部湾城市群城市综合发展水平排名

地区	排名	区段	地区	排名	区段	地区	排名	区段
南宁	1	上游区	茂名	4	中游区	阳江	8	下游区
海口	2		玉林	5		崇左	9	
湛江	3		防城港	6		钦州	10	
			北海	7				

表 3-3 为 2010 年北部湾城市群城市综合发展水平排名，北部湾城市群 10 个城市综合发展水平处于上游区的依次是南宁市、海口市、湛江市；处在中游区的依次是茂名市、玉林市、阳江市、防城港市；处在下游区的依次是崇左市、北海市、钦州市。相比于 2009 年，阳江市排名上升至第 6 名，从下游区上升至中游区；北海市下降至第 9 名进入下游区。

表 3-3　　　　　　　　2010 年北部湾城市群城市综合发展水平排名

地区	排名	区段	地区	排名	区段	地区	排名	区段
南宁	1	上游区	茂名	4	中游区	崇左	8	下游区
海口	2		玉林	5		北海	9	
湛江	3		阳江	6		钦州	10	
			防城港	7				

表 3－4 为 2011 年北部湾城市群城市综合发展水平排名，北部湾城市群 10 个城市综合发展水平处于上游区的依次是湛江市、南宁市、茂名市；处于中游区的依次是海口市、玉林市、阳江市、防城港市；处于下游区的依次是崇左市、钦州市、北海市。相比于 2010 年，海口市从第 2 名下降至第 4 名，进入中游区；茂名市从第 4 名上升至第 3 名，进入上游区。

表 3－4 2011 年北部湾城市群城市综合发展水平排名

地区	排名	区段	地区	排名	区段	地区	排名	区段
湛江	1	上游区	海口	4	中游区	崇左	8	下游区
南宁	2		玉林	5		钦州	9	
茂名	3		阳江	6		北海	10	
			防城港	7				

表 3－5 为 2012 年北部湾城市群城市综合发展水平排名，北部湾城市群 10 个城市综合发展水平处于上游区的依次是南宁市、湛江市、海口市；处于中游区的依次是茂名市、玉林市、防城港市、阳江市；处于下游区的依次是钦州市、北海市、崇左市。相比于 2011 年，海口市从第 4 名上升至第 3 名，进入上游区；茂名市从第 3 名下降至第 4 名，进入中游区。

表 3－5 2012 年北部湾城市群城市综合发展水平排名

地区	排名	区段	地区	排名	区段	地区	排名	区段
南宁	1	上游区	茂名	4	中游区	钦州	8	下游区
湛江	2		玉林	5		北海	9	
海口	3		防城港	6		崇左	10	
			阳江	7				

表 3－6 为 2013 年北部湾城市群城市综合发展水平排名，北部湾城市群 10 个城市综合发展水平处于上游区的依次是湛江市、南宁市、海口市；处于中游区的依次是茂名市、玉林市、阳江市、防城港市；处于下游区的依次是崇左市、北海市、钦州市。相比于 2012 年，未出现城市跨区变化情况。

表 3－6 2013 年北部湾城市群城市综合发展水平排名

地区	排名	区段	地区	排名	区段	地区	排名	区段
湛江	1	上游区	茂名	4	中游区	崇左	8	下游区
南宁	2		玉林	5		北海	9	
海口	3		阳江	6		钦州	10	
			防城港	7				

表 3－7 为 2014 年北部湾城市群城市综合发展水平排名，北部湾城市群 10 个城市综合发展水平处于上游区的依次是南宁市、海口市、茂名市；处于中游区的依次是湛江市、玉林市、阳江市、防城港市；处于下游区的依次是崇左市、北海市、钦州市。相比于 2013 年，茂名市排名上升至第 3 名，进入上游区，湛江市排名下降至第 4 名，进入中游区。

表 3－7 2014 年北部湾城市群城市综合发展水平排名

地区	排名	区段	地区	排名	区段	地区	排名	区段
南宁	1	上游区	湛江	4	中游区	崇左	8	下游区
海口	2		玉林	5		北海	9	
茂名	3		阳江	6		钦州	10	
			防城港	7				

表3-8为2015年北部湾城市群城市综合发展水平排名，北部湾城市群10个城市综合发展水平处于上游区的依次是南宁市、海口市、湛江市；处于中游区的依次是茂名市、玉林市、阳江市、防城港市；处于下游区的依次是崇左市、北海市、钦州市。相比于2014年，湛江市排名上升至第3名进入上游区，综合发展水平有所提高；茂名市排名下降至第4名，进入中游区。

表3-8　　　　　　　　　　　　2015年北部湾城市群城市综合发展水平排名

地区	排名	区段	地区	排名	区段	地区	排名	区段
南宁	1		茂名	4		崇左	8	
海口	2	上游区	玉林	5	中游区	北海	9	下游区
湛江	3		阳江	6		钦州	10	
			防城港	7				

表3-9为2016年北部湾城市群城市综合发展水平排名，北部湾城市群10个城市综合发展水平处于上游区的依次是南宁市、茂名市、海口市；处于中游区的依次是湛江市、阳江市、玉林市、防城港市；处于下游区的依次是崇左市、北海市、钦州市。相比于2015年，茂名市排名上升至第2名，进入上游区；湛江市排名下降至第4名，进入中游区。

表3-9　　　　　　　　　　　　2016年北部湾城市群城市综合发展水平排名

地区	排名	区段	地区	排名	区段	地区	排名	区段
南宁	1		湛江	4		崇左	8	
茂名	2	上游区	阳江	5	中游区	北海	9	下游区
海口	3		玉林	6		钦州	10	
			防城港	7				

表3-10为2008～2016年北部湾城市群城市综合发展水平排名变化，北部湾城市群10个城市综合发展水平处于上升区的依次是茂名市、崇左市、阳江市；处于保持区的依次是湛江市、南宁市、钦州市；处于下降区的依次是北海市、防城港市、玉林市、海口市。

表3-10　　　　　　　　　2008～2016年北部湾城市群城市综合发展水平排名变化

地区	排名变化	区段	地区	排名变化	区段	地区	排名变化	区段
茂名	1		湛江	0		北海	-1	
崇左	1	上升区	南宁	0	保持区	防城港	-1	下降区
阳江	2		钦州	0		玉林	-1	
						海口	-1	

（二）北部湾城市群城市综合发展水平分布情况

1. 北部湾城市群城市综合发展水平分布情况

进一步对2008～2016年北部湾城市群内广东、广西、海南地区综合发展水平平均得分及其变化情况进行分析。表3-11为北部湾城市群各地区板块综合发展水平平均得分及其变化，从得分情况上看，2008年广东地区综合发展水平平均得分为343.830分，广西地区综合发展水平平均得分为338.684分，海南地区综合发展水平平均得分为370.283分，地区间比差为0.929∶0.915∶1，地区间标准差为16.954，说明北部湾城市群广东、广西和海南地区的综合发展水平平均得分的分布存在一定差距。2009年广东地区综合发展水平平均得分为353.003分，广西地区综合发展水平平均得分为344.615分，海南地区综合发展水平平均得分为369.803分，地区间比差为0.955∶0.932∶1，地区间标准差为12.825，说明北部湾城市群广东、广西和海南地区的综合发展水平得分的分布处于缩小趋势。2010年广东地区综合发展水平平均得分为

351.990 分，广西地区综合发展水平平均得分为 331.999 分，海南地区综合发展水平平均得分为 374.876 分，地区间比差为 0.939∶0.886∶1，地区间标准差为 21.455，说明北部湾城市群广东、广西地区的综合发展水平得分出现下降，海南地区的综合发展水平得分出现上升，也说明地区间的得分差距呈现扩大趋势。2011 年广东地区综合发展水平平均得分为 361.692 分，广西地区综合发展水平平均得分为 333.928 分，海南地区综合发展水平平均得分为 367.927 分，地区间比差为 0.983∶0.908∶1，地区间标准差为 18.100，说明北部湾城市群海南地区的综合发展水平平均得分出现下降，广东和广西地区的综合发展水平平均得分出现上升，也说明地区间的得分差距呈现缩小趋势。2012 年广东地区综合发展水平平均得分为 358.520 分，广西地区综合发展水平平均得分为 337.009 分，海南地区综合发展水平平均得分为 372.847 分，地区间比差为 0.962∶0.904∶1，地区间标准差为 18.039，说明北部湾城市群广东地区综合发展水平得分出现下降，广西和海南地区综合发展水平平均得分出现上升，也说明地区间的得分差距呈现缩小趋势。2013 年广东地区综合发展水平平均得分为 367.469 分，广西地区综合发展水平平均得分为 329.820 分，海南地区综合发展水平平均得分为 379.066 分，地区间比差为 0.969∶0.870∶1，地区间标准差为 25.746，说明北部湾城市群广东和海南地区综合发展水平平均得分出现上升，广西地区综合发展水平平均得分出现下降，也说明地区间的得分差距扩大。2014 年广东地区综合发展水平平均得分为 357.117 分，广西地区综合发展水平平均得分为 327.871 分，海南地区综合发展水平平均得分为 377.190 分，地区间比差为 0.947∶0.869∶1，地区间标准差为 24.801，说明北部湾城市群广东、广西和海南地区的综合发展水平平均得分出现下降，也说明地区间的得分差距呈现缩小趋势。2015 年广东地区综合发展水平平均得分为 357.032 分，广西地区综合发展水平平均得分为 339.349 分，海南地区综合发展水平平均得分为 394.731 分，地区间比差为 0.904∶0.860∶1，地区间标准差为 28.287，说明北部湾城市群广东地区的综合发展水平平均得分出现下降，广西和海南地区的综合发展水平平均得分出现上升，也说明地区间的得分差距趋于扩大。2016 年广东地区综合发展水平平均得分为 368.061 分，广西地区综合发展水平平均得分为 340.246 分，海南地区综合发展水平平均得分为 375.531 分，地区间比差为 0.980∶0.906∶1，地区间标准差为 18.595，说明北部湾城市群广东和广西地区的综合发展水平平均得分出现上升，海南地区的综合发展水平平均得分出现下降，也说明地区间的得分差距缩小。

表 3－11　　　　　　　　北部湾城市群各地区板块综合发展水平平均得分及其变化

年份	广东	广西	海南	标准差
2008	343.830	338.684	370.283	16.954
2009	353.003	344.615	369.803	12.825
2010	351.990	331.999	374.876	21.455
2011	361.692	333.928	367.927	18.100
2012	358.520	337.009	372.847	18.039
2013	367.469	329.820	379.066	25.746
2014	357.117	327.871	377.190	24.801
2015	357.032	339.349	394.731	28.287
2016	368.061	340.246	375.531	18.595
分值变化	24.231	1.561	5.248	1.640

通过对北部湾城市群城市综合发展水平各地区板块的对比分析，发现北部湾城市群中广东板块的综合发展水平要高于广西和海南板块，各板块综合发展水平得分差距不断扩大。通过表 3－12 和表 3－13 进一步对北部湾城市群中广东板块、广西板块内城市位次及在北部湾城市群整体位次排序分析。

根据表 3－12 对北部湾城市群中广东板块城市的排名比较进行分析，可以看到阳江市的综合发展水平稳定保持在广东板块中的第 3 名，湛江市、茂名市综合发展水平波动保持在广东板块中的第 2 名和第 3 名。

表 3 - 12　　　　　　　　　　　　广东板块各城市综合发展水平排名比较

地区	2008 年	2009 年	2010 年	2011 年	2012 年	2013 年	2014 年	2015 年	2016 年	排名变化
阳江	3	3	3	3	3	3	3	3	3	0
湛江	2	1	1	1	1	1	2	1	2	0
茂名	1	2	2	2	2	2	1	2	1	0

　　根据表 3 - 13 对广东板块内城市在北部湾城市群综合发展水平排名情况进行比较，可以看到湛江市在北部湾城市群内的排名趋于稳定，波动保持在北部湾城市群中第 4 名。茂名市由北部湾城市群第 3 名上升至第 2 名，综合发展水平较高。阳江市在北部湾城市群内的排名呈波动上升趋势，排名上升 2 名，进入北部湾城市群中游区。

表 3 - 13　　　　　　　广东板块各城市在北部湾城市群综合发展水平排名比较

地区	2008 年	2009 年	2010 年	2011 年	2012 年	2013 年	2014 年	2015 年	2016 年	排名变化
阳江	7	8	6	6	7	6	6	6	5	2
湛江	4	3	3	1	2	1	4	3	4	0
茂名	3	4	4	3	4	4	3	4	2	1

　　根据表 3 - 14 对北部湾城市群中广西板块城市的排名比较进行分析，可以看到南宁市、玉林市、防城港市的综合发展水平呈现持续保持趋势，一直保持在广西板块中上游区位置，综合发展水平较高。崇左市在广西板块排名呈现上升趋势，其综合发展能力形成波动上升状态。钦州市波动保持在广西板块第 6 名，综合发展水平还有较大的发展空间。北海市在广西板块排名下降 1 名，说明其综合发展水平出现衰退趋势。

表 3 - 14　　　　　　　　　　　广西板块各城市综合发展水平排名比较

地区	2008 年	2009 年	2010 年	2011 年	2012 年	2013 年	2014 年	2015 年	2016 年	排名变化
南宁	1	1	1	1	1	1	1	1	1	0
北海	4	4	5	6	5	5	5	5	5	-1
防城港	3	3	3	3	3	3	3	3	3	0
钦州	6	6	6	5	4	6	6	6	6	0
玉林	2	2	2	2	2	2	2	2	2	0
崇左	5	5	4	4	6	4	4	4	4	1

　　根据表 3 - 15 对广西板块内城市在北部湾城市群综合发展水平排名情况进行比较，可以看到南宁市在北部湾城市群内的排名处于波动保持趋势，一直处于北部湾城市群强势位置。崇左市的排名出现小幅度上升，说明城市综合发展水平有所提升。北海市、防城港市、玉林市在北部湾城市群内的排名均处在下降趋势，排名均下降 1 名，说明城市在促进综合发展水平提升方面缺乏有效推动力。钦州市综合发展水平排名波动保持在北部湾城市群第 10 名，一直处于北部湾城市群下游区，城市综合发展能力较差。

表 3 - 15　　　　　　　广西板块各城市在北部湾城市群综合发展水平排名比较

地区	2008 年	2009 年	2010 年	2011 年	2012 年	2013 年	2014 年	2015 年	2016 年	排名变化
南宁	1	1	1	2	1	2	1	1	1	0
北海	8	7	9	10	9	9	9	9	9	-1
防城港	6	6	7	7	6	7	7	7	7	-1
钦州	10	10	10	9	8	10	10	10	10	0
玉林	5	5	5	5	5	5	5	5	6	-1
崇左	9	9	8	8	10	8	8	8	8	1

根据表 3－16 对北部湾城市群中海南板块城市的排名比较进行分析，可以看到海口市的综合发展水平在海南板块呈现持续保持趋势。

表 3－16　　　　　　　　　　　　海南板块各城市综合发展水平排名比较

地区	2008 年	2009 年	2010 年	2011 年	2012 年	2013 年	2014 年	2015 年	2016 年	排名变化
海口	1	1	1	1	1	1	1	1	1	0

根据表 3－17 对海南板块内城市在北部湾城市群城市综合发展水平排名情况进行比较，可以看到海口市在北部湾城市群内的排名处于波动下降趋势。

表 3－17　　　　　　　　　　海南板块各城市在北部湾城市群综合发展水平排名比较

地区	2008 年	2009 年	2010 年	2011 年	2012 年	2013 年	2014 年	2015 年	2016 年	排名变化
海口	2	2	2	4	3	3	2	2	3	－1

2. 北部湾城市群城市综合发展水平分区段得分比较与变动情况

由图 3－2 可以看到北部湾城市群综合发展水平上游区各项得分变化趋势。2008～2016 年人口就业发展水平上游区的得分呈现波动上升变化趋势。2008～2016 年区域经济发展水平上游区的得分呈现波动上升变化趋势。2008～2016 年农业生产发展水平上游区的得分呈现波动上升变化趋势。

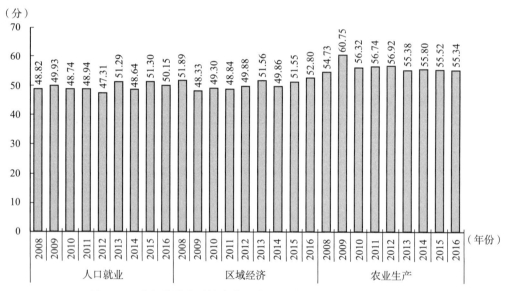

图 3－2　北部湾城市群综合发展水平上游区各项得分比较情况 1

由图 3－3 可以看到北部湾城市群综合发展水平上游区各项得分变化趋势。2008～2016 年工业企业发展水平上游区的得分呈现波动下降变化趋势。2008～2016 年基础设施发展水平上游区的得分呈现波动上升变化趋势。2008～2016 年社会福利发展水平上游区的得分呈现波动下降变化趋势。

由图 3－4 可以看到北部湾城市群综合发展水平上游区各项得分变化趋势。2008～2016 年居民生活发展水平上游区的得分呈现波动上升变化趋势。2008～2016 年科教文卫发展水平上游区的得分呈现波动上升变化趋势。2008～2016 年生态环境发展水平上游区的得分呈现波动下降变化趋势。

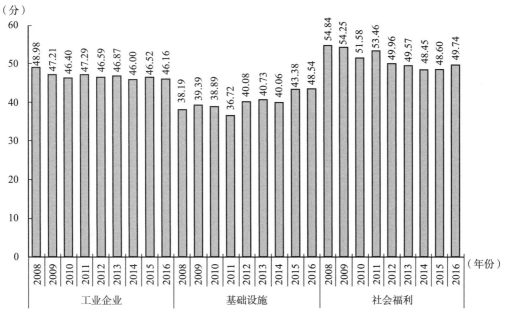

图 3-3 北部湾城市群综合发展水平上游区各项得分比较情况 2

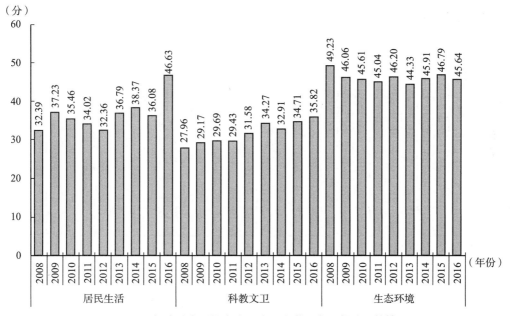

图 3-4 北部湾城市群综合发展水平上游区各项得分比较情况 3

  由图 3-5 可以看到北部湾城市群综合发展水平中游区各项得分变化趋势。2008~2016 年人口就业发展水平中游区的得分呈现波动下降变化趋势。2008~2016 年区域经济发展水平中游区的得分呈现波动上升变化趋势。2008~2016 年农业生产发展水平中游区的得分呈现波动上升变化趋势。

  由图 3-6 可以看到北部湾城市群综合发展水平中游区各项得分变化趋势。2008~2016 年工业企业发展水平中游区的得分呈现波动下降变化趋势。2008~2016 年基础设施发展水平中游区的得分呈现波动下降变化趋势。2008~2016 年社会福利发展水平中游区的得分呈现波动下降变化趋势。

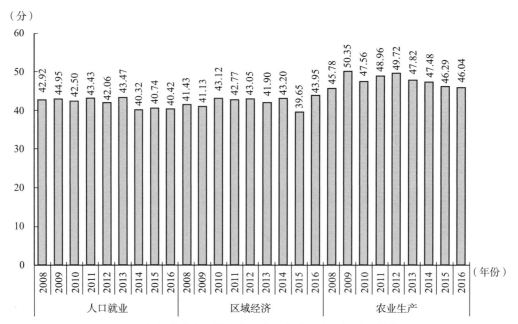

图 3 - 5　北部湾城市群综合发展水平中游区各项得分比较情况 1

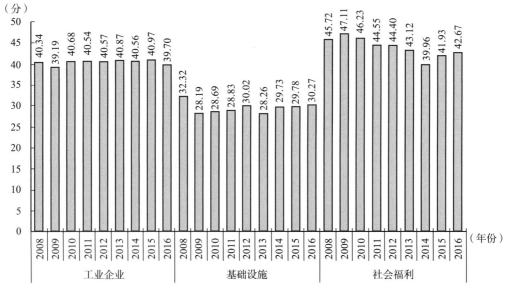

图 3 - 6　北部湾城市群综合发展水平中游区各项得分比较情况 2

由图 3 - 7 可以看到北部湾城市群综合发展水平中游区各项得分变化趋势。2008～2016 年居民生活发展水平中游区的得分呈现波动上升变化趋势。2008～2016 年科教文卫发展水平中游区的得分呈现波动上升变化趋势。2008～2016 年生态环境发展水平中游区的得分呈现波动下降变化趋势。

由图 3 - 8 可以看到北部湾城市群综合发展水平下游区各项得分变化趋势。2008～2016 年人口就业发展水平下游区的得分呈现波动下降变化趋势。2008～2016 年区域经济发展水平下游区的得分呈现波动上升变化趋势。2008～2016 年农业生产发展水平下游区的得分呈现波动下降变化趋势。

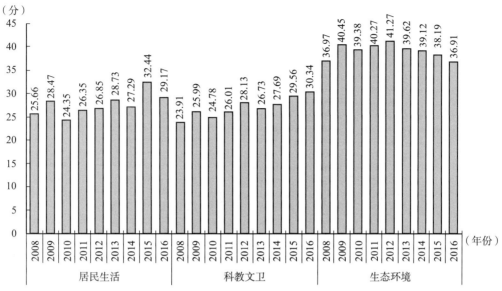

图 3 - 7　北部湾城市群综合发展水平中游区各项得分比较情况 3

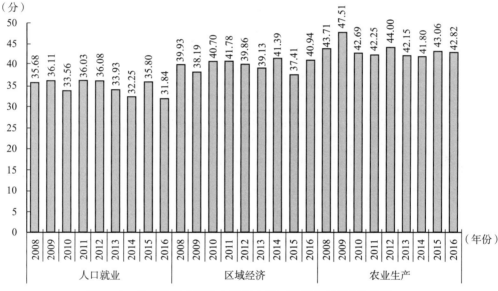

图 3 - 8　北部湾城市群综合发展水平下游区各项得分比较情况 1

　　由图 3 - 9 可以看到北部湾城市群综合发展水平下游区各项得分变化趋势。2008～2016 年工业企业发展水平下游区的得分呈现波动下降变化趋势。2008～2016 年基础设施发展水平下游区的得分呈现波动下降变化趋势。2008～2016 年社会福利发展水平下游区的得分呈现波动下降变化趋势。

　　由图 3 - 10 可以看到北部湾城市群综合发展水平下游区各项得分变化趋势。2008～2016 年居民生活发展水平下游区的得分呈现波动上升变化趋势。2008～2016 年科教文卫发展水平下游区的得分呈现波动上升变化趋势。2008～2016 年生态环境发展水平下游区的得分呈现波动上升变化趋势。

　　根据图 3 - 11 对 2008～2009 年北部湾城市群城市综合发展水平的跨区段变化进行分析，可以看到在 2008～2009 年有 4 个城市的综合发展水平在北部湾城市群的位次发生大幅变动。其中，茂名市由上游区下降至中游区，湛江市由中游区上升至上游区，阳江市由中游区下降至下游区，北海市由下游区上升至中游区。

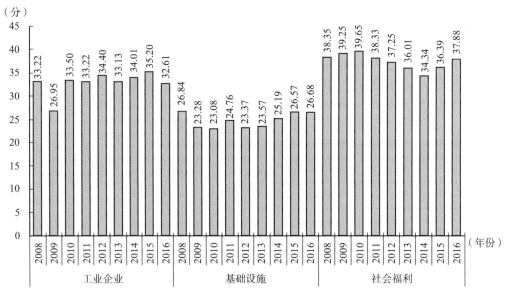

图 3－9 北部湾城市群综合发展水平下游区各项得分比较情况 2

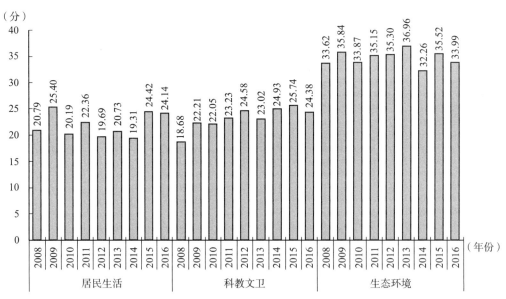

图 3－10 北部湾城市群综合发展水平下游区各项得分比较情况 3

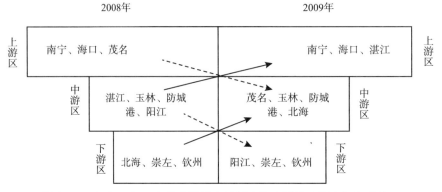

图 3－11 2008～2009 年北部湾城市群城市综合发展水平大幅变动情况

根据图 3 - 12 对 2009～2010 年北部湾城市群城市综合发展水平的跨区段变化进行分析，可以看到在 2009～2010 年有 2 个城市的综合发展水平在北部湾城市群的位次发生大幅变动。其中，北海市由中游区下降至下游区，阳江市由下游区上升至中游区。

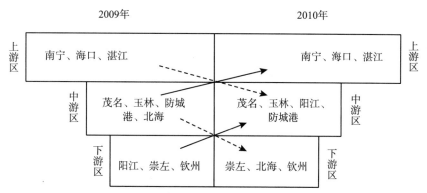

图 3 - 12　2009～2010 年北部湾城市群城市综合发展水平大幅变动情况

根据图 3 - 13 对 2010～2011 年北部湾城市群城市综合发展水平的跨区段变化进行分析，可以看到在 2010～2011 年有 2 个城市的综合发展水平在北部湾城市群的位次发生大幅变动。其中，茂名市由中游区上升至上游区，海口市由上游区下降至中游区。

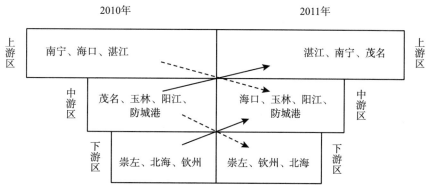

图 3 - 13　2010～2011 年北部湾城市群城市综合发展水平大幅变动情况

根据图 3 - 14 对 2011～2012 年北部湾城市群城市综合发展水平的跨区段变化进行分析，可以看到在 2011～2012 年有 2 个城市的综合发展水平在北部湾城市群的位次发生大幅变动。其中，海口市由中游区上升至上游区，茂名市由上游区下降至中游区。

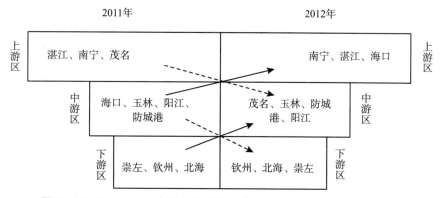

图 3 - 14　2011～2012 年北部湾城市群城市综合发展水平大幅变动情况

根据图 3-15 对 2012~2013 年北部湾城市群城市综合发展水平的跨区段变化进行分析，可以看到在 2012~2013 年城市间排名变化较小，未有任何城市的综合发展水平在北部湾城市群的位次发生跨区变动。

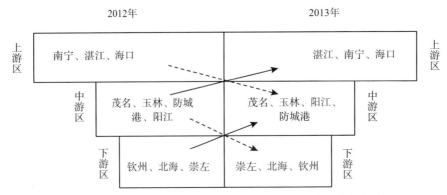

图 3-15 2012~2013 年北部湾城市群城市综合发展水平大幅变动情况

根据图 3-16 对 2013~2014 年北部湾城市群城市综合发展水平的跨区段变化进行分析，可以看到在 2013~2014 年有 2 个城市的综合发展水平在北部湾城市群的位次发生大幅变动。其中，茂名市由中游区上升至上游区，湛江市由上游区下降至中游区。

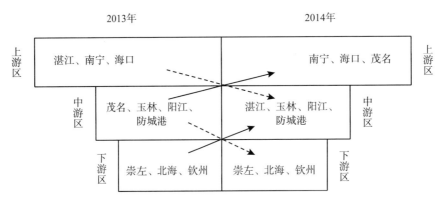

图 3-16 2013~2014 年北部湾城市群城市综合发展水平大幅变动情况

根据图 3-17 对 2014~2015 年北部湾城市群城市综合发展水平的跨区段变化进行分析，可以看到在 2014~2015 年有 2 个城市的综合发展水平在北部湾城市群的位次发生大幅变动。其中，湛江市由中游区上升至上游区，茂名市由上游区下降至中游区。

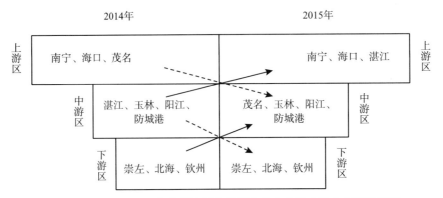

图 3-17 2014~2015 年北部湾城市群城市综合发展水平大幅变动情况

根据图 3 - 18 对 2015~2016 年北部湾城市群城市综合发展水平的跨区段变化进行分析,可以看到在 2015~2016 年有 2 个城市的综合发展水平在北部湾城市群的位次发生大幅变动。其中,茂名市由中游区上升至上游区,湛江市由上游区下降至中游区。

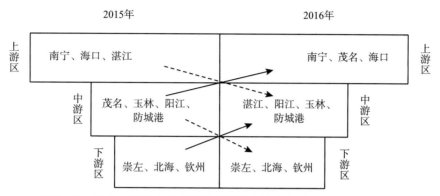

图 3 - 18　2015~2016 年北部湾城市群城市综合发展水平大幅变动情况

根据图 3 - 19 对 2008~2016 年北部湾城市群城市综合发展水平的跨区段变化进行分析,可以看到在 2008~2016 年城市间排名变化较小,未有任何城市的综合发展水平在北部湾城市群的位次发生跨区变动。

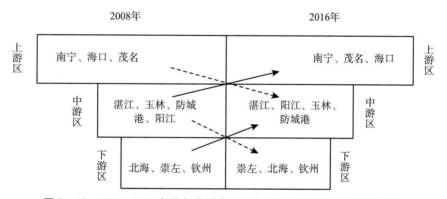

图 3 - 19　2008~2016 年北部湾城市群城市综合发展水平大幅变动情况

第四章 北部湾城市群城市人口 就业发展水平评估分析

一、北部湾城市群城市人口就业综合评估分析

(一)北部湾城市群城市人口就业状况综合评估结果

根据北部湾城市群城市人口就业竞争力指标体系和数学评价模型,对2008~2016年北部湾城市群10个城市的人口就业状况进行评价。下面是本次评估期间北部湾城市群10个城市的人口就业状况排名及变化情况和指标评价结构。

1. 北部湾城市群城市人口就业状况排名

根据表4-1对2008年北部湾城市群城市人口就业状况排名进行分析,可以看到人口就业状况处于上游区的依次是海口市、湛江市、南宁市;处于中游区的依次是阳江市、茂名市、北海市、玉林市;处于下游区的依次是崇左市、钦州市、防城港市。

表4-1　　　　　　　　　　　　　2008年北部湾城市群城市人口就业状况排名

地区	排名	区段	地区	排名	区段	地区	排名	区段
海口	1	上游区	阳江	4	中游区	崇左	8	下游区
湛江	2		茂名	5		钦州	9	
南宁	3		北海	6		防城港	10	
			玉林	7				

根据表4-2对2009年北部湾城市群城市人口就业状况排名进行分析,可以看到人口就业状况处于上游区的依次是南宁市、海口市、湛江市;处于中游区的依次是茂名市、阳江市、玉林市、崇左市;处于下游区的依次是北海市、钦州市、防城港市。相比于2008年,南宁市、海口市、湛江市依然保持在上游区;崇左市排名上升至第7名,进入中游区;北海市排名下降至第8名,下降至下游区。

表4-2　　　　　　　　　　　　　2009年北部湾城市群城市人口就业排名

地区	排名	区段	地区	排名	区段	地区	排名	区段
南宁	1	上游区	茂名	4	中游区	北海	8	下游区
海口	2		阳江	5		钦州	9	
湛江	3		玉林	6		防城港	10	
			崇左	7				

根据表4-3对2010年北部湾城市群城市人口就业状况排名进行分析,可以看到人口就业状况处于上游区的依次是海口市、南宁市、湛江市;处于中游区的依次是茂名市、玉林市、阳江市、北海市;处于下游区的依次是钦州市、崇左市、防城港市。相比于2009年,北海市排名上升至第7名,从下游区上升至中游区;崇左市下降至第9名进入下游区,说明崇左市在提高人口就业状况方面还缺乏有力推动力。

表4-3					2010 年北部湾城市群城市人口就业排名					
地区	排名	区段	地区	排名	区段	地区	排名	区段
海口	1		茂名	4		钦州	8	
南宁	2	上游区	玉林	5	中游区	崇左	9	下游区
湛江	3		阳江	6		防城港	10	
			北海	7				

根据表4-4对2011年北部湾城市群城市人口就业状况排名进行分析，可以看到人口就业状况处于上游区的依次是湛江市、南宁市、茂名市；处于中游区的依次是海口市、阳江市、玉林市、北海市；处于下游区的依次是钦州市、崇左市、防城港市。相比于2010年，茂名市从第4名上升至第3名，进入上游区；海口市从第1名下降至第4名，下降至中游区，下降幅度较大。

表4-4					2011 年北部湾城市群城市人口就业排名					
地区	排名	区段	地区	排名	区段	地区	排名	区段
湛江	1		海口	4		钦州	8	
南宁	2	上游区	阳江	5	中游区	崇左	9	下游区
茂名	3		玉林	6		防城港	10	
			北海	7				

根据表4-5对2012年北部湾城市群城市人口就业状况排名进行分析，可以看到人口就业状况处于上游区的依次是南宁市、湛江市、海口市；处于中游区的依次是茂名市、阳江市、玉林市、钦州市；处于下游区的依次是北海市、崇左市、防城港市。相比于2011年，海口市从第4名上升至第3名，进入上游区；茂名市从第3名下降至第4名，下降至中游区；钦州市上升至第7名，进入中游区；北海市下降至第8名，进入下游区。

表4-5					2012 年北部湾城市群城市人口就业排名					
地区	排名	区段	地区	排名	区段	地区	排名	区段
南宁	1		茂名	4		北海	8	
湛江	2	上游区	阳江	5	中游区	崇左	9	下游区
海口	3		玉林	6		防城港	10	
			钦州	7				

根据表4-6对2013年北部湾城市群城市人口就业状况排名进行分析，可以看到人口就业状况处于上游区的依次是海口市、南宁市、湛江市；处于中游区的依次是阳江市、玉林市、茂名市、钦州市；处于下游区的依次是北海市、崇左市、防城港市。相比于2012年，未出现城市跨区变化情况。

表4-6					2013 年北部湾城市群城市人口就业排名					
地区	排名	区段	地区	排名	区段	地区	排名	区段
海口	1		阳江	4		北海	8	
南宁	2	上游区	玉林	5	中游区	崇左	9	下游区
湛江	3		茂名	6		防城港	10	
			钦州	7				

根据表4-7对2014年北部湾城市群城市人口就业状况排名进行分析，可以看到人口就业状况处于上游区的依次是南宁市、海口市、湛江市；处于中游区的依次是阳江市、茂名市、玉林市、北海市；处于下游区的依次是崇左市、钦州市、防城港市。相比于2013年，北海市排名上升至第7名进入中游区，钦州

市排名下降至第9名进入下游区。

表4-7　　　　　　　　　　　　　2014年北部湾城市群城市人口就业排名

地区	排名	区段	地区	排名	区段	地区	排名	区段
南宁	1		阳江	4		崇左	8	
海口	2	上游区	茂名	5	中游区	钦州	9	下游区
湛江	3		玉林	6		防城港	10	
			北海	7				

根据表4-8对2015年北部湾城市群城市人口就业状况排名进行分析，可以看到人口就业状况处于上游区的依次是南宁市、海口市、湛江市；处于中游区的依次是茂名市、阳江市、玉林市、防城港市；处于下游区的依次是北海市、钦州市、崇左市。相比于2014年，防城港市排名上升至第7名进入中游区，人口就业状况具备较高发展潜力；北海市排名下降至第8名，进入下游区。

表4-8　　　　　　　　　　　　　2015年北部湾城市群城市人口就业排名

地区	排名	区段	地区	排名	区段	地区	排名	区段
南宁	1		茂名	4		北海	8	
海口	2	上游区	阳江	5	中游区	钦州	9	下游区
湛江	3		玉林	6		崇左	10	
			防城港	7				

根据表4-9对2016年北部湾城市群城市人口就业状况排名进行分析，可以看到人口就业状况处于上游区的依次是湛江市、海口市、南宁市；处于中游区的依次是阳江市、茂名市、玉林市、北海市；处于下游区的依次是钦州市、崇左市、防城港。相比于2015年，北海市排名上升至第7名，进入中游区；防城港市排名下降至第10名，进入下游区。

表4-9　　　　　　　　　　　　　2016年北部湾城市群城市人口就业排名

地区	排名	区段	地区	排名	区段	地区	排名	区段
湛江	1		阳江	4		钦州	8	
海口	2	上游区	茂名	5	中游区	崇左	9	下游区
南宁	3		玉林	6		防城港	10	
			北海	7				

根据表4-10对2008~2016年北部湾城市群城市人口就业状况排名变化趋势进行分析，可以看到人口就业状况处于上升区的依次是北海市、崇左市、海口市；处于保持区的依次是阳江市、茂名市、南宁市、防城港市；处于下降区的依次是湛江市、钦州市、玉林市。这说明在北部湾城市群中广东地区人口就业状况高于广西地区，更具发展优势。

表4-10　　　　　　　　　　　　2008~2016年北部湾城市群城市人口就业排名变化

地区	排名变化	区段	地区	排名变化	区段	地区	排名变化	区段
北海	1		阳江	0		湛江	-1	
崇左	1	上升区	茂名	0	保持区	钦州	-1	下降区
海口	1		南宁	0		玉林	-1	
			防城港	0				

2. 北部湾城市群城市人口就业得分情况

通过表4-11对2008~2016年的人口就业状况及变化进行分析。由2008年的北部湾城市群城市人口就业评价来看，得分处在30~51分，有4个城市的人口就业状况得分在45分以上，小于45分的城市有茂名市、北海市、防城港市、钦州市、玉林市、崇左市。最高得分为海口市的50.322分，最低得分为防城港市的30.255分。得分平均值为42.527分，得分标准差为6.065。北部湾城市群中广东地区城市的人口就业得分较高，其中阳江市、湛江市2个城市的人口就业得分均超过45分。北部湾城市群中广西地区的人口就业状况较低，其中仅有南宁市1个城市的人口就业得分超过45分。北部湾城市群中海南地区的人口就业状况较高，其中海口市的人口就业得分超过45分。

表4-11　　　　　　　　　　2008~2016年北部湾各城市人口就业评价比较

地区	2008年	2009年	2010年	2011年	2012年	2013年	2014年	2015年	2016年	综合变化
阳江	45.714	44.581	41.855	43.156	42.923	45.908	42.010	42.173	42.283	-3.432
湛江	48.451	49.237	48.397	49.920	48.219	48.866	47.902	49.749	50.440	1.989
茂名	42.383	45.734	45.844	48.437	44.191	44.382	41.513	42.855	41.650	-0.733
南宁	47.664	50.660	48.885	48.472	48.632	51.899	49.396	52.774	49.746	2.082
北海	42.091	40.358	40.402	40.871	38.474	36.712	36.504	36.682	37.257	-4.833
防城港	30.255	31.869	29.007	33.103	33.684	30.430	27.643	36.976	28.469	-1.786
钦州	35.873	36.093	36.270	37.616	39.462	38.892	34.553	35.771	34.248	-1.625
玉林	41.586	40.972	41.897	42.685	41.649	44.704	41.249	40.970	40.483	-1.102
崇左	40.925	40.531	35.396	37.372	36.094	34.636	34.569	34.940	32.808	-8.117
海口	50.332	49.903	48.927	47.016	45.091	53.120	48.623	51.391	50.258	-0.074
最高分	50.332	50.660	48.927	49.920	48.632	53.120	49.396	52.774	50.440	0.108
最低分	30.255	31.869	29.007	33.103	33.684	30.430	27.643	34.940	28.469	-1.786
平均分	42.527	42.994	41.688	42.865	41.842	42.955	40.396	42.428	40.764	-1.763
标准差	6.065	6.182	6.650	5.643	4.952	7.554	7.114	6.721	7.723	1.658

由2009年的北部湾城市群城市人口就业评价来看，得分处在31~51分，有4个城市的人口就业状况得分在45分以上，小于45分的城市有阳江市、北海市、防城港市、钦州市、玉林市、崇左市。最高得分为南宁市的50.660分，最低得分为防城港市的31.869分。得分平均值为42.944分，得分标准差为6.182。北部湾城市群中广东地区城市的人口就业得分较高，其中湛江市、茂名市2个城市的人口就业得分均超过45分。北部湾城市群中广西地区的人口就业状况较低，其中仅有南宁市1个城市的人口就业得分超过45分。北部湾城市群中海南地区的人口就业状况较高，其中海口市的人口就业得分超过45分。

由2010年的北部湾城市群城市人口就业评价来看，得分处在29~49分，有4个城市的人口就业状况得分在45分以上，小于45分的城市有阳江市、北海市、防城港市、钦州市、玉林市、崇左市。最高得分为南宁市的48.885分，最低得分为防城港市的29.007分。得分平均值为41.688分，得分标准差为6.650。北部湾城市群中广东地区城市的人口就业得分较高，其中湛江市、茂名市3个城市的人口就业得分均超过45分。北部湾城市群中广西地区的人口就业状况较低，其中仅有南宁市1个城市的人口就业得分超过45分。北部湾城市群中海南地区的人口就业状况较高，其中海口市的人口就业得分超过48分。

由2011年的北部湾城市群城市人口就业评价来看，得分处在33~49分，有4个城市的人口就业状况得分在45分以上，小于45分的城市有阳江市、北海市、防城港市、钦州市、玉林市、崇左市。最高得分为湛江市的49.920分，最低得分为防城港市的33.103分。得分平均值为42.865分，得分标准差为5.643。北部湾城市群中广东地区城市的人口就业得分较高，其中湛江市、茂名市2个城市的人口就业得分均超过45分。北部湾城市群中广西地区的人口就业状况较低，其中仅有南宁市1个城市的人口就业得分超过45分。北部湾城市群中海南地区的人口就业状况较高，其中海口市的人口就业得分超过47分。

由2012年的北部湾城市群城市人口就业评价来看，得分处在33~49分，有3个城市的人口就业状况得分在45分以上，小于45分的城市有阳江市、茂名市、北海市、防城港市、钦州市、玉林市、崇左市。

最高得分为南宁市的 48.632 分，最低得分为防城港市的 33.684 分。得分平均值为 41.842 分，得分标准差为 4.952。北部湾城市群中广东地区城市的人口就业得分较高，其中湛江市的人口就业状况实力得分超过 48 分，广东地区的整体得分均维持在 42 分以上。北部湾城市群中广西地区的人口就业状况较低，其中仅有南宁市 1 个城市的人口就业得分超过 45 分。北部湾城市群中海南地区的人口就业状况较高，其中海口市的人口就业得分超过 45 分。

由 2013 年的北部湾城市群城市人口就业评价来看，得分处在 30~54 分，有 4 个城市的人口就业状况得分在 45 分以上，小于 45 分的城市有茂名市、北海市、防城港市、钦州市、玉林市、崇左市。最高得分为海口市的 53.120 分，最低得分为防城港市的 30.430 分。得分平均值为 42.955 分，得分标准差为 7.554。北部湾城市群中广东地区城市的人口就业得分较高，其中阳江市、湛江市 2 个城市的人口就业得分均超过 45 分。北部湾城市群中广西地区的人口就业状况较低，其中仅有南宁市 1 个城市的人口就业得分超过 45 分。北部湾城市群中海南地区的人口就业状况较高，其中海口市的人口就业得分超过 53 分。

由 2014 年的北部湾城市群城市人口就业评价来看，得分处在 27~50 分，有 3 个城市的人口就业状况得分在 45 分以上，小于 45 分的城市有阳江市、茂名市、北海市、防城港市、钦州市、玉林市、崇左市。最高得分为南宁市的 49.396 分，最低得分为防城港市的 27.643 分。得分平均值为 40.396 分，得分标准差为 7.114。北部湾城市群中广东地区城市的人口就业得分较高，其中湛江市的人口就业状况实力得分超过 47 分，广东地区的整体得分均维持在 41 分以上。北部湾城市群中广西地区的人口就业状况较低，其中仅有南宁市 1 个城市的人口就业得分超过 45 分。北部湾城市群中海南地区的人口就业状况较高，其中海口市的人口就业得分超过 48 分。

由 2015 年的北部湾城市群城市人口就业评价来看，得分处在 34~53 分，有 3 个城市的人口就业状况得分在 45 分以上，小于 45 分的城市有阳江市、茂名市、北海市、防城港市、钦州市、玉林市、崇左市。最高得分为南宁市的 52.774 分，最低得分为崇左市的 34.940 分。得分平均值为 42.428 分，得分标准差为 6.721。北部湾城市群中广东地区城市的人口就业得分较高，其中湛江市的人口就业状况实力得分超过 45 分，广东地区的整体得分均维持在 42 分以上。北部湾城市群中广西地区的人口就业状况较低，其中仅有南宁市 1 个城市的人口就业得分超过 45 分。北部湾城市群中海南地区的人口就业状况较高，其中海口市的人口就业得分超过 51 分。

由 2016 年的北部湾城市群城市人口就业评价来看，得分处在 28~51 分，有 3 个城市的人口就业状况得分在 45 分以上，小于 45 分的城市有阳江市、茂名市、北海市、防城港市、钦州市、玉林市、崇左市。最高得分为湛江市的 50.440 分，最低得分为防城港市的 28.469 分。得分平均值为 40.764 分，得分标准差为 7.723。北部湾城市群中广东地区城市的人口就业得分较高，其中湛江市的人口就业状况实力得分超过 50 分，广东地区的整体得分均维持在 41 分以上。北部湾城市群中广西地区的人口就业状况较低，其中仅有南宁市 1 个城市的人口就业得分超过 45 分。北部湾城市群中海南地区的人口就业状况较高，其中海口市的人口就业得分超过 50 分。

通过对各年的北部湾城市群城市人口就业的平均分、标准差进行对比分析，可以发现其平均分处于波动下降趋势，说明北部湾城市群城市人口就业状况整体活力下降，城市人口就业状况有待改善。北部湾城市群城市人口就业标准差处于波动上升趋势，说明城市间人口就业状况差距有所增大。对各城市的人口就业状况变化展开分析，发现湛江市人口就业状况处在领先位置；广东地区其他城市排名保持不变，得分均有所下降。广西地区除南宁市的其他城市人口就业得分均有所下降，其人口就业排名除钦州市和玉林市均处于下降和保持的状态，说明广西地区整体人口就业处于滞后阶段，城市活力的稳定还需提高。玉林市在人口就业得分小幅度下降的情况下，其排名保持在北部湾城市群中势位置，说明在广西地区整体人口就业呈现衰退趋势的情况下，崇左市保持着人口就业状况现有的水平，使其在地区内的排名保持在中势位置。海南地区海口市在人口就业得分小幅度下降的情况下其排名出现小幅度下降，说明海南地区人口就业综合发展能力下降。

3. 北部湾城市群城市人口就业要素得分情况

通过表 4 - 12 对 2008~2016 年的人口变化状况进行分析。由 2008 年的北部湾城市群城市人口变化评价来看，得分处在 4~9 分，有 5 个城市的人口变化得分在 7 分以上，小于 7 分的城市有阳江市、南宁市、防城港市、钦州市、海口市。最高得分为北海市的 8.257 分，最低得分为防城港市的 4.201 分。得分平均值为 6.521 分，得分标准差为 1.246。北部湾城市群中广东地区城市的人口变化得分较高，其中湛江市、茂名市 2 个城市的人口变化得分均超过 7 分。北部湾城市群中广西地区的人口变化状况的得分较低，其中仅有北海市、玉林市、崇左市 3 个城市的人口变化得分超过 7 分。北部湾城市群中海南地区的人口变化得分较低，其中海口市的人口变化得分低于 7 分。

表 4－12　　　　　　　　　　　　2008～2016 年北部湾各城市人口变化评价比较

地区	2008 年	2009 年	2010 年	2011 年	2012 年	2013 年	2014 年	2015 年	2016 年	综合变化
阳江	5.373	7.430	5.299	5.223	4.861	5.342	5.762	6.561	6.467	1.094
湛江	7.739	8.240	7.546	7.973	7.549	8.319	8.667	10.821	11.887	4.149
茂名	7.098	9.233	7.348	8.028	7.257	7.860	8.753	9.158	8.058	0.960
南宁	6.835	7.359	6.907	7.794	8.558	9.150	9.109	9.600	9.408	2.574
北海	8.257	5.464	4.334	4.782	4.471	4.868	4.628	5.365	4.708	－3.548
防城港	4.201	4.694	3.481	2.518	4.057	4.391	4.099	5.675	4.272	0.071
钦州	5.578	6.403	5.633	5.378	6.988	6.370	6.276	6.359	6.047	0.469
玉林	7.216	7.515	7.368	7.463	7.894	8.178	8.218	8.478	8.143	0.927
崇左	7.148	7.494	5.159	5.591	5.794	5.866	6.330	6.385	5.582	－1.566
海口	5.767	4.893	4.498	4.842	3.344	4.928	5.552	5.090	4.315	－1.451
最高分	8.257	9.233	7.546	8.028	8.558	9.150	9.109	10.821	11.887	3.631
最低分	4.201	4.694	3.481	2.518	3.344	4.391	4.099	5.090	4.272	0.071
平均分	6.521	6.872	5.757	5.959	6.077	6.527	6.739	7.349	6.889	0.368
标准差	1.246	1.478	1.454	1.809	1.811	1.710	1.818	2.001	2.474	1.229

由 2009 年的北部湾城市群城市人口变化评价来看，得分处在 4～10 分，有 6 个城市的人口变化得分在 7 分以上，小于 7 分的城市有北海市、防城港市、钦州市、海口市。最高得分为茂名市的 9.233 分，最低得分为防城港市的 4.694 分。得分平均值为 6.872 分，得分标准差为 1.478 分。北部湾城市群中广东地区城市的人口变化得分较高，其中阳江市、湛江市、茂名市 3 个城市的人口变化得分均超过 7 分。北部湾城市群中广西地区的人口变化状况的得分较低，其中仅有北海市、防城港市、钦州市 3 个城市的人口变化得分超过 7 分。北部湾城市群中海南地区的人口变化得分较低，其中海口市的人口变化得分低于 7 分。

由 2010 年的北部湾城市群城市人口变化评价来看，得分处在 3～8 分，有 3 个城市的人口变化得分在 7 分以上，小于 7 分的城市有阳江市、北海市、防城港市、钦州市、崇左市、海口市。最高得分为湛江市的 7.546 分，最低得分为防城港市的 3.481 分。得分平均值为 5.757 分，得分标准差为 1.454。北部湾城市群中广东地区城市的人口变化得分较高，其中湛江市、茂名市 2 个城市的人口变化得分均超过 7 分。北部湾城市群中广西地区的人口变化状况的得分较低，其中仅有玉林市 1 个城市的人口变化得分超过 7 分。北部湾城市群中海南地区的人口变化得分较低，其中海口市的人口变化得分低于 7 分。

由 2011 年的北部湾城市群城市人口变化评价来看，得分处在 2～9 分，有 4 个城市的人口变化得分在 7 分以上，小于 7 分的城市有阳江市、北海市、防城港市、钦州市、崇左市、海口市。最高得分为茂名市的 8.028 分，最低得分为防城港市的 2.518 分。得分平均值为 5.959 分，得分标准差为 1.809。北部湾城市群中广东地区城市的人口变化得分较高，其中湛江市、茂名市 2 个城市的人口变化得分均超过 7 分。北部湾城市群中广西地区的人口变化状况的得分较低，其中仅有玉林市 1 个城市的人口变化得分超过 7 分。北部湾城市群中海南地区的人口变化得分较低，其中海口市的人口变化得分低于 7 分。

由 2012 年的北部湾城市群城市人口变化评价来看，得分处在 3～9 分，有 4 个城市的人口变化得分在 7 分以上，小于 7 分的城市有阳江市、北海市、防城港市、钦州市、崇左市、海口市。最高得分为南宁市的 8.558 分，最低得分为海口市的 3.344 分。得分平均值为 6.007 分，得分标准差为 1.811。北部湾城市群中广东地区城市的人口变化得分较高，其中湛江市、茂名市 2 个城市的人口变化得分均超过 7 分。北部湾城市群中广西地区的人口变化状况的得分较低，其中有南宁市、玉林市 2 个城市的人口变化得分超过 7 分。北部湾城市群中海南地区的人口变化得分较低，其中海口市的人口变化得分低于 7 分。

由 2013 年的北部湾城市群城市人口变化评价来看，得分处在 4 ~ 10 分，有 4 个城市的人口变化得分在 7 分以上，小于 7 分的城市有阳江市、北海市、防城港市、钦州市、崇左市、海口市。最高得分为南宁市的 9.150 分，最低得分为防城港市的 4.391 分。得分平均值为 6.527 分，得分标准差为 1.710。北部湾城市群中广东地区城市的人口变化得分较高，其中湛江市、茂名市 2 个城市的人口变化得分均超过 7 分。北部湾城市群中广西地区的人口变化状况的得分较低，其中南宁市、玉林市 2 个城市的人口变化得分超过 7 分。北部湾城市群中海南地区的人口变化得分较低，其中海口市的人口变化得分低于 7 分。

由 2014 年的北部湾城市群城市人口变化评价来看，得分处在 4 ~ 10 分，有 4 个城市的人口变化得分在 7 分以上，小于 7 分的城市有阳江市、北海市、防城港市、钦州市、崇左市、海口市。最高得分为南宁市的 9.109 分，最低得分为防城港市的 4.090 分。得分平均值为 6.739 分，得分标准差为 1.818。北部湾城市群中广东地区城市的人口变化得分较高，其中湛江市、茂名市 2 个城市的人口变化得分均超过 7 分。北部湾城市群中广西地区的人口变化状况的得分较低，其中南宁市、玉林市 2 个城市的人口变化得分超过 7 分。北部湾城市群中海南地区的人口变化得分较低，其中海口市的人口变化得分低于 7 分。

由 2015 年的北部湾城市群城市人口变化评价来看，得分处在 5 ~ 11 分，有 4 个城市的人口变化得分在 7 分以上，小于 7 分的城市有阳江市、北海市、防城港市、钦州市、崇左市、海口市。最高得分为湛江市的 10.821 分，最低得分为海口市的 5.090 分。得分平均值为 7.349 分，得分标准差为 2.001。北部湾城市群中广东地区城市的人口变化得分较高，其中湛江市、茂名市 2 个城市的人口变化得分均超过 7 分。北部湾城市群中广西地区的人口变化状况的得分较低，其中南宁市、玉林市 2 个城市的人口变化得分超过 7 分。北部湾城市群中海南地区的人口变化得分较低，其中海口市的人口变化得分低于 7 分。

由 2016 年的北部湾城市群城市人口变化评价来看，得分处在 4 ~ 12 分，有 4 个城市的人口变化得分在 7 分以上，小于 7 分的城市有阳江市、北海市、防城港市、钦州市、崇左市、海口市。最高得分为湛江市的 11.887 分，最低得分为防城港市的 4.272 分。得分平均值为 6.889 分，得分标准差为 2.474。北部湾城市群中广东地区城市的人口变化得分较高，其中湛江市、茂名市 2 个城市的人口变化得分均超过 7 分。北部湾城市群中广西地区的人口变化状况的得分较低，其中南宁市、玉林市 2 个城市的人口变化得分超过 7 分。北部湾城市群中海南地区的人口变化得分较低，其中海口市的人口变化得分低于 7 分。

通过对各年的北部湾城市群城市人口变化的平均分、标准差进行对比分析，可以发现其平均分处于波动上升趋势，说明北部湾城市群城市人口变化整体活力上升，城市人口变化较为合理。北部湾城市群人口变化标准差处于波动上升趋势，说明城市间人口变化竞争力差距有所增大。对各城市的人口变化展开分析，发现湛江市人口变化处在领先位置，在 2008 ~ 2016 年的各个时间段内均处于前 3 名的位置，其整体上处于波动上升的趋势。广东地区其他城市人口变化竞争力均出现上升，其排名均呈上升趋势，说明广东地区整体人口变化处于提升状态。广西地区人口变化得分除了北海市和崇左市其余均处于上升趋势，其人口变化排名除南宁市和钦州市均保持不变或大幅度下降趋势，说明广西地区人口变化竞争力变化幅度较大。南宁市在人口变化得分小幅度上升的情况下其排名出现大幅度上升，说明南宁市在人口变化方面存在有效推动力，提高了其人口变化竞争力水平，使其在地区内的排名结构出现较大提升。海南地区海口市在人口变化得分小幅度下降的情况下其排名仍保持在下游区，说明海南地区人口变化综合发展能力较低。

通过表 4 - 13 对 2008 ~ 2016 年的人口结构水平及变化进行分析。由 2008 年的北部湾城市群城市人口结构评价来看，得分处在 6 ~ 11 分，有 5 个城市的人口结构得分在 8 分以上，小于 8 分的城市有湛江市、茂名市、南宁市、北海市、防城港市。最高得分为阳江市的 10.744 分，最低得分为防城港市的 6.772 分。得分平均值为 8.076 分，得分标准差为 1.109。北部湾城市群中广东地区城市的人口结构得分较低，其中仅有阳江市 1 个城市的人口结构得分超过 8 分。北部湾城市群中广西地区的人口结构的得分较低，其中仅有钦州市、玉林市、崇左市 3 个城市的人口结构得分超过 8 分。北部湾城市群中海南地区的人口结构较低，其中海口市的人口结构得分超过 8 分。

表 4-13　　　　　　　　　　　　　2008~2016 年北部湾各城市人口结构评价比较

地区	2008 年	2009 年	2010 年	2011 年	2012 年	2013 年	2014 年	2015 年	2016 年	综合变化
阳江	10.744	8.533	8.744	8.554	8.511	7.814	8.053	8.720	7.928	-2.816
湛江	6.903	9.249	8.853	9.252	8.380	7.995	7.989	8.015	8.018	1.116
茂名	7.635	9.235	9.371	9.561	8.420	7.725	8.154	7.873	7.936	0.300
南宁	7.833	8.245	8.845	7.838	8.242	7.912	7.612	10.213	7.768	-0.065
北海	7.666	8.100	8.611	8.357	8.277	7.984	7.965	7.987	8.165	0.499
防城港	6.772	7.631	6.904	9.047	9.227	6.581	6.756	7.794	6.993	0.221
钦州	8.033	8.356	8.616	7.694	7.830	6.732	6.764	6.770	6.674	-1.358
玉林	8.498	8.632	8.926	8.230	8.112	7.483	7.597	7.725	7.717	-0.781
崇左	8.075	8.560	8.299	8.047	7.927	7.729	8.124	7.959	7.946	-0.129
海口	8.599	8.743	8.872	8.924	9.195	9.639	9.172	8.837	9.111	0.511
最高分	10.744	9.249	9.371	9.561	9.227	9.639	9.172	10.213	9.111	-1.634
最低分	6.772	7.631	6.904	7.694	7.830	6.581	6.756	6.770	6.674	-0.098
平均分	8.076	8.528	8.604	8.550	8.412	7.759	7.819	8.189	7.826	-0.250
标准差	1.109	0.492	0.657	0.627	0.471	0.829	0.705	0.907	0.656	-0.453

由 2009 年的北部湾城市群城市人口结构评价来看，得分处在 7~10 分，有 9 个城市的人口结构得分在 8 分以上，小于 8 分的城市仅有防城港市。最高得分为湛江市的 9.249 分，最低得分为防城港市的 7.631 分。得分平均值为 8.528 分，得分标准差为 0.492。北部湾城市群中广东地区城市的人口结构得分较高，其中阳江市、湛江市、茂名市 3 个城市的人口结构得分均超过 8 分。北部湾城市群中广西地区的人口结构的得分较高，其中仅有防城港市 1 个城市的人口结构得分未超过 8 分。北部湾城市群中海南地区的人口结构较高，其中海口市的人口结构得分超过 8 分。

由 2010 年的北部湾城市群城市人口结构评价来看，得分处在 6~10 分，有 9 个城市的人口结构得分在 8 分以上，小于 8 分的城市仅有防城港市。最高得分为湛江市的 9.371 分，最低得分为防城港市的 6.904 分。得分平均值为 8.604 分，得分标准差为 0.657。北部湾城市群中广东地区城市的人口结构得分较高，其中阳江市、湛江市、茂名市 3 个城市的人口结构得分均超过 8 分。北部湾城市群中广西地区的人口结构的得分较高，其中仅有防城港市 1 个城市的人口结构得分未超过 8 分。北部湾城市群中海南地区的人口结构较高，其中海口市的人口结构得分超过 8 分。

由 2011 年的北部湾城市群城市人口结构评价来看，得分处在 7~10 分，有 8 个城市的人口结构得分在 8 分以上，小于 8 分的城市仅有南宁市和钦州市。最高得分为茂名市的 9.561 分，最低得分为钦州市的 7.694 分。得分平均值为 8.550 分，得分标准差为 0.627。北部湾城市群中广东地区城市的人口结构得分较高，其中阳江市、湛江市、茂名市 3 个城市的人口结构得分均超过 8 分。北部湾城市群中广西地区的人口结构的得分较高，其中仅有南宁市和钦州市 2 个城市的人口结构得分未超过 8 分。北部湾城市群中海南地区的人口结构较高，其中海口市的人口结构得分超过 8 分。

由 2012 年的北部湾城市群城市人口结构评价来看，得分处在 7~10 分，有 8 个城市的人口结构得分在 8 分以上，小于 8 分的城市仅有钦州市和崇左市。最高得分为防城港市的 9.227 分，最低得分为钦州市的 7.830 分。得分平均值为 8.412 分，得分标准差为 0.471。北部湾城市群中广东地区城市的人口结构得分较高，其中阳江市、湛江市、茂名市 3 个城市的人口结构得分均超过 8 分。北部湾城市群中广西地区的人口结构的得分较高，其中仅有钦州市和崇左市 2 个城市的人口结构得分未超过 8 分。北部湾城市群中海南地区的人口结构较高，其中海口市的人口结构得分超过 8 分。

由 2013 年的北部湾城市群城市人口结构评价来看，得分处在 6~10 分，仅有 1 个城市的人口结构得分在 8 分以上，小于 8 分的城市有阳江市、湛江市、茂名市、南宁市、北海市、防城港市、钦州市、玉林市、崇左市。最高得分为海口市的 9.639 分，最低得分为防城港市的 6.581 分。得分平均值为 7.759 分，得分标准差为 0.829。北部湾城市群中广东地区城市的人口结构得分较低，其中所有城市的人口结构得分均未超过 8 分。北部湾城市群中广西地区的人口结构的得分较低，其中所有城市的人口结构得分均未超过

8 分。北部湾城市群中海南地区的人口结构较高，其中海口市的人口结构得分超过 8 分。

由 2014 年的北部湾城市群城市人口结构评价来看，得分处在 6～10 分，有 4 个城市的人口结构得分在 8 分以上，小于 8 分的城市有湛江市、南宁市、北海市、防城港市、钦州市、玉林市。最高得分为海口市的 9.172 分，最低得分为防城港市的 6.756 分。得分平均值为 7.819 分，得分标准差为 0.705。北部湾城市群中广东地区城市的人口结构得分较高，其中阳江市、茂名市 2 个城市的人口结构得分均超过 8 分。北部湾城市群中广西地区的人口结构的得分较低，其中南宁市、北海市、防城港市、钦州市、玉林市 5 个城市的人口结构得分未超过 8 分。北部湾城市群中海南地区的人口结构较高，其中海口市的人口结构得分超过 8 分。

由 2015 年的北部湾城市群城市人口结构评价来看，得分处在 6～11 分，有 4 个城市的人口结构得分在 8 分以上，小于 8 分的城市有茂名市、北海市、防城港市、钦州市、玉林市、崇左市。最高得分为南宁市的 10.213 分，最低得分为钦州市的 6.770 分。得分平均值为 8.189 分，得分标准差为 0.907。北部湾城市群中广东地区城市的人口结构得分较高，其中阳江市、湛江市 2 个城市的人口结构得分均超过 8 分。北部湾城市群中广西地区的人口结构的得分较低，其中北海市、防城港市、钦州市、玉林市、崇左市 5 个城市的人口结构得分未超过 8 分。北部湾城市群中海南地区的人口结构较高，其中海口市的人口结构得分超过 8 分。

由 2016 年的北部湾城市群城市人口结构评价来看，得分处在 6～10 分，有 3 个城市的人口结构得分在 8 分以上，小于 8 分的城市有阳江市、茂名市、南宁市、防城港市、钦州市、玉林市、崇左市。最高得分为海口市的 9.111 分，最低得分为钦州港市的 6.674 分。得分平均值为 7.826 分，得分标准差为 0.656。北部湾城市群中广东地区城市的人口结构得分较低，其中仅有湛江市 1 个城市的人口结构得分均超过 8 分。北部湾城市群中广西地区的人口结构的得分较低，其中南宁市、防城港市、钦州市、玉林市、崇左市 5 个城市的人口结构得分未超过 8 分。北部湾城市群中海南地区的人口结构较高，其中海口市的人口结构得分超过 8 分。

通过对各年的北部湾城市群城市人口结构的平均分、标准差进行对比分析，可以发现其平均分处于波动下降趋势，说明北部湾城市群城市人口结构整体活力有所降低，城市人口性别结构有待改善。北部湾城市群人口结构标准差处于波动下降趋势，说明城市间人口结构差距有所减小。对各城市的人口结构变化展开分析，发现海口市人口结构处在领先位置，在 2008～2016 年的各个时间段内除 2010 年均处于前 3 名，其得分呈上升趋势。广西地区除北海市和防城港市人口结构得分均呈上升趋势，其排名除北海市和防城港市外均呈保持不变或下降趋势，说明广西地区整体人口结构处于滞后阶段。北海市在人口结构得分上升的情况下其排名也出现上升，说明北海市在人口结构方面存在有效推动力，提高了其人口结构稳定性，使其在地区内的排名结构出现较大提升。广东地区人口结构得分和排名除阳江市外均有所上升，说明广东地区人口结构变化幅度较大。海南地区海口市人口结构得分呈上升趋势，排名也呈上升趋势。

通过表 4－14 对 2008～2016 年的就业结构状况及变化进行分析。由 2008 年的北部湾城市群城市就业结构评价来看，得分处在 15～26 分，有 4 个城市的就业结构得分在 21 分以上，小于 21 分的城市有阳江市、茂名市、北海市、防城港市、钦州市、玉林市。最高得分为海口市的 25.481 分，最低得分为防城港市的 15.372 分。得分平均值为 20.978 分，得分标准差为 2.926。北部湾城市群中广东地区城市的就业结构得分较高，其中湛江市的就业结构得分超过 23 分，阳江市和茂名市的就业结构得分均超过 19 分。北部湾城市群中广西地区的就业结构的得分较低，其中仅有南宁市、崇左市 2 个城市的就业结构得分超过 21 分。北部湾城市群中海南地区的就业结构较高，其中海口市的就业结构得分超过 21 分。

表 4－14　　　　　　　　　　　2008～2016 年北部湾各城市就业结构评价比较

地区	2008 年	2009 年	2010 年	2011 年	2012 年	2013 年	2014 年	2015 年	2016 年	综合变化
阳江	19.819	19.617	19.758	21.054	20.389	25.479	20.367	19.743	21.268	1.449
湛江	23.434	22.595	23.291	22.923	23.546	24.483	23.584	22.960	23.405	−0.029
茂名	20.760	21.646	21.412	23.870	23.300	24.317	20.481	21.681	21.264	0.504
南宁	24.126	24.134	23.970	25.449	24.439	26.897	24.627	23.832	24.114	−0.012
北海	20.203	21.100	21.926	23.715	20.679	19.359	19.595	19.640	19.014	−1.190

地区	2008 年	2009 年	2010 年	2011 年	2012 年	2013 年	2014 年	2015 年	2016 年	综合变化
防城港	15.372	16.584	16.196	18.078	18.308	17.299	13.877	18.489	14.219	-1.153
钦州	18.707	18.225	19.667	21.326	22.327	23.276	19.405	19.012	19.179	0.472
玉林	19.873	20.870	21.272	22.531	21.954	25.373	21.516	21.279	21.224	1.351
崇左	22.007	21.195	20.001	20.284	19.822	17.815	17.438	17.401	16.739	-5.267
海口	25.481	25.414	24.698	23.635	20.618	26.784	20.607	21.843	22.693	-2.788
最高分	25.481	25.414	24.698	25.449	24.439	26.897	24.627	23.832	24.114	-1.367
最低分	15.372	16.584	16.196	18.078	18.308	17.299	13.877	17.401	14.219	-1.153
平均分	20.978	21.138	21.219	22.286	21.538	23.108	20.150	20.588	20.312	-0.666
标准差	2.926	2.609	2.489	2.134	1.904	3.618	3.012	2.056	3.077	0.150

由 2009 年的北部湾城市群城市就业结构评价来看，得分处在 16～26 分，有 6 个城市的就业结构得分在 21 分以上，小于 21 分的城市有阳江市、防城港市、钦州市、玉林市。最高得分为海口市的 25.414 分，最低得分为防城港市的 16.584 分。得分平均值为 21.138 分，得分标准差为 2.489。北部湾城市群中广东地区城市的就业结构得分较高，其中湛江市和茂名市的就业结构得分均超过 21 分。北部湾城市群中广西地区的就业结构的得分较低，其中防城港市、钦州市、玉林市 3 个城市的就业结构得分未超过 21 分。北部湾城市群中海南地区的就业结构较高，其中海口市的就业结构得分超过 21 分。

由 2010 年的北部湾城市群城市就业结构评价来看，得分处在 16～25 分，有 6 个城市的就业结构得分在 21 分以上，小于 21 分的城市有阳江市、防城港市、钦州市、崇左市。最高得分为海口市的 24.698 分，最低得分为防城港市的 16.196 分。得分平均值为 21.219 分，得分标准差为 2.489。北部湾城市群中广东地区城市的就业结构得分较高，其中湛江市和茂名市的就业结构得分均超过 21 分。北部湾城市群中广西地区的就业结构的得分较低，其中防城港市、钦州市、崇左市 3 个城市的就业结构得分未超过 21 分。北部湾城市群中海南地区的就业结构较高，其中海口市的就业结构得分超过 21 分。

由 2011 年的北部湾城市群城市就业结构评价来看，得分处在 18～26 分，有 8 个城市的就业结构得分在 21 分以上，小于 21 分的城市有防城港市和崇左市。最高得分为南宁市的 25.449 分，最低得分为防城港市的 18.078 分。得分平均值为 22.286 分，得分标准差为 2.134。北部湾城市群中广东地区城市的就业结构得分较高，其中阳江市、湛江市、茂名市的就业结构得分均超过 21 分。北部湾城市群中广西地区的就业结构的得分较高，其中仅有防城港市、崇左市 2 个城市的就业结构得分未超过 21 分。北部湾城市群中海南地区的就业结构较高，其中海口市的就业结构得分超过 21 分。

由 2012 年的北部湾城市群城市就业结构评价来看，得分处在 18～25 分，有 5 个城市的就业结构得分在 21 分以上，小于 21 分的城市有阳江市、防城港市、钦州市、崇左市、海口市。最高得分为南宁市的 24.439 分，最低得分为防城港市的 18.308 分。得分平均值为 21.538 分，得分标准差为 1.904。北部湾城市群中广东地区城市的就业结构得分较高，其中湛江市和茂名市的就业结构得分均超过 23 分。北部湾城市群中广西地区的就业结构的得分较低，其中防城港市、钦州市、崇左市 3 个城市的就业结构得分未超过 21 分。北部湾城市群中海南地区的就业结构较低，其中海口市的就业结构得分未超过 21 分。

由 2013 年的北部湾城市群城市就业结构评价来看，得分处在 17～26 分，有 7 个城市的就业结构得分在 21 分以上，小于 21 分的城市有北海市、防城港市、崇左市。最高得分为南宁市的 26.897 分，最低得分为防城港市的 17.299 分。得分平均值为 23.108 分，得分标准差为 3.618。北部湾城市群中广东地区城市的就业结构得分较高，其中阳江市、湛江市、茂名市的就业结构得分均超过 21 分。北部湾城市群中广西地区的就业结构的得分较低，其中北海市、防城港市、崇左市 3 个城市的就业结构得分均未超过 21 分。北部湾城市群中海南地区的就业结构较高，其中海口市的就业结构得分超过 21 分。

由 2014 年的北部湾城市群城市就业结构评价来看，得分处在 13～25 分，有 3 个城市的就业结构得分在 21 分以上，小于 21 分的城市有阳江市、茂名市、北海市、防城港市、钦州市、崇左市、海口市。最高得分为南宁市的 24.627 分，最低得分为防城港市的 13.877 分。得分平均值为 20.150 分，得分标准差为 3.012。北部湾城市群中广东地区城市的就业结构得分较高，其中湛江市的就业结构得分超过 23 分，阳江市和茂名市的就业结构得分均超过 20 分。北部湾城市群中广西地区的就业结构的得分较低，其中仅有南宁市、玉林市 2 个城市的就业结构得分超过 21 分。北部湾城市群中海南地区的就业结构较高，其中海口市的就业结构得分未超过 21 分。

由 2015 年的北部湾城市群城市就业结构评价来看，得分处在 17～24 分，有 5 个城市的就业结构得分在 21 分以上，小于 21 分的城市有阳江市、北海市、防城港市、钦州市、崇左市。最高得分为南宁市的 23.832 分，最低得分为崇左市的 17.401 分。得分平均值为 20.588 分，得分标准差为 2.056。北部湾城市群中广东地区城市的就业结构得分较高，其中湛江市和茂名市的就业结构得分超过 21 分。北部湾城市群中广西地区的就业结构的得分较低，其中南宁市和玉林市 2 个城市的就业结构得分均超过 21 分。北部湾城市群中海南地区的就业结构较高，其中海口市的就业结构得分超过 21 分。

由 2016 年的北部湾城市群城市就业结构评价来看，得分处在 14～25 分，有 6 个城市的就业结构得分在 21 分以上，小于 21 分的城市有北海市、防城港市、钦州市、崇左市。最高得分为南宁市的 24.114 分，最低得分为防城港市的 14.219 分。得分平均值为 20.312 分，得分标准差为 3.077。北部湾城市群中广东地区城市的就业结构得分较高，其中阳江市、湛江市、茂名市的就业结构得分均超过 21 分。北部湾城市群中广西地区的就业结构的得分较低，其中北海市、防城港市、钦州市、崇左市 4 个城市的就业结构得分均未超过 21 分。北部湾城市群中海南地区的就业结构较高，其中海口市的就业结构得分超过 21 分。

通过对各年的北部湾城市群城市就业结构的平均分、标准差进行对比分析，可以发现其平均分处于波动下降趋势，说明北部湾城市群城市就业结构整体活力有所减弱，就业结构较差。北部湾城市群就业结构标准差处于波动上升趋势，说明城市间就业结构差距有所增大。对各城市的就业结构变化展开分析，发现南宁市就业结构处在领先位置，在 2011～2016 年的各时间段内均排名第 1，且其得分呈下降趋势。广西地区其他城市就业结构得分除了钦州市和玉林市均呈下降趋势，其就业结构排名除了钦州市和玉林市均保持不变或呈下降趋势。广东地区就业结构得分除湛江市外均有所上升，其就业结构排名保持不变或趋于上升，说明广东地区就业结构处于前进阶段，就业结构发展的潜力较强。阳江市在就业结构得分小幅度上升的情况下其排名仍保持在优势位置，说明阳江市在就业结构方面存在有效推动力，提高了其就业结构水平，使其在地区内的排名上升至中游区。海南地区海口市就业结构得分呈下降趋势，排名也呈下降趋势，说明海南地区农业综合发展能力有所减弱。

通过表 4－15 对 2008～2016 年的就业保障状况及变化进行分析。由 2008 年的北部湾城市群城市就业保障评价来看，得分处在 3～11 分，有 7 个城市的就业保障得分在 5 分以上，小于 5 分的城市有防城港市、钦州市、崇左市。最高得分为海口市的 10.485 分，最低得分为钦州市的 3.556 分。得分平均值为 6.952 分，得分标准差为 2.772。北部湾城市群中广东地区城市的就业保障得分较高，其中阳江市、湛江市、茂名市的就业保障得分均超过 5 分。北部湾城市群中广西地区的就业保障的得分较低，其中防城港市、钦州市、崇左市 3 个城市的就业保障得分未超过 5 分。北部湾城市群中海南地区的就业保障较高，其中海口市的就业保障得分超过 10 分。

表 4－15　　　　　　　　　　　2008～2016 年北部湾各城市就业保障评价比较

地区	2008 年	2009 年	2010 年	2011 年	2012 年	2013 年	2014 年	2015 年	2016 年	综合变化
阳江	9.778	9.001	8.054	8.325	9.162	7.273	7.828	7.149	6.619	－3.159
湛江	10.375	9.154	8.708	9.772	8.744	8.070	7.661	7.953	7.129	－3.246
茂名	6.890	5.621	7.713	6.979	5.214	4.479	4.125	4.143	4.392	－2.498
南宁	8.870	10.922	9.164	7.390	7.392	7.939	8.048	9.129	8.455	－0.415
北海	5.964	5.694	5.531	4.016	5.047	4.501	4.316	3.691	5.370	－0.594
防城港	3.910	2.960	2.426	3.460	2.091	2.159	2.911	5.017	2.985	－0.924
钦州	3.556	3.109	2.354	3.218	2.317	2.515	2.108	3.629	2.348	－1.208
玉林	5.999	3.955	4.330	4.462	3.688	3.670	3.919	3.487	3.400	－2.600
崇左	3.695	3.282	1.936	3.451	2.551	3.227	2.677	3.195	2.540	－1.155
海口	10.485	10.853	10.859	9.615	11.934	11.769	13.292	15.621	14.139	3.654

续表

地区	2008 年	2009 年	2010 年	2011 年	2012 年	2013 年	2014 年	2015 年	2016 年	综合变化
最高分	10.485	10.922	10.859	9.772	11.934	11.769	13.292	15.621	14.139	3.654
最低分	3.556	2.960	1.936	3.218	2.091	2.159	2.108	3.195	2.348	-1.208
平均分	6.952	6.455	6.107	6.069	5.814	5.560	5.689	6.301	5.738	-1.214
标准差	2.772	3.233	3.225	2.636	3.365	3.084	3.479	3.889	3.612	0.840

由 2009 年的北部湾城市群城市就业保障评价来看，得分处在 2~11 分，有 6 个城市的就业保障得分在 5 分以上，小于 5 分的城市有防城港市、钦州市、玉林市、崇左市。最高得分为南宁市的 10.922 分，最低得分为防城港市的 2.960 分。得分平均值为 6.455 分，得分标准差为 3.233。北部湾城市群中广东地区城市的就业保障得分较高，其中阳江市、湛江市、茂名市的就业保障得分均超过 5 分。北部湾城市群中广西地区的就业保障的得分较低，其中防城港市、钦州市、玉林市、崇左市 4 个城市的就业保障得分未超过 5 分。北部湾城市群中海南地区的就业保障较高，其中海口市的就业保障得分超过 10 分。

由 2010 年的北部湾城市群城市就业保障评价来看，得分处在 1~11 分，有 6 个城市的就业保障得分在 5 分以上，小于 5 分的城市有防城港市、钦州市、玉林市、崇左市。最高得分为海口市的 10.859 分，最低得分为崇左市的 1.936 分。得分平均值为 6.107 分，得分标准差为 3.225。北部湾城市群中广东地区城市的就业保障得分较高，其中阳江市、湛江市、茂名市的就业保障得分均超过 5 分。北部湾城市群中广西地区的就业保障的得分较低，其中防城港市、钦州市、玉林市、崇左市 4 个城市的就业保障得分未超过 5 分。北部湾城市群中海南地区的就业保障较高，其中海口市的就业保障得分超过 10 分。

由 2011 年的北部湾城市群城市就业保障评价来看，得分处在 3~10 分，有 5 个城市的就业保障得分在 5 分以上，小于 5 分的城市有北海市、防城港市、钦州市、玉林市、崇左市。最高得分为海口市的 9.615 分，最低得分为钦州市的 3.218 分。得分平均值为 6.069 分，得分标准差为 2.636。北部湾城市群中广东地区城市的就业保障得分较高，其中阳江市、湛江市、茂名市的就业保障得分均超过 5 分。北部湾城市群中广西地区的就业保障的得分较低，其中北海市、防城港市、钦州市、玉林市、崇左市 5 个城市的就业保障得分未超过 5 分。北部湾城市群中海南地区的就业保障较高，其中海口市的就业保障得分超过 9 分。

由 2012 年的北部湾城市群城市就业保障评价来看，得分处在 2~12 分，有 6 个城市的就业保障得分在 5 分以上，小于 5 分的城市有防城港市、钦州市、玉林市、崇左市。最高得分为海口市的 11.934 分，最低得分为防城港市的 2.091 分。得分平均值为 5.814 分，得分标准差为 3.365。北部湾城市群中广东地区城市的就业保障得分较高，其中阳江市、湛江市、茂名市的就业保障得分均超过 5 分。北部湾城市群中广西地区的就业保障的得分较低，其中防城港市、钦州市、玉林市、崇左市 4 个城市的就业保障得分未超过 5 分。北部湾城市群中海南地区的就业保障较高，其中海口市的就业保障得分超过 11 分。

由 2013 年的北部湾城市群城市就业保障评价来看，得分处在 2~12 分，有 4 个城市的就业保障得分在 5 分以上，小于 5 分的城市有茂名市、北海市、防城港市、钦州市、玉林市、崇左市。最高得分为海口市的 11.769 分，最低得分为防城港市的 2.159 分。得分平均值为 5.560 分，得分标准差为 3.084。北部湾城市群中广东地区城市的就业保障得分较高，其中阳江市、湛江市的就业保障得分均超过 5 分。北部湾城市群中广西地区的就业保障的得分较低，其中仅有南宁市 1 个城市的就业保障得分超过 5 分。北部湾城市群中海南地区的就业保障较高，其中海口市的就业保障得分超过 11 分。

由 2014 年的北部湾城市群城市就业保障评价来看，得分处在 2~14 分，有 4 个城市的就业保障得分在 5 分以上，小于 5 分的城市有茂名市、北海市、防城港市、钦州市、玉林市、崇左市。最高得分为海口市的 13.292 分，最低得分为钦州市的 2.108 分。得分平均值为 5.689 分，得分标准差为 3.479。北部湾城市群中广东地区城市的就业保障得分较高，其中阳江市、湛江市的就业保障得分均超过 5 分。北部湾城市群中广西地区的就业保障的得分较低，其中仅有南宁市 1 个城市的就业保障得分超过 5 分。北部湾城市群中海南地区的就业保障较高，其中海口市的就业保障得分超过 11 分。

由 2015 年的北部湾城市群城市就业保障评价来看，得分处在 3~16 分，有 5 个城市的就业保障得分在 5 分以上，小于 5 分的城市有茂名市、北海市、钦州市、玉林市、崇左市。最高得分为海口市的 15.621

分，最低得分为崇左市的3.195分。得分平均值为6.301分，得分标准差为3.889。北部湾城市群中广东地区城市的就业保障得分较高，其中阳江市、湛江市的就业保障得分均超过5分。北部湾城市群中广西地区的就业保障的得分较低，其中仅有南宁市和防城港市2个城市的就业保障得分超过5分。北部湾城市群中海南地区的就业保障较高，其中海口市的就业保障得分超过15分。

由2016年的北部湾城市群城市就业保障评价来看，得分处在2～15分，有5个城市的就业保障得分在5分以上，小于5分的城市有茂名市、北海市、钦州市、玉林市、崇左市。最高得分为海口市的14.139分，最低得分为钦州市的2.348分。得分平均值为5.738分，得分标准差为3.612。北部湾城市群中广东地区城市的就业保障得分较高，其中阳江市、湛江市的就业保障得分均超过5分。北部湾城市群中广西地区的就业保障的得分较低，其中仅有南宁市和北海市2个城市的就业保障得分超过5分。北部湾城市群中海南地区的就业保障较高，其中海口市的就业保障得分超过14分。

通过对各年的北部湾城市群城市就业保障的平均分、标准差进行对比分析，可以发现其平均分处于波动下降趋势，说明北部湾城市群城市就业保障整体活力有所减弱，就业保障较差。北部湾城市群就业保障标准差处于波动上升趋势，说明城市间就业保障差距有所增大。对各城市的就业保障变化展开分析，发现海口市就业保障处在领先位置，在2008～2016年的各时间段内，2009年和2011年均排名第1，且其得分呈上升趋势。广东地区就业保障得分均呈下降趋势，其就业保障排名也均呈下降趋势，说明广东地区就业保障发展处于下降阶段，不利于就业保障的稳定发展。广西地区就业保障得分均有所下降，其就业保障排名除了南宁市和北海市均保持不变或趋于下降，说明广西地区就业保障处于滞后阶段，就业保障发展的潜力还需要增强。南宁市在就业保障得分小幅度下降的情况下其排名仍保持在强势位置，说明南宁市在就业保障方面存在有效推动力，提高了其就业保障水平，使其在地区内的排名上升至上游区。海南地区海口市就业保障得分呈上升趋势，排名呈保持不变，说明海南地区农业综合发展能力还需要增强。

（二）北部湾城市群城市人口就业状况评估结果的比较与评析

1. 北部湾城市群城市人口就业状况分布情况

根据灰色综合评价法对无量纲化后的三级指标进行权重得分计算，得到北部湾城市群各城市的人口就业状况得分及排名，反映出各城市人口就业状况情况。因此，下面对2008～2016年北部湾城市群各城市人口就业状况评价分值分布进行统计。

由图4-1可以看到2008年北部湾城市群城市人口就业状况得分情况，人口就业状况得分在48分以上的有2个城市，2个城市的人口就业状况得分分布在44～48分，4个城市的人口就业状况得分分布在40～44分，1个城市的人口就业状况得分分布在32～36分，1个城市的人口就业状况得分分布在32分以下，说明北部湾城市群城市人口就业状况分布较不均衡。

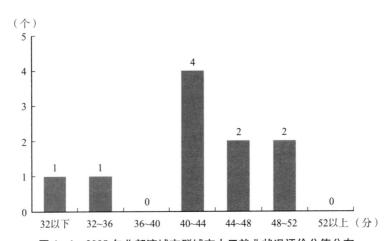

图4-1 2008年北部湾城市群城市人口就业状况评价分值分布

由图4-2可以看到2009年北部湾城市群城市人口就业状况得分情况，人口就业状况得分在48分以上的有3个城市，2个城市的人口就业状况得分分布在44～48分，3个城市的人口就业状况得分分布在

40 ~ 44 分，1 个城市的人口就业状况得分分布在 36 ~ 40 分，1 个城市的人口就业得分分布在 32 分以下，说明北部湾城市群城市人口就业状况分布较不均衡。

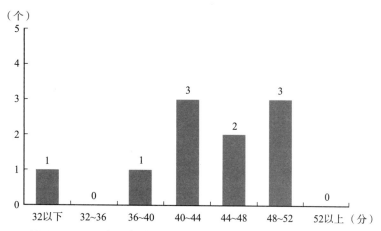

图 4 - 2　2009 年北部湾城市群城市人口就业状况评价分值分布

由图 4 - 3 可以看到 2010 年北部湾城市群城市人口就业状况得分情况，人口就业状况得分在 48 分以上的有 3 个城市，1 个城市的人口就业状况得分分布在 44 ~ 48 分，3 个城市的人口就业状况得分分布在 40 ~ 44 分，1 个城市的人口就业状况得分分布在 36 ~ 40 分，1 个城市的人口就业状况得分分布在 32 ~ 36 分，1 个城市的人口就业状况得分分布在 32 分以下，说明北部湾城市群城市人口就业状况实力呈现上升状态，城市群的分布较为均衡。

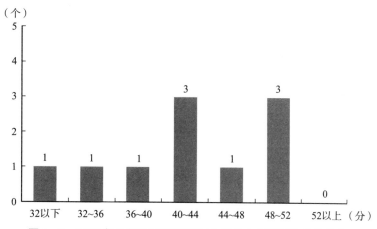

图 4 - 3　2010 年北部湾城市群城市人口就业状况评价分值分布

由图 4 - 4 可以看到 2011 年北部湾城市群城市人口就业状况得分情况，人口就业状况得分在 48 分以上的有 3 个城市，1 个城市的人口就业状况得分分布在 44 ~ 48 分，3 个城市的人口就业状况得分分布在 40 ~ 44 分，2 个城市的人口就业状况得分分布在 36 ~ 40 分，1 个城市的人口就业状况得分分布在 32 ~ 36 分，说明北部湾城市群城市人口就业状况分布较为均衡。

由图 4 - 5 可以看到 2012 年北部湾城市群城市人口就业状况得分情况，人口就业状况得分在 48 分以上的有 2 个城市，2 个城市的人口就业状况得分分布在 44 ~ 48 分，2 个城市的人口就业状况得分分布在 40 ~ 44 分，3 个城市的人口就业状况得分分布在 36 ~ 40 分，1 个城市的人口就业状况得分分布在 32 ~ 36 分，说明北部湾城市群城市人口就业状况分布较为均衡。

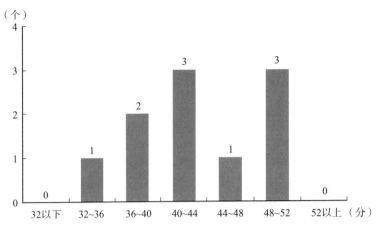

图 4 - 4　2011 年北部湾城市群城市人口就业状况评价分值分布

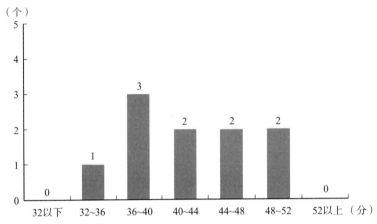

图 4 - 5　2012 年北部湾城市群城市人口就业状况评价分值分布

由图 4 - 6 可以看到 2013 年北部湾城市群城市人口就业状况得分情况，人口就业状况得分在 52 分以上的有 1 个城市，2 个城市的人口就业状况得分分布在 48～52 分，3 个城市的人口就业状况得分分布在 44～48 分，2 个城市的人口就业状况得分分布在 36～40 分，1 个城市的人口就业状况得分分布在 32～36 分，1 个城市人口就业状况得分分布在 32 分以下，说明北部湾城市群城市人口就业状况分布较不均衡。

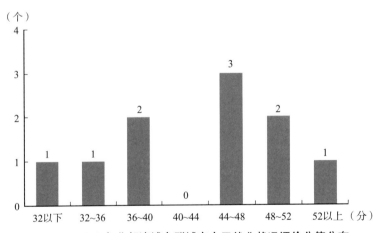

图 4 - 6　2013 年北部湾城市群城市人口就业状况评价分值分布

由图 4-7 可以看到 2014 年北部湾城市群城市人口就业状况得分情况，人口就业状况得分在 48 分以上的有 2 个城市，1 个城市的人口就业状况得分分布在 44~48 分，3 个城市的人口就业状况得分分布在 40~44 分，1 个城市的人口就业状况得分分布在 36~40 分，2 个城市的人口就业状况得分分布在 32~36 分，1 个城市的人口就业状况得分分布在 32 分以下，说明北部湾城市群城市人口就业状况分布较为均衡。

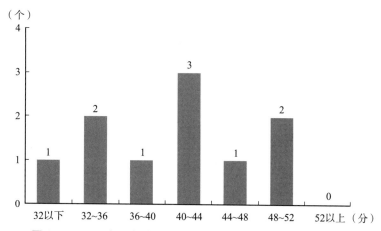

图 4-7　2014 年北部湾城市群城市人口就业状况评价分值分布

由图 4-8 可以看到 2015 年北部湾城市群城市人口就业状况得分情况，人口就业状况得分在 52 分以上的有 1 个城市，1 个城市的人口就业状况得分分布在 48~52 分，1 个城市的人口就业状况得分分布在 44~48 分，3 个城市的人口就业状况得分分布在 40~44 分，2 个城市的人口就业状况得分分布在 36~40 分，2 个城市的人口就业状况得分分布在 32~36 分，说明北部湾城市群城市人口就业状况分布较为均衡。

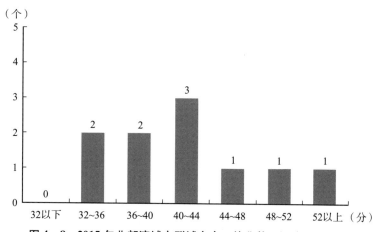

图 4-8　2015 年北部湾城市群城市人口就业状况评价分值分布

由图 4-9 可以看到 2016 年北部湾城市群城市人口就业状况得分情况，人口就业状况得分在 48 分以上的有 3 个城市，3 个城市的人口就业状况得分分布在 40~44 分，1 个城市的人口就业状况得分分布在 36~40 分，2 个城市的人口就业状况得分分布在 32~36 分，1 个城市的人口就业状况得分分布在 32 分以下，说明北部湾城市群城市人口就业状况分布较不均衡。

2. 北部湾城市群城市人口就业状况跨区段变动情况

根据图 4-10 对 2008~2009 年北部湾城市群城市人口就业状况的跨区段变化进行分析，可以看到在 2008~2009 年有 2 个城市的人口就业状况在北部湾城市群的位次发生大幅变动。其中，北海市由中游区下降至下游区，崇左市由下游区上升至中游区。

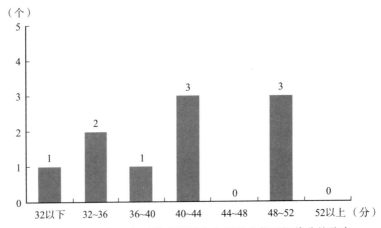

图 4－9　2016 年北部湾城市群城市人口就业状况评价分值分布

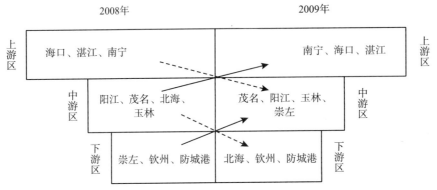

图 4－10　2008～2009 年北部湾城市群城市人口就业状况大幅变动情况

　　根据图 4－11 对 2009～2010 年北部湾城市群城市人口就业状况的跨区段变化进行分析，可以看到在 2009～2010 年有 2 个城市的人口就业状况在北部湾城市群的位次发生大幅变动。其中，崇左市由中游区下降至下游区，北海市由下游区上升至中游区。

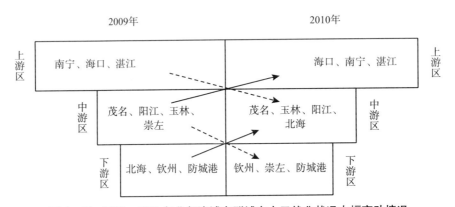

图 4－11　2009～2010 年北部湾城市群城市人口就业状况大幅变动情况

　　根据图 4－12 对 2010～2011 年北部湾城市群城市人口就业状况的跨区段变化进行分析，可以看到在 2010～2011 年有 2 个城市的人口就业状况在北部湾城市群的位次发生大幅变动。其中，茂名市由中游区上升至上游区，海口市由上游区下降至中游区。

　　根据图 4－13 对 2011～2012 年北部湾城市群城市人口就业状况的跨区段变化进行分析，可以看到在 2011～2012 年有 4 个城市的人口就业状况在北部湾城市群的位次发生大幅变动。其中，茂名市由上游区下降至中游区，海口市由中游区上升至上游区，北海市由中游区下降至下游区，钦州市由下游区上升至中游区。

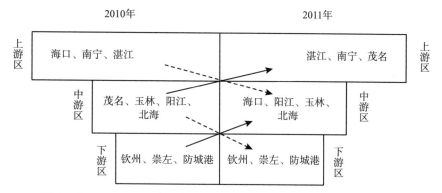

图 4-12 2010~2011 年北部湾城市群城市人口就业状况大幅变动情况

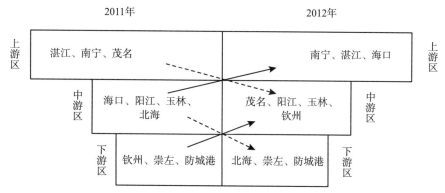

图 4-13 2011~2012 年北部湾城市群城市人口就业状况大幅变动情况

根据图 4-14 对 2012~2013 年北部湾城市群城市人口就业状况的跨区段变化进行分析，可以看到在 2012~2013 年城市间排名变化较小，未有任何城市的人口就业状况在北部湾城市群的位次发生跨区变动。

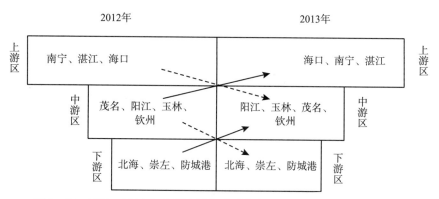

图 4-14 2012~2013 年北部湾城市群城市人口就业状况大幅度变动情况

根据图 4-15 对 2013~2014 年北部湾城市群城市人口就业状况的跨区段变化进行分析，可以看到在 2013~2014 年有 2 个城市的人口就业状况在北部湾城市群的位次发生大幅变动。其中，钦州市由中游区下降至下游区，北海市由下游区上升至中游区。

根据图 4-16 对 2014~2015 年北部湾城市群城市人口就业状况的跨区段变化进行分析，可以看到在 2014~2015 年有 2 个城市的人口就业状况在北部湾城市群的位次发生大幅变动。其中，北海市由中游区下降至下游区，防城港市由下游区上升至中游区。

根据图 4-17 对 2015~2016 年北部湾城市群城市人口就业状况的跨区段变化进行分析，可以看到在 2015~2016 年有 2 个城市的人口就业状况在北部湾城市群的位次发生大幅变动。其中，防城港市由中游区下降至下游区，北海市由下游区上升至中游区。

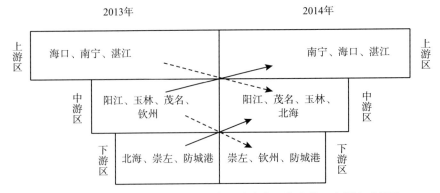

图4－15　2013～2014年北部湾城市群城市人口就业状况大幅变动情况

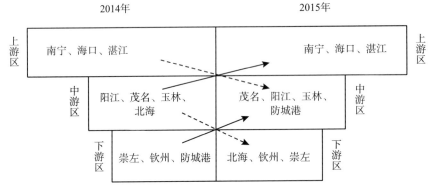

图4－16　2014～2015年北部湾城市群城市人口就业状况大幅变动情况

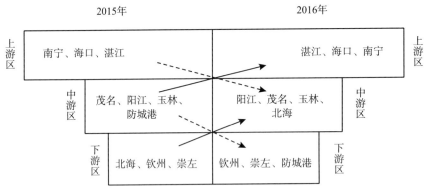

图4－17　2015～2016年北部湾城市群城市人口就业状况大幅变动情况

　　根据图4－18对2008～2016年北部湾城市群城市人口就业状况的跨区段变化进行分析，可以看到在2008～2016年城市间排名变化较小，未有任何城市的人口就业状况在北部湾城市群的位次发生跨区变动。

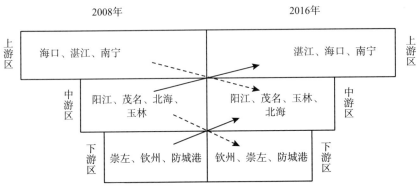

图4－18　2008～2016年北部湾城市群城市人口就业状况大幅变动情况

二、北部湾城市群城市人口变化比较分析

（一）北部湾城市群城市人口变化状况评估结果

根据北部湾城市群城市人口变化状况指标体系和数学评价模型，对 2008～2016 年北部湾城市群 10 个城市的人口变化状况进行评价。下面是本次评估期间北部湾城市群 10 个城市的人口变化状况排名及变化情况和指标评价结构。

根据表 4－16 对 2008 年北部湾城市群各城市人口变化竞争力排名进行分析，可以看到北部湾城市群 10 个城市中，人口变化状况处于上游区的依次是北海市、湛江市、玉林市；处于中游区的依次是崇左市、茂名市、南宁市、海口市；处于下游区的依次是钦州市、阳江市、防城港市。这说明在北部湾城市群中广西地区人口变化竞争力高于广东和海南地区，更具发展优势。

表 4－16　　　　　　　　　　　2008 年北部湾城市群城市人口竞争力变化排名

地区	排名	区段	地区	排名	区段	地区	排名	区段
北海	1	上游区	崇左	4	中游区	钦州	8	下游区
湛江	2		茂名	5		阳江	9	
玉林	3		南宁	6		防城港	10	
			海口	7				

根据表 4－17 对 2009 年北部湾城市群各城市人口变化竞争力排名进行分析，可以看到北部湾城市群 10 个城市中，人口变化竞争力处于上游区的依次是茂名市、湛江市、玉林市；处于中游区的依次是崇左市、阳江市、南宁市、钦州市；处于下游区的依次是北海市、海口市、防城港市。相比于 2008 年，北海市排名由上游区下降至下游区；茂名市排名上升至第 1 名，进入上游区；钦州市排名上升至第 7 名，进入中游区；阳江市排名上升至第 5 名，进入中游区；海口市排名下降至第 8 名，进入下游区，说明广东地区各城市人口变化状况总体呈现上升趋势，广西地区各城市人口变化状况除钦州市均呈保持不变或下降趋势。

表 4－17　　　　　　　　　　　2009 年北部湾城市群城市人口变化竞争力排名

地区	排名	区段	地区	排名	区段	地区	排名	区段
茂名	1	上游区	崇左	4	中游区	北海	8	下游区
湛江	2		阳江	5		海口	9	
玉林	3		南宁	6		防城港	10	
			钦州	7				

根据表 4－18 对 2010 年北部湾城市群各城市人口变化竞争力排名进行分析，可以看到北部湾城市群 10 个城市中，人口变化竞争力处于上游区的依次是湛江市、玉林市、茂名市；处于中游区的依次是南宁市、钦州市、阳江市、崇左市；处于下游区的依次是海口市、北海市、防城港市。相比于 2009 年，未出现城市跨区变化情况，说明 2010 年北部湾城市群 10 个城市人口变化竞争力变化较小。

表 4－18　　　　　　　　　　　2010 年北部湾城市群城市人口变化竞争力排名

地区	排名	区段	地区	排名	区段	地区	排名	区段
湛江	1	上游区	南宁	4	中游区	海口	8	下游区
玉林	2		钦州	5		北海	9	
茂名	3		阳江	6		防城港	10	
			崇左	7				

　　根据表 4－19 对 2011 年北部湾城市群各城市人口变化竞争力排名进行分析，可以看到北部湾城市群 10 个城市中，人口变化竞争力处于上游区的依次是茂名市、湛江市、南宁市；处于中游区的依次是玉林市、崇左市、钦州市、阳江市；处于下游区的依次是海口市、北海市、防城港市。相比于 2010 年，南宁市排名上升至第 3 名，从中游区上升至上游区；玉林市排名下降至第 4 名，进入中游区。

表 4－19　　　　　　　　　　2011 年北部湾城市群城市人口变化竞争力排名

地区	排名	区段	地区	排名	区段	地区	排名	区段
茂名	1	上游区	玉林	4	中游区	海口	8	下游区
湛江	2		崇左	5		北海	9	
南宁	3		钦州	6		防城港	10	
			阳江	7				

　　根据表 4－20 对 2012 年北部湾城市群各城市人口变化竞争力排名进行分析，可以看到北部湾城市群 10 个城市中，人口变化竞争力处于上游区的依次是南宁市、玉林市、湛江市；处于中游区的依次是茂名市、钦州市、崇左市、阳江市；处于下游区的依次是北海市、防城港市、海口市。相比于 2011 年，茂名市从第 1 名下降至第 4 名，进入中游区；钦州市从第 4 名上升至第 2 名，进入上游区。

表 4－20　　　　　　　　　　2012 年北部湾城市群城市人口变化竞争力排名

地区	排名	区段	地区	排名	区段	地区	排名	区段
南宁	1	上游区	茂名	4	中游区	北海	8	下游区
玉林	2		钦州	5		防城港	9	
湛江	3		崇左	6		海口	10	
			阳江	7				

　　根据表 4－21 对 2013 年北部湾城市群各城市人口变化竞争力排名进行分析，可以看到北部湾城市群 10 个城市中，人口变化竞争力处于上游区的依次是南宁市、湛江市、玉林市；处于中游区的依次是茂名市、钦州市、崇左市、阳江市；处于下游区的依次是海口市、北海市、防城港市。相比于 2012 年，未出现城市跨区变化情况，说明 2012 年北部湾城市群 10 个城市人口变化竞争力变化较小。

表 4－21　　　　　　　　　　2013 年北部湾城市群城市人口变化竞争力排名

地区	排名	区段	地区	排名	区段	地区	排名	区段
南宁	1	上游区	茂名	4	中游区	海口	8	下游区
湛江	2		钦州	5		北海	9	
玉林	3		崇左	6		防城港	10	
			阳江	7				

　　根据表 4－22 对 2014 年北部湾城市群各城市人口变化竞争力排名进行分析，可以看到北部湾城市群 10 个城市中，人口变化竞争力处于上游区的依次是南宁市、茂名市、湛江市；处于中游区的依次是玉林市、崇左市、钦州市、阳江市；处于下游区的依次是海口市、北海市、防城港市。相比于 2013 年，茂名市从第 4 名上升至第 2 名，进入上游区；玉林市从第 3 名下降至第 4 名，进入中游区。

　　根据表 4－23 对 2015 年北部湾城市群各城市人口变化竞争力排名进行分析，可以看到北部湾城市群 10 个城市中，人口变化竞争力处于上游区的依次是湛江市、南宁市、茂名市；处于中游区的依次是玉林市、阳江市、崇左市、钦州市；处于下游区的依次是防城港市、北海市、海口市。相比于 2014 年，未出现城市跨区变化情况，说明 2015 年北部湾城市群 10 个城市人口变化竞争力变化较小。

表 4 - 22　　　　　　　　　　　2014 年北部湾城市群城市人口变化竞争力排名

地区	排名	区段	地区	排名	区段	地区	排名	区段
南宁	1		玉林	4		海口	8	
茂名	2	上游区	崇左	5	中游区	北海	9	下游区
湛江	3		钦州	6		防城港	10	
			阳江	7				

表 4 - 23　　　　　　　　　　　2015 年北部湾城市群城市人口变化竞争力排名

地区	排名	区段	地区	排名	区段	地区	排名	区段
湛江	1		玉林	4		防城港	8	
南宁	2	上游区	阳江	5	中游区	北海	9	下游区
茂名	3		崇左	6		海口	10	
			钦州	7				

根据表 4 - 24 对 2016 年北部湾城市群各城市人口变化竞争力排名进行分析，可以看到北部湾城市群 10 个城市中，人口变化竞争力处于上游区的依次是湛江市、南宁市、玉林市；处于中游区的依次是茂名市、阳江市、钦州市、崇左市；处于下游区的依次是北海市、海口市、防城港市。相比于 2015 年，茂名市从第 3 名下降至第 4 名，进入中游区；玉林市从第 4 名上升至第 3 名，进入上游区。

表 4 - 24　　　　　　　　　　　2016 年北部湾城市群城市人口变化竞争力排名

地区	排名	区段	地区	排名	区段	地区	排名	区段
湛江	1		茂名	4		北海	8	
南宁	2	上游区	阳江	5	中游区	海口	9	下游区
玉林	3		钦州	6		防城港	10	
			崇左	7				

根据表 4 - 25 对 2008 ~ 2016 年北部湾城市群各城市人口变化竞争力排名进行分析，可以看到北部湾城市群 10 个城市中，人口变化竞争力处于上升区的依次是北海市、崇左市、海口市；处于保持区的依次是防城港市、玉林市；处于下降区的依次是阳江市、湛江市、茂名市、南宁市、钦州市。

表 4 - 25　　　　　　　　　　2008 ~ 2016 年北部湾城市群城市人口变化竞争力排名

地区	排名变化	区段	地区	排名变化	区段	地区	排名变化	区段
北海	7		防城港	0		阳江	4	
崇左	3	上升区	玉林	0		湛江	1	
海口	2		0	0	保持区	茂名	1	下降区
			0	0		南宁	4	
			0	0		钦州	2	

（二）北部湾城市群城市人口变化状况评估结果的比较与评析

1. 北部湾城市群城市人口变化状况分布情况

根据灰色综合评价法对无量纲化后的三级指标进行权重得分计算，得到北部湾城市群各城市的人口变化状况得分及排名，反映出各城市人口变化状况情况。下面对 2008 ~ 2016 年北部湾城市群各城市人口变化状况评价分值分布进行统计。

由图 4 - 19 可以看到 2008 年北部湾城市群城市人口变化状况得分情况，人口变化状况得分在 8 ~ 9 分的有 1 个城市，7 ~ 8 分的有 4 个城市，6 ~ 7 分的有 1 个城市，5 ~ 6 分的有 3 个城市，5 分以下的有 1 个城市，这说明北部湾城市群城市人口变化状况分布较不均衡。

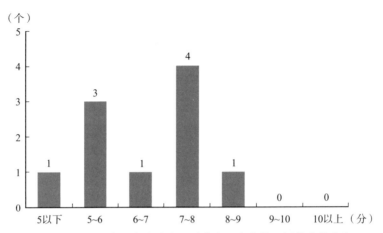

图 4 - 19　2008 年北部湾城市群城市人口变化状况评价分值分布

由图 4 - 20 可以看到 2009 年北部湾城市群城市人口变化状况得分情况，人口变化状况得分在 9 分以上的有 1 个城市，8 ~ 9 分的有 1 个城市，7 ~ 8 分的有 4 个城市，6 ~ 7 分的有 1 个城市，5 ~ 6 分的有 1 个城市，5 分以下的有 2 个城市，这说明北部湾城市群城市人口变化状况分布较为均衡。

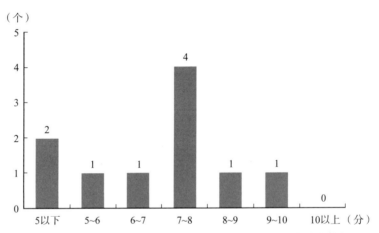

图 4 - 20　2009 年北部湾城市群城市人口变化状况评价分值分布

由图 4 - 21 可以看到 2010 年北部湾城市群城市人口变化状况得分情况，人口变化状况得分在 7 ~ 8 分的有 3 个城市，6 ~ 7 分的有 1 个城市，5 ~ 6 分的有 3 个城市，5 分以下的有 3 个城市，这说明北部湾城市群城市人口变化状况分布较为均衡。

由图 4 - 22 可以看到 2011 年北部湾城市群城市人口变化状况得分情况，人口变化状况得分在 8 ~ 9 分的有 1 个城市，7 ~ 8 分的有 3 个城市，5 ~ 6 分的有 3 个城市，5 分以下的有 3 个城市，这说明北部湾城市群城市人口变化状况分布较不均衡。

由图 4 - 23 可以看到 2012 年北部湾城市群城市人口变化状况得分情况，人口变化状况得分在 8 ~ 9 分的有 1 个城市，7 ~ 8 分的有 3 个城市，6 ~ 7 分的有 1 个城市，5 ~ 6 分的有 1 个城市，5 分以下的有 4 个城市，这说明北部湾城市群城市人口变化状况分布较不均衡。

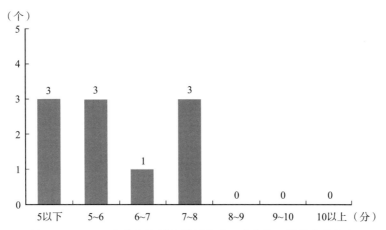

图 4 - 21　2010 年北部湾城市群城市人口变化状况评价分值分布

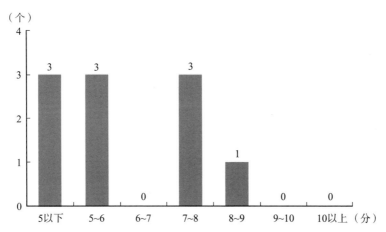

图 4 - 22　2011 年北部湾城市群城市人口变化状况评价分值分布

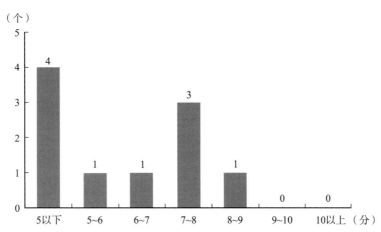

图 4 - 23　2012 年北部湾城市群城市人口变化状况评价分值分布

　　由图 4 - 24 可以看到 2013 年北部湾城市群城市人口变化状况得分情况，人口变化状况得分在 9 分以上的有 1 个城市，8 ~ 9 分的有 2 个城市，7 ~ 8 分的有 1 个城市，6 ~ 7 分的有 1 个城市，5 ~ 6 分的有 2 个城市，5 分以下的有 3 个城市，这说明北部湾城市群城市人口变化状况分布较为均衡。

　　由图 4 - 25 可以看到 2014 年北部湾城市群城市人口变化状况得分情况，人口变化状况得分在 9 分以上的有 1 个城市，8 ~ 9 分的有 3 个城市，6 ~ 7 分的有 2 个城市，5 ~ 6 分的有 2 个城市，5 分以下的有 2 个城市，这说明北部湾城市群城市人口变化状况分布较不均衡。

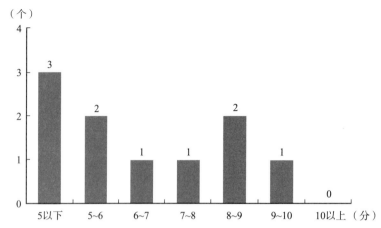

图 4 – 24 2013 年北部湾城市群城市人口变化状况评价分值分布

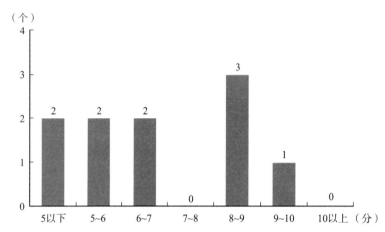

图 4 – 25 2014 年北部湾城市群城市人口变化状况评价分值分布

由图 4 – 26 可以看到 2015 年北部湾城市群城市人口变化状况得分情况，人口变化状况得分 9 分以上的有 3 个城市，8 ~ 9 分的有 1 个城市，6 ~ 7 分的有 3 个城市，5 ~ 6 分的有 3 个城市，这说明北部湾城市群城市人口变化状况分布较不均衡。

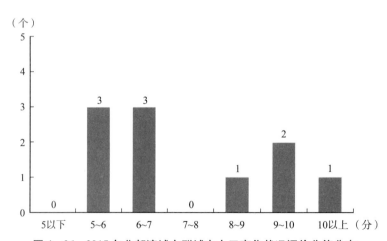

图 4 – 26 2015 年北部湾城市群城市人口变化状况评价分值分布

由图 4 – 27 可以看到 2016 年北部湾城市群城市人口变化状况得分情况，人口变化状况得分在 9 分以上的有 2 个城市，8 ~ 9 分的有 2 个城市，6 ~ 7 分的有 2 个城市，5 ~ 6 分的有 1 个城市，5 分以下的有 3 个城市，这说明北部湾城市群城市人口变化状况分布较为均衡。

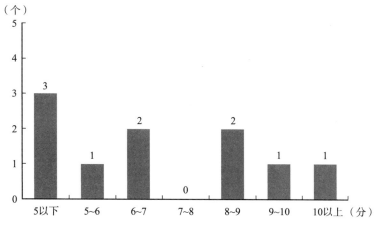

图 4 – 27　2016 年北部湾城市群城市人口变化状况评价分值分布

2. 北部湾城市群城市人口变化状况跨区段变动情况

根据图 4 – 28 对 2008～2009 年北部湾城市群城市人口变化状况的跨区段变化进行分析，可以看到在 2008～2009 年有 5 个城市的人口变化状况在北部湾城市群的位次发生大幅变动。其中，北海市由上游区下降至下游区，茂名市由中游区上升至上游区，海口市由中游区下降至下游区，钦州市由下游区下上升至中游区，阳江市由下游区上升至中游区。

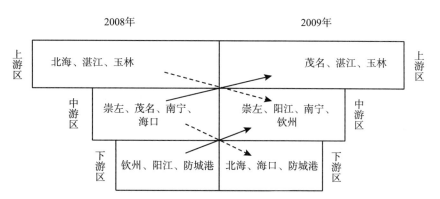

图 4 – 28　2008～2009 年北部湾城市群城市人口变化状况大幅变动情况

根据图 4 – 29 对 2009～2010 年北部湾城市群城市人口变化状况的跨区段变化进行分析，可以看到在 2009～2010 年城市间排名变化较小，未有任何城市的农业发展水平在北部湾城市群的位次发生跨区变动。

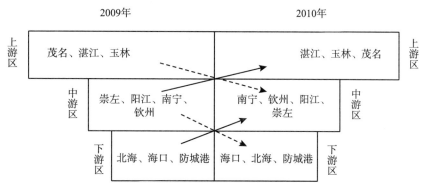

图 4 – 29　2009～2010 年北部湾城市群城市人口变化状况大幅变动情况

根据图 4 – 30 对 2010～2011 年北部湾城市群城市人口变化状况的跨区段变化进行分析，可以看到在 2010～2011 年有 2 个城市的人口变化状况在北部湾城市群的位次发生大幅变动。其中，玉林市由上游区下降至中游区，南宁市由中游区上升至上游区。

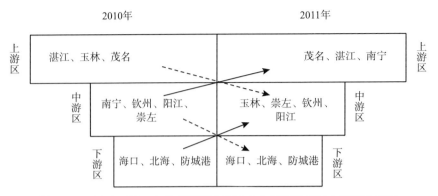

图4－30　2010～2011年北部湾城市群城市人口变化状况大幅变动情况

根据图4－31对2011～2012年北部湾城市群城市人口变化状况的跨区段变化进行分析，可以看到在2011～2012年城市间有2个城市的人口变化状况在北部湾城市群的位次发生大幅变动。其中，茂名市由上游区下降至中游区，玉林市由中游区上升至上游区。

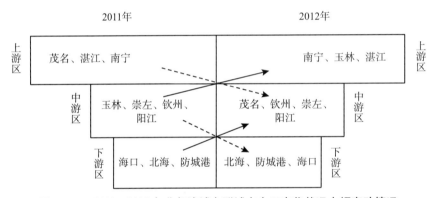

图4－31　2011～2012年北部湾城市群城市人口变化状况大幅变动情况

根据图4－32对2012～2013年北部湾城市群城市人口变化状况的跨区段变化进行分析，可以看到在2012～2013年城市间排名变化较小，未有任何城市的农业发展水平在北部湾城市群的位次发生跨区变动。

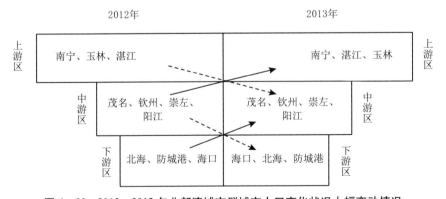

图4－32　2012～2013年北部湾城市群城市人口变化状况大幅变动情况

根据图4－33对2013～2014年北部湾城市群城市人口变化状况的跨区段变化进行分析，可以看到在2013～2014年城市间有2个城市的人口变化状况在北部湾城市群的位次发生大幅度变动。其中，玉林市由上游区下降至中游区，茂名市由中游区上升至上游区。

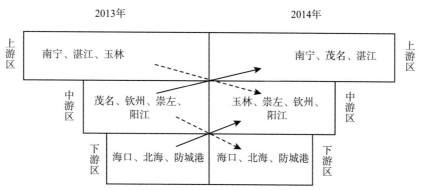

图 4 - 33　2013～2014 年北部湾城市群城市人口变化状况大幅变动情况

　　根据图 4 - 34 对 2014～2015 年北部湾城市群城市人口变化状况的跨区段变化进行分析，可以看到在 2014～2015 年城市间排名变化较小，未有任何城市的农业发展水平在北部湾城市群的位次发生跨区变动。

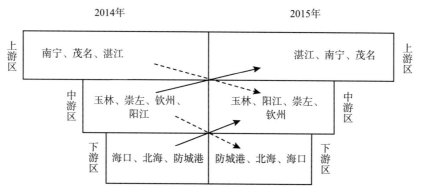

图 4 - 34　2014～2015 年北部湾城市群城市人口变化状况大幅变动情况

　　根据图 4 - 35 对 2015～2016 年北部湾城市群城市人口变化状况的跨区段变化进行分析，可以看到在 2015～2016 年城市间有 2 个城市的人口变化状况在北部湾城市群的位次发生大幅变动。其中，茂名市由上游区下降至中游区，玉林市由中游区上升至上游区。

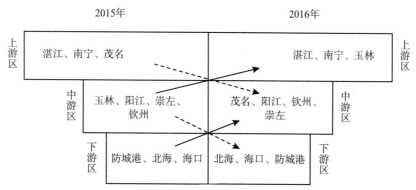

图 4 - 35　2015～2016 年北部湾城市群城市人口变化状况大幅变动情况

　　根据图 4 - 36 对 2008～2016 年北部湾城市群城市人口变化状况的跨区段变化进行分析，可以看到在 2008～2016 年有 5 个城市的人口变化状况在北部湾城市群的位次发生大幅变动。其中，北海市由上游区下降至下游区，南宁市由中游区上升至上游区，海口市由中游区下降至下游区，钦州市由下游区上升至中游区，阳江市由下游区上升至中游区。

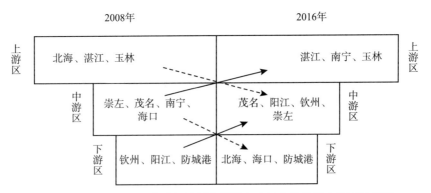

图 4 – 36　2008～2016 年北部湾城市群城市人口变化状况大幅变动情况

三、北部湾城市群城市人口结构比较分析

（一）北部湾城市群城市人口结构状况综合评估结果

根据北部湾城市群城市农业发展状况指标体系和数学评价模型，对 2008～2016 年北部湾城市群 10 个城市的人口结构状况进行评价。下面是本次评估期间北部湾城市群 10 个城市的人口结构状况排名及其变化情况和指标评价结构。

根据表 4 – 26 对 2008 年北部湾城市群城市人口结构状况排名进行分析，可以看到北部湾城市群 10 个城市中，人口结构状况处于上游区的依次是阳江市、海口市、玉林市；处于中游区的依次是崇左市、钦州市、南宁市、北海市；处于下游区的依次是茂名市、湛江市、防城港市。这说明在北部湾城市群中广西和海南地区人口结构状况高于广东地区，更具发展优势。

表 4 – 26　　　　　　　　　　　　　　　**2008 年北部湾城市群城市人口结构排名**

地区	排名	区段	地区	排名	区段	地区	排名	区段
阳江	1		崇左	4		茂名	8	
海口	2	上游区	钦州	5	中游区	湛江	9	下游区
玉林	3		南宁	6		防城港	10	
			北海	7				

根据表 4 – 27 对 2009 年北部湾城市群城市人口结构状况排名进行分析，可以看到北部湾城市群 10 个城市中，人口结构状况处于上游区的依次是湛江市、茂名市、海口市；处于中游区的依次是玉林市、崇左市、阳江市、钦州市；处于下游区的依次是南宁市、北海市、防城港市。相比于 2008 年，海口市依然保持在上游区；阳江市排名下降至第 6 名，进入中游区；玉林市排名上升至第 4 名，也进入中游区；南宁市和北海市均从中游区下降至下游区，均下降 2 名；茂名市排名上升至第 2 名，进入上游区；湛江市排名上升至第 1 名，进入上游区。

表 4 – 27　　　　　　　　　　　　　　　**2009 年北部湾城市群城市人口结构排名**

地区	排名	区段	地区	排名	区段	地区	排名	区段
湛江	1		玉林	4		南宁	8	
茂名	2	上游区	崇左	5	中游区	北海	9	下游区
海口	3		阳江	6		防城港	10	
			钦州	7				

根据表 4 – 28 对 2010 年北部湾城市群城市人口结构状况排名进行分析，可以看到北部湾城市群 10 个城市中，人口结构状况处于上游区的依次是茂名市、玉林市、海口市；处于中游区的依次是湛江市、南宁

市、阳江市、钦州市；处于下游区的依次是北海市、崇左市、防城港市。相比于 2009 年，湛江市排名下降至第 4 名，进入中游区；玉林市排名上升至第 2 名，从中游区上升至上游区；崇左市排名下降至第 9 名，进入下游区；南宁市上升至第 5 名，进入中游区。

表 4 - 28   2010 年北部湾城市群城市人口结构排名

地区	排名	区段	地区	排名	区段	地区	排名	区段
茂名	1	上游区	湛江	4	中游区	北海	8	下游区
玉林	2		南宁	5		崇左	9	
海口	3		阳江	6		防城港	10	
			钦州	7				

根据表 4 - 29 对 2011 年北部湾城市群城市人口结构状况排名进行分析，可以看到北部湾城市群 10 个城市中，人口结构状况处于上游区的依次是茂名市、湛江市、防城港市；处于中游区的依次是海口市、阳江市、北海市、玉林市；处于下游区的依次是崇左市、南宁市、钦州市。相比于 2010 年，玉林市排名下降至第 7 名，进入中游区；海口市排名下降至第 4 名，进入中游区；湛江市排名上升至第 2 名，进入上游区；南宁市下降至第 9 名，进入下游区；钦州市排名下降至第 10 名，进入下游区；北海市排名上升至第 6 名，进入中游区；防城港市排名上升至第 3 名，进入上游区。

表 4 - 29   2011 年北部湾城市群城市人口结构排名

地区	排名	区段	地区	排名	区段	地区	排名	区段
茂名	1	上游区	海口	4	中游区	崇左	8	下游区
湛江	2		阳江	5		南宁	9	
防城港	3		北海	6		钦州	10	
			玉林	7				

根据表 4 - 30 对 2012 年北部湾城市群城市人口结构状况排名进行分析，可以看到北部湾城市群 10 个城市中，人口结构状况处于上游区的依次是防城港市、海口市、阳江市；处于中游区的依次是茂名市、湛江市、北海市、南宁市；处于下游区的依次是玉林市、崇左市、钦州市。相比于 2011 年，茂名市和湛江市排名均下降 2 名，进入中游区；海口市排名上升至第 2 名，从中游区上升至上游区；阳江市上升至第 3 名，进入中游区，玉林市排名下降至第 8 名，进入下游区；南宁市上升至第 7 名进入中游区。

表 4 - 30   2012 年北部湾城市群城市人口结构排名

地区	排名	区段	地区	排名	区段	地区	排名	区段
防城港	1	上游区	茂名	4	中游区	玉林	8	下游区
海口	2		湛江	5		崇左	9	
阳江	3		北海	6		钦州	10	
			南宁	7				

根据表 4 - 31 对 2013 年北部湾城市群城市人口结构状况排名进行分析，可以看到北部湾城市群 10 个城市中，人口结构状况处于上游区的依次是海口市、湛江市、北海市；处于中游区的依次是南宁市、阳江市、崇左市、茂名市；处于下游区的依次是玉林市、钦州市、防城港市。相比于 2012 年，防城港市从第 1 名下降至第 10 名，进入下游区；阳江市排名下降至第 5 名，进入中游区；湛江市上升至第 2 名，进入上游区；北海市上升至第 3 名，进入上游区；崇左市排名上升至第 6 名，进入中游区。

表 4 - 31 2013 年北部湾城市群城市人口结构排名

地区	排名	区段	地区	排名	区段	地区	排名	区段
海口	1	上游区	南宁	4	中游区	玉林	8	下游区
湛江	2		阳江	5		钦州	9	
北海	3		崇左	6		防城港	10	
			茂名	7				

根据表 4 - 32 对 2014 年北部湾城市群城市人口结构状况排名进行分析，可以看到北部湾城市群 10 个城市中，人口结构状况处于上游区的依次是海口市、茂名市、崇左市；处于中游区的依次是阳江市、湛江市、北海市、南宁市；处于下游区的依次是玉林市、钦州市、防城港市。相比于 2013 年，茂名市排名上升至第 2 名，进入上游区；崇左市排名上升至第 3 名，也进入上游区；湛江市、北海市均下降为中游区。

表 4 - 32 2014 年北部湾城市群城市人口结构排名

地区	排名	区段	地区	排名	区段	地区	排名	区段
海口	1	上游区	阳江	4	中游区	玉林	8	下游区
茂名	2		湛江	5		钦州	9	
崇左	3		北海	6		防城港	10	
			南宁	7				

根据表 4 - 33 对 2015 年北部湾城市群城市人口结构状况排名进行分析，可以看到北部湾城市群 10 个城市中，人口结构状况处于上游区的依次是南宁市、海口市、阳江市；处于中游区的依次是湛江市、北海市、崇左市、茂名市；处于下游区的依次是防城港市、玉林市、钦州市。相比于 2014 年，茂名市和崇左市均下降至中游区；阳江市排名上升至第 3 名，进入上游区；南宁市排名上升至第 1 名，进入上游区。

表 4 - 33 2015 年北部湾城市群城市人口结构排名

地区	排名	区段	地区	排名	区段	地区	排名	区段
南宁	1	上游区	湛江	4	中游区	防城港	8	下游区
海口	2		北海	5		玉林	9	
阳江	3		崇左	6		钦州	10	
			茂名	7				

根据表 4 - 34 对 2016 年北部湾城市群城市人口结构状况排名进行分析，可以看到北部湾城市群 10 个城市中，人口结构状况处于上游区的依次是海口市、北海市、湛江市；处于中游区的依次是崇左市、茂名市、阳江市、南宁市；处于下游区的依次是玉林市、防城港市、钦州市。相比于 2015 年，阳江市排名下降至第 6 名，进入中游区；湛江市排名上升至第 3 名，进入上游区；北海市排名上升至第 2 名，进入上游区。

表 4 - 34 2016 年北部湾城市群城市人口结构排名

地区	排名	区段	地区	排名	区段	地区	排名	区段
海口	1	上游区	崇左	4	中游区	玉林	8	下游区
北海	2		茂名	5		防城港	9	
湛江	3		阳江	6		钦州	10	
			南宁	7				

根据表 4 - 35 对 2008～2016 年北部湾城市群城市人口结构状况排名变化趋势进行分析，可以看到北部湾城市群 10 个城市中，人口结构状况处于上升区的依次是阳江市、南宁市、钦州市、玉林市；处于保持区的依次是崇左市；处于下降区的依次是湛江市、茂名市、北海市、防城港市、海口市。

表 4 - 35　　　　　　　　　　　　2008 ~ 2016 年北部湾城市群城市人口结构排名变化

地区	排名变化	区段	地区	排名变化	区段	地区	排名变化	区段
阳江	5		崇左	0		湛江	6	
南宁	1					茂名	3	
钦州	5	上升区			保持区	北海	5	下降区
玉林	5					防城港	1	
						海口	1	

（二）北部湾城市群城市人口结构状况评估结果的比较与评析

1. 北部湾城市群城市人口结构状况分布情况

根据灰色综合评价法对无量纲化后的三级指标进行权重得分计算，得到北部湾城市群各城市的人口结构状况得分及排名，反映出各城市人口结构状况情况。下面对 2008 ~ 2016 年北部湾城市群各城市人口结构状况评价分值分布进行统计。

由图 4 - 37 可以看到 2008 年北部湾城市群城市人口结构状况得分情况，人口结构状况得分在 9 分以上的有 1 个城市，8.5 ~ 9 分的有 1 个城市，7.5 ~ 8 分的和 8 ~ 8.5 分的分别有 3 个城市，7 分以下的有 2 个城市，这说明北部湾城市群城市人口结构状况分布较不均衡。

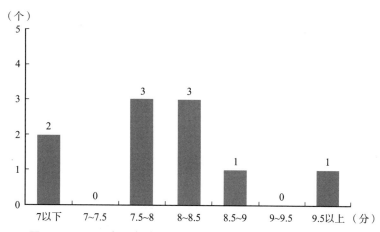

图 4 - 37　2008 年北部湾城市群城市人口结构状况评价分值分布

由图 4 - 38 可以看到 2009 年北部湾城市群城市人口结构状况得分情况，人口结构状况得分在 9 分以上的有 2 个城市，8.5 ~ 9 分的有 4 个城市，8 ~ 8.5 分的有 3 个城市，7.5 ~ 8 分的有 1 个城市，这说明北部湾城市群城市人口结构状况分布较不均衡。

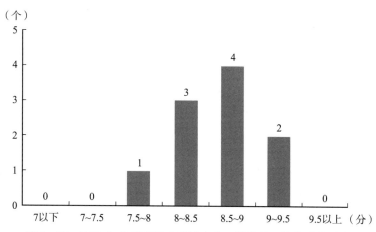

图 4 - 38　2009 年北部湾城市群城市人口结构状况评价分值分布

由图4－39可以看到2010年北部湾城市群城市人口结构状况得分情况，人口结构状况得分在9分以上的有1个城市，8.5～9分的有7个城市，8～8.5分的有1个城市，7分以下的有1个城市，这说明北部湾城市群城市人口结构状况分布较为均衡。

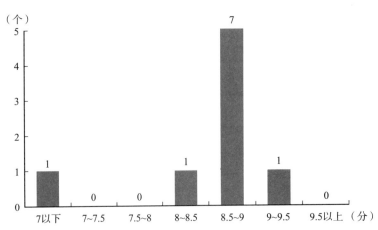

图4－39　2010年北部湾城市群城市人口结构状况评价分值分布

由图4－40可以看到2011年北部湾城市群城市人口结构状况得分情况，人口结构状况得分在9分以上的有3个城市，8.5～9分的有2个城市，8～8.5分的有3个城市，7.5～8分的有2个城市，这说明北部湾城市群城市人口结构状况分布较为均衡。

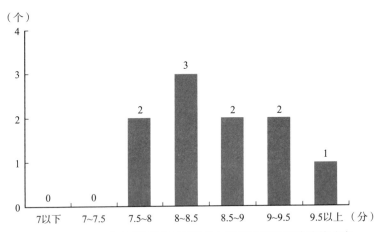

图4－40　2011年北部湾城市群城市人口结构状况评价分值分布

由图4－41可以看到2012年北部湾城市群城市人口结构状况得分情况，人口结构状况得分在9分以上的有2个城市，8.5～9分的有1个城市，8～8.5分的有5个城市，7.5～8分的有2个城市，这说明北部湾城市群城市人口结构状况分布较不均衡。

由图4－42可以看到2013年北部湾城市群城市人口结构状况得分情况，人口结构状况得分在9分以上的有1个城市，7.5～8分的有6个城市，7～7.5分的有1个城市，在7分以下的有2个城市，这说明北部湾城市群城市人口结构状况分布较不均衡。

由图4－43可以看到2014年北部湾城市群城市人口结构状况得分情况，人口结构状况得分在9分以上的有1个城市，8～8.5分的有3个城市，7.5～8分的有4个城市，7分以下的有2个城市，这说明北部湾城市群城市人口结构状况分布较不均衡。

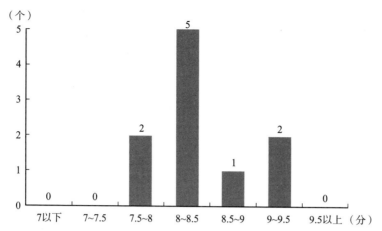

图 4 – 41 2012 年北部湾城市群城市人口结构状况评价分值分布

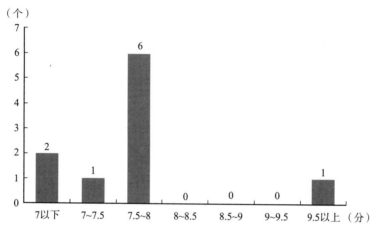

图 4 – 42 2013 年北部湾城市群城市人口结构状况评价分值分布

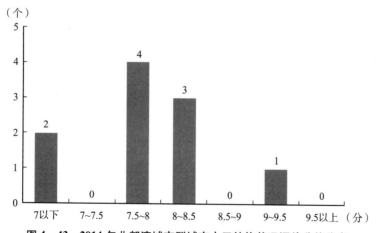

图 4 – 43 2014 年北部湾城市群城市人口结构状况评价分值分布

由图 4 – 44 可以看到 2015 年北部湾城市群城市人口结构状况得分情况，人口结构状况得分在 9 分以上的有 1 个城市，8.5 ~ 9 分的有 2 个城市，8 ~ 8.5 分的有 1 个城市，7.5 ~ 8 分的有 5 个城市，7 分以下的有 1 个城市，这说明北部湾城市群城市人口结构状况分布较不均衡。

由图 4 – 45 可以看到 2016 年北部湾城市群城市人口结构状况得分情况，人口结构状况得分在 9 分以上的有 1 个城市，8 ~ 8.5 分的有 2 个城市，7.5 ~ 8 分的有 5 个城市，7 分以下的有 2 个城市，这说明北部湾城市群城市人口结构状况分布较不均衡。

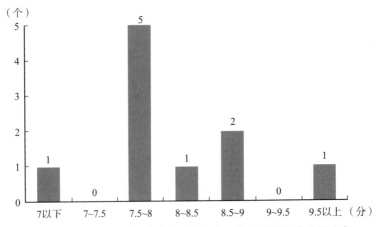

图4－44　2015年北部湾城市群城市人口结构状况评价分值分布

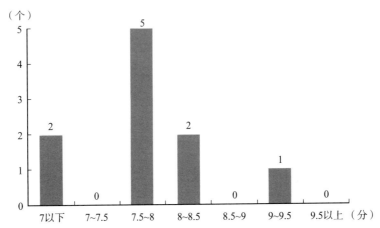

图4－45　2016年北部湾城市群城市人口结构状况评价分值分布

2. 北部湾城市群城市人口结构状况跨区段变动情况

根据图4－46对2008～2009年北部湾城市群城市人口结构状况的跨区段变化进行分析，可以看到在2008～2009年有6个城市的人口结构状况在北部湾城市群的位次发生大幅变动。其中，阳江市和玉林市由上游区下降至中游区，南宁市和北海市由中游区下降至下游区，茂名市和湛江市由下游区上升至上游区。

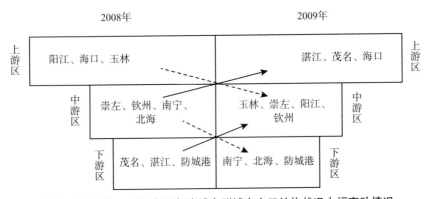

图4－46　2008～2009年北部湾城市群城市人口结构状况大幅变动情况

根据图4－47对2009～2010年北部湾城市群城市人口结构状况的跨区段变化进行分析，可以看到在2009～2010年有4个城市的人口结构状况在北部湾城市群的位次发生大幅变动。其中，湛江市由上游区下降至中游区，玉林市由中游区上升至上游区，崇左市由中游区下降至下游区，南宁市由下游区上升至中游区。

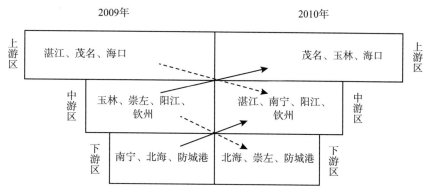

图 4 - 47　2009 ~ 2010 年北部湾城市群城市人口结构状况大幅变动情况

根据图 4 - 48 对 2010 ~ 2011 年北部湾城市群城市人口结构状况的跨区段变化进行分析，可以看到在 2010 ~ 2011 年有 7 个城市的人口结构状况在北部湾城市群的位次发生大幅变动。其中，玉林市和海口市由上游区下降至中游区，湛江市由中游区上升至上游区，南宁市和钦州市由中游区下降至下游区，北海市由下游区上升至中游区，防城港市由下游区上升至上游区。

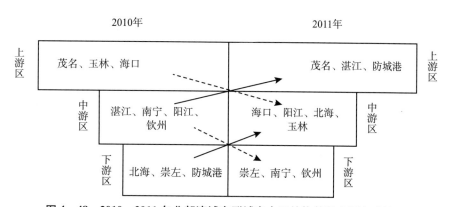

图 4 - 48　2010 ~ 2011 年北部湾城市群城市人口结构状况大幅变动情况

根据图 4 - 49 对 2011 ~ 2012 年北部湾城市群城市人口结构状况的跨区段变化进行分析，可以看到在 2011 ~ 2012 年有 7 个城市的人口结构状况在北部湾城市群的位次发生大幅变动。其中，茂名市和湛江市由上游区下降至中游区，海口市和阳江市由中游区上升至上游区，玉林市由中游区下降至下游区，南宁市由下游区上升至中游区。

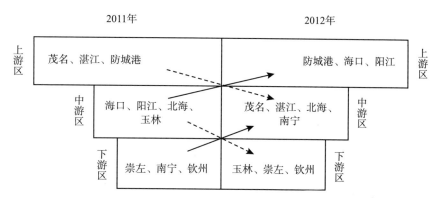

图 4 - 49　2011 ~ 2012 年北部湾城市群城市人口结构状况大幅变动情况

根据图 4 - 50 对 2012 ~ 2013 年北部湾城市群城市人口结构状况的跨区段变化进行分析，可以看到在 2012 ~ 2013 年有 5 个城市的人口结构状况在北部湾城市群的位次发生大幅变动。其中，防城港市由上游区下降至下游区，阳江市由上游区下降至中游区，湛江市和北海市由中游区上升至上游区，崇左市由下游区上升至中游区。

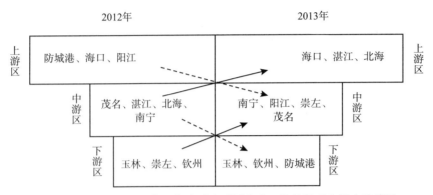

图 4－50　2012～2013 年北部湾城市群城市人口结构状况大幅变动情况

根据图 4－51 对 2013～2014 年北部湾城市群城市人口结构状况的跨区段变化进行分析，可以看到在 2013～2014 年有 4 个城市的人口结构状况在北部湾城市群的位次发生大幅变动。其中，湛江市和北海市由上游区下降至中游区，茂名市和崇左市由中游区上升至上游区。

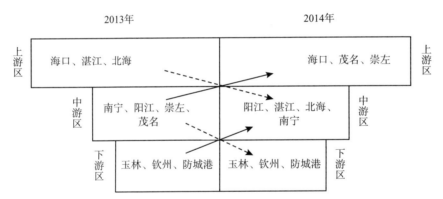

图 4－51　2013～2014 年北部湾城市群城市人口结构状况大幅变动情况

根据图 4－52 对 2014～2015 年北部湾城市群城市人口结构状况的跨区段变化进行分析，可以看到在 2014～2015 年有 4 个城市的人口结构状况在北部湾城市群的位次发生大幅变动。其中，茂名市和崇左市由上游区下降至中游区，阳江市和南宁市由中游区上升至上游区。

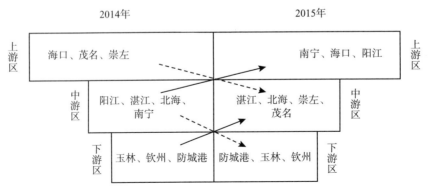

图 4－52　2014～2015 年北部湾城市群城市人口结构状况大幅变动情况

根据图 4－53 对 2015～2016 年北部湾城市群城市人口结构状况的跨区段变化进行分析，可以看到在

2015～2016 年有 4 个城市的人口结构状况在北部湾城市群的位次发生大幅变动。其中，南宁市和阳江市由上游区下降至中游区，湛江市和北海市由中游区上升至上游区。

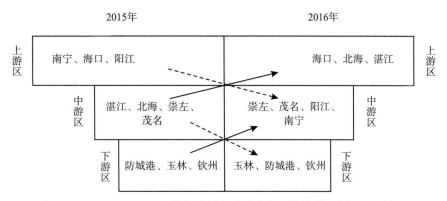

图 4 - 53 2015～2016 年北部湾城市群城市人口结构状况大幅变动情况

根据图 4 - 54 对 2008～2016 年北部湾城市群城市人口结构状况的跨区段变化进行分析，可以看到在 2008～2016 年有 4 个城市的人口结构状况在北部湾城市群的位次发生大幅变动。其中，阳江市由上游区下降至中游区，玉林市由上游区下降至下游区，北海市由中游区上升至上游区，钦州市由中游区下降至下游区，茂名市由下游区上升至中游区，湛江市由下游区上升至上游区。

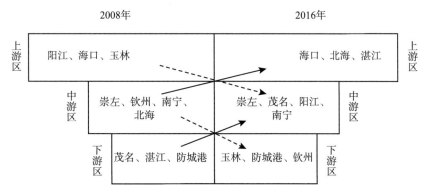

图 4 - 54 2008～2016 年北部湾城市群城市人口结构状况大幅变动情况

四、北部湾城市群城市就业结构比较分析

（一）北部湾城市群城市就业结构水平评估结果

根据北部湾城市群城市就业结构状况指标体系和数学评价模型，对 2008～2016 年北部湾城市群 10 个城市的就业结构状况进行评价。下面是北部湾城市群 10 个城市的就业结构状况排名及变化情况和指标评价结构。

根据表 4 - 36 对 2008 年北部湾城市群城市就业结构状况排名进行分析，可以看到北部湾城市群 10 个城市中，就业结构状况处于上游区的依次是海口市、南宁市、湛江市；处于中游区的依次是崇左市、茂名市、北海市、玉林市；处于下游区的依次是阳江市、钦州市、防城港市。

根据表 4 - 37 对 2009 年北部湾城市群城市就业结构水平排名进行分析，可以看到北部湾城市群 10 个城市中，就业结构水平处于上游区的依次是海口市、南宁市、湛江市；处于中游区的依次是茂名市、崇左市、北海市、玉林市；处于下游区的依次是阳江市、钦州市、防城港市。相比于 2008 年，未出现城市跨区变化情况，说明 2009 年北部湾城市群 10 个城市就业结构状况变化较小。

表4－36　　2008年北部湾城市群城市就业结构排名

地区	排名	区段	地区	排名	区段	地区	排名	区段
海口	1	上游区	崇左	4	中游区	阳江	8	下游区
南宁	2		茂名	5		钦州	9	
湛江	3		北海	6		防城港	10	
			玉林	7				

表4－37　　2009年北部湾城市群城市就业结构排名

地区	排名	区段	地区	排名	区段	地区	排名	区段
海口	1	上游区	茂名	4	中游区	阳江	8	下游区
南宁	2		崇左	5		钦州	9	
湛江	3		北海	6		防城港	10	
			玉林	7				

根据表4－38对2010年北部湾城市群城市就业结构水平排名进行分析，可以看到北部湾城市群10个城市中，就业结构水平处于上游区的依次是海口市、南宁市、湛江市；处于中游区的依次是北海市、茂名市、玉林市、崇左市；处于下游区的依次是阳江市、钦州市、防城港市。相比于2009年，未出现城市跨区变化情况，说明2010年北部湾城市群10个城市就业结构水平变化较小。

表4－38　　2010年北部湾城市群城市就业结构排名

地区	排名	区段	地区	排名	区段	地区	排名	区段
海口	1	上游区	北海	4	中游区	阳江	8	下游区
南宁	2		茂名	5		钦州	9	
湛江	3		玉林	6		防城港	10	
			崇左	7				

根据表4－39对2011年北部湾城市群城市就业结构水平排名进行分析，可以看到北部湾城市群10个城市中，就业结构水平处于上游区的依次是南宁市、湛江市、北海市；处于中游区的依次是海口市、茂名市、玉林市、钦州市；处于下游区的依次是阳江市、崇左市、防城港市。相比于2010年，海口市排名下降至第4名，进入中游区；北海市上升至第3名，进入上游区；崇左市下降至第9名，进入下游区；钦州市上升至第7名，进入中游区。

表4－39　　2011年北部湾城市群城市就业结构排名

地区	排名	区段	地区	排名	区段	地区	排名	区段
南宁	1	上游区	海口	4	中游区	阳江	8	下游区
湛江	2		茂名	5		崇左	9	
北海	3		玉林	6		防城港	10	
			钦州	7				

根据表4－40对2012年北部湾城市群城市就业结构水平排名进行分析，可以看到北部湾城市群10个城市中，就业结构水平处于上游区的依次是南宁市、湛江市、茂名市；处于中游区的依次是钦州市、玉林市、北海市、海口市；处于下游区的依次是阳江市、崇左市、防城港市。相比于2011年，茂名市排名上升至第3名，进入上游区；北海市从中游区下降至下游区，下降3名。

表 4 - 40　　　　　　　　　　　　2012 年北部湾城市群城市就业结构排名

地区	排名	区段	地区	排名	区段	地区	排名	区段
南宁	1		钦州	4		阳江	8	
湛江	2	上游区	玉林	5	中游区	崇左	9	下游区
茂名	3		北海	6		防城港	10	
			海口	7				

根据表 4 - 41 对 2013 年北部湾城市群城市就业结构水平排名进行分析，可以看到北部湾城市群 10 个城市中，就业结构水平处于上游区的依次是南宁市、海口市、阳江市；处于中游区的依次是玉林市、湛江市、茂名市、钦州市；处于下游区的依次是北海市、崇左市、防城港市。相比于 2012 年，湛江市从第 3 名下降至第 5 名，进入中游区；茂名市排名下降至第 6 名，进入中游区；北海市排名下降至第 8 名，进入下游区；海口市由第 7 名上升至第 2 名，进入上游区；阳江市由第 8 名上升第 3 名，进入上游区。

表 4 - 41　　　　　　　　　　　　2013 年北部湾城市群城市就业结构排名

地区	排名	区段	地区	排名	区段	地区	排名	区段
南宁	1		玉林	4		北海	8	
海口	2	上游区	湛江	5	中游区	崇左	9	下游区
阳江	3		茂名	6		防城港	10	
			钦州	7				

根据表 4 - 42 对 2014 年北部湾城市群城市就业结构水平排名进行分析，可以看到北部湾城市群 10 个城市中，就业结构水平处于上游区的依次是南宁市、湛江市、玉林市；处于中游区的依次是海口市、茂名市、阳江市、北海市；处于下游区的依次是钦州市、崇左市、防城港市。相比于 2014 年，阳江市和海口市分别由上游区下降至中游区行列，玉林市和湛江市由中游区上升至上游区，钦州市由中游区下降至下游区。

表 4 - 42　　　　　　　　　　　　2014 年北部湾城市群城市就业结构排名

地区	排名	区段	地区	排名	区段	地区	排名	区段
南宁	1		海口	4		钦州	8	
湛江	2	上游区	茂名	5	中游区	崇左	9	下游区
玉林	3		阳江	6		防城港	10	
			北海	7				

根据表 4 - 43 对 2015 年北部湾城市群城市就业结构水平排名进行分析，可以看到北部湾城市群 10 个城市中，就业结构水平处于上游区的依次是南宁市、湛江市、海口市；处于中游区的依次是茂名市、玉林市、阳江市、北海市；处于下游区的依次是钦州市、防城港市、崇左市。相比于 2014 年，玉林市排名由第 3 名下降至第 5 名，进入中游区，海口市排名由第 4 名上升至第 3 名，进入上游区。

表 4 - 43　　　　　　　　　　　　2015 年北部湾城市群城市就业结构排名

地区	排名	区段	地区	排名	区段	地区	排名	区段
南宁	1		茂名	4		钦州	8	
湛江	2	上游区	玉林	5	中游区	防城港	9	下游区
海口	3		阳江	6		崇左	10	
			北海	7				

根据表 4 - 44 对 2016 年北部湾城市群城市就业结构水平排名进行分析，可以看到北部湾城市群 10 个

城市中，就业结构水平处于上游区的依次是南宁市、湛江市、海口市；处于中游区的依次是阳江市、茂名市、玉林市、钦州市；处于下游区的依次是北海市、崇左市、防城港市。相比于2015年，未出现城市跨区变化情况，说明2010年北部湾城市群10个城市就业结构水平变化较小。

表 4－44　　　　　　　　　　　　　　2016 年北部湾城市群城市就业结构排名

地区	排名	区段	地区	排名	区段	地区	排名	区段
南宁	1		阳江	4		北海	8	
湛江	2	上游区	茂名	5	中游区	崇左	9	下游区
海口	3		玉林	6		防城港	10	
			钦州	7				

根据表 4－45 对 2008～2016 年北部湾城市群城市就业结构水平排名变化趋势进行分析，可以看到北部湾城市群 10 个城市中，就业结构水平处于上升区的依次是北海市、崇左市、海口市；处于保持区的依次是茂名市、防城港市；处于下降区的依次是阳江市、湛江市、南宁市、钦州市、玉林市。这说明在北部湾城市群中广西地区就业结构水平高于广东地区，更具发展优势。

表 4－45　　　　　　　　　　　2008～2016 年北部湾城市群城市就业结构排名变化

地区	排名变化	区段	地区	排名变化	区段	地区	排名变化	区段
北海	2		茂名	0		阳江	-4	
崇左	5		防城港	0		湛江	-1	
海口	2	上升区			保持区	南宁	-1	下降区
						钦州	-2	
						玉林	-1	

（二）北部湾城市群城市就业结构水平评估结果的比较与评析

1. 北部湾城市群城市就业结构水平分布情况

根据灰色综合评价法对无量纲化后的三级指标进行权重得分计算，得到北部湾城市群各城市的就业结构水平得分及排名，反映出各城市就业结构水平情况。下面对 2008～2016 年北部湾城市群各城市就业结构水平评价分值分布进行统计。

由图 4－55 可以看到 2008 年北部湾城市群城市就业结构水平得分情况，就业结构水平得分在 25 分以上的有 1 个城市，23～25 分的有 2 个城市，21～23 分的有 1 个城市，19～21 分的有 4 个城市，17～19 分的有 1 个城市，17 以下的有 1 个城市，这说明北部湾城市群城市就业结构水平分布较为均衡。

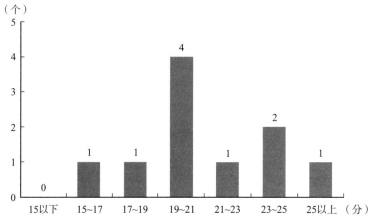

图 4－55　2008 年北部湾城市群城市就业结构水平评价分值分布

由图 4 – 56 可以看到 2009 年北部湾城市群城市就业结构水平得分情况，就业结构水平得分在 25 分以上的有 1 个城市，23 ~ 25 分的有 1 个城市，21 ~ 23 分的有 4 个城市，19 ~ 21 分的有 2 个城市，17 ~ 19 分的有 1 个城市，17 以下的有 1 个城市，这说明北部湾城市群城市就业结构水平分布较不均衡。

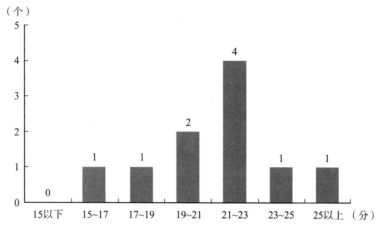

图 4 – 56　2009 年北部湾城市群城市就业结构水平评价分值分布

由图 4 – 57 可以看到 2010 年北部湾城市群城市就业结构水平得分情况，就业结构水平得分在 23 ~ 25 分的有 3 个城市，21 ~ 23 分的有 3 个城市，19 ~ 21 分的有 3 个城市，17 以下的有 1 个城市，这说明北部湾城市群城市就业结构水平分布较不均衡。

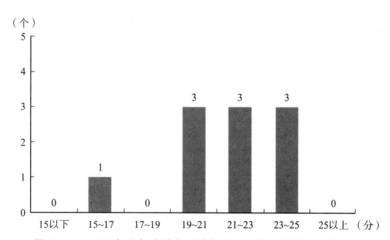

图 4 – 57　2010 年北部湾城市群城市就业结构水平评价分值分布

由图 4 – 58 可以看到 2011 年北部湾城市群城市就业结构水平得分情况，就业结构水平得分在 25 分以上的有 1 个城市，23 ~ 25 分的有 3 个城市，21 ~ 23 分的有 4 个城市，19 ~ 21 分的有 1 个城市，17 ~ 19 分的有 1 个城市，这说明北部湾城市群城市就业结构水平分布较不均衡。

由图 4 – 59 可以看到 2012 年北部湾城市群城市就业结构水平得分情况，就业结构水平得分在 23 ~ 25 分的有 3 个城市，21 ~ 23 分的有 2 个城市，19 ~ 21 分的有 4 个城市，17 ~ 19 分的有 1 个城市，这说明北部湾城市群城市就业结构水平分布较不均衡。

由图 4 – 60 可以看到 2013 年北部湾城市群城市就业结构水平得分情况，就业结构水平得分在 25 分以上的有 4 个城市，23 ~ 25 分的有 3 个城市，19 ~ 21 分的有 1 个城市，17 ~ 19 分的有 2 个城市，这说明北部湾城市群城市就业结构水平分布较不均衡。

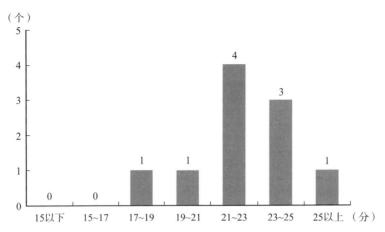

图 4－58　2011 年北部湾城市群城市就业结构水平评价分值分布

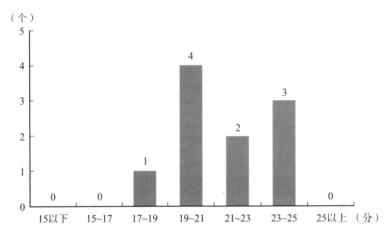

图 4－59　2012 年北部湾城市群城市就业结构水平评价分值分布

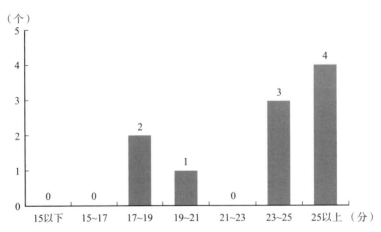

图 4－60　2013 年北部湾城市群城市就业结构水平评价分值分布

由图 4－61 可以看到 2014 年北部湾城市群城市就业结构水平得分情况，就业结构水平得分在 23～25 分的有 2 个城市，21～23 分的有 1 个城市，19～21 分的有 5 个城市，17～19 分的有 1 个城市，17 分以下的有 1 个城市，这说明北部湾城市群城市就业结构水平分布较为均衡。

由图 4－62 可以看到 2015 年北部湾城市群城市就业结构水平得分情况，就业结构水平得分在 23～25 分的有 1 个城市，21～23 分的有 4 个城市，19～21 分的有 3 个城市，17～19 分的有 2 个城市。这说明北部湾城市群城市就业结构水平分布较不均衡，地区内人口变化综合得分分布的过渡及衔接性较差。

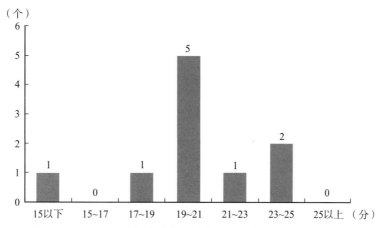

图 4 - 61　**2014 年北部湾城市群城市就业结构水平评价分值分布**

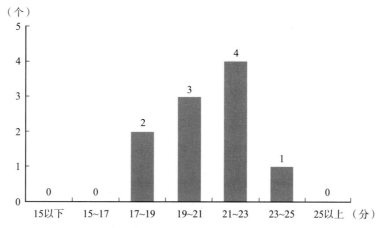

图 4 - 62　**2015 年北部湾城市群城市就业结构水平评价分值分布**

由图 4 - 63 可以看到 2016 年北部湾城市群城市就业结构水平得分情况，就业结构水平得分在 23 ~ 25 分的有 2 个城市，21 ~ 23 分的有 4 个城市，19 ~ 21 分的有 2 个城市，17 分以下的有 2 个城市，这说明北部湾城市群城市就业结构水平分布较不均衡。

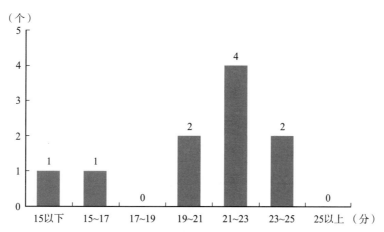

图 4 - 63　**2016 年北部湾城市群城市就业结构水平评价分值分布**

2. 北部湾城市群城市就业结构水平跨区段变动情况

根据图 4 - 64 对 2008 ~ 2009 年北部湾城市群城市就业结构水平的跨区段变化进行分析，可以看到在 2008 ~ 2009 年城市间排名变化较小，未有任何城市的就业结构水平在北部湾城市群的位次发生跨区变动。

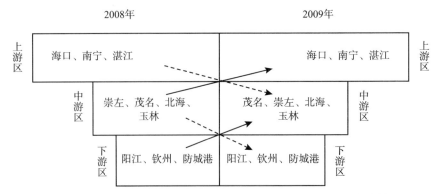

图 4－64　2008～2009 年北部湾城市群城市就业结构水平大幅变动情况

根据图 4－65 对 2009～2010 年北部湾城市群城市就业结构水平的跨区段变化进行分析，可以看到在 2009～2010 年城市间排名变化较小，未有任何城市的就业结构水平在北部湾城市群的位次发生跨区变动。

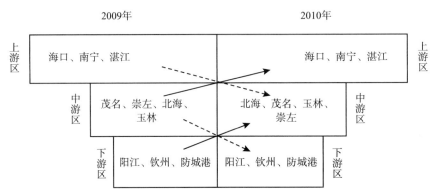

图 4－65　2009～2010 年北部湾城市群城市就业结构水平大幅变动情况

根据图 4－66 对 2010～2011 年北部湾城市群城市就业结构水平的跨区段变化进行分析，可以看到在 2010～2011 年 4 个城市的就业结构水平在北部湾城市群的位次发生大幅变动。其中，海口市和湛江市由上游区下降至中游区，北海市和茂名市由中游区上升至上游区。

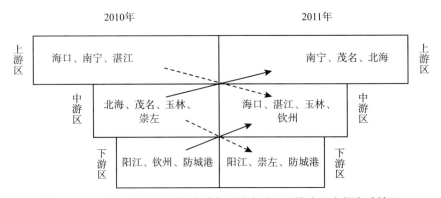

图 4－66　2010～2011 年北部湾城市群城市就业结构水平大幅变动情况

根据图 4－67 对 2011～2012 年北部湾城市群城市就业结构水平的跨区段变化进行分析，可以看到在 2011～2012 年有 2 个城市的就业结构水平在北部湾城市群的位次发生大幅变动。其中，北海市由上游区下降至中游区，湛江市由中游区上升至上游区。

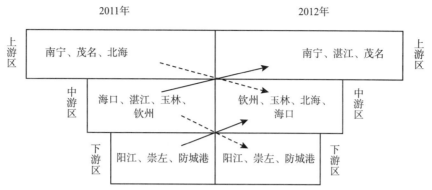

图4-67 2011~2012年北部湾城市群城市就业结构水平大幅变动情况

根据图4-68对2012~2013年北部湾城市群城市就业结构水平的跨区段变化进行分析，可以看到在2012~2013年城市间有5个城市的就业结构水平在北部湾城市群的位次发生大幅变动。其中，湛江市和茂名市由上游区下降至中游区，海口市由中游区上升至上游区，北海市由中游区下降至下游区，阳江市由下游区上升至上游区。

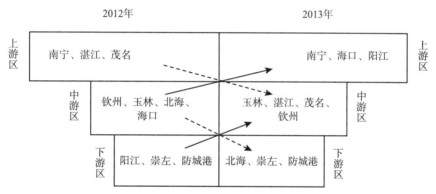

图4-68 2012~2013年北部湾城市群城市就业结构水平大幅变动情况

根据图4-69对2013~2014年北部湾城市群城市就业结构水平的跨区段变化进行分析，可以看到在2013~2014年有6个城市的就业结构水平在北部湾城市群的位次发生大幅变动。其中，海口市和阳江市由上游区下降至中游区，玉林市和湛江市由中游区上升至上游区，钦州市由中游区下降至下游区，北海市由下游区上升至中游区。

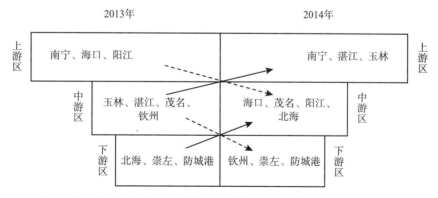

图4-69 2013~2014年北部湾城市群城市就业结构水平大幅变动情况

根据图4-70对2014~2015年北部湾城市群城市就业结构水平的跨区段变化进行分析，可以看到在2014~2015年有2个城市的就业结构水平在北部湾城市群的位次发生大幅变动。其中，玉林市由上游区下降至中游区，海口市由中游区上升至上游区。

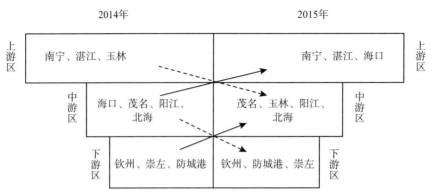

图 4 – 70　2014 ~ 2015 年北部湾城市群城市就业结构水平大幅变动情况

根据图 4 –71 对 2015 ~ 2016 年北部湾城市群城市就业结构水平的跨区段变化进行分析，可以看到在 2015 ~ 2016 年有 2 个城市的就业结构水平在北部湾城市群的位次发生大幅变动。其中，钦州市由下游区上升至中游区，北海市由中游区下降至下游区。

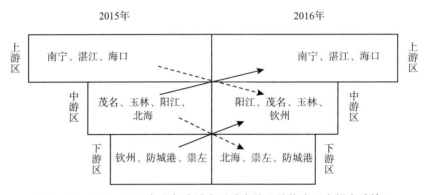

图 4 – 71　2015 ~ 2016 年北部湾城市群城市就业结构水平大幅变动情况

根据图 4 –72 对 2008 ~ 2016 年北部湾城市群城市就业结构水平的跨区段变化进行分析，可以看到在 2008 ~ 2016 年有 4 个城市的就业结构水平在北部湾城市群的位次发生大幅变动。其中，崇左市、北海市由中游区下降至下游区，钦州市、阳江市由下游区上升至中游区。

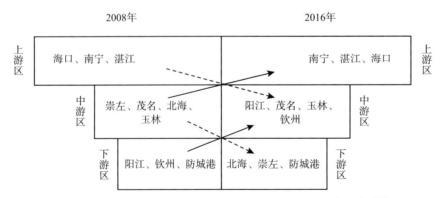

图 4 – 72　2008 ~ 2016 年北部湾城市群城市就业结构水平大幅变动情况

五、北部湾城市群城市就业保障比较分析

（一）北部湾城市群城市就业保障状况评估结果

根据北部湾城市群城市就业保障状况指标体系和数学评价模型，对 2008～2016 年北部湾城市群 10 个城市的就业保障状况进行评价。下面是本次评估期间北部湾城市群 10 个城市的就业保障状况排名及变化情况和指标评价结构。

根据表 4-46 对 2008 年北部湾城市群各城市就业保障状况排名进行分析，可以看到北部湾城市群 10 个城市中，就业保障状况处于上游区的依次是海口市、湛江市、阳江市；处于中游区的依次是南宁市、茂名市、玉林市、北海市；处于下游区的依次是防城港市、崇左市、钦州市。这说明在北部湾城市群中广西和海口地区就业保障状况高于广东地区，更具发展优势。

表 4-46　　　　　　　　　　　　2008 年北部湾城市群城市就业保障排名

地区	排名	区段	地区	排名	区段	地区	排名	区段
海口	1	上游区	南宁	4	中游区	防城港	8	下游区
湛江	2		茂名	5		崇左	9	
阳江	3		玉林	6		钦州	10	
			北海	7				

根据表 4-47 对 2009 年北部湾城市群各城市就业保障状况排名进行分析，可以看到北部湾城市群 10 个城市中，就业保障状况处于上游区的依次是南宁市、海口市、湛江市；处于中游区的依次是阳江市、北海市、茂名市、玉林市；处于下游区的依次是崇左市、钦州市、防城港市。相比于 2008 年，海口市、湛江市依然保持在上游区；阳江市排名下降至第 4 名，进入中游区；南宁市排名上升至第 1 名，进入上游区。

表 4-47　　　　　　　　　　　　2009 年北部湾城市群城市就业保障排名

地区	排名	区段	地区	排名	区段	地区	排名	区段
南宁	1	上游区	阳江	4	中游区	崇左	8	下游区
海口	2		北海	5		钦州	9	
湛江	3		茂名	6		防城港	10	
			玉林	7				

根据表 4-48 对 2010 年北部湾城市群各城市就业保障状况排名进行分析，可以看到北部湾城市群 10 个城市中，就业保障状况处于上游区的依次是海口市、南宁市、湛江市；处于中游区的依次是阳江市、茂名市、北海市、玉林市；处于下游区的依次是防城港市、钦州市、崇左市。相比于 2009 年，未出现城市跨区变化情况，说明 2010 年北部湾城市群 10 个城市就业保障状况变化较小。

表 4-48　　　　　　　　　　　　2010 年北部湾城市群城市就业保障排名

地区	排名	区段	地区	排名	区段	地区	排名	区段
海口	1	上游区	阳江	4	中游区	防城港	8	下游区
南宁	2		茂名	5		钦州	9	
湛江	3		北海	6		崇左	10	
			玉林	7				

根据表 4-49 对 2011 年北部湾城市群各城市就业保障状况排名进行分析，可以看到北部湾城市群 10

个城市中，就业保障状况处于上游区的依次是湛江市、海口市、阳江市；处于中游区的依次是南宁市、茂名市、玉林市、北海市；处于下游区的依次是防城港市、崇左市、钦州市。相比于 2010 年，南宁市排名下降至第 4 名，从上游区下降至中游区；阳江市排名上升至第 3 名，进入上游区。

表 4 - 49　　　　　　　　　　　2011 年北部湾城市群城市就业保障排名

地区	排名	区段	地区	排名	区段	地区	排名	区段
湛江	1	上游区	南宁	4	中游区	防城港	8	下游区
海口	2		茂名	5		崇左	9	
阳江	3		玉林	6		钦州	10	
			北海	7				

根据表 4 - 50 对 2012 年北部湾城市群各城市就业保障状况排名进行分析，可以看到北部湾城市群 10 个城市中，就业保障状况处于上游区的依次是海口市、阳江市、湛江市；处于中游区的依次是南宁市、茂名市、北海市、玉林市；处于下游区的依次是崇左市、钦州市、防城港市。相比于 2011 年，未出现城市跨区变化情况，说明 2012 年北部湾城市群 10 个城市就业保障状况变化较小。

表 4 - 50　　　　　　　　　　　2012 年北部湾城市群城市就业保障排名

地区	排名	区段	地区	排名	区段	地区	排名	区段
海口	1	上游区	南宁	4	中游区	崇左	8	下游区
阳江	2		茂名	5		钦州	9	
湛江	3		北海	6		防城港	10	
			玉林	7				

根据表 4 - 51 对 2013 年北部湾城市群各城市就业保障状况排名进行分析，可以看到北部湾城市群 10 个城市中，就业保障状况处于上游区的依次是海口市、湛江市、南宁市；处于中游区的依次是阳江市、北海市、茂名市、玉林市；处于下游区的依次是崇左市、钦州市、防城港市。相比于 2012 年，阳江市下降至第 4 名，进入中游区，南宁市上升至第 3 名，进入上游区。

表 4 - 51　　　　　　　　　　　2013 年北部湾城市群城市就业保障排名

地区	排名	区段	地区	排名	区段	地区	排名	区段
海口	1	上游区	阳江	4	中游区	崇左	8	下游区
湛江	2		北海	5		钦州	9	
南宁	3		茂名	6		防城港	10	
			玉林	7				

根据表 4 - 52 对 2014 年北部湾城市群各城市就业保障状况排名进行分析，可以看到北部湾城市群 10 个城市中，就业保障状况处于上游区的依次是海口市、南宁市、阳江市；处于中游区的依次是湛江市、北海市、茂名市、玉林市；处于下游区的依次是防城港市、崇左市、钦州市。相比于 2013 年，湛江市下降至第 4 名，进入中游区，阳江市上升至第 3 名，进入上游区。

根据表 4 - 53 对 2015 年北部湾城市群各城市就业保障状况排名进行分析，可以看到北部湾城市群 10 个城市中，就业保障状况处于上游区的依次是海口市、南宁市、湛江市；处于中游区的依次是阳江市、防城港市、茂名市、北海市；处于下游区的依次是钦州市、玉林市、崇左市。相比于 2014 年，阳江市下降至第 4 名，进入中游区，湛江市上升至第 3 名，进入上游区，玉林市下降至第 9 名，进入下游区，防城港市上升至第 5 名，进入中游区。

表4-52 2014年北部湾城市群城市就业保障排名

地区	排名	区段	地区	排名	区段	地区	排名	区段
海口	1	上游区	湛江	4	中游区	防城港	8	下游区
南宁	2		北海	5		崇左	9	
阳江	3		茂名	6		钦州	10	
			玉林	7				

表4-53 2015年北部湾城市群城市就业保障排名

地区	排名	区段	地区	排名	区段	地区	排名	区段
海口	1	上游区	阳江	4	中游区	钦州	8	下游区
南宁	2		防城港	5		玉林	9	
湛江	3		茂名	6		崇左	10	
			北海	7				

根据表4-54对2016年北部湾城市群各城市就业保障状况排名进行分析,可以看到北部湾城市群10个城市中,就业保障状况处于上游区的依次是海口市、南宁市、湛江市;处于中游区的依次是阳江市、北海市、茂名市、玉林市;处于下游区的依次是防城港市、崇左市、钦州市。相比于2015年,防城港市下降至第8名,进入下游区,玉林市上升至第7名,进入中游区。

表4-54 2016年北部湾城市群城市就业保障排名

地区	排名	区段	地区	排名	区段	地区	排名	区段
海口	1	上游区	阳江	4	中游区	防城港	8	下游区
南宁	2		北海	5		崇左	9	
湛江	3		茂名	6		钦州	10	
			玉林	7				

根据表4-55对2008~2016年北部湾城市群各城市就业保障状况排名变化进行分析,可以看到北部湾城市群10个城市中,就业保障状况处于上升区的依次是阳江市、湛江市、茂名市、玉林市;处于保持区的依次是防城港市、钦州市、崇左市、海口市;处于下降区的依次是南宁市、北海市。

表4-55 2008~2016年北部湾城市群城市就业保障排名变化

地区	排名变化	区段	地区	排名变化	区段	地区	排名变化	区段
阳江	1	上升区	防城港	0	保持区	南宁	-2	下降区
湛江	1		钦州	0		北海	-2	
茂名	1		崇左	0				
玉林	1		海口	0				
	0							

(二)北部湾城市群城市就业保障状况评估结果的比较与评析

1. 北部湾城市群城市就业保障状况分布情况

根据灰色综合评价法对无量纲化后的三级指标进行权重得分计算,得到北部湾城市群各城市的就业保障状况得分及排名,反映出各城市就业保障状况情况。下面对2008~2016年北部湾城市群各城市就业保障状况评价分值分布进行统计。

　　由图4－73可以看到2008年北部湾城市群城市就业保障状况得分情况，就业保障状况得分在10～12分的有2个城市，8～10分的有2个城市，6～8分的有1个城市，4～6分的有2个城市，4分以下的有3个城市，这说明北部湾城市群城市就业保障状况分布较为均衡。

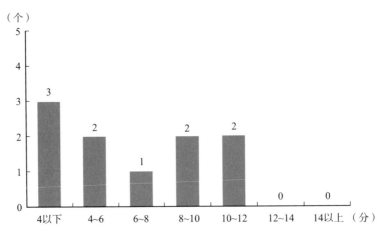

图4－73　2008年北部湾城市群城市就业保障状况评价分值分布

　　由图4－74可以看到2009年北部湾城市群城市就业保障状况得分情况，就业保障状况得分在10～12分的有2个城市，8～10分的有2个城市，4～6分的有2个城市，4分以下的有4个城市，这说明北部湾城市群城市就业保障状况分布较不均衡。

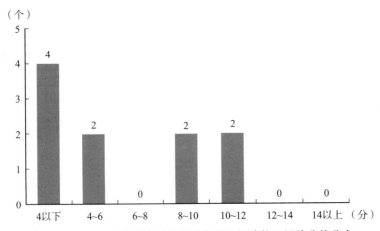

图4－74　2009年北部湾城市群城市就业保障状况评价分值分布

　　由图4－75可以看到2010年北部湾城市群城市就业保障状况得分情况，就业保障状况得分在10～12分的有1个城市，8～10分的有3个城市，6～8分的有1个城市，4～6分的有2个城市，4分以下的有3个城市。这说明北部湾城市群城市就业保障状况分布较为均衡，地区内就业保障综合得分分布的过渡及衔接性较好。

　　由图4－76可以看到2011年北部湾城市群城市就业保障状况得分情况，就业保障状况得分在8～10分的有3个城市，6～8分的有2个城市，4～6分的有2个城市，4分以下的有3个城市，这说明北部湾城市群城市就业保障状况分布较为均衡。

　　由图4－77可以看到2012年北部湾城市群城市就业保障状况得分情况，就业保障状况得分在10～12分的有1个城市，8～10分的有2个城市，6～8分的有1个城市，4～6分的有2个城市，4分以下的有4个城市。这说明北部湾城市群城市就业保障状况分布较不均衡，地区内就业保障综合得分分布的过渡及衔接性较差。

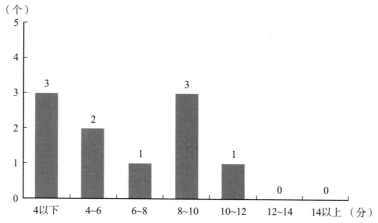

图 4 - 75　2010 年北部湾城市群城市就业保障状况评价分值分布

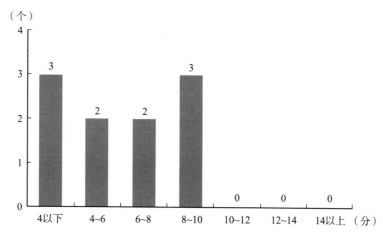

图 4 - 76　2011 年北部湾城市群城市就业保障状况评价分值分布

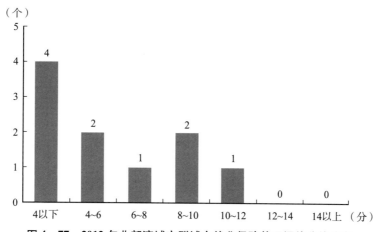

图 4 - 77　2012 年北部湾城市群城市就业保障状况评价分值分布

　　由图 4 - 78 可以看到 2013 年北部湾城市群城市就业保障状况得分情况，就业保障状况得分在 14 分以上的有 1 个城市，10 ~ 12 分的有 1 个城市，8 ~ 10 分的有 1 个城市，6 ~ 8 分的有 2 个城市，4 ~ 6 分的有 2 个城市，4 分以下的有 4 个城市，这说明北部湾城市群城市就业保障状况分布较不均衡。

　　由图 4 - 79 可以看到 2014 年北部湾城市群城市就业保障状况得分情况，就业保障状况得分在 14 分以上的有 1 个城市，8 ~ 10 分的有 1 个城市，6 ~ 8 分的有 2 个城市，4 ~ 6 分的有 2 个城市，4 分以下的有 4 个城市，这说明北部湾城市群城市就业保障状况分布较不均衡。

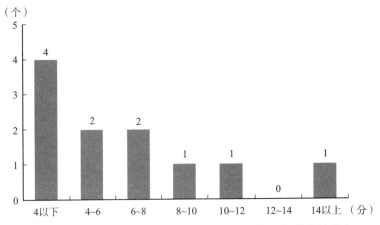

图 4 - 78　2013 年北部湾城市群城市就业保障状况评价分值分布

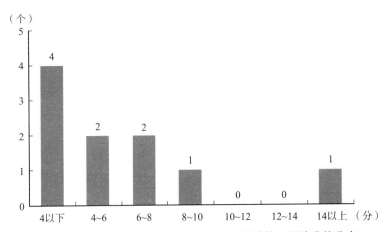

图 4 - 79　2014 年北部湾城市群城市就业保障状况评价分值分布

由图 4 - 80 可以看到 2015 年北部湾城市群城市就业保障状况得分情况，就业保障状况得分在 14 分以上的有 1 个城市，8～10 分的有 1 个城市，6～8 分的有 2 个城市，4～6 分的有 2 个城市，4 分以下的有 4 个城市，这说明北部湾城市群城市就业保障状况分布较不均衡。

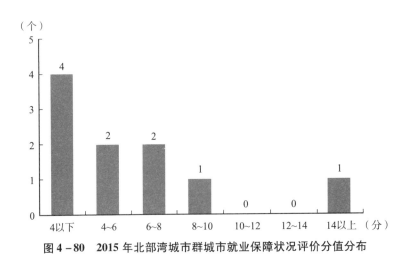

图 4 - 80　2015 年北部湾城市群城市就业保障状况评价分值分布

由图 4 - 81 可以看到 2016 年北部湾城市群城市就业保障状况得分情况，就业保障状况得分在 14 分以上的有 1 个城市，8～10 分的有 1 个城市，6～8 分的有 2 个城市，4～6 分的有 2 个城市，4 分以下的有 4 个城市，这说明北部湾城市群城市就业保障状况分布较不均衡。

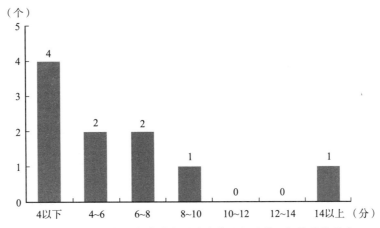

图 4 – 81　2016 年北部湾城市群城市就业保障状况评价分值分布

2. 北部湾城市群城市就业保障状况跨区段变动情况

根据图 4 – 82 对 2008 ~ 2009 年北部湾城市群城市就业保障状况的跨区段变化进行分析，可以看到在 2008 ~ 2009 年有 2 个城市的就业保障状况在北部湾城市群的位次发生大幅变动。其中，阳江市由上游区下降至中游区，南宁市由中游区上升至上游区。

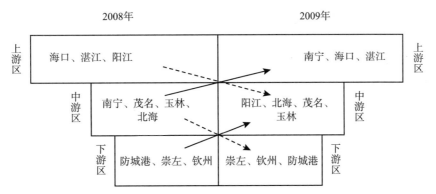

图 4 – 82　2008 ~ 2009 年北部湾城市群城市就业保障状况大幅变动情况

根据图 4 – 83 对 2009 ~ 2010 年北部湾城市群城市就业保障状况的跨区段变化进行分析，可以看到在 2009 ~ 2010 年城市间排名变化较小，未有任何城市的就业保障水平在北部湾城市群的位次发生跨区变动。

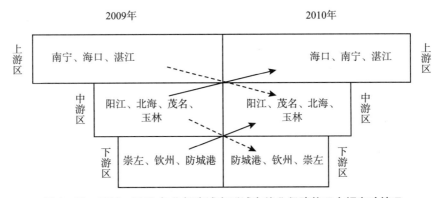

图 4 – 83　2009 ~ 2010 年北部湾城市群城市就业保障状况大幅变动情况

根据图 4 – 84 对 2010 ~ 2011 年北部湾城市群城市就业保障状况的跨区段变化进行分析，可以看到在 2010 ~ 2011 年有 2 个城市的就业保障状况在北部湾城市群的位次发生大幅变动。其中，南宁市由上游区下降至中游区，阳江市由中游区上升至上游区。

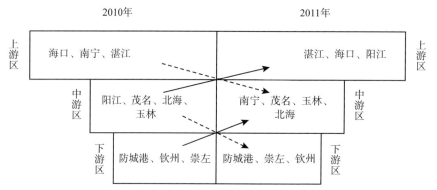

图 4－84　2010～2011 年北部湾城市群城市就业保障状况大幅变动情况

　　根据图 4－85 对 2011～2012 年北部湾城市群城市就业保障状况的跨区段变化进行分析，可以看到在 2011～2012 年城市间排名变化较小，未有任何城市的就业保障水平在北部湾城市群的位次发生跨区变动。

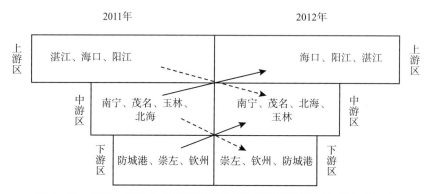

图 4－85　2011～2012 年北部湾城市群城市就业保障状况大幅变动情况

　　根据图 4－86 对 2012～2013 年北部湾城市群城市就业保障状况的跨区段变化进行分析，可以看到在 2012～2013 年有 2 个城市的就业保障状况在北部湾城市群的位次发生大幅变动。其中，阳江市由上游区下降至中游区，南宁市由中游区上升至上游区。

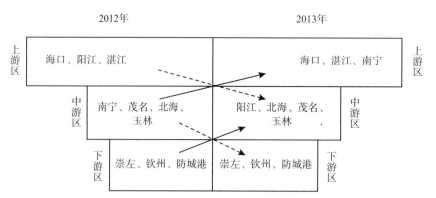

图 4－86　2012～2013 年北部湾城市群城市就业保障状况大幅变动情况

　　根据图 4－87 对 2013～2014 年北部湾城市群城市就业保障状况的跨区段变化进行分析，可以看到在 2013～2014 年有 2 个城市的就业保障状况在北部湾城市群的位次发生大幅变动。其中，湛江市由上游区下降至中游区，阳江市由中游区上升至上游区。

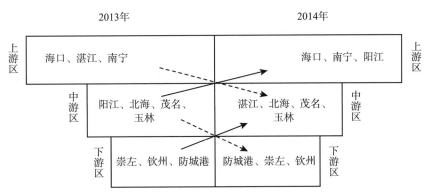

图 4 - 87　2013 ~ 2014 年北部湾城市群城市就业保障状况大幅变动情况

根据图 4 - 88 对 2014 ~ 2015 年北部湾城市群城市就业保障状况的跨区段变化进行分析，可以看到在 2014 ~ 2015 年有 2 个城市的就业保障状况在北部湾城市群的位次发生大幅变动。其中，阳江市由上游区下降至中游区，湛江市由中游区上升至上游区。

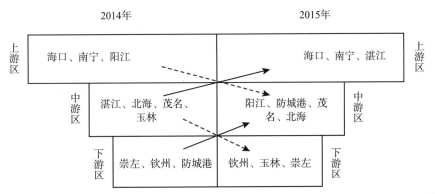

图 4 - 88　2014 ~ 2015 年北部湾城市群城市就业保障状况大幅变动情况

根据图 4 - 89 对 2015 ~ 2016 年北部湾城市群城市就业保障状况的跨区段变化进行分析，可以看到在 2015 ~ 2016 年城市间排名变化较小，未有任何城市的就业保障水平在北部湾城市群的位次发生跨区变动。

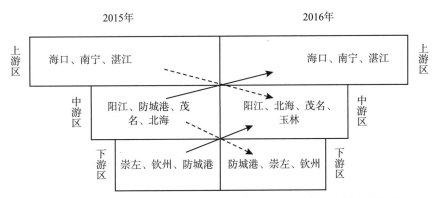

图 4 - 89　2015 ~ 2016 年北部湾城市群城市就业保障状况大幅变动情况

根据图 4 - 90 对 2008 ~ 2016 年北部湾城市群城市就业保障状况的跨区段变化进行分析，可以看到在 2008 ~ 2016 年有 2 个城市的就业保障状况在北部湾城市群的位次发生大幅变动。其中，阳江市由上游区下降至中游区，南宁市由中游区上升至上游区。

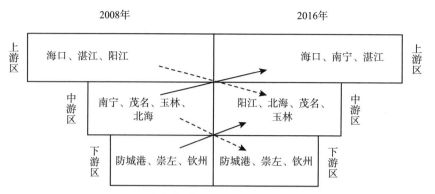

图4－90　2008～2016年北部湾城市群城市就业保障状况大幅变动情况

第五章　北部湾城市群城市区域
经济发展水平评估分析

一、北部湾城市群城市区域经济综合评估分析

（一）北部湾城市群城市区域经济发展水平综合评估结果

根据北部湾城市群城市区域经济发展水平指标体系和数学评价模型，对 2008～2016 年北部湾城市群 10 个城市的区域经济发展水平进行评价。下面是本次评估期间北部湾城市群 10 个城市的区域经济发展水平排名及其变化情况和指标评价结构。

1. 北部湾城市群城市区域经济发展水平排名

根据表 5－1 对 2008 年北部湾城市群各城市区域经济发展水平排名进行分析，可以看到区域经济发展水平处于上游区的依次是海口市、南宁市、茂名市；处于中游区的依次是崇左市、北海市、钦州市、阳江市；处于下游区的依次是防城港市、玉林市、湛江市。这说明在北部湾城市群中海南地区区域经济发展水平高于广东和广西地区，更具发展优势。

表 5－1　　　　　　　　　　2008 年北部湾城市群城市区域经济发展水平排名

地区	排名	区段	地区	排名	区段	地区	排名	区段
海口	1	上游区	崇左	4	中游区	防城港	8	下游区
南宁	2		北海	5		玉林	9	
茂名	3		钦州	6		湛江	10	
			阳江	7				

根据表 5－2 对 2009 年北部湾城市群城市区域经济发展水平排名进行分析，可以看到区域经济发展水平处于上游区的依次是南宁市、海口市、防城港市；处于中游区的依次是崇左市、玉林市、茂名市、湛江市；处于下游区的依次是钦州市、北海市、阳江市。相比于 2008 年，南宁市、海口市依然保持在上游区；防城港市排名上升至第 3 名，进入上游区；玉林市、湛江市进入中游区，区域经济发展水平具备较高发展潜力；钦州市、北海市、阳江市均从中游区下降至下游区，分别下降 2 名、4 名和 3 名。

表 5－2　　　　　　　　　　2009 年北部湾城市群城市区域经济发展水平排名

地区	排名	区段	地区	排名	区段	地区	排名	区段
南宁	1	上游区	崇左	4	中游区	钦州	8	下游区
海口	2		玉林	5		北海	9	
防城港	3		茂名	6		阳江	10	
			湛江	7				

根据表 5－3 对 2010 年北部湾城市群城市区域经济发展水平排名进行分析，可以看到区域经济发展水平处于上游区的依次是海口市、南宁市、防城港市；处于中游区的依次是茂名市、钦州市、湛江市、北海市；处于下游区的依次是玉林市、崇左市、阳江市。相比于 2009 年，钦州市、北海市排名分别上升 3 名、

2 名，从下游区上升至中游区；玉林市、崇左市分别下降 3 名、5 名进入下游区，说明玉林市、崇左市在提升区域经济发展水平方面缺乏有力推动力。

表 5－3 2010 年北部湾城市群城市区域发展水平经济排名

地区	排名	区段	地区	排名	区段	地区	排名	区段
海口	1		茂名	4		玉林	8	
南宁	2	上游区	钦州	5	中游区	崇左	9	下游区
防城港	3		湛江	6		阳江	10	
			北海	7				

根据表 5－4 对 2011 年北部湾城市群城市区域经济发展水平排名进行分析，可以看到区域经济发展水平处于上游区的依次是南宁市、防城港市、海口市；处于中游区的依次是茂名市、玉林市、北海市、钦州市；处于下游区的依次是湛江市、崇左市、阳江市。相比于 2010 年，玉林市从第 8 名上升至第 5 名，进入中游区；湛江市从第 6 名下降至第 8 名，下降至下游区。

表 5－4 2011 年北部湾城市群城市区域经济发展水平排名

地区	排名	区段	地区	排名	区段	地区	排名	区段
南宁	1		茂名	4		湛江	8	
防城港	2	上游区	玉林	5	中游区	崇左	9	下游区
海口	3		北海	6		阳江	10	
			钦州	7				

根据表 5－5 对 2012 年北部湾城市群城市区域经济发展水平排名进行分析，可以看到区域经济发展水平处于上游区的依次是南宁市、海口市、茂名市；处于中游区的依次是北海市、防城港市、玉林市、阳江市；处于下游区的依次是湛江市、钦州市、崇左市。相比于 2011 年，茂名市上升至第 3 名，进入上游区；阳江市升至第 7 名，进入中游区；钦州市降至第 9 名，进入下游区。

表 5－5 2012 年北部湾城市群城市区域经济发展水平排名

地区	排名	区段	地区	排名	区段	地区	排名	区段
南宁	1		北海	4		湛江	8	
海口	2	上游区	防城港	5	中游区	钦州	9	下游区
茂名	3		玉林	6		崇左	10	
			阳江	7				

根据表 5－6 对 2013 年北部湾城市群城市区域经济发展水平排名进行分析，可以看到区域经济发展水平处于上游区的依次是海口市、南宁市、茂名市；处于中游区的依次是防城港市、阳江市、湛江市、北海市；处于下游区的依次是玉林市、崇左市、钦州市。相比于 2012 年，湛江市从第 8 名上升至第 6 名，进入中游区；玉林市排名下降至第 8 名进入下游区，说明玉林市在提升区域经济发展水平方面还有较大提升空间。

表 5－6 2013 年北部湾城市群城市区域经济发展水平排名

地区	排名	区段	地区	排名	区段	地区	排名	区段
海口	1		防城港	4		玉林	8	
南宁	2	上游区	阳江	5	中游区	崇左	9	下游区
茂名	3		湛江	6		钦州	10	
			北海	7				

根据表 5-7 对 2014 年北部湾城市群城市区域经济发展水平排名进行分析，可以看到区域经济发展水平处于上游区的依次是南宁市、茂名市、海口市；处于中游区的依次是防城港市、北海市、玉林市、阳江市；处于下游区的依次是钦州市、湛江市、崇左市。相比于 2013 年，玉林市排名上升至第 6 名进入中游区，湛江市排名下降至第 9 名进入下游区。

表 5-7　　　　　　　　　　　　2014 年北部湾城市群城市区域经济发展水平排名

地区	排名	区段	地区	排名	区段	地区	排名	区段
南宁	1		防城港	4		钦州	8	
茂名	2	上游区	北海	5	中游区	湛江	9	下游区
海口	3		玉林	6		崇左	10	
			阳江	7				

根据表 5-8 对 2015 年北部湾城市群城市区域经济发展水平排名进行分析，可以看到区域经济发展水平处于上游区的依次是海口市、南宁市、茂名市；处于中游区的依次是阳江市、玉林市、崇左市、钦州市；处于下游区的依次是湛江市、北海市、防城港市。相比于 2014 年，崇左市、钦州市排名上升至第 6、第 7 名进入中游区，区域经济发展水平具备较高发展潜力；北海市、防城港市排名下降至第 9、第 10 名，进入下游区。

表 5-8　　　　　　　　　　　　2015 年北部湾城市群城市区域经济发展水平排名

地区	排名	区段	地区	排名	区段	地区	排名	区段
海口	1		阳江	4		湛江	8	
南宁	2	上游区	玉林	5	中游区	北海	9	下游区
茂名	3		崇左	6		防城港	10	
			钦州	7				

根据表 5-9 对 2016 年北部湾城市群城市区域经济发展水平排名进行分析，可以看到区域经济发展水平处于上游区的依次是海口市、南宁市、茂名市；处于中游区的依次是崇左市、北海市、防城港市、钦州市；处于下游区的依次是玉林市、湛江市、阳江市。相比于 2015 年，北海市、防城港市排名上升进入中游区；阳江市、玉林市排名下降进入下游区。

表 5-9　　　　　　　　　　　　2016 年北部湾城市群城市区域经济发展水平排名

地区	排名	区段	地区	排名	区段	地区	排名	区段
海口	1		崇左	4		玉林	8	
南宁	2	上游区	北海	5	中游区	湛江	9	下游区
茂名	3		防城港	6		阳江	10	
			钦州	7				

根据表 5-10 对 2008~2016 年北部湾城市群城市区域经济发展水平排名变化趋势进行分析，可以看到区域经济发展水平处于上升区的依次是湛江市、玉林市、防城港市；处于保持区的依次是茂名市、南宁市、北海市、崇左市、海口市；处于下降区的依次是钦州市、阳江市。这说明在北部湾城市群中广东地区区域经济发展水平高于广西地区，更具发展优势。

2. 北部湾城市群城市区域经济得分情况

通过表 5-11 对 2008~2016 年的区域经济发展水平及变化进行分析。由 2008 年的北部湾城市群城市区域经济发展水平评价来看，得分处在 39~54 分，有 5 个城市的区域经济发展水平得分在 41 分以上，小于 41 分的城市有阳江市、湛江市、防城港市、钦州市、玉林市。最高得分为海口市，为 53.709 分，最低得分为湛江市，为 39.289 分。得分平均值为 44.115 分，得分标准差为 5.574。北部湾城市群中广西地区城市的区域经济得分较高，其中南宁市、北海市和崇左市 3 个城市的区域经济发展水平得分均超过 41 分。

北部湾城市群中广东地区的区域经济发展水平较低，其中仅有茂名市1个城市的区域经济得分超过41分。北部湾城市群中海南地区的区域经济发展水平较高，其中海口市的区域经济得分超过41分。

表 5－10　　　　　　　　　2008～2016 年北部湾城市群城市区域经济发展水平排名变化

地区	排名变化	区段	地区	排名变化	区段	地区	排名变化	区段
湛江	1		茂名	0		钦州	-1	
玉林	1		南宁	0		阳江	-3	
防城港	2	上升区	北海	0	保持区			下降区
			崇左	0				
			海口	0				

表 5－11　　　　　　　　　2008～2016 年北部湾城市群各城市区域经济评价比较

地区	2008 年	2009 年	2010 年	2011 年	2012 年	2013 年	2014 年	2015 年	2016 年	综合变化
阳江	40.402	36.195	39.069	39.721	40.787	42.293	42.096	40.293	40.120	-0.282
湛江	39.289	39.690	42.378	41.341	40.578	41.717	41.586	38.084	41.007	1.718
茂名	49.231	41.342	45.543	44.055	47.041	50.578	49.896	45.312	49.457	0.226
南宁	52.729	52.776	49.102	54.238	54.313	50.617	52.123	54.116	52.109	-0.620
北海	41.761	38.881	41.600	42.341	46.581	41.181	43.474	37.205	44.398	2.637
防城港	40.343	44.207	46.757	46.617	43.327	42.400	44.819	36.928	43.237	2.894
钦州	40.426	39.484	42.973	41.949	39.599	37.991	42.023	38.499	42.842	2.417
玉林	40.150	41.575	41.552	42.753	41.491	40.428	42.425	40.091	41.709	1.559
崇左	43.113	41.919	41.511	41.267	39.409	38.984	40.547	39.716	45.334	2.221
海口	53.709	47.995	52.054	45.668	48.296	53.487	47.554	55.212	56.824	3.114
最高分	53.709	52.776	52.054	54.238	54.313	53.487	52.123	55.212	56.824	3.114
最低分	39.289	36.195	39.069	39.721	39.409	37.991	40.547	36.928	40.120	0.830
平均分	44.115	42.406	44.254	43.995	44.142	43.968	44.654	42.545	45.704	1.588
标准差	5.574	4.842	4.030	4.161	4.828	5.474	3.913	6.810	5.417	-0.157

由 2009 年的北部湾城市群城市区域经济发展水平评价来看，得分处在 36～53 分，有 6 个城市的区域经济发展水平得分在 41 分以上，小于 41 分的城市有阳江市、湛江市、北海市、钦州市。最高得分为南宁市的 52.776 分，最低得分为阳江市的 36.195 分。得分平均值为 42.406 分，得分标准差为 4.842。北部湾城市群中广西地区城市的区域经济得分较高，其中南宁市、防城港市、玉林市和崇左市 4 个城市的区域经济发展水平得分均超过 41 分。北部湾城市群中广东地区的区域经济发展水平较低，其中仅有茂名市 1 个城市的区域经济得分超过 41 分。北部湾城市群中海南地区的区域经济发展水平较高，其中海口市的区域经济得分超过 41 分。

由 2010 年的北部湾城市群城市区域经济发展水平评价来看，得分处在 39～53 分，有 9 个城市的区域经济发展水平得分在 41 分以上，小于 41 分的城市有阳江市。最高得分为海口市的 52.054 分，最低得分为阳江市的 39.069 分。得分平均值为 44.254 分，得分标准差为 4.030。北部湾城市群中广西地区城市的区域经济得分较高，所有城市的区域经济发展水平得分均超过 41 分。北部湾城市群中广东地区的区域经济发展水平较低，其中仅有茂名市、湛江市 2 个城市的区域经济得分超过 41 分。北部湾城市群中海南地区的区域经济发展水平较高，其中海口市的区域经济得分超过 41 分。

由 2011 年的北部湾城市群城市区域经济发展水平评价来看，得分处在 39～55 分，有 9 个城市的区域经济发展水平得分在 41 分以上，小于 41 分的城市有阳江市。最高得分为南宁市的 54.238 分，最低得分为阳江市的 39.721 分。得分平均值为 43.995 分，得分标准差为 4.161。北部湾城市群中广西地区城市的区域经济得分较高，所有城市的区域经济发展水平得分均超过 41 分。北部湾城市群中广东地区的区域经济发展水平较低，其中仅有茂名市、湛江市 2 个城市的区域经济得分超过 41 分。北部湾城市群中海南地区的区域经济发展水平较高，其中海口市的区域经济得分超过 41 分。

由 2012 年的北部湾城市群城市区域经济发展水平评价来看，得分处在 39 ~ 55 分，有 6 个城市的区域经济发展水平得分在 41 分以上，小于 41 分的城市有阳江市、湛江市、钦州市、崇左市。最高得分为南宁市的 54.313 分，最低得分为崇左市的 39.409 分。得分平均值为 44.142 分，得分标准差为 4.828。北部湾城市群中广西地区城市的区域经济得分较高，其中南宁市、北海市、防城港市和玉林市 4 个城市的区域经济发展水平得分均超过 41 分。北部湾城市群中广东地区的区域经济发展水平较低，其中仅有茂名市 1 个城市的区域经济得分超过 41 分。北部湾城市群中海南地区的区域经济发展水平较高，其中海口市的区域经济得分超过 41 分。

由 2013 年的北部湾城市群城市区域经济发展水平评价来看，得分处在 37 ~ 54 分，有 7 个城市的区域经济发展水平得分在 41 分以上，小于 41 分的城市有钦州市、玉林市、崇左市。最高得分为海口市的 53.487 分，最低得分为钦州市的 37.991 分。得分平均值为 43.968 分，得分标准差为 5.474。北部湾城市群中广东地区城市的区域经济得分较高，所有城市的区域经济发展水平得分均超过 41 分。北部湾城市群中广西地区的区域经济发展水平较低，其中仅有南宁市、北海市、防城港市 3 个城市的区域经济得分超过 41 分。北部湾城市群中海南地区的区域经济发展水平较高，其中海口市的区域经济得分超过 41 分。

由 2014 年的北部湾城市群城市区域经济发展水平评价来看，得分处在 40 ~ 53 分，有 9 个城市的区域经济发展水平得分在 41 分以上，小于 41 分的城市有崇左市。最高得分为南宁市的 52.123 分，最低得分为崇左市的 40.547 分。得分平均值为 44.654 分，得分标准差为 3.913。北部湾城市群中广东地区城市的区域经济得分较高，所有城市的区域经济发展水平得分均超过 41 分。北部湾城市群中广西地区的区域经济发展水平较低，其中仅有南宁市、北海市、防城港市、钦州市、玉林市 5 个城市的区域经济得分超过 41 分。北部湾城市群中海南地区的区域经济发展水平较高，其中海口市的区域经济得分超过 41 分。

由 2015 年的北部湾城市群城市区域经济发展水平评价来看，得分处在 36 ~ 56 分，有 4 个城市的区域经济发展水平得分在 41 分以上，小于 41 分的城市有阳江市、湛江市、北海市、防城港市、玉林市、崇左市。最高得分为海口市的 55.212 分，最低得分为防城港市的 36.928 分。得分平均值为 42.545 分，得分标准差为 6.810。北部湾城市群中广西地区城市的区域经济得分较高，其中南宁市和钦州市 2 个城市的区域经济发展水平得分均超过 41 分。北部湾城市群中广东地区的区域经济发展水平较低，其中仅有茂名市 1 个城市的区域经济得分超过 41 分。北部湾城市群中海南地区的区域经济发展水平较高，其中海口市的区域经济得分超过 41 分。

由 2016 年的北部湾城市群城市区域经济发展水平评价来看，得分处在 40 ~ 57 分，有 9 个城市的区域经济发展水平得分在 41 分以上，小于 41 分的城市有阳江市。最高得分为海口市的 56.824 分，最低得分为阳江市的 40.120 分。得分平均值为 45.704 分，得分标准差为 5.417。北部湾城市群中广西地区城市的区域经济得分较高，所有城市的区域经济发展水平得分均超过 41 分。北部湾城市群中广东地区的区域经济发展水平较低，其中仅有茂名市、湛江市 2 个城市的区域经济得分超过 41 分。北部湾城市群中海南地区的区域经济发展水平较高，其中海口市的区域经济得分超过 41 分。

通过对各年的北部湾城市群城市区域经济的平均分、标准差进行对比分析，可以发现其平均分处于波动上升趋势，说明北部湾城市群城市区域经济发展水平整体活力提升。北部湾城市群城市区域经济标准差也处于波动下降趋势，说明城市间区域经济发展水平差距有所减小。对各城市的区域经济发展水平变化展开分析，发现没有城市区域经济发展水平处在绝对领先位置。广东地区阳江市得分和排名均下降，湛江市、茂名市城市得分和排名有所上升，说明广东地区整体区域经济发展水平波动较大。广西地区除南宁市的其他城市区域经济得分有所上升，其区域经济排名除钦州市出现下降，其他城市得分和排名均有所上升或保持不变。海南地区海口市在区域经济发展水平得分上升的情况下其排名出现保持不变，说明海南地区区域经济综合能力较稳定。

3. 北部湾城市群城市区域经济要素得分情况

通过表 5 - 12 对 2008 ~ 2016 年的经济结构竞争力及变化进行分析。由 2008 年的北部湾城市群城市经济结构评价来看，得分处在 19 ~ 27 分，有 9 个城市的经济结构得分在 21 分以上，小于 21 分的城市有玉林市。最高得分为北海市的 26.832 分，最低得分为玉林市的 19.997 分。得分平均值为 22.777 分，得分标准差为 1.941。北部湾城市群中广东地区城市的经济结构得分较高，其中阳江市、湛江市、茂名市 3 个城市的经济结构得分均超过 21 分。北部湾城市群中广西地区的经济结构较低，其中仅有南宁市、北海市、防城港市、钦州市、崇左市 5 个城市的经济结构得分超过 21 分。北部湾城市群中海南地区的经济结构较高，其中海口市的经济结构得分超过 21 分。

表 5－12　　　　　　　2008～2016 年北部湾城市群各城市经济结构竞争力评价比较

地区	2008 年	2009 年	2010 年	2011 年	2012 年	2013 年	2014 年	2015 年	2016 年	综合变化
阳江	22.016	17.725	21.326	22.325	22.433	23.134	23.552	20.413	21.922	-0.094
湛江	21.243	19.709	21.736	22.235	21.966	20.648	20.491	17.486	20.514	-0.728
茂名	23.864	19.889	25.323	25.482	26.092	27.079	25.331	21.290	24.249	0.384
南宁	21.533	20.808	20.551	21.226	21.456	20.446	21.202	18.127	19.717	-1.816
北海	26.832	16.133	22.121	22.554	26.209	22.783	24.078	16.889	22.683	-4.149
防城港	23.155	21.394	24.212	24.141	22.325	23.995	25.501	18.332	24.273	1.118
钦州	22.736	17.218	23.041	22.422	20.775	20.339	22.107	18.090	21.800	-0.937
玉林	19.997	19.424	21.087	21.356	20.604	20.229	20.753	17.492	19.440	-0.557
崇左	21.862	21.711	23.017	23.200	21.878	23.024	23.150	19.944	24.025	2.163
海口	24.535	22.474	25.106	22.922	23.573	25.951	20.778	22.443	24.243	-0.292
最高分	26.832	22.474	25.323	25.482	26.209	27.079	25.501	22.443	24.273	-2.559
最低分	19.997	16.133	20.551	21.226	20.604	20.229	20.491	16.889	19.440	-0.557
平均分	22.777	19.649	22.752	22.786	22.731	22.763	22.694	19.051	22.287	-0.491
标准差	1.941	2.074	1.684	1.268	1.990	2.419	1.902	1.856	1.916	-0.025

由 2009 年的北部湾城市群城市经济结构评价来看，得分处在 16～23 分，有 3 个城市的经济结构得分在 21 分以上，小于 21 分的城市有阳江市、湛江市、茂名市、南宁市、北海市、钦州市、玉林市。最高得分为海口市的 22.474 分，最低得分为北海市的 16.133 分。得分平均值为 19.649 分，得分标准差为 2.074。北部湾城市群中广西地区城市的经济结构得分较高，其中防城港市、崇左市 2 个城市的经济结构得分均超过 21 分。北部湾城市群中广东地区的经济结构较低，所有城市的经济结构得分均未超过 21 分。北部湾城市群中海南地区的经济结构较高，其中海口市的经济结构得分超过 21 分。

由 2010 年的北部湾城市群城市经济结构评价来看，得分处在 20～26 分，有 9 个城市的经济结构得分在 21 分以上，小于 21 分的城市有南宁市。最高得分为北海市的 26.832 分，最低得分为玉林市的 19.997 分。得分平均值为 22.777 分，得分标准差为 1.941。北部湾城市群中广东地区城市的经济结构得分较高，其中阳江市、湛江市、茂名市 3 个城市的经济结构得分均超过 21 分。北部湾城市群中广西地区的经济结构较低，其中仅有北海市、防城港市、钦州市、崇左市和玉林市 5 个城市的经济结构得分超过 21 分。北部湾城市群中海南地区的经济结构较高，其中海口市的经济结构得分超过 21 分。

由 2011 年的北部湾城市群城市经济结构评价来看，得分处在 19～27 分，有 9 个城市的经济结构得分在 21 分以上，小于 21 分的城市有玉林市。最高得分为北海市的 26.832 分，最低得分为玉林市的 19.997 分。得分平均值为 22.777 分，得分标准差为 1.941。北部湾城市群中广东地区城市的经济结构得分较高，其中阳江市、湛江市、茂名市 3 个城市的经济结构得分均超过 21 分。北部湾城市群中广西地区的经济结构较低，其中仅有南宁市、北海市、防城港市、钦州市、崇左市 5 个城市的经济结构得分超过 21 分。北部湾城市群中海南地区的经济结构较低，其中海口市的经济结构得分超过 21 分。

由 2012 年的北部湾城市群城市经济结构评价来看，得分处在 21～26 分，有 8 个城市的经济结构得分在 22 分以上，小于 22 分的城市有南宁市、玉林市、湛江市。最高得分为茂名市的 25.482 分，最低得分为南宁市的 21.226 分。得分平均值为 22.786 分，得分标准差为 1.268。北部湾城市群中广东地区城市的经济结构得分较高，其中阳江市、湛江市、茂名市 3 个城市的经济结构得分均超过 22 分。北部湾城市群中广西地区的经济结构较低，其中仅有北海市、防城港市、钦州市、崇左市 4 个城市的经济结构得分超过 22 分。北部湾城市群中海南地区的经济结构较低，其中海口市的经济结构得分超过 22 分。

由 2013 年的北部湾城市群城市经济结构评价来看，得分处在 20～28 分，有 6 个城市的经济结构得分在 21 分以上，小于 21 分的城市有湛江市、南宁市、钦州市、玉林市。最高得分为茂名市的 27.079 分，最低得分为玉林市的 20.229 分。得分平均值为 22.763 分，得分标准差为 2.419。北部湾城市群中广东地区城市的经济结构得分较高，其中阳江市、茂名市 2 个城市的经济结构得分均超过 21 分。北部湾城市群中广西地区的经济结构较低，其中仅有北海市、防城港市、崇左市 3 个城市的经济结构得分超过 21 分。北部湾城市群中海南地区的经济结构较高，其中海口市的经济结构得分超过 21 分。

由 2014 年的北部湾城市群城市经济结构评价来看，得分处在 20~26 分，有 7 个城市的经济结构得分在 21 分以上，小于 21 分的城市有湛江市、玉林市、海口市。最高得分为防城港市的 25.501 分，最低得分为湛江市的 20.491 分。得分平均值为 22.694 分，得分标准差为 1.902。北部湾城市群中广东地区城市的经济结构得分较高，其中阳江市、茂名市 2 个城市的经济结构得分均超过 21 分。北部湾城市群中广西地区的经济结构较高，其中仅有南宁市、北海市、防城港市、钦州市、崇左市 5 个城市的经济结构得分均超过 21 分。北部湾城市群中海南地区的经济结构较低，其中海口市的经济结构得分未超过 21 分。

由 2015 年的北部湾城市群城市经济结构评价来看，得分处在 16~23 分，有 2 个城市的经济结构得分在 21 分以上，小于 21 分的城市有阳江市、湛江市、南宁市、北海市、防城港市、钦州市、玉林市、崇左市。最高得分为海口市的 22.443 分，最低得分为北海市的 16.889 分。得分平均值为 19.051 分，得分标准差为 1.856。北部湾城市群中广东地区城市的经济结构得分较高，其中茂名市 1 个城市的经济结构得分均超过 21 分。北部湾城市群中广西地区的经济结构较低，所有城市的经济结构得分均未超过 21 分。北部湾城市群中海南地区的经济结构较高，其中海口市的经济结构得分超过 21 分。

由 2016 年的北部湾城市群城市经济结构评价来看，得分处在 19~25 分，有 7 个城市的经济结构得分在 21 分以上，小于 21 分的城市有湛江市、玉林市。最高得分为防城港市的 24.273 分，最低得分为玉林市的 19.440 分。得分平均值为 22.287 分，得分标准差为 1.916。北部湾城市群中广东地区城市的经济结构得分较高，其中阳江市、茂名市 2 个城市的经济结构得分均超过 21 分。北部湾城市群中广西地区的经济结构较低，其中仅有北海市、防城港市、钦州市、崇左市 4 个城市的经济结构得分超过 21 分。北部湾城市群中海南地区的经济结构较低，其中海口市的经济结构得分超过 21 分。

通过对各年的北部湾城市群城市经济结构的平均分、标准差进行对比分析，可以发现其平均分处于波动下降趋势，说明北部湾城市群城市经济结构整体活力降低。北部湾城市群经济结构标准差处于波动下降趋势，说明城市间经济结构竞争力差距有所减小。对各城市的经济结构变化展开分析，发现没有城市区域经济发展水平处在绝对领先位置，2008~2016 年的各个时间段内北部湾城市群各城市排名均有不同幅度的变化。广东地区经济结构得分除茂名市出现上升，其余城市得分均有所下降，其经济结构排名均保持不变或小幅度上升，说明广东地区经济结构竞争力变化幅度较小。广西地区除防城港市和崇左市经济结构竞争力得分和排名出现上升，其他城市经济结构竞争力得分和排名均保持不变或呈下降趋势，说明广西地区整体经济结构处于不稳定状态。防城港市在经济结构得分小幅度下降的情况下其排名出现大幅度上升，说明防城港市在经济结构方面存在有效推动力，提高了其经济结构竞争力水平，使其在地区内的排名结构出现较大提升。海南地区海口市在经济结构得分、排名均出现下降，说明海南地区经济结构综合能力有所降低。

通过表 5-13 对 2008~2016 年的经济发展水平及变化进行分析。由 2008 年的北部湾城市群城市经济发展水平评价来看，得分处在 6~15 分，有 4 个城市的经济发展水平得分在 10 分以上，小于 10 分的城市有阳江市、北海市、防城港市、钦州市、玉林市、崇左市。最高得分为南宁市的 14.513 分，最低得分为北海市的 6.868 分。得分平均值为 10.126 分，得分标准差为 2.334。北部湾城市群中广东地区城市的经济发展水平得分较高，其中湛江市、茂名市 2 个城市的经济发展水平得分均超过 15 分。北部湾城市群中广西地区的经济发展水平的得分较低，其中仅有南宁市 1 个城市的经济发展水平得分超过 15 分。北部湾城市群中海南地区的经济发展水平较高，其中海口市的经济发展水平得分超过 15 分。

表 5-13　　　　　　　　**2008~2016 年北部湾城市群各城市经济发展评价比较**

地区	2008 年	2009 年	2010 年	2011 年	2012 年	2013 年	2014 年	2015 年	2016 年	综合变化
阳江	9.215	9.620	9.105	9.321	9.887	11.033	10.433	10.878	11.139	1.925
湛江	11.292	11.833	11.866	12.184	11.625	12.445	13.098	12.054	13.007	1.715

续表

地区	2008 年	2009 年	2010 年	2011 年	2012 年	2013 年	2014 年	2015 年	2016 年	综合变化
茂名	12. 576	11. 534	12. 408	12. 334	12. 889	13. 663	15. 356	13. 027	13. 842	1. 266
南宁	14. 513	14. 840	14. 589	16. 428	14. 722	15. 173	16. 238	17. 279	16. 383	1. 871
北海	6. 868	8. 935	8. 224	9. 088	8. 930	8. 864	9. 711	9. 020	9. 456	2. 588
防城港	9. 074	9. 845	9. 309	10. 084	8. 660	8. 722	10. 027	8. 197	8. 284	− 0. 790
钦州	9. 144	9. 806	9. 659	10. 361	9. 515	9. 450	11. 681	11. 283	11. 653	2. 509
玉林	9. 906	12. 281	10. 462	11. 410	9. 956	10. 127	11. 266	10. 593	11. 032	1. 126
崇左	7. 382	8. 472	7. 833	8. 496	7. 169	7. 452	7. 981	8. 843	9. 698	2. 316
海口	11. 287	11. 905	12. 922	12. 333	11. 944	12. 831	11. 197	11. 419	10. 249	− 1. 038
最高分	14. 513	14. 840	14. 589	16. 428	14. 722	15. 173	16. 238	17. 279	16. 383	1. 871
最低分	6. 868	8. 472	7. 833	8. 496	7. 169	7. 452	7. 981	8. 197	8. 284	1. 416
平均分	10. 126	10. 907	10. 638	11. 204	10. 530	10. 976	11. 699	11. 259	11. 474	1. 349
标准差	2. 334	1. 927	2. 218	2. 313	2. 248	2. 482	2. 551	2. 600	2. 387	0. 053

由 2009 年的北部湾城市群城市经济发展水平评价来看，得分处在 8～15 分，有 5 个城市的经济发展水平得分在 10 分以上，小于 10 分的城市有阳江市、北海市、防城港市、钦州市、崇左市。最高得分为南宁市的 14. 840 分，最低得分为崇左市的 8. 472 分。得分平均值为 10. 907 分，得分标准差为 1. 927。北部湾城市群中广东地区城市的经济发展水平得分较高，其中湛江市、茂名市 2 个城市的经济发展水平得分均超过 15 分。北部湾城市群中广西地区的经济发展水平的得分较低，其中仅有南宁市、玉林市 2 个城市的经济发展水平得分超过 15 分。北部湾城市群中海南地区的经济发展水平较高，其中海口市的经济发展水平得分超过 15 分。

由 2010 年的北部湾城市群城市经济发展水平评价来看，得分处在 7～15 分，有 5 个城市的经济发展水平得分在 10 分以上，小于 10 分的城市有阳江市、北海市、防城港市、钦州市、崇左市。最高得分为南宁市的 14. 589 分，最低得分为崇左市的 7. 833 分。得分平均值为 10. 638 分，得分标准差为 2. 218。北部湾城市群中广东地区城市的经济发展水平得分较高，其中湛江市、茂名市 2 个城市的经济发展水平得分均超过 15 分。北部湾城市群中广西地区的经济发展水平的得分较低，其中仅有南宁市、玉林市 2 个城市的经济发展水平得分超过 15 分。北部湾城市群中海南地区的经济发展水平较高，其中海口市的经济发展水平得分超过 15 分。

由 2011 年的北部湾城市群城市经济发展水平评价来看，得分处在 8～17 分，有 7 个城市的经济发展水平得分在 10 分以上，小于 10 分的城市有阳江市、北海市、崇左市。最高得分为南宁市的 16. 428 分，最低得分为崇左市的 8. 496 分。得分平均值为 11. 204 分，得分标准差为 2. 313。北部湾城市群中广东地区城市的经济发展水平得分较高，其中湛江市、茂名市 2 个城市的经济发展水平得分均超过 15 分。北部湾城市群中广西地区的经济发展水平的得分较低，其中仅有南宁市、防城港市、玉林市、钦州市 4 个城市的经济发展水平得分超过 15 分。北部湾城市群中海南地区的经济发展水平较高，其中海口市的经济发展水平得分超过 15 分。

由 2012 年的北部湾城市群城市经济发展水平评价来看，得分处在 7～15 分，有 4 个城市的经济发展水平得分在 10 分以上，小于 10 分的城市有阳江市、北海市、防城港市、钦州市、玉林市、崇左市。最高得分为南宁市的 14. 722 分，最低得分为崇左市的 7. 169 分。得分平均值为 10. 530 分，得分标准差为 2. 248。北部湾城市群中广东地区城市的经济发展水平得分较高，其中湛江市、茂名市 2 个城市的经济发展水平得分均超过 15 分。北部湾城市群中广西地区的经济发展水平的得分较低，其中仅有南宁市 1 个城市的经济发展水平得分超过 15 分。北部湾城市群中海南地区的经济发展水平较高，其中海口市的经济发展水平得分超过 15 分。

由 2013 年的北部湾城市群城市经济发展水平评价来看，得分处在 7～16 分，有 6 个城市的经济发展水平得分在 10 分以上，小于 10 分的城市有北海市、防城港市、钦州市、崇左市。最高得分为南宁市的 15. 173 分，最低得分为崇左市的 7. 452 分。得分平均值为 10. 976 分，得分标准差为 2. 482。北部湾城市群中广东地区城市的经济发展水平得分较高,其中阳江市、湛江市、茂名市3个城市的经济发展水平得分均超过15分。北部湾城市群中广西地区的经济发展水平的得分较低,其中仅有南宁市、玉林市2个城市的经济发展水平得分超过15分。北部湾城市群中海南地区的经济发展水平较高,其中海口市的经济发展水平得分超过15分。

由2014年的北部湾城市群城市经济发展水平评价来看,得分处在7~17分,有8个城市的经济发展水平得分在10分以上,小于10分的城市有北海市、崇左市。最高得分为南宁市的16.238分,最低得分为崇左市的7.981分。得分平均值为11.699分,得分标准差为2.551。北部湾城市群中广东地区城市的经济发展水平得分较高,其中阳江市、湛江市、茂名市3个城市的经济发展水平得分均超过15分。北部湾城市群中广西地区的经济发展水平的得分较低,其中南宁市、防城港市、钦州市、玉林市4个城市的经济发展水平得分超过15分。北部湾城市群中海南地区的经济发展水平较高,其中海口市的经济发展水平得分超过15分。

由2015年的北部湾城市群城市经济发展水平评价来看,得分处在8~18分,有7个城市的经济发展水平得分在10分以上,小于10分的城市有北海市、防城港市、崇左市。最高得分为南宁市的17.279分,最低得分为防城港市的8.197分。得分平均值为11.259分,得分标准差为2.600。北部湾城市群中广东地区城市的经济发展水平得分较高,其中阳江市、湛江市、茂名市3个城市的经济发展水平得分均超过15分。北部湾城市群中广西地区的经济发展水平的得分较低,其中南宁市、钦州市、玉林市3个城市的经济发展水平得分超过15分。北部湾城市群中海南地区的经济发展水平较高,其中海口市的经济发展水平得分超过15分。

由2016年的北部湾城市群城市经济发展水平评价来看,得分处在8~17分,有7个城市的经济发展水平得分在10分以上,小于10分的城市有北海市、防城港市、崇左市。最高得分为南宁市的16.383分,最低得分为防城港市的8.284分。得分平均值为11.474分,得分标准差为2.387。北部湾城市群中广东地区城市的经济发展水平得分较高,其中阳江市、湛江市、茂名市3个城市的经济发展水平得分均超过15分。北部湾城市群中广西地区的经济发展水平的得分较低,其中仅有南宁市、钦州市、玉林市3个城市的经济发展水平得分超过15分。北部湾城市群中海南地区的经济发展水平较高,其中海口市的经济发展水平得分超过15分。

通过对各年的北部湾城市群城市经济发展的平均分、标准差进行对比分析,可以发现其平均分处于波动上升趋势,说明北部湾城市群城市经济发展整体活力有所提升。北部湾城市群经济发展标准差处于波动上升趋势,说明城市间经济发展差距有所增大。对各城市的经济发展变化展开分析,发现南宁市经济发展处在绝对领先位置,在2008~2016年的各个时间段内均处于排名第1,其得分成上升趋势。广西地区其他城市除防城港市经济发展得分出现下降,其余城市均呈上升趋势,其排名除防城港市和玉林市外均保持不变或呈上升趋势,说明广西地区整体经济发展水平变化幅度较大。钦州市在经济发展得分上升的情况下其排名也出现上升,说明钦州市在经济发展方面存在有效推动力,提高了其经济发展水平,使其在地区内的排名结构出现较大提升。广东地区经济发展得分均有所上升,其经济发展排名均保持不变或大幅度上升,说明广东地区经济发展变化幅度较小。海南地区海口市经济发展得分呈下降趋势,排名也呈下降趋势,说明海南地区经济发展水平处于滞后阶段。

通过表5-14对2008~2016年的金融投资水平进行分析。由2008年的北部湾城市群城市金融投资水平评价来看,得分处在6~18分,有5个城市的金融投资水平得分在10分以上,小于10分的城市有阳江市、湛江市、北海市、防城港市、钦州市。最高得分为海口市的17.887分,最低得分为湛江市的6.755分。得分平均值为11.212分,得分标准差为3.882。北部湾城市群中广西地区城市的金融投资水平得分较高,其中南宁市、玉林市、崇左市3个城市的金融投资水平得分均超过10分。北部湾城市群中广东地区的金融投资水平的得分较低,其中仅有茂名市1个城市的金融投资水平得分超过10分。北部湾城市群中海南地区的金融投资水平较高,其中海口市的金融投资水平得分超过10分。

表 5 - 14 　　　　　　　　　 2008 ~ 2016 年北部湾城市群各城市金融投资评价比较

地区	2008 年	2009 年	2010 年	2011 年	2012 年	2013 年	2014 年	2015 年	2016 年	综合变化
阳江	9. 171	8. 849	8. 638	8. 075	8. 466	8. 126	8. 111	9. 002	7. 058	- 2. 113
湛江	6. 755	8. 147	8. 776	6. 922	6. 988	8. 624	7. 996	8. 544	7. 485	0. 730
茂名	12. 791	9. 919	7. 813	6. 239	8. 060	9. 836	9. 210	10. 995	11. 366	- 1. 424
南宁	16. 683	17. 128	13. 962	16. 584	18. 135	14. 998	14. 682	18. 711	16. 009	- 0. 674
北海	8. 061	13. 812	11. 255	10. 699	11. 443	9. 534	9. 686	11. 295	12. 259	4. 198
防城港	8. 115	12. 968	13. 236	12. 392	12. 342	9. 683	9. 292	10. 399	10. 680	2. 565
钦州	8. 545	12. 460	10. 273	9. 166	9. 309	8. 202	8. 235	9. 127	9. 390	0. 845
玉林	10. 247	9. 870	10. 003	9. 987	10. 930	10. 071	10. 407	12. 006	11. 237	0. 990
崇左	13. 869	11. 736	10. 661	9. 571	10. 362	8. 508	9. 416	10. 929	11. 611	- 2. 258
海口	17. 887	13. 616	14. 025	10. 412	12. 778	14. 705	15. 579	21. 349	22. 332	4. 445
最高分	17. 887	17. 128	14. 025	16. 584	18. 135	14. 998	15. 579	21. 349	22. 332	4. 445
最低分	6. 755	8. 147	7. 813	6. 239	6. 988	8. 126	7. 996	8. 544	7. 058	0. 303
平均分	11. 212	11. 851	10. 864	10. 005	10. 881	10. 229	10. 261	12. 236	11. 943	0. 730
标准差	3. 882	2. 725	2. 239	2. 943	3. 169	2. 534	2. 683	4. 298	4. 439	0. 557

由 2009 年的北部湾城市群城市金融投资水平评价来看，得分处在 8 ~ 18 分，有 6 个城市的金融投资水平得分在 10 分以上，小于 10 分的城市有阳江市、湛江市、茂名市、玉林市。最高得分为南宁市的 17. 128 分，最低得分为湛江市的 8. 147 分。得分平均值为 11. 851 分，得分标准差为 2. 725。北部湾城市群中广西地区城市的金融投资水平得分较高，其中南宁市、北海市、防城港市、钦州市、崇左市 5 个城市的金融投资水平得分均超过 10 分。北部湾城市群中广东地区的金融投资水平的得分较低，所有城市的金融投资水平得分均未超过 10 分。北部湾城市群中海南地区的金融投资水平较高，其中海口市的金融投资水平得分超过 10 分。

由 2010 年的北部湾城市群城市金融投资水平评价来看，得分处在 7 ~ 15 分，有 7 个城市的金融投资水平得分在 10 分以上，小于 10 分的城市有阳江市、湛江市、茂名市。最高得分为海口市的 14. 025 分，最低得分为茂名市的 7. 813 分。得分平均值为 10. 864 分，得分标准差为 2. 239。北部湾城市群中广西地区城市的金融投资水平得分较高，其中南宁市、北海市、防城港市、钦州市、玉林市、崇左市 6 个城市的金融投资水平得分均超过 10 分。北部湾城市群中广东地区的金融投资水平的得分较低，所有城市的金融投资水平得分均未超过 10 分。北部湾城市群中海南地区的金融投资水平较高，其中海口市的金融投资水平得分超过 10 分。

由 2011 年的北部湾城市群城市金融投资水平评价来看，得分处在 6 ~ 17 分，有 4 个城市的金融投资水平得分在 10 分以上，小于 10 分的城市有阳江市、湛江市、茂名市、钦州市、玉林市、崇左市。最高得分为南宁市的 16. 584 分，最低得分为茂名市的 6. 239 分。得分平均值为 10. 005 分，得分标准差为 2. 943。北部湾城市群中广西地区城市的金融投资水平得分较高，其中南宁市、北海市、防城港市 3 个城市的金融投资水平得分均超过 10 分。北部湾城市群中广东地区的金融投资水平的得分较低，所有城市的金融投资水平得分均未超过 10 分。北部湾城市群中海南地区的金融投资水平较高，其中海口市的金融投资水平得分超过 10 分。

由 2012 年的北部湾城市群城市金融投资水平评价来看，得分处在 6 ~ 19 分，有 5 个城市的金融投资水平得分在 10 分以上，小于 10 分的城市有阳江市、湛江市、茂名市、钦州市、崇左市。最高得分为南宁市的 18. 135 分，最低得分为湛江市的 6. 988 分。得分平均值为 10. 881 分，得分标准差为 3. 169。北部湾城市群中广西地区城市的金融投资水平得分较高，其中南宁市、北海市、防城港市、玉林市 4 个城市的金融投资水平得分均超过 10 分。北部湾城市群中广东地区的金融投资水平的得分较低，所有城市的金融投资水平得分均未超过 10 分。北部湾城市群中海南地区的金融投资水平较高，其中海口市的金融投资水平得分超过 10 分。

由 2013 年的北部湾城市群城市金融投资水平评价来看，得分处在 8 ~ 15 分，有 3 个城市的金融投资水平得分在 10 分以上，小于 10 分的城市有阳江市、湛江市、茂名市、北海市、防城港市、钦州市、崇左市。最高得分为南宁市的 14.998 分，最低得分为阳江市的 8.126 分。得分平均值为 10.229 分，得分标准差为 2.534。北部湾城市群中广西地区城市的金融投资水平得分较高，其中南宁市、玉林市 2 个城市的金融投资水平得分均超过 10 分。北部湾城市群中广东地区的金融投资水平的得分较低，所有城市的金融投资水平得分均未超过 10 分。北部湾城市群中海南地区的金融投资水平较高，其中海口市的金融投资水平得分超过 10 分。

由 2014 年的北部湾城市群城市金融投资水平评价来看，得分处在 7~16 分，有 3 个城市的金融投资水平得分在 10 分以上，小于 10 分的城市有阳江市、湛江市、茂名市、北海市、防城港市、钦州市、崇左市。最高得分为海口市的 15.579 分，最低得分为湛江市的 7.996 分。得分平均值为 10.261 分，得分标准差为 2.683。北部湾城市群中广西地区城市的金融投资水平得分较高，其中南宁市、玉林市 2 个城市的金融投资水平得分均超过 10 分。北部湾城市群中广东地区的金融投资水平的得分较低，所有城市的金融投资水平得分均未超过 10 分。北部湾城市群中海南地区的金融投资水平较高，其中海口市的金融投资水平得分超过 10 分。

由 2015 年的北部湾城市群城市金融投资水平评价来看，得分处在 8~22 分，有 7 个城市的金融投资水平得分在 10 分以上，小于 10 分的城市有阳江市、湛江市、钦州市。最高得分为海口市的 21.349 分，最低得分为湛江市的 8.544 分。得分平均值为 12.236 分，得分标准差为 4.298。北部湾城市群中广西地区城市的金融投资水平得分较高，其中南宁市、北海市、防城港市、玉林市、崇左市 5 个城市的金融投资水平得分均超过 10 分。北部湾城市群中广东地区的金融投资水平的得分较低，其中仅有茂名市 1 个城市的金融投资水平得分超过 10 分。北部湾城市群中海南地区的金融投资水平较高，其中海口市的金融投资水平得分超过 10 分。

由 2016 年的北部湾城市群城市金融投资水平评价来看，得分处在 7~23 分，有 7 个城市的金融投资水平得分在 10 分以上，小于 10 分的城市有阳江市、湛江市、钦州市。最高得分为海口市的 22.332 分，最低得分为阳江市的 7.058 分。得分平均值为 11.943 分，得分标准差为 4.439。北部湾城市群中广西地区城市的金融投资水平得分较高，其中南宁市、北海市、防城港市、玉林市、崇左市 5 个城市的金融投资水平得分均超过 10 分。北部湾城市群中广东地区的金融投资水平的得分较低，其中仅有茂名市 1 个城市的金融投资水平得分超过 10 分。北部湾城市群中海南地区的金融投资水平较高，其中海口市的金融投资水平得分超过 10 分。

通过对各年的北部湾城市群城市金融投资水平的平均分、标准差进行对比分析，可以发现其平均分处于波动上升趋势，说明北部湾城市群城市金融投资水平整体活力有所提升。北部湾城市群金融投资水平标准差处于波动上升趋势，说明城市间金融投资水平差距有所增大。对各城市的金融投资水平变化展开分析，发现没有城市区域经济发展水平处在绝对领先位置，2008~2016 年的各个时间段内北部湾城市群各城市排名均有不同幅度的变化。广东地区除湛江市得分和排名出现上升，其他城市金融投资水平得分和排名均呈下降趋势，说明广东地区金融投资水平发展处于滞后阶段。广西地区金融投资水平得分除南宁市、崇左市出现下降外，其余城市均有所上升，但其金融投资水平排名除钦州市、玉林市、崇左市出现下降外，其余城市均保持不变或趋于下降，说明广西地区金融投资水平变动幅度较大。北海市在金融投资水平得分出现大幅度上升的情况下其排名也出现大幅度上升，说明北海市在金融投资水平方面存在有效推动力，提高了其金融投资水平，使其在地区内的排名出现提升。海南地区海口市金融投资水平得分呈上升趋势，排名保持不变，说明海南地区金融投资综合能力较稳定。

（二）北部湾城市群城市区域经济发展水平评估结果的比较与评析

1. 北部湾城市群城市区域经济发展水平分布情况

根据灰色综合评价法对无量纲化后的三级指标进行权重得分计算，得到北部湾城市群各城市的区域经济发展水平得分及排名，反映各城市区域经济发展水平情况。下面对 2008~2016 年北部湾城市群各城市区域经济发展水平评价分值分布进行统计。

由图 5-1 可以看到 2008 年北部湾城市群城市区域经济发展水平得分情况，区域经济发展水平得分在 52 分以上的有 2 个城市，1 个城市的区域经济发展水平得分分布在 48~52 分，5 个城市的区域经济发展水平得分分布在 40～44 分，1 个城市的区域经济发展水平得分分布在 36～40 分。这说明北部湾城市群城市区域经济发展水平分布较不均衡。

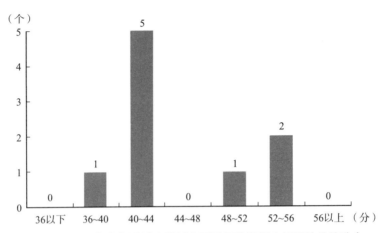

图 5－1　2008 年北部湾城市群城市区域经济发展水平评价分值分布

　　由图 5－2 可以看到 2009 年北部湾城市群城市区域经济发展水平得分情况，区域经济发展水平得分在52 分以上的有 1 个城市，1 个城市的区域经济发展水平得分分布在 48～52 分，1 个城市的区域经济发展水平得分分布在 44～48 分，3 个城市的区域经济发展水平得分分布在 40～44 分，4 个城市的区域经济发展水平得分分布在 36～40 分，这说明北部湾城市群城市区域经济发展水平分布较不均衡。

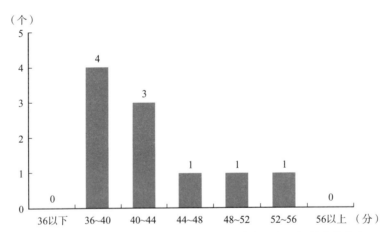

图 5－2　2009 年北部湾城市群城市区域经济发展水平评价分值分布

　　由图 5－3 可以看到 2010 年北部湾城市群城市区域经济发展水平得分情况，区域经济发展水平得分在52 分以上的有 1 个城市，1 个城市的区域经济发展水平得分分布在 48～52 分，2 个城市的区域经济发展水平得分分布在 44～48 分，5 个城市的区域经济发展水平得分分布在 40～44 分，1 个城市的区域经济发展水平得分分布在 36～40 分，这说明北部湾城市群城市区域经济发展水平分布较均衡。

　　由图 5－4 可以看到 2011 年北部湾城市群城市区域经济发展水平得分情况，区域经济发展水平得分在52 分以上的有 1 个城市，3 个城市的区域经济发展水平得分分布在 44～48 分，5 个城市的区域经济发展水平得分分布在 40～44 分，1 个城市的区域经济发展水平得分分布在 36～40 分，这说明北部湾城市群城市区域经济发展水平分布较为均衡。

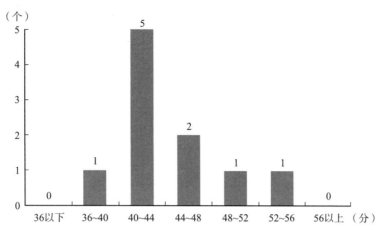

图 5 - 3 2010 年北部湾城市群城市区域经济发展水平评价分值分布

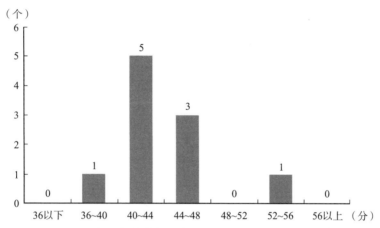

图 5 - 4 2011 年北部湾城市群城市区域经济发展水平评价分值分布

由图 5 - 5 可以看到 2012 年北部湾城市群城市区域经济发展水平得分情况，区域经济发展水平得分在 52 分以上的有 1 个城市，1 个城市的区域经济发展水平得分分布在 48 ~ 52 分，2 个城市的区域经济发展水平得分分布在 44 ~ 48 分，4 个城市的区域经济发展水平得分分布在 40 ~ 44 分，2 个城市的区域经济发展水平得分分布在 36 ~ 40 分，这说明北部湾城市群城市区域经济发展水平分布较均衡。

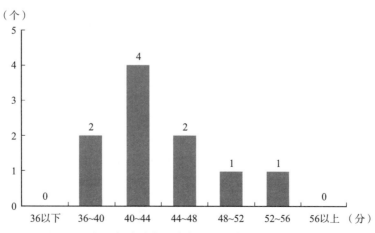

图 5 - 5 2012 年北部湾城市群城市区域经济发展水平评价分值分布

由图 5－6 可以看到 2013 年北部湾城市群城市区域经济发展水平得分情况，区域经济发展水平得分在 52 分以上的有 1 个城市，2 个城市的区域经济发展水平得分分布在 48～52 分，5 个城市的区域经济发展水平得分分布在 40～44 分，2 个城市的区域经济发展水平得分分布在 36～40 分，这说明北部湾城市群城市区域经济发展水平分布较不均衡。

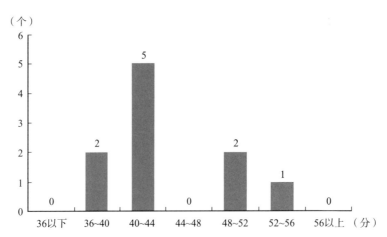

图 5－6　2013 年北部湾城市群城市区域经济发展水平评价分值分布

由图 5－7 可以看到 2014 年北部湾城市群城市区域经济发展水平得分情况，区域经济发展水平得分在 52 分以上的有 1 个城市，1 个城市的区域经济发展水平得分分布在 48～52 分，1 个城市的区域经济发展水平得分分布在 44～48 分，6 个城市的区域经济发展水平得分分布在 40～44 分，这说明北部湾城市群城市区域经济发展水平分布较不均衡。

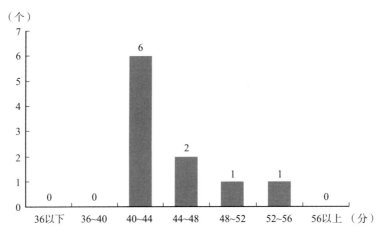

图 5－7　2014 年北部湾城市群城市区域经济发展水平评价分值分布

由图 5－8 可以看到 2015 年北部湾城市群城市区域经济发展水平得分情况，区域经济发展水平得分在 52 分以上的有 2 个城市，1 个城市的区域经济发展水平得分分布在 44～48 分，2 个城市的区域经济发展水平得分分布在 40～44 分，5 个城市的区域经济发展水平得分分布在 36～40 分，这说明北部湾城市群城市区域经济发展水平分布较不均衡。

由图 5－9 可以看到 2016 年北部湾城市群城市区域经济发展水平得分情况，区域经济发展水平得分在 52 分以上的有 2 个城市，1 个城市的区域经济发展水平得分分布在 48～52 分，2 个城市的区域经济发展水平得分分布在 44～48 分，5 个城市的区域经济发展水平得分分布在 40～44 分，这说明北部湾城市群城市区域经济发展水平分布较不均衡。

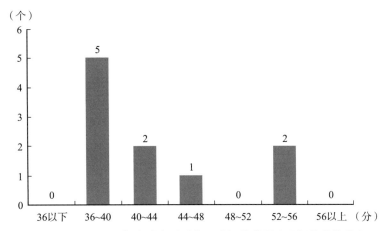

图 5 - 8　2015 年北部湾城市群城市区域经济发展水平评价分值分布

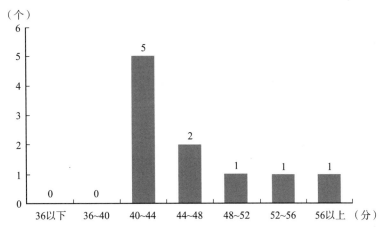

图 5 - 9　2016 年北部湾城市群城市区域经济发展水平评价分值分布

2. 北部湾城市群城市区域经济水平跨区段变动情况

根据图 5 - 10 对 2008～2009 年北部湾城市群城市区域经济发展水平的跨区段变化进行分析，可以看到在 2008～2009 年有 7 个城市的区域经济发展水平在北部湾城市群的位次发生大幅变动。其中，茂名市由上游区下降至中游区，防城港市由下游区上升至上游区，钦州市、北海市、阳江市由中游区下降至下游区，玉林市、湛江市由下游区上升至中游区。

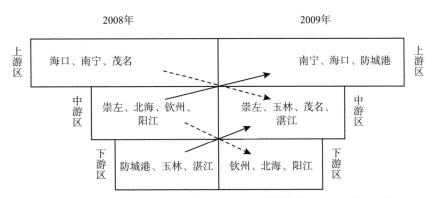

图 5 - 10　2008～2009 年北部湾城市群城市区域经济发展水平大幅变动情况

根据图 5 - 11 对 2009～2010 年北部湾城市群城市区域经济发展水平的跨区段变化进行分析，可以看到在 2009～2010 年有 4 个城市的区域经济发展水平在北部湾城市群的位次发生大幅变动。其中，玉林市、崇左市由中游区下降至下游区，钦州市、北海市由下游区上升至中游区。

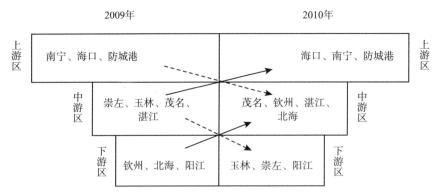

图 5－11　2009～2010 年北部湾城市群城市区域经济发展水平大幅变动情况

根据图 5－12 对 2010～2011 年北部湾城市群城市区域经济发展水平的跨区段变化进行分析，可以看到在 2010～2011 年有 2 个城市的区域经济发展水平在北部湾城市群的位次发生大幅变动。其中，湛江市由中游区下降至下游区，玉林市由下游区上升至中游区。

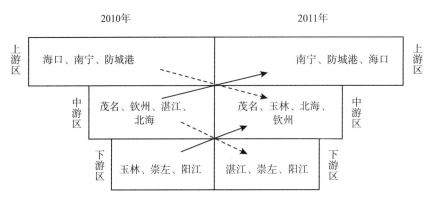

图 5－12　2010～2011 年北部湾城市群城市区域经济发展水平大幅变动情况

根据图 5－13 对 2011～2012 年北部湾城市群城市区域经济发展水平的跨区段变化进行分析，可以看到在 2011～2012 年有 4 个城市的区域经济发展水平在北部湾城市群的位次发生大幅变动。其中，防城港市由上游区下降至中游区，茂名市由中游区上升至上游区，阳江市由下游区上升至中游区，钦州市由中游区下降至下游区。

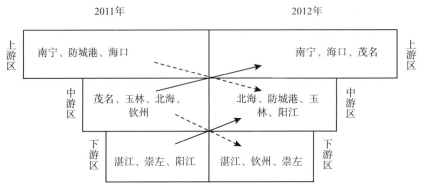

图 5－13　2011～2012 年北部湾城市群城市区域经济发展水平大幅变动情况

根据图 5－14 对 2012～2013 年北部湾城市群城市区域经济发展水平的跨区段变化进行分析，可以看到在 2012～2013 年有 2 个城市的区域经济发展水平在北部湾城市群的位次发生大幅变动。其中，玉林市由中游区下降至下游区，湛江市由下游区上升至中游区。

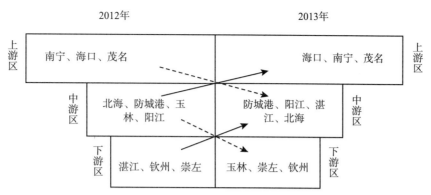

图 5 – 14　2012 ~ 2013 年北部湾城市群城市区域经济发展水平大幅变动情况

　　根据图 5 – 15 对 2013 ~ 2014 年北部湾城市群城市区域经济发展水平的跨区段变化进行分析，可以看到在 2013 ~ 2014 年有 2 个城市的区域经济发展水平在北部湾城市群的位次发生大幅变动。其中，湛江市由中游区下降至下游区，玉林市由下游区上升至中游区。

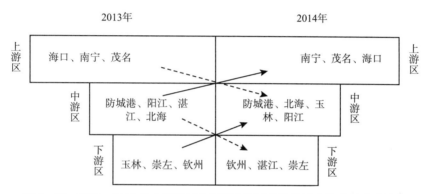

图 5 – 15　2013 ~ 2014 年北部湾城市群城市区域经济发展水平大幅变动情况

　　根据图 5 – 16 对 2014 ~ 2015 年北部湾城市群城市区域经济发展水平的跨区段变化进行分析，可以看到在 2014 ~ 2015 年有 4 个城市的区域经济发展水平在北部湾城市群的位次发生大幅变动。其中，北海市、防城港市由中游区下降至下游区，钦州市、崇左市由下游区上升至中游区。

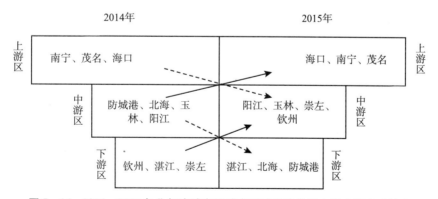

图 5 – 16　2014 ~ 2015 年北部湾城市群城市区域经济发展水平大幅变动情况

　　根据图 5 – 17 对 2015 ~ 2016 年北部湾城市群城市区域经济发展水平的跨区段变化进行分析，可以看到在 2015 ~ 2016 年有 4 个城市的区域经济发展水平在北部湾城市群的位次发生大幅变动。其中，玉林市、阳江市由中游区下降至下游区，北海市、防城港市由下游区上升至中游区。

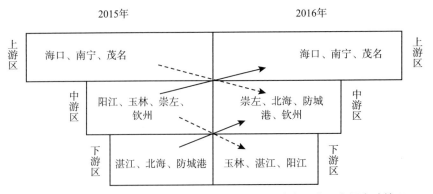

图 5 - 17   2015～2016 年北部湾城市群城市区域经济发展水平大幅变动情况

根据图 5 - 18 对 2008～2016 年北部湾城市群城市区域经济发展水平的跨区段变化进行分析，可以看到在 2008～2016 年有 2 个城市的区域经济发展水平在北部湾城市群的位次发生大幅变动。其中，阳江市由中游区下降至下游区，防城港市由下游区上升至中游区。

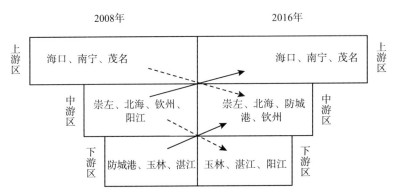

图 5 - 18   2008～2016 年北部湾城市群城市区域经济发展水平大幅变动情况

二、北部湾城市群城市经济结构比较分析

（一）北部湾城市群城市经济结构竞争力评估结果

根据北部湾城市群城市经济结构竞争力指标体系和数学评价模型，对 2008～2016 年北部湾城市群 10 个城市的经济结构竞争力进行评价。下面是本次评估期间北部湾城市群 10 个城市的经济结构竞争力排名及变化情况和指标评价结构。

根据表 5 - 15 对 2008 年北部湾城市群各城市经济结构竞争力排名进行分析，可以看到北部湾城市群 10 个城市中，经济结构竞争力处于上游区的依次是北海市、海口市、茂名市；处于中游区的依次是防城港市、钦州市、阳江市、崇左市；处于下游区的依次是南宁市、湛江市、玉林市。这说明在北部湾城市群中海南地区经济结构竞争力高于广东和广西地区，更具发展优势。

表 5 - 15   2008 年北部湾城市群城市经济结构竞争力排名

地区	排名	区段	地区	排名	区段	地区	排名	区段
北海	1	上游区	防城港	4	中游区	南宁	8	下游区
海口	2		钦州	5		湛江	9	
茂名	3		阳江	6		玉林	10	
			崇左	7				

根据表 5 - 16 对 2009 年北部湾城市群各城市经济结构竞争力排名进行分析，可以看到北部湾城市群

10个城市中，经济结构竞争力处于上游区的依次是海口市、崇左市、防城港市；处于中游区的依次是南宁市、茂名市、湛江市、玉林市；处于下游区的依次是阳江市、钦州市、北海市。相比于2008年，海口市依然保持在上游区；北海市排名下降至第10名，进入下游区；茂名市下降至第5名，进入中游区；崇左市上升至第2名，进入上游区；防城港市上升至第2名，进入上游区；南宁市、湛江市均上升至中游区，阳江市、钦州市均下降至下游区，经济结构竞争力还有较大的发展空间。

表 5 – 16　　　　　　　　　2009 年北部湾城市群城市经济结构竞争力排名

地区	排名	区段	地区	排名	区段	地区	排名	区段
海口	1	上游区	南宁	4	中游区	阳江	8	下游区
崇左	2		茂名	5		钦州	9	
防城港	3		湛江	6		北海	10	
			玉林	7				

根据表 5 – 17 对 2010 年北部湾城市群各城市经济结构竞争力排名进行分析，可以看到北部湾城市群10个城市中，经济结构竞争力处于上游区的依次是茂名市、海口市、防城港市；处于中游区的依次是钦州市、崇左市、北海市、湛江市；处于下游区的依次是阳江市、玉林市、南宁市。相比于2009年，茂名市上升至第1名，进入上游区；崇左市下降至第5名，进入中游区；钦州市上升至第4名，进入中游区；北海市上升至第6名，进入中游区；玉林市、南宁市均下降至下游区。

表 5 – 17　　　　　　　　　2010 年北部湾城市群城市经济结构竞争力排名

地区	排名	区段	地区	排名	区段	地区	排名	区段
茂名	1	上游区	钦州	4	中游区	阳江	8	下游区
海口	2		崇左	5		玉林	9	
防城港	3		北海	6		南宁	10	
			湛江	7				

根据表 5 – 18 对 2011 年北部湾城市群各城市经济结构竞争力排名进行分析，可以看到北部湾城市群10个城市中，经济结构竞争力处于上游区的依次是茂名市、防城港市、崇左市；处于中游区的依次是海口市、北海市、钦州市、阳江市；处于下游区的依次是湛江市、玉林市、南宁市。相比于2010年，海口市排名下降至第4名，从上游区下降至中游区；崇左市上升至第3名，进入上游区；阳江市排名上升至第7名进入中游区，湛江市排名下降至第8名进入下游区。

表 5 – 18　　　　　　　　　2011 年北部湾城市群城市经济结构竞争力排名

地区	排名	区段	地区	排名	区段	地区	排名	区段
茂名	1	上游区	海口	4	中游区	湛江	8	下游区
防城港	2		北海	5		玉林	9	
崇左	3		钦州	6		南宁	10	
			阳江	7				

根据表 5 – 19 对 2012 年北部湾城市群各城市经济结构竞争力排名进行分析，可以看到北部湾城市群10个城市中，经济结构竞争力处于上游区的依次是北海市、茂名市、海口市；处于中游区的依次是阳江市、防城港市、湛江市、崇左市；处于下游区的依次是南宁市、钦州市、玉林市。相比于2011年，防城港市从第2名下降至第5名，进入中游区；崇左市从第3名下降至第7名，进入中游区；北海市上升至第1名，进入上游区；海口市上升至第3名，进入上游区；湛江市从第8名上升至第6名，进入中游区；钦州市从第6名下降至第9名，下降至下游区。

表 5-19   2012 年北部湾城市群城市经济结构竞争力排名

地区	排名	区段	地区	排名	区段	地区	排名	区段
北海	1		阳江	4		南宁	8	
茂名	2	上游区	防城港	5	中游区	钦州	9	下游区
海口	3		湛江	6		玉林	10	
			崇左	7				

根据表 5-20 对 2013 年北部湾城市群各城市经济结构竞争力排名进行分析，可以看到北部湾城市群 10 个城市中，经济结构竞争力处于上游区的依次是玉林市、钦州市、南宁市；处于中游区的依次是湛江市、北海市、崇左市、阳江市；处于下游区的依次是防城港市、海口市、茂名市。相比于 2012 年，玉林市上升至第 1 名，钦州市上升至第 2 名，南宁市上升至第 3 名，进入上游区；北海市下降至第 5 名，进入中游区；茂名市下降至第 10 名，海口市下降至第 9 名，进入下游区；防城港市下降至第 8 名，进入下游区。

表 5-20   2013 年北部湾城市群城市经济结构竞争力排名

地区	排名	区段	地区	排名	区段	地区	排名	区段
玉林	1		湛江	4		防城港	8	
钦州	2	上游区	北海	5	中游区	海口	9	下游区
南宁	3		崇左	6		茂名	10	
			阳江	7				

根据表 5-21 对 2014 年北部湾城市群各城市经济结构竞争力排名进行分析，可以看到北部湾城市群 10 个城市中，经济结构竞争力处于上游区的依次是防城港市、茂名市、北海市；处于中游区的依次是阳江市、崇左市、钦州市、南宁市；处于下游区的依次是海口市、玉林市、湛江市。相比于 2013 年，防城港市上升至第 1 名，茂名市上升至第 2 名，北海市上升至第 3 名，进入上游区；钦州市下降至第 6 名，南宁市下降至第 7 名，进入中游区；玉林市下降至第 9 名，湛江市下降至第 10 名，进入下游区。

表 5-21   2014 年北部湾城市群城市经济结构竞争力排名

地区	排名	区段	地区	排名	区段	地区	排名	区段
防城港	1		阳江	4		海口	8	
茂名	2	上游区	崇左	5	中游区	玉林	9	下游区
北海	3		钦州	6		湛江	10	
			南宁	7				

根据表 5-22 对 2015 年北部湾城市群各城市经济结构竞争力排名进行分析，可以看到北部湾城市群 10 个城市中，经济结构竞争力处于上游区的依次是海口市、茂名市、阳江市；处于中游区的依次是崇左市、防城港市、南宁市、钦州市；处于下游区的依次是玉林市、湛江市、北海市。相比于 2014 年，海口市上升至第 1 名，阳江市上升至第 3 名，进入上游区；防城港市下降至第 5 名，进入中游区；北海市下降至第 10 名，进入下游区。

表 5-22   2015 年北部湾城市群城市经济结构竞争力排名

地区	排名	区段	地区	排名	区段	地区	排名	区段
海口	1		崇左	4		玉林	8	
茂名	2	上游区	防城港	5	中游区	湛江	9	下游区
阳江	3		南宁	6		北海	10	
			钦州	7				

根据表 5 - 23 对 2016 年北部湾城市群各城市经济结构竞争力排名进行分析，可以看到北部湾城市群 10 个城市中，经济结构竞争力处于上游区的依次是防城港市、茂名市、海口市；处于中游区的依次是崇左市、北海市、阳江市、钦州市；处于下游区的依次是湛江市、南宁市、玉林市。相比于 2015 年，阳江市下降至第 6 名，进入中游区；防城港市上升至第 1 名，进入上游区；北海市上升至第 5 名，进入中游区；南宁市下降至第 9 名，进入下游区。

表 5 - 23　　　　　　　　　　　2016 年北部湾城市群城市经济结构竞争力排名

地区	排名	区段	地区	排名	区段	地区	排名	区段
防城港	1		崇左	4		湛江	8	
茂名	2	上游区	北海	5	中游区	南宁	9	下游区
海口	3		阳江	6		玉林	10	
			钦州	7				

根据表 5 - 24 对 2008 ~ 2016 年北部湾城市群各城市经济结构竞争力排名进行分析，可以看到北部湾城市群 10 个城市中，经济结构竞争力处于上升区的依次是湛江市、茂名市、防城港市、崇左市；处于保持区的依次是阳江市、玉林市；处于下降区的依次是南宁市、海口市、钦州市、北海市。

表 5 - 24　　　　　　　　2008 ~ 2016 年北部湾城市群城市经济结构竞争力排名变化

地区	排名变化	区段	地区	排名变化	区段	地区	排名变化	区段
湛江	1		阳江	0		南宁	-1	
茂名	1	上升区	玉林	0	保持区	海口	-1	下降区
防城港	3					钦州	-2	
崇左	3					北海	-4	

（二）北部湾城市群城市经济结构竞争力评估结果的比较与评析

1. 北部湾城市群城市经济结构竞争力分布情况

根据灰色综合评价法对无量纲化后的三级指标进行权重得分计算，得到北部湾城市群各城市的经济结构竞争力得分及排名，反映出各城市经济结构竞争力情况。下面对 2008 ~ 2016 年北部湾城市群各城市经济结构竞争力评价分值分布进行统计。

由图 5 - 19 可以看到 2008 年北部湾城市群城市经济结构竞争力得分情况，经济结构竞争力得分在 24 分以上的有 2 个城市，22 ~ 24 分的有 4 个城市，20 ~ 22 分的有 4 个城市，这说明北部湾城市群城市经济结构竞争力分布较不均衡。

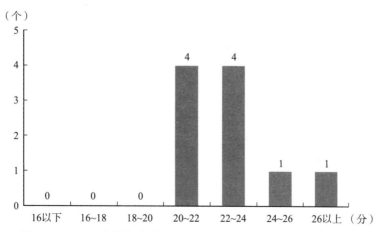

图 5 - 19　2008 年北部湾城市群城市经济结构竞争力评价分值分布

由图 5－20 可以看到 2009 年北部湾城市群城市经济结构竞争力得分情况，经济结构竞争力得分在 22 分以上的有 1 个城市，20～22 分的有 3 个城市，18～20 分的有 3 个城市，16～18 分的有 3 个城市，这说明北部湾城市群城市经济结构竞争力分布较不均衡。

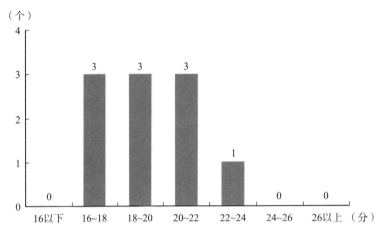

图 5－20　2009 年北部湾城市群城市经济结构竞争力评价分值分布

由图 5－21 可以看到 2010 年北部湾城市群城市经济结构竞争力得分情况，经济结构竞争力得分在 24 分以上的有 3 个城市，22～24 分的有 3 个城市，20～22 分的有 4 个城市，这说明北部湾城市群城市经济结构竞争力分布较不均衡。

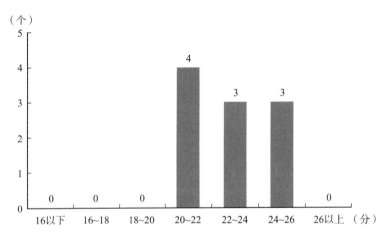

图 5－21　2010 年北部湾城市群城市经济结构竞争力评价分值分布

由图 5－22 可以看到 2011 年北部湾城市群城市经济结构竞争力得分情况，经济结构竞争力得分在 24 分以上的有 2 个城市，22～24 分的有 6 个城市，20～22 分的有 2 个城市，这说明北部湾城市群城市经济结构竞争力分布较不均衡。

由图 5－23 可以看到 2012 年北部湾城市群城市经济结构竞争力得分情况，经济结构竞争力得分在 24 分以上的有 2 个城市，22～24 分的有 4 个城市，20～22 分的有 4 个城市，这说明北部湾城市群城市经济结构竞争力分布较不均衡。

由图 5－24 可以看到 2013 年北部湾城市群城市经济结构竞争力得分情况，经济结构竞争力得分在 24 分以上的有 3 个城市，22～24 分的有 3 个城市，20～22 分的有 4 个城市，这说明北部湾城市群城市经济结构竞争力分布较不均衡。

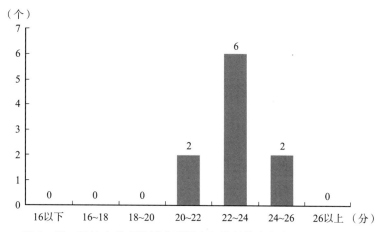

图 5 – 22　2011 年北部湾城市群城市经济结构竞争力评价分值分布

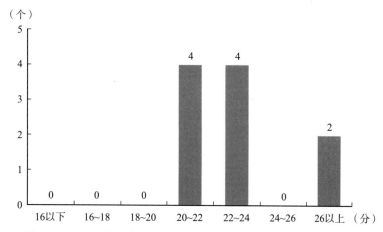

图 5 – 23　2012 年北部湾城市群城市经济结构竞争力评价分值分布

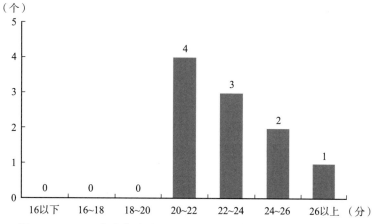

图 5 – 24　2013 年北部湾城市群城市经济结构竞争力评价分值分布

由图 5 – 25 可以看到 2014 年北部湾城市群城市经济结构竞争力得分情况，经济结构竞争力得分在 24 分以上的有 3 个城市，22 ~ 24 分的有 3 个城市，20 ~ 22 分的有 4 个城市，这说明北部湾城市群城市经济结构竞争力分布较不均衡。

由图 5 – 26 可以看到 2015 年北部湾城市群城市经济结构竞争力得分情况，经济结构竞争力得分在 22 分以上的有 1 个城市，20 ~ 22 分的有 2 个城市，18 ~ 20 分的有 4 个城市，16 ~ 18 分的有 3 个城市，这说明北部湾城市群城市经济结构竞争力分布较不均衡。

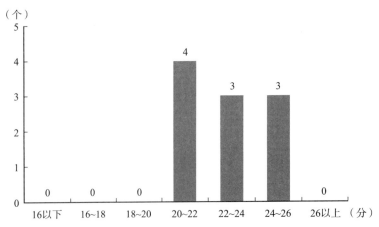

图 5－25　2014 年北部湾城市群城市经济结构竞争力评价分值分布

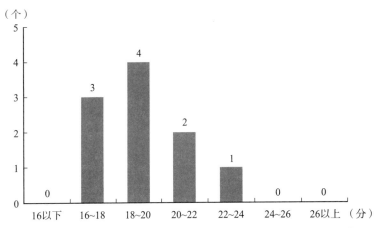

图 5－26　2015 年北部湾城市群城市经济结构竞争力评价分值分布

由图 5－27 可以看到 2016 年北部湾城市群城市经济结构竞争力得分情况，经济结构竞争力得分在 24 分以上的有 4 个城市，22～24 分的有 1 个城市，20～22 分的有 3 个城市，18～20 分的有 2 个城市，这说明北部湾城市群城市经济结构竞争力分布较不均衡。

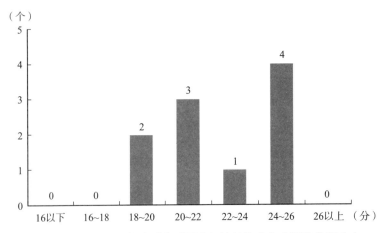

图 5－27　2016 年北部湾城市群城市经济结构竞争力评价分值分布

2. 北部湾城市群城市经济结构竞争力跨区段变动情况

根据图 5－28 对 2008～2009 年北部湾城市群城市经济结构竞争力的跨区段变化进行分析，可以看到在 2008～2009 年有 9 个城市的经济结构竞争力在北部湾城市群的位次发生大幅变动。其中，北海市由上游区下降至下游区，茂名市由上游区下降至中游区，崇左市、防城港市由中游区上升至上游区，阳江市、钦州市由中游区下降至下游区，南宁市、湛江市、玉林市由下游区上升至中游区。

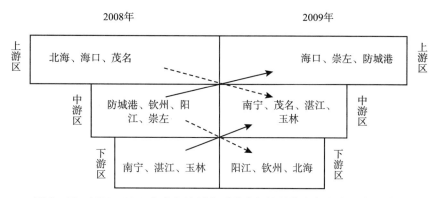

图 5 - 28　2008 ~ 2009 年北部湾城市群城市经济结构竞争力大幅变动情况

根据图 5 - 29 对 2009 ~ 2010 年北部湾城市群城市经济结构竞争力的跨区段变化进行分析，可以看到在 2009 ~ 2010 年有 6 个城市的经济结构竞争力在北部湾城市群的位次发生大幅变动。其中，崇左市由上游区下降至中游区，茂名市由中游区上升至上游区，玉林市、南宁市由中游区下降至下游区，钦州市、北海市由下游区上升至中游区。

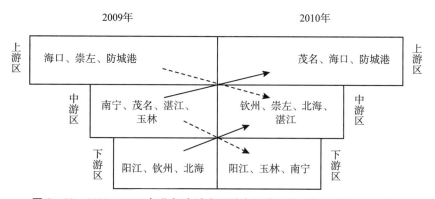

图 5 - 29　2009 ~ 2010 年北部湾城市群城市经济结构竞争力大幅变动情况

根据图 5 - 30 对 2010 ~ 2011 年北部湾城市群城市经济结构竞争力的跨区段变化进行分析，可以看到在 2010 ~ 2011 年有 4 个城市的经济结构竞争力在北部湾城市群的位次发生大幅变动。其中，海口市由上游区下降至中游区，崇左市由中游区上升至上游区，阳江市由下游区上升至中游区，湛江市由中游区下降至下游区。

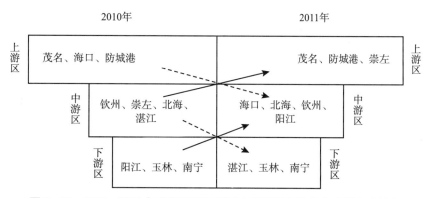

图 5 - 30　2010 ~ 2011 年北部湾城市群城市经济结构竞争力大幅变动情况

根据图 5－31 对 2011～2012 年北部湾城市群城市经济结构竞争力的跨区段变化进行分析，可以看到在 2011～2012 年有 6 个城市的经济结构竞争力在北部湾城市群的位次发生大幅变动。其中，防城港市、崇左市由上游区下降至中游区，北海市、海口市由中游区上升至上游区，湛江市由下游区上升至中游区，钦州市由中游区下降至下游区。

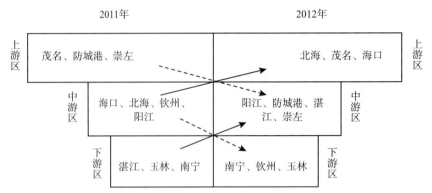

图 5－31　2011～2012 年北部湾城市群城市经济结构竞争力大幅变动情况

根据图 5－32 对 2012～2013 年北部湾城市群城市经济结构竞争力的跨区段变化进行分析，可以看到在 2012～2013 年有 7 个城市的经济结构竞争力在北部湾城市群的位次发生大幅变动。其中，北海市由上游区下降至中游区，海口市、茂名市由上游区下降至下游区，防城港市由中游区下降至下游区，南宁市、钦州市、玉林市由下游区上升至上游区。

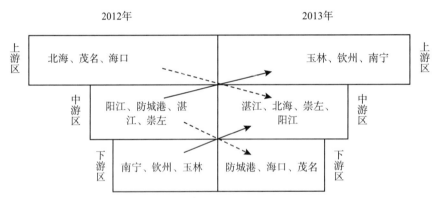

图 5－32　2012～2013 年北部湾城市群城市经济结构竞争力大幅变动情况

根据图 5－33 对 2013～2014 年北部湾城市群城市经济结构竞争力的跨区段变化进行分析，可以看到在 2013～2014 年有 7 个城市的经济结构竞争力在北部湾城市群的位次发生大幅变动。其中，钦州市、南宁市由上游区下降至中游区，玉林市由上游区下降至下游区，防城港市由下游区上升至上游区，茂名市由下游区上升至上游区，北海市由中游区上升至上游区，湛江市由中游区下降至下游区。

根据图 5－34 对 2014～2015 年北部湾城市群城市经济结构竞争力的跨区段变化进行分析，可以看到在 2014～2015 年有 4 个城市的经济结构竞争力在北部湾城市群的位次发生大幅变动。其中，防城港市由上游区下降至中游区，北海市由上游区下降至下游区，海口市由下游区上升至上游区，阳江市由中游区上升至上游区。

根据图 5－35 对 2015～2016 年北部湾城市群城市经济结构竞争力的跨区段变化进行分析，可以看到在 2015～2016 年有 4 个城市的经济结构竞争力在北部湾城市群的位次发生大幅变动。其中，阳江市由上游区下降至中游区，防城港市由中游区上升至上游区，南宁市由中游区下降至下游区，北海市由下游区上升至中游区。

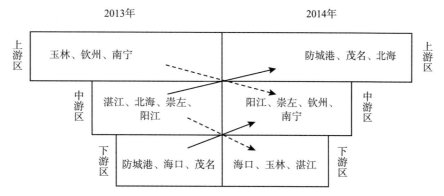

图 5 - 33　2013 ~ 2014 年北部湾城市群城市经济结构竞争力大幅变动情况

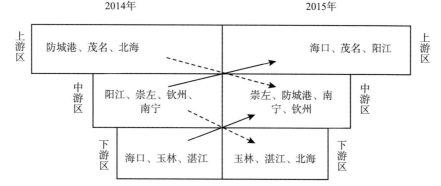

图 5 - 34　2014 ~ 2015 年北部湾城市群城市经济结构竞争力大幅变动情况

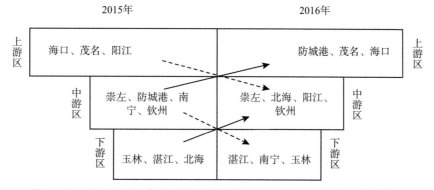

图 5 - 35　2015 ~ 2016 年北部湾城市群城市经济结构竞争力大幅变动情况

根据图 5 - 36 对 2008 ~ 2016 年北部湾城市群城市经济结构竞争力的跨区段变化进行分析，可以看到在 2008 ~ 2016 年有 2 个城市的经济结构竞争力在北部湾城市群的位次发生大幅变动。其中，北海市由上游区下降至中游区，防城港市由中游区上升至上游区。

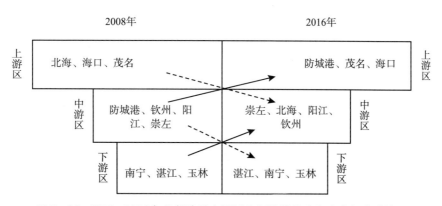

图 5 - 36　2008 ~ 2016 年北部湾城市群城市经济结构竞争力大幅变动情况

三、北部湾城市群城市经济发展比较分析

（一）北部湾城市群城市经济发展水平评估结果

根据北部湾城市群城市经济发展水平指标体系和数学评价模型，对2008～2016年北部湾城市群内10个城市的城市经济发展水平进行评价。下面是本次评估期间北部湾城市群10个城市的城市经济发展水平排名及变化情况和指标评价结构。

根据表5－25对2008年北部湾城市群城市经济发展水平排名进行分析，可以看到北部湾城市群10个城市中，城市经济发展水平处于上游区的依次是南宁市、茂名市、湛江市；处于中游区的依次是海口市、玉林市、阳江市、钦州市；处于下游区的依次是防城港市、崇左市、北海市。说明在北部湾城市群10个中广东、广西地区城市经济发展水平高于海南地区，经济发展能力更高。

表5－25　　　　　　　　　2008年北部湾城市群城市经济发展水平排名

地区	排名	区段	地区	排名	区段	地区	排名	区段
南宁	1	上游区	海口	4	中游区	防城港	8	下游区
茂名	2		玉林	5		崇左	9	
湛江	3		阳江	6		北海	10	
			钦州	7				

根据表5－26对2009年北部湾城市群城市经济发展水平排名进行分析，可以看到北部湾城市群10个城市中，城市经济发展水平处于上游区的依次是南宁市、玉林市、海口市；处于中游区的依次是湛江市、茂名市、防城港市、钦州市；处于下游区的依次是阳江市、北海市、崇左市。相比于2008年，玉林市由第5名上升至第2名，海口市由第4名上升至第3名，从中游城市进入上游城市行列；防城港市由第8名上升至第6名，由下游城市进入中游区。湛江市下降1名，茂名市由第2名下降至第5名，从上游区进入中游区；阳江市由第6名下降至第8名，从中游区进入下游区。

表5－26　　　　　　　　　2009年北部湾城市群城市经济发展水平排名

地区	排名	区段	地区	排名	区段	地区	排名	区段
南宁	1	上游区	湛江	4	中游区	阳江	8	下游区
玉林	2		茂名	5		北海	9	
海口	3		防城港	6		崇左	10	
			钦州	7				

根据表5－27对2010年北部湾城市群城市经济发展水平排名进行分析，可以看到北部湾城市群10个城市中，城市经济发展水平处于上游区的依次是南宁市、海口市、茂名市；处于中游区的依次是湛江市、玉林市、钦州市、防城港市；处于下游区的依次是阳江市、北海市、崇左市。相比于2009年，茂名市由第5名上升至第3名，由中游城市进入上游区。玉林市由第2名下降至第5名，由上游城市进入中游区。

表5－27　　　　　　　　　2010年北部湾城市群城市经济发展水平排名

地区	排名	区段	地区	排名	区段	地区	排名	区段
南宁	1	上游区	湛江	4	中游区	阳江	8	下游区
海口	2		玉林	5		北海	9	
茂名	3		钦州	6		崇左	10	
			防城港	7				

根据表 5 - 28 对 2011 年北部湾城市群城市经济发展水平排名进行分析，可以看到北部湾城市群 10 个城市中，城市经济发展水平处于上游区的依次是南宁市、茂名市、海口市；处于中游区的依次是湛江市、玉林市、钦州市、防城港市；处于下游区的依次是阳江市、北海市、崇左市。相比于 2010 年，北部湾城市群内部城市排名未出现跨区域变化。

表 5 - 28　　　　　　　　　　　2011 年北部湾城市群城市经济发展水平排名

地区	排名	区段	地区	排名	区段	地区	排名	区段
南宁	1	上游区	湛江	4	中游区	阳江	8	下游区
茂名	2		玉林	5		北海	9	
海口	3		钦州	6		崇左	10	
			防城港	7				

根据表 5 - 29 对 2012 年北部湾城市群城市经济发展水平排名进行分析，可以看到北部湾城市群 10 个城市中，城市经济发展水平处于上游区的依次是南宁市、茂名市、海口市；处于中游区的依次是湛江市、玉林市、阳江市、钦州市；处于下游区的依次是北海市、防城港市、崇左市。相比于 2011 年，阳江市由第 8 名上升至第 6 名，由下游区进入中游区。防城港市由第 7 名下降至第 9 名，从中游区进入下游区。

表 5 - 29　　　　　　　　　　　2012 年北部湾城市群城市经济发展水平排名

地区	排名	区段	地区	排名	区段	地区	排名	区段
南宁	1	上游区	湛江	4	中游区	北海	8	下游区
茂名	2		玉林	5		防城港	9	
海口	3		阳江	6		崇左	10	
			钦州	7				

根据表 5 - 30 对 2013 年北部湾城市群城市经济发展水平排名进行分析，可以看到北部湾城市群 10 个城市中，城市经济发展水平处于上游区的依次是南宁市、茂名市、海口市；处于中游区的依次是湛江市、阳江市、玉林市、钦州市；处于下游区的依次是北海市、防城港市、崇左市。相比于 2012 年，北部湾城市群内部城市排名未出现跨区域变化。

表 5 - 30　　　　　　　　　　　2013 年北部湾城市群城市经济发展水平排名

地区	排名	区段	地区	排名	区段	地区	排名	区段
南宁	1	上游区	湛江	4	中游区	北海	8	下游区
茂名	2		阳江	5		防城港	9	
海口	3		玉林	6		崇左	10	
			钦州	7				

根据表 5 - 31 对 2014 年北部湾城市群城市经济发展水平排名进行分析，可以看到北部湾城市群 10 个城市中，城市经济发展水平处于上游区的依次是南宁市、茂名市、湛江市；处于中游区的依次是钦州市、玉林市、海口市、阳江市；处于下游区的依次是防城港市、北海市、崇左市。相比于 2013 年，湛江市上升 1 名，由中游区进入上游区。海口市由第 3 名下降至第 6 名，由上游区进入中游区。

根据表 5 - 32 对 2015 年北部湾城市群城市经济发展水平排名进行分析，可以看到北部湾城市群 10 个城市中，城市经济发展水平处于上游区的依次是南宁市、茂名市、湛江市；处于中游区的依次是海口市、钦州市、阳江市、玉林市；处于下游区的依次是北海市、崇左市、防城港市。相比于 2014 年，北部湾城市群北部内部城市排名未出现跨区域变化。

表 5 - 31　　　　　　　　　　　2014 年北部湾城市群城市经济发展水平排名

地区	排名	区段	地区	排名	区段	地区	排名	区段
南宁	1		钦州	4		防城港	8	
茂名	2	上游区	玉林	5	中游区	北海	9	下游区
湛江	3		海口	6		崇左	10	
			阳江	7				

表 5 - 32　　　　　　　　　　　2015 年北部湾城市群城市经济发展水平排名

地区	排名	区段	地区	排名	区段	地区	排名	区段
南宁	1		海口	4		北海	8	
茂名	2	上游区	钦州	5	中游区	崇左	9	下游区
湛江	3		阳江	6		防城港	10	
			玉林	7				

根据表 5 - 33 对 2016 年北部湾城市群城市经济发展水平排名进行分析，可以看到北部湾城市群 10 个城市中，城市经济发展水平处于上游区的依次是南宁市、茂名市、湛江市；处于中游区的依次是钦州市、阳江市、玉林市、海口市；处于下游区的依次是崇左市、北海市、防城港市。相比于 2015 年，北部湾城市群北部内部城市排名未出现跨区域变化。

表 5 - 33　　　　　　　　　　　2016 年北部湾城市群城市经济发展水平排名

地区	排名	区段	地区	排名	区段	地区	排名	区段
南宁	1		钦州	4		崇左	8	
茂名	2	上游区	阳江	5	中游区	北海	9	下游区
湛江	3		玉林	6		防城港	10	
			海口	7				

根据表 5 - 34 对 2008 ~ 2016 年北部湾城市群城市经济发展水平排名变化趋势进行分析，可以看到北部湾城市群 10 个城市中，城市经济发展水平处于上升区的依次是阳江市、北海市、钦州市；处于保持区的依次是湛江市、茂名市、南宁市；处于下降区的依次是防城港市、玉林市、海口市。说明北部湾城市群中广东地区城市经济发展水平变化幅度较小，广西、海南地区整体上来说经济发展水平变化较大。

表 5 - 34　　　　　　　　　　2008 ~ 2016 年北部湾城市群城市经济发展水平排名变化

地区	排名变化	区段	地区	排名变化	区段	地区	排名变化	区段
阳江	1		湛江	0		防城港	-2	
北海	1	上升区	茂名	0	保持区	玉林	-1	下降区
钦州	3		南宁	0		海口	-3	

（二）北部湾城市群城市经济发展水平评估结果的比较与评析

1. 北部湾城市群城市经济发展水平分布情况

根据灰色综合评价法对无量纲化后的三级指标进行权重得分计算，得到北部湾城市群各城市的经济发展水平得分及排位，反映各城市的经济发展水平情况。下面对 2008 ~ 2016 年北部湾城市群城市经济发展水平评价分值分布进行统计。

由图 5 - 37 可以看到 2008 年北部湾城市群城市经济发展水平的得分情况，城市经济发展水平得分在 13 ~ 15 分的只有 1 个城市，3 个城市得分在 11 ~ 13 分，4 个城市得分在 9 ~ 11 分，1 个城市得分在 7 ~ 9 分，1 个城市得分在 7 分以下，说明北部湾城市群城市经济发展水平分布较不均衡。

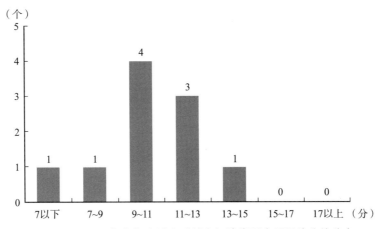

图 5 – 37　2008 年北部湾城市群城市经济发展水平评价分值分布

由图 5 – 38 可以看到 2009 年北部湾城市群城市经济发展水平的得分情况，城市经济发展水平得分在 13 ~ 15 分的只有 1 个城市，4 个城市得分在 11 ~ 13 分，3 个城市得分在 9 ~ 11 分，2 个城市得分在 7 ~ 9 分，说明北部湾城市群城市经济发展水平分布较为均衡。

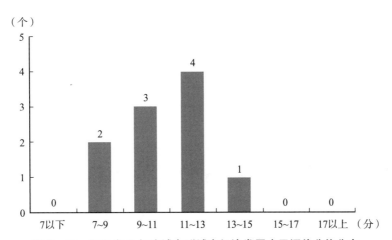

图 5 – 38　2009 年北部湾城市群城市经济发展水平评价分值分布

由图 5 – 39 可以看到 2010 年北部湾城市群城市经济发展水平的得分情况，城市经济发展水平得分在 13 ~ 15 分的只有 1 个城市，3 个城市得分在 11 ~ 13 分，4 个城市得分在 9 ~ 11 分，2 个城市得分在 7 ~ 9 分，说明北部湾城市群城市经济发展水平分布较为均衡。

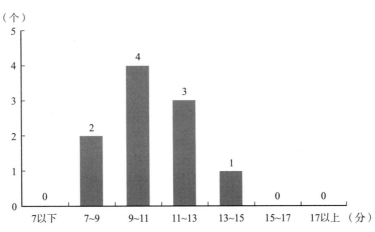

图 5 – 39　2010 年北部湾城市群城市经济发展水平评价分值分布

由图 5 –40 可以看到 2011 年北部湾城市群城市经济发展水平的得分情况，城市经济发展水平得分在 15 ~17 分的只有 1 个城市，4 个城市得分在 11 ~13 分，4 个城市得分在 9 ~11 分，1 个城市得分在 7 ~9 分，说明北部湾城市群城市经济发展水平分布较不均衡。

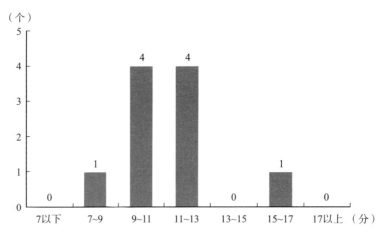

图 5 –40　2011 年北部湾城市群城市经济发展水平评价分值分布

由图 5 –41 可以看到 2012 年北部湾城市群城市经济发展水平的得分情况，城市经济发展水平得分在 13 ~15 分的只有 1 个城市，3 个城市得分在 11 ~13 分，3 个城市得分在 9 ~11 分，3 个城市得分在 7 ~9 分，说明北部湾城市群城市经济发展水平分布较为均衡。

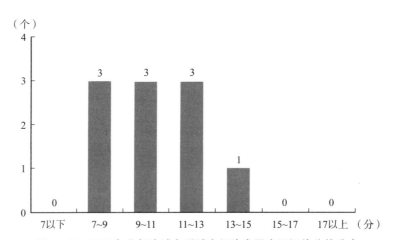

图 5 –41　2012 年北部湾城市群城市经济发展水平评价分值分布

由图 5 –42 可以看到 2013 年北部湾城市群城市经济发展水平的得分情况，城市经济发展水平得分在 15 ~17 分的只有 1 个城市，1 个城市得分在 13 ~15 分，3 个城市得分在 11 ~13 分，2 个城市得分在 9 ~11 分，3 个城市得分在 7 ~9 分，说明北部湾城市群城市经济发展水平分布较为均衡。

由图 5 –43 可以看到 2014 年北部湾城市群城市经济发展水平的得分情况，城市经济发展水平得分在 15 ~17 分的有 2 个城市，1 个城市得分在 13 ~15 分，3 个城市得分在 11 ~13 分，3 个城市得分在 9 ~11 分，1 个城市得分在 7 ~9 分，说明北部湾城市群城市经济发展水平分布较为均衡。

由图 5 –44 可以看到 2015 年北部湾城市群城市经济发展水平的得分情况，城市经济发展水平得分在 17 分以上的只有 1 个城市，1 个城市得分在 13 ~15 分，3 个城市得分在 11 ~13 分，3 个城市得分在 9 ~11 分，2 个城市得分在 7 ~9 分，说明北部湾城市群城市经济发展水平分布较不均衡。

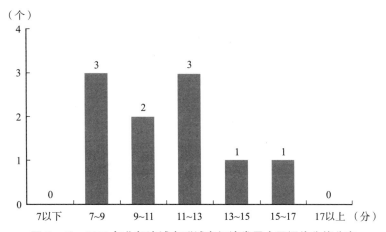

图 5 − 42　2013 年北部湾城市群城市经济发展水平评价分值分布

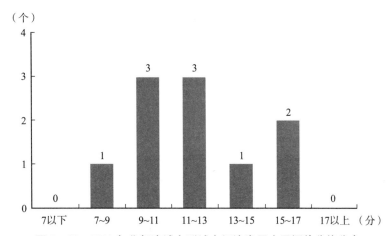

图 5 − 43　2014 年北部湾城市群城市经济发展水平评价分值分布

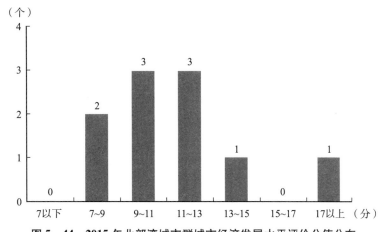

图 5 − 44　2015 年北部湾城市群城市经济发展水平评价分值分布

由图 5 − 45 可以看到 2016 年北部湾城市群城市经济发展水平的得分情况，城市经济发展水平得分在 15～17 分的只有 1 个城市，2 个城市得分在 13～15 分，3 个城市得分在 11～13 分，3 个城市得分在 9～11 分，1 个城市得分在 7～9 分，说明北部湾城市群城市经济发展水平分布较为均衡。

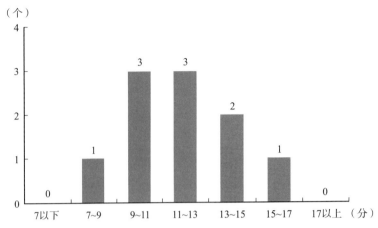

图 5-45　2016 年北部湾城市群城市经济发展水平评价分值分布

2. 北部湾城市群城市经济发展水平跨区段变动情况

根据图 5-46 对 2008~2009 年北部湾城市群城市经济发展水平跨区段变化进行分析，可以看到在 2008~2009 年有 6 个城市的经济发展水平名次发生大幅变动。其中，玉林市、海口市由中游区上升至上游区，防城港市由下游区上升至中游区；湛江市、茂名市由上游区下降至中游区，阳江市由中游区下降至下游区。

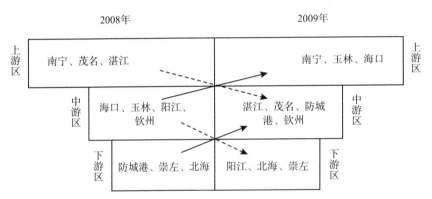

图 5-46　2008~2009 年北部湾城市群城市经济发展水平大幅变动情况

根据图 5-47 对 2009~2010 年北部湾城市群城市经济发展水平跨区段变化进行分析，可以看到在 2009~2010 年有 2 个城市的经济发展水平名次发生大幅变动。其中，茂名市由中游区上升至上游区；玉林市由上游区下降至中游区。

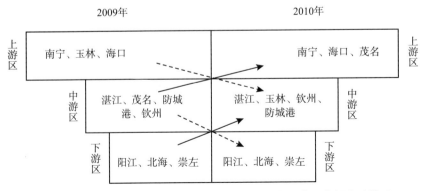

图 5-47　2009~2010 年北部湾城市群城市经济发展水平大幅变动情况

　　根据图 5 - 48 对 2010 ~ 2011 年北部湾城市群城市经济发展水平跨区段变化进行分析，可以看到在
2010 ~ 2011 年未有城市的经济发展水平名次发生大幅变动。

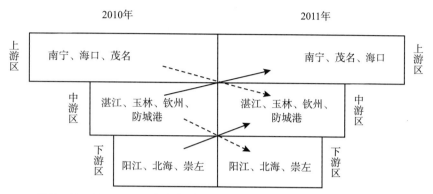

图 5 - 48　2010 ~ 2011 年北部湾城市群城市经济发展水平大幅变动情况

　　根据图 5 - 49 对 2011 ~ 2012 年北部湾城市群城市经济发展水平跨区段变化进行分析，可以看到在
2011 ~ 2012 年有 2 个城市的经济发展水平名次发生大幅变动。其中，阳江市由下游区上升至中游区；防城
港市由中游区下降至下游区。

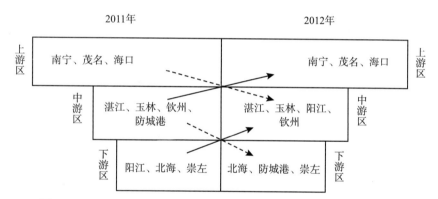

图 5 - 49　2011 ~ 2012 年北部湾城市群城市经济发展水平大幅变动情况

　　根据图 5 - 50 对 2012 ~ 2013 年北部湾城市群城市经济发展水平跨区段变化进行分析，可以看到在
2012 ~ 2013 年未有城市的经济发展水平名次发生大幅变动。

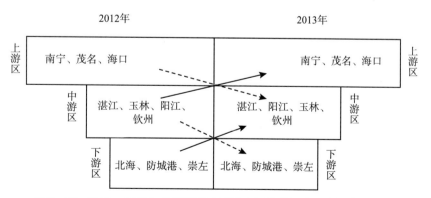

图 5 - 50　2012 ~ 2013 年北部湾城市群城市经济发展水平大幅变动情况

　　根据图 5 - 51 对 2013 ~ 2014 年北部湾城市群城市经济发展水平跨区段变化进行分析，可以看到在
2013 ~ 2014 年有 2 个城市的经济发展水平名次发生大幅变动。其中，湛江市由中游区上升至上游区；海口
市由上游区下降至中游区。

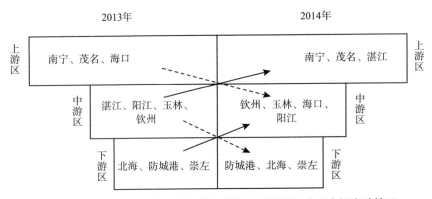

图 5－51　2013～2014 年北部湾城市群城市经济发展水平大幅变动情况

根据图 5－52 对 2014～2015 年北部湾城市群城市经济发展水平跨区段变化进行分析，可以看到在 2014～2015 年未有城市的经济发展水平名次发生大幅变动。

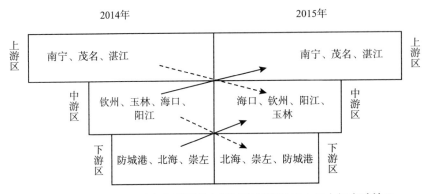

图 5－52　2014～2015 年北部湾城市群城市经济发展水平大幅变动情况

根据图 5－53 对 2015～2016 年北部湾城市群城市经济发展水平跨区段变化进行分析，可以看到在 2015～2016 年未有城市的经济发展水平名次发生大幅变动。

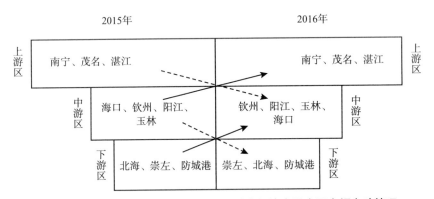

图 5－53　2015～2016 年北部湾城市群城市经济发展水平大幅变动情况

根据图 5－54 对 2008～2016 年北部湾城市群城市经济发展水平跨区段变化进行分析，可以看到在 2008～2016 年未有城市的经济发展水平名次发生大幅变动。

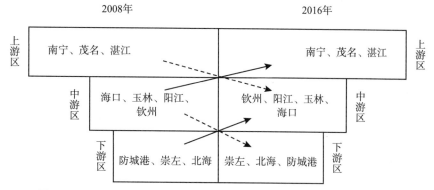

图 5−54　2008～2016 年北部湾城市群城市经济发展水平大幅变动情况

四、北部湾城市群城市金融投资比较分析

（一）北部湾城市群城市金融投资水平评估结果

根据北部湾城市群城市金融投资水平指标体系和数学评价模型，对 2008～2016 年北部湾城市群内 10 个城市的城市金融投资水平进行评价。下面是北部湾城市群 10 个城市的城市金融投资水平排名及变化情况和指标评价结构。

根据表 5−35 对 2008 年北部湾城市群城市金融投资水平排名进行分析，可以看到北部湾城市群 10 个城市中，城市金融投资水平处于上游区的依次是海口市、南宁市、崇左市；处于中游区的依次是茂名市、玉林市、阳江市、钦州市；处于下游区的依次是防城港市、北海市、湛江市。说明在北部湾城市群 10 个中广西、海南地区城市金融投资水平高于广东地区，金融投资发展能力更高。

表 5−35　　　　　　　　　2008 年北部湾城市群城市金融投资水平排名

地区	排名	区段	地区	排名	区段	地区	排名	区段
海口	1	上游区	茂名	4	中游区	防城港	8	下游区
南宁	2		玉林	5		北海	9	
崇左	3		阳江	6		湛江	10	
			钦州	7				

根据表 5−36 对 2009 年北部湾城市群城市金融投资水平排名进行分析，可以看到北部湾城市群 10 个城市中，城市金融投资水平处于上游区的依次是南宁市、北海市、海口市；处于中游区的依次是防城港市、钦州市、崇左市、茂名市；处于下游区的依次是玉林市、阳江市、湛江市。相比于 2008 年，北海市由第 9 名上升至第 2 名，从下游区进入上游区；防城港市由第 8 名上升至第 4 名，从下游区进入中游区。崇左市由第 3 名下降至第 5 名，从上游区进入中游区；玉林市由第 5 名下降至第 8 名，阳江市由第 6 名下降至第 9 名，均从中游区进入下游区。

表 5−36　　　　　　　　　2009 年北部湾城市群城市金融投资水平排名

地区	排名	区段	地区	排名	区段	地区	排名	区段
南宁	1	上游区	防城港	4	中游区	玉林	8	下游区
北海	2		钦州	5		阳江	9	
海口	3		崇左	6		湛江	10	
			茂名	7				

根据表 5−37 对 2010 年北部湾城市群城市金融投资水平排名进行分析，可以看到北部湾城市群 10 个城市中，城市金融投资水平处于上游区的依次是海口市、南宁市、防城港市；处于中游区的依次是北海

市、崇左市、钦州市、玉林市；处于下游区的依次是湛江市、阳江市、茂名市。相比于 2009 年，防城港市上升 1 名，从中游区进入上游区；玉林市上升 1 名，从下游区进入中游区。北海市由第 2 名下降至第 4 名，从上游区进入中游区；茂名市由第 7 名下降至第 10 名，从中游区进入下游区。

表 5 - 37　　　　　　　　　　2010 年北部湾城市群城市金融投资水平排名

地区	排名	区段	地区	排名	区段	地区	排名	区段
海口	1	上游区	北海	4	中游区	湛江	8	下游区
南宁	2		崇左	5		阳江	9	
防城港	3		钦州	6		茂名	10	
			玉林	7				

根据表 5 - 38 对 2011 年北部湾城市群城市金融投资水平排名进行分析，可以看到北部湾城市群 10 个城市中，城市金融投资水平处于上游区的依次是南宁市、防城港市、北海市；处于中游区的依次是海口市、玉林市、崇左市、钦州市；处于下游区的依次是阳江市、湛江市、茂名市。相比于 2010 年，北海市上升 1 名，从中游区进入上游区。海口市由第 1 名下降至第 4 名，从上游区进入中游区。

表 5 - 38　　　　　　　　　　2011 年北部湾城市群城市金融投资水平排名

地区	排名	区段	地区	排名	区段	地区	排名	区段
南宁	1	上游区	海口	4	中游区	阳江	8	下游区
防城港	2		玉林	5		湛江	9	
北海	3		崇左	6		茂名	10	
			钦州	7				

根据表 5 - 39 对 2012 年北部湾城市群城市金融投资水平排名进行分析，可以看到北部湾城市群 10 个城市中，城市金融投资水平处于上游区的依次是南宁市、海口市、防城港市；处于中游区的依次是北海市、玉林市、崇左市、钦州市；处于下游区的依次是阳江市、茂名市、湛江市。相比于 2011 年，海口市上升 1 名，从中游区进入上游区。北海市下降 1 名，从上游区进入中游区。

表 5 - 39　　　　　　　　　　2012 年北部湾城市群城市金融投资水平排名

地区	排名	区段	地区	排名	区段	地区	排名	区段
南宁	1	上游区	北海	4	中游区	阳江	8	下游区
海口	2		玉林	5		茂名	9	
防城港	3		崇左	6		湛江	10	
			钦州	7				

根据表 5 - 40 对 2013 年北部湾城市群城市金融投资水平排名进行分析，可以看到北部湾城市群 10 个城市中，城市金融投资水平处于上游区的依次是南宁市、海口市、玉林市；处于中游区的依次是茂名市、防城港市、北海市、湛江市；处于下游区的依次是崇左市、钦州市、阳江市。相比于 2012 年，玉林市由第 5 名上升至第 3 名，从中游区进入上游区；茂名市由第 9 名上升至第 4 名，湛江市由第 10 名上升至第 7 名，均从下游区进入中游区。防城港市由第 3 名下降至第 5 名，从上游区进入中游区；崇左市由第 6 名下降至第 8 名，钦州市由第 7 名下降至第 9 名，均由中游区进入下游区。

根据表 5 - 41 对 2014 年北部湾城市群城市金融投资水平排名进行分析，可以看到北部湾城市群 10 个城市中，城市金融投资水平处于上游区的依次是海口市、南宁市、玉林市；处于中游区的依次是北海市、崇左市、防城港市、茂名市；处于下游区的依次是钦州市、阳江市、湛江市。相比于 2013 年，崇左市由第 8 名上升至第 5 名，从下游区进入中游区。湛江市由第 7 名下降至第 10 名，由中游区进入下游区。

表 5-40　　　　　　　　　　2013 年北部湾城市群市金融投资水平排名

地区	排名	区段	地区	排名	区段	地区	排名	区段
南宁	1		茂名	4		崇左	8	
海口	2	上游区	防城港	5	中游区	钦州	9	
玉林	3		北海	6		阳江	10	下游区
			湛江	7				

表 5-41　　　　　　　　　　2014 年北部湾城市群市金融投资水平排名

地区	排名	区段	地区	排名	区段	地区	排名	区段
海口	1		北海	4		钦州	8	
南宁	2	上游区	崇左	5	中游区	阳江	9	
玉林	3		防城港	6		湛江	10	下游区
			茂名	7				

根据表 5-42 对 2015 年北部湾城市群市金融投资水平排名进行分析，可以看到北部湾城市群 10 个城市中，城市金融投资水平处于上游区的依次是海口市、南宁市、玉林市；处于中游区的依次是北海市、茂名市、崇左市、防城港市；处于下游区的依次是钦州市、阳江市、湛江市。相比于 2014 年，只有茂名市、崇左市和防城港市的排名出现变化，但并未发生跨区域变化情况，说明北部湾城市群中各城市金融投资水平较为稳定。

表 5-42　　　　　　　　　　2015 年北部湾城市群市金融投资水平排名

地区	排名	区段	地区	排名	区段	地区	排名	区段
海口	1		北海	4		钦州	8	
南宁	2	上游区	茂名	5	中游区	阳江	9	
玉林	3		崇左	6		湛江	10	下游区
			防城港	7				

根据表 5-43 对 2016 年北部湾城市群市金融投资水平排名进行分析，可以看到北部湾城市群 10 个城市中，城市金融投资水平处于上游区的依次是海口市、南宁市、北海市；处于中游区的依次是崇左市、茂名市、玉林市、防城港市；处于下游区的依次是钦州市、湛江市、阳江市。相比于 2015 年，北海市上升 1 名，从中游区进入上游区。玉林市由第 3 名下降至第 6 名，由上游区进入中游区。

表 5-43　　　　　　　　　　2016 年北部湾城市群市金融投资水平排名

地区	排名	区段	地区	排名	区段	地区	排名	区段
海口	1		崇左	4		钦州	8	
南宁	2	上游区	茂名	5	中游区	湛江	9	
北海	3		玉林	6		阳江	10	下游区
			防城港	7				

根据表 5-44 对 2008~2016 年北部湾城市群市金融投资水平排名变化趋势进行分析，可以看到北部湾城市群 10 个城市的金融投资水平处于上升区的依次是湛江市、北海市、防城港市；处于保持区的依次是南宁市、海口市；处于下降区的依次是阳江市、茂名市、钦州市、玉林市、崇左市。说明北部湾城市群中海南地区城市金融投资发展水平无变化，广东、广西地区整体上来说金融投资水平变化较大。

表 5-44   2008~2016 年北部湾城市群城市金融投资水平排名变化

地区	排名变化	区段	地区	排名变化	区段	地区	排名变化	区段
湛江	1		南宁	0		阳江	-4	
北海	6		海口	0		茂名	-1	
防城港	1	上升区			保持区	钦州	-1	下降区
						玉林	-1	
						崇左	-1	

（二）北部湾城市群城市金融投资水平评估结果的比较与评析

1. 北部湾城市群城市金融投资水平分布情况

根据灰色综合评价法对无量纲化后的三级指标进行权重得分计算，得到北部湾城市群各城市的金融投资水平得分及排位，反映各城市的金融投资水平情况。下面对 2010~2015 年北部湾城市群城市金融投资水平评价分值分布进行统计。

由图 5-55 可以看到 2008 年北部湾城市群城市金融投资水平的得分情况，城市金融投资水平得分在 16~19 分的有 2 个城市，1 个城市得分在 13~16 分，2 个城市得分在 10~13 分，4 个城市得分在 7~10 分，1 个城市得分在 7 分以下，说明北部湾城市群城市金融投资水平分布较不均衡，城市金融投资水平得分相差较大。

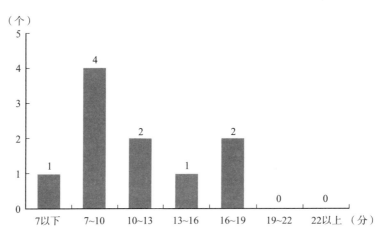

图 5-55　2008 年北部湾城市群城市金融投资水平评价分值分布

由图 5-56 可以看到 2009 年北部湾城市群城市金融投资水平的得分情况，城市金融投资水平得分在 16~19 分的只有 1 个城市，3 个城市得分在 13~16 分，2 个城市得分在 10~13 分，4 个城市得分在 7~10 分，说明北部湾城市群城市金融投资水平分布较不均衡，城市金融投资水平得分相差较大。

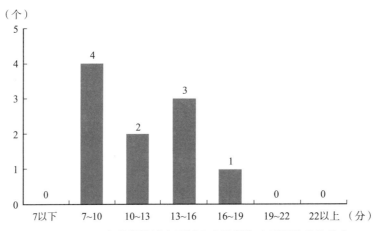

图 5-56　2009 年北部湾城市群城市金融投资水平评价分值分布

由图 5 – 57 可以看到 2010 年北部湾城市群城市金融投资水平的得分情况，城市金融投资水平得分在 13 ~ 16 分的有 3 个城市，4 个城市得分在 10 ~ 13 分，3 个城市得分在 7 ~ 10 分，说明北部湾城市群城市金融投资水平分布较为均衡，城市金融投资水平得分相差较小。

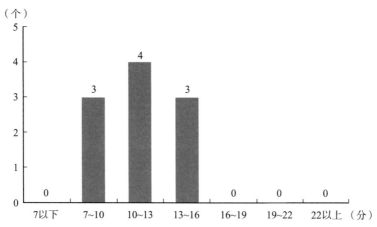

图 5 – 57 2010 年北部湾城市群城市金融投资水平评价分值分布

由图 5 – 58 可以看到 2011 年北部湾城市群城市金融投资水平的得分情况，城市金融投资水平得分在 16 ~ 19 分的只有 1 个城市，4 个城市得分在 10 ~ 13 分，3 个城市得分在 7 ~ 10 分，2 个城市得分在 7 分以下，说明北部湾城市群城市金融投资水平分布较不均衡，城市金融投资水平得分相差较大。

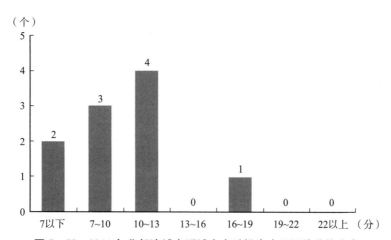

图 5 – 58 2011 年北部湾城市群城市金融投资水平评价分值分布

由图 5 – 59 可以看到 2012 年北部湾城市群城市金融投资水平的得分情况，城市金融投资水平得分在 16 ~ 19 分的只有 1 个城市，5 个城市得分在 10 ~ 13 分，4 个城市得分在 7 ~ 10 分，说明北部湾城市群城市金融投资水平分布较不均衡，城市金融投资水平得分相差较大。

由图 5 – 60 可以看到 2013 年北部湾城市群城市金融投资水平的得分情况，城市金融投资水平得分在 13 ~ 16 分的有 2 个城市，1 个城市得分在 10 ~ 13 分，7 个城市得分在 7 ~ 10 分，说明北部湾城市群城市金融投资水平分布较不均衡，城市金融投资水平得分相差较大。

由图 5 – 61 可以看到 2014 年北部湾城市群城市金融投资水平的得分情况，城市金融投资水平得分在 13 ~ 16 分的有 2 个城市，1 个城市得分在 10 ~ 13 分，7 个城市得分在 7 ~ 10 分，说明北部湾城市群城市金融投资水平分布较不均衡，城市金融投资水平得分相差较大。

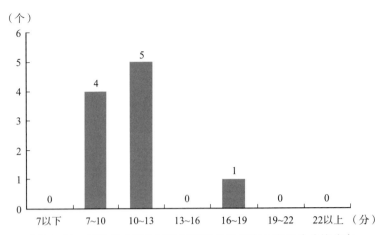

图 5－59　2012 年北部湾城市群城市金融投资水平评价分值分布

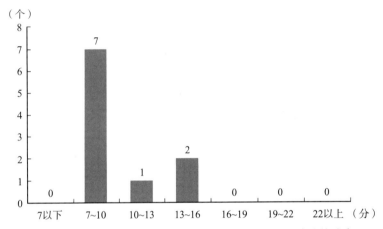

图 5－60　2013 年北部湾城市群城市金融投资水平评价分值分布

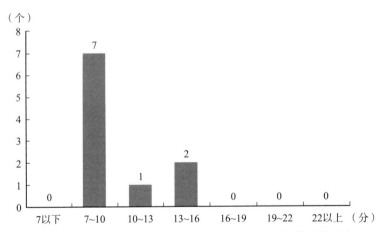

图 5－61　2014 年北部湾城市群城市金融投资水平评价分值分布

　　由图 5－62 可以看到 2015 年北部湾城市群城市金融投资水平的得分情况，城市金融投资水平得分在 19～22 分的只有 1 个城市，1 个城市得分在 16～19 分，5 个城市得分在 10～13 分，3 个城市得分在 7～10 分，说明北部湾城市群城市金融投资水平分布较不均衡，城市金融投资水平得分相差较大。

　　由图 5－63 可以看到 2016 年北部湾城市群城市金融投资水平的得分情况，城市金融投资水平得分在 22 分以上的只有 1 个城市，1 个城市得分在 16～19 分，5 个城市得分在 10～13 分，3 个城市得分在 7～10 分，说明北部湾城市群城市金融投资水平分布较不均衡，城市金融投资水平得分相差较大。

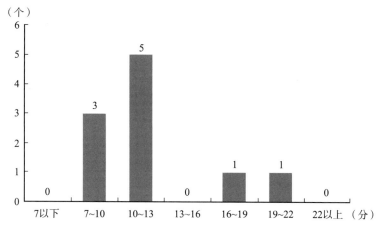

图 5 – 62 2015 年北部湾城市群城市金融投资水平评价分值分布

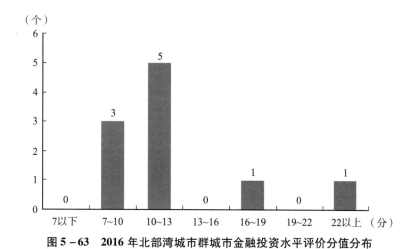

图 5 – 63 2016 年北部湾城市群城市金融投资水平评价分值分布

2. 北部湾城市群城市金融投资水平跨区段变动情况

根据图 5 – 64 对 2008～2009 年北部湾城市群城市金融投资水平跨区段变化进行分析，可以看到在 2008～2009 年有 5 个城市的金融投资水平名次发生大幅变动。其中，北海市由下游区上升至上游区，防城港市由下游区上升至中游区；崇左市由上游区下降至中游区，玉林市、阳江市由中游区下降至下游区。

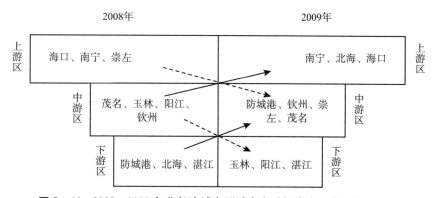

图 5 – 64 2008～2009 年北部湾城市群城市金融投资水平大幅变动情况

根据图 5 – 65 对 2009～2010 年北部湾城市群城市金融投资水平跨区段变化进行分析，可以看到在 2009～2010 年有 4 个城市的金融投资水平名次发生大幅变动。其中，防城港市由中游区上升至上游区，玉林市由下游区上升至中游区；北海市由上游区下降至中游区，茂名市由中游区下降至下游区。

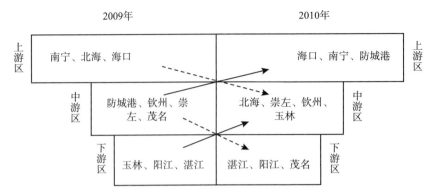

图 5－65　2009～2010 年北部湾城市群城市金融投资水平大幅变动情况

根据图 5－66 对 2010～2011 年北部湾城市群城市金融投资水平跨区段变化进行分析，可以看到在 2010～2011 年有 2 个城市的金融投资水平名次发生大幅变动。其中，北海市由中游区上升至上游区；海口市由上游区下降至中游区。

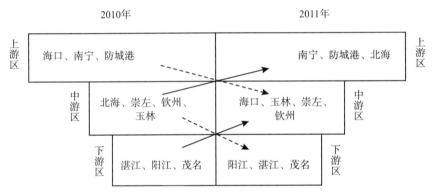

图 5－66　2010～2011 年北部湾城市群城市金融投资水平大幅变动情况

根据图 5－67 对 2011～2012 年北部湾城市群城市金融投资水平跨区段变化进行分析，可以看到在 2011～2012 年有 2 个城市的金融投资水平名次发生大幅变动。其中，海口市由中游区上升至上游区；北海市由上游区下降至中游区。

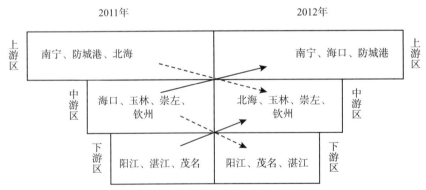

图 5－67　2011～2012 年北部湾城市群城市金融投资水平大幅变动情况

根据图 5－68 对 2012～2013 年北部湾城市群城市金融投资水平跨区段变化进行分析，可以看到在 2012～2013 年有 6 个城市的金融投资水平名次发生大幅变动。其中，玉林市由中游区上升至上游区，茂名市、湛江市由下游区上升至中游区；防城港市由上游区下降至中游区，崇左市、钦州市由中游区下降至下游区。

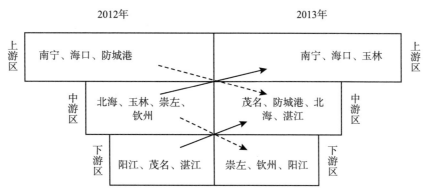

图 5 - 68　2012～2013 年北部湾城市群城市金融投资水平大幅变动情况

根据图 5 - 69 对 2013～2014 年北部湾城市群城市金融投资水平跨区段变化进行分析，可以看到在 2013～2014 年有 2 个城市的金融投资水平名次发生大幅变动。其中，崇左市由下游区上升至中游区；湛江市由中游区下降至下游区。

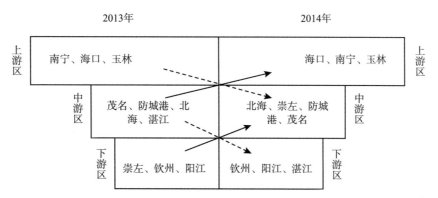

图 5 - 69　2013～2014 年北部湾城市群城市金融投资水平大幅变动情况

根据图 5 - 70 对 2014～2015 年北部湾城市群城市金融投资水平跨区段变化进行分析，可以看到在 2014～2015 年未有城市的金融投资水平名次发生大幅变动。

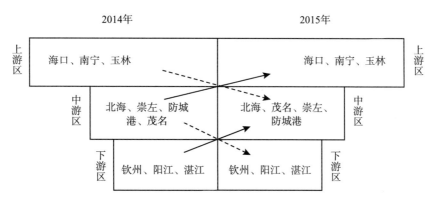

图 5 - 70　2014～2015 年北部湾城市群城市金融投资水平大幅变动情况

根据图 5 - 71 对 2015～2016 年北部湾城市群城市金融投资水平跨区段变化进行分析，可以看到在 2015～2016 年有 2 个城市的金融投资水平名次发生大幅变动。其中，北海市由中游区上升至上游区；玉林市由上游区下降至中游区。

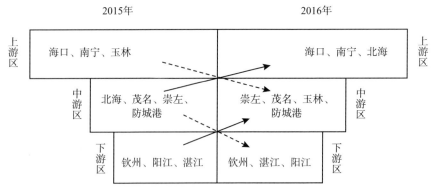

图 5 - 71　2015～2016 年北部湾城市群城市金融投资水平大幅变动情况

根据图 5 - 72 对 2008～2016 年北部湾城市群城市金融投资水平跨区段变化进行分析，可以看到在 2008～2016 年有 4 个城市的金融投资水平名次发生大幅变动。其中，北海市由下游区上升至上游区，防城港市由下游区上升至中游区；崇左市由上游区下降至中游区，阳江市由中游区下降至下游区。

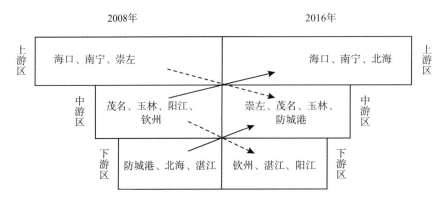

图 5 - 72　2008～2016 年北部湾城市群城市金融投资水平大幅变动情况

第六章 北部湾城市群城市农业生产发展水平评估分析

一、北部湾城市群城市农业生产综合评估分析

(一) 北部湾城市群城市农业生产发展水平综合评估结果

根据北部湾城市群城市农业生产竞争力指标体系和数学评价模型,对 2008~2016 年北部湾城市群 10 个城市的农业生产发展水平进行评价。下面是本次评估期间北部湾城市群 10 个城市的农业生产发展水平排名及变化情况和指标评价结构。

1. 北部湾城市群城市农业生产发展水平排名

根据表 6-1 对 2008 年北部湾城市群城市农业生产发展水平排名进行分析,可以看到农业生产发展水平处于上游区的依次是茂名市、玉林市、南宁市;处于中游区的依次是崇左市、钦州市、防城港市、北海市;处于下游区的依次是阳江市、湛江市、海口市。这说明在北部湾城市群中广西地区农业生产发展水平高于广东和海南地区,更具发展优势。

表 6-1　　　　　　2008 年北部湾城市群城市农业生产发展水平排名

地区	排名	区段	地区	排名	区段	地区	排名	区段
茂名	1	上游区	崇左	4	中游区	阳江	8	下游区
玉林	2		钦州	5		湛江	9	
南宁	3		防城港	6		海口	10	
			北海	7				

根据表 6-2 对 2009 年北部湾城市群城市农业生产发展水平排名进行分析,可以看到农业生产发展水平处于上游区的依次是茂名市、玉林市、崇左市;处于中游区的依次是阳江市、湛江市、南宁市、钦州市;处于下游区的依次是海口市、防城港市、北海市。相比于 2008 年,茂名市、玉林市依然保持在上游区;阳江市排名上升至第 4 名,进入中游区;湛江市排名上升至第 5 名,也进入中游区,农业生产发展水平具备较高发展潜力;防城港市、北海市均从中游区下降至下游区,均下降 3 名。

表 6-2　　　　　　2009 年北部湾城市群城市农业生产发展水平排名

地区	排名	区段	地区	排名	区段	地区	排名	区段
茂名	1	上游区	阳江	4	中游区	海口	8	下游区
玉林	2		湛江	5		防城港	9	
崇左	3		南宁	6		北海	10	
			钦州	7				

根据表 6-3 对 2010 年北部湾城市群城市农业生产发展水平排名进行分析,可以看到农业生产发展水平处于上游区的依次是茂名市、玉林市、崇左市;处于中游区的依次是阳江市、湛江市、南宁市、北海市;处于下游区的依次是钦州市、防城港市、海口市。相比于 2009 年,北海市排名上升至第 7 名,从下

游区上升至中游区；钦州市下降至第8名进入下游区，说明钦州市在提升农业生产发展水平方面缺乏有力推动力。

表6－3 2010年北部湾城市群城市农业生产发展水平排名

地区	排名	区段	地区	排名	区段	地区	排名	区段
茂名	1	上游区	阳江	4	中游区	钦州	8	下游区
玉林	2		湛江	5		防城港	9	
崇左	3		南宁	6		海口	10	
			北海	7				

根据表6－4对2011年北部湾城市群城市农业生产发展水平排名进行分析，可以看到农业生产发展水平处于上游区的依次是茂名市、玉林市、崇左市；处于中游区的依次是阳江市、湛江市、南宁市、海口市；处于下游区的依次是防城港市、钦州市、北海市。相比于2010年，海口市从第10名上升至第7名，进入中游区；北海市从第7名下降至第10名，下降至下游区。

表6－4 2011年北部湾城市群城市农业生产发展水平排名

地区	排名	区段	地区	排名	区段	地区	排名	区段
茂名	1	上游区	阳江	4	中游区	防城港	8	下游区
玉林	2		湛江	5		钦州	9	
崇左	3		南宁	6		北海	10	
			海口	7				

根据表6－5对2012年北部湾城市群城市农业生产发展水平排名进行分析，可以看到农业生产发展水平处于上游区的依次是茂名市、玉林市、崇左市；处于中游区的依次是海口市、阳江市、湛江市、南宁市；处于下游区的依次是钦州市、北海市、防城港市。相比于2011年，未出现城市跨区变化情况，说明2012年北部湾城市群10个城市农业生产发展水平变化较小。

表6－5 2012年北部湾城市群城市农业生产发展水平排名

地区	排名	区段	地区	排名	区段	地区	排名	区段
茂名	1	上游区	海口	4	中游区	钦州	8	下游区
玉林	2		阳江	5		北海	9	
崇左	3		湛江	6		防城港	10	
			南宁	7				

根据表6－6对2013年北部湾城市群城市农业生产发展水平排名进行分析，可以看到农业生产发展水平处于上游区的依次是茂名市、崇左市、湛江市；处于中游区的依次是玉林市、阳江市、南宁市、海口市；处于下游区的依次是防城港市、北海市、钦州市。相比于2012年，湛江市从第6名上升至第3名，进入上游区；玉林市排名下降至第4名进入下游区，说明玉林市在提升农业生产发展水平方面还有较大的提升空间。

表6－6 2013年北部湾城市群城市农业生产发展水平排名

地区	排名	区段	地区	排名	区段	地区	排名	区段
茂名	1	上游区	玉林	4	中游区	防城港	8	下游区
崇左	2		阳江	5		北海	9	
湛江	3		南宁	6		钦州	10	
			海口	7				

根据表 6 - 7 对 2014 年北部湾城市群城市农业生产发展水平排名进行分析，可以看到农业生产发展水平处于上游区的依次是茂名市、崇左市、玉林市；处于中游区的依次是阳江市、湛江市、南宁市、防城港市；处于下游区的依次是海口市、北海市、钦州市。相比于 2013 年，玉林市排名上升至第 3 名进入上游区，湛江市排名下降至第 5 名进入中游区，防城港市排名上升至第 7 名进入中游区，海口市从第 7 名下降至第 8 名，下降为下游区。

表 6 - 7　　　　　　　　　　　　　2014 年北部湾城市群城市农业生产发展水平排名

地区	排名	区段	地区	排名	区段	地区	排名	区段
茂名	1		阳江	4		海口	8	
崇左	2	上游区	湛江	5	中游区	北海	9	下游区
玉林	3		南宁	6		钦州	10	
			防城港	7				

根据表 6 - 8 对 2015 年北部湾城市群城市农业生产发展水平排名进行分析，可以看到农业生产发展水平处于上游区的依次是茂名市、崇左市、玉林市；处于中游区的依次是湛江市、南宁市、北海市、阳江市；处于下游区的依次是防城港市、海口市、钦州市。相比于 2014 年，北海市排名上升至第 6 名进入中游区，农业生产发展水平具备较高发展潜力；防城港市排名下降至第 8 名，进入下游区。

表 6 - 8　　　　　　　　　　　　　2015 年北部湾城市群城市农业生产发展水平排名

地区	排名	区段	地区	排名	区段	地区	排名	区段
茂名	1		湛江	4		防城港	8	
崇左	2	上游区	南宁	5	中游区	海口	9	下游区
玉林	3		北海	6		钦州	10	
			阳江	7				

根据表 6 - 9 对 2016 年北部湾城市群城市农业生产发展水平排名进行分析，可以看到农业生产发展水平处于上游区的依次是茂名市、玉林市、崇左市；处于中游区的依次是湛江市、南宁市、阳江市、防城港市；处于下游区的依次是海口市、北海市、钦州市。相比于 2015 年，防城港市排名上升至第 7 名，进入中游区；北海市排名下降至第 9 名，进入下游区，说明北海市在提升农业生产发展水平方面缺乏动力。

表 6 - 9　　　　　　　　　　　　　2016 年北部湾城市群城市农业生产发展水平排名

地区	排名	区段	地区	排名	区段	地区	排名	区段
茂名	1		湛江	4		海口	8	
玉林	2	上游区	南宁	5	中游区	北海	9	下游区
崇左	3		阳江	6		钦州	10	
			防城港	7				

根据表 6 - 10 对 2008～2016 年北部湾城市群城市农业生产发展水平排名变化趋势进行分析，可以看到农业生产发展水平处于上升区的依次是崇左市、海口市、阳江市、湛江市；处于保持区的依次是茂名市、玉林市；处于下降区的依次是防城港市、南宁市、北海市、钦州市。这说明在北部湾城市群中广东地区农业生产发展水平高于广西地区，更具发展优势。

2. 北部湾城市群城市农业生产得分情况

通过表 6 - 11 对 2008～2016 年的农业生产发展水平及变化进行分析。由 2008 年的北部湾城市群城市农业生产评价来看，得分处在 43～60 分，有 5 个城市的农业生产发展水平得分在 45 分以上，小于 45 分的城市有阳江市、湛江市、北海市、防城港市、海口市。最高得分为茂名市的 59.819 分，最低得分为海口市的 43.659 分。得分平均值为 47.844 分，得分标准差为 5.546。北部湾城市群中广西地区城市的农业生产得分较高，其中南宁市、钦州市、玉林市和崇左市 4 个城市的农业生产得分均超过 45 分。北部湾城市群中广东地区的农业生产发展水平较低，其中仅有茂名市 1 个城市的农业生产得分超过 45 分。北部湾城市群中海南地区的农业生产发展水平较低，其中海口市的农业生产得分未超过 45 分。

表 6 - 10　　　　　　　　2008~2016 年北部湾城市群城市农业生产发展水平排名变化

地区	排名变化	区段	地区	排名变化	区段	地区	排名变化	区段
崇左	1	上升区	茂名	0	保持区	防城港	-1	下降区
海口	2		玉林	0		南宁	-2	
阳江	2					北海	-2	
湛江	5					钦州	-5	

表 6 - 11　　　　　　　　2008~2016 年北部湾城市群各城市农业生产评价比较

地区	2008 年	2009 年	2010 年	2011 年	2012 年	2013 年	2014 年	2015 年	2016 年	综合变化
阳江	43.769	52.260	49.925	51.501	50.363	49.510	50.374	44.348	46.196	2.427
湛江	43.703	51.358	48.802	50.012	50.166	52.166	49.023	48.315	47.075	3.372
茂名	59.819	65.142	60.429	60.531	60.693	61.782	62.684	59.195	59.079	-0.740
南宁	50.023	49.668	47.129	48.403	47.588	45.355	46.982	47.995	46.761	-3.263
北海	43.864	47.454	44.385	37.723	44.126	41.676	41.095	44.507	42.762	-1.101
防城港	43.954	47.484	44.275	44.528	43.557	43.228	43.560	44.019	44.112	0.158
钦州	46.220	48.122	44.312	44.494	44.313	41.556	40.847	41.990	42.484	-3.735
玉林	54.344	58.705	55.016	55.304	56.077	52.075	51.190	53.214	53.622	-0.722
崇左	49.082	58.416	53.500	54.375	53.999	52.179	53.520	54.149	53.310	4.228
海口	43.659	47.585	39.483	45.936	50.758	44.349	43.456	43.182	43.200	-0.459
最高分	59.819	65.142	60.429	60.531	60.693	61.782	62.684	59.195	59.079	-0.740
最低分	43.659	47.454	39.483	37.723	43.557	41.556	40.847	41.990	42.484	-1.175
平均分	47.844	52.619	48.726	49.281	50.164	48.388	48.273	48.091	47.860	0.016
标准差	5.546	6.115	6.208	6.543	5.597	6.384	6.687	5.687	5.617	0.071

由 2009 年的北部湾城市群城市农业生产评价来看，得分处在 47~66 分。所有城市的农业生产发展水平得分均在 45 分以上，最高得分为茂名市的 65.142 分，最低得分为北海市的 47.454 分。得分平均值为 52.619 分，得分标准差为 6.115。北部湾城市群中广东地区城市的农业生产得分较高，其中阳江市、湛江市、茂名市 3 个城市的农业生产得分均超过 50 分。北部湾城市群中广西地区的农业生产发展水平较低，其中仅有玉林市、崇左市 2 个城市的农业生产得分超过 50 分。北部湾城市群中海南地区的农业生产发展水平较高，其中海口市的农业生产得分超过 45 分。

由 2010 年的北部湾城市群城市农业生产评价来看，得分处在 39~61 分，有 6 个城市的农业生产发展水平得分在 45 分以上，小于 45 分的城市有北海市、防城港市、钦州市、海口市。最高得分为茂名市的 60.429 分，最低得分为海口市的 39.483 分。得分平均值为 48.726 分，得分标准差为 6.208。北部湾城市群中广东地区城市的农业生产得分较高，其中阳江市、湛江市、茂名市 3 个城市的农业生产得分均超过 45 分。北部湾城市群中广西地区的农业生产发展水平较低，其中仅有南宁市、玉林市、崇左市 3 个城市的农业生产得分超过 45 分。北部湾城市群中海南地区的农业生产发展水平较低，其中海口市的农业生产得分未超过 45 分。

由 2011 年的北部湾城市群城市农业生产评价来看，得分处在 37~61 分，有 7 个城市的农业生产发展水平得分在 45 分以上，小于 45 分的城市有北海市、防城港市、钦州市。最高得分为茂名市的 60.531 分，最低得分为北海市的 37.723 分。得分平均值为 49.281 分，得分标准差为 6.543。北部湾城市群中广东地区城市的农业生产得分较高，其中阳江市、湛江市、茂名市 3 个城市的农业生产得分均超过 45 分。北部湾城市群中广西地区的农业生产发展水平较低，其中仅有南宁市、玉林市、崇左市 3 个城市的农业生产得分超过 45 分。北部湾城市群中海南地区的农业生产发展水平较高，其中海口市的农业生产得分超过 45 分。

由 2012 年的北部湾城市群城市农业生产评价来看，得分处在 43~60 分，有 7 个城市的农业生产发展水平得分在 45 分以上，小于 45 分的城市有北海市、防城港市、钦州市。最高得分为茂名市的 60.693 分，最低得分为防城港市的 43.557 分。得分平均值为 50.164 分，得分标准差为 5.597。北部湾城市群中广东地区城市的农业生产得分较高，其中阳江市、湛江市、茂名市 3 个城市的农业生产得分均超过 45 分。北部湾城市群中广西地区的农业生产发展水平较低，其中仅有南宁市、玉林市、崇左市 3 个城市的农业生产得分超过 45 分。北部湾城市群中海南地区的农业生产发展水平较高，其中海口市的农业生产得分超过 45 分。

由 2013 年的北部湾城市群城市农业生产评价来看，得分处在 41~62 分，有 6 个城市的农业生产发展水平得分在 45 分以上，小于 45 分的城市有北海市、防城港市、钦州市、海口市。最高得分为茂名市的 61.782 分，最低得分为钦州市的 41.556 分。得分平均值为 48.388 分，得分标准差为 6.384。北部湾城市群中广东地区城市的农业生产得分较高，其中阳江市、湛江市、茂名市 3 个城市的农业生产得分均超过 45 分。北部湾城市群中广西地区的农业生产发展水平较低，其中仅有南宁市、玉林市、崇左市 3 个城市的农业生产得分超过 45 分。北部湾城市群中海南地区的农业生产发展水平较低，其中海口市的农业生产得分未超过 45 分。

由 2014 年的北部湾城市群城市农业生产评价来看，得分处在 40~63 分，有 6 个城市的农业生产发展水平得分在 45 分以上，小于 45 分的城市有北海市、防城港市、钦州市、海口市。最高得分为茂名市的 62.684 分，最低得分为钦州市的 40.847 分。得分平均值为 48.273 分，得分标准差为 6.687。北部湾城市群中广东地区城市的农业生产得分较高，其中阳江市、湛江市、茂名市 3 个城市的农业生产得分均超过 45 分。北部湾城市群中广西地区的农业生产发展水平较低，其中仅有南宁市、玉林市、崇左市 3 个城市的农业生产得分超过 45 分。北部湾城市群中海南地区的农业生产发展水平较低，其中海口市的农业生产得分未超过 45 分。

由 2015 年的北部湾城市群城市农业生产评价来看，得分处在 41~60 分，有 5 个城市的农业生产发展水平得分在 45 分以上，小于 45 分的城市有阳江市、北海市、防城港市、钦州市、海口市。最高得分为茂名市的 59.195 分，最低得分为钦州市的 41.990 分。得分平均值为 48.091 分，得分标准差为 5.687。北部湾城市群中广东地区城市的农业生产得分较高，其中湛江市、茂名市 2 个城市的农业生产得分均超过 45 分。北部湾城市群中广西地区的农业生产发展水平较低，其中仅有南宁市、玉林市、崇左市 3 个城市的农业生产得分超过 45 分。北部湾城市群中海南地区的农业生产发展水平较低，其中海口市的农业生产得分未超过 45 分。

由 2016 年的北部湾城市群城市农业生产评价来看，得分处在 42~60 分，有 6 个城市的农业生产发展水平得分在 45 分以上，小于 45 分的城市有北海市、防城港市、钦州市、海口市。最高得分为茂名市的 59.079 分，最低得分为钦州市的 42.484 分。得分平均值为 47.844 分，得分标准差为 5.546。北部湾城市群中广东地区城市的农业生产得分较高，其中阳江市、湛江市、茂名市 3 个城市的农业生产得分均超过 45 分。北部湾城市群中广西地区的农业生产发展水平较低，其中仅有南宁市、玉林市、崇左市 3 个城市的农业生产得分超过 45 分。北部湾城市群中海南地区的农业生产发展水平较低，其中海口市的农业生产得分未超过 45 分。

通过对各年的北部湾城市群城市农业生产的平均分、标准差进行对比分析，可以发现其平均分处于波动上升趋势，说明北部湾城市群城市农业生产发展水平整体活力提升，城市农业发展水平有所提升。北部湾城市群城市农业生产标准差也处于波动上升趋势，说明城市间农业生产发展水平差距有所增大。对各城市的农业生产发展水平变化展开分析，发现茂名市农业生产发展水平处在绝对领先位置。广东地区阳江市、茂名市农业生产得分和排名均有所上升，茂名市农业生产得分略有下降。广西地区除防城港市和崇左市的其他城市农业生产得分有所下降，其农业生产排名除玉林市和崇左市均出现下降，说明广西地区整体农业生产处于滞后阶段，农业在推动城市经济增长方面缺少动力。玉林市在农业生产得分小幅度下降的情况下其排名仍保持在北部湾城市群强势位置，说明在广西地区整体农业生产呈现衰退趋势的情况下，玉林市在农业生产方面存在有效推动力，使其在地区内的排名保持在强势位置。海南地区海口市在农业生产得分小幅度下降的情况下其排名出现大幅提升，说明海南地区农业生产综合发展能力提高。

3. 北部湾城市群城市农业生产要素得分情况

通过表6－12对2008～2016年的农业产业结构竞争力及变化进行分析。由2008年的北部湾城市群城市农业生产评价来看，得分处在16～26分，有8个城市的农业生产得分在17分以上，小于17分的城市有南宁市、玉林市。最高得分为崇左市的25.930分，最低得分为南宁市的16.236分。得分平均值为19.576分，得分标准差为2.963。北部湾城市群中广东地区城市的农业产业结构竞争力得分较高，其中阳江市、湛江市、茂名市3个城市的农业生产得分均超过17分。北部湾城市群中广西地区的农业产业结构竞争力较低，其中仅有北海市、防城港市、钦州市、崇左市4个城市的农业产业结构竞争力得分超过17分。北部湾城市群中海南地区的农业产业结构竞争力较低，其中海口市的农业产业结构竞争力得分超过17分。农业生产的合理与否对农业产业结构能否顺利地向前发展起着重要的作用。

表6－12　　　　　　　2008～2016年北部湾城市群各城市农业产业结构竞争力评价比较

地区	2008年	2009年	2010年	2011年	2012年	2013年	2014年	2015年	2016年	综合变化
阳江	17.142	15.919	15.850	14.935	14.215	11.588	12.206	11.782	7.630	－9.512
湛江	19.393	18.031	18.626	18.033	17.725	16.289	16.136	16.409	15.173	－4.220
茂名	17.669	18.984	17.322	15.303	15.064	13.027	15.562	12.842	12.133	－5.535
南宁	16.236	14.783	14.574	14.179	12.521	12.387	11.699	12.191	11.158	－5.078
北海	20.349	20.190	18.736	16.832	17.960	16.357	17.183	18.048	16.814	－3.535
防城港	21.889	21.254	21.527	20.481	20.015	19.492	20.906	21.164	21.614	－0.275
钦州	19.501	16.373	16.768	15.908	14.254	12.855	9.195	10.324	10.721	－8.779
玉林	16.499	19.211	17.569	17.156	15.849	14.016	13.681	14.165	14.148	－2.350
崇左	25.930	25.462	24.679	24.318	23.734	21.965	23.149	22.976	23.216	－2.714
海口	21.151	20.950	20.947	19.676	19.806	19.085	19.583	20.069	18.162	－2.989
最高分	25.930	25.462	24.679	24.318	23.734	21.965	23.149	22.976	23.216	－2.714
最低分	16.236	14.783	14.574	14.179	12.521	11.588	9.195	10.324	7.630	－8.606
平均分	19.576	19.116	18.660	17.682	17.114	15.706	15.930	15.997	15.077	－4.499
标准差	2.963	3.111	2.997	3.084	3.400	3.525	4.399	4.398	4.954	1.990

由2009年的北部湾城市群城市农业产业结构竞争力评价来看，得分处在16～26分，有7个城市的农业产业结构竞争力得分在17分以上，小于17分的城市有阳江市、南宁市、钦州市。最高得分为崇左市的25.462分，最低得分为南宁市的14.783分。得分平均值为19.116分，得分标准差为3.111。北部湾城市群中广西地区城市的农业产业结构竞争力得分较高，其中北海市、防城港市、钦州市、崇左市4个城市的农业产业结构竞争力得分均超过17分。北部湾城市群中广东地区的农业产业结构竞争力较低，其中仅有湛江市、茂名市2个城市的农业产业结构竞争力得分超过17分。北部湾城市群中海南地区的农业产业结构竞争力较低，其中海口市的农业产业结构竞争力得分超过17分。

由2010年的北部湾城市群城市农业产业结构竞争力评价来看，得分处在14～25分，有7个城市的农业产业结构竞争力得分在17分以上，小于17分的城市有南宁市和钦州市。最高得分为崇左市的24.679分，最低得分为南宁市的14.574分。得分平均值为18.660分，得分标准差为2.997。北部湾城市群中广西地区城市的农业产业结构竞争力得分较高，其中北海市、防城港市、玉林市、崇左市4个城市的农业产业结构竞争力得分均超过17分。北部湾城市群中广东地区的农业产业结构竞争力较低，其中仅有湛江市、茂名市2个城市的农业产业结构竞争力得分超过17分。北部湾城市群中海南地区的农业产业结构竞争力较低，其中海口市的农业产业结构竞争力得分超过17分。

由2011年的北部湾城市群城市农业产业结构竞争力评价来看，得分处在14～25分，有5个城市的农业产业结构竞争力得分在17分以上，小于17分的城市有阳江市、茂名市、南宁市、北海市、钦州市。最高得分为崇左市的24.318分，最低得分为南宁市的14.179分。得分平均值为17.682分，得分标准差为3.084。北部湾城市群中广西地区城市的农业产业结构竞争力得分较高，其中防城港市、玉林市、崇左市3个城市的农业产业结构竞争力得分均超过17分。北部湾城市群中广东地区的农业产业结构竞争力较低，其中仅有湛江市 1 个城市的农业产业结构竞争力得分超过 17 分。北部湾城市群中海南地区的农业产业结构竞争力较低，其中海口市的农业产业结构竞争力得分超过 17 分。

由 2012 年的北部湾城市群城市农业产业结构竞争力评价来看，得分处在 12～24 分，有 5 个城市的农业产业结构竞争力得分在 17 分以上，小于 17 分的城市有阳江市、茂名市、南宁市、钦州市、玉林市。最高得分为崇左市的 23.734 分，最低得分为南宁市的 12.521 分。得分平均值为 17.114 分，得分标准差为 3.400。北部湾城市群中广西地区城市的农业产业结构竞争力得分较高，其中北海市、防城港市、崇左市 3 个城市的农业产业结构竞争力得分均超过 17 分。北部湾城市群中广东地区的农业产业结构竞争力较低，其中仅有湛江市 1 个城市的农业产业结构竞争力得分超过 17 分。北部湾城市群中海南地区的农业产业结构竞争力较高，其中海口市的农业产业结构竞争力得分超过 17 分。

由 2013 年的北部湾城市群城市农业产业结构竞争力评价来看，得分处在 11～22 分，有 3 个城市的农业产业结构竞争力得分在 17 分以上，小于 17 分的城市有阳江市、湛江市、茂名市、南宁市、北海市、崇左市、玉林市。最高得分为崇左市的 21.965 分，最低得分为阳江市的 11.588 分。得分平均值为 15.706 分，得分标准差为 3.525。北部湾城市群中广西地区城市的农业产业结构竞争力得分较高，其中防城港市、崇左市 2 个城市的农业产业结构竞争力得分均超过 17 分。北部湾城市群中广东地区的农业产业结构竞争力较低，所有城市的农业产业结构竞争力得分均未超过 17 分。北部湾城市群中海南地区的农业产业结构竞争力较高，其中海口市的农业产业结构竞争力得分超过 17 分。

由 2014 年的北部湾城市群城市农业产业结构竞争力评价来看，得分处在 9～24 分，有 4 个城市的农业产业结构竞争力得分在 17 分以上，小于 17 分的城市有阳江市、湛江市、茂名市、南宁市、钦州市、玉林市。最高得分为崇左市的 23.149 分，最低得分为钦州市的 9.195 分。得分平均值为 15.930 分，得分标准差为 4.399。北部湾城市群中广西地区城市的农业产业结构竞争力得分较高，其中北海市、防城港市、崇左市 3 个城市的农业产业结构竞争力得分均超过 17 分。北部湾城市群中广东地区的农业产业结构竞争力较低，所有城市的农业产业结构竞争力得分均未超过 17 分。北部湾城市群中海南地区的农业产业结构竞争力较高，其中海口市的农业产业结构竞争力得分超过 17 分。

由 2015 年的北部湾城市群城市农业产业结构竞争力评价来看，得分处在 10～23 分，有 4 个城市的农业产业结构竞争力得分在 17 分以上，小于 17 分的城市有阳江市、湛江市、茂名市、南宁市、钦州市、玉林市。最高得分为崇左市的 22.976 分，最低得分为钦州市的 10.324 分。得分平均值为 15.997 分，得分标准差为 4.398。北部湾城市群中广西地区城市的农业产业结构竞争力得分较高，其中北海市、防城港市、崇左市 3 个城市的农业产业结构竞争力得分均超过 17 分。北部湾城市群中广东地区的农业产业结构竞争力较低，所有城市的农业产业结构竞争力得分均未超过 17 分。北部湾城市群中海南地区的农业产业结构竞争力较高，其中海口市的农业产业结构竞争力得分超过 17 分。

由 2016 年的北部湾城市群城市农业产业结构竞争力评价来看，得分处在 16～26 分，有 3 个城市的农业产业结构竞争力得分在 17 分以上，小于 17 分的城市有阳江市、湛江市、茂名市、南宁市、北海市、钦州市、玉林市。最高得分为崇左市的 23.216 分，最低得分为阳江市的 7.630 分。得分平均值为 15.077 分，得分标准差为 4.954。北部湾城市群中广西地区城市的农业产业结构竞争力得分较高，其中防城港市、崇左市 2 个城市的农业产业结构竞争力得分均超过 17 分。北部湾城市群中广东地区的农业产业结构竞争力较低，所有城市的农业产业结构竞争力得分均未超过 17 分。北部湾城市群中海南地区的农业产业结构竞争力较高，其中海口市的农业产业结构竞争力得分超过 17 分。

通过对各年的北部湾城市群城市农业产业结构竞争力的平均分、标准差进行对比分析，可以发现其平均分处于波动下降趋势，说明北部湾城市群城市农业产业结构竞争力整体活力降低，城市农业生产不够合理。北部湾城市群农业产业结构竞争力标准差处于波动上升趋势，说明城市间农业产业结构竞争力差距有所增大。对各城市的农业产业结构竞争力变化展开分析，发现崇左市农业产业结构竞争力处在绝对领先位置，在 2008～2016 年的各个时间段内均处于排名第 1，但其整体上处于波动下降的趋势。广西地区其他城市农业产业结构竞争力均出现下降，其排名除钦州市外均保持不变或上升趋势，说明广西地区整体农业产业结构竞争力处于提升状态。广东地区农业产业结构竞争力得分均有所下降，其农业产业结构竞争力排名除阳江市均保持不变或小幅度上升，说明广东地区农业产业结构竞争力变化幅度较小。玉林市在农业产业结构竞争力得分小幅度下降的情况下其排名出现大幅度上升，说明玉林市在农业产业结构竞争力方面存在有效推动力，提高了其农业产业结构竞争力水平，使其在地区内的排名结构出现较大提升。海南地区海口市在农业产业结构竞争力得分小幅度下降的情况下其排名仍保持在上游区，说明海南地区农业产业结构综合发展能力较强。

通过表6－13对2008～2016年的农业发展及变化进行分析。由2008年的北部湾城市群城市农业发展评价来看，得分处在8～18分，有4个城市的农业发展得分在15分以上，小于15分的城市有阳江市、北海市、防城港市、钦州市、崇左市、海口市。最高得分为南宁市的17.297分，最低得分为阳江市的8.230分。得分平均值为13.408分，得分标准差为2.793。北部湾城市群中广东地区城市的农业发展得分较高，其中湛江市、茂名市2个城市的农业发展得分均超过15分。北部湾城市群中广西地区的农业发展的得分较低，其中仅有南宁市、玉林市2个城市的农业发展得分超过15分。北部湾城市群中海南地区的农业发展较低，其中海口市的农业发展得分未超过15分。

表6－13　　　　　　　　　　　2008～2016年北部湾城市群各城市农业发展评价比较

地区	2008年	2009年	2010年	2011年	2012年	2013年	2014年	2015年	2016年	综合变化
阳江	8.230	16.574	14.120	15.629	15.580	17.093	16.177	16.193	16.456	8.226
湛江	15.432	18.043	15.095	16.231	16.310	20.649	16.750	16.227	16.043	0.611
茂名	15.281	18.255	15.199	16.407	16.601	20.804	17.419	17.191	17.161	1.880
南宁	17.297	19.588	17.068	17.826	17.997	14.870	18.061	18.098	18.540	1.243
北海	13.068	16.147	13.257	11.137	13.879	13.327	12.526	14.588	14.206	1.138
防城港	12.659	16.124	12.880	13.584	12.891	13.088	12.422	12.527	12.197	－0.463
钦州	14.241	18.621	14.916	15.403	16.176	14.066	17.922	17.937	18.212	3.972
玉林	15.666	18.221	15.939	16.474	16.975	14.855	15.510	17.062	17.284	1.618
崇左	9.767	17.396	13.640	13.891	13.805	13.441	13.671	13.931	13.169	3.402
海口	12.444	15.642	9.995	13.183	15.116	12.116	11.199	9.965	11.160	－1.285
最高分	17.297	19.588	17.068	17.826	17.997	20.804	18.061	18.098	18.540	1.243
最低分	8.230	15.642	9.995	11.137	12.891	12.116	11.199	9.965	11.160	2.930
平均分	13.408	17.461	14.211	14.977	15.533	15.431	15.166	15.372	15.443	2.034
标准差	2.793	1.292	1.949	1.991	1.605	3.095	2.520	2.616	2.594	－0.198

由2009年的北部湾城市群城市农业发展评价来看，得分处在15～20分，所有城市的农业发展得分在15分以上，最高得分为南宁市的19.588分，最低得分为海口市的16.542分。得分平均值为17.461分，得分标准差为1.292。北部湾城市群中广东地区城市的农业发展得分较高，其中湛江市、茂名市2个城市的农业发展得分均超过18分。北部湾城市群中广西地区的农业发展的得分较低，其中仅有南宁市、钦州市、玉林市3个城市的农业发展得分超过18分。北部湾城市群中海南地区的农业发展较低，其中海口市的农业发展得分未超过18分。

由2010年的北部湾城市群城市农业发展评价来看，得分处在9～18分，有4个城市的农业发展得分在15分以上，小于15分的城市有阳江市、北海市、防城港市、钦州市、崇左市、海口市。最高得分为南宁市的17.068分，最低得分为海口市的9.995分。得分平均值为14.211分，得分标准差为1.949。北部湾城市群中广东地区城市的农业发展得分较高，其中湛江市、茂名市2个城市的农业发展得分均超过15分。北部湾城市群中广西地区的农业发展的得分较低，其中仅有南宁市、玉林市2个城市的农业发展得分超过15分。北部湾城市群中海南地区的农业发展较低，其中海口市的农业发展得分未超过15分。

由2011年的北部湾城市群城市农业发展评价来看，得分处在11～18分，有6个城市的农业发展得分在15分以上，小于15分的城市有北海市、防城港市、崇左市、海口市。最高得分为南宁市的17.826分，最低得分为北海市的11.137分。得分平均值为14.977分，得分标准差为1.991。北部湾城市群中广东地区城市的农业发展得分较高，其中阳江市、湛江市、茂名市3个城市的农业发展得分均超过15分。北部湾城市群中广西地区的农业发展得分较低，其中仅有南宁市、钦州市、玉林市3个城市的农业发展得分超过15分。北部湾城市群中海南地区的农业发展较低，其中海口市的农业发展得分未超过15分。

　　由 2012 年的北部湾城市群城市农业发展评价来看，得分处在 12 ~ 18 分，有 7 个城市的农业发展得分在 15 分以上，小于 15 分的城市有北海市、防城港市、崇左市。最高得分为南宁市的 17.997 分，最低得分为防城港市的 12.891 分。得分平均值为 15.533 分，得分标准差为 1.605。北部湾城市群中广东地区城市的农业发展得分较高，其中阳江市、湛江市、茂名市 3 个城市的农业发展得分均超过 15 分。北部湾城市群中广西地区的农业发展得分较低，其中仅有南宁市、钦州市、玉林市 3 个城市的农业发展得分超过 15分。北部湾城市群中海南地区的农业发展较高，其中海口市的农业发展得分超过 15 分。

　　由 2013 年的北部湾城市群城市农业发展评价来看，得分处在 12 ~ 21 分，有 3 个城市的农业发展得分在 15 分以上，小于 15 分的城市有南宁市、北海市、防城港市、钦州市、玉林市、崇左市、海口市。最高得分为茂名市的 20.804 分，最低得分为海口市的 12.116 分。得分平均值为 15.431 分，得分标准差为3.095。北部湾城市群中广东地区城市的农业发展得分较高，其中阳江市、湛江市、茂名市 3 个城市的农业发展得分均超过 15 分。北部湾城市群中广西地区的农业发展得分较低，所有城市的农业发展得分均未超过 15 分。北部湾城市群中海南地区的农业发展较低，其中海口市的农业发展得分未超过 15 分。

　　由 2014 年的北部湾城市群城市农业发展评价来看，得分处在 11 ~ 19 分，有 6 个城市的农业发展得分在 15 分以上，小于 15 分的城市有北海市、防城港市、崇左市、海口市。最高得分为南宁市的 18.061 分，最低得分为海口市的 11.119 分。得分平均值为 15.116 分，得分标准差为 2.520。北部湾城市群中广东地区城市的农业发展得分较高，其中阳江市、湛江市、茂名市 3 个城市的农业发展得分均超过 15 分。北部湾城市群中广西地区的农业发展得分较低，其中仅有南宁市、钦州市、玉林市 3 个城市的农业发展得分超过 15 分。北部湾城市群中海南地区的农业发展较低，其中海口市的农业发展得分未超过 15 分。

　　由 2015 年的北部湾城市群城市农业发展评价来看，得分处在 8 ~ 18 分，有 6 个城市的农业发展得分在 15 分以上，小于 15 分的城市有北海市、防城港市、崇左市、海口市。最高得分为南宁市的 18.098 分，最低得分为海口市的 9.965 分。得分平均值为 15.372 分，得分标准差为 2.616。北部湾城市群中广东地区城市的农业发展得分较高，其中阳江市、湛江市、茂名市 3 个城市的农业发展得分均超过 15 分。北部湾城市群中广西地区的农业发展得分较低，其中仅有南宁市、钦州市、玉林市 3 个城市的农业发展得分超过15 分。北部湾城市群中海南地区的农业发展较低，其中海口市的农业发展得分未超过 15 分。

　　由 2016 年的北部湾城市群城市农业发展评价来看，得分处在 8 ~ 18 分，有 6 个城市的农业发展得分在 15 分以上，小于 15 分的城市有北海市、防城港市、崇左市、海口市。最高得分为南宁市的 18.540 分，最低得分为海口市的 11.160 分。得分平均值为 15.443 分，得分标准差为 2.594。北部湾城市群中广东地区城市的农业发展得分较高，其中阳江市、湛江市、茂名市 3 个城市的农业发展得分均超过 15 分。北部湾城市群中广西地区的农业发展得分较低，其中仅有南宁市、钦州市、玉林市 3 个城市的农业发展得分超过 15 分。北部湾城市群中海南地区的农业发展较低，其中海口市的农业发展得分未超过 15 分。

　　通过对各年的北部湾城市群城市农业发展的平均分、标准差进行对比分析，可以发现其平均分处于波动上升趋势，说明北部湾城市群城市农业发展整体活力有所提升。北部湾城市群农业发展标准差处于波动下降趋势，说明城市间农业发展差距有所减小。对各城市的农业发展变化展开分析，发现南宁市农业发展处在绝对领先位置。广西地区其他城市除防城港市农业发展得分均呈上升趋势，其排名除钦州市和崇左市外均呈下降趋势，说明广西地区整体农业发展处于滞后阶段。钦州市在农业发展得分上升的情况下其排名也出现上升，说明钦州市在农业发展方面存在有效推动力，提高了其农业发展水平，使其在地区内的排名结构出现较大提升。广东地区农业发展得分均有所上升，其农业发展排名除湛江市均保持不变或大幅度上升，说明广东地区农业发展变化幅度较大。海南地区海口市农业发展得分呈下降趋势，排名也呈下降趋势，说明海南地区农业综合发展能力较低。

　　通过表 6 - 14 对 2008 ~ 2016 年的农业产出水平及变化进行分析。由 2008 年的北部湾城市群城市农业产出评价来看，得分处在 8 ~ 18 分，有 4 个城市的农业产出得分在 15 分以上，小于 15 分的城市有湛江市、北海市、防城港市、钦州市、崇左市、海口市。最高得分为茂名市的 26.869 分，最低得分为湛江市的8.878 分。得分平均值为 14.859 分，得分标准差为 6.045。北部湾城市群中广东地区城市的农业产出得分较高，其中阳江市、茂名市 2 个城市的农业产出得分均超过 15 分。北部湾城市群中广西地区的农业产出得分较低，其中仅有南宁市、玉林市 2 个城市的农业产出得分超过 15 分。北部湾城市群中海南地区的农业产出较低，其中海口市的农业产出得分未超过 15 分。

表 6－14　　　　　　　　　　　　　　2008～2016 年北部湾城市群各城市农业产出评价比较

地区	2008 年	2009 年	2010 年	2011 年	2012 年	2013 年	2014 年	2015 年	2016 年	综合变化
阳江	18.397	19.766	19.956	20.936	20.567	20.828	21.991	16.373	22.110	3.713
湛江	8.878	15.285	15.080	15.748	16.131	15.228	16.138	15.678	15.859	6.981
茂名	26.869	27.903	27.908	28.821	29.029	27.952	29.702	29.162	29.784	2.915
南宁	16.490	15.297	15.487	16.397	17.070	18.098	17.223	17.706	17.063	0.572
北海	10.447	11.117	12.392	9.755	12.287	11.991	11.386	11.871	11.742	1.295
防城港	9.405	10.106	9.868	10.463	10.651	10.649	10.232	10.328	10.301	0.896
钦州	12.478	13.127	12.629	13.183	13.883	14.635	13.730	13.729	13.551	1.073
玉林	22.180	21.272	21.509	21.675	23.253	23.204	21.999	21.987	22.190	0.010
崇左	13.384	15.558	15.181	16.166	16.460	16.773	16.701	17.243	16.925	3.540
海口	10.064	10.993	8.542	13.077	15.837	13.147	12.674	13.148	13.878	3.815
最高分	26.869	27.903	27.908	28.821	29.029	27.952	29.702	29.162	29.784	2.915
最低分	8.878	10.106	8.542	9.755	10.651	10.649	10.232	10.328	10.301	1.423
平均分	14.859	16.043	15.855	16.622	17.517	17.251	17.178	16.723	17.340	2.481
标准差	6.045	5.545	5.840	5.807	5.462	5.403	5.949	5.488	5.877	－0.168

　　由 2009 年的北部湾城市群城市农业产出评价来看，得分处在 10～28 分，有 6 个城市的农业产出得分在 15 分以上，小于 15 分的城市有北海市、防城港市、钦州市、海口市。最高得分为茂名市的 27.903 分，最低得分为防城港市的 10.106 分。得分平均值为 16.043 分，得分标准差为 5.545。北部湾城市群中广东地区城市的农业产出得分较高，其中阳江市、湛江市、茂名市 3 个城市的农业产出得分均超过 15 分。北部湾城市群中广西地区的农业产出得分较低，其中仅有南宁市、玉林市、崇左市 3 个城市的农业产出得分超过 15 分。北部湾城市群中海南地区的农业产出较低，其中海口市的农业产出得分未超过 15 分。

　　由 2010 年的北部湾城市群城市农业产出评价来看，得分处在 8～28 分，有 6 个城市的农业产出得分在 15 分以上，小于 15 分的城市有北海市、防城港市、钦州市、海口市。最高得分为茂名市的 27.908 分，最低得分为海口市的 8.542 分。得分平均值为 15.855 分，得分标准差为 5.840。北部湾城市群中广东地区城市的农业产出得分较高，其中阳江市、湛江市、茂名市 3 个城市的农业产出得分均超过 15 分。北部湾城市群中广西地区的农业产出得分较低，其中仅有南宁市、玉林市、崇左市 3 个城市的农业产出得分超过 15 分。北部湾城市群中海南地区的农业产出较低，其中海口市的农业产出得分未超过 15 分。

　　由 2011 年的北部湾城市群城市农业产出评价来看，得分处在 10～30 分，有 6 个城市的农业产出得分在 15 分以上，小于 15 分的城市有北海市、防城港市、钦州市、海口市。最高得分为茂名市的 28.821 分，最低得分为北海市的 9.755 分。得分平均值为 16.622 分，得分标准差为 5.807。北部湾城市群中广东地区城市的农业产出得分较高，其中阳江市、湛江市、茂名市 3 个城市的农业产出得分均超过 15 分。北部湾城市群中广西地区的农业产出得分较低，其中仅有南宁市、玉林市、崇左市 3 个城市的农业产出得分超过 15 分。北部湾城市群中海南地区的农业产出较低，其中海口市的农业产出得分未超过 15 分。

　　由 2012 年的北部湾城市群城市农业产出评价来看，得分处在 8～18 分，有 7 个城市的农业产出得分在 15 分以上，小于 15 分的城市有北海市、防城港市、钦州市。最高得分为茂名市的 26.869 分，最低得分为湛江市的 8.878 分。得分平均值为 14.859 分，得分标准差为 6.045。北部湾城市群中广东地区城市的农业产出得分较高，其中阳江市、湛江市、茂名市 3 个城市的农业产出得分均超过 15 分。北部湾城市群中广西地区的农业产出得分较低，其中仅有南宁市、玉林市、崇左市 3 个城市的农业产出得分超过 15 分。北部湾城市群中海南地区的农业产出较高，其中海口市的农业产出得分超过 15 分。

　　由 2013 年的北部湾城市群城市农业产出评价来看，得分处在 10～28 分，有 6 个城市的农业产出得分在 15 分以上，小于 15 分的城市有北海市、防城港市、钦州市、海口市。最高得分为茂名市的 27.952 分，最低得分为防城港市的 10.649 分。得分平均值为 17.251 分，得分标准差为 5.403。北部湾城市群中广东地区城市的农业产出得分较高，其中阳江市、湛江市、茂名市 3 个城市的农业产出得分均超过 15 分。北部湾城市群中广西地区的农业产出的得分较低，其中仅有南宁市、玉林市、崇左市 3 个城市的农业产出得分超过 15 分。北部湾城市群中海南地区的农业产出较低，其中海口市的农业产出得分未超过 15 分。

由 2014 年的北部湾城市群城市农业产出评价来看，得分处在 10～30 分，有 6 个城市的农业产出得分在 15 分以上，小于 15 分的城市有北海市、防城港市、钦州市、海口市。最高得分为茂名市的 19.702 分，最低得分为防城港市的 10.232 分。得分平均值为 17.178 分，得分标准差为 5.949。北部湾城市群中广东地区城市的农业产出得分较高，其中阳江市、湛江市、茂名市 3 个城市的农业产出得分均超过 15 分。北部湾城市群中广西地区的农业产出得分较低，其中仅有南宁市、玉林市、崇左市 3 个城市的农业产出得分超过 15 分。北部湾城市群中海南地区的农业产出较低，其中海口市的农业产出得分未超过 15 分。

由 2015 年的北部湾城市群城市农业产出评价来看，得分处在 10～30 分，有 6 个城市的农业产出得分在 15 分以上，小于 15 分的城市有北海市、防城港市、钦州市、海口市。最高得分为茂名市的 29.162 分，最低得分为防城港市的 10.368 分。得分平均值为 16.723 分，得分标准差为 5.488。北部湾城市群中广东地区城市的农业产出得分较高，其中阳江市、湛江市、茂名市 3 个城市的农业产出得分均超过 15 分。北部湾城市群中广西地区的农业产出得分较低，其中仅有南宁市、玉林市、崇左市 3 个城市的农业产出得分超过 15 分。北部湾城市群中海南地区的农业产出较低，其中海口市的农业产出得分未超过 15 分。

由 2016 年的北部湾城市群城市农业产出评价来看，得分处在 10～30 分，有 6 个城市的农业产出得分在 15 分以上，小于 15 分的城市有北海市、防城港市、钦州市、海口市。最高得分为茂名市的 29.784 分，最低得分为防城港市的 10.301 分。得分平均值为 17.340 分，得分标准差为 5.877。北部湾城市群中广东地区城市的农业产出得分较高，其中阳江市、湛江市、茂名市 3 个城市的农业产出得分均超过 15 分。北部湾城市群中广西地区的农业产出得分较低，其中仅有南宁市、玉林市、崇左市 3 个城市的农业产出得分超过 15 分。北部湾城市群中海南地区的农业产出较低，其中海口市的农业产出得分未超过 15 分。

通过对各年的北部湾城市群城市农业产出的平均分、标准差进行对比分析，可以发现其平均分处于波动上升趋势，说明北部湾城市群城市农业产出整体活力有所提升。北部湾城市群农业产出标准差处于波动下降趋势，说明城市间农业产出差距有所减小。对各城市的农业产出变化展开分析，发现茂名市农业产出处在绝对领先位置，在 2008～2016 年的各个时间段内均处于排名第 1，且其得分呈上升趋势。广东地区其他城市农业产出得分均呈上升趋势，其农业产出排名也保持不变或呈上升趋势，说明广东地区农业产出发展处于上升阶段，有利于推动农业现代化发展。广西地区农业产出得分均有所上升，但其农业产出排名均保持不变或趋于下降，说明广西地区农业产出处于滞后阶段，农业产出有待提高。玉林市在农业产出得分小幅度上升的情况下其排名仍保持在强势位置，说明玉林市在农业产出方面存在有效推动力，提高了其农业产出水平，使其在地区内的排名一直保持在上游区。海南地区海口市农业产出得分呈上升趋势，排名也呈上升趋势，说明海南地区农业综合发展能力有所提高。

（二）北部湾城市群城市农业生产发展水平评估结果的比较与评析

1. 北部湾城市群城市农业生产发展水平分布情况

根据灰色综合评价法对无量纲化后的三级指标进行权重得分计算，得到北部湾城市群各城市的农业生产发展水平得分及排名，反映出各城市农业生产发展水平情况。下面对 2008～2016 年北部湾城市群各城市农业生产发展水平评价分值分布进行统计。

由图 6-1 可以看到 2008 年北部湾城市群城市农业生产发展水平得分情况，农业生产发展水平得分在 56 分以上的有 1 个城市，1 个城市的农业生产发展水平得分分布在 52～56 分，2 个城市的农业生产发展水平得分分布在 48～52 分，1 个城市的农业生产发展水平得分分布在 44～48 分，5 个城市的农业生产发展水平得分分布在 44 分以下，这说明北部湾城市群城市农业生产发展水平分布较不均衡。

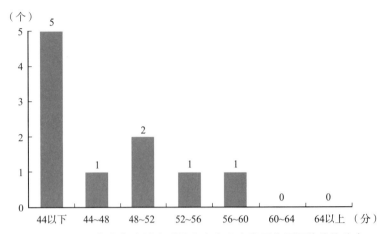

图 6－1　2008 年北部湾城市群城市农业生产发展水平评价分值分布

由图 6－2 可以看到 2009 年北部湾城市群城市农业生产发展水平得分情况，农业生产发展水平得分在 56 分以上的有 3 个城市，1 个城市的农业生产发展水平得分分布在 52～56 分，3 个城市的农业生产发展水平得分分布在 48～52 分，3 个城市的农业生产发展水平得分分布在 44～48 分，这说明北部湾城市群城市农业生产发展水平分布较不均衡。

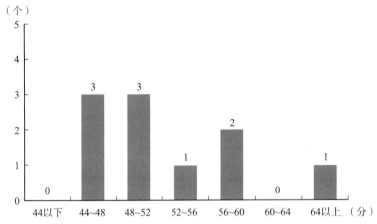

图 6－2　2009 年北部湾城市群城市农业生产发展水平评价分值分布

由图 6－3 可以看到 2010 年北部湾城市群城市农业生产发展水平得分情况，农业生产发展水平得分在 56 分以上的有 1 个城市，2 个城市的农业生产发展水平得分分布在 52～56 分，2 个城市的农业生产发展水平得分分布在 48～52 分，4 个城市的农业生产发展水平得分分布在 44～48 分，1 个城市的农业生产发展水平得分分布在 44 分以下，这说明北部湾城市群城市农业生产发展水平分布较不均衡。

由图 6－4 可以看到 2011 年北部湾城市群城市农业生产发展水平得分情况，农业生产发展水平得分在 56 分以上的有 1 个城市，2 个城市的农业生产发展水平得分分布在 52～56 分，3 个城市的农业生产发展水平得分分布在 48～52 分，3 个城市的农业生产发展水平得分分布在 44～48 分，1 个城市的农业生产发展水平得分分布在 44 分以下，这说明北部湾城市群城市农业生产发展水平分布较均衡，城市的农业发展水平得分相差不大。

由图 6－5 可以看到 2012 年北部湾城市群城市农业生产发展水平得分情况，农业生产发展水平得分在 56 分以上的有 2 个城市，1 个城市的农业生产发展水平得分分布在 52～56 分，3 个城市的农业生产发展水平得分分布在 48～52 分，3 个城市的农业生产发展水平得分分布在 44～48 分，1 个城市的农业生产发展水平得分分布在 44 分以下，这说明北部湾城市群城市农业生产发展水平分布较均衡，城市的农业发展水平得分相差不大。

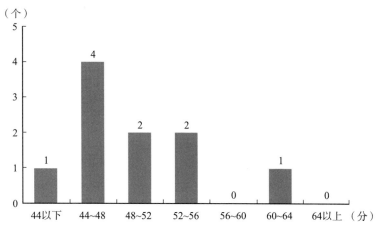

图 6 - 3　2010 年北部湾城市群城市农业生产发展水平评价分值分布

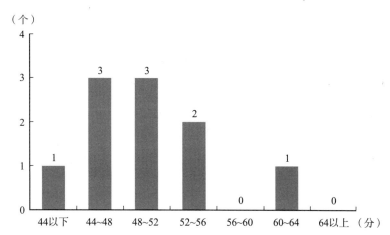

图 6 - 4　2011 年北部湾城市群城市农业生产发展水平评价分值分布

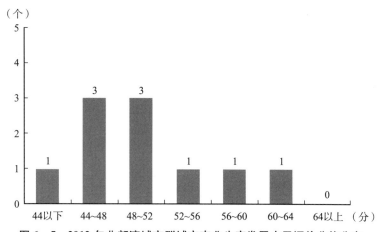

图 6 - 5　2012 年北部湾城市群城市农业生产发展水平评价分值分布

　　由图 6 - 6 可以看到 2013 年北部湾城市群城市农业生产发展水平得分情况，农业生产发展水平得分在 56 分以上的有 1 个城市，3 个城市的农业生产发展水平得分分布在 52～56 分，1 个城市的农业生产发展水平得分分布在 48～52 分，2 个城市的农业生产发展水平得分分布在 44～48 分，3 个城市的农业生产发展水平得分分布在 44 分以下，这说明北部湾城市群城市农业生产发展水平分布较不均衡。

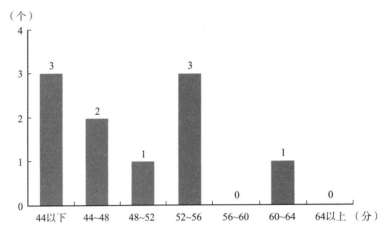

图 6 - 6　2013 年北部湾城市群城市农业生产发展水平评价分值分布

　　由图 6 - 7 可以看到 2014 年北部湾城市群城市农业生产发展水平得分情况，农业生产发展水平得分在 56 分以上的有 1 个城市，1 个城市的农业生产发展水平得分分布在 52～56 分，3 个城市的农业生产发展水平得分分布在 48～52 分，3 个城市的农业生产发展水平得分分布在 44～48 分，4 个城市的农业生产发展水平得分分布在 44 分以下，这说明北部湾城市群城市农业生产发展水平分布较不均衡。

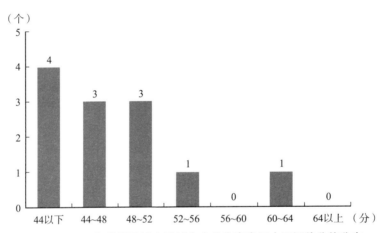

图 6 - 7　2014 年北部湾城市群城市农业生产发展水平评价分值分布

　　由图 6 - 8 可以看到 2015 年北部湾城市群城市农业生产发展水平得分情况，农业生产发展水平得分在 56 分以上的有 1 个城市，2 个城市的农业生产发展水平得分分布在 52～56 分，1 个城市的农业生产发展水平得分分布在 48～52 分，4 个城市的农业生产发展水平得分分布在 44～48 分，2 个城市的农业生产发展水平得分分布在 44 分以下，这说明北部湾城市群城市农业生产发展水平分布较不均衡。

　　由图 6 - 9 可以看到 2016 年北部湾城市群城市农业生产发展水平得分情况，农业生产发展水平得分在 56 分以上的有 1 个城市，2 个城市的农业生产发展水平得分分布在 52～56 分，4 个城市的农业生产发展水平得分分布在 44～48 分，3 个城市的农业生产发展水平得分分布在 44 分以下，这说明北部湾城市群城市农业生产发展水平分布较不均衡。

2. 北部湾城市群城市农业生产发展水平跨区段变动情况

　　根据图 6 - 10 对 2008～2009 年北部湾城市群城市农业生产发展水平的跨区段变化进行分析，可以看到在 2008～2009 年有 6 个城市的农业生产发展水平在北部湾城市群的位次发生大幅度变动。其中，南宁市由上游区下降至中游区，崇左市由中游区上升至上游区，防城港市、北海市由中游区下降至下游区，阳江市、湛江市由下游区上升至中游区。

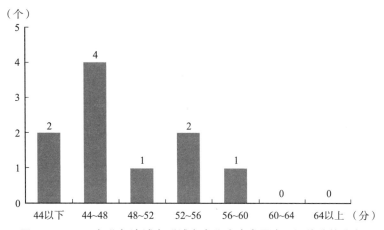

图 6 – 8 2015 年北部湾城市群城市农业生产发展水平评价分值分布

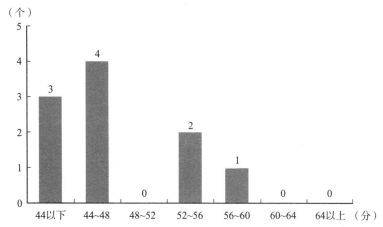

图 6 – 9 2016 年北部湾城市群城市农业生产发展水平评价分值分布

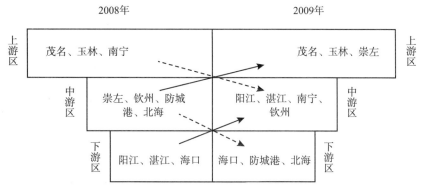

图 6 – 10 2008 ~ 2009 年北部湾城市群城市农业生产发展水平大幅变动情况

　　根据图 6 – 11 对 2009 ~ 2010 年北部湾城市群城市农业生产发展水平的跨区段变化进行分析，可以看到在 2009 ~ 2010 年有 2 个城市的农业生产发展水平在北部湾城市群的位次发生大幅变动。其中，钦州市由中游区下降至下游区，北海市由下游区上升至中游区。

　　根据图 6 – 12 对 2010 ~ 2011 年北部湾城市群城市农业生产发展水平的跨区段变化进行分析，可以看到在 2010 ~ 2011 年有 2 个城市的农业生产发展水平在北部湾城市群的位次发生大幅变动。其中，北海市由中游区下降至下游区，海口市由下游区上升至中游区。

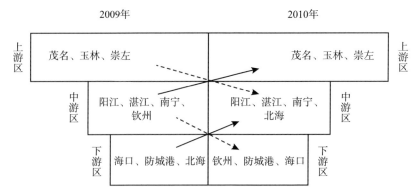

图6－11　2009～2010年北部湾城市群城市农业生产发展水平大幅变动情况

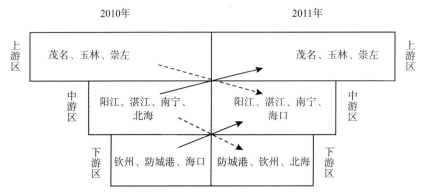

图6－12　2010～2011年北部湾城市群城市农业生产发展水平大幅变动情况

根据图6－13对2011～2012年北部湾城市群城市农业生产发展水平的跨区段变化进行分析，可以看到在2011～2012年城市间排名变化较小，未有任何城市的农业发展水平在北部湾城市群的位次发生跨区变动。

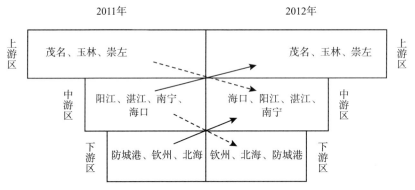

图6－13　2011～2012年北部湾城市群城市农业生产发展水平大幅变动情况

根据图6－14对2012～2013年北部湾城市群城市农业生产发展水平的跨区段变化进行分析，可以看到在2012～2013年有2个城市的农业生产发展水平在北部湾城市群的位次发生大幅变动。其中，玉林市由上游区下降至中游区，湛江市由中游区上升至上游区。

根据图6－15对2013～2014年北部湾城市群城市农业生产发展水平的跨区段变化进行分析，可以看到在2013～2014年有4个城市的农业生产发展水平在北部湾城市群的位次发生大幅变动。其中，湛江市由上游区下降至中游区，玉林市由中游区上升至上游区，海口市由中游区下降至下游区，防城港市由下游区上升至中游区。

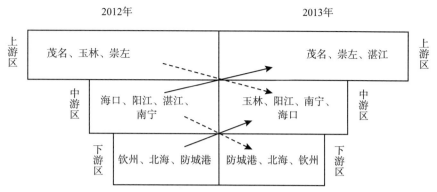

图 6 - 14　2012 ~ 2013 年北部湾城市群城市农业生产发展水平大幅变动情况

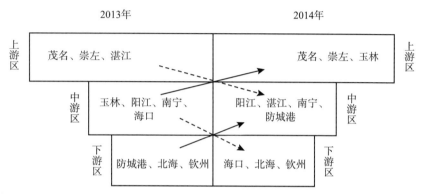

图 6 - 15　2013 ~ 2014 年北部湾城市群城市农业生产发展水平大幅变动情况

　　根据图 6 - 16 对 2014 ~ 2015 年北部湾城市群城市农业生产发展水平的跨区段变化进行分析，可以看到在 2014 ~ 2015 年有 2 个城市的农业生产发展水平在北部湾城市群的位次发生大幅变动。其中，防城港市由中游区下降至下游区，北海市由下游区上升至中游区。

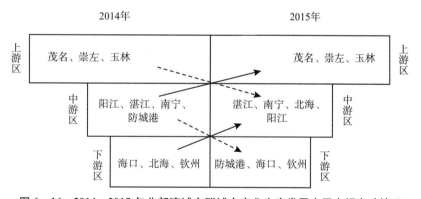

图 6 - 16　2014 ~ 2015 年北部湾城市群城市农业生产发展水平大幅变动情况

　　根据图 6 - 17 对 2015 ~ 2016 年北部湾城市群城市农业生产发展水平的跨区段变化进行分析，可以看到在 2015 ~ 2016 年有 2 个城市的农业生产发展水平在北部湾城市群的位次发生大幅变动。其中，北海市由中游区下降至下游区，防城港市由下游区上升至中游区。

　　根据图 6 - 18 对 2008 ~ 2016 年北部湾城市群城市农业生产发展水平的跨区段变化进行分析，可以看到在 2008 ~ 2016 年有 6 个城市的农业生产发展水平在北部湾城市群的位次发生大幅变动。其中，南宁市由上游区下降至中游区，崇左市由中游区上升至上游区，钦州市、北海市由中游区下降至下游区，阳江市、湛江市由下游区上升至中游区。

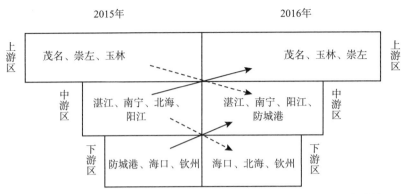

图 6-17 2015~2016 年北部湾城市群城市农业生产发展水平大幅变动情况

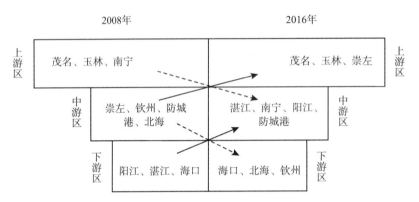

图 6-18 2008~2016 年北部湾城市群城市农业生产发展水平大幅变动情况

二、北部湾城市群城市农业结构比较分析

（一）北部湾城市群城市农业结构竞争力评估结果

根据北部湾城市群城市农业结构竞争力指标体系和数学评价模型，对 2008~2016 年北部湾城市群 10 个城市的农业结构竞争力进行评价。下面是本次评估期间北部湾城市群 10 个城市的农业结构竞争力排名及变化情况和指标评价结构。

根据表 6-15 对 2008 年北部湾城市群各城市农业结构竞争力排名进行分析，可以看到北部湾城市群 10 个城市中，农业结构竞争力处于上游区的依次是崇左市、防城港市、海口市；处于中游区的依次是北海市、钦州市、湛江市、茂名市；处于下游区的依次是阳江市、玉林市、南宁市。这说明在北部湾城市群中广西地区农业结构竞争力高于广东和海南地区，更具发展优势。

表 6-15　　　　　　　　　　　2008 年北部湾城市群城市农业结构竞争力排名

地区	排名	区段	地区	排名	区段	地区	排名	区段
崇左	1		北海	4		阳江	8	
防城港	2	上游区	钦州	5	中游区	玉林	9	下游区
海口	3		湛江	6		南宁	10	
			茂名	7				

根据表 6-16 对 2009 年北部湾城市群各城市农业结构竞争力排名进行分析，可以看到北部湾城市群 10 个城市中，农业结构竞争力处于上游区的依次是崇左市、防城港市、海口市；处于中游区的依次是北海市、玉林市、茂名市、湛江市；处于下游区的依次是钦州市、阳江市、南宁市。相比于 2008 年，崇左市、防城港市、海口市依然保持在上游区；钦州市排名下降至第 8 名，进入下游区；玉林市排名上升至第 5

名，进入中游区，农业结构竞争力具备较高发展潜力。

表 6 – 16   2009 年北部湾城市群城市农业结构竞争力排名

地区	排名	区段	地区	排名	区段	地区	排名	区段
崇左	1		北海	4		钦州	8	
防城港	2	上游区	玉林	5	中游区	阳江	9	
海口	3		茂名	6		南宁	10	下游区
			湛江	7				

根据表 6 – 17 对 2010 年北部湾城市群各城市农业结构竞争力排名进行分析，可以看到北部湾城市群 10 个城市中，农业结构竞争力处于上游区的依次是崇左市、防城港市、海口市；处于中游区的依次是北海市、湛江市、玉林市、茂名市；处于下游区的依次是钦州市、阳江市、南宁市。相比于 2009 年，未出现城市跨区变化情况，说明 2010 年北部湾城市群 10 个城市农业结构竞争力变化较小。

表 6 – 17   2010 年北部湾城市群城市农业结构竞争力排名

地区	排名	区段	地区	排名	区段	地区	排名	区段
崇左	1		北海	4		钦州	8	
防城港	2	上游区	湛江	5	中游区	阳江	9	
海口	3		玉林	6		南宁	10	下游区
			茂名	7				

根据表 6 – 18 对 2011 年北部湾城市群各城市农业结构竞争力排名进行分析，可以看到北部湾城市群 10 个城市中，农业结构竞争力处于上游区的依次是崇左市、防城港市、海口市；处于中游区的依次是湛江市、玉林市、北海市、钦州市；处于下游区的依次是茂名市、阳江市、南宁市。相比于 2010 年，茂名市排名下降至第 8 名，从中游区下降至下游区；钦州市排名上升至第 7 名进入中游区。

表 6 – 18   2011 年北部湾城市群城市农业结构竞争力排名

地区	排名	区段	地区	排名	区段	地区	排名	区段
崇左	1		湛江	4		茂名	8	
防城港	2	上游区	玉林	5	中游区	阳江	9	
海口	3		北海	6		南宁	10	下游区
			钦州	7				

根据表 6 – 19 对 2012 年北部湾城市群各城市农业结构竞争力排名进行分析，可以看到北部湾城市群 10 个城市中，农业结构竞争力处于上游区的依次是崇左市、防城港市、海口市；处于中游区的依次是北海市、湛江市、玉林市、茂名市；处于下游区的依次是钦州市、阳江市、南宁市。相比于 2011 年，茂名市从第 8 名上升至第 7 名，进入中游区；钦州市从第 7 名下降至第 8 名，下降至下游区。

表 6 – 19   2012 年北部湾城市群城市农业结构竞争力排名

地区	排名	区段	地区	排名	区段	地区	排名	区段
崇左	1		北海	4		钦州	8	
防城港	2	上游区	湛江	5	中游区	阳江	9	
海口	3		玉林	6		南宁	10	下游区
			茂名	7				

根据表 6 – 20 对 2013 年北部湾城市群各城市农业结构竞争力排名进行分析，可以看到北部湾城市群

10 个城市中，农业结构竞争力处于上游区的依次是崇左市、防城港市、海口市；处于中游区的依次是北海市、湛江市、玉林市、茂名市；处于下游区的依次是钦州市、南宁市、阳江市。相比于 2012 年，未出现城市跨区变化情况，说明 2012 年北部湾城市群 10 个城市农业结构竞争力变化较小。

表 6 - 20 　　　　　　　　　　　2013 年北部湾城市群城市农业结构竞争力排名

地区	排名	区段	地区	排名	区段	地区	排名	区段
崇左	1	上游区	北海	4	中游区	钦州	8	下游区
防城港	2		湛江	5		南宁	9	
海口	3		玉林	6		阳江	10	
			茂名	7				

根据表 6 - 21 对 2014 年北部湾城市群各城市农业结构竞争力排名进行分析，可以看到北部湾城市群 10 个城市中，农业结构竞争力处于上游区的依次是崇左市、防城港市、海口市；处于中游区的依次是北海市、湛江市、茂名市、玉林市；处于下游区的依次是阳江市、南宁市、钦州市。相比于 2013 年，未出现城市跨区变化情况，说明 2014 年北部湾城市群 10 个城市农业结构竞争力变化较小。

表 6 - 21 　　　　　　　　　　　2014 年北部湾城市群城市农业结构竞争力排名

地区	排名	区段	地区	排名	区段	地区	排名	区段
崇左	1	上游区	北海	4	中游区	阳江	8	下游区
防城港	2		湛江	5		南宁	9	
海口	3		茂名	6		钦州	10	
			玉林	7				

根据表 6 - 22 对 2015 年北部湾城市群各城市农业结构竞争力排名进行分析，可以看到北部湾城市群 10 个城市中，农业结构竞争力处于上游区的依次是崇左市、防城港市、海口市；处于中游区的依次是北海市、湛江市、玉林市、茂名市；处于下游区的依次是南宁市、阳江市、钦州市。相比于 2014 年，未出现城市跨区变化情况，说明 2015 年北部湾城市群 10 个城市农业结构竞争力变化较小。

表 6 - 22 　　　　　　　　　　　2015 年北部湾城市群城市农业结构竞争力排名

地区	排名	区段	地区	排名	区段	地区	排名	区段
崇左	1	上游区	北海	4	中游区	南宁	8	下游区
防城港	2		湛江	5		阳江	9	
海口	3		玉林	6		钦州	10	
			茂名	7				

根据表 6 - 23 对 2016 年北部湾城市群各城市农业结构竞争力排名进行分析，可以看到北部湾城市群 10 个城市中，农业结构竞争力处于上游区的依次是崇左市、防城港市、海口市；处于中游区的依次是北海市、湛江市、玉林市、茂名市；处于下游区的依次是南宁市、钦州市、阳江市。相比于 2015 年，未出现城市跨区变化情况，说明 2016 年北部湾城市群 10 个城市农业结构竞争力变化较小。

表 6 - 23 　　　　　　　　　　　2016 年北部湾城市群城市农业结构竞争力排名

地区	排名	区段	地区	排名	区段	地区	排名	区段
崇左	1	上游区	北海	4	中游区	南宁	8	下游区
防城港	2		湛江	5		钦州	9	
海口	3		玉林	6		阳江	10	
			茂名	7				

根据表6-24对2008~2016年北部湾城市群各城市农业结构竞争力排名变化进行分析，可以看到北部湾城市群10个城市中，农业结构竞争力处于上升区的依次是湛江市、南宁市、玉林市；处于保持区的依次是茂名市、北海市、防城港市、崇左市、海口市；处于下降区的依次是阳江市、钦州市。

表6-24 2008~2016年北部湾城市群城市农业结构竞争力排名变化

地区	排名变化	区段	地区	排名变化	区段	地区	排名变化	区段
湛江	1		茂名	0		阳江	-2	
南宁	2		北海	0		钦州	-4	
玉林	3	上升区	防城港	0	保持区			下降区
			崇左	0				
			海口	0				

（二）北部湾城市群城市农业结构竞争力评估结果的比较与评析

1. 北部湾城市群城市农业结构竞争力分布情况

根据灰色综合评价法对无量纲化后的三级指标进行权重得分计算，得到北部湾城市群各城市的农业结构竞争力得分及排名，反映出各城市农业结构竞争力情况。下面对2008~2016年北部湾城市群各城市农业结构竞争力评价分值分布进行统计。

由图6-19可以看到2008年北部湾城市群城市农业结构竞争力得分情况，农业结构竞争力得分在24分以上的有1个城市，20~22分的有3个城市，18~20分的有2个城市，16~18分的有4个城市，这说明北部湾城市群城市农业结构竞争力分布较为均衡。

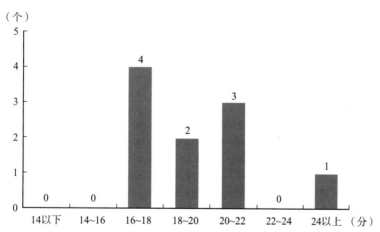

图6-19 2008年北部湾城市群城市农业结构竞争力评价分值分布

由图6-20可以看到2009年北部湾城市群城市农业结构竞争力得分情况，农业结构竞争力得分在24分以上的有1个城市，20~22分的有3个城市，18~20分的有3个城市，16~18分的有1个城市，14~16分的有2个城市，这说明北部湾城市群城市农业结构竞争力分布较不均衡。

由图6-21可以看到2010年北部湾城市群城市农业结构竞争力得分情况，农业结构竞争力得分在24分以上的有1个城市，20~22分的有2个城市，18~20分的有2个城市，16~18分的有3个城市，14~16分的有2个城市，这说明北部湾城市群城市农业结构竞争力分布较为均衡。

由图6-22可以看到2011年北部湾城市群城市农业结构竞争力得分情况，农业结构竞争力得分在24分以上的有1个城市，20~22分的有1个城市，18~20分的有2个城市，16~18分的有2个城市，14~16分的有4个城市，这说明北部湾城市群城市农业结构竞争力分布较不均衡。

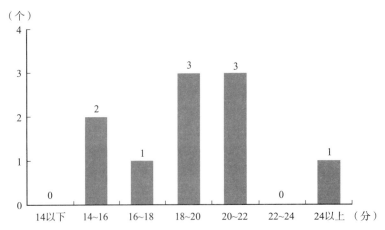

图6－20　2009年北部湾城市群城市农业结构竞争力评价分值分布

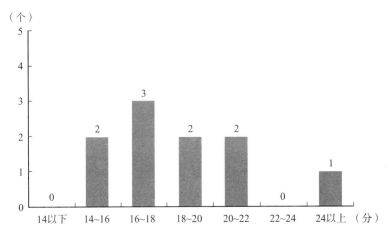

图6－21　2010年北部湾城市群城市农业结构竞争力评价分值分布

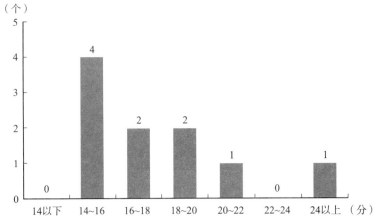

图6－22　2011年北部湾城市群城市农业结构竞争力评价分值分布

由图6－23可以看到2012年北部湾城市群城市农业结构竞争力得分情况，农业结构竞争力得分在24分以上的有1个城市，20～22分的有1个城市，18～20分的有1个城市，16～18分的有2个城市，14～16分的有4个城市，14分以下的有1个城市，这说明北部湾城市群城市农业结构竞争力分布较不均衡。

由图6－24可以看到2013年北部湾城市群城市农业结构竞争力得分情况，农业结构竞争力得分在20～22分的有1个城市，18～20分的有2个城市，16～18分的有2个城市，14～16分的有1个城市，14分以下的有4个城市，这说明北部湾城市群城市农业结构竞争力分布较不均衡。

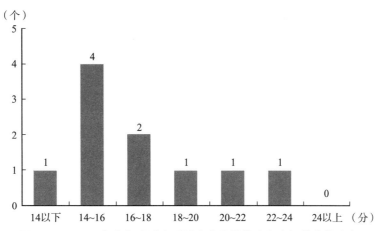

图 6 – 23　2012 年北部湾城市群城市农业结构竞争力评价分值分布

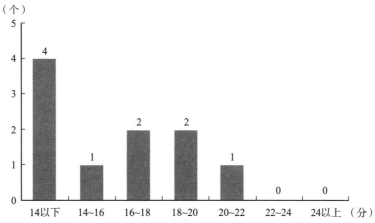

图 6 – 24　2013 年北部湾城市群城市农业结构竞争力评价分值分布

由图 6 – 25 可以看到 2014 年北部湾城市群城市农业结构竞争力得分情况，农业结构竞争力得分在 22 ~ 24 分的有 1 个城市，20 ~ 22 分的有 1 个城市，18 ~ 20 分的有 1 个城市，16 ~ 18 分的有 2 个城市，14 ~ 16 分的有 1 个城市，14 分以下的有 4 个城市，这说明北部湾城市群城市农业结构竞争力分布较不均衡。

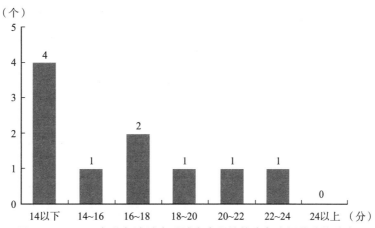

图 6 – 25　2014 年北部湾城市群城市农业结构竞争力评价分值分布

由图 6 – 26 可以看到 2015 年北部湾城市群城市农业结构竞争力得分情况，农业结构竞争力得分在 20 ~ 22 分的有 1 个城市，18 ~ 20 分的有 2 个城市，16 ~ 18 分的有 2 个城市，14 ~ 16 分的有 1 个城市，14 分以下的有 4 个城市，这说明北部湾城市群城市农业结构竞争力分布较不均衡。

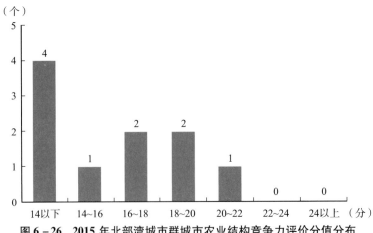

图 6－26　2015 年北部湾城市群城市农业结构竞争力评价分值分布

由图 6－27 可以看到 2016 年北部湾城市群城市农业结构竞争力得分情况，农业结构竞争力得分在 20～22 分的有 1 个城市，18～20 分的有 2 个城市，16～18 分的有 2 个城市，14～16 分的有 1 个城市，14 分以下的有 4 个城市，这说明北部湾城市群城市农业结构竞争力分布较不均衡。

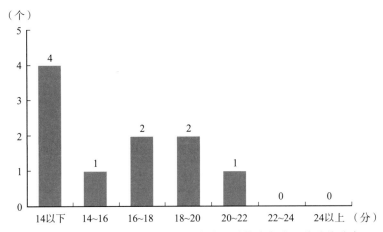

图 6－27　2016 年北部湾城市群城市农业结构竞争力评价分值分布

2. 北部湾城市群城市农业结构竞争力跨区段变动情况

根据图 6－28 对 2008～2009 年北部湾城市群城市农业结构竞争力的跨区段变化进行分析，可以看到在 2008～2009 年有 2 个城市的农业结构竞争力在北部湾城市群的位次发生大幅变动。其中，钦州市由中游区下降至下游区，玉林市由下游区上升至中游区。

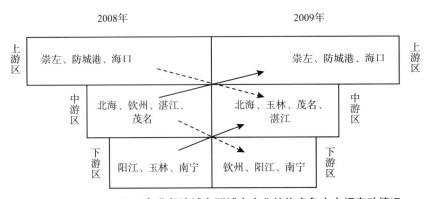

图 6－28　2008～2009 年北部湾城市群城市农业结构竞争力大幅变动情况

　　根据图 6 - 29 对 2009 ~ 2010 年北部湾城市群城市农业结构竞争力的跨区段变化进行分析，可以看到在 2009 ~ 2010 年城市间排名变化较小，未有任何城市的农业发展水平在北部湾城市群的位次发生跨区变动。

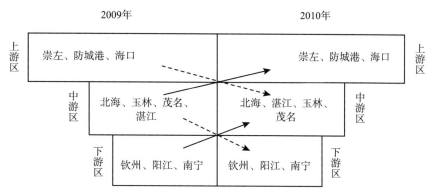

图 6 - 29　2009 ~ 2010 年北部湾城市群城市农业结构竞争力大幅变动情况

　　根据图 6 - 30 对 2010 ~ 2011 年北部湾城市群城市农业结构竞争力的跨区段变化进行分析，可以看到在 2010 ~ 2011 年有 2 个城市的农业结构竞争力在北部湾城市群的位次发生大幅变动。其中，茂名市由中游区下降至下游区，钦州市由下游区上升至中游区。

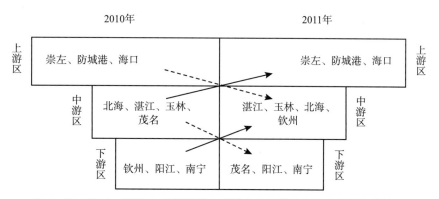

图 6 - 30　2010 ~ 2011 年北部湾城市群城市农业结构竞争力大幅变动情况

　　根据图 6 - 31 对 2011 ~ 2012 年北部湾城市群城市农业结构竞争力的跨区段变化进行分析，可以看到在 2011 ~ 2012 年城市间有 2 个城市的农业结构竞争力在北部湾城市群的位次发生大幅变动。其中，钦州市由中游区下降至下游区，茂名市由下游区上升至中游区。

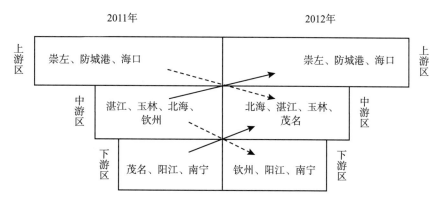

图 6 - 31　2011 ~ 2012 年北部湾城市群城市农业结构竞争力大幅变动情况

　　根据图 6 - 32 对 2012 ~ 2013 年北部湾城市群城市农业结构竞争力的跨区段变化进行分析，可以看到在

2012～2013 年城市间排名变化较小，未有任何城市的农业发展水平在北部湾城市群的位次发生跨区变动。

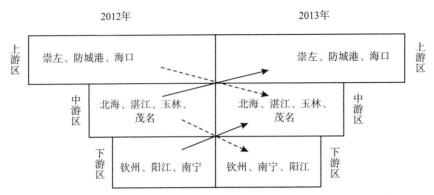

图 6－32　2012～2013 年北部湾城市群城市农业结构竞争力大幅变动情况

根据图 6－33 对 2013～2014 年北部湾城市群城市农业结构竞争力的跨区段变化进行分析，可以看到在 2013～2014 年城市间排名变化较小，未有任何城市的农业发展水平在北部湾城市群的位次发生跨区变动。

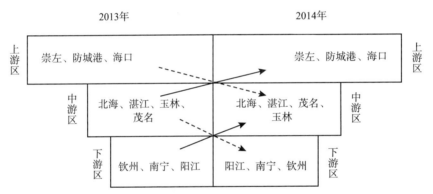

图 6－33　2013～2014 年北部湾城市群城市农业结构竞争力大幅变动情况

根据图 6－34 对 2014～2015 年北部湾城市群城市农业结构竞争力的跨区段变化进行分析，可以看到在 2014～2015 年城市间排名变化较小，未有任何城市的农业发展水平在北部湾城市群的位次发生跨区变动。

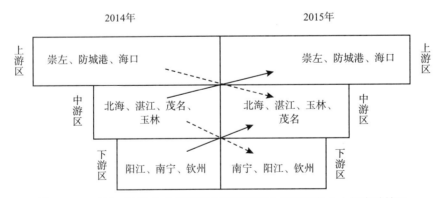

图 6－34　2014～2015 年北部湾城市群城市农业结构竞争力大幅变动情况

根据图 6－35 对 2015～2016 年北部湾城市群城市农业结构竞争力的跨区段变化进行分析，可以看到在 2015～2016 年城市间排名变化较小，未有任何城市的农业发展水平在北部湾城市群的位次发生跨区变动。

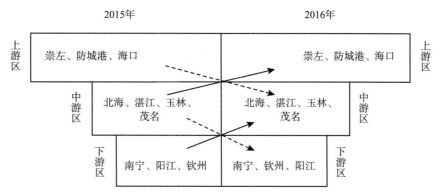

图6－35　2015～2016年北部湾城市群城市农业结构竞争力大幅变动情况

根据图6－36对2008～2016年北部湾城市群城市农业结构竞争力的跨区段变化进行分析，可以看到在2008～2016年有2个城市的农业结构竞争力在北部湾城市群的位次发生大幅变动。其中，钦州市由中游区下降至下游区，玉林市由下游区上升至中游区。

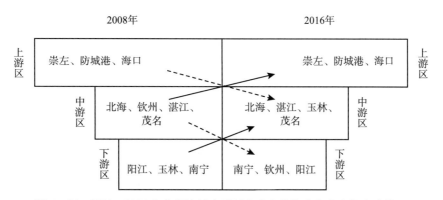

图6－36　2008～2016年北部湾城市群城市农业结构竞争力大幅变动情况

三、北部湾城市群城市农业发展比较分析

（一）北部湾城市群城市农业发展水平综合评估结果

根据北部湾城市群城市农业发展竞争力指标体系和数学评价模型，对2008～2016年北部湾城市群10个城市的农业发展水平进行评价。下面是本次评估期间北部湾城市群10个城市的农业发展水平排名及变化情况和指标评价结构。

根据表6－25对2008年北部湾城市群城市农业发展水平排名进行分析，可以看到北部湾城市群10个城市中，农业发展水平处于上游区的依次是南宁市、玉林市、湛江市；处于中游区的依次是茂名市、钦州市、北海市、防城港市；处于下游区的依次是海口市、崇左市、阳江市。这说明在北部湾城市群中广西地区农业发展水平高于广东地区，更具发展优势。

表6－25　　　　　　　　　　　　2008年北部湾城市群城市农业发展水平排名

地区	排名	区段	地区	排名	区段	地区	排名	区段
南宁	1	上游区	茂名	4	中游区	海口	8	下游区
玉林	2		钦州	5		崇左	9	
湛江	3		北海	6		阳江	10	
			防城港	7				

根据表6－26对2009年北部湾城市群城市农业发展水平排名进行分析，可以看到北部湾城市群10个

城市中，农业发展水平处于上游区的依次是南宁市、钦州市、茂名市；处于中游区的依次是玉林市、湛江市、崇左市、阳江市；处于下游区的依次是北海市、防城港市、海口市。相比于 2008 年，南宁市依然保持在上游区；钦州市排名上升至第 2 名，进入中游区；茂名市排名上升至第 3 名，也进入中游区；北海市、防城港市均从中游区下降至下游区，均下降 2 名。

表 6 - 26　　　　　　　　　　　2009 年北部湾城市群城市农业发展水平排名

地区	排名	区段	地区	排名	区段	地区	排名	区段
南宁	1	上游区	玉林	4	中游区	北海	8	下游区
钦州	2		湛江	5		防城港	9	
茂名	3		崇左	6		海口	10	
			阳江	7				

根据表 6 - 27 对 2010 年北部湾城市群城市农业发展水平排名进行分析，可以看到北部湾城市群 10 个城市中，农业发展水平处于上游区的依次是南宁市、玉林市、茂名市；处于中游区的依次是湛江市、钦州市、阳江市、崇左市；处于下游区的依次是北海市、防城港市、海口市。相比于 2009 年，玉林市排名上升至第 2 名，从中游区上升至上游区；钦州市下降至第 5 名进入中游区，说明钦州市在推动农业发展水平方面缺乏有力推动力。

表 6 - 27　　　　　　　　　　　2010 年北部湾城市群城市农业发展水平排名

地区	排名	区段	地区	排名	区段	地区	排名	区段
南宁	1	上游区	湛江	4	中游区	北海	8	下游区
玉林	2		钦州	5		防城港	9	
茂名	3		阳江	6		海口	10	
			崇左	7				

根据表 6 - 28 对 2011 年北部湾城市群城市农业发展水平排名变化进行分析，可以看到北部湾城市群 10 个城市中，农业发展水平处于上游区的依次是南宁市、玉林市、茂名市；处于中游区的依次是湛江市、阳江市、钦州市、崇左市；处于下游区的依次是防城港市、海口市、北海市。相比于 2010 年，未出现城市跨区变化情况，说明 2011 年北部湾城市群 10 个城市农业生产发展水平变化较小。

表 6 - 28　　　　　　　　　　　2011 年北部湾城市群城市农业发展水平排名

地区	排名	区段	地区	排名	区段	地区	排名	区段
南宁	1	上游区	湛江	4	中游区	防城港	8	下游区
玉林	2		阳江	5		海口	9	
茂名	3		钦州	6		北海	10	
			崇左	7				

根据表 6 - 29 对 2012 年北部湾城市群城市农业发展水平排名进行分析，可以看到北部湾城市群 10 个城市中，农业发展水平处于上游区的依次是南宁市、玉林市、茂名市；处于中游区的依次是湛江市、钦州市、阳江市、海口市；处于下游区的依次是北海市、崇左市、防城港市。相比于 2011 年，海口市排名上升至第 7 名，从下游区上升至中游区；崇左市下降至第 9 名进入下游区。

根据表 6 - 30 对 2013 年北部湾城市群城市农业发展水平排名进行分析，可以看到北部湾城市群 10 个城市中，农业发展水平处于上游区的依次是茂名市、湛江市、阳江市；处于中游区的依次是南宁市、玉林市、钦州市、崇左市；处于下游区的依次是北海市、防城港市、海口市。相比于 2012 年，湛江市从第 4 名上升至第 2 名，进入上游区；阳江市排名上升至第 3 名，也进入中游区；海口市排名下降至第 10 名进入下游区，崇左市排名上升至第 7 名进入中游区。

表 6 – 29　　　　　　　　　2012 年北部湾城市群城市农业发展水平排名

地区	排名	区段	地区	排名	区段	地区	排名	区段
南宁	1	上游区	湛江	4	中游区	北海	8	下游区
玉林	2		钦州	5		崇左	9	
茂名	3		阳江	6		防城港	10	
			海口	7				

表 6 – 30　　　　　　　　　2013 年北部湾城市群城市农业发展水平排名

地区	排名	区段	地区	排名	区段	地区	排名	区段
茂名	1	上游区	南宁	4	中游区	北海	8	下游区
湛江	2		玉林	5		防城港	9	
阳江	3		钦州	6		海口	10	
			崇左	7				

　　根据表 6 – 31 对 2014 年北部湾城市群城市农业发展水平排名进行分析，可以看到北部湾城市群 10 个城市中，农业发展水平处于上游区的依次是南宁市、钦州市、茂名市；处于中游区的依次是湛江市、阳江市、玉林市、崇左市；处于下游区的依次是北海市、防城港市、海口市。相比于 2013 年，南宁市排名上升至第 1 名进入上游区，钦州市排名上升至第 2 名也进入上游区，湛江市、阳江市均下降为中游区。

表 6 – 31　　　　　　　　　2014 年北部湾城市群城市农业发展水平排名

地区	排名	区段	地区	排名	区段	地区	排名	区段
南宁	1	上游区	湛江	4	中游区	北海	8	下游区
钦州	2		阳江	5		防城港	9	
茂名	3		玉林	6		海口	10	
			崇左	7				

　　根据表 6 – 32 对 2015 年北部湾城市群城市农业发展水平排名进行分析，可以看到北部湾城市群 10 个城市中，农业发展水平处于上游区的依次是南宁市、钦州市、茂名市；处于中游区的依次是玉林市、湛江市、阳江市、北海市；处于下游区的依次是崇左市、防城港市、海口市。相比于 2014 年，北海市排名上升至第 7 名进入中游区；崇左港市排名下降至第 8 名，进入下游区。

表 6 – 32　　　　　　　　　2015 年北部湾城市群城市农业发展水平排名

地区	排名	区段	地区	排名	区段	地区	排名	区段
南宁	1	上游区	玉林	4	中游区	崇左	8	下游区
钦州	2		湛江	5		防城港	9	
茂名	3		阳江	6		海口	10	
			北海	7				

　　根据表 6 – 33 对 2016 年北部湾城市群城市农业发展水平排名进行分析，可以看到北部湾城市群 10 个城市中，农业发展水平处于上游区的依次是南宁市、钦州市、玉林市；处于中游区的依次是茂名市、阳江市、湛江市、北海市；处于下游区的依次是崇左市、防城港市、海口市。相比于 2015 年，玉林市排名上升至第 3 名，进入上游区；茂名市排名下降至第 4 名，进入中游区。

表6－33　　　　　　　　　　　　2016年北部湾城市群城市农业发展水平排名

地区	排名	区段	地区	排名	区段	地区	排名	区段
南宁	1		茂名	4		崇左	8	
钦州	2	上游区	阳江	5	中游区	防城港	9	下游区
玉林	3		湛江	6		海口	10	
			北海	7				

根据表6－34对2008～2016年北部湾城市群城市农业发展水平排名变化趋势进行分析，可以看到北部湾城市群10个城市中，农业发展水平处于上升区的依次是崇左市、钦州市、阳江市；处于保持区的依次是茂名市、南宁市；处于下降区的依次是北海市、玉林市、防城港市、海口市、湛江市。这说明北部湾城市群中广东板块城市的变化幅度要高于广西板块的变化幅度，广东板块城市农业发展水平发展的平稳性较弱。

表6－34　　　　　　　　2008～2016年北部湾城市群城市农业发展水平排名变化

地区	排名变化	区段	地区	排名变化	区段	地区	排名变化	区段
崇左	1		茂名	0		北海	－1	
钦州	3	上升区	南宁	0	保持区	玉林	－1	下降区
阳江	5					防城港	－2	
						海口	－2	
						湛江	－3	

（二）北部湾城市群城市农业发展水平评估结果的比较与评析

1. 北部湾城市群城市农业发展水平分布情况

根据灰色综合评价法对无量纲化后的三级指标进行权重得分计算，得到北部湾城市群各城市的农业发展水平得分及排名，反映出各城市农业发展水平情况。下面对2008～2016年北部湾城市群各城市农业发展水平评价分值分布进行统计。

由图6－37可以看到2008年北部湾城市群城市农业发展水平得分情况，农业发展水平得分在16分以上的有1个城市，14～16分的有4个城市，12～14分的有3个城市，10分以下的有2个城市，这说明北部湾城市群城市农业发展水平分布较不均衡。

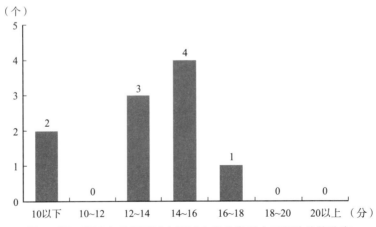

图6－37　2008年北部湾城市群城市农业发展水平评价分值分布

　　由图6－38可以看到2009年北部湾城市群城市农业发展水平得分情况，农业发展水平得分在18分以上的有5个城市，16～18分的有4个城市，14～16分的有1个城市，这说明北部湾城市群城市农业发展水平分布较不均衡。

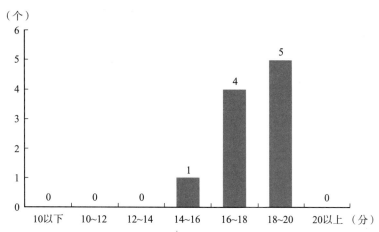

图6－38　2009年北部湾城市群城市农业发展水平评价分值分布

　　由图6－39可以看到2010年北部湾城市群城市农业发展水平得分情况，农业发展水平得分在16分以上的有1个城市，14～16分的有5个城市，12～14分的有3个城市，10分以下的有1个城市，这说明北部湾城市群城市农业发展水平分布较为均衡。

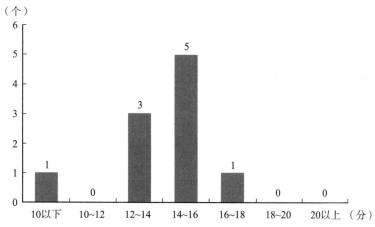

图6－39　2010年北部湾城市群城市农业发展水平评价分值分布

　　由图6－40可以看到2011年北部湾城市群城市农业发展水平得分情况，农业发展水平得分在16分以上的有3个城市，14～16分的有2个城市，12～14分的有2个城市，10～12分的有1个城市，这说明北部湾城市群城市农业发展水平分布较为均衡。

　　由图6－41可以看到2012年北部湾城市群城市农业发展水平得分情况，农业发展水平得分在16分以上的有5个城市，14～16分的有2个城市，12～14分的有3个城市，这说明北部湾城市群城市农业发展水平分布较不均衡。

　　由图6－42可以看到2013年北部湾城市群城市农业发展水平得分情况，农业发展水平得分在16分以上的有3个城市，14～16分的有3个城市，12～14分的有4个城市，这说明北部湾城市群城市农业发展水平分布较不均衡。

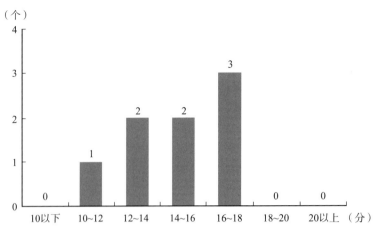

图 6－40　2011 年北部湾城市群城市农业发展水平评价分值分布

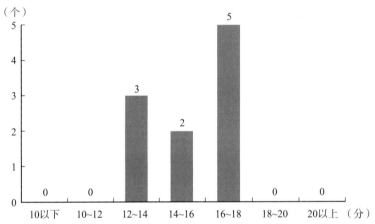

图 6－41　2012 年北部湾城市群城市农业发展水平评价分值分布

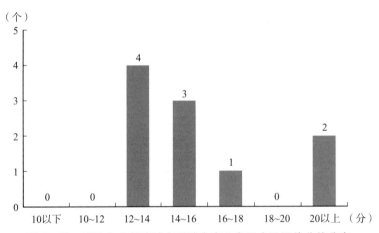

图 6－42　2013 年北部湾城市群城市农业发展水平评价分值分布

　　由图 6－43 可以看到 2014 年北部湾城市群城市农业发展水平得分情况，农业发展水平得分在 18～20 分的有 1 个城市，16～18 分的有 4 个城市，14～16 分的有 1 个城市，12～14 分的有 3 个城市，10～12 分的有 1 个城市，这说明北部湾城市群城市农业发展水平分布较为均衡。

　　由图 6－44 可以看到 2015 年北部湾城市群城市农业发展水平得分情况，农业发展水平得分在 18～20 分的有 1 个城市，16～18 分的有 5 个城市，14～16 分的有 1 个城市，12～14 分的有 2 个城市，10 分以下的有 1 个城市，这说明北部湾城市群城市农业发展水平分布较为均衡。

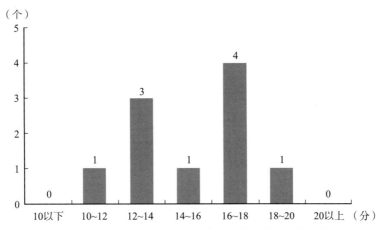

图 6 – 43　2014 年北部湾城市群城市农业发展水平评价分值分布

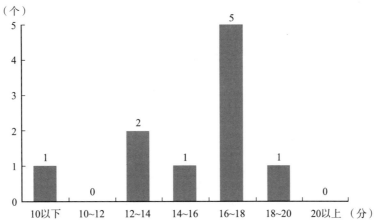

图 6 – 44　2015 年北部湾城市群城市农业发展水平评价分值分布

由图 6 – 45 可以看到 2016 年北部湾城市群城市农业发展水平得分情况，农业发展水平得分在 18～20 分的有 2 个城市，16～18 分的有 4 个城市，14～16 分的有 1 个城市，12～14 分的有 2 个城市，10 分以下的有 1 个城市，这说明北部湾城市群城市农业发展水平分布较为均衡。

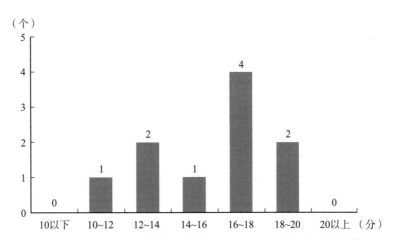

图 6 – 45　2016 年北部湾城市群城市农业发展水平评价分值分布

2. 北部湾城市群城市农业发展水平跨区段变动情况

根据图 6 – 46 对 2008～2009 年北部湾城市群城市农业发展水平的跨区段变化进行分析，可以看到在 2008～2009 年有 8 个城市的农业发展水平在北部湾城市群的位次发生大幅变动。其中，玉林市、湛江市由上游区下降至中游区，北海市、防城港市由中游区下降至下游区，钦州市、茂名市由中游区上升至上游区，崇左市、阳江市由下游区上升至中游区。

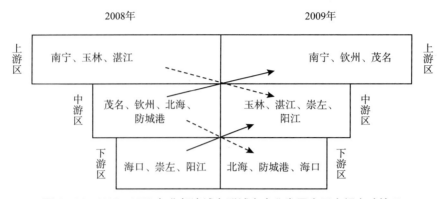

图 6－46　2008～2009 年北部湾城市群城市农业发展水平大幅变动情况

根据图 6－47 对 2009～2010 年北部湾城市群城市农业发展水平的跨区段变化进行分析，可以看到在 2009～2010 年有 2 个城市的农业发展水平在北部湾城市群的位次发生大幅变动。其中，钦州市由上游区下降至中游区，玉林市由中游区上升至上游区。

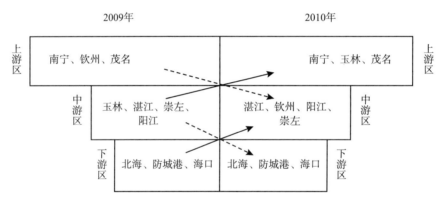

图 6－47　2009～2010 年北部湾城市群城市农业发展水平大幅变动情况

根据图 6－48 对 2010～2011 年北部湾城市群城市农业发展水平的跨区段变化进行分析，可以看到在 2010～2011 年城市间排名变化较小，未有任何城市的农业发展水平在北部湾城市群的位次发生跨区变动。

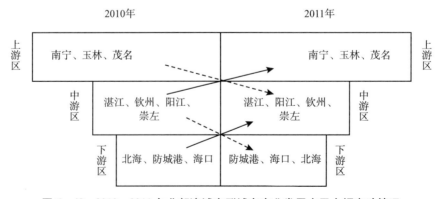

图 6－48　2010～2011 年北部湾城市群城市农业发展水平大幅变动情况

根据图 6－49 对 2011～2012 年北部湾城市群城市农业发展水平的跨区段变化进行分析，可以看到在 2011～2012 年有 2 个城市的农业发展水平在北部湾城市群的位次发生大幅变动。其中，崇左市由中游区下降至下游区，海口市由下游区上升至中游区。

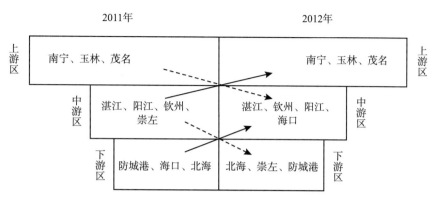

图 6 – 49　2011～2012 年北部湾城市群城市农业发展水平大幅变动情况

根据图 6 – 50 对 2012～2013 年北部湾城市群城市农业发展水平的跨区段变化进行分析，可以看到在 2012～2013 年有 6 个城市的农业发展水平在北部湾城市群的位次发生大幅变动。其中，南宁市、玉林市由上游区下降至中游区，海口市由中游区下降至下游区，湛江市、阳江市由中游区上升至上游区，崇左市由下游区上升至中游区。

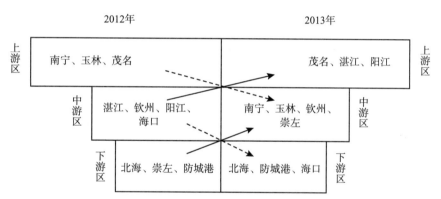

图 6 – 50　2012～2013 年北部湾城市群城市农业发展水平大幅变动情况

根据图 6 – 51 对 2013～2014 年北部湾城市群城市农业发展水平的跨区段变化进行分析，可以看到在 2013～2014 年有 4 个城市的农业发展水平在北部湾城市群的位次发生大幅变动。其中，湛江市、阳江市由上游区下降至中游区，南宁市、钦州市由中游区上升至上游区。

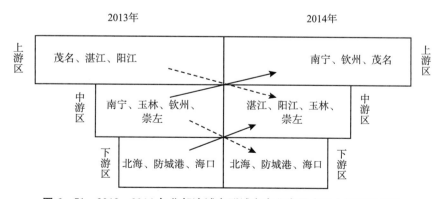

图 6 – 51　2013～2014 年北部湾城市群城市农业发展水平大幅变动情况

根据图 6 – 52 对 2014～2015 年北部湾城市群城市农业发展水平的跨区段变化进行分析，可以看到在

2014～2015年有2个城市的农业发展水平在北部湾城市群的位次发生大幅变动。其中，崇左市由中游区下降至下游区，北海市由下游区上升至中游区。

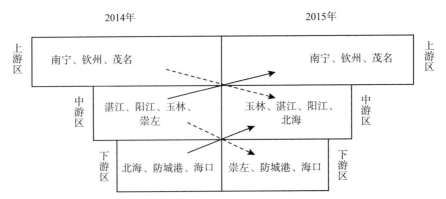

图6－52 2014～2015年北部湾城市群城市农业发展水平大幅变动情况

根据图6－53对2015～2016年北部湾城市群城市农业发展水平的跨区段变化进行分析，可以看到在2015～2016年有2个城市的农业发展水平在北部湾城市群的位次发生大幅变动。其中，茂名市由上游区下降至中游区，玉林市由中游区上升至上游区。

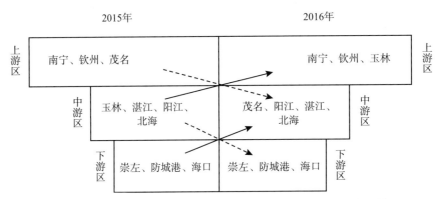

图6－53 2015～2016年北部湾城市群城市农业发展水平大幅变动情况

根据图6－54对2008～2016年北部湾城市群城市农业发展水平的跨区段变化进行分析，可以看到在2008～2016年有4个城市的农业发展水平在北部湾城市群的位次发生大幅变动。其中，钦州市由中游区上升至上游区，湛江市由上游区下降至中游区，阳江市由下游区上升至中游区，防城港市由中游区下降至下游区。

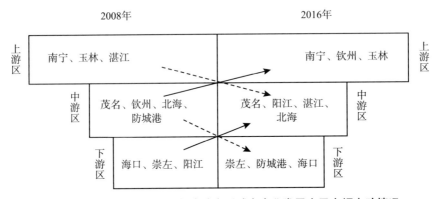

图6－54 2008～2016年北部湾城市群城市农业发展水平大幅变动情况

四、北部湾城市群城市农业产出比较分析

（一）北部湾城市群城市农业产出水平评估结果

根据北部湾城市群城市农业产出竞争力指标体系和数学评价模型，对 2008～2016 年北部湾城市群 10 个城市的农业产出水平进行评价。下面是本次评估期间北部湾城市群 10 个城市的农业产出水平排名及变化情况和指标评价结构。

根据表 6－35 对 2008 年北部湾城市群城市农业产出水平排名进行分析，可以看到北部湾城市群 10 个城市中，农业产出水平处于上游区的依次是茂名市、玉林市、阳江市；处于中游区的依次是南宁市、崇左市、钦州市、北海市；处于下游区的依次是海口市、防城港市、湛江市。这说明在北部湾城市群中广东地区农业产出水平高于广西地区，更具发展优势。

表 6－35　　　　　　　　　　　2008 年北部湾城市群城市农业产出水平排名

地区	排名	区段	地区	排名	区段	地区	排名	区段
茂名	1	上游区	南宁	4	中游区	海口	8	下游区
玉林	2		崇左	5		防城港	9	
阳江	3		钦州	6		湛江	10	
			北海	7				

根据表 6－36 对 2009 年北部湾城市群城市农业产出水平排名进行分析，可以看到北部湾城市群 10 个城市中，农业产出水平处于上游区的依次是茂名市、玉林市、阳江市；处于中游区的依次是崇左市、南宁市、湛江市、钦州市；处于下游区的依次是北海市、海口市、防城港市。相比于 2008 年，茂名市、玉林市、阳江市依然保持在上游区；湛江市排名上升至第 6 名，进入中游区；北海市从下游区上升至中游区，上升 1 名。

表 6－36　　　　　　　　　　　2009 年北部湾城市群城市农业产出水平排名

地区	排名	区段	地区	排名	区段	地区	排名	区段
茂名	1	上游区	崇左	4	中游区	北海	8	下游区
玉林	2		南宁	5		海口	9	
阳江	3		湛江	6		防城港	10	
			钦州	7				

根据表 6－37 对 2010 年北部湾城市群城市农业产出水平排名进行分析，可以看到北部湾城市群 10 个城市中，农业产出水平处于上游区的依次是茂名市、玉林市、阳江市；处于中游区的依次是南宁市、崇左市、湛江市、钦州市；处于下游区的依次是北海市、防城港市、海口市。相比于 2009 年，未出现城市跨区变化情况，说明 2010 年北部湾城市群 10 个城市农业产出水平变化较小。

表 6－37　　　　　　　　　　　2010 年北部湾城市群城市农业产出水平排名

地区	排名	区段	地区	排名	区段	地区	排名	区段
茂名	1	上游区	南宁	4	中游区	北海	8	下游区
玉林	2		崇左	5		防城港	9	
阳江	3		湛江	6		海口	10	
			钦州	7				

根据表 6－38 对 2011 年北部湾城市群城市农业产出水平排名进行分析，可以看到北部湾城市群 10 个

城市中，农业产出水平处于上游区的依次是茂名市、玉林市、阳江市；处于中游区的依次是南宁市、崇左市、湛江市、钦州市；处于下游区的依次是海口市、防城港市、北海市。相比于 2010 年，未出现城市跨区变化情况，说明 2011 年北部湾城市群 10 个城市农业产出水平变化较小。

表 6－38　　　　　　　　　　　　2011 年北部湾城市群城市农业产出水平排名

地区	排名	区段	地区	排名	区段	地区	排名	区段
茂名	1	上游区	南宁	4	中游区	海口	8	下游区
玉林	2		崇左	5		防城港	9	
阳江	3		湛江	6		北海	10	
			钦州	7				

根据表 6－39 对 2012 年北部湾城市群城市农业产出水平排名进行分析，可以看到北部湾城市群 10 个城市中，农业产出水平处于上游区的依次是茂名市、玉林市、阳江市；处于中游区的依次是南宁市、崇左市、湛江市、海口市；处于下游区的依次是钦州市、北海市、防城港市。相比于 2011 年，海口市排名上升至第 7 名，进入中游区；钦州市从中游区下降至下游区，下降 1 名。

表 6－39　　　　　　　　　　　　2012 年北部湾城市群城市农业产出水平排名

地区	排名	区段	地区	排名	区段	地区	排名	区段
茂名	1	上游区	南宁	4	中游区	钦州	8	下游区
玉林	2		崇左	5		北海	9	
阳江	3		湛江	6		防城港	10	
			海口	7				

根据表 6－40 对 2013 年北部湾城市群城市农业产出水平排名进行分析，可以看到北部湾城市群 10 个城市中，农业产出水平处于上游区的依次是茂名市、玉林市、阳江市；处于中游区的依次是南宁市、崇左市、湛江市、钦州市；处于下游区的依次是海口市、北海市、防城港市。相比于 2012 年，钦州市从第 8 名上升至第 7 名，进入中游区；海口市排名下降至第 8 名进入下游区，说明海口市在提升农业产出水平方面还有较大的提升空间。

表 6－40　　　　　　　　　　　　2013 年北部湾城市群城市农业产出水平排名

地区	排名	区段	地区	排名	区段	地区	排名	区段
茂名	1	上游区	南宁	4	中游区	海口	8	下游区
玉林	2		崇左	5		北海	9	
阳江	3		湛江	6		防城港	10	
			钦州	7				

根据表 6－41 对 2014 年北部湾城市群城市农业产出水平排名进行分析，可以看到北部湾城市群 10 个城市中，农业产出水平处于上游区的依次是茂名市、玉林市、阳江市；处于中游区的依次是南宁市、崇左市、湛江市、钦州市；处于下游区的依次是海口市、北海市、防城港市。相比于 2014 年，未出现城市跨区变化情况，说明 2011 年北部湾城市群 10 个城市农业产出水平变化较小。

根据表 6－42 对 2015 年北部湾城市群城市农业产出水平排名进行分析，可以看到北部湾城市群 10 个城市中，农业产出水平处于上游区的依次是茂名市、玉林市、南宁市；处于中游区的依次是崇左市、阳江市、湛江市、钦州市；处于下游区的依次是海口市、北海市、防城港市。相比于 2014 年，南宁市排名上升至第 3 名进入上游区，农业产出水平具备较高发展潜力；阳江市排名下降至第 5 名，进入中游区。

表 6 - 41 2014 年北部湾城市群城市农业产出水平排名

地区	排名	区段	地区	排名	区段	地区	排名	区段
茂名	1		南宁	4		海口	8	
玉林	2	上游区	崇左	5	中游区	北海	9	下游区
阳江	3		湛江	6		防城港	10	
			钦州	7				

表 6 - 42 2015 年北部湾城市群城市农业产出水平排名

地区	排名	区段	地区	排名	区段	地区	排名	区段
茂名	1		崇左	4		海口	8	
玉林	2	上游区	阳江	5	中游区	北海	9	下游区
南宁	3		湛江	6		防城港	10	
			钦州	7				

根据表 6 - 43 对 2016 年北部湾城市群城市农业产出水平排名进行分析，可以看到北部湾城市群 10 个城市中，农业产出水平处于上游区的依次是茂名市、玉林市、阳江市；处于中游区的依次是南宁市、崇左市、湛江市、海口市；处于下游区的依次是钦州市、北海市、防城港市。相比于 2015 年，阳江市排名上升至第 3 名，进入上游区；海口市排名上升至第 7 名，进入中游区；钦州市排名下降至第 8 名，进入下游区；南宁市排名下降至第 4 名，进入中游区。

表 6 - 43 2016 年北部湾城市群城市农业产出水平排名

地区	排名	区段	地区	排名	区段	地区	排名	区段
茂名	1		南宁	4		钦州	8	
玉林	2	上游区	崇左	5	中游区	北海	9	下游区
阳江	3		湛江	6		防城港	10	
			海口	7				

根据表 6 - 44 对 2008～2016 年北部湾城市群城市农业产出水平排名变化趋势进行分析，可以看到北部湾城市群 10 个城市中，农业产出水平处于上升区的依次是海口市、湛江市；处于保持区的依次是阳江市、茂名市、南宁市、玉林市、崇左市；处于下降区的依次是防城港市、北海市、钦州市。这说明在北部湾城市群中广东地区农业产出水平高于广西地区，更具发展优势。

表 6 - 44 2008～2016 年北部湾城市群城市农业产出水平排名变化

地区	排名变化	区段	地区	排名变化	区段	地区	排名变化	区段
海口	1		阳江	0		防城港	- 1	
湛江	4		茂名	0		北海	- 2	
		上升区	南宁	0	保持区	钦州	- 2	下降区
			玉林	0				
			崇左	0				

（二）北部湾城市群城市农业产出水平评估结果的比较与评析

1. 北部湾城市群城市农业产出水平分布情况

根据灰色综合评价法对无量纲化后的三级指标进行权重得分计算，得到北部湾城市群各城市的农业产出水平得分及排名，反映各城市农业产出水平情况。下面对 2008～2016 年北部湾城市群各城市农业产出水平评价分值分布进行统计。

由图 6－55 可以看到 2008 年北部湾城市群城市农业产出水平得分情况，农业产出水平得分在 24 分以上的有 1 个城市，21～24 分的有 1 个城市，18～21 分的有 1 个城市，15～18 分的有 1 个城市，12～15 分的有 2 个城市，12 分以下的有 4 个城市，这说明北部湾城市群城市农业产出水平分布较不均衡。

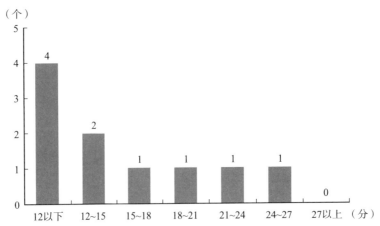

图 6－55　2008 年北部湾城市群城市农业产出水平评价分值分布

由图 6－56 可以看到 2009 年北部湾城市群城市农业产出水平得分情况，农业产出水平得分在 24 分以上的有 1 个城市，21～24 分的有 1 个城市，18～21 分的有 1 个城市，15～18 分的有 3 个城市，12～15 分的有 1 个城市，12 分以下的有 3 个城市，这说明北部湾城市群城市农业产出水平分布较不均衡。

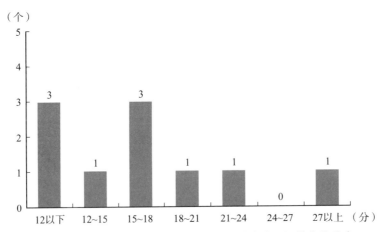

图 6－56　2009 年北部湾城市群城市农业产出水平评价分值分布

由图 6－57 可以看到 2010 年北部湾城市群城市农业产出水平得分情况，农业产出水平得分在 24 分以上的有 1 个城市，21～24 分的有 1 个城市，18～21 分的有 1 个城市，15～18 分的有 3 个城市，12～15 分的有 2 个城市，12 分以下的有 2 个城市，这说明北部湾城市群城市农业产出水平分布较不均衡。

由图 6－58 可以看到 2011 年北部湾城市群城市农业产出水平得分情况，农业产出水平得分在 24 分以上的有 1 个城市，21～24 分的有 1 个城市，18～21 分的有 1 个城市，15～18 分的有 3 个城市，12～15 分的有 2 个城市，12 分以下的有 2 个城市，这说明北部湾城市群城市农业产出水平分布较不均衡。

由图 6－59 可以看到 2012 年北部湾城市群城市农业产出水平得分情况，农业产出水平得分在 24 分以上的有 1 个城市，21～24 分的有 1 个城市，18～21 分的有 1 个城市，15～18 分的有 4 个城市，12～15 分的有 2 个城市，12 分以下的有 1 个城市，这说明北部湾城市群城市农业产出水平分布较不均衡。

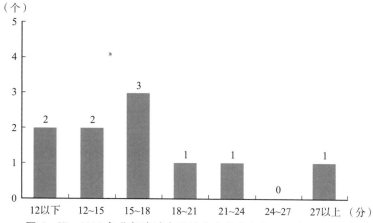

图 6 - 57　2010 年北部湾城市群城市农业产出水平评价分值分布

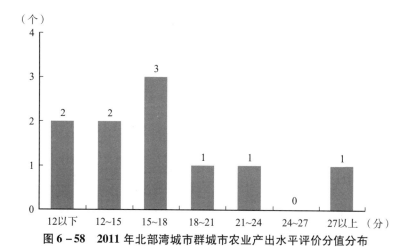

图 6 - 58　2011 年北部湾城市群城市农业产出水平评价分值分布

（个）

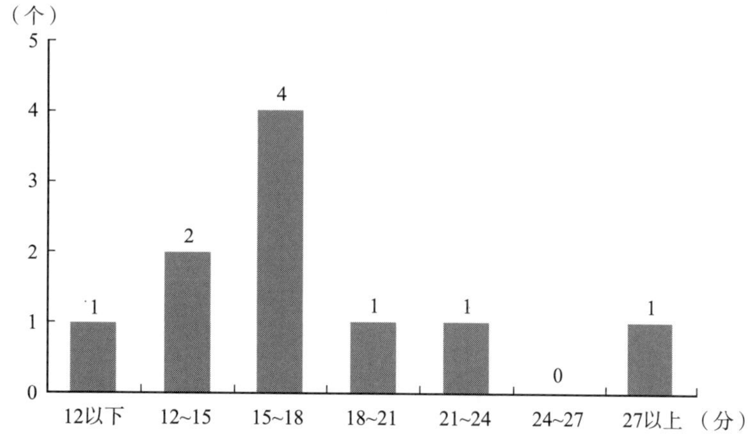

图 6 - 59　2012 年北部湾城市群城市农业产出水平评价分值分布

由图 6 - 60 可以看到 2013 年北部湾城市群城市农业产出水平得分情况，农业产出水平得分在 24 分以上的有 1 个城市，21 ~ 24 分的有 1 个城市，18 ~ 21 分的有 2 个城市，15 ~ 18 分的有 2 个城市，12 ~ 15 分的有 2 个城市，12 分以下的有 2 个城市，这说明北部湾城市群城市农业产出水平分布较不均衡。

由图 6 - 61 可以看到 2014 年北部湾城市群城市农业产出水平得分情况，农业产出水平得分在 24 分以上的有 1 个城市，21 ~ 24 分的有 2 个城市，15 ~ 18 分的有 3 个城市，12 ~ 15 分的有 2 个城市，12 分以下的有 2 个城市，这说明北部湾城市群城市农业产出水平分布较不均衡。

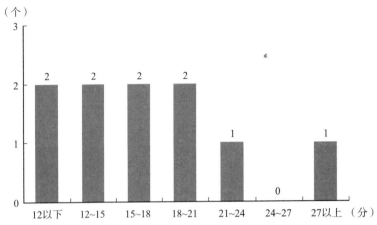

图6－60　2013年北部湾城市群城市农业产出水平评价分值分布

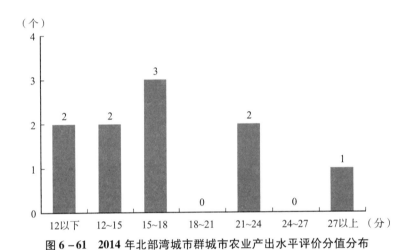

图6－61　2014年北部湾城市群城市农业产出水平评价分值分布

　　由图6－62可以看到2015年北部湾城市群城市农业产出水平得分情况，农业产出水平得分在24分以上的有1个城市，21～24分的有1个城市，15～18分的有4个城市，12～15分的有2个城市，12分以下的有2个城市，这说明北部湾城市群城市农业产出水平分布较不均衡。

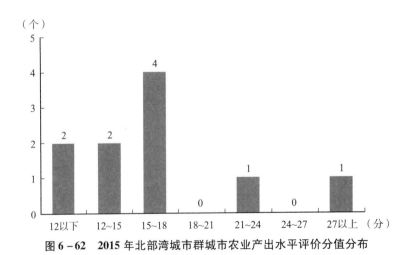

图6－62　2015年北部湾城市群城市农业产出水平评价分值分布

　　由图6－63可以看到2016年北部湾城市群城市农业产出水平得分情况，农业产出水平得分在24分以上的有1个城市，21～24分的有2个城市，15～18分的有3个城市，12～15分的有2个城市，12分以下的有2个城市，这说明北部湾城市群城市农业产出水平分布较不均衡。

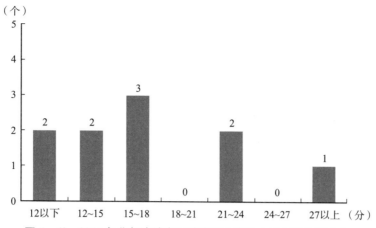

图 6 – 63　2016 年北部湾城市群城市农业产出水平评价分值分布

2. 北部湾城市群城市农业产出水平跨区段变动情况

根据图 6 – 64 对 2008～2009 年北部湾城市群城市农业产出水平的跨区段变化进行分析，可以看到在 2008～2009 年有 2 个城市的农业产出水平在北部湾城市群的位次发生大幅变动。其中，湛江市由下游区上升至中游区，北海市由中游区下降至下游区。

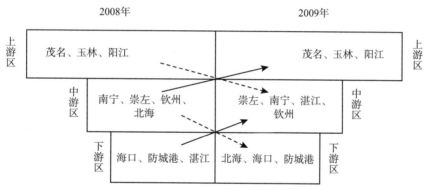

图 6 – 64　2008～2009 年北部湾城市群城市农业产出水平大幅变动情况

根据图 6 – 65 对 2009～2010 年北部湾城市群城市农业产出水平的跨区段变化进行分析，可以看到在 2009～2010 年城市间排名变化较小，未有任何城市的农业产出水平在北部湾城市群的位次发生跨区变动。

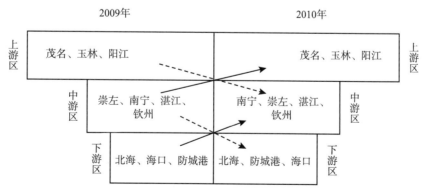

图 6 – 65　2009～2010 年北部湾城市群城市农业产出水平大幅变动情况

根据图 6 – 66 对 2010～2011 年北部湾城市群城市农业产出水平的跨区段变化进行分析，可以看到在 2010～2011 年城市间排名变化较小，未有任何城市的农业产出水平在北部湾城市群的位次发生跨区变动。

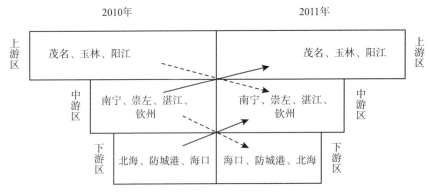

图 6－66　2010～2011 年北部湾城市群城市农业产出水平大幅变动情况

根据图 6－67 对 2011～2012 年北部湾城市群城市农业产出水平的跨区段变化进行分析，可以看到在 2011～2012 年有 2 个城市的农业产出水平在北部湾城市群的位次发生大幅变动。其中，钦州市由中游区下降至下游区，海口市由下游区上升至中游区。

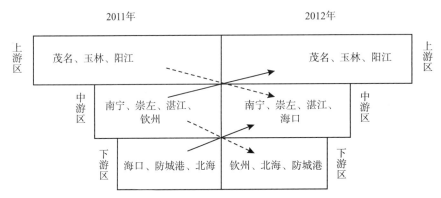

图 6－67　2011～2012 年北部湾城市群城市农业产出水平大幅变动情况

根据图 6－68 对 2012～2013 年北部湾城市群城市农业产出水平的跨区段变化进行分析，可以看到在 2012～2013 年城市间排名变化较小，未有任何城市的农业产出水平在北部湾城市群的位次发生跨区变动。

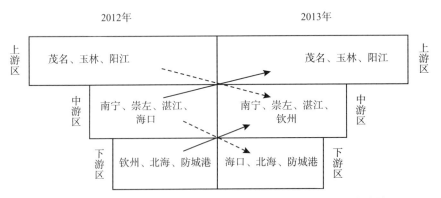

图 6－68　2012～2013 年北部湾城市群城市农业产出水平大幅变动情况

根据图 6－69 对 2013～2014 年北部湾城市群城市农业产出水平的跨区段变化进行分析，可以看到在 2013～2014 年城市间排名变化较小，未有任何城市的农业产出水平在北部湾城市群的位次发生跨区变动。

根据图 6－70 对 2014～2015 年北部湾城市群城市农业产出水平的跨区段变化进行分析，可以看到在 2014～2015 年有 2 个城市的农业产出水平在北部湾城市群的位次发生大幅变动。其中，阳江市由上游区下降至中游区，南宁市由中游区上升至上游区。

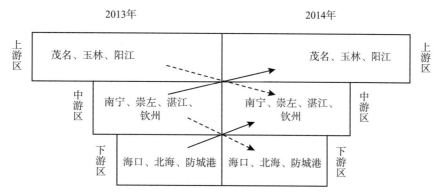

图6-69　2013~2014年北部湾城市群城市农业产出水平大幅变动情况

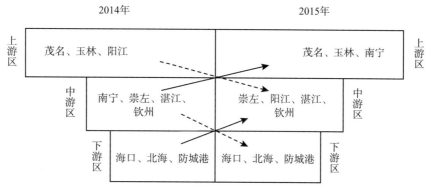

图6-70　2014~2015年北部湾城市群城市农业产出水平大幅变动情况

根据图6-71对2015~2016年北部湾城市群城市农业产出水平的跨区段变化进行分析，可以看到在2015~2016年有4个城市的农业产出水平在北部湾城市群的位次发生大幅度变动。其中，南宁市由上游区下降至中游区，阳江市由中游区上升至上游区，海口市由下游区上升至中游区，钦州市由中游区下降至下游区。

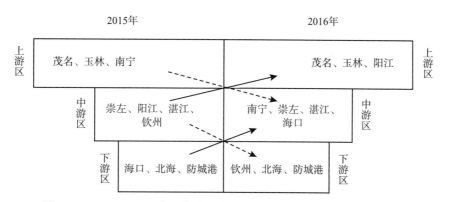

图6-71　2015~2016年北部湾城市群城市农业产出水平大幅变动情况

根据图6-72对2008~2016年北部湾城市群城市农业产出水平的跨区段变化进行分析，可以看到在2008~2016年有4个城市的农业产出水平在北部湾城市群的位次发生大幅变动。其中，湛江市、海口市由下游区上升至中游区，钦州市、北海市由中游区下降至下游区。

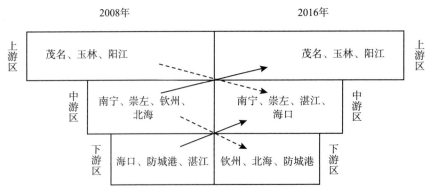

图 6 –72　2008 ~2016 年北部湾城市群城市农业产出水平大幅变动情况

第七章 北部湾城市群城市工业企业发展水平评估分析

一、北部湾城市群城市工业企业综合评估分析

（一）北部湾城市群城市工业企业发展水平综合评估结果

根据北部湾城市群城市工业企业竞争力指标体系和数学评价模型，对2008~2016年北部湾城市群内10个城市的工业企业发展水平进行评价。下面是本次评估期间北部湾城市群10个城市的工业企业发展水平排名及变化情况和指标评价结构。

1. 北部湾城市群城市工业企业发展水平排名

根据表7-1对2008年北部湾城市群城市工业企业发展水平排名进行分析，可以看到北部湾城市群10个城市中，工业企业发展水平处于上游区的依次是南宁市、防城港市、茂名市；处于中游区的依次是湛江市、玉林市、阳江市、崇左市；处于下游区的依次是海口市、北海市、钦州市。

表7-1　　　　　　　　　　2008年北部湾城市群城市工业企业发展水平排名

地区	排名	区段	地区	排名	区段	地区	排名	区段
南宁	1	上游区	湛江	4	中游区	海口	8	下游区
防城港	2		玉林	5		北海	9	
茂名	3		阳江	6		钦州	10	
			崇左	7				

根据表7-2对2009年北部湾城市群城市工业企业发展水平排名进行分析，可以看到北部湾城市群10个城市中，工业企业发展水平处于上游区的依次是湛江市、玉林市、防城港市；处于中游区的依次是崇左市、南宁市、阳江市、茂名市；处于下游区的依次是海口市、北海市、钦州市。

表7-2　　　　　　　　　　2009年北部湾城市群城市工业企业发展水平排名

地区	排名	区段	地区	排名	区段	地区	排名	区段
湛江	1	上游区	崇左	4	中游区	海口	8	下游区
玉林	2		南宁	5		北海	9	
防城港	3		阳江	6		钦州	10	
			茂名	7				

根据表7-3对2010年北部湾城市群城市工业企业发展水平排名进行分析，可以看到北部湾城市群10个城市中，工业企业发展水平处于上游区的依次是玉林市、茂名市、湛江市；处于中游区的依次是崇左市、防城港市、南宁市、阳江市；处于下游区的依次是海口市、北海市、钦州市。

根据表7-4对2011年北部湾城市群城市工业企业发展水平排名进行分析，可以看到北部湾城市群10个城市中，工业企业发展水平处于上游区的依次是玉林市、崇左市、湛江市；处于中游区的依次是防城港市、茂名市、阳江市、南宁市；处于下游区的依次是北海市、钦州市、海口市。

表7－3　　　　　　　　2010 年北部湾城市群城市工业企业发展水平排名

地区	排名	区段	地区	排名	区段	地区	排名	区段
玉林	1	上游区	崇左	4	中游区	海口	8	下游区
茂名	2		防城港	5		北海	9	
湛江	3		南宁	6		钦州	10	
			阳江	7				

表7－4　　　　　　　　2011 年北部湾城市群城市工业企业发展水平排名

地区	排名	区段	地区	排名	区段	地区	排名	区段
玉林	1	上游区	防城港	4	中游区	北海	8	下游区
崇左	2		茂名	5		钦州	9	
湛江	3		阳江	6		海口	10	
			南宁	7				

根据表7－5 对2012 年北部湾城市群城市工业企业发展水平排名进行分析，可以看到北部湾城市群10个城市中，工业企业发展水平处于上游区的依次是防城港市、崇左市、湛江市；处于中游区的依次是玉林市、茂名市、阳江市、北海市；处于下游区的依次是钦州市、南宁市、海口市。

表7－5　　　　　　　　2012 年北部湾城市群城市工业企业发展水平排名

地区	排名	区段	地区	排名	区段	地区	排名	区段
防城港	1	上游区	玉林	4	中游区	钦州	8	下游区
崇左	2		茂名	5		南宁	9	
湛江	3		阳江	6		海口	10	
			北海	7				

根据表7－6 对2013 年北部湾城市群城市工业企业发展水平排名进行分析，可以看到北部湾城市群10个城市中，工业企业发展水平处于上游区的依次是崇左市、玉林市、湛江市；处于中游区的依次是防城港市、茂名市、阳江市、北海市；处于下游区的依次是南宁市、钦州市、海口市。

表7－6　　　　　　　　2013 年北部湾城市群城市工业企业发展水平排名

地区	排名	区段	地区	排名	区段	地区	排名	区段
崇左	1	上游区	防城港	4	中游区	南宁	8	下游区
玉林	2		茂名	5		钦州	9	
湛江	3		阳江	6		海口	10	
			北海	7				

根据表7－7 对2014 年北部湾城市群城市工业企业发展水平排名进行分析，可以看到北部湾城市群10个城市中，工业企业发展水平处于上游区的依次是崇左市、玉林市、湛江市；处于中游区的依次是茂名市、阳江市、防城港市、南宁市；处于下游区的依次是北海市、钦州市、海口市。

表7－7　　　　　　　　2014 年北部湾城市群城市工业企业发展水平排名

地区	排名	区段	地区	排名	区段	地区	排名	区段
崇左	1	上游区	茂名	4	中游区	北海	8	下游区
玉林	2		阳江	5		钦州	9	
湛江	3		防城港	6		海口	10	
			南宁	7				

根据表 7 - 8 对 2015 年北部湾城市群城市工业企业发展水平排名进行分析，可以看到北部湾城市群 10 个城市中，工业企业发展水平处于上游区的依次是崇左市、玉林市、防城港市；处于中游区的依次是湛江市、茂名市、北海市、南宁市；处于下游区的依次是钦州市、阳江市、海口市。

表 7 - 8   2015 年北部湾城市群城市工业企业发展水平排名

地区	排名	区段	地区	排名	区段	地区	排名	区段
崇左	1	上游区	湛江	4	中游区	钦州	8	下游区
玉林	2		茂名	5		阳江	9	
防城港	3		北海	6		海口	10	
			南宁	7				

根据表 7 - 9 对 2016 年北部湾城市群城市工业企业发展水平排名进行分析，可以看到北部湾城市群 10 个城市中，工业企业发展水平处于上游区的依次是玉林市、崇左市、防城港市；处于中游区的依次是北海市、湛江市、茂名市、南宁市；处于下游区的依次是阳江市、海口市、钦州市。

表 7 - 9   2016 年北部湾城市群城市工业企业发展水平排名

地区	排名	区段	地区	排名	区段	地区	排名	区段
玉林	1	上游区	北海	4	中游区	阳江	8	下游区
崇左	2		湛江	5		海口	9	
防城港	3		茂名	6		钦州	10	
			南宁	7				

根据表 7 - 10 对 2008～2016 年北部湾城市群城市工业企业发展水平排名变化趋势进行分析，可以看到在北部湾城市群 10 个城市工业企业发展水平处于上升区的依次是北海市、崇左市、玉林市；处于保持区的是钦州市；处于下降区的依次是湛江市、防城港市、海口市、阳江市、茂名市、南宁市。

表 7 - 10   2008～2016 年北部湾城市群城市工业企业发展水平排名变化

地区	排名	区段	地区	排名	区段	地区	排名	区段
北海	5	上升区	钦州	0	保持区	湛江	-1	下降区
崇左	5					防城港	-1	
玉林	4					海口	-1	
						阳江	-2	
						茂名	-3	
						南宁	-6	

2. 北部湾城市群城市工业企业发展水平得分情况

通过表 7 - 11 对 2008～2016 年的工业企业发展水平及变化进行分析。由 2008 年的北部湾城市群城市工业企业发展水平评价来看，2008 年北部湾城市群城市工业企业发展水平得分处在 29～50 分，有 5 个城市的工业企业发展水平得分在 40 分以上，小于 40 分的城市有阳江市、崇左市、海口市、北海市、钦州市。最高得分为南宁市的 50.417 分，最低得分为钦州市的 28.534 分。得分平均值为 40.799 分，得分标准差为 7.019。北部湾城市群中广东地区城市的工业企业发展水平得分较高，广西地区的工业企业发展水平较低。

表 7－11　　　　　　　　　　　　　　2008～2016 年北部湾城市群城市工业企业评价比较

地区	2008 年	2009 年	2010 年	2011 年	2012 年	2013 年	2014 年	2015 年	2016 年	综合变化
阳江	38.649	38.039	37.465	37.296	39.766	38.042	40.243	35.172	33.287	－5.362
湛江	43.956	49.276	44.248	46.418	46.400	45.832	42.899	43.742	41.378	－2.579
茂名	46.315	36.871	45.239	42.008	41.466	43.329	42.455	42.004	40.587	－5.728
南宁	50.417	38.669	39.075	37.143	35.677	35.352	39.597	38.477	33.394	－17.023
北海	34.794	26.908	33.379	35.018	37.667	37.747	37.020	39.668	43.433	8.639
防城港	50.211	44.955	42.300	45.706	46.808	44.382	39.934	45.100	44.583	－5.628
钦州	28.534	21.767	32.657	33.806	35.680	32.913	33.277	35.684	32.258	3.724
玉林	41.248	47.392	49.712	48.890	43.392	46.813	47.406	47.202	47.396	6.148
崇左	37.527	43.165	43.696	46.556	46.557	47.959	47.686	47.253	46.511	8.985
海口	36.337	32.162	34.466	30.849	31.843	31.128	31.736	34.734	32.288	－4.049
最高分	50.417	49.276	49.712	48.890	46.808	47.959	47.686	47.253	47.396	－3.021
最低分	28.534	21.767	32.657	30.849	31.843	31.128	31.736	34.734	32.258	3.724
平均分	40.799	37.921	40.224	40.369	40.526	40.350	40.225	40.904	39.512	－1.287
标准差	7.019	8.899	5.715	6.332	5.277	6.076	5.275	4.858	6.127	－0.892

　　由 2009 年的北部湾城市群城市工业企业发展水平评价来看，得分处在 22～49 分，有 4 个城市的工业企业发展水平得分在 40 分以上，小于 40 分的城市有南宁市、阳江市、茂名市、海口市、北海市、钦州市。最高得分为湛江市的 49.276 分，最低得分为钦州市的 21.767 分。得分平均值为 37.921 分，得分标准差为 8.899。北部湾城市群中广东地区城市的工业企业发展水平得分较高，广西地区的工业企业发展水平较低。

　　由 2010 年的北部湾城市群城市工业企业发展水平评价来看，得分处在 33～50 分，有 5 个城市的工业企业发展水平得分在 40 分以上，小于 40 分的城市有南宁市、阳江市、海口市、北海市、钦州市。最高得分为玉林市的 49.712 分，最低得分为钦州市的 32.657 分。得分平均值为 40.224 分，得分标准差为 5.715。北部湾城市群中广东地区城市的工业企业发展水平得分较高，广西地区的工业企业发展水平较低。

　　由 2011 年的北部湾城市群城市工业企业发展水平评价来看，得分处在 31～49 分，有 5 个城市的工业企业发展水平得分在 40 分以上，小于 40 分的城市有阳江市、南宁市、北海市、钦州市、海口市。最高得分为玉林市的 48.890 分，最低得分为海口市的 30.849 分。得分平均值为 40.369 分，得分标准差为 6.332。北部湾城市群中广东地区城市的工业企业发展水平得分较高，广西地区的工业企业发展水平较低。

　　由 2012 年的北部湾城市群城市工业企业发展水平评价来看，得分处在 32～47 分，有 5 个城市的工业企业发展水平得分在 40 分以上，小于 40 分的城市有阳江市、北海市、钦州市、南宁市、海口市。最高得分为南宁市的 46.808 分，最低得分为钦州市的 31.843 分。得分平均值为 40.526 分，得分标准差为 5.277。北部湾城市群中广东地区城市的工业企业发展水平得分较高，广西地区的工业企业发展水平较低。

　　由 2013 年的北部湾城市群城市工业企业发展水平评价来看，得分处在 31～48 分，有 5 个城市的工业企业发展水平得分在 40 分以上，小于 40 分的城市有阳江市、北海市、南宁市、钦州市、海口市。最高得分为南宁市的 47.959 分，最低得分为钦州市的 31.128 分。得分平均值为 40.350 分，得分标准差为 6.076。北部湾城市群中广东地区城市的工业企业发展水平得分较高，广西地区的工业企业发展水平较低。

　　由 2014 年的北部湾城市群城市工业企业发展水平评价来看，得分处在 32～48 分，有 5 个城市的工业企业发展水平得分在 40 分以上，小于 40 分的城市有防城港市、南宁市、北海市、钦州市、海口市。最高得分为南宁市的 47.686 分，最低得分为钦州市的 31.736 分。得分平均值为 40.225 分，得分标准差为 5.275。北部湾城市群中广东地区城市的工业企业发展水平得分较高，广西地区的工业企业发展水平较低。

　　由 2015 年的北部湾城市群城市工业企业发展水平评价来看，得分处在 35～47 分，有 5 个城市的工业企业发展水平得分在 40 分以上，小于 40 分的城市有北海市、南宁市、钦州市、阳江市、海口市。最高得分为崇左市的 47.253 分，最低得分为海口市的 34.253 分。得分平均值为 40.904 分，得分标准差为 4.858。北部湾城市群中广东地区城市的工业企业发展水平得分较高，广西地区的工业企业发展水平较低。

由 2016 年的北部湾城市群城市工业企业发展水平评价来看，得分处在 32~47 分，有 6 个城市的工业企业发展水平得分在 40 分以上，小于 40 分的城市有南宁市、阳江市、海口市、钦州市。最高得分为玉林市的 47.396 分，最低得分为钦州市的 32.5834 分。得分平均值为 39.512 分，得分标准差为 6.127。北部湾城市群中广东地区城市的工业企业发展水平得分较高，广西地区的工业企业发展水平较低。

对比北部湾城市群城市工业企业发展变化，通过对各年的北部湾城市群城市工业企业发展的平均分、标准差进行分析，可以发现其平均分处于波动下降趋势，说明北部湾城市群城市工业企业综合能力整体有所下降。同时北部湾城市群城市工业企业发展的标准差也处于波动下降趋势，说明城市间工业企业发展差距有所缩小。对各城市的工业企业发展变化展开分析，发现玉林市工业企业发展处在绝对领先位置。广东地区其他城市排名均基本稳定，广西地区各个城市排名变化幅度较大，说明广西地区工业企业稳定性比广东地区工业企业稳定性差。

3. 北部湾城市群城市工业企业要素得分情况

通过表 7-12 对 2008~2016 年的工业发展进行分析。由 2008 年的北部湾城市群城市工业发展的评价来看，得分处在 22~32 分，有 6 个城市的工业发展得分在 28 分以上，小于 28 分的城市有防城港市、海口市、北海市、钦州市。北部湾城市群城市工业发展最高得分为湛江市的 31.919 分，最低得分为钦州市的 22.034 分。得分平均值为 27.911 分，得分标准差为 3.364。北部湾城市群中广东地区城市的工业发展水平得分较高，广西地区的工业发展水平较低。

表 7-12　　　　　　　　　2008~2016 年北部湾城市群城市工业发展评价比较

地区	2008 年	2009 年	2010 年	2011 年	2012 年	2013 年	2014 年	2015 年	2016 年	综合变化
阳江	28.770	29.115	29.562	28.494	29.418	29.782	29.635	28.426	26.799	-1.971
湛江	31.919	29.899	28.427	29.036	29.354	30.657	28.750	29.086	27.777	-4.142
茂名	29.306	20.988	26.755	28.100	26.190	26.412	25.288	24.639	20.732	-8.574
南宁	31.566	27.757	28.262	28.873	29.434	29.231	31.327	29.450	25.649	-5.917
北海	23.401	17.440	24.253	25.042	27.925	27.175	26.737	28.388	27.727	4.326
防城港	27.751	27.307	27.549	28.618	29.837	28.732	27.709	28.265	27.112	-0.640
钦州	22.034	15.787	25.040	25.920	27.008	24.483	25.428	25.699	24.405	2.371
玉林	28.659	29.798	30.886	29.745	28.972	29.694	28.884	28.904	27.549	-1.110
崇左	30.521	28.275	29.698	29.538	29.977	29.577	28.647	29.151	27.445	-3.076
海口	25.180	24.350	26.499	23.761	24.906	24.289	24.912	27.004	24.187	-0.993
最高分	31.919	29.899	30.886	29.745	29.977	30.657	31.327	29.450	27.777	-4.142
最低分	22.034	15.787	24.253	23.761	24.906	24.289	24.912	24.639	20.732	-1.303
平均分	27.911	25.072	27.693	27.713	28.302	28.003	27.732	27.901	25.938	-1.973
标准差	3.364	5.229	2.102	2.058	1.734	2.285	2.107	1.609	2.265	-1.099

由 2009 年的北部湾城市群城市工业发展的评价来看，得分处在 16~30 分，有 4 个城市的工业发展得分在 28 分以上，小于 28 分的城市有南宁市、防城港市、海口市、茂名市、北海市、钦州市。最高得分为湛江市的 29.899 分，最低得分为钦州市的 15.787 分。得分平均值为 25.072 分，得分标准差为 5.229。北部湾城市群中广东地区城市的工业发展水平得分较高，广西地区的工业发展水平较低。

由 2010 年的北部湾城市群城市工业发展的评价来看，得分处在 24~31 分，有 5 个城市的工业发展得分在 28 分以上，小于 28 分的城市有防城港市、茂名市、海口市、钦州市、北海市。最高得分为玉林市的 30.886 分，最低得分为北海市的 24.253 分。得分平均值为 27.693 分，得分标准差为 2.102。北部湾城市群中广东地区城市的工业发展水平得分较高，广西地区的工业发展水平较低。

由 2011 年的北部湾城市群城市工业发展的评价来看，得分处在 24~30 分，有 7 个城市的工业发展得分在 28 分以上，小于 28 分的城市有钦州市、北海市、海口市。最高得分为玉林市的 29.745 分，最低得分为海口市的 23.745 分。得分平均值为 27.713 分，得分标准差为 2.058。北部湾城市群中广东地区城市的工业发展水平得分较高，广西地区的工业发展水平较低。

由 2012 年的北部湾城市群城市工业发展的评价来看，得分处在 25～30 分，有 6 个城市的工业发展得分在 28 分以上，小于 28 分的城市有北海市、钦州市、茂名市、海口市。最高得分为崇左市的 29.977 分，最低得分为海口市的 24.906 分。得分平均值为 28.302 分，得分标准差为 1.734。北部湾城市群中广东地区城市的工业发展水平得分较高，广西地区的工业发展水平较低。

由 2013 年的北部湾城市群城市工业发展的评价来看，得分处在 24～31 分，有 6 个城市的工业发展得分在 28 分以上，小于 28 分的城市有北海市、茂名市、钦州市、海口市。最高得分为湛江市的 30.657 分，最低得分为海口市的 24.289 分。得分平均值为 28.003 分，得分标准差为 2.285。北部湾城市群中广东地区城市的工业发展水平得分较高，广西地区的工业发展水平较低。

由 2014 年的北部湾城市群城市工业发展的评价来看，得分处在 25～31 分，有 5 个城市的工业发展得分在 28 分以上，小于 28 分的城市有防城港市、北海市、钦州市、茂名市、海口市。最高得分为南宁市的 31.327 分，最低得分为海口市的 24.912 分。得分平均值为 27.732 分，得分标准差为 2.107。北部湾城市群中广东地区城市的工业发展水平得分较高，广西地区的工业发展水平较低。

由 2015 年的北部湾城市群城市工业发展的评价来看，得分处在 25～29 分，有 7 个城市的工业发展得分在 28 分以上，小于 28 分的城市有海口市、钦州市、茂名市。最高得分为南宁市的 29.450 分，最低得分为茂名市的 24.639 分。得分平均值为 27.901 分，得分标准差为 1.609。北部湾城市群中广东地区城市的工业发展水平得分较高，广西地区的工业发展水平较低。

由 2016 年的北部湾城市群城市工业发展的评价来看，有 6 个城市的工业发展得分在 26 分以上。2016 年北部湾城市群城市工业发展得分处在 21～28 分，小于 26 分的城市有南宁市、钦州市、海口市、茂名市。北部湾城市群城市工业发展最高得分为湛江市的 27.777 分，最低得分为茂名市的 20.732 分。北部湾城市群城市工业发展得分平均值为 25.938 分，北部湾城市群城市工业发展得分标准差为 2.265。北部湾城市群中广东地区城市的工业发展水平得分较高，北部湾城市群中广西地区的工业发展水平较低。

对比北部湾城市群城市工业企业发展变化，通过对各年的北部湾城市群城市工业企业发展的平均分、标准差进行分析，可以发现其平均分处于波动下降趋势，说明北部湾城市群城市工业企业综合能力整体有所下降。同时北部湾城市群城市工业企业发展的标准差也处于波动下降趋势，说明城市间工业企业发展差距有所缩小。对各城市的工业企业发展变化展开分析，发现湛江市工业企业发展处在绝对领先位置。广东地区其他城市排名均基本稳定，广西地区各个城市排名变化幅度较大，说明广西地区工业企业稳定性比广东地区工业企业稳定性差。

通过表 7－13 对 2008～2016 年的企业发展质量进行分析。由 2008 年的北部湾城市群城市企业发展质量评价来看，得分处在 7～22 分，有 5 个城市的居民企业发展质量得分在 12 分以上，小于 12 分的城市有北海市、海口市、阳江市、崇左市、钦州市。北部湾城市群城市企业发展质量最高得分为防城港市的 22.460 分，最低得分为钦州市的 6.500 分。得分平均值为 12.888 分，得分标准差为 5.106。北部湾城市群中广东地区城市的企业发展水平得分较高，广西地区的企业发展水平较低。

表 7－13　　　　　　　　　2008～2016 年北部湾城市群城市企业发展质量评价比较

地区	2008 年	2009 年	2010 年	2011 年	2012 年	2013 年	2014 年	2015 年	2016 年	综合变化
阳江	9.879	8.924	7.903	8.802	10.348	8.260	10.608	6.746	6.488	－3.391
湛江	12.037	19.377	15.821	17.382	17.047	15.175	14.149	14.656	13.601	1.563
茂名	17.009	15.883	18.484	13.908	15.276	16.918	17.166	17.365	19.855	2.846
南宁	18.851	10.912	10.813	8.270	6.243	6.121	8.270	9.027	7.745	－11.106
北海	11.393	9.468	9.126	9.977	9.742	10.572	10.283	11.281	15.707	4.313
防城港	22.460	17.648	14.751	17.088	16.971	15.650	12.225	16.835	17.472	－4.989
钦州	6.500	5.980	7.617	7.886	8.672	8.430	7.849	9.985	7.853	1.353
玉林	12.589	17.594	18.826	19.145	14.420	17.119	18.522	18.299	19.847	7.259
崇左	7.006	14.890	13.998	17.019	16.579	18.382	19.039	18.102	19.067	12.061

续表

地区	2008 年	2009 年	2010 年	2011 年	2012 年	2013 年	2014 年	2015 年	2016 年	综合变化
海口	11. 157	7. 812	7. 967	7. 087	6. 937	6. 839	6. 824	7. 730	8. 101	−3. 056
最高分	22. 460	19. 377	18. 826	19. 145	17. 047	18. 382	19. 039	18. 299	19. 855	−2. 605
最低分	6. 500	5. 980	7. 617	7. 087	6. 243	6. 121	6. 824	6. 746	6. 488	−0. 012
平均分	12. 888	12. 849	12. 531	12. 656	12. 224	12. 347	12. 493	13. 003	13. 573	0. 685
标准差	5. 106	4. 769	4. 396	4. 711	4. 281	4. 752	4. 519	4. 538	5. 534	0. 427

由 2009 年的北部湾城市群城市企业发展质量评价来看，得分处在 6 ~ 19 分，有 5 个城市的居民企业发展质量得分在 12 分以上，小于 12 分的城市有南宁市、北海市、阳江市、海口市、钦州市。最高得分为湛江市的 19. 377 分，最低得分为钦州市的 5. 980 分。得分平均值为 12. 849 分，得分标准差为 4. 769。北部湾城市群中广东地区城市的企业发展水平得分较高，广西地区的企业发展水平较低。

由 2010 年的北部湾城市群城市企业发展质量评价来看，得分处在 7 ~ 19 分，有 5 个城市的居民企业发展质量得分在 12 分以上，小于 12 分的城市有南宁市、北海市、海口市、阳江市、钦州市。最高得分为玉林市的 19 分，最低得分为钦州市的 7. 617 分。得分平均值为 12. 531 分，得分标准差为 4. 396。北部湾城市群中广东地区城市的企业发展水平得分较高，广西地区的企业发展水平较低。

由 2011 年的北部湾城市群城市企业发展质量评价来看，得分处在 7 ~ 19 分，有 5 个城市的居民企业发展质量得分在 12 分以上，小于 12 分的城市有北海市、阳江市、南宁市、钦州市、海口市。最高得分为玉林市的 19. 145 分，最低得分为海口市的 7. 087 分。得分平均值为 12. 656 分，得分标准差为 4. 711。北部湾城市群中广东地区城市的企业发展水平得分较高，广西地区的企业发展水平较低。

由 2012 年的北部湾城市群城市企业发展质量评价来看，得分处在 6 ~ 17 分，有 5 个城市的居民企业发展质量得分在 12 分以上，小于 12 分的城市有阳江市、北海市、钦州市、海口市、南宁市。最高得分为湛江市的 17. 047 分，最低得分为南宁市的 6. 243 分。得分平均值为 12. 224 分，得分标准差为 4. 281。北部湾城市群中广东地区城市的企业发展水平得分较高，广西地区的企业发展水平较低。

由 2013 年的北部湾城市群城市企业发展质量评价来看，得分处在 6 ~ 18 分，有 5 个城市的居民企业发展质量得分在 12 分以上，小于 12 分的城市有北海市、钦州市、阳江市、海口市、南宁市。最高得分为崇左市的 18. 382 分，最低得分为南宁市的 6. 121 分。得分平均值为 12. 347 分，得分标准差为 4. 752。北部湾城市群中广东地区城市的企业发展水平得分较高，广西地区的企业发展水平较低。

由 2014 年的北部湾城市群城市企业发展质量评价来看，得分处在 7 ~ 19 分，有 5 个城市的居民企业发展质量得分在 12 分以上，小于 12 分的城市有阳江市、北海市、南宁市、钦州市、海口市。最高得分为崇左市的 19. 039 分，最低得分为海口市的 6. 824 分。得分平均值为 12. 493 分，得分标准差为 4. 519。北部湾城市群中广东地区城市的企业发展水平得分较高，广西地区的企业发展水平较低。

由 2015 年的北部湾城市群城市企业发展质量评价来看，得分处在 7 ~ 18 分，有 5 个城市的居民企业发展质量得分在 12 分以上，小于 12 分的城市有北海市、钦州市、南宁市、海口市、阳江市。最高得分为玉林市的 18. 299 分，最低得分为阳江市的 6. 746 分。得分平均值为 13. 003 分，得分标准差为 4. 538。北部湾城市群中广东地区城市的企业发展水平得分较高，广西地区的企业发展水平较低。

由 2016 年的北部湾城市群城市企业发展质量评价来看，得分处在 6 ~ 20 分，有 5 个城市的居民企业发展质量得分在 12 分以上，小于 12 分的城市有湛江市、海口市、钦州市、南宁市、阳江市。最高得分为防城港市的 19. 855 分，最低得分为阳江市的 6. 488 分。得分平均值为 13. 573 分，得分标准差为 5. 534。北部湾城市群中广东地区城市的企业发展水平得分较高，广西地区的企业发展水平较低。

对比北部湾城市群城市工业企业发展变化，通过对各年的北部湾城市群城市工业企业发展的平均分、标准差进行分析，可以发现其平均分处于波动上升趋势，说明北部湾城市群城市工业企业综合能力整体有所上升。同时北部湾城市群城市工业企业发展的标准差也处于波动上升趋势，说明城市间工业企业发展差距有所扩大。对各城市的工业企业发展变化展开分析，发现玉林市工业企业发展处在绝对领先位置，广东地区其他城市排名均基本稳定，广西地区各个城市排名变化幅度较大，说明广西地区工业企业稳定性比广东地区工业企业稳定性差。

（二）北部湾城市群城市工业企业发展水平综合评估结果的比较与评析

1. 北部湾城市群城市工业企业发展水平分布情况

根据灰色综合评价法对无量纲化后的三级指标进行权重得分计算，得到北部湾城市群城市的工业企业发展水平得分及排位，反映出各城市工业企业发展水平情况。下面对 2008～2016 年北部湾城市群城市工业企业发展水平评价分值分布进行统计。

由图 7–1 可以看到 2008 年北部湾城市群城市工业企业发展水平得分情况，工业企业发展水平得分在 30 分以下、42～46 分、46～50 分各有 1 个城市，38～42 分、50 分以上各有 2 个城市，说明北部湾城市群城市工业企业发展水平分布较不均衡，大量城市的工业企业发展水平得分较低。

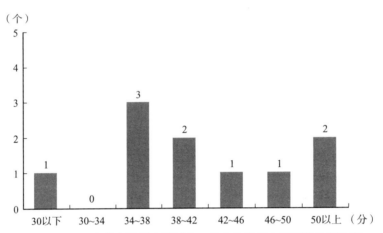

图 7–1　2008 年北部湾城市群城市工业企业发展水平评价分值分布

由图 7–2 可以看到 2009 年北部湾城市群城市工业企业发展水平得分情况，工业企业发展水平得分在 30 分以下、38～42 分、42～46 分、46～50 分各有 2 个城市，30～34 分、34～38 分各有 1 个城市，说明北部湾城市群城市工业企业发展水平分布较为均衡，大量城市的工业企业发展水平得分较低。

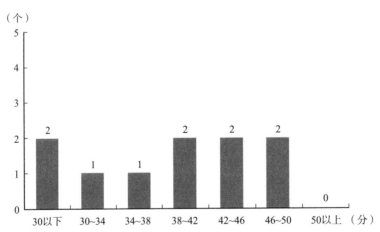

图 7–2　2009 年北部湾城市群城市工业企业发展水平评价分值分布

由图 7–3 可以看到 2010 年北部湾城市群城市工业企业发展水平得分情况，工业企业发展水平得分在 30～34 分、34～38 分各有 2 个城市，38～42 分、46～50 分各有 1 个城市，42～46 分有 4 个城市，说明北部湾城市群城市工业企业发展水平分布较不均衡，大量城市的工业企业发展水平得分较低。

由图 7–4 可以看到 2011 年北部湾城市群城市工业企业发展水平得分情况，工业企业发展水平得分在 30～34 分、42～46 分各有 2 个城市，34～38 分、46～50 分各有 3 个城市，说明北部湾城市群城市工业企业发展水平分布较不均衡，其中半城市的工业企业发展水平得分较低。

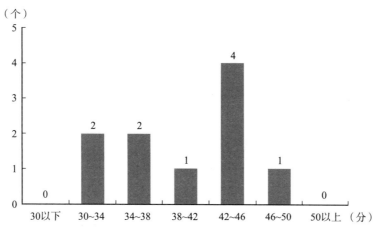

图 7 - 3　2010 年北部湾城市群城市工业企业发展水平评价分值分布

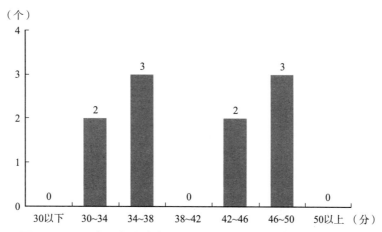

图 7 - 4　2011 年北部湾城市群城市工业企业发展水平评价分值分布

由图 7 - 5 可以看到 2012 年北部湾城市群城市工业企业发展水平得分情况，工业企业发展水平得分 30 ~ 34 分、42 ~ 46 分各有 1 个城市，34 ~ 38 分、46 ~ 50 分各有 3 个城市，38 ~ 42 有 2 个城市，说明北部湾城市群城市工业企业发展水平分布较为均衡，大量城市的工业企业发展水平得分较高。

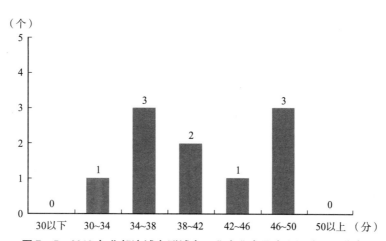

图 7 - 5　2012 年北部湾城市群城市工业企业发展水平评价分值分布

由图 7 - 6 可以看到 2013 年北部湾城市群城市工业企业发展水平得分情况，工业企业发展水平得分在 30 ~ 34 分、34 ~ 38 分、46 ~ 50 分各有 2 个城市，38 ~ 42 分有 1 个城市，42 ~ 46 分有 3 个城市，说明北部湾城市群城市工业企业发展水平分布较为均衡，大量城市的工业企业发展水平得分较高。

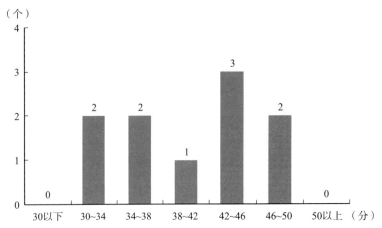

图 7－6　2013 年北部湾城市群城市工业企业发展水平评价分值分布

由图 7－7 可以看到 2014 年北部湾城市群城市工业企业发展水平得分情况，工业企业发展水平得分在 30～34 分、42～46 分、46～50 分各有 2 个城市，34～38 分有 1 个城市，38～42 分有 3 个城市，说明北部湾城市群城市工业企业发展水平分布较为均衡，大量城市的工业企业发展水平得分较高。

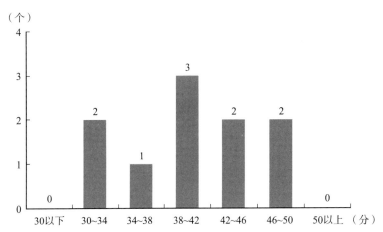

图 7－7　2014 年北部湾城市群城市工业企业发展水平评价分值分布

由图 7－8 可以看到 2015 年北部湾城市群城市工业企业发展水平得分情况，工业企业发展水平得分在 34～38 分、42～46 分各有 1 个城市，30 分以下、38～42 分各有 2 个城市，说明北部湾城市群城市工业企业发展水平分布较不均衡，大量城市的工业企业发展水平得分较低。

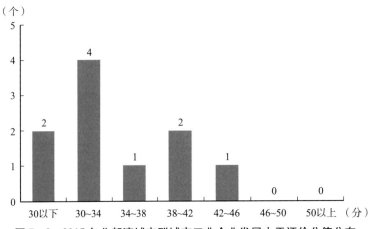

图 7－8　2015 年北部湾城市群城市工业企业发展水平评价分值分布

由图 7 - 9 可以看到 2016 年北部湾城市群城市工业企业发展水平得分情况，工业企业发展水平得分在 30～34 分有 4 个城市，38～42 分、42～46 分、46～50 分各有 2 个城市，说明北部湾城市群城市工业企业发展水平分布较不均衡，大量城市的工业企业发展水平得分较低。

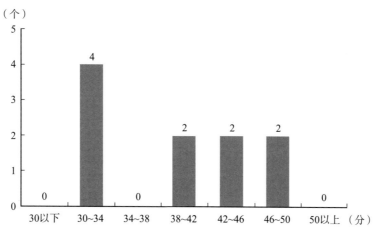

图 7 - 9　2016 年北部湾城市群城市工业企业发展水平评价分值分布

2. 北部湾城市群城市工业企业发展水平跨区段变动情况

根据图 7 - 10 对 2008～2009 年北部湾城市群城市工业企业发展水平的跨区段变化进行分析，可以看到在 2008～2009 年有 4 个城市的工业企业发展水平在北部湾城市群的名次发生大幅变动。其中，南宁市由上游区下降至中游区，茂名市由上游区下降至中游区，湛江市由中游区上升至上游区，玉林市由中游区上升至上游区。

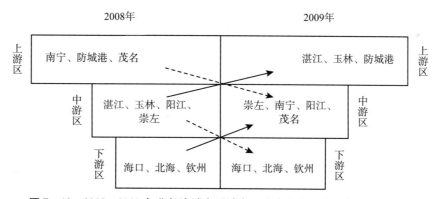

图 7 - 10　2008～2009 年北部湾城市群城市工业企业发展水平大幅变动情况

根据图 7 - 11 对 2009～2010 年北部湾城市群城市工业企业发展水平的跨区段变化进行分析，可以看到在 2009～2010 年有 2 个城市的工业企业发展水平在北部湾城市群的名次发生大幅变动。其中，防城港市由上游区下降至中游区，茂名市由中游区上升至上游区。

根据图 7 - 12 对 2010～2011 年北部湾城市群城市工业企业发展水平的跨区段变化进行分析，可以看到在 2010～2011 年有 2 个城市的工业企业发展水平在北部湾城市群的名次发生了大幅变动。其中，茂名市由上游区下降至中游区，崇左市由中游区上升至上游区。

根据图 7 - 13 对 2011～2012 年北部湾城市群城市工业企业发展水平的跨区段变化进行分析，可以看到在 2011～2012 年有 4 个城市的工业企业发展水平在北部湾城市群的名次发生了大幅变动。其中，玉林市由上游区下降至中游区，防城港市由中游区上升至上游区，南宁市由中游区下降至下游区，北海市由下游区上升至中游区。

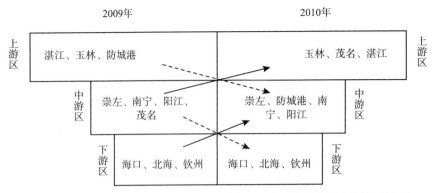

图 7－11　2009～2010 年北部湾城市群城市工业企业发展水平大幅变动情况

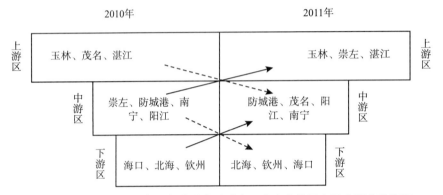

图 7－12　2010～2011 年北部湾城市群城市工业企业发展水平大幅变动情况

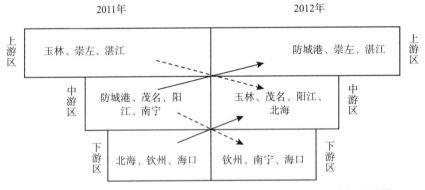

图 7－13　2011～2012 年北部湾城市群城市工业企业发展水平大幅变动情况

　　根据图 7－14 对 2012～2013 年北部湾城市群城市工业企业发展水平的跨区段变化进行分析，可以看到在 2012～2013 年有 2 个城市的工业企业发展水平在北部湾城市群的名次发生了大幅变动。其中，防城港市由上游区下降至中游区，玉林市由中游区上升至上游区。

　　根据图 7－15 对 2013～2014 年北部湾城市群城市工业企业发展水平的跨区段变化进行分析，可以看到在 2013～2014 年有 2 个城市的工业企业发展水平在北部湾城市群的名次发生了大幅变动。其中，北海市由中游区下降至下游区，南宁市由下游区上升至中游区。

　　根据图 7－16 对 2014～2015 年北部湾城市群城市工业企业发展水平的跨区段变化进行分析，可以看到在 2014～2015 年有 4 个城市的工业企业发展水平在北部湾城市群的名次发生了大幅变动。其中，湛江市由上游区下降至中游区，阳江市由中游区下降至下游区，防城港市由中游区上升至上游区，北海市由下游区上升至中游区。

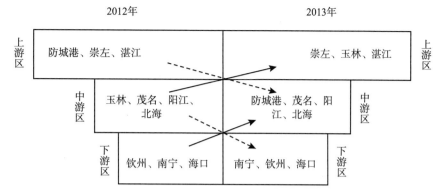

图7-14 2012~2013年北部湾城市群城市工业企业发展水平大幅变动情况

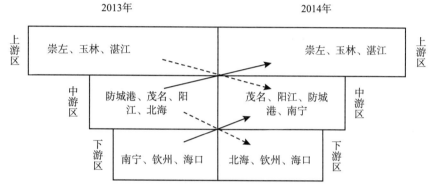

图7-15 2013~2014年北部湾城市群城市工业企业发展水平大幅变动情况

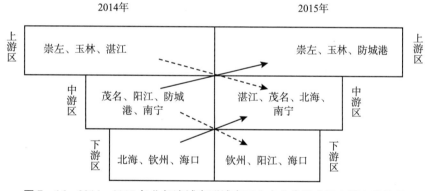

图7-16 2014~2015年北部湾城市群城市工业企业发展水平大幅变动情况

根据图7-17对2015~2016年北部湾城市群城市工业企业发展水平的跨区段变化进行分析,可以看到在2015~2016年没有城市的工业企业发展水平在北部湾城市群的名次发生了大幅变动。

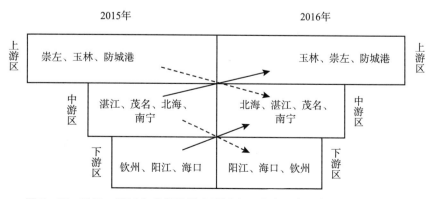

图7-17 2015~2016年北部湾城市群城市工业企业发展水平大幅变动情况

根据图 7 - 18 对 2008 ~ 2016 年北部湾城市群城市工业企业发展水平的跨区段变化进行分析，可以看到在 2008 ~ 2016 年有 5 个城市的工业企业发展水平在北部湾城市群的名次发生了大幅变动。其中，南宁市由上游区下降至中游区，茂名市由上游区下降至中游区，玉林市由中游区上升至上游区，崇左市由中游区上升至上游区，北海市由下游区上升至中游区。

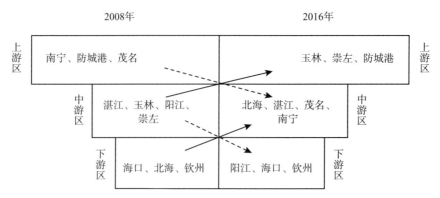

图 7 - 18　2008 ~ 2016 年北部湾城市群城市工业企业发展水平大幅变动情况

二、北部湾城市群城市工业发展比较分析

（一）北部湾城市群城市工业发展实力评估结果

根据北部湾城市群城市工业发展实力竞争力指标体系和数学评价模型，对 2008 ~ 2016 年北部湾城市群内 10 个城市的工业发展实力进行了评价。下面是本次评估期间北部湾城市群 10 个城市的工业发展实力排名及变化情况和指标评价结构。

根据表 7 - 14 对 2008 年北部湾城市群城市工业发展实力排名进行分析，可以看到北部湾城市群 10 个城市中，工业发展实力处于上游区的依次是湛江市、南宁市、崇左市；处于中游区的依次是茂名市、阳江市、玉林市、防城港市；处于下游区的依次是海口市、北海市、钦州市。

表 7 - 14　　　　　　　　　　2008 年北部湾城市群城市工业发展实力排名

地区	排名	区段	地区	排名	区段	地区	排名	区段
湛江	1	上游区	茂名	4	中游区	海口	8	下游区
南宁	2		阳江	5		北海	9	
崇左	3		玉林	6		钦州	10	
			防城港	7				

根据表 7 - 15 对 2009 年北部湾城市群城市工业发展实力排名进行分析，可以看到北部湾城市群 10 个城市中，工业发展实力处于上游区的依次是湛江市、玉林市、阳江市；处于中游区的依次是崇左市、南宁市、防城港市、海口市；处于下游区的依次是茂名市、北海市、钦州市。

表 7 - 15　　　　　　　　　　2009 年北部湾城市群城市工业发展实力排名

地区	排名	区段	地区	排名	区段	地区	排名	区段
湛江	1	上游区	崇左	4	中游区	茂名	8	下游区
玉林	2		南宁	5		北海	9	
阳江	3		防城港	6		钦州	10	
			海口	7				

根据表 7 - 16 对 2010 年北部湾城市群城市工业发展实力排名进行分析，可以看到北部湾城市群 10 个

城市中，工业发展实力处于上游区的依次是玉林市、崇左市、阳江市；处于中游区的依次是湛江市、南宁市、防城港市、茂名市；处于下游区的依次是海口市、钦州市、北海市。

表 7 – 16 　　　　　　　　　　2010 年北部湾城市群城市工业发展实力排名

地区	排名	区段	地区	排名	区段	地区	排名	区段
玉林	1		湛江	4		海口	8	
崇左	2	上游区	南宁	5	中游区	钦州	9	下游区
阳江	3		防城港	6		北海	10	
			茂名	7				

根据表 7 – 17 对 2011 年北部湾城市群城市工业发展实力排名进行分析，可以看到北部湾城市群 10 个城市中，工业发展实力处于上游区的依次是玉林市、崇左市、湛江市；处于中游区的依次是南宁市、防城港市、阳江市、茂名市；处于下游区的依次是钦州市、北海市、海口市。

表 7 – 17 　　　　　　　　　　2011 年北部湾城市群城市工业发展实力排名

地区	排名	区段	地区	排名	区段	地区	排名	区段
玉林	1		南宁	4		钦州	8	
崇左	2	上游区	防城港	5	中游区	北海	9	下游区
湛江	3		阳江	6		海口	10	
			茂名	7				

根据表 7 – 18 对 2012 年北部湾城市群城市工业发展实力排名进行分析，可以看到北部湾城市群 10 个城市中，工业发展实力处于上游区的依次是崇左市、防城港市、南宁市；处于中游区的依次是阳江市、湛江市、玉林市、北海市；处于下游区的依次是钦州市、茂名市、海口市。

表 7 – 18 　　　　　　　　　　2012 年北部湾城市群城市工业发展实力排名

地区	排名	区段	地区	排名	区段	地区	排名	区段
崇左	1		阳江	4		钦州	8	
防城港	2	上游区	湛江	5	中游区	茂名	9	下游区
南宁	3		玉林	6		海口	10	
			北海	7				

根据表 7 – 19 对 2013 年北部湾城市群城市工业发展实力排名进行分析，可以看到北部湾城市群 10 个城市中，工业发展实力处于上游区的依次是湛江市、阳江市、玉林市；处于中游区的依次是崇左市、南宁市、防城港市、北海市；处于下游区的依次是茂名市、钦州市、海口市。

表 7 – 19 　　　　　　　　　　2013 年北部湾城市群城市工业发展实力排名

地区	排名	区段	地区	排名	区段	地区	排名	区段
湛江	1		崇左	4		茂名	8	
阳江	2	上游区	南宁	5	中游区	钦州	9	下游区
玉林	3		防城港	6		海口	10	
			北海	7				

根据表 7 – 20 对 2014 年北部湾城市群城市工业发展实力排名进行分析，可以看到北部湾城市群 10 个城市中，工业发展实力处于上游区的依次是南宁市、阳江市、玉林市；处于中游区的依次是湛江市、崇左市、防城港市、北海市；处于下游区的依次是钦州市、茂名市、海口市。

表7－20 2014 年北部湾城市群城市工业发展实力排名

地区	排名	区段	地区	排名	区段	地区	排名	区段
南宁	1		湛江	4		钦州	8	
阳江	2	上游区	崇左	5	中游区	茂名	9	下游区
玉林	3		防城港	6		海口	10	
			北海	7				

根据表 7 - 21 对 2015 年北部湾城市群城市工业发展实力排名进行分析，可以看到北部湾城市群 10 个城市中，工业发展实力处于上游区的依次是南宁市、崇左市、湛江市；处于中游区的依次是玉林市、阳江市、北海市、防城港市；处于下游区的依次是海口市、钦州市、茂名市。

表7－21 2015 年北部湾城市群城市工业发展实力排名

地区	排名	区段	地区	排名	区段	地区	排名	区段
南宁	1		玉林	4		海口	8	
崇左	2	上游区	阳江	5	中游区	钦州	9	下游区
湛江	3		北海	6		茂名	10	
			防城港	7				

根据表 7 - 22 对 2016 年北部湾城市群城市工业发展实力排名进行分析，可以看到北部湾城市群 10 个城市中，工业发展实力处于上游区的依次是湛江市、北海市、玉林市；处于中游区的依次是崇左市、防城港市、阳江市、南宁市；处于下游区的依次是钦州市、海口市、茂名市。

表7－22 2016 年北部湾城市群城市工业发展实力排名

地区	排名	区段	地区	排名	区段	地区	排名	区段
湛江	1		崇左	4		钦州	8	
北海	2	上游区	防城港	5	中游区	海口	9	下游区
玉林	3		阳江	6		茂名	10	
			南宁	7				

根据表 7 - 23 对 2008 ~ 2016 年北部湾城市群城市工业发展实力排名变化趋势进行分析，可以看到在北部湾城市群 10 个城市工业发展实力处于上升区的是北海市、玉林市、防城港市、钦州市；工业发展实力处于下降的是阳江市、崇左市、海口市、南宁市、茂名市，湛江市均呈现保持趋势。

表7－23 2008～2016 年北部湾城市群城市工业发展实力排名

地区	排名	区段	地区	排名	区段	地区	排名	区段
北海	7		湛江	0		阳江	－1	
玉林	3					崇左	－1	
防城港	2	上升区			保持区	海口	－1	下降区
钦州	2					南宁	－5	
						茂名	－6	

（二）北部湾城市群城市工业发展评估结果的比较与评析

1. 北部湾城市群城市工业发展分布情况

根据灰色综合评价法对无量纲化后的三级指标进行权重得分计算，得到北部湾城市群城市的工业发展得分及排名，反映各城市工业发展情况。下面对 2008 ~ 2016 年北部湾城市群城市工业发展评价分值分布进行统计。

　　由图 7 - 19 可以看到 2008 年北部湾城市群城市工业发展得分情况。工业发展得分在 21 ~ 23 分、23 ~ 25 分、25 ~ 27 分各有 1 个城市，27 ~ 29 分有 3 个城市，29 分以上有 4 个城市，说明北部湾城市群城市工业发展分布较不均衡，城市的工业发展得分相差较大。

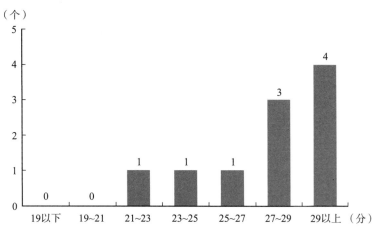

图 7 - 19　2008 年北部湾城市群城市工业发展评价分值分布

　　由图 7 - 20 可以看到 2009 年北部湾城市群城市工业发展得分情况。工业发展得分在 19 分以下有 2 个城市，19 ~ 21 分、23 ~ 25 分、25 ~ 27 分各有 1 个城市，27 ~ 29 分、29 分以上各有 3 个城市，说明北部湾城市群城市工业发展分布较不均衡，城市的工业发展得分相差较大。

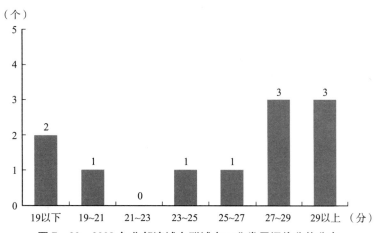

图 7 - 20　2009 年北部湾城市群城市工业发展评价分值分布

　　由图 7 - 21 可以看到 2010 年北部湾城市群城市工业发展得分情况。工业发展得分在 23 ~ 25 分有 1 个城市，25 ~ 27 分、27 ~ 29 分、29 分以上各有 3 个城市，说明北部湾城市群城市工业发展分布较为均衡，城市的工业发展得分相差较小。

　　由图 7 - 22 可以看到 2011 年北部湾城市群城市工业发展得分情况。工业发展得分在 23 ~ 25 分有 1 个城市，25 ~ 27 分有 2 个城市，27 ~ 29 分有 4 个城市，29 分以上有 3 个城市，说明北部湾城市群城市工业发展分布较为均衡，城市的工业发展得分相差较小。

　　由图 7 - 23 可以看到 2012 年北部湾城市群城市工业发展得分情况。工业发展得分在 23 ~ 25 分、25 ~ 27 分各有 1 个城市，27 ~ 29 分有 3 个城市，29 分以上有 5 个城市，说明北部湾城市群城市工业发展分布较为均衡，城市的工业发展得分相差较小。

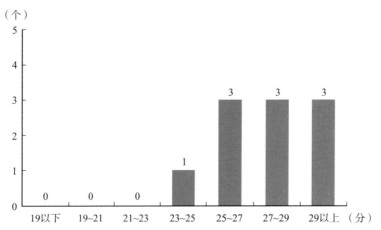

图 7 - 21　2010 年北部湾城市群城市工业发展评价分值分布

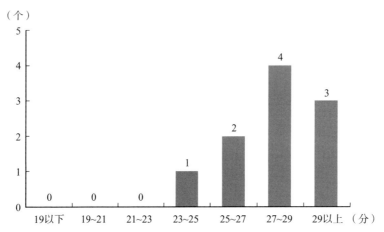

图 7 - 22　2011 年北部湾城市群城市工业发展评价分值分布

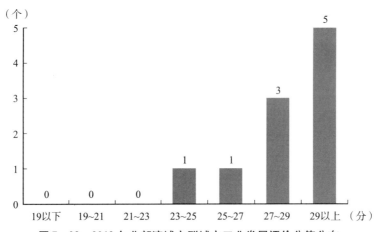

图 7 - 23　2012 年北部湾城市群城市工业发展评价分值分布

由图 7 - 24 可以看到 2013 年北部湾城市群城市工业发展得分情况。工业发展得分在 23 ~ 25 分、27 ~ 29 分各有 2 个城市，25 ~ 27 分有 1 个城市，29 分以上有 5 个城市，说明北部湾城市群城市工业发展分布较不均衡，城市的工业发展得分相差较大。

由图 7 - 25 可以看到 2014 年北部湾城市群城市工业发展得分情况。工业发展得分在 23 ~ 25 分有 1 个城市，25 ~ 27 分有 3 个城市，27 ~ 29 分有 4 个城市，29 分以上有 2 个城市，说明北部湾城市群城市工业发展分布较不均衡，城市的工业发展得分相差较大。

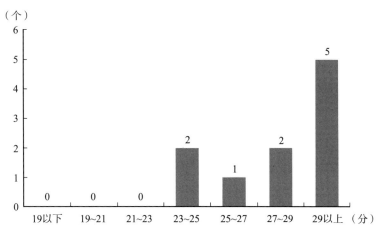

图 7 - 24　2013 年北部湾城市群城市工业发展评价分值分布

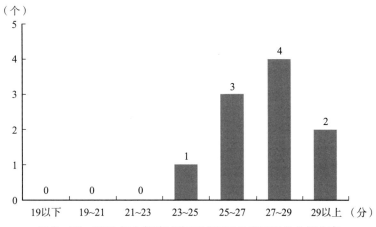

图 7 - 25　2014 年北部湾城市群城市工业发展评价分值分布

由图 7 - 26 可以看到 2015 年北部湾城市群城市工业发展得分情况。工业发展得分在 21 ~ 23 分、25 ~ 27 分各有 1 个城市，19 ~ 21 分有 4 个城市，23 ~ 25 分以上有 2 个城市，说明北部湾城市群城市工业发展分布较不均衡，城市的工业发展得分相差较大。

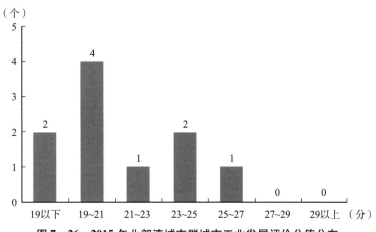

图 7 - 26　2015 年北部湾城市群城市工业发展评价分值分布

由图 7 - 27 可以看到 2016 年北部湾城市群城市工业发展得分情况。工业发展得分 19 ~ 21 分有 1 个城市，23 ~ 25 分、25 ~ 27 分有 2 个城市，27 ~ 29 分有 5 个城市，说明北部湾城市群城市工业发展分布较不均衡，城市的工业发展得分相差较大。

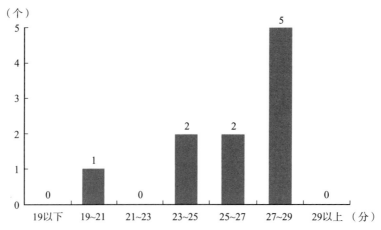

图 7 - 27　2016 年北部湾城市群城市工业发展评价分值分布

2. 北部湾城市群城市工业发展水平跨区段变动情况

根据图 7 - 28 对 2008～2009 年北部湾城市群城市工业发展水平的跨区段变化进行分析，可以看到在 2008～2009 年有 6 个城市的工业发展水平在北部湾城市群的名次发生了大幅变动。其中，南宁市由上游区下降至中游区，崇左市由上游区下降至中游区，茂名市由中游区下降至下游区，阳江市由中游区上升至上游区，玉林市由中游区上升至上游区，海口市由下游区上升至中游区。

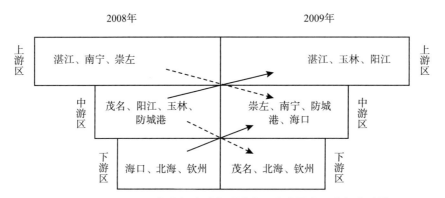

图 7 - 28　2008～2009 年北部湾城市群城市工业发展水平大幅变动情况

根据图 7 - 29 对 2009～2010 年北部湾城市群城市工业发展水平的跨区段变化进行分析，可以看到在 2009～2010 年有 4 个城市的工业发展水平在北部湾城市群的名次发生了大幅变动。其中，湛江市由上游区下降至中游区，崇左市由中游区上升至上游区，海口市由中游区下降至下游区，茂名市由下游区上升至中游区。

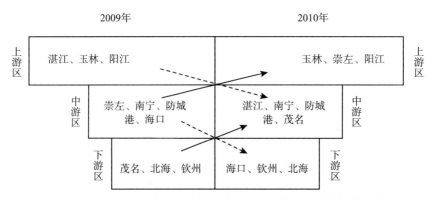

图 7 - 29　2009～2010 年北部湾城市群城市工业发展水平大幅变动情况

根据图 7 - 30 对 2010 ~ 2011 年北部湾城市群城市工业发展水平的跨区段变化进行分析，可以看到在 2010 ~ 2011 年有 2 个城市的工业发展水平在北部湾城市群的名次发生了大幅变动。其中，阳江市由上游区下降至中游区，湛江市由中游区上升至上游区。

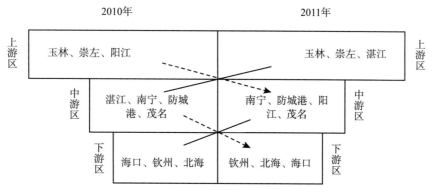

图 7 - 30 2010 ~ 2011 年北部湾城市群城市工业发展水平大幅变动情况

根据图 7 - 31 对 2011 ~ 2012 年北部湾城市群城市工业发展水平的跨区段变化进行分析，可以看到在 2011 ~ 2012 年有 5 个城市的工业发展水平在北部湾城市群的名次发生了大幅变动。其中，玉林市由上游区下降至中游区，湛江市由上游区下降至中游区，南宁市由中游区上升至上游区，茂名市由中游区下降至下游区。

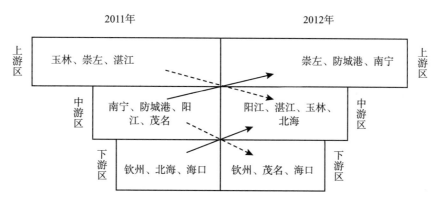

图 7 - 31 2011 ~ 2012 年北部湾城市群城市工业发展水平大幅变动情况

根据图 7 - 32 对 2012 ~ 2013 年北部湾城市群城市工业发展水平的跨区段变化进行分析，可以看到在 2012 ~ 2013 年有 6 个城市的工业发展水平在北部湾城市群的名次发生了大幅变动。其中，崇左市由上游区下降至中游区，防城港市由上游区下降至中游区，南宁市由上游区下降至中游区，阳江市由中游区上升至上游区，湛江市由中游区上升至上游区，玉林市由中游区上升至上游区。

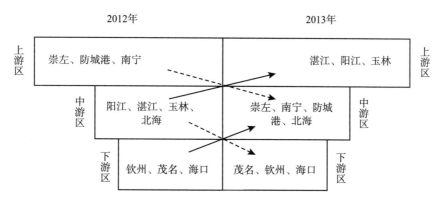

图 7 - 32 2012 ~ 2013 年北部湾城市群城市工业发展水平大幅变动情况

根据图 7－33 对 2013～2014 年北部湾城市群城市工业发展水平的跨区段变化进行分析，可以看到在 2013～2014 年有 2 个城市的工业发展水平在北部湾城市群的名次发生了大幅变动。其中，湛江市由上游区下降至中游区，南宁市由中游区上升至上游区。

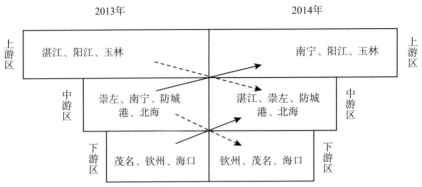

图 7－33　2013～2014 年北部湾城市群城市工业发展水平大幅变动情况

根据图 7－34 对 2014～2015 年北部湾城市群城市工业发展水平的跨区段变化进行分析，可以看到在 2014～2015 年有 4 个城市的工业发展水平在北部湾城市群的名次发生了大幅变动。其中，阳江市由上游区下降至中游区，玉林市由上游区下降至中游区，湛江市由中游区上升至上游区，崇左市由中游区上升至上游区。

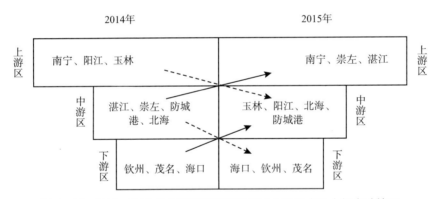

图 7－34　2014～2015 年北部湾城市群城市工业发展水平大幅变动情况

根据图 7－35 对 2015～2016 年北部湾城市群城市工业发展水平的跨区段变化进行分析，可以看到在 2015～2016 年有 4 个城市的工业发展水平在北部湾城市群的名次发生了大幅变动。其中，南宁市由上游区下降至中游区，崇左市由上游区下降至中游区，玉林市由中游区上升至上游区，北海市由中游区上升至上游区。

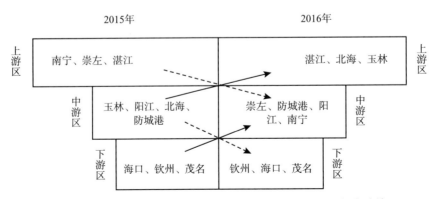

图 7－35　2015～2016 年北部湾城市群城市工业发展水平大幅变动情况

　　根据图 7-36 对 2008~2016 年北部湾城市群城市工业发展水平的跨区段变化进行分析，可以看到在 2008~2016 年有 5 个城市的工业发展水平在北部湾城市群的名次发生了大幅变动。其中，南宁市由上游区下降至中游区，崇左市由上游区下降至中游区，茂名市由中游区下降至下游区，玉林市由中游区上升至上游区，北海市由下游区上升至上游区。

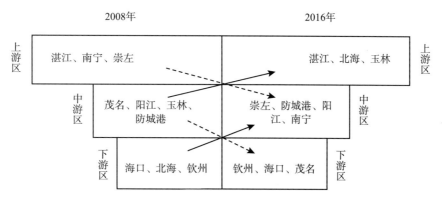

图 7-36　2008~2016 年北部湾城市群城市工业发展水平大幅变动情况

三、北部湾城市群城市企业发展比较分析

（一）北部湾城市群城市企业发展实力评估结果

　　根据北部湾城市群城市生活环境竞争力指标体系和数学评价模型，对 2008~2016 年北部湾城市群内 10 个城市的企业发展实力进行评价。下面是本次评估期间北部湾城市群 10 个城市的企业发展实力排名及变化情况和指标评价结构。

　　根据表 7-24 对 2008 年北部湾城市群城市企业发展实力排名进行分析，可以看到北部湾城市群 10 个城市中，企业发展实力处于上游区的依次是防城港市、南宁市、茂名市；处于中游区的依次是玉林市、湛江市、北海市、海口市；处于下游区的依次是阳江市、崇左市、钦州市。

表 7-24　　　　　　　　　　　　2008 年北部湾城市群城市企业发展实力排名

地区	排名	区段	地区	排名	区段	地区	排名	区段
防城港	1	上游区	玉林	4	中游区	阳江	8	下游区
南宁	2		湛江	5		崇左	9	
茂名	3		北海	6		钦州	10	
			海口	7				

　　根据表 7-25 对 2009 年北部湾城市群城市企业发展实力排名进行分析，可以看到北部湾城市群 10 个城市中，企业发展实力处于上游区的依次是湛江市、防城港市、玉林市；处于中游区的依次是茂名市、崇左市、南宁市、北海市；处于下游区的依次是阳江市、海口市、钦州市。

表 7-25　　　　　　　　　　　　2009 年北部湾城市群城市企业发展实力排名

地区	排名	区段	地区	排名	区段	地区	排名	区段
湛江	1	上游区	茂名	4	中游区	阳江	8	下游区
防城港	2		崇左	5		海口	9	
玉林	3		南宁	6		钦州	10	
			北海	7				

　　根据表 7-26 对 2010 年北部湾城市群城市企业发展实力排名进行分析，可以看到北部湾城市群 10 个

城市中，企业发展实力处于上游区的依次是玉林市、茂名市、湛江市；处于中游区的依次是防城港市、崇左市、南宁市、北海市；处于下游区的依次是海口市、阳江市、钦州市。

表 7 - 26 2010 年北部湾城市群城市企业发展实力排名

地区	排名	区段	地区	排名	区段	地区	排名	区段
玉林	1	上游区	防城港	4	中游区	海口	8	下游区
茂名	2		崇左	5		阳江	9	
湛江	3		南宁	6		钦州	10	
			北海	7				

根据表 7 - 27 对 2011 年北部湾城市群城市企业发展实力排名进行分析，可以看到北部湾城市群 10 个城市中，企业发展实力处于上游区的依次是玉林市、湛江市、防城港市；处于中游区的依次是崇左市、茂名市、北海市、阳江市；处于下游区的依次是南宁市、钦州市、海口市。

表 7 - 27 2011 年北部湾城市群城市企业发展实力排名

地区	排名	区段	地区	排名	区段	地区	排名	区段
玉林	1	上游区	崇左	4	中游区	南宁	8	下游区
湛江	2		茂名	5		钦州	9	
防城港	3		北海	6		海口	10	
			阳江	7				

根据表 7 - 28 对 2012 年北部湾城市群城市企业发展实力排名进行分析，可以看到北部湾城市群 10 个城市中，企业发展实力处于上游区的依次是湛江市、防城港市、崇左市；处于中游区的依次是茂名市、玉林市、阳江市、北海市；处于下游区的依次是钦州市、海口市、南宁市。

表 7 - 28 2012 年北部湾城市群城市企业发展实力排名

地区	排名	区段	地区	排名	区段	地区	排名	区段
湛江	1	上游区	茂名	4	中游区	钦州	8	下游区
防城港	2		玉林	5		海口	9	
崇左	3		阳江	6		南宁	10	
			北海	7				

根据表 7 - 29 对 2013 年北部湾城市群城市企业发展实力排名进行分析，可以看到北部湾城市群 10 个城市中，企业发展实力处于上游区的依次是崇左市、玉林市、茂名市；处于中游区的依次是防城港市、湛江市、北海市、钦州市；处于下游区的依次是阳江市、海口市、南宁市。

表 7 - 29 2013 年北部湾城市群城市企业发展实力排名

地区	排名	区段	地区	排名	区段	地区	排名	区段
崇左	1	上游区	防城港	4	中游区	阳江	8	下游区
玉林	2		湛江	5		海口	9	
茂名	3		北海	6		南宁	10	
			钦州	7				

根据表 7 - 30 对 2014 年北部湾城市群城市企业发展实力排名进行分析，可以看到北部湾城市群 10 个城市中，企业发展实力处于上游区的依次是崇左市、玉林市、茂名市；处于中游区的依次是湛江市、防城港市、阳江市、北海市；处于下游区的依次是南宁市、钦州市、海口市。

表 7 - 30　　　　　　　　　　　　2014 年北部湾城市群城市企业发展实力排名

地区	排名	区段	地区	排名	区段	地区	排名	区段
崇左	1	上游区	湛江	4	中游区	南宁	8	下游区
玉林	2		防城港	5		钦州	9	
茂名	3		阳江	6		海口	10	
			北海	7				

根据表 7 - 31 对 2015 年北部湾城市群城市企业发展实力排名进行分析,可以看到北部湾城市群 10 个城市中,企业发展实力处于上游区的依次是玉林市、崇左市、茂名市;处于中游区的依次是防城港市、湛江市、北海市、钦州市;处于下游区的依次是南宁市、海口市、阳江市。

表 7 - 31　　　　　　　　　　　　2015 年北部湾城市群城市企业发展实力排名

地区	排名	区段	地区	排名	区段	地区	排名	区段
玉林	1	上游区	防城港	4	中游区	南宁	8	下游区
崇左	2		湛江	5		海口	9	
茂名	3		北海	6		阳江	10	
			钦州	7				

根据表 7 - 32 对 2016 年北部湾城市群城市企业发展实力排名进行分析,可以看到北部湾城市群 10 个城市中,企业发展实力处于上游区的依次是茂名市、玉林市、崇左市;处于中游区的依次是防城港市、北海市、湛江市、海口市;处于下游区的依次是钦州市、南宁市、阳江市。

表 7 - 32　　　　　　　　　　　　2016 年北部湾城市群城市企业发展实力排名

地区	排名	区段	地区	排名	区段	地区	排名	区段
茂名	1	上游区	防城港	4	中游区	钦州	8	下游区
玉林	2		北海	5		南宁	9	
崇左	3		湛江	6		阳江	10	
			海口	7				

根据表 7 - 33 对 2008 ~ 2016 年北部湾城市群城市企业发展实力排名变化趋势进行分析,可以看到在北部湾城市群 10 个城市企业发展实力处于上升区的是崇左市、茂名市、钦州市、玉林市、北海市;处于下降区的是湛江市、阳江市、防城港市、南宁市;处于保持区的是海口市。

表 7 - 33　　　　　　　　　　　　2008 ~ 2016 年北部湾城市群城市企业发展实力排名

地区	排名	区段	地区	排名	区段	地区	排名	区段
崇左	6	上升区	海口	0	保持区	湛江	- 1	下降区
茂名	2					阳江	- 2	
钦州	2					防城港	- 3	
玉林	2					南宁	- 7	
北海	1							

(二) 北部湾城市群城市企业发展质量评估结果的比较与评析

1. 北部湾城市群城市企业发展分布情况

根据灰色综合评价法对无量纲化后的三级指标进行权重得分计算,得到北部湾城市群城市的企业发展得分及排位,反映各城市企业发展情况。下面对 2008 ~ 2016 年北部湾城市群城市企业发展评价分值分布进行统计。

由图 7－37 可以看到 2008 年北部湾城市群城市企业发展得分情况。企业发展得分在 10 分以下的城市有 3 个，10～12 分、12～14 分的城市各有 2 个，16～18 分、18～20 分、20 分以上的城市各有 1 个，说明北部湾城市群城市企业发展分布不均衡，城市的企业发展得分相差较大。

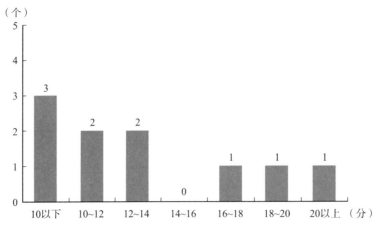

图 7－37　2008 年北部湾城市群城市企业发展评价分值分布

由图 7－38 可以看到 2009 年北部湾城市群城市企业发展得分情况。企业发展得分在 10 分以下的城市有 4 个，10～12 分、18～20 分的城市各有 1 个，14～16 分、16～18 分的城市各有 2 个，说明北部湾城市群城市企业发展分布均衡，城市的企业发展得分相差较小。

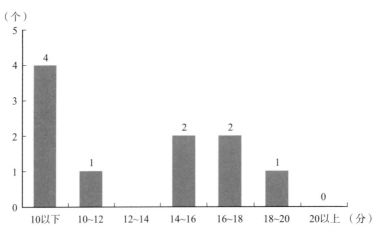

图 7－38　2009 年北部湾城市群城市企业发展评价分值分布

由图 7－39 可以看到 2010 年北部湾城市群城市企业发展得分情况。企业发展得分在 10 分以下有 4 个城市，10～12 分、12～14 分各有 1 个城市，14～16 分、18～20 分各有 2 个城市，说明北部湾城市群城市企业发展分布均衡，城市的企业发展得分相差较小。

由图 7－40 可以看到 2011 年北部湾城市群城市企业发展得分情况。企业发展得分在 10 分以下有 5 个城市，12～14 分、18～20 分各有 1 个城市，16～18 分有 3 个城市，说明北部湾城市群城市企业发展分布均衡，城市的企业发展得分相差较小。

由图 7－41 可以看到 2012 年北部湾城市群城市企业发展得分情况。企业发展得分在 10 分以下有 4 个城市，10～12 分有 1 个城市，14～16 分有 2 个城市，16～18 分有 3 个城市，说明北部湾城市群城市企业发展分布均衡，城市的企业发展得分相差较小。

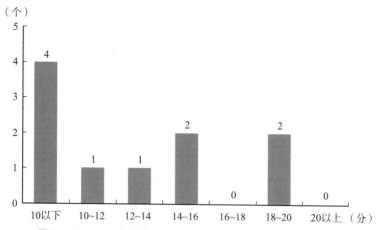

图 7 – 39　2010 年北部湾城市群城市企业发展评价分值分布

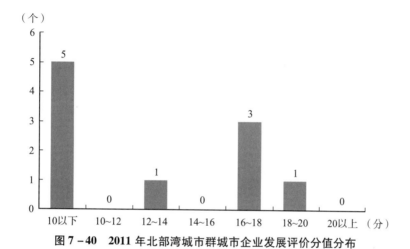

图 7 – 40　2011 年北部湾城市群城市企业发展评价分值分布

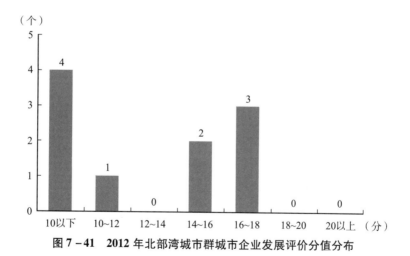

图 7 – 41　2012 年北部湾城市群城市企业发展评价分值分布

　　由图 7 – 42 可以看到 2013 年北部湾城市群城市企业发展得分情况。企业发展得分在 10 分以下有 4 个城市，10 ~ 12 分、18 ~ 20 分各有 1 个城市，14 ~ 16 分、16 ~ 18 分各有 2 个城市，说明北部湾城市群城市企业发展分布均衡，城市的企业发展得分相差较小。

　　由图 7 – 43 可以看到 2014 年北部湾城市群城市企业发展得分情况。企业发展得分在 10 分以下的有 3 个，10 ~ 12 分、18 ~ 20 各有 2 个城市，12 ~ 14 分、14 ~ 16 分、16 ~ 18 分各有 1 个城市，说明北部湾城市群城市企业发展分布均衡，城市的企业发展得分相差较小。

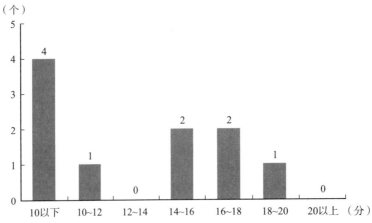

图 7 – 42　2013 年北部湾城市群城市企业发展评价分值分布

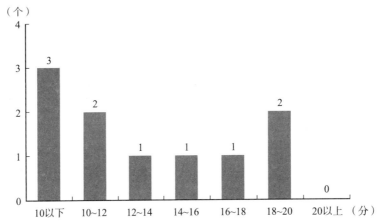

图 7 – 43　2014 年北部湾城市群城市企业发展评价分值分布

由图 7 – 44 可以看到 2015 年北部湾城市群城市企业发展得分情况。企业发展得分在 10～12 分以下的有 4 个城市，12～14 分、16～18 分各有 1 个城市，10 分以下、14～16 分各有 2 个城市，说明北部湾城市群城市企业发展分布均衡，城市的企业发展得分相差较小。

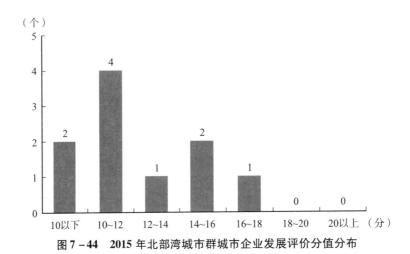

图 7 – 44　2015 年北部湾城市群城市企业发展评价分值分布

由图 7 – 45 可以看到 2016 年北部湾城市群城市企业发展得分情况。企业发展得分在 10 分以下有 4 个城市，12～14 分、14～16 分、16～18 分各有 1 个城市，18～20 分有 3 个城市，说明北部湾城市群城市企业发展分布均衡，城市的企业发展得分相差较小。

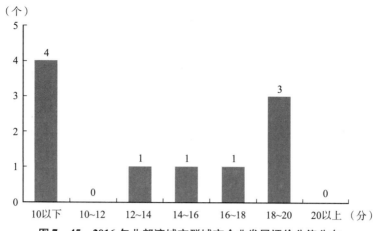

图 7 - 45　2016 年北部湾城市群城市企业发展评价分值分布

2. 北部湾城市群城市企业发展水平跨区段变动情况

根据图 7 - 46 对 2008 ~ 2009 年北部湾城市群城市企业发展水平的跨区段变化进行分析，可以看到在 2008 ~ 2009 年有 6 个城市的企业发展水平在北部湾城市群的名次发生了大幅变动。其中，南宁市由上游区下降至中游区，茂名市由上游区下降至中游区，玉林市由中游区上升至上游区，湛江市由中游区上升至上游区，海口市由中游区下降至下游区，崇左市由下游区上升至中游区。

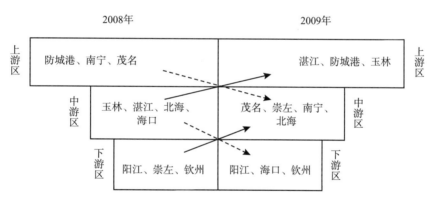

图 7 - 46　2008 ~ 2009 年北部湾城市群城市企业发展水平大幅变动情况

根据图 7 - 47 对 2009 ~ 2010 年北部湾城市群城市企业发展水平的跨区段变化进行分析，可以看到在 2009 ~ 2010 年有 2 个城市的企业发展水平在北部湾城市群的名次发生了大幅变动。其中，防城港市由上游区下降至中游区，茂名市由中游区上升至上游区。

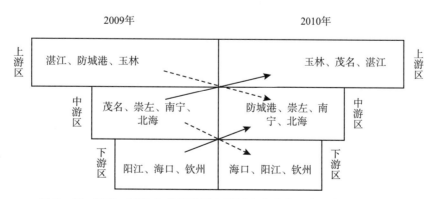

图 7 - 47　2009 ~ 2010 年北部湾城市群城市企业发展水平大幅变动情况

根据图7－48对2010～2011年北部湾城市群城市企业发展水平的跨区段变化进行分析，可以看到在2010～2011年有4个城市的企业发展水平在北部湾城市群的名次发生了大幅变动。其中，茂名市由上游区下降至中游区，防城港市由中游区上升至上游区，南宁市由中游区下降至下游区，阳江市由下游区上升至中游区。

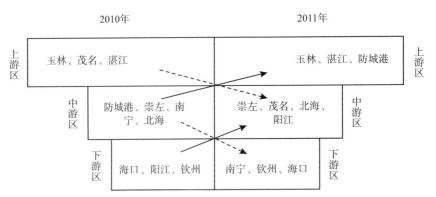

图7－48 2010～2011年北部湾城市群城市企业发展水平大幅度变动情况

根据图7－49对2011～2012年北部湾城市群城市企业发展水平的跨区段变化进行分析，可以看到在2011～2012年有2个城市的企业发展水平在北部湾城市群的名次发生了大幅变动。其中，玉林市由上游区下降至中游区，崇左市由中游区上升至上游区。

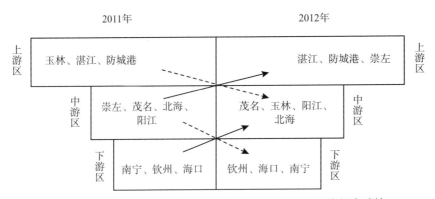

图7－49 2011～2012年北部湾城市群城市企业发展水平大幅变动情况

根据图7－50对2012～2013年北部湾城市群城市企业发展水平的跨区段变化进行分析，可以看到在2012～2013年有6个城市的企业发展水平在北部湾城市群的名次发生了大幅变动。其中，湛江市由上游区下降至中游区，防城港市由上游区下降至中游区，茂名市由中游区上升至上游区，玉林市由中游区上升至上游区，阳江市由中游区下降至下游区，钦州市由下游区上升至中游区。

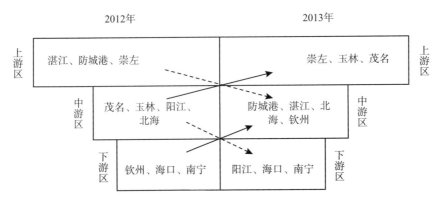

图7－50 2012～2013年北部湾城市群城市企业发展水平大幅变动情况

根据图 7－51 对 2013～2014 年北部湾城市群城市企业发展水平的跨区段变化进行分析，可以看到在 2013～2014 年有 2 个城市的企业发展水平在北部湾城市群的名次发生了大幅变动。其中，钦州市由中游区下降至下游区，阳江市由下游区上升至中游区。

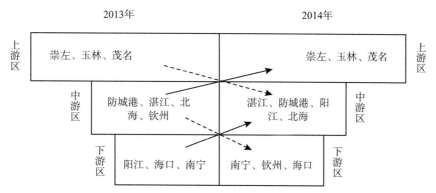

图 7－51　2013～2014 年北部湾城市群城市企业发展水平大幅变动情况

根据图 7－52 对 2014～2015 年北部湾城市群城市企业发展水平的跨区段变化进行分析，可以看到在 2014～2015 年有 2 个城市的企业发展水平在北部湾城市群的名次发生大幅变动。其中，阳江市由中游区下降至下游区，钦州市由下游区上升至中游区。

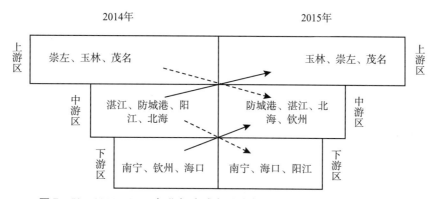

图 7－52　2014～2015 年北部湾城市群城市企业发展水平大幅变动情况

根据图 7－53 对 2015～2016 年北部湾城市群城市企业发展水平的跨区段变化进行分析，可以看到在 2015～2016 年有 2 个城市的企业发展水平在北部湾城市群的名次发生了大幅变动。其中，钦州市由中游区年下降至下游区，海口市由下游区上升至中游区。

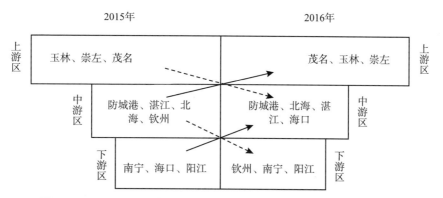

图 7－53　2015～2016 年北部湾城市群城市企业发展水平大幅变动情况

　　根据图 7－54 对 2008～2016 年北部湾城市群城市企业发展水平的跨区段变化进行分析，可以看到在 2008～2016 年有 4 个城市的企业发展水平在北部湾城市群的名次发生了大幅变动。其中，防城港市由上游区下降至中游区，南宁市由上游区下降至下游区，玉林市由中游区上升至上游区，崇左市由下游区上升至上游区。

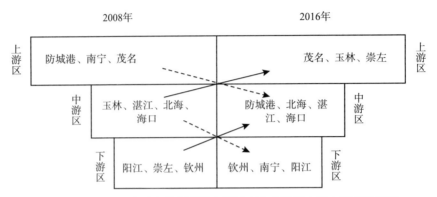

图 7－54　2008～2016 年北部湾城市群城市企业发展水平大幅变动情况

第八章　北部湾城市群城市基础
设施发展水平评估分析

一、北部湾城市群城市基础设施综合评估分析

（一）北部湾城市群城市基础设施发展水平综合评估结果

根据北部湾城市群基础设施发展水平指标体系和数学评价模型，对 2008～2016 年北部湾城市群内 10 个城市的基础设施发展水平进行评价。下面是本次评估期间北部湾城市群 10 个城市的基础设施综合发展水平排名及变化情况和指标评价结构。

1. 北部湾城市群城市基础设施发展水平排名

根据表 8-1 对 2008 年北部湾城市群各城市基础设施发展水平排名进行分析，可以看到北部湾城市群 10 个城市中，城市基础设施发展水平处于上游区的依次是南宁市、防城港市、北海市；处于中游区的依次是湛江市、阳江市、玉林市、茂名市；处于下游区的依次是钦州市、海口市、崇左市。

表 8-1　　　　　　　　　　　2008 年北部湾城市群城市基础设施发展水平排名

地区	排名	区段	地区	排名	区段	地区	排名	区段
南宁	1		湛江	4		钦州	8	
防城港	2	上游区	阳江	5	中游区	海口	9	下游区
北海	3		玉林	6		崇左	10	
			茂名	7				

根据表 8-2 对 2009 年北部湾城市群各城市基础设施发展水平排名进行分析，可以看到在北部湾城市群 10 个城市基础设施发展水平处于上游区的依次是南宁市、防城港市、湛江市；处于中游区的依次是钦州市、玉林市、茂名市、海口市；处于下游区的依次是崇左市、阳江市、北海市。相比于 2008 年，湛江市由中游区上升至上游区，钦州市由下游区上升至中游区，海口市由下游区上升至中游区；阳江市由中游区下降至下游区，北海市由上游区下降至下游区。除南宁市、防城港市保持在上游区，其余城市排名均出现变化。

表 8-2　　　　　　　　　　　2009 年北部湾城市群城市基础设施发展水平排名

地区	排名	区段	地区	排名	区段	地区	排名	区段
南宁	1		钦州	4		崇左	8	
防城港	2	上游区	玉林	5	中游区	阳江	9	下游区
湛江	3		茂名	6		北海	10	
			海口	7				

根据表 8-3 对 2010 年北部湾城市群各城市基础设施发展水平排名进行分析，可以看到在北部湾城市群 10 个城市基础设施发展水平处于上游区的依次是南宁市、湛江市、防城港市；处于中游区的依次是海口市、钦州市、玉林市、北海市；处于下游区的依次是阳江市、茂名市、崇左市。相比于 2009 年，北海

市由第10名上升至第7名，进入中游区；茂名市由第6名下降至第9名，进入下游区。其他城市未出现跨区域变化，其中除南宁市排名保持不变外，其余城市均小幅变动。

表8-3　　　　　　　　　　　　　　2010年北部湾城市群城市基础设施发展水平排名

地区	排名	区段	地区	排名	区段	地区	排名	区段
南宁	1	上游区	海口	4	中游区	阳江	8	下游区
湛江	2		钦州	5		茂名	9	
防城港	3		玉林	6		崇左	10	
			北海	7				

　　根据表8-4对2011年北部湾城市群各城市基础设施发展水平排名进行分析，可以看到在北部湾城市群10个城市基础设施发展水平处于上游区的依次是湛江市、南宁市、防城港市；处于中游区的依次是茂名市、海口市、阳江市、玉林市；处于下游区的依次是钦州市、北海市、崇左市。相比于2010年，茂名市、阳江市由下游区上升至中游区，钦州市、北海市由中游区下降至下游区。

表8-4　　　　　　　　　　　　　　2011年北部湾城市群城市基础设施发展水平排名

地区	排名	区段	地区	排名	区段	地区	排名	区段
湛江	1	上游区	茂名	4	中游区	钦州	8	下游区
南宁	2		海口	5		北海	9	
防城港	3		阳江	6		崇左	10	
			玉林	7				

　　根据表8-5对2012年北部湾城市群各城市基础设施发展水平排名进行分析，可以看到在北部湾城市群10个城市基础设施发展水平处于上游区的依次是湛江市、南宁市、防城港市；处于中游区的依次是海口市、钦州市、玉林市、阳江市；处于下游区的依次是北海市、茂名市、崇左市。相比于2011年，钦州市由第8名上升至第5名，进入中游区；茂名市由第4名下降至第9名，进入下游区。

表8-5　　　　　　　　　　　　　　2012年北部湾城市群城市基础设施发展水平排名

地区	排名	区段	地区	排名	区段	地区	排名	区段
湛江	1	上游区	海口	4	中游区	北海	8	下游区
南宁	2		钦州	5		茂名	9	
防城港	3		玉林	6		崇左	10	
			阳江	7				

　　根据表8-6对2013年北部湾城市群各城市基础设施发展水平排名进行分析，可以看到在北部湾城市群10个城市基础设施发展水平处于上游区的依次是南宁市、湛江市、防城港市；处于中游区的依次是海口市、钦州市、玉林市、北海市；处于下游区的依次是阳江市、茂名市、崇左市。相比于2012年，北海市上升1名后进入中游区，阳江市下降2名后进入下游区。

表8-6　　　　　　　　　　　　　　2013年北部湾城市群城市基础设施发展水平排名

地区	排名	区段	地区	排名	区段	地区	排名	区段
南宁	1	上游区	海口	4	中游区	阳江	8	下游区
湛江	2		钦州	5		茂名	9	
防城港	3		玉林	6		崇左	10	
			北海	7				

根据表 8-7 对 2014 年北部湾城市群各城市基础设施发展水平排名进行分析，可以看到在北部湾城市群 10 个城市基础设施发展水平处于上游区的依次是南宁市、防城港市、海口市；处于中游区的依次是湛江市、阳江市、玉林市、茂名市；处于下游区的依次是北海市、崇左市、钦州市。相比于 2013 年，海口市上升 1 名后进入上游城市行列；湛江市由第 2 名下降至第 4 名，进入中游区；阳江市由第 8 名上升至第 5 名，进入中游区；茂名市由第 9 名上升至第 7 名，进入中游区；北海市下降 1 名后进入下游区；钦州市由第 5 名下降至第 10 名，进入下游区。

表 8-7　　　　　　　　　　2014 年北部湾城市群城市基础设施发展水平排名

地区	排名	区段	地区	排名	区段	地区	排名	区段
南宁	1	上游区	湛江	4	中游区	北海	8	下游区
防城港	2		阳江	5		崇左	9	
海口	3		玉林	6		钦州	10	
			茂名	7				

根据表 8-8 对 2015 年北部湾城市群各城市基础设施发展水平排名进行分析，可以看到在北部湾城市群 10 个城市基础设施发展水平处于上游区的依次是南宁市、防城港市、海口市；处于中游区的依次是湛江市、阳江市、玉林市、北海市；处于下游区的依次是茂名市、崇左市、钦州市。相比于 2014 年，北海市上升 1 名后进入中游区，茂名市下降 1 名后进入下游区，其余城市排名均未出现变化，说明 2015 年北部湾城市群 10 个城市基础设施发展水平变化较小。

表 8-8　　　　　　　　　　2015 年北部湾城市群城市基础设施发展水平排名

地区	排名	区段	地区	排名	区段	地区	排名	区段
南宁	1	上游区	湛江	4	中游区	茂名	8	下游区
防城港	2		阳江	5		崇左	9	
海口	3		玉林	6		钦州	10	
			北海	7				

根据表 8-9 对 2016 年北部湾城市群各城市基础设施发展水平排名进行分析，可以看到在北部湾城市群 10 个城市基础设施发展水平处于上游区的依次是南宁市、湛江市、防城港市；处于中游区的依次是海口市、玉林市、阳江市、茂名市；处于下游区的依次是钦州市、北海市、崇左市。相比于 2015 年，湛江市由第 4 名上升至第 2 名，进入上游区；海口市下降 1 名后进入中游区；茂名市上升 1 名后进入中游区；北海市由第 7 名下降至第 9 名，进入下游区。

表 8-9　　　　　　　　　　2016 年北部湾城市群城市基础设施发展水平排名

地区	排名	区段	地区	排名	区段	地区	排名	区段
南宁	1	上游区	海口	4	中游区	钦州	8	下游区
湛江	2		玉林	5		北海	9	
防城港	3		阳江	6		崇左	10	
			茂名	7				

根据表 8-10 对 2008～2016 年北部湾城市群各城市基础设施发展水平排名变化趋势进行分析，可以看到在北部湾城市群 10 个城市基础设施发展水平处于上升区的依次是湛江市、玉林市、海口市；处在保持区的是茂名市、南宁市、钦州市、崇左市；处在下降区的依次是阳江市、北海市、防城港市。说明北部湾城市群中海南地区基础设施发展水平有较大提升，广东地区变化幅度较小，广西地区变动幅度较大。

表 8－10　　　　　　　　2008～2016 年北部湾城市群城市基础设施发展水平排名变化

地区	排名变化	区段	地区	排名变化	区段	地区	排名变化	区段
湛江	2	上升区	茂名	0	保持区	阳江	－1	下降区
玉林	1		南宁	0		北海	－6	
海口	5		钦州	0		防城港	－1	
			崇左	0				

2. 北部湾城市群城市基础设施发展水平得分情况

通过表 8－11 对 2008～2016 年的基础设施发展水平及变化进行分析。由 2008 年北部湾城市群基础设施发展水平评价来看，得分处在 24～41 分，有 5 个城市的基础设施发展水平得分在 29 分以上，低于 29 分的城市有钦州市、崇左市、海口市。最高得分为南宁市的 40.568 分，最低得分为崇左市的 24.930 分。北部湾城市群基础设施发展水平的得分平均值为 32.437 分，得分标准差为 5.013。广东地区城市的基础设施发展水平的得分较高，阳江市、湛江市、茂名市基础设施发展水平得分均超过 29 分。广西地区中有南宁市、北海市、防城港市和玉林市 4 个城市基础设施发展水平得分超过 29 分。海南地区海口市基础设施发展水平得分低于 29 分。

表 8－11　　　　　　　　　2008～2016 年北部湾城市群城市基础设施评价比较

地区	2008 年	2009 年	2010 年	2011 年	2012 年	2013 年	2014 年	2015 年	2016 年	综合变化
阳江	33.390	23.270	23.573	28.554	25.608	24.581	28.095	30.957	28.838	－4.553
湛江	34.243	37.859	38.186	38.967	41.232	40.439	34.981	31.686	40.490	6.247
茂名	29.962	25.459	23.316	29.403	23.786	23.344	27.871	27.580	28.072	－1.890
南宁	40.568	40.638	40.569	37.174	39.705	43.733	45.302	46.824	52.286	11.718
北海	35.066	23.175	24.579	25.497	24.149	26.683	26.815	28.198	27.044	－8.022
防城港	38.948	39.686	37.916	34.014	39.288	38.013	39.482	44.352	37.839	－1.109
钦州	28.254	35.241	30.233	27.737	31.629	28.791	23.808	25.249	27.220	－1.034
玉林	31.673	27.127	28.260	28.305	29.214	27.663	27.954	28.282	29.299	－2.374
崇左	24.930	23.398	22.337	21.045	22.160	22.796	24.938	26.886	25.777	0.847
海口	27.334	24.918	31.693	29.061	33.611	29.892	35.381	38.975	34.872	7.538
最高分	40.568	40.638	40.569	38.967	41.232	43.733	45.302	46.824	52.286	11.718
最低分	24.930	23.175	22.337	21.045	22.160	22.796	23.808	25.249	25.777	0.847
平均分	32.437	30.077	30.066	29.976	31.038	30.593	31.463	32.899	33.174	0.737
标准差	5.013	7.351	6.843	5.373	7.194	7.467	7.015	7.700	8.373	3.360

由 2009 年北部湾城市群基础设施发展水平评价来看，得分处在 23～41 分，有 4 个城市的基础设施发展水平得分在 29 分以上，低于 29 分的城市有阳江市、茂名市、北海市、玉林市、崇左市、海口市。最高得分为南宁市的 40.638 分，最低得分为北海市的 23.175 分。北部湾城市群基础设施发展水平的得分平均值为 30.077 分，得分标准差为 7.351。广东地区城市的基础设施发展水平的得分较低，只有湛江市的基础设施发展水平得分超过 29 分。广西地区中有南宁市、防城港市、钦州市 3 个城市超过 29 分。海南地区海口市基础设施发展水平得分低于 29 分。

由 2010 年北部湾城市群基础设施发展水平评价来看，得分处在 22～41 分，有 5 个城市的基础设施发展水平得分在 29 分以上，低于 29 分的城市有阳江市、茂名市、北海市、玉林市、崇左市。最高得分为南宁市的 40.569 分，最低得分为崇左市的 22.337 分。北部湾城市群基础设施发展水平的得分平均值为 30.066 分，得分标准差为 6.843。广东地区城市的基础设施发展水平的得分较低，只有湛江市的基础设施发展水平得分超过 29 分。广西地区中有南宁市、防城港市、钦州市 3 个城市超过 29 分。海南地区海口市基础设施发展水平得分高于 29 分。

由 2011 年北部湾城市群基础设施发展水平评价来看，得分处在 21～39 分，有 5 个城市的基础设施发展水平得分在 29 分以上，低于 29 分的城市有阳江市、北海市、钦州市、玉林市、崇左市。最高得分为湛江市的 38.967 分，最低得分为崇左市的 21.045 分。北部湾城市群基础设施发展水平的得分平均值为 29.976 分，得分标准差为 5.373。广东地区城市的基础设施发展水平的得分较高，有湛江市、茂名市 2 个城市的基础设施发展水平得分超过 29 分。广西地区中有南宁市、防城港市超过 29 分。海南地区海口市基础设施发展水平得分高于 29 分。

由 2012 年北部湾城市群基础设施发展水平评价来看，得分处在 22~42 分，有 6 个城市的基础设施发展水平得分在 29 分以上，低于 29 分的城市有阳江市、茂名市、北海市、崇左市。最高得分为湛江市的 41.232 分，最低得分为崇左市的 22.160 分。北部湾城市群基础设施发展水平的得分平均值为 31.038 分，得分标准差为 7.194。广东地区城市的基础设施发展水平的得分较低，只有湛江市的基础设施发展水平得分超过 29 分。广西地区中有南宁市、防城港市、钦州市、玉林市 4 个城市超过 29 分。海南地区海口市基础设施发展水平得分高于 29 分。

由 2013 年北部湾城市群基础设施发展水平评价来看，得分处在 22~44 分，有 4 个城市的基础设施发展水平得分在 29 分以上，低于 29 分的城市有阳江市、茂名市、北海市、钦州市、玉林市、崇左市。最高得分为南宁市的 43.733 分，最低得分为崇左市的 22.796 分。北部湾城市群基础设施发展水平的得分平均值为 30.593 分，得分标准差为 7.467。广东地区城市的基础设施发展水平的得分较低，只有湛江市的基础设施发展水平得分超过 29 分。广西地区中有南宁市、防城港市 2 个城市超过 29 分。海南地区海口市基础设施发展水平得分高于 29 分。

由 2014 年北部湾城市群基础设施发展水平评价来看，得分处在 23~46 分，有 4 个城市的基础设施发展水平得分在 29 分以上，低于 29 分的城市有阳江市、茂名市、北海市、钦州市、玉林市、崇左市。最高得分为南宁市的 45.402 分，最低得分为钦州市的 23.808 分。北部湾城市群基础设施发展水平的得分平均值为 31.463 分，得分标准差为 7.015。广东地区城市的基础设施发展水平的得分较低，只有湛江市基础设施发展水平得分均超过 29 分。广西地区中有南宁市、防城港市 2 个城市超过 29 分。海南地区海口市基础设施发展水平得分高于 29 分。

由 2015 年北部湾城市群基础设施发展水平评价来看，得分处在 25~47 分，有 5 个城市的基础设施发展水平得分在 29 分以上，低于 29 分的城市有茂名市、北海市、钦州市、玉林市、崇左市。最高得分为南宁市的 46.824 分，最低得分为钦州市的 25.249 分。北部湾城市群基础设施发展水平的得分平均值为 32.899 分，得分标准差为 7.700。广东地区城市的基础设施发展水平的得分较高，有阳江市、湛江市 2 个城市的基础设施发展水平得分均超过 29 分。广西地区中有南宁市、防城港市超过 29 分。海南地区海口市基础设施发展水平得分高于 29 分。

由 2016 年北部湾城市群基础设施发展水平评价来看，得分处在 25~53 分，有 5 个城市的基础设施发展水平得分在 29 分以上，低于 29 分的城市有阳江市、茂名市、北海市、钦州市、崇左市。最高得分为南宁市的 52.286 分，最低得分为崇左市的 25.777 分。北部湾城市群基础设施发展水平的得分平均值为 33.174 分，得分标准差为 8.373。广东地区城市的基础设施发展水平的得分较低，只有湛江市的基础设施发展水平得分均超过 29 分。广西地区中有南宁市、防城港市 2 个城市超过 29 分。海南地区海口市基础设施发展水平得分高于 29 分。

对比北部湾城市群各城市基础设施发展水平变化，通过对北部湾城市群城市各年的基础设施发展水平的平均分、标准差进行分析，可以发现其平均分处于波动上升的趋势，说明北部湾城市群基础设施综合能力整体活力有所提升。北部湾城市群基础设施发展水平的标准差处于波动上升的趋势。对各城市的基础设施发展水平变化展开分析，发现南宁市的基础设施发展水平较高，除 2011~2012 年外，其余年份均排名第一，其基础设施发展水平得分呈现波动上升的趋势。崇左市的基础设施发展水平较低，除 2009 年、2014~2015 年外，其余年份均处于最后一名。广东地区内只有湛江市的基础设施发展水平较高，阳江市、茂名市的基础设施发展水平较低，阳江市、茂名市的基础设施发展水平呈现出波动下降的趋势。广西地区内只有南宁市、防城港市的基础设施发展水平排名较为稳定，但防城港市的基础设施发展水平得分趋于下降，北海市、钦州市、玉林市、崇左市的基础设施发展水平得分也趋于下降。海口市的基础设施发展水平排名总体趋于上升，其得分也呈现上升趋势，说明海口市基础设施不断完善，其基础设施发展水平得到较大提升。

3. 北部湾城市群城市基础设施要素得分情况

通过表8－12对2008～2016年的城市面积及变化进行分析。由2008年北部湾城市群城市面积评价来看，有5个城市的城市面积得分在17分以上。2008年北部湾城市群城市面积得分处在12～23分，低于17分的城市有湛江市、防城港市、钦州市、玉林市、崇左市。最高得分为北海市的22.504分，最低得分为崇左市的12.838分。北部湾城市群城市面积的得分平均值为17.053分，得分标准差为2.423。广东地区的城市面积综合得分较高，阳江市、茂名市的城市面积得分均超过17分。广东地区的城市面积综合得分较低，只有南宁市、北海市2个城市的城市面积得分超过17分。海南地区海口市城市面积综合得分高于17分。

表8－12　　　　　　　　　　　　2008～2016年北部湾城市群城市面积评价比较

地区	2008年	2009年	2010年	2011年	2012年	2013年	2014年	2015年	2016年	综合变化
阳江	17.029	17.353	17.305	17.496	18.184	17.965	18.578	20.282	17.278	0.249
湛江	16.817	20.490	17.616	20.710	17.732	18.001	18.109	18.204	18.065	1.248
茂名	17.197	17.921	17.967	22.180	18.190	18.250	20.051	18.345	18.676	1.479
南宁	17.725	19.272	20.152	17.505	20.928	20.899	19.329	19.431	19.717	1.992
北海	22.504	15.027	17.253	18.662	17.520	18.273	17.871	17.865	18.093	-4.411
防城港	16.188	20.558	17.871	13.048	18.401	18.737	19.018	23.157	17.690	1.503
钦州	15.727	17.966	16.791	16.398	19.431	16.255	16.465	16.574	16.291	0.564
玉林	16.201	16.723	17.253	17.398	18.036	17.294	17.487	17.718	17.345	1.144
崇左	12.838	18.125	15.365	15.845	16.345	16.678	19.133	17.592	17.309	4.471
海口	18.309	18.939	18.883	19.851	22.547	19.785	23.060	20.890	19.122	0.813
最高分	22.504	20.558	20.152	22.180	22.547	20.899	23.060	23.157	19.717	-2.787
最低分	12.838	15.027	15.365	13.048	16.345	16.255	16.465	16.574	16.291	3.454
平均分	17.053	18.237	17.646	17.909	18.731	18.214	18.910	19.006	17.959	0.905
标准差	2.423	1.686	1.262	2.607	1.802	1.379	1.782	1.959	1.006	-1.417

由2009年北部湾城市群城市面积评价来看，得分处在15～21分，有8个城市的城市面积得分在17分以上，低于17分的城市有北海市、玉林市。最高得分为防城港市的20.558分，最低得分为北海市的15.027分。北部湾城市群城市面积的得分平均值为18.237分，得分标准差为1.686。广东地区的城市面积综合得分较高，阳江市、湛江市、茂名市3个城市的城市面积得分均超过17分。广西地区的城市面积综合得分较高，有南宁市、防城港市、钦州市、崇左市4个城市的城市面积得分超过17分。海南地区海口市城市面积综合得分高于17分。

由2010年北部湾城市群城市面积评价来看，得分处在15～21分，有8个城市的城市面积得分在17分以上，低于17分的城市有钦州市、崇左市。最高得分为南宁市的20.152分，最低得分为崇左市的15.365分。北部湾城市群城市面积的得分平均值为17.646分，得分标准差为1.262。广东地区的城市面积综合得分较高，阳江市、湛江市、茂名市3个城市的城市面积得分均超过17分。广西地区的城市面积综合得分较高，有南宁市、北海市、防城港市、玉林市4个城市的城市面积得分超过17分。海南地区海口市城市面积综合得分高于17分。

由2011年北部湾城市群城市面积评价来看，得分处在13～23分，有7个城市的城市面积得分在17分以上，低于17分的城市有防城港市、钦州市、崇左市。最高得分为茂名市的22.180分，最低得分为防城港市的13.048分。北部湾城市群城市面积的得分平均值为17.909分，得分标准差为2.607。广东地区的城市面积综合得分较高，阳江市、湛江市、茂名市3个城市的城市面积得分均超过17分。广西地区的城市面积综合得分较低，只有南宁市、北海市、玉林市3个城市的城市面积得分超过17分。海南地区海口市城市面积综合得分高于17分。

由2012年北部湾城市群城市面积评价来看，得分处在16～23分，有9个城市的城市面积得分在17分以上，低于17分的城市有崇左市。最高得分为海口市的22.547分，最低得分为崇左市的16.345分。北部湾城市群城市面积的得分平均值为 18.731 分，得分标准差为 1.802。广东地区的城市面积综合得分较高，阳江市、湛江市、茂名市 3 个城市的城市面积得分均超过 17 分。广西地区的城市面积综合得分较高，有南宁市、北海市、防城港市、钦州市、玉林市 5 个城市的城市面积得分超过 17 分。海南地区海口市城市面积综合得分高于 17 分。

由 2013 年北部湾城市群城市面积评价来看，得分处在 16~21 分，有 8 个城市的城市面积得分在 17 分以上，低于 17 分的城市有钦州市、崇左市。最高得分为南宁市的 20.899 分，最低得分为崇左市的 16.678 分。北部湾城市群城市面积的得分平均值为 18.214 分，得分标准差为 1.379。广东地区的城市面积综合得分较高，阳江市、湛江市、茂名市 3 个城市的城市面积得分均超过 17 分。广西地区的城市面积综合得分较高，有南宁市、北海市、防城港市、玉林市 4 个城市的城市面积得分超过 17 分。海南地区海口市城市面积综合得分高于 17 分。

由 2014 年北部湾城市群城市面积评价来看，得分处在 16~24 分，有 9 个城市的城市面积得分在 17 分以上，低于 17 分的城市有钦州市。最高得分为海口市的 23.060 分，最低得分为钦州市的 16.465 分。北部湾城市群城市面积的得分平均值为 18.910 分，得分标准差为 1.782。广东地区的城市面积综合得分较高，阳江市、湛江市、茂名市 3 个城市的城市面积得分均超过 17 分。广西地区的城市面积综合得分较高，有南宁市、北海市、防城港市、玉林市、崇左市 5 个城市的城市面积得分超过 17 分。海南地区海口市城市面积综合得分高于 17 分。

由 2015 年北部湾城市群城市面积评价来看，得分处在 16~24 分，有 9 个城市的城市面积得分在 17 分以上，低于 17 分的城市有钦州市。最高得分为防城港市的 23.157 分，最低得分为钦州市的 16.574 分。北部湾城市群城市面积的得分平均值为 19.006 分，得分标准差为 1.959。广东地区的城市面积综合得分较高，阳江市、湛江市、茂名市 3 个城市的城市面积得分均超过 17 分。广西地区的城市面积综合得分较高，有南宁市、北海市、防城港市、玉林市、崇左市 5 个城市的城市面积得分超过 17 分。海南地区海口市城市面积综合得分高于 17 分。

由 2016 年北部湾城市群城市面积评价来看，得分处在 16~20 分，有 9 个城市的城市面积得分在 17 分以上，低于 17 分的城市有钦州市。最高得分为南宁市的 19.717 分，最低得分为钦州市的 16.291 分。北部湾城市群城市面积的得分平均值为 17.959 分，得分标准差为 1.006。广东地区的城市面积综合得分较高，阳江市、湛江市、茂名市 3 个城市的城市面积得分均超过 17 分。广西地区的城市面积综合得分较高，有南宁市、北海市、防城港市、玉林市、崇左市 5 个城市的城市面积得分超过 17 分。海南地区海口市城市面积综合得分高于 17 分。

对比北部湾城市群的城市面积变化，通过对各年的北部湾城市群城市面积的平均分、标准差进行分析，可以发现其平均分呈现波动上升趋势，说明北部湾城市群城市面积综合能力有所提升，城市面积有所扩大。同时北部湾城市群城市面积综合发展水平的标准差处于波动下降趋势，说明城市间的城市面积综合发展水平差距有所缩小。对各城市的城市面积综合发展水平变化展开分析，发现海口市的城市面积排名较高且较为稳定，其城市面积得分总体上趋于上升。广东地区茂名市的城市面积排名变化幅度较小，阳江市的城市面积排名出现下降，阳江市、湛江市、茂名市的城市面积得分均趋于上升。广西地区钦州市、崇左市的城市面积得分及排名整体上较低，南宁市的排名较为稳定；除北海市外，其余城市的得分均趋于上升。

通过表 8-13 对 2008~2016 年的城市建设水平及变化进行分析。由 2008 年北部湾城市群城市建设评价来看，得分处在 1~9 分，有 4 个城市的城市建设水平得分在 3 分以上，低于 3 分的城市有阳江市、茂名市、北海市、钦州市、崇左市、海口市。最高得分为南宁市的 8.487 分，最低得分为崇左市的 1.393 分。北部湾城市群城市建设水平的得分平均值为 3.381 分，得分标准差为 2.108。广东地区的城市建设水平综合得分较低，只有湛江市的城市建设水平得分超过 3 分。广西地区的城市建设水平综合得分较低，只有南宁市、防城港市、玉林市 3 个城市的城市建设水平得分超过 3 分。海南地区海口市城市建设水平综合得分未超过 3 分。

表 8－13　　　　　　　　　2008～2016 年北部湾城市群城市建设评价比较

地区	2008 年	2009 年	2010 年	2011 年	2012 年	2013 年	2014 年	2015 年	2016 年	综合变化
阳江	2.502	1.919	1.765	6.807	3.727	3.040	2.951	6.681	4.378	1.876
湛江	3.255	3.124	4.861	2.571	4.993	4.891	3.383	2.343	9.483	6.228
茂名	2.172	5.316	1.782	1.254	1.498	1.017	3.250	3.729	3.459	1.288
南宁	8.487	8.401	7.657	5.752	4.779	7.164	9.329	6.277	7.904	−0.583
北海	2.706	5.025	3.205	2.857	3.069	4.621	3.632	3.531	3.158	0.452
防城港	3.318	3.587	3.801	5.227	5.143	6.154	5.293	3.789	4.519	1.200
钦州	1.702	10.435	2.423	4.398	4.040	5.205	2.673	3.589	3.608	1.906
玉林	5.421	3.706	4.146	4.376	4.849	3.496	3.257	3.815	3.660	−1.761
崇左	1.393	1.037	1.043	1.199	1.253	1.458	1.930	4.336	4.219	2.827
海口	2.854	2.771	7.306	3.865	5.756	3.976	6.166	12.302	6.870	4.016
最高分	8.487	10.435	7.657	6.807	5.756	7.164	9.329	12.302	9.483	0.996
最低分	1.393	1.037	1.043	1.199	1.253	1.017	1.930	2.343	3.158	1.765
平均分	3.381	4.532	3.799	3.831	3.911	4.102	4.186	5.039	5.126	1.745
标准差	2.108	2.913	2.272	1.862	1.541	1.935	2.191	2.865	2.176	0.067

由 2009 年北部湾城市群城市建设评价来看，得分处在 1～10 分，有 7 个城市的城市建设水平得分在 3 分以上，低于 3 分的城市有阳江市、崇左市、海口市。最高得分为钦州市的 10.435 分，最低得分为崇左市的 1.037 分。北部湾城市群城市建设水平的得分平均值为 4.532 分，得分标准差为 2.913。广东地区的城市建设水平综合得分较高，湛江市、茂名市 2 个城市的城市建设水平得分超过 3 分。广西地区的城市建设水平综合得分较高，有南宁市、北海市、防城港市、钦州市、玉林市 5 个城市的城市建设水平得分超过 3 分。海南地区海口市城市建设水平综合得分未超过 3 分。

由 2010 年北部湾城市群城市建设评价来看，得分处在 1～8 分，有 6 个城市的城市建设水平得分在 3 分以上，低于 3 分的城市有阳江市、茂名市、钦州市、崇左市。最高得分为南宁市的 7.657 分，最低得分为崇左市的 1.043 分。北部湾城市群城市建设水平的得分平均值为 3.799 分，得分标准差为 2.272。广东地区的城市建设水平综合得分较低，只有湛江市的城市建设水平得分超过 3 分。广西地区的城市建设水平综合得分较高，有南宁市、北海市、防城港市、玉林市 4 个城市的城市建设水平得分超过 3 分。海南地区海口市城市建设水平综合得分超过 3 分。

由 2011 年北部湾城市群城市建设评价来看，得分处在 1～7 分，有 6 个城市的城市建设水平得分在 3 分以上，低于 3 分的城市有湛江市、茂名市、北海市、崇左市。最高得分为阳江市的 6.807 分，最低得分为崇左市的 1.199 分。北部湾城市群城市建设水平的得分平均值为 3.831 分，得分标准差为 1.862。广东地区的城市建设水平综合得分较低，只有阳江市的城市建设水平得分超过 3 分。广西地区的城市建设水平综合得分较高，有南宁市、防城港市、钦州市、玉林市 4 个城市的城市建设水平得分超过 3 分。海南地区海口市城市建设水平综合得分超过 3 分。

由 2012 年北部湾城市群城市建设评价来看，得分处在 1～6 分，有 8 个城市的城市建设水平得分在 3 分以上，低于 3 分的城市有茂名市、崇左市。最高得分为海口市的 5.756 分，最低得分为崇左市的 1.253 分。北部湾城市群城市建设水平的得分平均值为 3.911 分，得分标准差为 1.541。广东地区的城市建设水平综合得分较高，有阳江市、湛江市的城市建设水平得分超过 3 分。广西地区的城市建设水平综合得分较高，有南宁市、北海市、防城港市、钦州市、玉林市 5 个城市的城市建设水平得分超过 3 分。海南地区海口市城市建设水平综合得分超过 3 分。

由 2013 年北部湾城市群城市建设评价来看，得分处在 1～8 分，有 8 个城市的城市建设水平得分在 3 分以上，低于 3 分的城市有茂名市、崇左市。最高得分为南宁市的 7.164 分，最低得分为茂名市的 1.017 分。北部湾城市群城市建设水平的得分平均值为 4.102 分，得分标准差为 1.935。广东地区的城市建设水平综合得分较高，有阳江市、湛江市的城市建设水平得分超过 3 分。广西地区的城市建设水平综合得分较高，有南宁市、北海市、防城港市、钦州市、玉林市 5 个城市的城市建设水平得分超过 3 分。海南地区海口市城市建设水平综合得分超过 3 分。

由 2014 年北部湾城市群城市建设评价来看，得分处在 1~10 分，有 7 个城市的城市建设水平得分在 3 分以上，低于 3 分的城市有阳江市、钦州市、崇左市。最高得分为南宁市的 9.329 分，最低得分为崇左市的 1.930 分。北部湾城市群城市建设水平的得分平均值为 4.186 分，得分标准差为 2.191。广东地区的城市建设水平综合得分较高，有湛江市、茂名市的城市建设得分超过 3 分。广西地区的城市建设水平综合得分较高，有南宁市、北海市、防城港市、玉林市 4 个城市的城市建设水平得分超过 3 分。海南地区海口市城市建设水平综合得分超过 3 分。

由 2015 年北部湾城市群城市建设评价来看，得分处在 2~13 分，有 9 个城市的城市建设水平得分在 3 分以上，低于 3 分的城市有湛江市。最高得分为海口市的 12.302 分，最低得分为湛江市的 2.343 分。北部湾城市群城市建设水平的得分平均值为 5.039 分，得分标准差为 2.865。广东地区的城市建设综合得分较高，有阳江市、茂名市的城市建设水平得分超过 3 分。广西地区的城市建设水平综合得分较高，南宁市、北海市、防城港市、钦州市、玉林市、崇左市 6 个城市的城市建设水平得分均超过 3 分。海南地区海口市城市建设水平综合得分超过 3 分。

由 2016 年北部湾城市群城市建设评价来看，得分处在 2~10 分，10 个城市的城市建设水平得分均在 3 分以上，没有低于 3 分的城市。最高得分为湛江市的 9.483 分，最低得分为北海市的 3.158 分。北部湾城市群城市建设水平的得分平均值为 5.126 分，得分标准差为 2.176。广东地区的城市建设水平综合得分较高，阳江市、湛江市、茂名市的城市建设水平得分均超过 3 分。广西地区的城市建设水平综合得分较高，南宁市、北海市、防城港市、钦州市、玉林市、崇左市 6 个城市的城市建设水平得分均超过 3 分。海南地区海口市城市建设水平综合得分超过 3 分。

对比北部湾城市群的城市建设水平变化，通过对各年的北部湾城市群城市建设水平的平均分、标准差进行分析，可以发现其平均分呈现波动上升趋势，说明北部湾城市群城市建设水平有所提升。同时北部湾城市群城市建设水平的标准差处于波动上升趋势，说明城市间的城市建设水平差距有所扩大。对各城市的城市面积综合发展水平变化展开分析，发现南宁市的城市建设水平排名较高，变动幅度较小，说明南宁市的城市建设发展较为稳定；崇左市的城市建设水平在 2008~2014 年排名较低，2015~2016 年排名有较大提高，说明崇左市的城市建设有较大提升。广东地区阳江市、湛江市、茂名市的城市建设水平得分均趋于上升，湛江市得分上升幅度最大；只有茂名市的城市建设水平排名较低，且呈现下降趋势，但下降幅度不大。广西地区南宁市、北海市、防城港市、玉林市的城市建设水平排名均趋于下降，只有钦州市、崇左市趋于上升；只有南宁市、玉林市的城市建设水平得分趋于下降，其余城市的得分均趋于上升，说明广西地区的城市建设水平有较大提高。海口市的城市建设水平的得分及排名均呈现上升趋势，说明海口市的城市建设获得较大发展。

通过表 8-14 对 2008~2016 年的城市物流能力及变化进行分析。由 2008 年北部湾城市群城市物流评价来看，得分处在 6~20 分，有 9 个城市的城市物流能力得分在 7 分以上，低于 7 分的城市有海口市。最高得分为防城港市的 19.442 分，最低得分为海口市的 6.171 分。北部湾城市群城市物流能力的得分平均值为 12.003 分，得分标准差为 3.598。广东地区的城市物流能力综合得分较高，阳江市、湛江市、茂名市 3 个城市的城市物流能力得分超过 7 分。广西地区的城市物流能力综合得分较高，南宁市、北海市、防城港市、钦州市、玉林市、崇左市 6 个城市的城市物流能力得分均超过 7 分。海南地区海口市的城市物流能力综合得分未超过 7 分。

表 8-14   **2008~2016 年北部湾城市群城市物流评价比较**

地区	2008 年	2009 年	2010 年	2011 年	2012 年	2013 年	2014 年	2015 年	2016 年	综合变化
阳江	13.860	3.998	4.503	4.251	3.696	3.576	6.566	3.995	7.182	-6.678
湛江	14.171	14.245	15.708	15.687	18.507	17.547	13.488	11.139	12.942	-1.229
茂名	10.593	2.223	3.566	5.969	4.099	4.076	4.570	5.506	5.937	-4.657
南宁	14.356	12.965	12.760	13.917	13.998	15.669	16.645	21.116	24.665	10.309
北海	9.855	3.123	4.121	3.978	3.560	3.788	5.313	6.802	5.793	-4.062
防城港	19.442	15.541	16.244	15.739	15.744	13.123	15.171	17.406	15.630	-3.812

续表

地区	2008 年	2009 年	2010 年	2011 年	2012 年	2013 年	2014 年	2015 年	2016 年	综合变化
钦州	10.825	6.840	11.019	6.940	8.158	7.331	4.670	5.086	7.321	－3.504
玉林	10.052	6.698	6.861	6.530	6.330	6.872	7.211	6.748	8.294	－1.758
崇左	10.700	4.236	5.929	4.001	4.562	4.660	3.875	4.958	4.249	－6.450
海口	6.171	3.208	5.504	5.345	5.308	6.130	6.154	5.783	8.880	2.709
最高分	19.442	15.541	16.244	15.739	18.507	17.547	16.645	21.116	24.665	5.223
最低分	6.171	2.223	3.566	3.978	3.560	3.576	3.875	3.995	4.249	－1.922
平均分	12.003	7.308	8.622	8.236	8.396	8.277	8.366	8.854	10.089	－1.913
标准差	3.598	5.045	4.877	4.878	5.579	5.212	4.809	5.878	6.164	2.565

由 2009 年北部湾城市群城市物流评价来看，得分处在 3～16 分，有 3 个城市的城市物流能力得分在 7 分以上，低于 7 分的城市有阳江市、茂名市、北海市、钦州市、玉林市、崇左市、海口市。最高得分为防城港市的 15.541 分，最低得分为茂名市的 2.223 分。北部湾城市群城市物流能力的得分平均值为 7.308 分，得分标准差为 5.045。广东地区的城市物流能力综合得分较低，只有湛江市的城市物流能力得分超过 7 分。广西地区的城市物流能力综合得分较低，只有南宁市、防城港市 2 个城市的城市物流能力得分超过 7 分。海南地区海口市的城市物流能力综合得分未超过 7 分。

由 2010 年北部湾城市群城市物流评价来看，得分处在 3～17 分，有 4 个城市的城市物流能力得分在 7 分以上，低于 7 分的城市有阳江市、茂名市、北海市、玉林市、崇左市、海口市。最高得分为防城港市的 16.244 分，最低得分为茂名市的 3.566 分。北部湾城市群城市物流能力的得分平均值为 8.622 分，得分标准差为 4.877。广东地区的城市物流能力综合得分较低，只有湛江市的城市物流能力得分超过 7 分。广西地区的城市物流能力综合得分较低，只有南宁市、防城港市、钦州市 3 个城市的城市物流能力得分超过 7 分。海南地区海口市的城市物流能力综合得分未超过 7 分。

由 2011 年北部湾城市群城市物流评价来看，得分处在 3～16 分，有 3 个城市的城市物流能力得分在 7 分以上，低于 7 分的城市有阳江市、茂名市、北海市、钦州市、玉林市、崇左市、海口市。最高得分为防城港市的 15.739 分，最低得分为北海市的 3.978 分。北部湾城市群城市物流能力的得分平均值为 8.236 分，得分标准差为 4.878。广东地区的城市物流能力综合得分较低，只有湛江市的城市物流能力得分超过 7 分。广西地区的城市物流能力综合得分较低，只有南宁市、防城港市 2 个城市的城市物流能力得分超过 7 分。海南地区海口市的城市物流能力综合得分未超过 7 分。

由 2012 年北部湾城市群城市物流评价来看，得分处在 3～19 分，有 4 个城市的城市物流能力得分在 7 分以上，低于 7 分的城市有阳江市、茂名市、北海市、玉林市、崇左市、海口市。最高得分为湛江市的 18.507 分，最低得分为北海市的 3.560 分。北部湾城市群城市物流能力的得分平均值为 8.396 分，得分标准差为 5.579。广东地区的城市物流能力综合得分较低，只有湛江市的城市物流能力得分超过 7 分。广西地区的城市物流能力综合得分较低，只有南宁市、防城港市、钦州市 3 个城市的城市物流能力得分超过 7 分。海南地区海口市的城市物流能力综合得分未超过 7 分。

由 2013 年北部湾城市群城市物流评价来看，得分处在 3～18 分，有 4 个城市的城市物流能力得分在 7 分以上，低于 7 分的城市有阳江市、茂名市、北海市、玉林市、崇左市、海口市。最高得分为湛江市的 17.547 分，最低得分为阳江市的 3.576 分。北部湾城市群城市物流能力的得分平均值为 8.277 分，得分标准差为 5.212。广东地区的城市物流能力综合得分较低，只有湛江市的城市物流能力得分超过 7 分。广西地区的城市物流能力综合得分较低，只有南宁市、防城港市、钦州市 3 个城市的城市物流能力得分超过 7 分。海南地区海口市的城市物流能力综合得分未超过 7 分。

由 2014 年北部湾城市群城市物流评价来看，得分处在 3～17 分，有 4 个城市的城市物流能力得分在 7 分以上，低于 7 分的城市有阳江市、茂名市、北海市、钦州市、崇左市、海口市。最高得分为南宁市的 16.645 分，最低得分为崇左市的 3.875 分。北部湾城市群城市物流能力的得分平均值为 8.366 分，得分标准差为 4.809。广东地区的城市物流能力综合得分较低，只有湛江市的城市物流能力得分超过 7 分。广西地区的城市物流能力综合得分较低，只有南宁市、防城港市、玉林市 3 个城市的城市物流能力得分超过 7

分。海南地区海口市的城市物流能力综合得分未超过 7 分。

由 2015 年北部湾城市群城市物流评价来看，得分处在 3～22 分，有 3 个城市的城市物流能力得分在 7 分以上，低于 7 分的城市有阳江市、茂名市、北海市、钦州市、玉林市、崇左市、海口市。最高得分为南宁市的 21.116 分，最低得分为阳江的 3.995 分。北部湾城市群城市物流能力的得分平均值为 8.854 分，得分标准差为 5.878。广东地区的城市物流能力综合得分较低，只有湛江市的城市物流能力得分超过 7 分。广西地区的城市物流能力综合得分较低，只有南宁市、防城港市 2 个城市的城市物流能力得分超过 7 分。海南地区海口市的城市物流能力综合得分未超过 7 分。

由 2016 年北部湾城市群城市物流评价来看，得分处在 4～25 分，有 7 个城市的城市物流能力得分在 7 分以上，低于 7 分的城市有茂名市、北海市、崇左市。最高得分为南宁市的 24.665 分，最低得分为崇左市的 4.249 分。北部湾城市群城市物流能力的得分平均值为 10.089 分，得分标准差为 6.164。广东地区的城市物流能力综合得分较高，有阳江市、湛江市的城市物流能力得分超过 7 分。广西地区的城市物流能力综合得分较高，只有南宁市、防城港市、钦州市、玉林市 4 个城市的城市物流能力得分超过 7 分。海南地区海口市的城市物流能力综合得分超过 7 分。

对比北部湾城市群各城市物流能力变化，通过对各年的北部湾城市群城市物流能力的平均分、标准差进行分析，可以发现其平均分处于波动下降的趋势，说明北部湾城市群城市物流能力有所下降。北部湾城市群城市物流能力的标准差处于波动上升的趋势。对各城市的城市物流能力变化展开分析，发现湛江市、南宁市、防城港市的城市物流能力较强且较为稳定，其城市物流能力排名均稳定在前 3 名；北海市的城市物流能力较低，除 2014～2015 年其物流能力排名有较大提高外，其余年份均排名较低。广东地区阳江市、湛江市、茂名市的城市物流能力得分均趋于下降，阳江市得分下降幅度最大，说明阳江市的物流能力有待提高；阳江市、茂名市的城市物流能力排名也趋于下降，湛江市的排名保持不变。广西地区只有南宁市的城市物流能力得分趋于上升，且上升幅度较大，说明南宁市的物流得到较大发展；其余城市的物流能力得分趋于下降，崇左市的物流能力下降幅度较大，说明崇左市的物流能力存在较大的提升空间；南宁市、玉林市的城市物流能力排名趋于上升，北海市的排名保持不变，防城港市、钦州市、崇左市的排名趋于下降，说明广西地区的城市的物流能力较不稳定。

（二）北部湾城市群城市基础设施发展水平综合评估结果的比较与评析

1. 北部湾城市群城市基础设施发展水平分布情况

根据灰色综合评价法对无量纲化后的三级指标进行权重得分计算，得到北部湾城市群城市基础设施发展水平得分及排名，反映各城市基础设施发展水平情况。下面对 2008～2016 年北部湾城市群基础设施发展水平评价分值分布进行统计。

由图 8-1 可以看到 2008 年北部湾城市群城市基础设施发展水平的得分情况，基础设施发展水平得分在 39～42 分的仅有 1 个城市，1 个城市得分在 36～39 分，3 个城市得分在 33～36 分，1 个城市得分在 30～33 分，4 个城市得分在 30 分以下，说明北部湾城市群基础设施发展水平分布较为均衡。

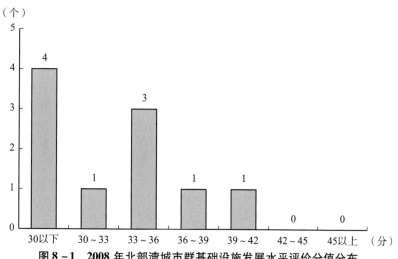

图 8-1　2008 年北部湾城市群基础设施发展水平评价分值分布

由图 8 - 2 可以看到 2009 年北部湾城市群城市基础设施发展水平的得分情况，基础设施发展水平得分在 39～42 分的有 2 个城市，1 个城市得分在 36～39 分，1 个城市得分在 33～36 分，6 个城市得分在 30 分以下，说明北部湾城市群基础设施发展水平分布较不均衡。

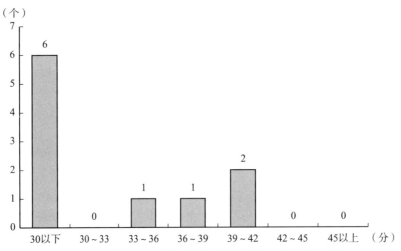

图 8 - 2　2009 年北部湾城市群基础设施发展水平评价分值分布

由图 8 - 3 可以看到 2010 年北部湾城市群城市基础设施发展水平的得分情况，基础设施发展水平得分在 39～42 分的仅有 1 个城市，2 个城市得分在 36～39 分，2 个城市得分在 30～33 分，5 个城市得分在 30 分以下，说明北部湾城市群基础设施发展水平分布较不均衡。

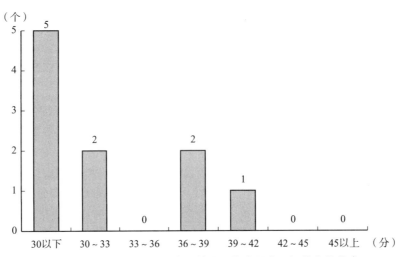

图 8 - 3　2010 年北部湾城市群基础设施发展水平评价分值分布

由图 8 - 4 可以看到 2011 年北部湾城市群城市基础设施发展水平的得分情况，基础设施发展水平得分在 36～39 分的有 2 个城市，1 个城市得分在 33～36 分，7 个城市得分在 30 分以下，说明北部湾城市群基础设施发展水平分布较不均衡。

由图 8 - 5 可以看到 2012 年北部湾城市群城市基础设施发展水平的得分情况，基础设施发展水平得分在 39～42 分的有 3 个城市，1 个城市得分在 33～36 分，1 个城市得分在 30～33 分，5 个城市得分在 30 分以下，说明北部湾城市群基础设施发展水平分布较不均衡。

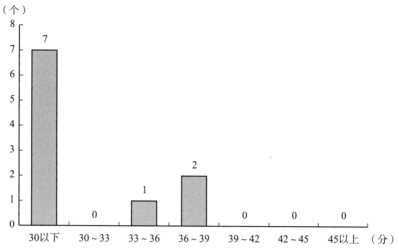

图 8 - 4　2011 年北部湾城市群基础设施发展水平评价分值分布

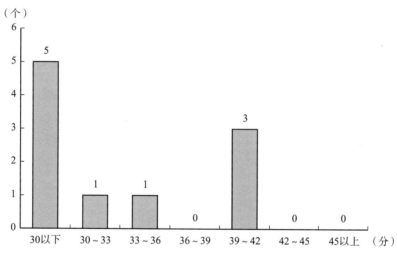

图 8 - 5　2012 年北部湾城市群基础设施发展水平评价分值分布

由图 8 - 6 可以看到 2013 年北部湾城市群城市基础设施发展水平的得分情况，基础设施发展水平得分在 42 ~ 45 分的仅有 1 个城市，1 个城市得分在 39 ~ 42 分，1 个城市得分在 36 ~ 39 分，7 个城市得分在 30 分以下，说明北部湾城市群基础设施发展水平分布较不均衡。

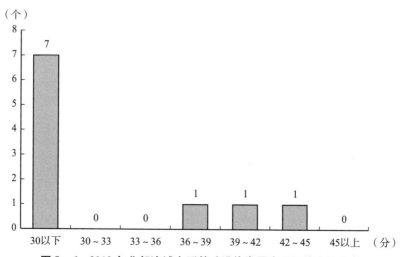

图 8 - 6　2013 年北部湾城市群基础设施发展水平评价分值分布

由图 8 - 7 可以看到 2014 年北部湾城市群城市基础设施发展水平的得分情况，基础设施发展水平得分在 42 ~ 45 分的仅有 1 个城市，1 个城市得分在 39 ~ 42 分，1 个城市得分在 36 ~ 39 分，1 个城市得分在 33 ~ 36 分，6 个城市得分在 30 分以下，说明北部湾城市群基础设施发展水平分布较不均衡。

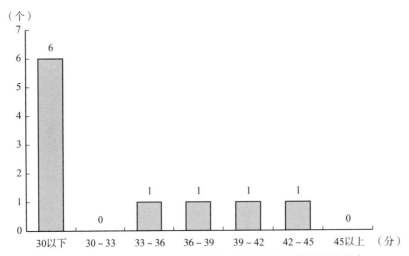

图 8 - 7　2014 年北部湾城市群基础设施发展水平评价分值分布

由图 8 - 8 可以看到 2015 年北部湾城市群城市基础设施发展水平的得分情况，基础设施发展水平得分在 45 分以上的仅有 1 个城市，1 个城市得分在 42 ~ 45 分，1 个城市得分在 36 ~ 39 分，2 个城市得分在 30 ~ 33 分，5 个城市得分在 30 分以下，说明北部湾城市群基础设施发展水平分布较为均衡。

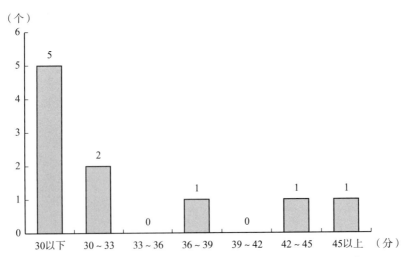

图 8 - 8　2015 年北部湾城市群基础设施发展水平评价分值分布

由图 8 - 9 可以看到 2016 年北部湾城市群城市基础设施发展水平的得分情况，基础设施发展水平得分在 42 ~ 45 分的仅有 1 个城市，1 个城市得分在 39 ~ 42 分，1 个城市得分在 36 ~ 39 分，1 个城市得分在 33 ~ 36 分，6 个城市得分在 30 分以下，说明北部湾城市群基础设施发展水平分布较不均衡。

2. 北部湾城市群城市的城市基础建设发展水平跨区段变动情况

根据图 8 - 10 对 2008 ~ 2009 年北部湾城市群城市基础设施发展水平跨区段变化进行分析，可以看到在 2008 ~ 2009 年有 5 个城市的基础设施发展水平名次发生大幅变动。其中，湛江市由中游区上升至上游区，钦州市、海口市由下游区上升至中游区；阳江市由中游区下降至下游区，北海市由上游区下降至下游区。

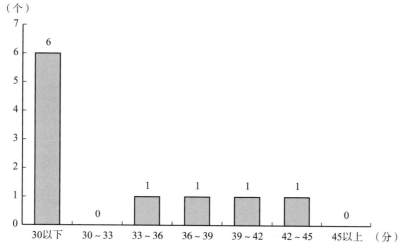

图 8 - 9　2016 年北部湾城市群基础设施发展水平评价分值分布

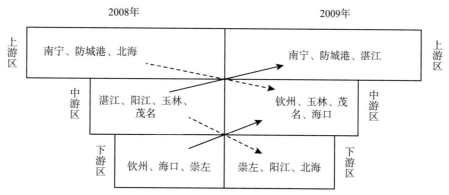

图 8 - 10　2008~2009 年北部湾城市群城市基础设施发展水平大幅变动情况

　　根据图 8 - 11 对 2009~2010 年北部湾城市群城市基础设施发展水平跨区段变化进行分析，可以看到在 2009~2010 年有 2 个城市的基础设施发展水平名次发生大幅变动。其中，北海市由下游区上升至中游区，茂名市由中游区下降至下游区。

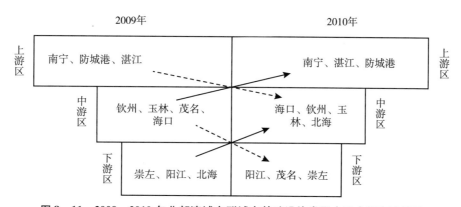

图 8 - 11　2009~2010 年北部湾城市群城市基础设施发展水平大幅变动情况

　　根据图 8 - 12 对 2010~2011 年北部湾城市群城市基础设施发展水平跨区段变化进行分析，可以看到在 2010~2011 年有 4 个城市的基础设施发展水平名次发生大幅变动。其中，茂名市、阳江市由下游区上升至中游区，钦州市、北海市由中游区下降至下游区。

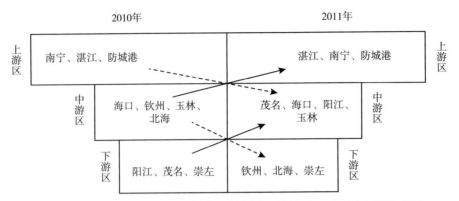

图 8－12　2010～2011 年北部湾城市群城市基础设施发展水平大幅变动情况

　　根据图 8－13 对 2011～2012 年北部湾城市群城市基础设施发展水平跨区段变化进行分析，可以看到在 2011～2012 年有 2 个城市的基础设施发展水平名次发生大幅变动。其中，钦州市由下游区上升至中游区，茂名市由中游区下降至下游区。

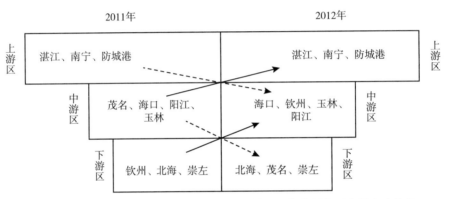

图 8－13　2011～2012 年北部湾城市群城市基础设施发展水平大幅变动情况

　　根据图 8－14 对 2012～2013 年北部湾城市群城市基础设施发展水平跨区段变化进行分析，可以看到在 2012～2013 年有 2 个城市的基础设施发展水平名次发生大幅变动。其中，北海市由下游区上升至中游区，阳江市由中游区下降至下游区。

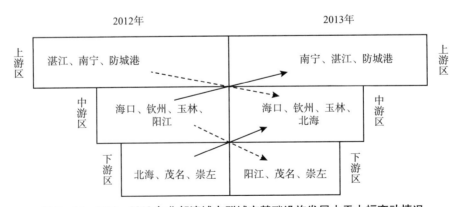

图 8－14　2012～2013 年北部湾城市群城市基础设施发展水平大幅变动情况

　　根据图 8－15 对 2013～2014 年北部湾城市群城市基础设施发展水平跨区段变化进行分析，可以看到在 2013～2014 年有 6 个城市的基础设施发展水平名次发生大幅变动。其中，海口市由中游区上升至上游区，阳江市、茂名市由下游区上升至中游区；湛江市由上游区下降至中游区，北海市、钦州市由中游区下降至下游区。

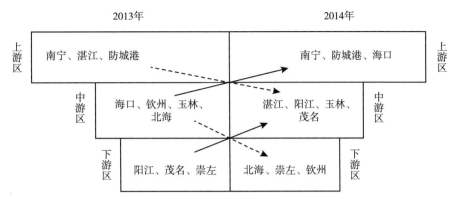

图 8 – 15　2013～2014 年北部湾城市群城市基础设施发展水平大幅变动情况

　　根据图 8 – 16 对 2014～2015 年北部湾城市群城市基础设施发展水平跨区段变化进行分析，可以看到在 2014～2015 年有 2 个城市的基础设施发展水平名次发生大幅变动。其中，北海市由下游区上升至中游区；茂名市由中游区下降至下游区。

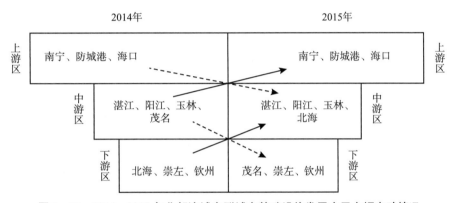

图 8 – 16　2014～2015 年北部湾城市群城市基础设施发展水平大幅变动情况

　　根据图 8 – 17 对 2015～2016 年北部湾城市群城市基础设施发展水平跨区段变化进行分析，可以看到在 2015～2016 年有 4 个城市的基础设施发展水平名次发生大幅变动。其中，湛江市由中游区上升至上游区，茂名市由下游区上升至中游区；海口市由上游区下降至中游区，北海市由中游区下降至下游区。

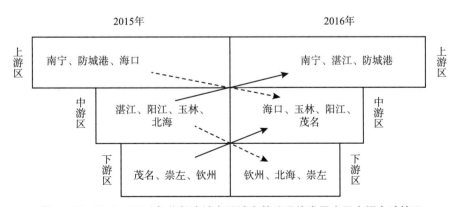

图 8 – 17　2015～2016 年北部湾城市群城市基础设施发展水平大幅变动情况

　　根据图 8 – 18 对 2008～2016 年北部湾城市群城市基础设施发展水平跨区段变化进行分析，可以看到在 2008～2016 年有 3 个城市的基础设施发展水平名次发生大幅变动。其中，湛江市由中游区上升至上游区，海口市由下游区上升至中游区；北海市由上游区下降至下游区。整体来说，北部湾城市群各城市的基础设施发展水平在 2008～2016 年变动幅度较小，南宁市、防城港市仍稳定在上游区，钦州市、崇左市的基础设施发展水平较低，稳定在下游区域。

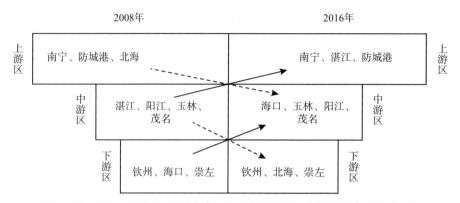

图8－18　2008～2016年北部湾城市群城市基础设施发展水平大幅变动情况

二、北部湾城市群城市面积发展比较分析

（一）北部湾城市群城市面积评估结果

根据北部湾城市群城市面积指标体系和数学评价模型，对2008～2016年北部湾城市群10个城市的城市面积进行评价。下面是本次评估期间北部湾城市群10个城市的城市面积排名及变化情况和指标评价结构。

根据表8－15对2008年北部湾城市群城市面积排名进行分析，可以看到北部湾城市群10个城市中，城市面积处于上游区的依次是北海市、海口市、南宁市；处于中游区的依次是茂名市、阳江市、湛江市、玉林市；处于下游区的依次是防城港、钦州市、崇左市。说明在北部湾城市群10个中广西地区城市面积高于广东、海南地区，更具发展优势。

表8－15　　　　　　　　　　　　　　2008年北部湾城市群城市面积排名

地区	排名	区段	地区	排名	区段	地区	排名	区段
北海	1		茂名	4		防城港	8	
海口	2	上游区	阳江	5	中游区	钦州	9	下游区
南宁	3		湛江	6		崇左	10	
			玉林	7				

根据表8－16对2009年北部湾城市群城市面积排名进行分析，可以看到北部湾城市群10个城市中，城市面积处于上游区的依次是防城港市、湛江市、南宁市；处于中游区的依次是海口市、崇左市、钦州市、茂名市；处于下游区的依次是阳江市、玉林市、北海市。相比于2008年，防城港市由第8名上升至第1名，从下游城市行列进入上游区；湛江市上升4名，由中游区进入上游区；崇左市、钦州市均由下游区上升至中游区；海口市下降2名，由上游区下降至中游区；阳江市、玉林市均由中游区下降至下游区；北海市下降幅度较大，由第1名下降至第10名，从上游区进入下游区。整体上北部湾城市群排名除南宁市外，其余城市均有所变动，说明北部湾城市群整体城市面积扩张较不稳定。

表8－16　　　　　　　　　　　　　　2009年北部湾城市群城市面积排名

地区	排名	区段	地区	排名	区段	地区	排名	区段
防城港	1		海口	4		阳江	8	
湛江	2	上游区	崇左	5	中游区	玉林	9	下游区
南宁	3		钦州	6		北海	10	
			茂名	7				

　　根据表 8-17 对 2010 年北部湾城市群城市面积排名进行分析，可以看到北部湾城市群 10 个城市中，城市面积处于上游区的依次是南宁市、海口市、茂名市；处于中游区的依次是防城港市、湛江市、阳江市、北海市；处于下游区的依次是玉林市、钦州市、崇左市。相比于 2009 年，海口市上升 2 名，茂名市上升 4 名，均由中游区上升至上游区；阳江市上升 2 名，北海市上升 3 名，均由下游区上升至中游区。防城港市下降 4 名，湛江市下降 3 名，均由上游区下降至中游区，钦州市下降 3 名，崇左市下降 5 名，均由中游区下降至下游区。

表 8-17　　　　　　　　　　　　　　　2010 年北部湾城市群城市面积排名

地区	排名	区段	地区	排名	区段	地区	排名	区段
南宁	1	上游区	防城港	4	中游区	玉林	8	下游区
海口	2		湛江	5		钦州	9	
茂名	3		阳江	6		崇左	10	
			北海	7				

　　根据表 8-18 对 2011 年北部湾城市群城市面积排名进行分析，可以看到北部湾城市群 10 个城市中，城市面积处于上游区的依次是茂名市、湛江市、海口市；处于中游区的依次是北海市、南宁市、阳江市、玉林市；处于下游区的依次是钦州市、崇左市、防城港市。相比于 2010 年，湛江市上升 3 名，由中游区进入上游区；玉林市上升 1 名，由下游区进入中游区。南宁市下降 4 名，由上游区下降至中游区；防城港市下降幅度最大，下降 6 名，由中游区下降至下游区。

表 8-18　　　　　　　　　　　　　　　2011 年北部湾城市群城市面积排名

地区	排名	区段	地区	排名	区段	地区	排名	区段
茂名	1	上游区	北海	4	中游区	钦州	8	下游区
湛江	2		南宁	5		崇左	9	
海口	3		阳江	6		防城港	10	
			玉林	7				

　　根据表 8-19 对 2012 年北部湾城市群城市面积排名进行分析，可以看到北部湾城市群 10 个城市中，城市面积处于上游区的依次是海口市、南宁市、钦州市；处于中游区的依次是防城港市、茂名市、阳江市、玉林市；处于下游区的依次是湛江市、北海市、崇左市。相比于 2011 年，南宁市上升 2 名，由中游区上升至上游区；钦州市上升 5 名，由下游区上升至上游区；防城港市上升 6 名，上升幅度较大，由下游区上升至中游区。茂名市下降 4 名，由上游区下降至中游区；湛江市下降 6 名，下降幅度较大，由上游区下降至下游区；北海市下降 5 名，由中游区下降至下游区。

表 8-19　　　　　　　　　　　　　　　2012 年北部湾城市群城市面积排名

地区	排名	区段	地区	排名	区段	地区	排名	区段
海口	1	上游区	防城港	4	中游区	湛江	8	下游区
南宁	2		茂名	5		北海	9	
钦州	3		阳江	6		崇左	10	
			玉林	7				

　　根据表 8-20 对 2013 年北部湾城市群城市面积排名进行分析，可以看到北部湾城市群 10 个城市中，城市面积处于上游区的依次是南宁市、海口市、防城港市；处于中游区的依次是北海市、茂名市、湛江市、阳江市；处于下游区的依次是玉林市、崇左市、钦州市。相比于 2012 年，防城港市上升 1 名，由中游区上升至上游区；北海市上升 5 名，湛江市上升 2 名，均由下游区上升至中游区。玉林市下降 1 名，由中游区下降至下游区；钦州市下降 7 名，下降幅度最大，由上游区下降至下游区。

表 8－20 　　　　　　　　　　2013 年北部湾城市群城市面积排名

地区	排名	区段	地区	排名	区段	地区	排名	区段
南宁	1	上游区	北海	4	中游区	玉林	8	下游区
海口	2		茂名	5		崇左	9	
防城港	3		湛江	6		钦州	10	
			阳江	7				

根据表 8－21 对 2014 年北部湾城市群城市面积排名进行分析，可以看到北部湾城市群 10 个城市中，城市面积处于上游区的依次是海口市、茂名市、南宁市；处于中游区的依次是崇左市、防城港市、阳江市、湛江市；处于下游区的依次是北海市、玉林市、钦州市。相比于 2013 年，茂名市上升 3 名，由中游区上升至上游区；崇左市上升 5 名，上升幅度较大，由下游区上升至中游区。北海市下降 4 名，由中游区下降至下游区。

表 8－21 　　　　　　　　　　2014 年北部湾城市群城市面积排名

地区	排名	区段	地区	排名	区段	地区	排名	区段
海口	1	上游区	崇左	4	中游区	北海	8	下游区
茂名	2		防城港	5		玉林	9	
南宁	3		阳江	6		钦州	10	
			湛江	7				

根据表 8－22 对 2015 年北部湾城市群城市面积排名进行分析，可以看到北部湾城市群 10 个城市中，城市面积处于上游区的依次是防城港市、海口市、阳江市；处于中游区的依次是南宁市、茂名市、湛江市、北海市；处于下游区的依次是玉林市、崇左市、钦州市。相比于 2014 年，防城港市上升 4 名，阳江市上升 3 名，均由中游区上升至上游区；北海市上升 1 名，由下游区上升至中游区。南宁市下降 1 名，茂名市下降 3 名，均由上游区下降至中游区；崇左市下降 5 名，下降幅度较大，由中游区下降至下游区。

表 8－22 　　　　　　　　　　2015 年北部湾城市群城市面积排名

地区	排名	区段	地区	排名	区段	地区	排名	区段
防城港	1	上游区	南宁	4	中游区	玉林	8	下游区
海口	2		茂名	5		崇左	9	
阳江	3		湛江	6		钦州	10	
			北海	7				

根据表 8－23 对 2016 年北部湾城市群城市面积排名进行分析，可以看到北部湾城市群 10 个城市中，城市面积处于上游区的依次是南宁市、海口市、茂名市；处于中游区的依次是北海市、湛江市、防城港市、玉林市；处于下游区的依次是崇左市、阳江市、钦州市。相比于 2015 年，南宁市上升 3 名，茂名市上升 2 名，均由中游区上升至上游区；玉林市上升 1 名，由下游区上升至中游区。防城港市下降 5 名，由上游区下降至中游区；阳江市下降 6 名，下降幅度最大，由上游区下降至下游区。

表 8－23 　　　　　　　　　　2016 年北部湾城市群城市面积排名

地区	排名	区段	地区	排名	区段	地区	排名	区段
南宁	1	上游区	北海	4	中游区	崇左	8	下游区
海口	2		湛江	5		阳江	9	
茂名	3		防城港	6		钦州	10	
			玉林	7				

　　根据表 8 - 24 对 2008 ~ 2016 年北部湾城市群城市面积排名变化趋势进行分析，可以看到在北部湾城市群 10 个城市的城市面积处于上升区的依次是湛江市、茂名市、南宁市、防城港市、海口市；处于保持区的是玉林市、海口市；处于下降区的依次是阳江市、北海市、钦州市。说明北部湾城市群中广东地区和广西地区城市面积发展水平有较大提升，广东地区变化幅度较小，广西地区变动幅度较大，海南地区较为稳定。

表 8 - 24　　　　　　　　　　　　　2008 ~ 2016 年北部湾城市群城市面积排名变化

地区	排名变化	区段	地区	排名变化	区段	地区	排名变化	区段
湛江	1	上升区	玉林	0	保持区	阳江	-4	下降区
茂名	1		海口	0		北海	-3	
南宁	2					钦州	-1	
防城港	2							
崇左	2							

（二）北部湾城市群城市面积评估结果的比较与评析

1. 北部湾城市群城市面积分布情况

　　根据灰色综合评价法对无量纲化后的三级指标进行权重得分计算，得到北部湾城市群各城市的城市面积得分及排名，反映各城市的城市面积情况。下面对 2008 ~ 2016 年北部湾城市群城市面积评价分值分布进行统计。

　　由图 8 - 19 可以看到 2008 年北部湾城市群城市面积的得分情况，城市面积得分在 21 ~ 23 分的仅有 1 个城市，4 个城市得分在 17 ~ 19 分，4 个城市得分在 15 ~ 17 分，1 个城市得分在 13 分以下，说明北部湾城市群城市面积分布较不均衡。

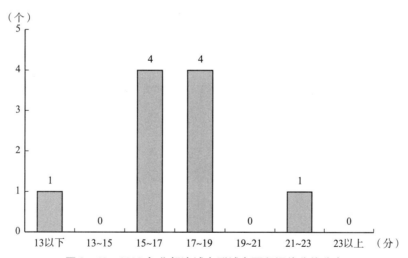

图 8 - 19　2008 年北部湾城市群城市面积评价分值分布

　　由图 8 - 20 可以看到 2009 年北部湾城市群城市面积的得分情况，城市面积得分在 19 ~ 21 分的有 3 个城市，5 个城市得分在 17 ~ 19 分，2 个城市得分在 15 ~ 17 分，说明北部湾城市群城市面积分布较为均衡。

　　由图 8 - 21 可以看到 2010 年北部湾城市群城市面积的得分情况，城市面积得分在 19 ~ 21 分的仅有 1 个城市，7 个城市得分在 17 ~ 19 分，2 个城市得分在 15 ~ 17 分，说明北部湾城市群城市面积分布较为均衡。

　　由图 8 - 22 可以看到 2011 年北部湾城市群城市面积的得分情况，城市面积得分在 21 ~ 23 分的仅有 1 个城市，2 个城市得分在 19 ~ 21 分，4 个城市得分在 17 ~ 19 分，2 个城市得分在 15 ~ 17 分，1 个城市得分在 13 ~ 15 分，说明北部湾城市群城市面积分布较为均衡。

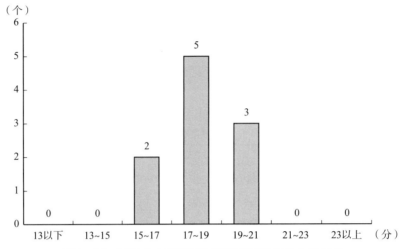

图 8 - 20　2009 年北部湾城市群城市面积评价分值分布

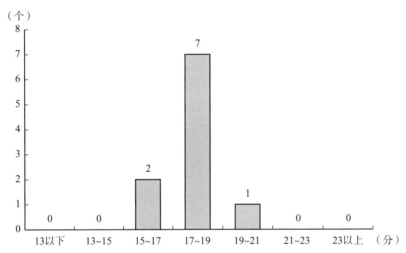

图 8 - 21　2010 年北部湾城市群城市面积评价分值分布

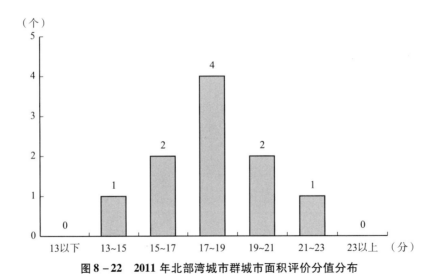

图 8 - 22　2011 年北部湾城市群城市面积评价分值分布

　　由图 8 - 23 可以看到 2012 年北部湾城市群城市面积的得分情况，城市面积得分在 21 ~ 23 分的仅有 1 个城市，2 个城市得分在 19 ~ 21 分，6 个城市得分在 17 ~ 19 分，1 个城市得分在 15 ~ 17 分，说明北部湾城市群城市面积分布较为均衡。

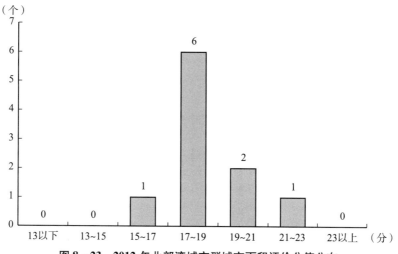

图 8 - 23　2012 年北部湾城市群城市面积评价分值分布

由图 8 - 24 可以看到 2013 年北部湾城市群城市面积的得分情况，城市面积得分在 19 ~ 21 分的有 2 个城市，6 个城市得分在 17 ~ 19 分，2 个城市得分在 15 ~ 17 分，说明北部湾城市群城市面积分布较为均衡。

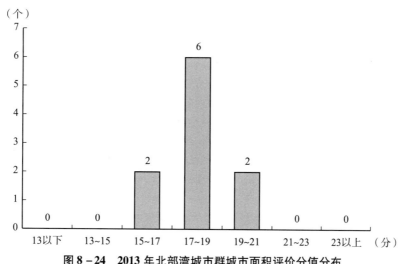

图 8 - 24　2013 年北部湾城市群城市面积评价分值分布

由图 8 - 25 可以看到 2014 年北部湾城市群城市面积的得分情况，城市面积得分在 23 分以上的仅有 1 个城市，4 个城市得分在 19 ~ 21 分，4 个城市得分在 17 ~ 19 分，1 个城市得分在 15 ~ 17 分，说明北部湾城市群城市面积分布较不均衡。

由图 8 - 26 可以看到 2015 年北部湾城市群城市面积的得分情况，城市面积得分在 21 ~ 23 分以上的仅有 1 个城市，3 个城市得分在 19 ~ 21 分，5 个城市得分在 17 ~ 19 分，1 个城市得分在 15 ~ 17 分，说明北部湾城市群城市面积分布较不均衡。

由图 8 - 27 可以看到 2015 年北部湾城市群城市面积的得分情况，城市面积得分在 19 ~ 21 分的有 2 个城市，7 个城市得分在 17 ~ 19 分，1 个城市得分在 15 ~ 17 分，说明北部湾城市群城市面积分布较为均衡。

2. 北部湾城市群城市面积跨区段变动情况

根据图 8 - 28 对 2008 ~ 2009 年北部湾城市群城市面积跨区段变化进行分析，可以看到在 2008 ~ 2009 年有 8 个城市的城市面积名次发生大幅变动。其中，防城港市由下游区上升至上游区，湛江市由中游区上升至上游区，崇左市、钦州市由下游区上升至中游区；海口市由上游区下降至中游区，阳江市、玉林市由中游区下降至下游区，北海市由上游区下降至下游区。

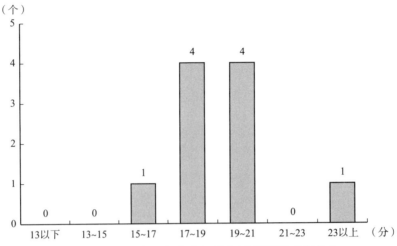

图 8－25　2014 年北部湾城市群城市面积评价分值分布

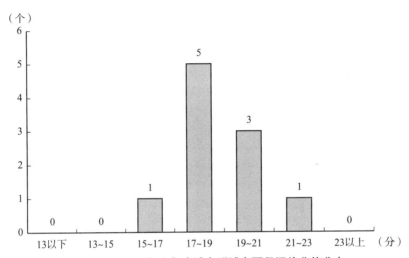

图 8－26　2015 年北部湾城市群城市面积评价分值分布

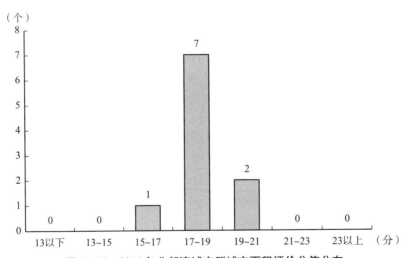

图 8－27　2016 年北部湾城市群城市面积评价分值分布

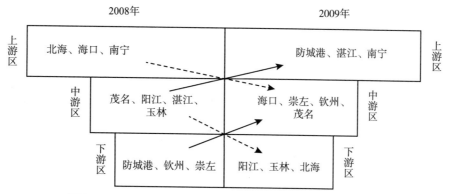

图 8 - 28　2008 ~ 2009 年北部湾城市群城市面积大幅变动情况

根据图 8 - 29 对 2009 ~ 2010 年北部湾城市群城市面积跨区段变化进行分析，可以看到在 2009 ~ 2010 年有 8 个城市的城市面积名次发生大幅度变动。其中，海口市、茂名市由中游区上升至上游区，阳江市、北海市由下游区上升至中游区；防城港市、湛江市由上游区下降至中游区，钦州市、崇左市由中游区下降至下游区。

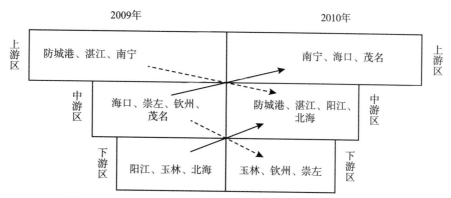

图 8 - 29　2009 ~ 2010 年北部湾城市群城市面积大幅变动情况

根据图 8 - 30 对 2010 ~ 2011 年北部湾城市群城市面积跨区段变化进行分析，可以看到在 2010 ~ 2011 年有 4 个城市的城市面积名次发生大幅变动。其中，湛江市由中游区上升至上游区，玉林市由下游区上升至中游区；南宁市由上游区下降至中游区，防城港市由中游区下降至下游区。

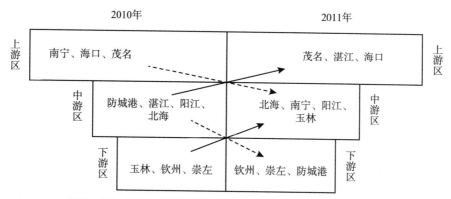

图 8 - 30　2010 ~ 2011 年北部湾城市群城市面积大幅变动情况

根据图 8 - 31 对 2011 ~ 2012 年北部湾城市群城市面积跨区段变化进行分析，可以看到在 2011 ~ 2012 年有 6 个城市的城市面积名次发生大幅变动。其中，南宁市由中游区上升至上游区，钦州市由下游区上升至上游区，防城港市由下游区上升至中游区；茂名市由上游区下降至中游区，湛江市由上游区下降至下游区，北海市由中游区下降至下游区。

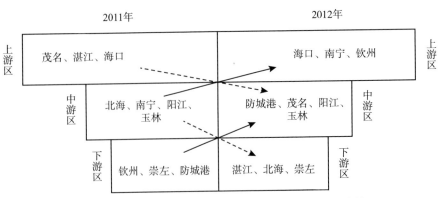

图8-31　2011~2012年北部湾城市群城市面积大幅变动情况

根据图8-32对2012~2013年北部湾城市群城市面积跨区段变化进行分析，可以看到在2012~2013年有5个城市的城市面积名次发生大幅变动。其中，防城港市由中游区上升至上游区，北海市、湛江市由下游区上升至中游区；玉林市由中游区下降至下游区，钦州市由上游区下降至下游区。

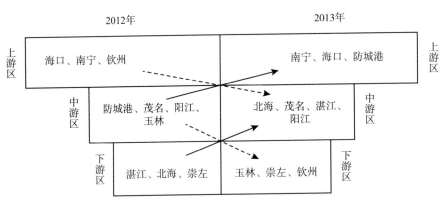

图8-32　2012~2013年北部湾城市群城市面积大幅变动情况

根据图8-33对2013~2014年北部湾城市群城市面积跨区段变化进行分析，可以看到在2013~2014年有4个城市的城市面积名次发生大幅变动。其中，茂名市由中游区上升至上游区，崇左市由下游区上升至中游区；防城港市由上游区下降至中游区，北海市由中游区下降至下游区。

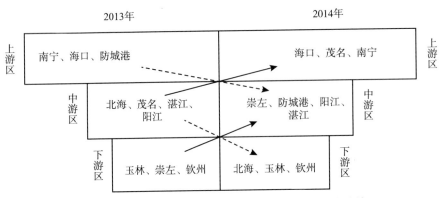

图8-33　2013~2014年北部湾城市群城市面积大幅变动情况

根据图8-34对2014~2015年北部湾城市群城市面积跨区段变化进行分析，可以看到在2014~2015年有6个城市的城市面积名次发生大幅变动。其中，防城港市、阳江市由中游区上升至上游区，北海市由下游区上升至中游区；南宁市、茂名市由上游区下降至中游区，崇左市由中游区下降至下游区。

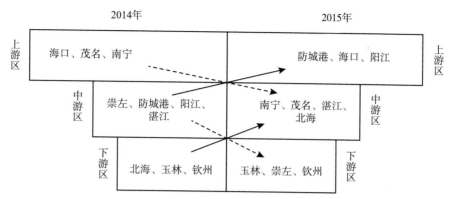

图 8 – 34　2014～2015 年北部湾城市群城市面积大幅变动情况

根据图 8 – 35 对 2015～2016 年北部湾城市群城市面积跨区段变化进行分析，可以看到在 2015～2016 年有 5 个城市的城市面积名次发生大幅变动。其中南宁市、茂名市由中游区上升至上游区，玉林市由下游区上升至中游区；防城港市由上游区下降至中游区，阳江市由上游区下降至下游区。

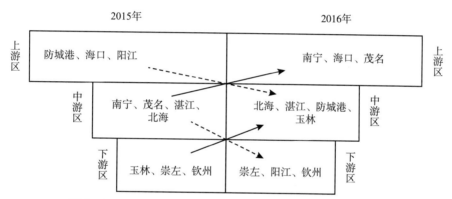

图 8 – 35　2015～2016 年北部湾城市群城市面积大幅变动情况

根据图 8 – 36 对 2008～2016 年北部湾城市群城市面积跨区段变化进行分析，可以看到在 2008～2016 年有 4 个城市的城市面积名次发生大幅变动。其中，茂名市由中游区上升至上游区，防城港市由下游区上升至中游区；北海市由上游区下降至中游区，阳江市由中游区下降至下游区。

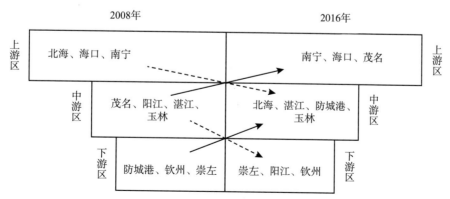

图 8 – 36　2008～2016 年北部湾城市群城市面积大幅变动情况

三、北部湾城市群城市建设发展比较分析

（一）北部湾城市群城市建设水平评估结果

根据北部湾城市群城市建设水平指标体系和数学评价模型，对 2008～2016 年北部湾城市群内 10 个城市的城市建设水平进行评价。下面是本次评估期间北部湾城市群 10 个城市的城市建设水平排名及变化情况和指标评价结构。

根据表 8-25 对 2008 年北部湾城市群城市建设水平排名进行分析，可以看到北部湾城市群 10 个城市中，城市建设水平处于上游区的依次是南宁市、玉林市、防城港市；处于中游区的依次是湛江市、海口市、北海市、阳江市；处于下游区的依次是茂名市、钦州市、崇左市。说明在北部湾城市群 10 个中广西地区城市建设水平高于广东、海南地区，更具发展优势。

表 8-25　　　　　　　　　　2008 年北部湾城市群城市建设排名

地区	排名变化	区段	地区	排名变化	区段	地区	排名变化	区段
南宁	1	上游区	湛江	4	中游区	茂名	8	下游区
玉林	2		海口	5		钦州	9	
防城港	3		北海	6		崇左	10	
			阳江	7				

根据表 8-26 对 2009 年北部湾城市群城市建设水平排名进行分析，可以看到北部湾城市群 10 个城市中，城市建设水平处于上游区的依次是钦州市、南宁市、茂名市；处于中游区的依次是北海市、玉林市、防城港市、湛江市；处于下游区的依次是海口市、阳江市、崇左市。相比于 2008 年，钦州市由第 9 名上升至第 1 名，茂名市由第 8 名上升至第 3 名，均从下游区进入上游区。玉林市由第 2 名下降至第 5 名，防城港市由第 3 名下降至第 6 名，均从上游区进入中游区；海口市由第 5 名下降至第 8 名，从中游区下降至下游区；阳江市下降 2 名，由中游区下降至下游区。

表 8-26　　　　　　　　　　2009 年北部湾城市群城市建设排名

地区	排名变化	区段	地区	排名变化	区段	地区	排名变化	区段
钦州	1	上游区	北海	4	中游区	海口	8	下游区
南宁	2		玉林	5		阳江	9	
茂名	3		防城港	6		崇左	10	
			湛江	7				

根据表 8-27 对 2010 年北部湾城市群城市建设水平排名进行分析，可以看到北部湾城市群 10 个城市中，城市建设水平处于上游区的依次是南宁市、海口市、湛江市；处于中游区的依次是玉林市、防城港市、北海市、钦州市；处于下游区的依次是茂名市、阳江市、崇左市。相比于 2009 年，海口市由第 8 名上升至第 2 名，从下游区进入上游区；湛江市由第 7 名上升至第 3 名，从中游区进入上游区。钦州市由第 1 名下降至第 7 名，从上游区下降进入中游区；茂名市由第 3 名下降至第 8 名，从上游区进入下游区。

表 8-27　　　　　　　　　　2010 年北部湾城市群城市建设排名

地区	排名变化	区段	地区	排名变化	区段	地区	排名变化	区段
南宁	1	上游区	玉林	4	中游区	茂名	8	下游区
海口	2		防城港	5		阳江	9	
湛江	3		北海	6		崇左	10	
			钦州	7				

根据表 8-28 对 2011 年北部湾城市群城市建设水平排名进行分析，可以看到北部湾城市群 10 个城市中，城市建设水平处于上游区的依次是阳江市、南宁市、防城港市；处于中游区的依次是钦州市、玉林市、海口市、北海市；处于下游区的依次是湛江市、茂名市、崇左市。相比于 2010 年，阳江市由第 9 名上升至第 1 名，从下游区进入上游区；防城港市由第 5 名上升至第 3 名，从中游区进入上游区。海口市由第 2 名下降至第 6 名，从上游区进入中游区；湛江市从第 3 名下降至第 8 名，从上游区进入下游区。

表 8-28 　　　　　　　　　　　　2011 年北部湾城市群城市建设排名

地区	排名变化	区段	地区	排名变化	区段	地区	排名变化	区段
阳江	1	上游区	钦州	4	中游区	湛江	8	下游区
南宁	2		玉林	5		茂名	9	
防城港	3		海口	6		崇左	10	
			北海	7				

根据表 8-29 对 2012 年北部湾城市群城市建设水平排名进行分析，可以看到北部湾城市群 10 个城市中，城市建设水平处于上游区的依次是海口市、防城港市、湛江市；处于中游区的依次是玉林市、南宁市、钦州市、阳江市；处于下游区的依次是北海市、茂名市、崇左市。相比于 2011 年，海口市由第 6 名上升至第 1 名，从中游区进入上游区；湛江市由第 8 名上升至第 3 名，从下游区进入上游区。南宁市由第 2 名下降至第 5 名，从上游区进入中游区；阳江市由第 1 名下降至第 7 名，从上游区进入中游区；北海市下降 1 名，从中游区进入下游区。

表 8-29 　　　　　　　　　　　　2012 年北部湾城市群城市建设排名

地区	排名变化	区段	地区	排名变化	区段	地区	排名变化	区段
海口	1	上游区	玉林	4	中游区	北海	8	下游区
防城港	2		南宁	5		茂名	9	
湛江	3		钦州	6		崇左	10	
			阳江	7				

根据表 8-30 对 2013 年北部湾城市群城市建设水平排名进行分析，可以看到北部湾城市群 10 个城市中，城市建设水平处于上游区的依次是南宁市、防城港市、钦州市；处于中游区的依次是湛江市、北海市、海口市、玉林市；处于下游区的依次是阳江市、崇左市、茂名市。相比于 2012 年，南宁市由第 5 名上升至第 1 名，钦州市由第 6 名上升至第 3 名，均从中游区进入上游区；北海市由第 8 名上升至第 5 名，从下游区进入中游区。湛江市下降 1 名，从上游区下降至中游区；阳江市下降 1 名，从中游区进入下游区。

表 8-30 　　　　　　　　　　　　2013 年北部湾城市群城市建设排名

地区	排名变化	区段	地区	排名变化	区段	地区	排名变化	区段
南宁	1	上游区	湛江	4	中游区	阳江	8	下游区
防城港	2		北海	5		崇左	9	
钦州	3		海口	6		茂名	10	
			玉林	7				

根据表 8-31 对 2014 年北部湾城市群城市建设水平排名进行分析，可以看到北部湾城市群 10 个城市中，城市建设水平处于上游区的依次是南宁市、海口市、防城港市；处于中游区的依次是北海市、湛江市、玉林市、茂名市；处于下游区的依次是阳江市、钦州市、崇左市。相比于 2013 年，海口市由第 6 名上升至第 2 名，从中游区进入上游区；茂名市从第 10 名上升至第 7 名，从下游区进入中游区。钦州市由第 3 名下降至第 9 名，从上游区进入下游区。

表 8-31   2014 年北部湾城市群城市建设排名

地区	排名变化	区段	地区	排名变化	区段	地区	排名变化	区段
南宁	1		北海	4		阳江	8	
海口	2	上游区	湛江	5	中游区	钦州	9	下游区
防城港	3		玉林	6		崇左	10	
			茂名	7				

根据表 8-32 对 2015 年北部湾城市群城市建设水平排名进行分析，可以看到北部湾城市群 10 个城市中，城市建设水平处于上游区的依次是海口市、阳江市、南宁市；处于中游区的依次是崇左市、玉林市、防城港市、茂名市；处于下游区的依次是钦州市、北海市、湛江市。相比于 2014 年，阳江市由第 8 名上升至第 2 名，从下游区进入上游区；崇左市由第 10 名上升至第 4 名，从下游区进入中游区。防城港市由第 3 名下降至第 6 名，从上游区进入中游区；北海市由第 4 名下降至第 9 名，湛江市由第 5 名下降至第 10 名，均从中游区下降至下游区。

表 8-32   2015 年北部湾城市群城市建设排名

地区	排名变化	区段	地区	排名变化	区段	地区	排名变化	区段
海口	1		崇左	4		钦州	8	
阳江	2	上游区	玉林	5	中游区	北海	9	下游区
南宁	3		防城港	6		湛江	10	
			茂名	7				

根据表 8-33 对 2016 年北部湾城市群城市建设水平排名进行分析，可以看到北部湾城市群 10 个城市中，城市建设水平处于上游区的依次是湛江市、南宁市、海口市；处于中游区的依次是防城港市、阳江市、崇左市、玉林市；处于下游区的依次是钦州市、茂名市、北海市。相比于 2015 年，湛江市由第 10 名上升至第 1 名，从下游区进入上游区。阳江市由第 2 名下降至第 5 名，从上游区进入中游区；茂名市由第 7 名下降至第 8 名，从中游区进入下游区。

表 8-33   2016 年北部湾城市群城市建设排名

地区	排名变化	区段	地区	排名变化	区段	地区	排名变化	区段
湛江	1		防城港	4		钦州	8	
南宁	2	上游区	阳江	5	中游区	茂名	9	下游区
海口	3		崇左	6		北海	10	
			玉林	7				

根据表 8-34 对 2008~2016 年北部湾城市群城市建设水平排名变化趋势进行分析，可以看到在北部湾城市群 10 个城市的城市建设水平处于上升区的依次是阳江市、湛江市、钦州市、崇左市、海口市；处于下降区的依次是茂名市、南宁市、北海市、防城港市、玉林市。说明北部湾城市群中广东地区和海南地区城市建设水平有较大提升，广东地区变化幅度较大，广西地区变动幅度较小。

表 8-34   2008~2016 年北部湾城市群城市建设排名变化

地区	排名变化	区段	地区	排名变化	区段	地区	排名变化	区段
阳江	2					茂名	-1	
湛江	3					南宁	-1	
钦州	1	上升区			保持区	北海	-4	下降区
崇左	4					防城港	-1	
海口	2					玉林	-5	

（二）北部湾城市群城市建设水平评估结果的比较与评析

1. 北部湾城市群城市建设水平分布情况

根据灰色综合评价法对无量纲化后的三级指标进行权重得分计算，得到北部湾城市群各城市的城市建设水平得分及排位，反映出各城市的城市建设水平情况。下面对 2008 ~ 2016 年北部湾城市群城市建设水平评价分值分布进行统计。

由图 8 - 37 可以看到 2008 年北部湾城市群城市建设水平的得分情况，城市建设水平得分在 8 ~ 10 分的仅有 1 个城市，1 个城市得分在 4 ~ 6 分，6 个城市得分在 2 ~ 4 分，2 个城市得分在 2 分以下，说明北部湾城市群城市建设水平分布较不均衡。

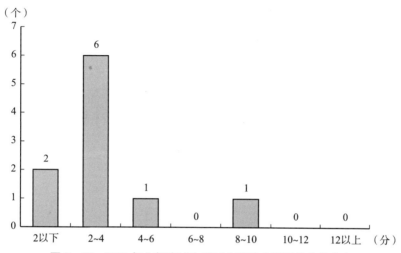

图 8 - 37　2008 年北部湾城市群城市建设水平评价分值分布

由图 8 - 38 可以看到 2009 年北部湾城市群城市建设水平的得分情况，城市建设水平得分在 10 ~ 12 分的仅有 1 个城市，1 个城市得分在 8 ~ 10 分，2 个城市得分在 4 ~ 6 分，4 个城市得分在 2 ~ 4 分，2 个城市得分在 2 分以下，说明北部湾城市群城市建设水平分布较不均衡。

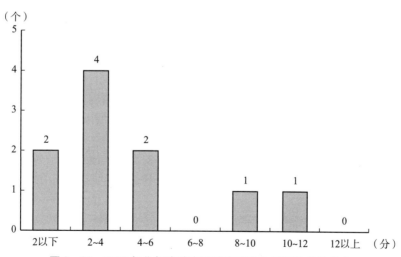

图 8 - 38　2009 年北部湾城市群城市建设水平评价分值分布

由图 8 - 39 可以看到 2010 年北部湾城市群城市建设水平的得分情况，城市建设水平得分在 6 ~ 8 分的有 2 个城市，2 个城市得分在 4 ~ 6 分，3 个城市得分在 2 ~ 4 分，3 个城市得分在 2 分以下，说明北部湾城市群城市建设水平分布较为均衡。

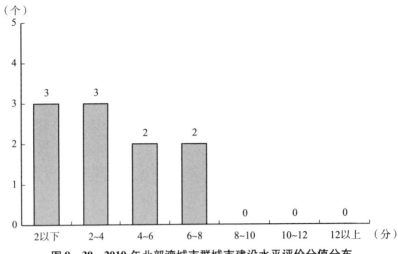

图 8－39　2010 年北部湾城市群城市建设水平评价分值分布

由图 8－40 可以看到 2011 年北部湾城市群城市建设水平的得分情况，城市建设水平得分在 6～8 分的只有 1 个城市，4 个城市得分在 4～6 分，3 个城市得分在 2～4 分，2 个城市得分在 2 分以下，说明北部湾城市群城市建设水平分布较为均衡。

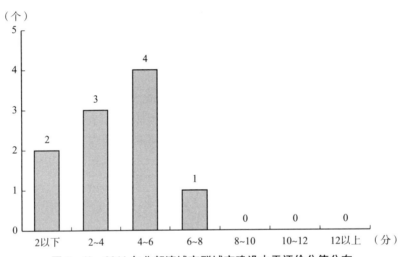

图 8－40　2011 年北部湾城市群城市建设水平评价分值分布

由图 8－41 可以看到 2012 年北部湾城市群城市建设水平的得分情况，城市建设水平得分在 4～6 分的有 6 个城市，2 个城市得分在 2～4 分，2 个城市得分在 2 分以下，说明北部湾城市群城市建设水平分布较为均衡。

由图 8－42 可以看到 2013 年北部湾城市群城市建设水平的得分情况，城市建设水平得分在 6～8 分的有 2 个城市，3 个城市得分在 4～6 分，3 个城市得分在 2～4 分，2 个城市得分在 2 分以下，说明北部湾城市群城市建设水平分布较为均衡。

由图 8－43 可以看到 2014 年北部湾城市群城市建设水平的得分情况，城市建设水平得分在 8～10 分的只有 1 个城市，1 个城市得分在 6～8 分，1 个城市得分在 4～6 分，6 个城市得分在 2～4 分，1 个城市得分在 2 分以下，说明北部湾城市群城市建设水平分布较为均衡。

由图 8－44 可以看到 2015 年北部湾城市群城市建设水平的得分情况，城市建设水平得分在 12 分以上的只有 1 个城市，2 个城市得分在 6～8 分，1 个城市得分在 4～6 分，6 个城市得分在 2～4 分，说明北部湾城市群城市建设水平分布较不均衡。

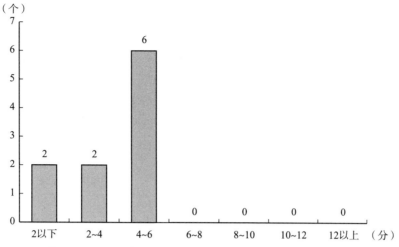

图 8 – 41　2012 年北部湾城市群城市建设水平评价分值分布

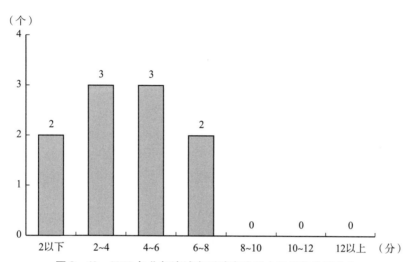

图 8 – 42　2013 年北部湾城市群城市建设水平评价分值分布

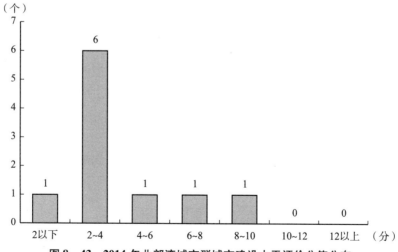

图 8 – 43　2014 年北部湾城市群城市建设水平评价分值分布

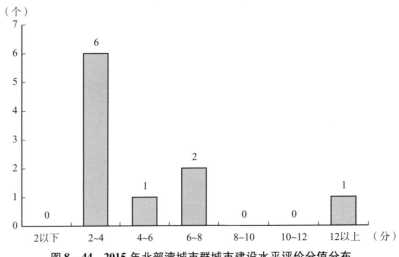

图 8－44　2015 年北部湾城市群城市建设水平评价分值分布

由图 8－45 可以看到 2016 年北部湾城市群城市建设水平的得分情况，城市建设水平得分在8～10分的只有 1 个城市，2 个城市得分在 6～8 分，3 个城市得分在 4～6 分，4 个城市得分在 2～4 分，说明北部湾城市群城市建设水平分布较为均衡。

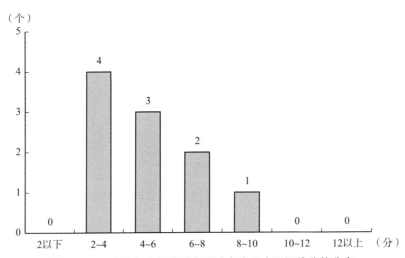

图 8－45　2016 年北部湾城市群城市建设水平评价分值分布

2. 北部湾城市群城市建设水平跨区段变动情况

根据图 8－46 对 2008～2009 年北部湾城市群城市建设水平跨区段变化进行分析，可以看到在 2008～2009 年有 6 个城市的城市建设水平名次发生大幅度变动。其中钦州市、茂名市由下游区上升至上游区；玉林市、防城港市由上游区下降至中游区，海口市由中游区下降至下游区。

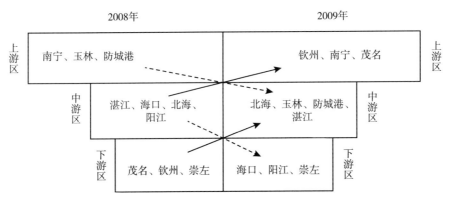

图 8－46　2008～2009 年北部湾城市群城市建设水平大幅变动情况

根据图 8-47 对 2009~2010 年北部湾城市群城市建设水平跨区段变化进行分析，可以看到在 2009~2010 年有 4 个城市的城市建设水平名次发生大幅变动。其中，海口市由下游区上升至上游区，湛江市由中游区上升至上游区；钦州市由上游区下降至中游区，茂名市由上游区下降至下游区。

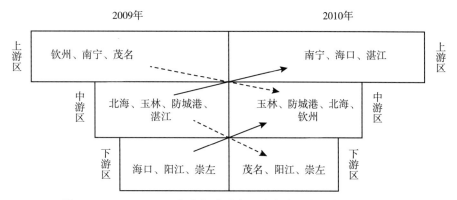

图 8-47 2009~2010 年北部湾城市群城市建设水平大幅变动情况

根据图 8-48 对 2010~2011 年北部湾城市群城市建设水平跨区段变化进行分析，可以看到在 2010~2011 年有 4 个城市的城市建设水平名次发生大幅变动。其中，阳江市由下游区上升至上游区，防城港市由中游区上升至上游区；海口市由上游区下降至中游区，湛江市由上游区下降至下游区。

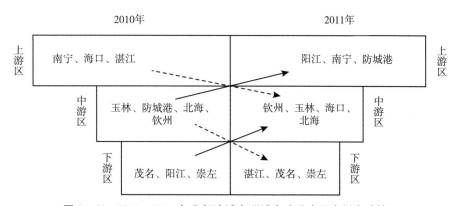

图 8-48 2010~2011 年北部湾城市群城市建设水平大幅变动情况

根据图 8-49 对 2011~2012 年北部湾城市群城市建设水平跨区段变化进行分析，可以看到在 2011~2012 年有 5 个城市的城市建设水平名次发生大幅变动。其中，海口市由中游区上升至上游区，湛江市由下游区上升至上游区；南宁市、阳江市由上游区下降至中游区，北海市由中游区下降至下游区。

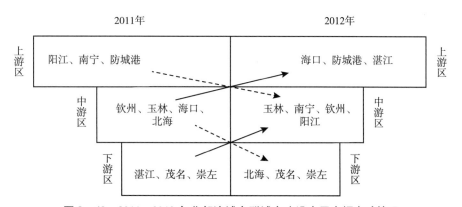

图 8-49 2011~2012 年北部湾城市群城市建设水平大幅变动情况

　　根据图 8－50 对 2012～2013 年北部湾城市群城市建设水平跨区段变化进行分析，可以看到在 2012～2013 年有 6 个城市的城市建设水平名次发生大幅度变动。其中，南宁市、钦州市由中游区上升至上游区，北海市由下游区上升至中游区；湛江市由上游区下降至中游区，海口市由上游区下降至中游区，阳江市由中游区下降至下游区。

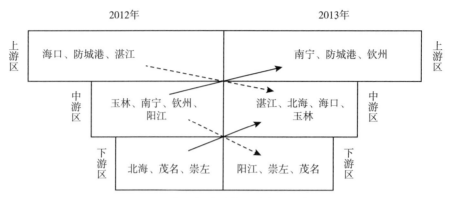

图 8－50　2012～2013 年北部湾城市群城市建设水平大幅变动情况

　　根据图 8－51 对 2013～2014 年北部湾城市群城市建设水平跨区段变化进行分析，可以看到在 2013～2014 年有 3 个城市的城市建设水平名次发生大幅变动。其中，海口市由中游区上升至上游区，茂名市由下游区上升至中游区；钦州市由上游区下降至下游区。

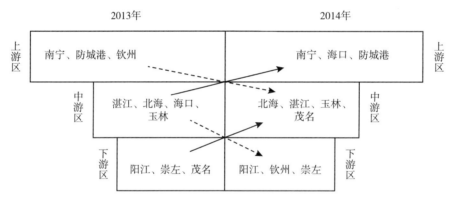

图 8－51　2013～2014 年北部湾城市群城市建设水平大幅变动情况

　　根据图 8－52 对 2014～2015 年北部湾城市群城市建设水平跨区段变化进行分析，可以看到在 2014～2015 年有 5 个城市的城市建设水平名次发生大幅度变动。其中，阳江市由下游区上升至上游区，崇左市由下游区上升至中游区；防城港市由上游区下降至中游区，北海市、湛江市由中游区下降至下游区。

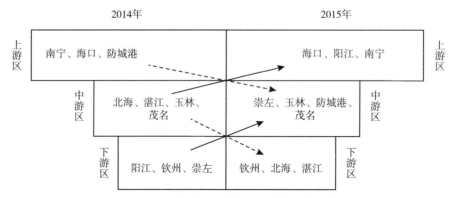

图 8－52　2014～2015 年北部湾城市群城市建设水平大幅变动情况

根据图 8－53 对 2015～2016 年北部湾城市群城市建设水平跨区段变化进行分析，可以看到在 2015～2016 年有 3 个城市的城市建设水平名次发生大幅变动。其中，湛江市由下游区上升至上游区；阳江市由上游区下降至中游区，茂名市由中游区下降至下游区。

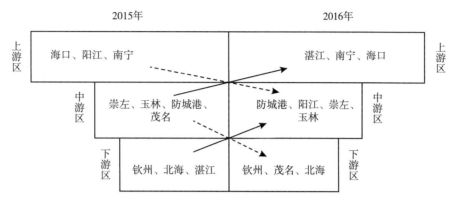

图 8－53　2015～2016 年北部湾城市群城市建设水平大幅变动情况

根据图 8－54 对 2008～2016 年北部湾城市群城市建设水平跨区段变化进行分析，可以看到在 2008～2016 年有 6 个城市的城市建设水平名次发生大幅变动。其中，湛江市、海口市由中游区上升至上游区，崇左市由下游区上升至中游区；防城港市由上游区下降至中游区，玉林市由上游区下降至中游区，北海市由中游区下降至下游区。

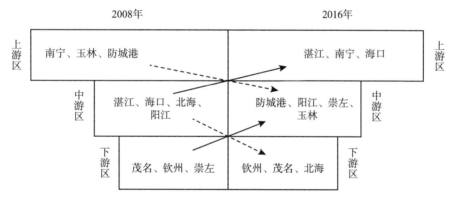

图 8－54　2008～2016 年北部湾城市群城市建设水平大幅变动情况

四、北部湾城市群城市物流发展比较分析

（一）北部湾城市群城市物流能力评估结果

根据北部湾城市群城市物流能力指标体系和数学评价模型，对 2008～2016 年北部湾城市群内 10 个城市的城市物流能力进行评价。下面是本次评估期间北部湾城市群 10 个城市的城市物流能力排名及变化情况和指标评价结构。

根据表 8－35 对 2008 年北部湾城市群城市物流能力排名进行分析，可以看到北部湾城市群 10 个城市中，城市物流能力处于上游区的依次是防城港市、南宁市、湛江市；处于中游区的依次是阳江市、钦州市、崇左市、茂名市；处于下游区的依次是玉林市、北海市、海口市。说明在北部湾城市群 10 个中广东、广西地区城市物流能力高于海南地区，更具发展优势。

表8-35　　　　　　　　　　　　　2008年北部湾城市群城市物流能力排名

地区	排名变化	区段	地区	排名变化	区段	地区	排名变化	区段
防城港	1	上游区	阳江	4	中游区	玉林	8	下游区
南宁	2		钦州	5		北海	9	
湛江	3		崇左	6		海口	10	
			茂名	7				

根据表8-36对2009年北部湾城市群城市物流能力排名进行分析，可以看到北部湾城市群10个城市中，城市物流能力处于上游区的依次是防城港市、南宁市、湛江市；处于中游区的依次是阳江市、钦州市、崇左市、茂名市；处于下游区的依次是玉林市、北海市、海口市。相比于2008年，玉林市由第8名上升至第5名，从下游区上升至中游区。茂名市由第7名下降至第10名，从中游区下降至下游区。

表8-36　　　　　　　　　　　　　2009年北部湾城市群城市物流能力排名

地区	排名变化	区段	地区	排名变化	区段	地区	排名变化	区段
防城港	1	上游区	钦州	4	中游区	海口	8	下游区
湛江	2		玉林	5		北海	9	
南宁	3		崇左	6		茂名	10	
			阳江	7				

根据表8-37对2010年北部湾城市群城市物流能力排名进行分析，可以看到北部湾城市群10个城市中，城市物流能力处于上游区的依次是防城港市、湛江市、南宁市；处于中游区的依次是钦州市、玉林市、崇左市、海口市；处于下游区的依次是阳江市、北海市、茂名市。相比于2009年，海口市上升1名，从下游区上升至中游区。阳江市下降1名，从中游区下降至下游区。

表8-37　　　　　　　　　　　　　2010年北部湾城市群城市物流能力排名

地区	排名变化	区段	地区	排名变化	区段	地区	排名变化	区段
防城港	1	上游区	钦州	4	中游区	阳江	8	下游区
湛江	2		玉林	5		北海	9	
南宁	3		崇左	6		茂名	10	
			海口	7				

根据表8-38对2011年北部湾城市群城市物流能力排名进行分析，可以看到北部湾城市群10个城市中，城市物流能力处于上游区的依次是防城港市、湛江市、南宁市；处于中游区的依次是钦州市、玉林市、茂名市、海口市；处于下游区的依次是阳江市、崇左市、北海市。相比于2010年，茂名市由第10名上升至第6名，从下游区上升至中游区。崇左市由第6名下降至第9名，从中游区下降至下游区。

表8-38　　　　　　　　　　　　　2011年北部湾城市群城市物流能力排名

地区	排名变化	区段	地区	排名变化	区段	地区	排名变化	区段
防城港	1	上游区	钦州	4	中游区	阳江	8	下游区
湛江	2		玉林	5		崇左	9	
南宁	3		茂名	6		北海	10	
			海口	7				

根据表8-39对2012年北部湾城市群城市物流能力排名进行分析，可以看到北部湾城市群10个城市中，城市物流能力处于上游区的依次是湛江市、防城港市、南宁市；处于中游区的依次是钦州市、玉林市、海口市、崇左市；处于下游区的依次是茂名市、阳江市、北海市。相比于2011年，崇左市由第9名

上升至第 7 名，从下游区上升至中游区。茂名市由第 6 名下降至第 8 名，从中游区下降至下游区。

表 8 - 39　　　　　　　　　　　　　2012 年北部湾城市群城市物流能力排名

地区	排名变化	区段	地区	排名变化	区段	地区	排名变化	区段
湛江	1	上游区	钦州	4	中游区	茂名	8	下游区
防城港	2		玉林	5		阳江	9	
南宁	3		海口	6		北海	10	
			崇左	7				

根据表 8 - 40 对 2013 年北部湾城市群城市物流能力排名进行分析，可以看到北部湾城市群 10 个城市中，城市物流能力处于上游区的依次是湛江市、南宁市、防城港市；处于中游区的依次是钦州市、玉林市、海口市、崇左市；处于下游区的依次是茂名市、北海市、阳江。相比于 2012 年，各城市未存在跨区域变化。

表 8 - 40　　　　　　　　　　　　　2013 年北部湾城市群城市物流能力排名

地区	排名变化	区段	地区	排名变化	区段	地区	排名变化	区段
湛江	1	上游区	钦州	4	中游区	茂名	8	下游区
南宁	2		玉林	5		北海	9	
防城港	3		海口	6		阳江	10	
			崇左	7				

根据表 8 - 41 对 2014 年北部湾城市群城市物流能力排名进行分析，可以看到北部湾城市群 10 个城市中，城市物流能力处于上游区的依次是南宁市、防城港市、湛江市；处于中游区的依次是玉林市、阳江市、海口市、北海市；处于下游区的依次是钦州市、茂名市、崇左市。相比于 2013 年，阳江市由第 10 名上升至第 5 名，北海市由第 9 名上升至第 6 名，均从下游区上升至中游区。钦州市由第 4 名下降至第 8 名，崇左市由第 7 名下降至第 10 名，均从中游区下降至下游区。

表 8 - 41　　　　　　　　　　　　　2014 年北部湾城市群城市物流能力排名

地区	排名变化	区段	地区	排名变化	区段	地区	排名变化	区段
南宁	1	上游区	玉林	4	中游区	钦州	8	下游区
防城港	2		阳江	5		茂名	9	
湛江	3		海口	6		崇左	10	
			北海	7				

根据表 8 - 42 对 2015 年北部湾城市群城市物流能力排名进行分析，可以看到北部湾城市群 10 个城市中，城市物流能力处于上游区的依次是南宁市、防城港市、湛江市；处于中游区的依次是北海市、玉林市、海口市、茂名市；处于下游区的依次是钦州市、崇左市、阳江。相比于 2014 年，茂名市由第 9 名上升至第 7 名，从下游区上升至中游区。阳江市由第 5 名下降至第 10 名，从中游区下降至下游区。

表 8 - 42　　　　　　　　　　　　　2015 年北部湾城市群城市物流能力排名

地区	排名变化	区段	地区	排名变化	区段	地区	排名变化	区段
南宁	1	上游区	北海	4	中游区	钦州	8	下游区
防城港	2		玉林	5		崇左	9	
湛江	3		海口	6		阳江	10	
			茂名	7				

根据表 8－43 对 2016 年北部湾城市群城市物流能力排名进行分析，可以看到北部湾城市群 10 个城市中，城市物流能力处于上游区的依次是南宁市、防城港市、湛江市；处于中游区的依次是海口市、玉林市、钦州市、阳江市；处于下游区的依次是茂名市、北海市、崇左市。相比于 2015 年，钦州市由第 8 名上升至第 6 名，阳江市由第 10 名上升至第 7 名，均从下游区上升至中游区。茂名市下降 1 名，北海由第 4 名下降至第 9 名，均从中游区下降至下游区。

表 8－43　　　　　　　　　　　2016 年北部湾城市群城市物流能力排名

地区	排名变化	区段	地区	排名变化	区段	地区	排名变化	区段
南宁	1		海口	4		茂名	8	
防城港	2	上游区	玉林	5	中游区	北海	9	下游区
湛江	3		钦州	6		崇左	10	
			阳江	7				

根据表 8－44 对 2008～2016 年北部湾城市群城市物流能力排名趋势进行分析，可以看到在北部湾城市群 10 个城市的城市物流能力处于上升区的依次是南宁市、玉林市、海口市；处于保持区的依次是湛江市、北海市；处于下降区的依次是阳江市、茂名市、防城港市、钦州市、崇左市。说明北部湾城市群中海南地区城市面积发展水平有较大提升，广东地区和广西地区变化幅度较大。

表 8－44　　　　　　　　　　2008～2016 年北部湾城市群城市物流能力排名变化

地区	排名变化	区段	地区	排名变化	区段	地区	排名变化	区段
南宁	1		湛江	0		阳江	-3	
玉林	3		北海	0		茂名	-1	
海口	6	上升区			保持区	防城港	-1	下降区
						钦州	-1	
						崇左	-4	

（二）北部湾城市群城市物流能力评估结果的比较与评析

1. 北部湾城市群城市物流能力分布情况

根据灰色综合评价法对无量纲化后的三级指标进行权重得分计算，得到北部湾城市群各城市的城市物流能力得分及排位，反映出各城市的城市物流能力情况。下面对 2010～2015 年北部湾城市群城市物流能力评价分值分布进行统计。

由图 8－55 可以看到 2008 年北部湾城市群城市物流能力的得分情况，城市物流能力得分在 18 分以上的只有 1 个城市，3 个城市得分在 12～15 分，5 个城市得分在 9～12 分，1 个城市得分在 6～9 分，说明北部湾城市群城市物流能力分布较不均衡，城市物流能力得分相差较大。

由图 8－56 可以看到 2009 年北部湾城市群城市物流能力的得分情况，城市物流能力得分在 15～18 分的只有 1 个城市，2 个城市得分在 12～15 分，2 个城市得分在 6～9 分，4 个城市得分在 3～6 分，1 个城市得分 3 分以下，说明北部湾城市群城市物流能力分布较不均衡，城市物流能力得分相差较大。

由图 8－57 可以看到 2010 年北部湾城市群城市物流能力的得分情况，城市物流能力得分在 15～18 分的有 2 个城市，1 个城市得分在 12～15 分，1 个城市得分在 9～12 分，1 个城市得分在 6～9 分，5 个城市得分在 3～6 分，说明北部湾城市群城市物流能力分布较为均衡，城市物流能力得分相差较小。

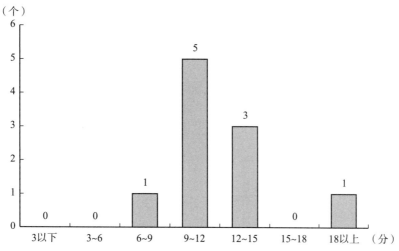

图 8 – 55　2008 年北部湾城市群城市物流能力评价分值分布

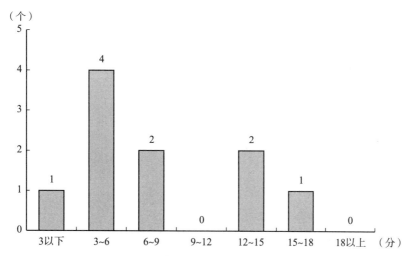

图 8 – 56　2009 年北部湾城市群城市物流能力评价分值分布

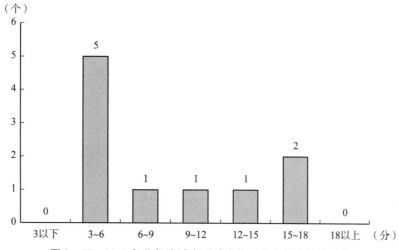

图 8 – 57　2010 年北部湾城市群城市物流能力评价分值分布

　　由图 8 – 58 可以看到 2011 年北部湾城市群城市物流能力的得分情况，城市物流能力得分在 15～18 分的有 2 个城市，1 个城市得分在 12～15 分，2 个城市得分在 6～9 分，5 个城市得分在 3～6 分，说明北部湾城市群城市物流能力分布较不均衡，城市物流能力得分相差较大。

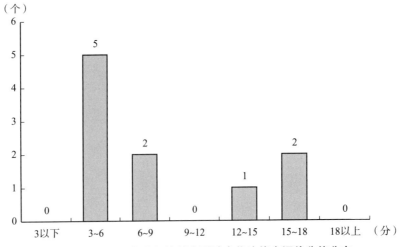

图 8 – 58　2011 年北部湾城市群城市物流能力评价分值分布

由图 8 – 59 可以看到 2012 年北部湾城市群城市物流能力的得分情况，城市物流能力得分在 15 ~ 18 分的只有 1 个城市，2 个城市得分在 12 ~ 15 分，2 个城市得分在 6 ~ 9 分，5 个城市得分在 3 ~ 6 分，说明北部湾城市群城市物流能力分布较不均衡，城市物流能力得分相差较大。

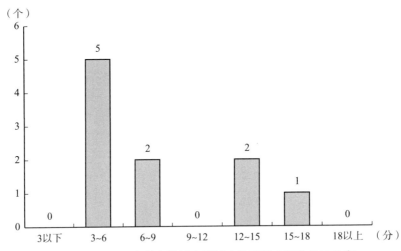

图 8 – 59　2012 年北部湾城市群城市物流能力评价分值分布

由图 8 – 60 可以看到 2013 年北部湾城市群城市物流能力的得分情况，城市物流能力得分在 15 ~ 18 分的有 2 个城市，1 个城市得分在 12 ~ 15 分，3 个城市得分在 6 ~ 9 分，4 个城市得分在 3 ~ 6 分，说明北部湾城市群城市物流能力分布较不均衡，城市物流能力得分相差较大。

由图 8 – 61 可以看到 2014 年北部湾城市群城市物流能力的得分情况，城市物流能力得分在 15 ~ 18 分的有 2 个城市，1 个城市得分在 12 ~ 15 分，3 个城市得分在 6 ~ 9 分，4 个城市得分在 3 ~ 6 分，说明北部湾城市群城市物流能力分布较不均衡，城市物流能力得分相差较大。

由图 8 – 62 可以看到 2015 年北部湾城市群城市物流能力的得分情况，城市物流能力得分在 18 分以上的只有 1 个城市，1 个城市得分在 15 ~ 18 分，1 个城市得分在 9 ~ 12 分，2 个城市得分在 6 ~ 9 分，5 个城市得分在 3 ~ 6 分，说明北部湾城市群城市物流能力分布较不均衡，城市物流能力得分相差较大。

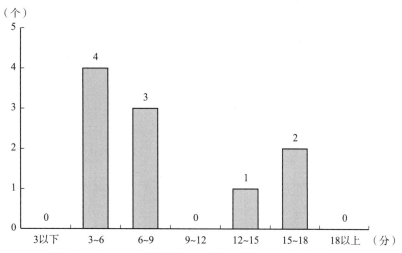

图 8－60　2013 年北部湾城市群城市物流能力评价分值分布

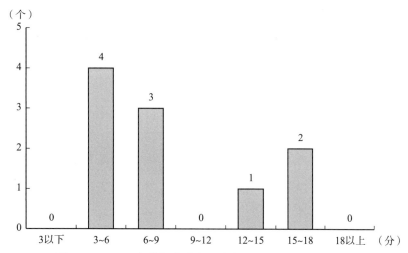

图 8－61　2014 年北部湾城市群城市物流能力评价分值分布

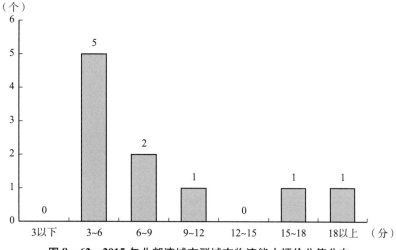

图 8－62　2015 年北部湾城市群城市物流能力评价分值分布

　　由图 8－63 可以看到 2016 年北部湾城市群城市物流能力的得分情况，城市物流能力得分在 18 分以上的只有 1 个城市，1 个城市得分在 15～18 分，1 个城市得分在 12～15 分，1 个城市得分在 9～12 分，3 个城市得分在 6～9 分，3 个城市得分在 3～6 分，说明北部湾城市群城市物流能力分布较为均衡，城市物流能力得分相差较小。

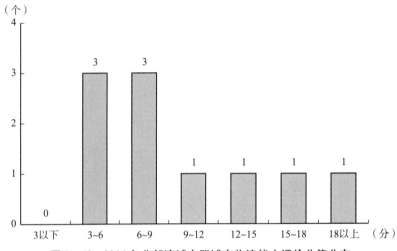

图 8 – 63　2016 年北部湾城市群城市物流能力评价分值分布

2. 北部湾城市群城市物流能力跨区段变动情况

根据图 8 – 64 对 2008 ~ 2009 年北部湾城市群城市物流能力跨区段变化进行分析，可以看到在 2008 ~ 2009 年有 2 个城市的城市物流能力名次发生大幅变动。其中，玉林市由下游区上升至中游区；茂名市由中游区下降至下游区。

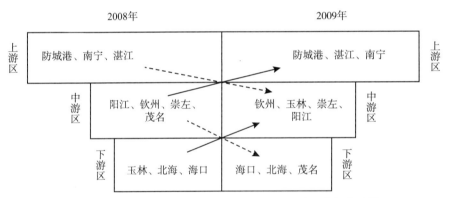

图 8 – 64　2008 ~ 2009 年北部湾城市群城市物流能力大幅变动情况

根据图 8 – 65 对 2009 ~ 2010 年北部湾城市群城市物流能力跨区段变化进行分析，可以看到在 2009 ~ 2010 年有 2 个城市的城市物流能力名次发生大幅变动。其中，海口市由下游区上升至中游区；阳江市由中游区下降至下游区。

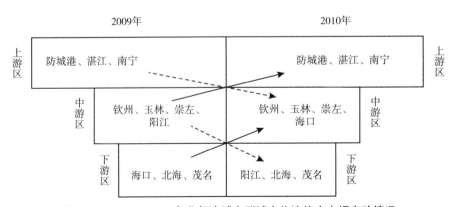

图 8 – 65　2009 ~ 2010 年北部湾城市群城市物流能力大幅变动情况

根据图 8 - 66 对 2010 ~ 2011 年北部湾城市群城市物流能力跨区段变化进行分析，可以看到在 2010 ~ 2011 年有 2 个城市的城市物流能力名次发生大幅变动。其中，茂名市由下游区上升至中游区；崇左市由中游区下降至下游区。

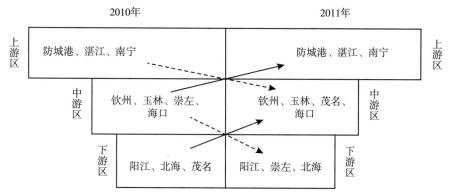

图 8 - 66　2010 ~ 2011 年北部湾城市群城市物流能力大幅变动情况

根据图 8 - 67 对 2011 ~ 2012 年北部湾城市群城市物流能力跨区段变化进行分析，可以看到在 2011 ~ 2012 年有 2 个城市的城市物流能力名次发生大幅变动。其中，崇左市由下游区上升至中游区；茂名市由中游区下降至下游区。

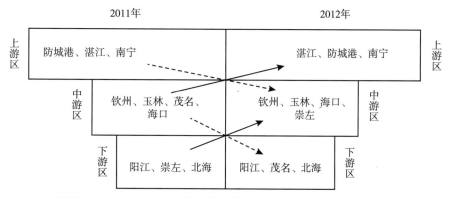

图 8 - 67　2011 ~ 2012 年北部湾城市群城市物流能力大幅变动情况

根据图 8 - 68 对 2012 ~ 2013 年北部湾城市群城市物流能力跨区段变化进行分析，可以看到在 2012 ~ 2013 年未有城市的城市物流能力名次发生大幅变动。

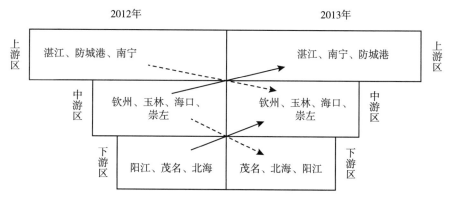

图 8 - 68　2012 ~ 2013 年北部湾城市群城市物流能力大幅变动情况

根据图 8－69 对 2013～2014 年北部湾城市群城市物流能力跨区段变化进行分析，可以看到在 2013～2014 年有 4 个城市的城市物流能力名次发生大幅变动。其中，阳江市、北海市由下游区上升至中游区；钦州市、崇左市由中游区下降至下游区。

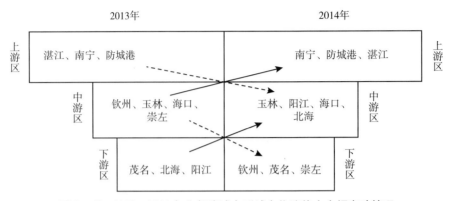

图 8－69　2013～2014 年北部湾城市群城市物流能力大幅变动情况

根据图 8－70 对 2014～2015 年北部湾城市群城市物流能力跨区段变化进行分析，可以看到在 2014～2015 年有 2 个城市的城市物流能力名次发生大幅变动。其中，茂名市由下游区上升至中游区；阳江市由中游区下降至下游区。

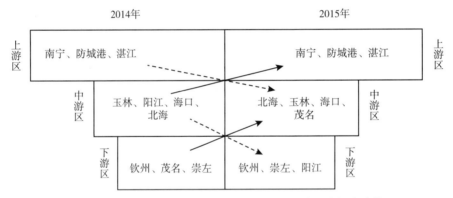

图 8－70　2014～2015 年北部湾城市群城市物流能力大幅变动情况

根据图 8－71 对 2015～2016 年北部湾城市群城市物流能力跨区段变化进行分析，可以看到在 2015～2016 年有 4 个城市的城市物流能力名次发生大幅变动。其中，钦州市、阳江市由下游区上升至中游区；茂名市、北海市由中游区下降至下游区。

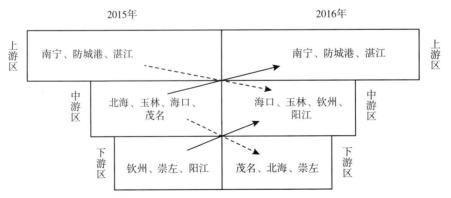

图 8－71　2015～2016 年北部湾城市群城市物流能力大幅变动情况

　　根据图 8 – 72 对 2008 ~ 2016 年北部湾城市群城市物流能力跨区段变化进行分析，可以看到在 2008 ~ 2016 年有 4 个城市的城市物流能力名次发生大幅变动。其中，海口市、玉林市由下游区上升至中游区；茂名市、崇左市由中游区下降至下游区。

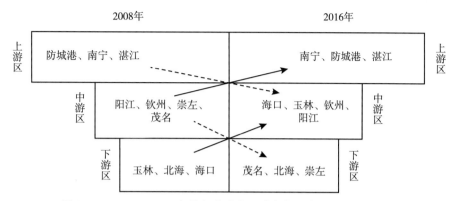

图 8 – 72　2008 ~ 2016 年北部湾城市群城市物流能力大幅变动情况

第九章 北部湾城市群城市社会福利发展水平评估分析

一、北部湾城市群城市社会福利综合评估分析

（一）北部湾城市群城市社会福利水平综合评估结果

根据北部湾城市群城市社会福利水平指标体系和数学评价模型，对2008~2016年北部湾城市群城市11个城市的社会福利水平进行评价。下面是本次评估期间北部湾城市群10个城市的社会福利水平排名和排名变化情况和指标评价结构。

1. 北部湾城市群城市社会福利水平排名

根据表9-1对2008年北部湾城市群各城市社会福利水平排名进行分析，可以看到北部湾城市群10个城市中，社会福利水平处于上游区的依次是海口市、南宁市、湛江市；处于中游区的依次是玉林市、防城港市、茂名市、北海市；处于下游区的依次是钦州市、阳江市、崇左市。这说明在北部湾城市群城市中海南地区社会福利水平高于广西地区和广东地区，更具发展优势。

表9-1 2008年北部湾城市群城市社会福利水平排名

地区	排名	区段	地区	排名	区段	地区	排名	区段
海口	1	上游区	玉林	4	中游区	钦州	8	下游区
南宁	2		防城港	5		阳江	9	
湛江	3		茂名	6		崇左	10	
			北海	7				

根据表9-2对2009年北部湾城市群各城市社会福利水平排名进行分析，可以看到北部湾城市群10个城市中，社会福利水平处于上游区的依次是海口市、北海市、湛江市；处于中游区的依次是茂名市、南宁市、防城港市、钦州市；处于下游区的依次是阳江市、玉林市、崇左市。这说明在北部湾城市群城市中海南地区社会福利水平高于广西地区和广东地区，更具发展优势。

表9-2 2009年北部湾城市群城市社会福利水平排名

地区	排名	区段	地区	排名	区段	地区	排名	区段
海口	1	上游区	茂名	4	中游区	阳江	8	下游区
北海	2		南宁	5		玉林	9	
湛江	3		防城港	6		崇左	10	
			钦州	7				

根据表9-3对2010年北部湾城市群各城市社会福利水平排名进行分析，可以看到北部湾城市群10个城市中，社会福利水平处于上游区的依次是海口市、湛江市、南宁市；处于中游区的依次是北海市、茂名市、防城港市、阳江市；处于下游区的依次是玉林市、钦州市、崇左市。这说明在北部湾城市群城市中海南地区社会福利水平高于广西地区和广东地区，更具发展优势。

表 9－3　　　　　　　　　　　　2010 年北部湾城市群城市社会福利水平排名

地区	排名	区段	地区	排名	区段	地区	排名	区段
海口	1		北海	4		玉林	8	
湛江	2	上游区	茂名	5	中游区	钦州	9	下游区
南宁	3		防城港	6		崇左	10	
			阳江	7				

根据表 9－4 对 2011 年北部湾城市群各城市社会福利水平排名进行分析，可以看到北部湾城市群 10 个城市中，社会福利水平处于上游区的依次是海口市、湛江市、茂名市；处于中游区的依次是北海市、南宁市、防城港市、玉林市；处于下游区的依次是阳江市、钦州市、崇左市。这说明在北部湾城市群城市中海南地区社会福利水平高于广西地区和广东地区，更具发展优势。

表 9－4　　　　　　　　　　　　2011 年北部湾城市群城市社会福利水平排名

地区	排名	区段	地区	排名	区段	地区	排名	区段
海口	1		北海	4		阳江	8	
湛江	2	上游区	南宁	5	中游区	钦州	9	下游区
茂名	3		防城港	6		崇左	10	
			玉林	7				

根据表 9－5 对 2012 年北部湾城市群各城市社会福利水平排名进行分析，可以看到北部湾城市群 10 个城市中，社会福利水平处于上游区的依次是海口市、湛江市、防城港市；处于中游区的依次是茂名市、北海市、南宁市、玉林市；处于下游区的依次是钦州市、阳江市、崇左市。这说明在北部湾城市群城市中海南地区社会福利水平高于广西地区和广东地区，更具发展优势。

表 9－5　　　　　　　　　　　　2012 年北部湾城市群城市社会福利水平排名

地区	排名	区段	地区	排名	区段	地区	排名	区段
海口	1		茂名	4		钦州	8	
湛江	2	上游区	北海	5	中游区	阳江	9	下游区
防城港	3		南宁	6		崇左	10	
			玉林	7				

根据表 9－6 对 2013 年北部湾城市群各城市社会福利水平排名进行分析，可以看到北部湾城市群 10 个城市中，社会福利水平处于上游区的依次是海口市、湛江市、南宁市；处于中游区的依次是茂名市、防城港市、北海市、玉林市；处于下游区的依次是钦州市、阳江市、崇左市。这说明在北部湾城市群城市中海南地区社会福利水平高于广西地区和广东地区，更具发展优势。

表 9－6　　　　　　　　　　　　2013 年北部湾城市群城市社会福利水平排名

地区	排名	区段	地区	排名	区段	地区	排名	区段
海口	1		茂名	4		钦州	8	
湛江	2	上游区	防城港	5	中游区	阳江	9	下游区
南宁	3		北海	6		崇左	10	
			玉林	7				

根据表 9－7 对 2014 年北部湾城市群各城市社会福利水平排名进行分析，可以看到北部湾城市群 10 个城市中，社会福利水平处于上游区的依次是海口市、南宁市、湛江市；处于中游区的依次是玉林市、防城港市、茂名市、阳江市；处于下游区的依次是北海市、钦州市、崇左市。这说明在北部湾城市群城市中

海南地区社会福利水平高于广西地区和广东地区，更具发展优势。

表9－7　　　　　　　　　　2014年北部湾城市群城市社会福利水平排名

地区	排名	区段	地区	排名	区段	地区	排名	区段
海口	1	上游区	玉林	4	中游区	北海	8	下游区
南宁	2		防城港	5		钦州	9	
湛江	3		茂名	6		崇左	10	
			阳江	7				

根据表9－8对2015年北部湾城市群各城市社会福利水平排名进行分析，可以看到北部湾城市群10个城市中，社会福利水平处于上游区的依次是海口市、湛江市、南宁市；处于中游区的依次是防城港市、玉林市、阳江市、茂名市；处于下游区的依次是北海市、钦州市、崇左市。这说明在北部湾城市群城市中海南地区社会福利水平高于广西地区和广东地区，更具发展优势。

表9－8　　　　　　　　　　2015年北部湾城市群城市社会福利水平排名

地区	排名	区段	地区	排名	区段	地区	排名	区段
海口	1	上游区	防城港	4	中游区	北海	8	下游区
湛江	2		玉林	5		钦州	9	
南宁	3		阳江	6		崇左	10	
			茂名	7				

根据表9－9对2016年北部湾城市群各城市社会福利水平排名进行分析，可以看到北部湾城市群10个城市中，社会福利水平处于上游区的依次是海口市、阳江市、防城港市；处于中游区的依次是湛江市、北海市、玉林市、茂名市；处于下游区的依次是南宁市、钦州市、崇左市。这说明在北部湾城市群城市中海南地区社会福利水平高于广西地区和广东地区，更具发展优势。

表9－9　　　　　　　　　　2016年北部湾城市群城市社会福利水平排名

地区	排名	区段	地区	排名	区段	地区	排名	区段
海口	1	上游区	湛江	4	中游区	南宁	8	下游区
阳江	2		北海	5		钦州	9	
防城港	3		玉林	6		崇左	10	
			茂名	7				

根据表9－10对2008～2016年北部湾城市群各城市社会福利水平排名变化趋势进行分析，可以看到在北部湾城市群10个城市社会福利水平处于上升区的依次是阳江市、北海市、防城港市；处于保持区的是崇左市、海口市；处于下降区的依次是湛江市、茂名市、钦州市、玉林市、南宁市。

表9－10　　　　　　　　　　2008～2016年北部湾城市群城市社会福利水平排名变化

地区	排名	区段	地区	排名	区段	地区	排名	区段
阳江	7	上升区	崇左	0	保持区	湛江	－1	下降区
北海	2		海口	0		茂名	－1	
防城港	2					钦州	－1	
						玉林	－2	
						南宁	－6	

2. 北部湾城市群城市社会福利水平得分情况

通过表9-11对2008~2016年北部湾城市群城市社会福利水平及变化进行分析。由2008年的北部湾城市群城市社会福利水平评价来看，得分处在35~58分，有7个城市社会福利水平得分在44分以上，小于44分的城市有阳江市、钦州市、崇左市。北部湾城市群城市社会福利水平最高得分为海口市的58.121分，最低得分为崇左市的34.650分。得分平均值为46.246分，标准差为7.154。北部湾城市群城市中海南地区城市的社会福利水平得分较高，其中所有城市的社会福利水平得分均超过44分。北部湾城市群城市中广西地区社会福利水平较低，其中有2个城市的社会福利水平低于44分。

表9-11　　　　　　　　　　2008~2016年北部湾城市群城市社会福利水平评价比较

地区	2008年	2009年	2010年	2011年	2012年	2013年	2014年	2015年	2016年	综合变化
阳江	39.348	41.944	44.530	41.276	39.200	37.870	39.157	41.828	47.354	8.007
湛江	51.641	50.792	52.585	53.205	50.480	50.868	44.662	46.303	45.171	-6.469
茂名	44.409	49.879	47.393	51.384	47.207	45.614	39.573	41.495	39.667	-4.743
南宁	54.765	49.188	48.434	46.646	44.463	45.807	44.760	44.454	39.469	-15.296
北海	44.233	55.077	48.255	46.733	44.738	42.530	37.864	41.452	43.386	-0.847
防城港	47.084	47.176	44.730	42.619	47.402	42.975	40.362	42.363	45.424	-1.660
钦州	41.052	42.213	39.366	40.195	39.364	39.614	37.546	38.918	38.601	-2.451
玉林	47.156	41.357	44.476	42.189	41.195	41.361	40.763	42.016	42.461	-4.694
崇左	34.650	34.437	35.123	33.530	33.190	30.537	27.621	28.814	35.577	0.927
海口	58.121	56.895	53.708	55.797	51.992	52.038	55.932	55.043	56.442	-1.680
最高分	58.121	56.895	53.708	55.797	51.992	52.038	55.932	55.043	56.442	-1.680
最低分	34.650	34.437	35.123	33.530	33.190	30.537	27.621	28.814	35.577	0.000
平均分	46.246	46.896	45.860	45.357	43.923	42.921	40.824	42.269	43.355	2.421
标准差	7.154	6.902	5.617	6.759	5.751	6.274	7.125	6.481	5.845	-2.288

由2009年的北部湾城市群城市社会福利水平评价来看，得分处在34~57分，有6个城市社会福利水平得分在44分以上，小于44分的城市有阳江市、钦州市、玉林市、崇左市。北部湾城市群城市社会福利水平最高得分为海口市的56.895分，最低得分为崇左市的34.437分。得分平均值为46.896分，标准差为6.902。北部湾城市群城市中海南地区城市的社会福利水平得分较高，其中所有城市的社会福利水平得分均超过44分。北部湾城市群城市中广西地区社会福利水平较低，其中仅有3个城市的社会福利水平超过44分。

由2010年的北部湾城市群城市社会福利水平评价来看，得分处在35~54分，有8个城市社会福利水平得分在44分以上，小于44分的城市有钦州市、崇左市。北部湾城市群城市社会福利水平最高得分为海口市的53.708分，最低得分为崇左市的35.123分。得分平均值为45.860分，标准差为5.617。北部湾城市群城市中海南地区城市的社会福利水平得分较高，其中所有城市的社会福利水平得分均超过44分。北部湾城市群城市中广西地区社会福利水平较低，其中仅有4个城市的社会福利水平超过44分。

由2011年的北部湾城市群城市社会福利水平评价来看，得分处在34~56分，有5个城市社会福利水平得分在44分以上，小于44分的城市有阳江市、防城港市、钦州市、玉林市、崇左市。北部湾城市群城市社会福利水平最高得分为海口市的55.797分，最低得分为崇左市的33.530分。得分平均值为45.357分，标准差为6.759。北部湾城市群城市中海南地区城市的社会福利水平得分较高，其中所有城市的社会福利水平得分均超过44分。北部湾城市群城市中广西地区社会福利水平较低，其中仅有2个城市的社会福利水平超过44分。

由2012年的北部湾城市群城市社会福利水平评价来看，得分处在33~52分，有6个城市社会福利水平得分在44分以上，小于44分的城市有阳江市、钦州市、玉林市、崇左市。北部湾城市群城市社会福利水平最高得分为海口市的51.992分，最低得分为崇左市的33.190分。得分平均值为43.923分，标准差为5.751。北部湾城市群城市中海南地区城市的社会福利水平得分较高，其中所有城市的社会福利水平得分均超过 44 分。北部湾城市群城市中广西地区社会福利水平较低，其中仅有 3 个城市的社会福利水平超过 44 分。

由 2013 年的北部湾城市群城市社会福利水平评价来看，得分处在 31～52 分，有 4 个城市社会福利水平得分在 44 分以上，小于 44 分的城市有阳江市、北海市、防城港市、钦州市、玉林市、崇左市。北部湾城市群城市社会福利水平最高得分为海口市的 52.038 分，最低得分为崇左市的 30.537 分。北部湾城市群城市社会福利水平得分平均值为 42.921 分，标准差为 6.274。北部湾城市群城市中海南地区城市的社会福利水平得分较高，其中所有城市的社会福利水平得分均超过 44 分。北部湾城市群城市中广西地区社会福利水平较低，其中仅有 1 个城市的社会福利水平超过 44 分。

由 2014 年的北部湾城市群城市社会福利水平评价来看，得分处在 28～56 分，有 3 个城市社会福利水平得分在 44 分以上，小于 44 分的城市有阳江市、茂名市、北海市、防城港市、钦州市、玉林市、崇左市。北部湾城市群城市社会福利水平最高得分为海口市的 55.932 分，最低得分为崇左市的 27.621 分。北部湾城市群城市社会福利水平得分平均值为 40.824 分，标准差为 7.125。北部湾城市群城市中海南地区城市的社会福利水平得分较高，其中所有城市的社会福利水平得分均超过 44 分。北部湾城市群城市中广西地区社会福利水平较低，其中仅有 1 个城市的社会福利水平超过 44 分。

由 2015 年的北部湾城市群城市社会福利水平评价来看，得分处在 29～55 分，有 3 个城市社会福利水平得分在 44 分以上，小于 44 分的城市有阳江市、茂名市、北海市、防城港市、钦州市、玉林市、崇左市。北部湾城市群城市社会福利水平最高得分为海口市的 55.043 分，最低得分为崇左市的 28.814 分。北部湾城市群城市社会福利水平得分平均值为 42.269 分，标准差为 6.481。北部湾城市群城市中海南地区城市的社会福利水平得分较高，其中所有城市的社会福利水平得分均超过 44 分。北部湾城市群城市中广西地区社会福利水平较低，其中仅有 1 个城市的社会福利水平超过 44 分。

由 2016 年的北部湾城市群城市社会福利水平评价来看，得分处在 36～56 分，有 4 个城市社会福利水平得分在 44 分以上，小于 44 分的城市有茂名市、南宁市、北海市、钦州市、玉林市、崇左市。北部湾城市群城市社会福利水平最高得分为海口市的 56.442 分，最低得分为崇左市的 35.577 分。北部湾城市群城市社会福利水平得分平均值为 43.355 分，标准差为 5.845。北部湾城市群城市中海南地区城市的社会福利水平得分较高，其中所有城市的社会福利水平得分均超过 44 分。北部湾城市群城市中广西地区社会福利水平较低，其中仅有 1 个城市的社会福利水平超过 44 分。

对比北部湾城市群城市各城市社会福利水平变化，通过对各年北部湾城市群城市社会福利水平平均分、标准差进行分析，可以发现其平均分处于波动下降趋势，说明北部湾城市群城市社会福利综合能力有所下降。北部湾城市群城市社会福利水平的标准差处于波动下降趋势，说明城市间的社会福利水平差距扩大。对各城市的社会福利水平变化展开分析，发现海口市社会福利水平处在绝对领先位置，2008～2016 年的各个时间段内均排名第 1，但是整体得分处于波动下降趋势。海南地区所有城市均占据领先地位，并持续占据着第 1 名的排名，其他城市排名基本稳定。

3. 北部湾城市群城市社会福利要素得分情况

通过表 9－12 对 2008～2016 年北部湾城市群城市城镇福利水平进行分析。由 2008 年的北部湾城市群城市城镇福利水平的评价来看，得分处在 7～19 分，有 5 个城市的城镇福利水平的得分在 13 分以上，小于 13 分的城市有北海市、防城港市、钦州市、玉林市、崇左市。北部湾城市群城市城镇福利水平最高得分为海口市的 6.041 分，最低得分为崇左市的 7.237 分。得分平均值为 12.826 分，标准差为 4.361。北部湾城市群城市中海南地区城市的城镇福利水平得分较高，其中所有城市的城镇福利水平得分均超过 13 分。北部湾城市群城市中广西地区城镇福利的得分较低，仅有 1 个城市得分超过 13 分。

表 9－12　　　　　　　　　2008～2016 年北部湾城市群城镇福利水平评价比较

地区	2008 年	2009 年	2010 年	2011 年	2012 年	2013 年	2014 年	2015 年	2016 年	综合变化
阳江	14.107	16.258	15.567	14.645	14.988	14.695	15.361	16.622	19.194	5.087
湛江	18.633	18.758	18.219	19.125	19.602	19.756	17.401	19.143	19.470	0.836
茂名	14.939	20.698	15.934	18.635	18.811	18.531	15.379	17.503	16.872	1.933

续表

地区	2008 年	2009 年	2010 年	2011 年	2012 年	2013 年	2014 年	2015 年	2016 年	综合变化
南宁	16.548	17.719	15.909	15.253	15.804	16.687	16.533	17.655	13.412	-3.136
北海	10.429	16.549	11.782	10.866	10.756	10.694	8.692	10.637	11.467	1.038
防城港	8.734	11.021	9.553	9.057	10.495	9.854	9.409	10.675	11.737	3.003
钦州	8.961	12.207	9.851	8.770	9.865	9.968	9.164	9.569	9.494	0.533
玉林	9.633	10.978	10.189	9.132	10.860	11.034	10.287	11.044	11.061	1.428
崇左	7.237	8.075	6.691	6.495	7.091	6.556	6.000	6.712	8.289	1.052
海口	19.041	19.960	17.049	17.862	17.883	18.301	20.060	20.503	21.500	2.459
最高分	19.041	20.698	18.219	19.125	19.602	19.756	20.060	20.503	21.500	2.459
最低分	7.237	8.075	6.691	6.495	7.091	6.556	6.000	6.712	8.289	1.052
平均分	12.826	15.222	13.074	12.984	13.616	13.608	12.829	14.006	14.250	1.423
标准差	4.361	4.344	3.919	4.666	4.344	4.557	4.657	4.774	4.645	0.284

由 2009 年的北部湾城市群城市城镇福利水平的评价来看，得分处在 8~21 分，有 6 个城市的城镇福利水平的得分在 13 分以上，小于 13 分的城市有防城港市、钦州市、玉林市、崇左市。北部湾城市群城市城镇福利水平最高得分为茂名市的 20.698 分，最低得分为崇左市的 8.075 分。得分平均值为 15.222 分，标准差为 4.344。北部湾城市群城市中广东地区城市的城镇福利水平得分较高，其中所有城市的城镇福利水平得分均超过 13 分。北部湾城市群城市中广西地区城镇福利的得分较低，仅有 2 个城市得分超过 13 分。

由 2010 年的北部湾城市群城市城镇福利水平的评价来看，得分处在 7~18 分，有 5 个城市的城镇福利水平的得分在 13 分以上，小于 13 分的城市有北海市、防城港市、钦州市、玉林市、崇左市。北部湾城市群城市城镇福利水平最高得分为湛江市的 18.219 分，最低得分为崇左市的 6.691 分。得分平均值为 13.074 分，标准差为 3.919。北部湾城市群城市中广东地区城市的城镇福利水平得分较高，其中所有城市的城镇福利水平得分均超过 13 分。北部湾城市群城市中广西地区城镇福利的得分较低，仅有 1 个城市得分超过 13 分。

由 2011 年的北部湾城市群城市城镇福利水平的评价来看，得分处在 6~19 分，有 5 个城市的城镇福利水平的得分在 13 分以上，小于 13 分的城市有北海市、防城港市、钦州市、玉林市、崇左市。北部湾城市群城市城镇福利水平最高得分为湛江市的 19.125 分，最低得分为崇左市的 6.495 分。得分平均值为 12.984 分，标准差为 4.666。北部湾城市群城市中广东地区城市的城镇福利水平得分较高，其中所有城市的城镇福利水平得分均超过 13 分。北部湾城市群城市中广西地区城镇福利的得分较低，仅有 1 个城市得分超过 13 分。

由 2012 年的北部湾城市群城市城镇福利水平的评价来看，得分处在 7~20 分，有 5 个城市的城镇福利水平的得分在 13 分以上，小于 13 分的城市有北海市、防城港市、钦州市、玉林市、崇左市。北部湾城市群城市城镇福利水平最高得分为湛江市的 19.602 分，最低得分为崇左市的 7.091 分。得分平均值为 13.616 分，标准差为 4.344。北部湾城市群城市中广东地区城市的城镇福利水平得分较高，其中所有城市的城镇福利水平得分均超过 13 分。北部湾城市群城市中广西地区城镇福利的得分较低，仅有 1 个城市得分超过 13 分。

由 2013 年的北部湾城市群城市城镇福利水平的评价来看，得分处在 7~20 分，有 5 个城市的城镇福利水平的得分在 13 分以上，小于 13 分的城市有北海市、防城港市、钦州市、玉林市、崇左市。北部湾城市群城市城镇福利水平最高得分为湛江市的 19.756 分，最低得分为崇左市的 6.556 分。得分平均值为 13.608 分，标准差为 4.557。北部湾城市群城市中广东地区城市的城镇福利水平得分较高，其中所有城市的城镇福利水平得分均超过 13 分。北部湾城市群城市中广西地区城镇福利的得分较低，仅有 1 个城市得分超过 13 分。

由 2014 年的北部湾城市群城市城镇福利水平的评价来看，得分处在 6~20 分，有 5 个城市的城镇福利水平的得分在 13 分以上，小于 13 分的城市有北海市、防城港市、钦州市、玉林市、崇左市。北部湾城市群城市城镇福利水平最高得分为海口市的 20.600 分，最低得分为崇左市的 6.000 分。得分平均值为 12.829 分，标准差为 4.657。北部湾城市群城市中海南地区城市的城镇福利水平得分较高，其中所有城市的城镇福利水平得分均超过 13 分。北部湾城市群城市中广西地区城镇福利的得分较低，仅有 1 个城市得分超过 13 分。

由 2015 年的北部湾城市群城市城镇福利水平的评价来看，得分处在 7～21 分，有 5 个城市的城镇福利水平的得分在 13 分以上，小于 13 分的城市有北海市、防城港市、钦州市、玉林市、崇左市。北部湾城市群城市城镇福利水平最高得分为海口市的 20.503 分，最低得分为崇左市的 6.712 分。得分平均值为 14.006 分，标准差为 4.774。北部湾城市群城市中海南地区城市的城镇福利水平得分较高，其中所有城市的城镇福利水平得分均超过 13 分。北部湾城市群城市中广西地区城镇福利的得分较低，仅有 1 个城市得分超过 13 分。

由 2016 年的北部湾城市群城市城镇福利水平的评价来看，得分处在 8～22 分，有 5 个城市的城镇福利水平的得分在 13 分以上，小于 13 分的城市有北海市、防城港市、钦州市、玉林市、崇左市。北部湾城市群城市城镇福利水平最高得分为海口市的 21.500 分，最低得分为崇左市的 8.289 分。得分平均值为 14.250 分，标准差为 4.645。北部湾城市群城市中海南地区城市的城镇福利水平得分较高，其中所有城市的城镇福利水平得分均超过 13 分。北部湾城市群城市中广西地区城镇福利的得分较低，仅有 1 个城市得分超过 13 分。

对比北部湾城市群各城市城镇福利水平变化，通过对各年的北部湾城市群城市城镇福利水平的平均分、标准差进行分析，可以发现其平均分处于波动上升趋势，说明北部湾城市群城市城镇福利综合能力有所提升。北部湾城市群城市城镇福利水平的标准差也处于波动上升趋势，说明城市间城镇福利水平差距缩小。对各城市的城镇福利水平变化展开分析，发现海口市城镇福利水平处在绝对领先位置。除了阳江市和防城港市在排名上出现小幅度的变化之外，北部湾城市群其他城市的城镇福利得分以及排名均呈现稳定趋势，说明北部湾城市群各城市城镇福利水平发展稳定。

通过表 9－13 对 2018～2016 年北部湾城市群城市农村福利水平及变化进行分析。由 2008 年北部湾城市群城市农村福利水平的评价来看，得分处在 14～25 分，有 8 个城市的农村福利水平得分在 17 分以上，小于 17 分的城市有阳江市、崇左市。北部湾城市群城市农村福利水平得分最高为玉林市的 24.593 分，最低得分为崇左市的 13.716 分。得分平均值为 19.524 分，标准差为 3.712。北部湾城市群城市中海南地区城市的农村福利水平得分较高，其中所有城市的农村福利水平得分均超过 17 分。北部湾城市群城市中广东地区农村福利水平较低，仅有 2 个城市的农村福利水平超过 17 分。

表 9－13　　　　　　　　2008～2016 年北部湾城市群农村福利水平评价比较

地区	2008 年	2009 年	2010 年	2011 年	2012 年	2013 年	2014 年	2015 年	2016 年	综合变化
阳江	13.910	12.441	16.261	15.309	12.297	12.112	14.165	14.445	13.061	-0.849
湛江	19.413	19.068	21.556	21.827	18.233	17.065	14.689	15.680	14.269	-5.144
茂名	17.544	17.203	20.305	22.607	17.924	17.183	14.294	13.348	11.199	-6.345
南宁	19.012	15.941	18.449	17.056	14.404	14.676	15.568	15.029	12.635	-6.377
北海	21.305	20.987	21.638	20.810	18.631	17.864	16.831	17.595	18.080	-3.225
防城港	23.159	20.119	19.424	18.628	17.856	17.234	16.280	16.044	18.046	-5.113
钦州	19.529	16.724	16.459	18.605	16.618	17.362	16.972	16.633	16.729	-2.800
玉林	24.593	16.775	20.540	19.772	16.987	17.367	18.604	18.025	18.845	-5.748
崇左	13.716	12.359	14.855	13.805	11.799	10.010	9.117	8.809	12.830	-0.887
海口	23.060	19.374	19.482	21.560	17.610	17.980	22.048	19.527	18.644	-4.416
最高分	24.593	20.987	21.638	22.607	18.631	17.980	22.048	19.527	18.845	-5.748
最低分	13.716	12.359	14.855	13.805	11.799	10.010	9.117	8.809	11.199	-2.517
平均分	19.524	17.099	18.897	18.998	16.236	15.885	15.857	15.514	15.434	-4.090
标准差	3.712	2.964	2.341	2.908	2.502	2.745	3.340	2.969	2.925	-0.788

由 2009 年北部湾城市群城市农村福利水平的评价来看，得分处在 12～21 分，有 5 个城市的农村福利水平得分在 17 分以上，小于 17 分的城市有阳江市、钦州市、玉林市、崇左市。北部湾城市群城市农村福利水平最高得分为北海市的 20.987 分，最低得分为崇左市的 12.359 分。北部湾城市群城市农村福利水平得分平均值为 17.099 分，标准差为 2.964。北部湾城市群城市中海南地区城市的农村福利水平得分较高，其中所有城市的农村福利水平得分均超过 17 分。北部湾城市群城市中广西地区农村福利水平较低，仅有 2 个城市的农村福利水平超过 17 分。

由 2010 年北部湾城市群城市农村福利水平的评价来看，得分处在 15～22 分，有 7 个城市的农村福利水平得分在 17 分以上，小于 17 分的城市有阳江市、钦州市、崇左市。北部湾城市群城市农村福利水平最高得分为北海市的 21.638 分，最低得分为崇左市的 14.855 分。北部湾城市群城市农村福利水平得分平均值为 18.897 分，标准差为 2.341。北部湾城市群城市中海南地区城市的农村福利水平得分较高，其中所有城市的农村福利水平得分均超过 17 分。北部湾城市群城市中广东地区农村福利水平较低，仅有 2 个城市的农村福利水平超过 17 分。

由 2011 年北部湾城市群城市农村福利水平的评价来看，得分处在 14～23 分，有 8 个城市的农村福利水平得分在 17 分以上，小于 17 分的城市有阳江市、崇左市。北部湾城市群城市农村福利水平最高得分为茂名市的 22.607 分，最低得分为崇左市的 13.805 分。北部湾城市群城市农村福利水平得分平均值为 18.998 分，标准差为 2.908。北部湾城市群城市中海南地区城市的农村福利水平得分较高，其中所有城市的农村福利水平得分均超过 17 分。北部湾城市群城市中广东地区农村福利水平较低，仅有 2 个城市的农村福利水平超过 17 分。

由 2012 年北部湾城市群城市农村福利水平的评价来看，得分处在 12～19 分，有 5 个城市的农村福利水平得分在 17 分以上，小于 17 分的城市有阳江市、南宁市、钦州市、玉林市、崇左市。北部湾城市群城市农村福利水平最高得分为北海市的 18.631 分，最低得分为崇左市的 11.799 分。得分平均值为 16.236 分，标准差为 2.502。北部湾城市群城市中海南地区城市的农村福利水平得分较高，其中所有城市的农村福利水平得分均超过 17 分。北部湾城市群城市中广西地区农村福利水平较低，仅有 2 个城市的农村福利水平超过 17 分。

由 2013 年北部湾城市群城市农村福利水平的评价来看，得分处在 10～18 分，有 7 个城市的农村福利水平得分在 17 分以上，小于 17 分的城市有阳江市、南宁市、崇左市。北部湾城市群城市农村福利水平最高得分为海口市的 17.980 分，最低得分为崇左市的 10.010 分。得分平均值为 15.885 分，标准差为 2.745。北部湾城市群城市中海南地区城市的农村福利水平得分较高，其中所有城市的农村福利水平得分均超过 17 分。北部湾城市群城市中广东地区农村福利水平较低，仅有 2 个城市的农村福利水平超过 17 分。

由 2014 年北部湾城市群城市农村福利水平的评价来看，得分处在 9～22 分，有 2 个城市的农村福利水平得分在 17 分以上，小于 17 分的城市有阳江市、湛江市、茂名市、南宁市、北海市、防城港市、钦州市、崇左市。北部湾城市群城市农村福利水平最高得分为海口市的 22.048 分，最低得分为崇左市的 9.117 分。得分平均值为 15.857 分，标准差为 3.340。北部湾城市群城市中海南地区城市的农村福利水平得分较高，其中所有城市的农村福利水平得分均超过 17 分。北部湾城市群城市中广东地区农村福利水平较低，没有城市的农村福利水平超过 17 分。

由 2015 年北部湾城市群城市农村福利水平的评价来看，得分处在 9～20 分，有 3 个城市的农村福利水平得分在 17 分以上，小于 17 分的城市有阳江市、湛江市、茂名市、南宁市、防城港市、钦州市、崇左市。北部湾城市群城市农村福利水平最高得分为海口市的 19.527 分，最低得分为崇左市的 8.809 分。得分平均值为 15.514 分，标准差为 2.969。北部湾城市群城市中海南地区城市的农村福利水平得分较高，其中所有城市的农村福利水平得分均超过 17 分。北部湾城市群城市中广东地区农村福利水平较低，没有城市的农村福利水平超过 17 分。

由 2016 年北部湾城市群城市农村福利水平的评价来看，得分处在 11～19 分，有 4 个城市的农村福利水平得分在 17 分以上，小于 17 分的城市有阳江市、湛江市、茂名市、南宁市、钦州市、崇左市。北部湾城市群城市农村福利水平最高得分为玉林市的 18.845 分，最低得分为茂名市的 11.199 分。得分平均值为 15.434 分，标准差为 2.925。北部湾城市群城市中海南地区城市的农村福利水平得分较高，其中所有城市的农村福利水平得分均超过 17 分。北部湾城市群城市中广东地区农村福利水平较低，没有城市的农村福利水平超过 17 分。

对比北部湾城市群各城市农村福利水平变化，通过对各年的北部湾城市群城市农村福利水平的平均分、标准差进行分析，可以发现其平均分处于波动下降趋势，说明北部湾城市群城市农村福利综合能力有所降低，农村福利有所缩小。北部湾城市群城市农村福利水平的标准差也处于波动下降趋势，说明城市间农村福利水平差距扩大。对各城市的农村福利水平变化展开分析，发现玉林市农村福利水平处在绝对领先位置，并且其综合发展水平处于下降趋势。广西地区其他城市的农村福利水平得分均出现小幅波动，说明广西地区的整体农村福利水平变化幅度较小。广东地区的其他城市农村福利水平得分趋于下降，说明这些城市的农村福利水平仍待提升，乡村活力及稳定性不足。

通过表 9 - 14 对 2008 ~ 2016 年北部湾城市群城市财政能力及变化进行分析。由 2008 年的北部湾城市群城市财政能力评价来看，得分处在 14 ~ 25 分，有 5 个城市的财政能力得分在 13 分以上，小于 13 分的城市有阳江市、茂名市、北海市、钦州市、玉林市。北部湾城市群城市财政能力最高得分为南宁市的 24.593 分，最低得分为阳江市的 13.716 分。得分平均值为 19.524 分，标准差为 3.712。北部湾城市群城市中海南地区财政能力水平较高，全部城市的财政能力超过 13 分。北部湾城市群城市中广东地区城市的财政能力得分较低，其中只有 1 个城市财政能力得分超过 13 分。

表 9 - 14　　　　　　　　　　　2008 ~ 2016 年北部湾城市群财政能力水平评价比较

地区	2008 年	2009 年	2010 年	2011 年	2012 年	2013 年	2014 年	2015 年	2016 年	综合变化
阳江	11.331	13.245	12.702	11.321	11.915	11.063	9.631	10.761	15.100	3.769
湛江	13.595	12.966	12.810	12.253	12.645	14.047	12.572	11.480	11.433	-2.162
茂名	11.926	11.978	11.154	10.141	10.472	9.900	9.899	10.644	11.596	-0.330
南宁	19.205	15.529	14.076	14.337	14.255	14.445	12.660	11.770	13.422	-5.783
北海	12.499	17.541	14.835	15.056	15.351	13.972	12.340	13.219	13.839	1.340
防城港	15.191	16.036	15.753	14.934	19.051	15.887	14.673	15.644	15.641	0.450
钦州	12.562	13.282	13.056	12.820	12.881	12.284	11.410	12.716	12.378	-0.184
玉林	12.929	13.604	13.746	13.285	13.348	12.961	11.872	12.947	12.555	-0.374
崇左	13.697	14.003	13.577	13.231	14.300	13.970	12.504	13.293	14.458	0.761
海口	16.021	17.561	17.178	16.375	16.499	15.756	13.823	15.014	16.298	0.277
最高分	19.205	17.561	17.178	16.375	19.051	15.887	14.673	15.644	16.298	-2.907
最低分	11.331	11.978	11.154	10.141	10.472	9.900	9.631	10.644	11.433	0.102
平均分	13.896	14.574	13.889	13.375	14.072	13.429	12.138	12.749	13.672	-0.224
标准差	2.348	1.966	1.703	1.869	2.449	1.916	1.556	1.667	1.692	-0.656

由 2009 年的北部湾城市群城市财政能力评价来看，得分处在 12 ~ 21 分，有 8 个城市的财政能力得分在 13 分以上，小于 13 分的城市有湛江市、茂名市。北部湾城市群城市财政能力最高得分为海口市的 20.987 分，最低得分为茂名市的 12.359 分。得分平均值为 17.099 分，标准差为 2.964。北部湾城市群城市中海南地区财政能力水平较高，全部城市的财政能力超过 13 分。北部湾城市群城市中广东地区城市的财政能力得分较低，其中只有 1 个城市财政能力得分超过 13 分。

由 2010 年的北部湾城市群城市财政能力评价来看，得分处在 15 ~ 22 分，有 7 个城市的财政能力得分在 13 分以上，小于 13 分的城市有阳江市、湛江市、茂名市。北部湾城市群城市财政能力得分最高为海口市的 21.638 分，最低得分为茂名市的 14.855 分。得分平均值为 18.897 分，标准差为 2.341。北部湾城市群城市中海南地区财政能力水平较高，全部城市的财政能力超过 13 分。北部湾城市群城市中广东地区城市的财政能力得分较低，没有城市财政能力得分超过 13 分。

由 2011 年的北部湾城市群城市财政能力评价来看，得分处在 14 ~ 23 分，有 6 个城市的财政能力得分在 13 分以上，小于 13 分的城市有阳江市、湛江市、茂名市、钦州市。北部湾城市群城市财政能力最高得分为海口市的 22.607 分，最低得分为茂名市的 13.805 分。得分平均值为 18.998 分，标准差为 2.908。北部湾城市群城市中海南地区财政能力水平较高，全部城市的财政能力超过 13 分。北部湾城市群城市中广东地区城市的财政能力得分较低，没有城市财政能力得分超过 13 分。

由 2012 年的北部湾城市群城市财政能力评价来看，得分处在 12～19 分，有 6 个城市的财政能力得分在 13 分以上，小于 13 分的城市有阳江市、湛江市、茂名市、钦州市。北部湾城市群城市财政能力最高得分为防城港市的 18.631 分，最低得分为茂名市的 11.799 分。得分平均值为 16.236 分，标准差为 2.502。北部湾城市群城市中海南地区财政能力水平较高，全部城市的财政能力超过 13 分。北部湾城市群城市中广东地区城市的财政能力得分较低，没有城市财政能力得分超过 13 分。

由 2013 年的北部湾城市群城市财政能力评价来看，得分处在 10～18 分，有 6 个城市的财政能力得分在 13 分以上，小于 13 分的城市有阳江市、茂名市、钦州市、玉林市。北部湾城市群城市财政能力最高得分为防城港市的 17.980 分，最低得分为茂名市的 10.010 分。得分平均值为 15.885 分，标准差为 2.745。北部湾城市群城市中海南地区财政能力水平较高，全部城市的财政能力超过 13 分。北部湾城市群城市中广东地区城市的财政能力得分较低，其中仅有 1 个城市财政能力得分超过 13 分。

由 2014 年的北部湾城市群城市财政能力评价来看，得分处在 9～22 分，有 2 个城市的财政能力得分在 13 分以上，小于 13 分的城市有阳江市、湛江市、茂名市、南宁市、北海市、钦州市、玉林市、崇左市。北部湾城市群城市财政能力最高得分为防城港市的 22.048 分，最低得分为阳江市的 9.117 分。得分平均值为 15.857 分，标准差为 3.340。北部湾城市群城市中海南地区财政能力水平较高，全部城市的财政能力超过 13 分。北部湾城市群城市中广东地区城市的财政能力得分较低，没有城市财政能力得分超过 13 分。

由 2015 年的北部湾城市群城市财政能力评价来看，得分处在 9～20 分，有 4 个城市的财政能力得分在 13 分以上，小于 13 分的城市有阳江市、湛江市、茂名市、南宁市、钦州市、玉林市。北部湾城市群城市财政能力最高得分为防城港市的 19.527 分，最低得分为茂名市的 8.809 分。得分平均值为 15.514 分，标准差为 2.969。北部湾城市群城市中海南地区财政能力水平较高，全部城市的财政能力超过 13 分。北部湾城市群城市中广东地区城市的财政能力得分较低，没有城市财政能力得分超过 13 分。

由 2016 年的北部湾城市群城市财政能力评价来看，得分处在 11～19 分，有 6 个城市的财政能力得分在 13 分以上，小于 13 分的城市有湛江市、茂名市、钦州市、玉林市。北部湾城市群城市财政能力最高得分为海口市的 18.845 分，最低得分为湛江市的 11.199 分。得分平均值为 15.434 分，标准差为 2.925。北部湾城市群城市中海南地区财政能力水平较高，全部城市的财政能力超过 13 分。北部湾城市群城市中广东地区城市的财政能力得分较低，其中仅有 1 个城市财政能力得分超过 13 分。

对比北部湾城市群各城市财政能力变化，通过对各年北部湾城市群城市财政能力的平均分、标准差进行分析，可以发现其平均分处于波动下降保持的趋势，说明珠北部湾城市群城市财政能力并未提升，也并未下降。北部湾城市群城市财政能力标准差处于波动下降趋势，说明城市间财政能力差距有所缩小。对各城市财政能力变化展开分析，发现海口市财政能力处在绝对领先位置，2008～2016 年的各个时间段内均排名前 2，且其综合发展水平得分有所上升。北部湾城市群其他城市财政能力得分也呈现波动上升趋势，说明北部湾城市群财政能力提升。

（二）北部湾城市群城市社会福利水平综合评估结果的比较与评析

1. 北部湾城市群城市社会福利水平分布情况

根据灰色综合评价法对无量纲化后的三级指标进行权重得分计算，得到北部湾城市群各城市的社会福利水平得分及排名，反映出各城市社会福利水平情况。下面对 2008～2016 年北部湾城市群城市社会福利水平评价分值分布进行统计。

由图 9-1 可以看到 2008 年北部湾城市群城市社会福利水平得分情况，暂无城市社会福利水平得分在 30 分以下、30～34 分，有 1 个城市的社会福利水平得分分布在 34～38 分，各有 2 个城市的社会福利水平得分分布在 38～42 分、42～46 分、46～50 分，有 3 个城市的社会福利水平得分分布在 50 分以上，这说明北部湾城市群城市社会福利水平分布较不均衡。

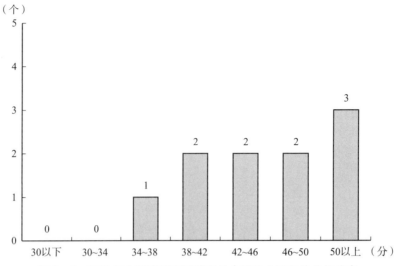

图 9 - 1   2008 年北部湾城市群城市社会福利水平评价分值分布

由图 9 - 2 可以看到，2009 年北部湾城市群城市社会福利水平得分与 2008 年相似，暂无城市社会福利水平得分在 30 分以下、30 ~ 34 分，有 1 个城市的社会福利水平得分分布在 34 ~ 38 分，有 2 个城市的社会福利水平得分在 38 ~ 42 分，有 1 个城市的社会福利水平得分在 42 ~ 46 分，各有 3 个城市的城市社会福利水平得分分布在 46 ~ 50 分、50 分以上，这说明北部湾城市群城市社会福利水平分得分上升幅度小，地区的社会福利水平得分分布趋向不稳定。

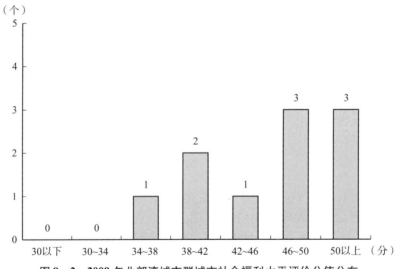

图 9 - 2   2009 年北部湾城市群城市社会福利水平评价分值分布

由图 9 - 3 可以看到，2010 年北部湾城市群城市社会福利水平得分与 2009 年相似，暂无城市社会福利水平得分在 30 分以下、30 ~ 34 分，各有 1 个城市的社会福利水平得分分布在 34 ~ 38 分、38 ~ 42 分，各有 3 个城市的社会福利水平得分在 42 ~ 46 分、46 ~ 50 分，有 2 个城市的社会福利水平得分在 50 分以上，这说明北部湾城市群城市社会福利水平分得分上升幅度大，地区的社会福利水平得分分布趋向不稳定。

由图 9 - 4 可以看到，2011 年北部湾城市群城市社会福利水平得分出现较大变化，暂无城市社会福利水平得分在 30 分以下，有 1 个城市的社会福利水平得分在 30 ~ 34 分，暂无城市社会福利水平得分在 30 ~ 34 分，各有 2 个城市的社会福利水平得分分布在 38 ~ 42 分、42 ~ 46 分、46 ~ 50 分，有 3 个城市的社会福利水平得分在 50 分以上，这说明北部湾城市群城市社会福利水平分布较不均匀，大量城市的社会福利水平得分较高，地区的社会福利水平得分分布趋向不稳定。

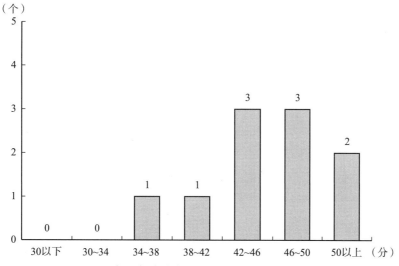

图 9 – 3　2010 年北部湾城市群城市社会福利水平评价分值分布

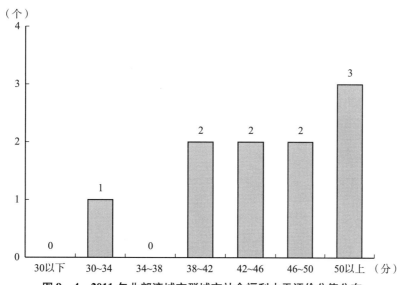

图 9 – 4　2011 年北部湾城市群城市社会福利水平评价分值分布

　　由图 9 – 5 可以看到，2012 年北部湾城市群城市社会福利水平得分与 2011 年相似，暂无城市社会福利水平得分在 30 分以下，有 1 个城市的社会福利水平得分在 30～34 分，暂无城市社会福利水平得分在 30～34 分，有 3 个城市的社会福利水平得分在 38～42 分，各有 2 个城市的社会福利水平得分分布在 42～46 分、46～50 分、50 分以上，这说明北部湾城市群城市社会福利水平分布较不均匀，大量城市的社会福利水平得分较高，地区的社会福利水平得分分布趋向不稳定。

　　由图 9 – 6 可以看到，2013 年北部湾城市群城市社会福利水平得分出现较大变化，暂无城市社会福利水平得分在 30 分以下，各有 1 个城市的社会福利水平得分分布在 30～34 分、34～38 分，有 2 个城市的社会福利水平得分在 38～42 分，有 4 个城市的社会福利水平得分在 42～46 分，暂无城市社会福利水平得分在 46～50 分，有 2 个城市社会福利水平得分在 50 分以上，这说明北部湾城市群城市社会福利水平得分整体呈现小幅下降趋势。

　　由图 9 – 7 可以看到 2014 年北部湾城市群城市社会福利水平得分情况，有 1 个城市社会福利水平得分在 30 分以下，暂无城市的社会福利水平得分在 30～34 分，有 2 个城市的社会福利水平得分在 34～38 分，有 4 个城市的社会福利水平得分在 38～42 分，有 2 个城市的社会福利水平得分在 42～46 分，暂无城市社会福利水平得分在 46～50 分，有 1 个城市社会福利水平得分在 50 分以上，这说明北部湾城市群城市社会福利水平得分差距较大，也说明各城市社会福利发展不稳定。

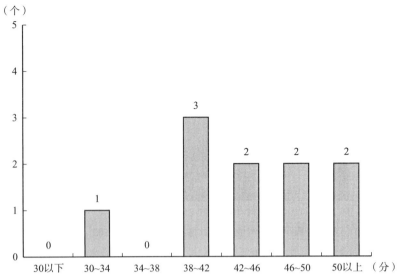

图9－5　2012年北部湾城市群城市社会福利水平评价分值分布

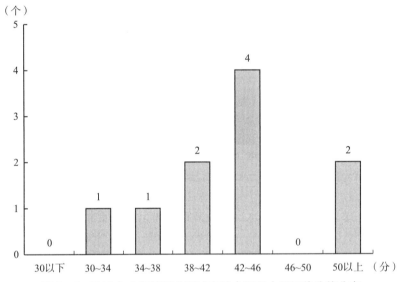

图9－6　2013年北部湾城市群城市社会福利水平评价分值分布

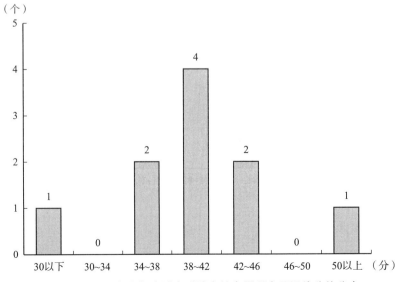

图9－7　2014年北部湾城市群城市社会福利水平评价分值分布

　　由图9-8可以看到，2015年北部湾城市群城市社会福利水平得分均衡性变差，有2个城市社会福利水平得分在30分以下，有4个城市的社会福利水平得分在30~34分，有1个城市的社会福利水平得分在34~38分，有2个城市的社会福利水平得分在38~42分，有1个城市的社会福利水平得分在42~46分，暂无城市社会福利水平得分在46~50分、50分以上，这说明北部湾城市群城市社会福利水平得分整体呈现大幅下降趋势。

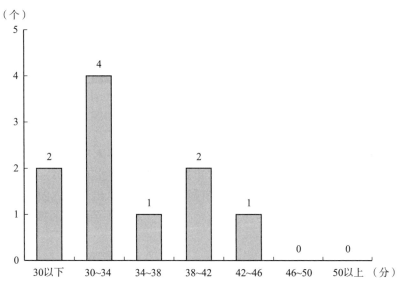

图9-8　2015年北部湾城市群城市社会福利水平评价分值分布

　　由图9-9可以看到，2016年北部湾城市群城市社会福利水平得分与2011年相似，暂无城市社会福利水平得分在30分以下、30~34分，有1个城市的社会福利水平得分分布在34~38分，有3个城市的社会福利水平得分在38~42分，有4个城市的社会福利水平得分在42~46分，各有1个城市的社会福利水平得分分布在46~50分、50分以上，这说明北部湾城市群城市社会福利水平分得分上升幅度大，地区的社会福利水平得分分布趋向不稳定。

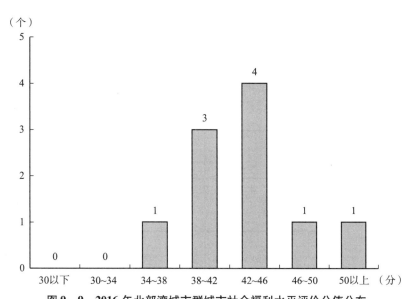

图9-9　2016年北部湾城市群城市社会福利水平评价分值分布

2. 北部湾城市群城市社会福利水平跨区段变动情况

　　根据图9-10中对2008~2009年北部湾城市群城市社会福利水平的跨区段变化进行分析，可以看到在2008~2009年，有4个城市的社会福利水平在北部湾城市群城市的名次发生大幅变动。其中，南宁市由上游区下降至中游区，玉林市由中游区下降至下游区，北海市由中游区上升至上游区，钦州市由下游区上升至中游区。

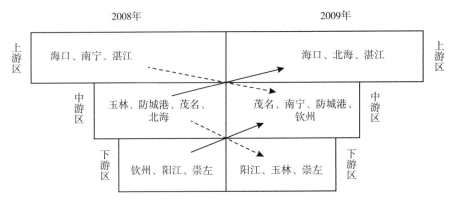

图 9 – 10　2008～2009 年北部湾城市群城市社会福利水平大幅变动情况

　　根据图 9 – 11 中对 2009～2010 年北部湾城市群城市社会福利水平的跨区段变化进行分析，可以看到在 2009～2010 年，有 4 个城市的社会福利水平发生大幅变动，北海市由上游区下降至中游区，南宁市由中游区上升至上游区，钦州市由中游区下降至下游区，阳江市由下游区上升至中游区。

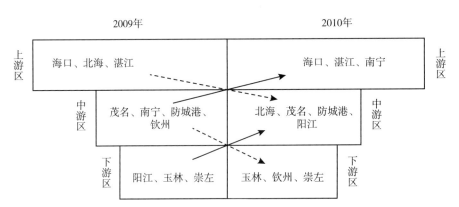

图 9 – 11　2009～2010 年北部湾城市群城市社会福利水平大幅变动情况

　　根据图 9 – 12 中对 2010～2011 年北部湾城市群城市社会福利水平的跨区段变化进行分析，可以看到在 2010～2011 年，有 4 个城市的社会福利水平发生大幅变动，南宁市由上游区下降至中游区，茂名市由中游区上升至上游区，阳江市由中游区下降至下游区，玉林市由下游区上升至中游区。

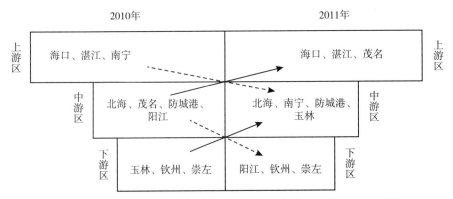

图 9 – 12　2010～2011 年北部湾城市群城市社会福利水平大幅变动情况

　　根据图 9 – 13 中对 2011～2012 年北部湾城市群城市社会福利水平的跨区段变化进行分析，可以看到在 2011～2012 年，有 2 个城市的社会福利水平发生大幅变动，茂名市由上游区下降至中游区，防城港市由中游区上升至上游区，说明北部湾城市群城市的社会福利水平保持稳定发展。

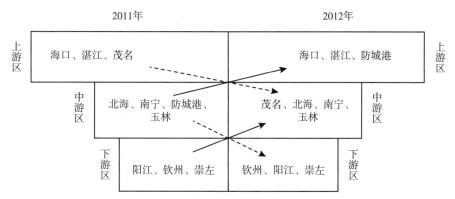

图 9－13　2011～2012 年北部湾城市群城市社会福利水平大幅变动情况

根据图 9－14 中对 2012～2013 年北部湾城市群城市社会福利水平的跨区段变化进行分析，可以看到在 2012～2013 年，有 2 个城市的社会福利水平发生大幅变动，防城港市由上游区下降至中游区，南宁市由中游区上升至上游区，说明北部湾城市群城市的社会福利水平保持稳定发展。

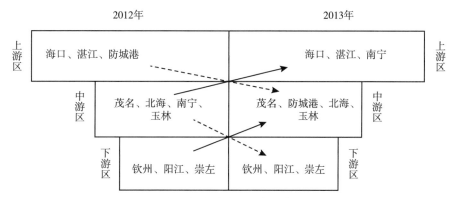

图 9－14　2012～2013 年北部湾城市群城市社会福利水平大幅变动情况

根据图 9－15 中对 2013～2014 年北部湾城市群城市社会福利水平的跨区段变化进行分析，可以看到在 2013～2014 年，有 2 个城市的社会福利水平发生大幅变动，北海市由中游区下降至下游区，阳江市由下游区上升至中游区，说明北部湾城市群城市的社会福利水平保持稳定发展。

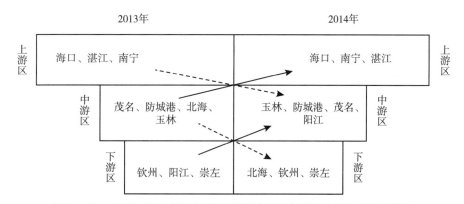

图 9－15　2013～2014 年北部湾城市群城市社会福利水平大幅变动情况

根据图 9－16 中对 2013～2015 年北部湾城市群城市社会福利水平的跨区段变化进行分析，可以看到在2014～2015年没有发生跨区域变化。

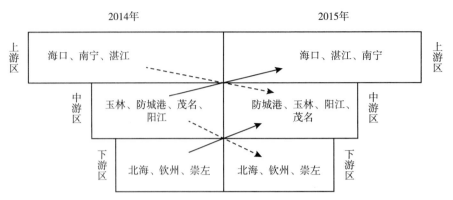

图9－16　2013～2015年北部湾城市群城市社会福利水平大幅变动情况

根据图9－17中对2015～2016年北部湾城市群城市社会福利水平的跨区段变化进行分析，可以看到在2015～2016年，有5个城市的社会福利水平发生大幅变动，湛江市由上游区下降至中游区，南宁市由上游区下降至下游区，防城港市由中游区上升至上游区，阳江市由中游区上升至上游区，北海市由下游区上升至中游区。

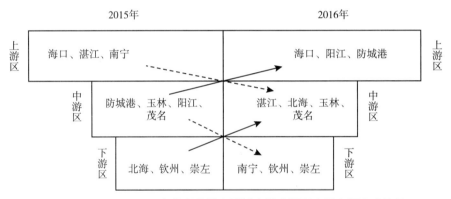

图9－17　2015～2016年北部湾城市群城市社会福利水平大幅变动情况

根据图9－18中对2008～2016年北部湾城市群城市社会福利水平的跨区段变化进行分析，可以看到在2008～2016年，有5个城市的社会福利水平在北部湾城市群城市的名次发生大幅变动。其中，湛江市由上游区下降至中游区，南宁市由上游区下降至下游区，防城港市、阳江市由中游区上升至上游区，北海市由下游区上升至中游区。

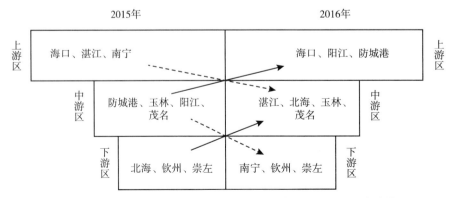

图9－18　2008～2016年北部湾城市群城市社会福利水平大幅变动情况

二、北部湾城市群城市城镇福利比较分析

（一）北部湾城市群城市城镇福利水平综合评估结果

根据北部湾城市群城市城镇福利水平指标体系和数学评价模型，对 2008~2016 年北部湾城市群城市 10 个城市的城镇福利水平进行评价。下面是本次评估期间北部湾城市群 10 个城市的城镇福利水平排名及变化情况和指标评价结构。

根据表 9-15 对 2008 年北部湾城市群各城市城镇福利水平排名进行分析，可以看到北部湾城市群 10 个城市中，城镇福利水平处于上游区的依次是海口市、湛江市、南宁市；处于中游区的依次是茂名市、阳江市、北海市、玉林市；处于下游区的依次是钦州市、防城港市、崇左市。这说明在北部湾城市群城市中海南地区城镇福利水平高于广西地区和广东地区，更具发展优势。

表 9-15　　　　　　　　2008 年北部湾城市群城市城镇福利水平排名

地区	排名	区段	地区	排名	区段	地区	排名	区段
海口	1	上游区	茂名	4	中游区	钦州	8	下游区
湛江	2		阳江	5		防城港	9	
南宁	3		北海	6		崇左	10	
			玉林	7				

根据表 9-16 对 2009 年北部湾城市群各城市城镇福利水平排名进行分析，可以看到北部湾城市群 10 个城市中，城镇福利水平处于上游区的依次是茂名市、海口市、湛江市；处于中游区的依次是南宁市、北海市、阳江市、钦州市；处于下游区的依次是防城港市、玉林市、崇左市。这说明在北部湾城市群城市中广东地区城镇福利水平高于广西地区和海南地区，更具发展优势。

表 9-16　　　　　　　　2009 年北部湾城市群城市城镇福利水平排名

地区	排名	区段	地区	排名	区段	地区	排名	区段
茂名	1	上游区	南宁	4	中游区	防城港	8	下游区
海口	2		北海	5		玉林	9	
湛江	3		阳江	6		崇左	10	
			钦州	7				

根据表 9-17 对 2010 年北部湾城市群各城市城镇福利水平排名进行分析，可以看到北部湾城市群 10 个城市中，城镇福利水平处于上游区的依次湛江口市、海口市、茂名市；处于中游区的依次是南宁市、阳江市、北海市、玉林市；处于下游区的依次是钦州市、防城港市、崇左市。这说明在北部湾城市群城市中广东地区城镇福利水平高于广西地区和海南地区，更具发展优势。

表 9-17　　　　　　　　2010 年北部湾城市群城市城镇福利水平排名

地区	排名	区段	地区	排名	区段	地区	排名	区段
湛江	1	上游区	南宁	4	中游区	钦州	8	下游区
海口	2		阳江	5		防城港	9	
茂名	3		北海	6		崇左	10	
			玉林	7				

根据表 9-18 对 2011 年北部湾城市群各城市城镇福利水平排名进行分析，可以看到北部湾城市群 10 个城市中，城镇福利水平处于上游区的依次是湛江市、茂名市、海口市；处于中游区的依次是南宁市、阳

江市、北海市、玉林市；处于下游区的依次是防城港市、钦州市、崇左市。这说明在北部湾城市群城市中广东地区城镇福利水平高于广西地区和海南地区，更具发展优势。

表9-18　　　　　　　　　　　2011年北部湾城市群城市城镇福利水平排名

地区	排名	区段	地区	排名	区段	地区	排名	区段
湛江	1	上游区	南宁	4	中游区	防城港	8	下游区
茂名	2		阳江	5		钦州	9	
海口	3		北海	6		崇左	10	
			玉林	7				

根据表9-19对2012年北部湾城市群各城市城镇福利水平排名进行分析，可以看到北部湾城市群10个城市中，城镇福利水平处于上游区的依次是湛江市、茂名市、海口市；处于中游区的依次是南宁市、阳江市、玉林市、北海市；处于下游区的依次是防城港市、钦州市、崇左市。这说明在北部湾城市群城市中广东地区城镇福利水平高于广西地区和海南地区，更具发展优势。

表9-19　　　　　　　　　　　2012年北部湾城市群城市城镇福利水平排名

地区	排名	区段	地区	排名	区段	地区	排名	区段
湛江	1	上游区	南宁	4	中游区	防城港	8	下游区
茂名	2		阳江	5		钦州	9	
海口	3		玉林	6		崇左	10	
			北海	7				

根据表9-20对2013年北部湾城市群各城市城镇福利水平排名进行分析，可以看到北部湾城市群10个城市中，城镇福利水平处于上游区的依次是湛江市、茂名市、海口市；处于中游区的依次是南宁市、阳江市、玉林市、北海市；处于下游区的依次是钦州市、防城港市、崇左市。这说明在北部湾城市群城市中广东地区城镇福利水平高于广西地区和海南地区，更具发展优势。

表9-20　　　　　　　　　　　2013年北部湾城市群城市城镇福利水平排名

地区	排名	区段	地区	排名	区段	地区	排名	区段
湛江	1	上游区	南宁	4	中游区	钦州	8	下游区
茂名	2		阳江	5		防城港	9	
海口	3		玉林	6		崇左	10	
			北海	7				

根据表9-21对2014年北部湾城市群各城市城镇福利水平排名进行分析，可以看到北部湾城市群10个城市中，城镇福利水平处于上游区的依次是海口市、湛江市、南宁市；处于中游区的依次是茂名市、阳江市、玉林市、防城港市；处于下游区的依次是钦州市、北海市、崇左市。这说明在北部湾城市群城市中海南地区城镇福利水平高于广西地区和广东地区，更具发展优势。

表9-21　　　　　　　　　　　2014年北部湾城市群城市城镇福利水平排名

地区	排名	区段	地区	排名	区段	地区	排名	区段
海口	1	上游区	茂名	4	中游区	钦州	8	下游区
湛江	2		阳江	5		北海	9	
南宁	3		玉林	6		崇左	10	
			防城港	7				

根据表 9 – 22 对 2015 年北部湾城市群各城市城镇福利水平排名进行分析，可以看到北部湾城市群 10 个城市中，城镇福利水平处于上游区的依次是海口市、湛江市、南宁市；处于中游区的依次是茂名市、阳江市、玉林市、防城港市；处于下游区的依次是北海市、钦州市、崇左市。这说明在北部湾城市群城市中海南地区城镇福利水平高于广西地区和广东地区，更具发展优势。

表 9 – 22　　　　　　　　　　2015 年北部湾城市群城市城镇福利水平排名

地区	排名	区段	地区	排名	区段	地区	排名	区段
海口	1	上游区	茂名	4	中游区	北海	8	下游区
湛江	2		阳江	5		钦州	9	
南宁	3		玉林	6		崇左	10	
			防城港	7				

根据表 9 – 23 对 2016 年北部湾城市群各城市城镇福利水平排名进行分析，可以看到北部湾城市群 10 个城市中，城镇福利水平处于上游区的依次是海口市、湛江市、阳江市；处于中游区的依次是茂名市、南宁市、防城港市、北海市；处于下游区的依次是玉林市、钦州市、崇左市。这说明在北部湾城市群城市中海南地区城镇福利水平高于广西地区和广东地区，更具发展优势。

表 9 – 23　　　　　　　　　　2016 年北部湾城市群城市城镇福利水平排名

地区	排名	区段	地区	排名	区段	地区	排名	区段
海口	1	上游区	茂名	4	中游区	玉林	8	下游区
湛江	2		南宁	5		钦州	9	
阳江	3		防城港	6		崇左	10	
			北海	7				

根据表 9 – 24 对 2008 ~ 2016 年北部湾城市群各城市城镇福利水平排名变化趋势进行分析，可以看到在北部湾城市群 10 个城市城镇福利水平处于上升区的依次是防城港市、阳江市；处于保持区的是湛江市、茂名市、崇左市、海口市；处于下降区的依次是北海市、钦州市、玉林市、南宁市。

表 9 – 24　　　　　　　　　　2008 ~ 2016 年北部湾城市群城市城镇福利水平排名变化

地区	排名	区段	地区	排名	区段	地区	排名	区段
防城港	3	上升区	湛江	0	保持区	北海	– 1	下降区
阳江	2		茂名	0		钦州	– 1	
			崇左	0		玉林	– 1	
			海口	0		南宁	– 2	

（二）北部湾城市群城市城镇福利水平综合评估结果的比较与评析

1. 北部湾城市群城市城镇福利水平分布情况

根据灰色综合评价法对无量纲化后的三级指标进行权重得分计算，得到北部湾城市群各城市的城镇福利水平得分及排名，反映各城市城镇福利水平情况。下面对 2008 ~ 2016 年北部湾城市群城市城镇福利水平评价分值分布进行统计。

由图 9 – 19 可以看到 2008 年北部湾城市群城市城镇福利水平得分情况，暂无城市城镇福利水平得分在 7 分以下，有 3 个城市的城镇福利水平得分分布在 7 ~ 9 分，有 2 个城市的城镇福利水平得分分布在 9 ~ 11 分，暂无城市的城镇福利水平得分分布在 11 ~ 13 分，有 2 个城市的城镇福利水平得分分布在 13 ~ 15 分，有 1 个城市的城镇福利水平得分分布在 15 ~ 17 分，有 2 个城市的城镇福利水平得分分布在 17 分以上，这说明北部湾城市群城市城镇福利水平分布较不均衡，大量城市的城镇福利水平得分较低。

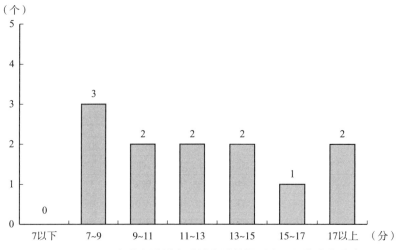

图 9－19　2008 年北部湾城市群城市城镇福利水平评价分值分布

由图 9－20 可以看到，2009 年北部湾城市群城市城镇福利水平得分与 2008 年相似，暂无城市城镇福利水平得分在 7 分以下，各有 1 个城市的城镇福利水平得分分布在 7～9 分、9～11 分，有 2 个城市的城镇福利水平得分在 11～13 分，暂无城市的城镇福利水平得分在 13～15 分，有 2 个城市的城市城镇福利水平得分分布在 15～17 分，有 4 个城市的城镇福利水平得分在 17 分以上，这说明北部湾城市群城市城镇福利水平分得分上升幅度小，地区的城镇福利水平得分分布趋向不稳定。

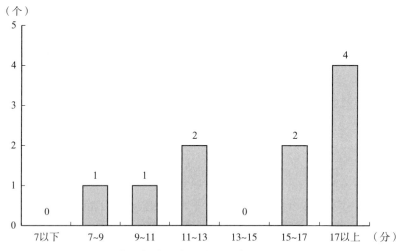

图 9－20　2009 年北部湾城市群城市城镇福利水平评价分值分布

由图 9－21 可以看到，2010 年北部湾城市群城市城镇福利水平得分变化较大，有 1 个城市城镇福利水平得分在 7 分以下，暂无城市的城镇福利水平得分在 7～9 分，有 3 个城市的城镇福利水平得分分布在 9～11 分，有 1 个城市的城镇福利水平得分分布在 11～13 分，暂无城市的城镇福利水平得分在 13～15 分，有 3 个城市的城镇福利水平得分分布在 15～17 分，有 2 个城市的城镇福利水平得分在 17 分以上，这说明北部湾城市群城市城镇福利水平分得分上升幅度小，地区的城镇福利水平得分分布趋向不稳定。

由图 9－22 可以看到，2011 年北部湾城市群城市城镇福利水平得分与 2010 年类似，各有 1 个城市城镇福利水平得分在 7 分以下、7～9 分，有 3 个城市城镇福利水平得分在 9～11 分，暂无城市的城镇福利水平得分分布在 11～13 分，各有 1 个城市城镇福利水平得分在 13～15 分、15～17 分，有 3 个城市的城镇福利水平得分在 17 分以上，这说明北部湾城市群城市城镇福利水平分布较不均匀，大量城市的城镇福利水平得分较低，地区的城镇福利水平得分分布趋向不稳定。

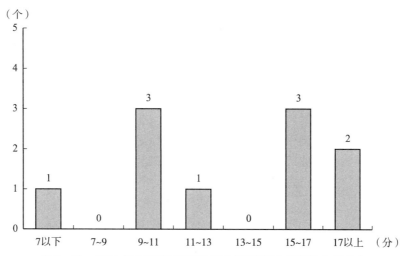

图 9 – 21 2010 年北部湾城市群城市城镇福利水平评价分值分布

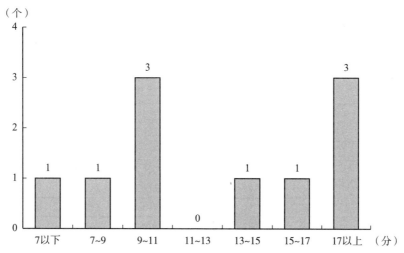

图 9 – 22 2011 年北部湾城市群城市城镇福利水平评价分值分布

由图 9 – 23 可以看到，2012 年北部湾城市群城市城镇福利水平得分与 2011 年相似，暂无城市城镇福利水平得分在 7 分以下，有 1 个城市的城镇福利水平得分在 7~9 分，有 4 个城市城镇福利水平得分在 7~11 分，暂无城市的城镇福利水平得分在 11~13 分，各有 1 个城市的城镇福利水平得分分布在 13~15 分、15~17 分，有 3 个城市的城镇福利水平得分在 17 分以上，这说明北部湾城市群城市城镇福利水平分布较不均匀，大量城市的城镇福利水平得分较低，地区的城镇福利水平得分分布趋向不稳定。

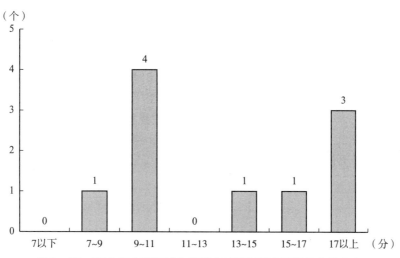

图 9 – 23 2012 年北部湾城市群城市城镇福利水平评价分值分布

由图 9 – 24 可以看到，2013 年北部湾城市群城市城镇福利水平得分出现较大变化，有 1 个城市城镇福利水平得分在 7 分以下，暂无城市的城镇福利水平得分分布在 7 ~ 9 分，有 3 个城市城镇福利水平得分在 9 ~ 11 分，各有 1 个城市的城镇福利水平得分在 11 ~ 13 分、13 ~ 15 分、15 ~ 17 分，有 3 个城市城镇福利水平得分在 17 分以上，这说明北部湾城市群城市城镇福利水平得分整体呈现小幅下降趋势。

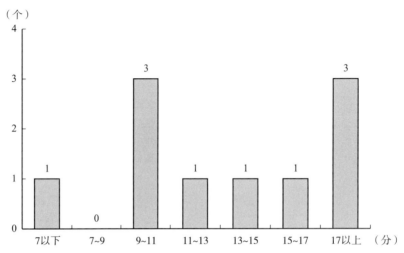

图 9 – 24 2013 年北部湾城市群城市城镇福利水平评价分值分布

由图 9 – 25 可以看到，2014 年北部湾城市群城市城镇福利水平得分分布较不均衡，各有 1 个城市城镇福利水平得分在 7 分以下、7 ~ 9 分，有 3 个城市的城镇福利水平得分在 9 ~ 11 分，暂无城市的城镇福利水平得分在 11 ~ 13 分、13 ~ 15 分，有 3 个城市城镇福利水平得分在 15 ~ 17 分，有 2 个城市城镇福利水平得分在 17 分以上，这说明北部湾城市群城市城镇福利水平得分差距较大，也说明各城市城镇福利发展不稳定。

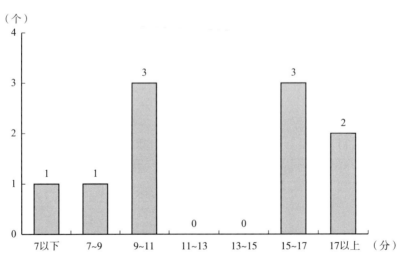

图 9 – 25 2014 年北部湾城市群城市城镇福利水平评价分值分布

由图 9 – 26 可以看到，2015 年北部湾城市群城市城镇福利水平得分均衡性变差，有 2 个城市城镇福利水平得分在 7 分以下，有 4 个城市的城镇福利水平得分在 7 ~ 9 分，有 1 个城市的城镇福利水平得分在 9 ~ 11 分，有 2 个城市的城镇福利水平得分在 11 ~ 13 分，有 1 个城市的城镇福利水平得分在 13 ~ 15 分，暂无城市城镇福利水平得分在 15 ~ 17 分、17 分以上，这说明北部湾城市群城市社会城镇福利水平得分整体呈现大幅下降趋势。

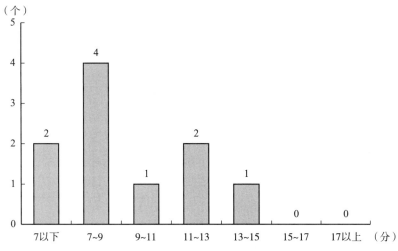

图9-26　2015年北部湾城市群城市城镇福利水平评价分值分布

由图9-27可以看到，2016年北部湾城市群城市城镇福利水平得分有较大变化，暂无城市城镇福利水平得分在7分以下，各有1个城市的城镇福利水平得分分布在7~9分、9~11分，有3个城市的城镇福利水平得分在11~13分，各有1个城市的城镇福利水平得分在13~15分、15~17分，有3个城市的城镇福利水平得分在17分以上，这说明北部湾城市群城市城镇福利水平分得分上升幅度大，地区的城镇福利水平得分分布趋向不稳定。

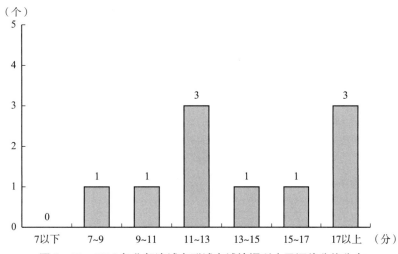

图9-27　2016年北部湾城市群城市城镇福利水平评价分值分布

2. 北部湾城市群城市城镇福利水平跨区段变动情况

根据图9-28中对2008~2009年北部湾城市群城市城镇福利水平的跨区段变化进行分析，可以看到在2008~2009年，有4个城市的城镇福利水平在北部湾城市群城市的名次发生大幅度变动。其中南宁市由上游区下降至中游区，茂名市由中游区上升至上游区，玉林市由中游区下降至下游区，钦州市由下游区上升至中游区。

根据图9-29中对2009~2010年北部湾城市群城市城镇福利水平的跨区段变化进行分析，可以看到在2009~2010年，有2个城市的城镇福利水平发生大幅度变动，钦州市由中游区下降至下游区，玉林市由下游区上升至中游区。

根据图9-30中对2010~2011年北部湾城市群城市城镇福利水平的跨区段变化进行分析，可以看到在2010~2011年没有发生跨区域变化。

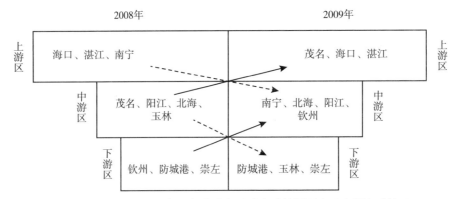

图 9 - 28　2008～2009 年北部湾城市群城市城镇福利水平大幅变动情况

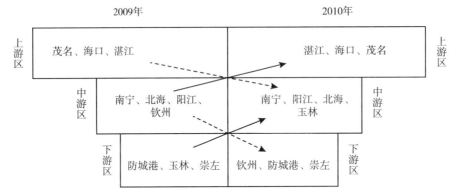

图 9 - 29　2009～2010 年北部湾城市群城市城镇福利水平大幅变动情况

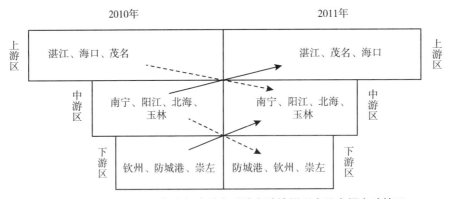

图 9 - 30　2010～2011 年北部湾城市群城市城镇福利水平大幅变动情况

根据图 9 - 31 中对 2011～2012 年北部湾城市群城市城镇福利水平的跨区段变化进行分析，可以看到在 2011～2012 年没有发生跨区域变化。

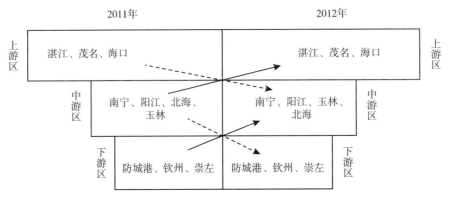

图 9 - 31　2011～2012 年北部湾城市群城市城镇福利水平大幅变动情况

根据图9-32对2012~2013年北部湾城市群城市城镇福利水平的跨区段变化进行分析，可以看到在2012~2013年没有发生跨区域变化。

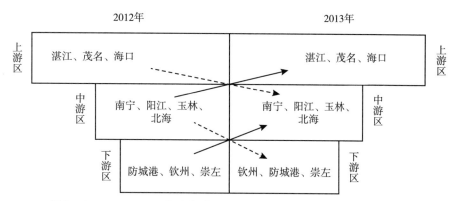

图9-32　2012~2013年北部湾城市群城市城镇福利水平大幅变动情况

根据图9-33对2013~2014年北部湾城市群城市城镇福利水平的跨区段变化进行分析，可以看到在2013~2014年，有4个城市的城镇福利水平发生大幅变动，茂名市由上游区下降至中游区，南宁市由中游区中升至上游区，北海市由中游区下降至下游区，防城港市由下游区上升至中游区。

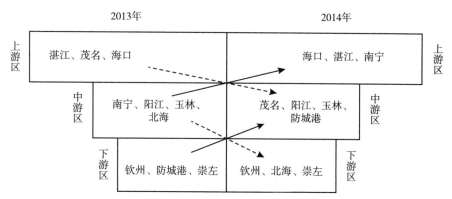

图9-33　2013~2014年北部湾城市群城市城镇福利水平大幅变动情况

根据图9-34对2014~2015年北部湾城市群城市城镇福利水平的跨区段变化进行分析，可以看到在2014~2015年没有发生跨区域变化。

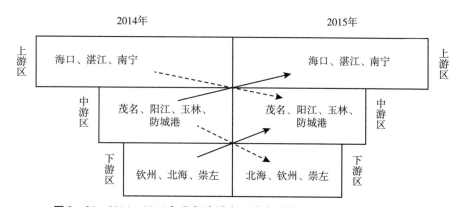

图9-34　2014~2015年北部湾城市群城市城镇福利水平大幅变动情况

根据图9-35中对2015~2016年北部湾城市群城市城镇福利水平的跨区段变化进行分析，可以看到在2015~2016年，有4个城市的城镇福利水平发生大幅变动，南宁市由上游区下降至中游区，阳江市由中游区上升至上游区，玉林市由中游区下降至下游区，北海市由下游区上升至中游区。

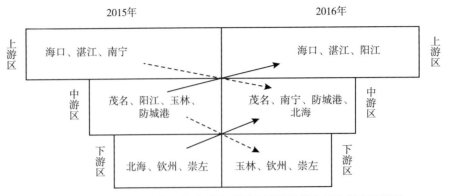

图 9 - 35　2015 ~ 2016 年北部湾城市群城市城镇福利水平大幅变动情况

根据图 9 - 36 中对 2008 ~ 2016 年北部湾城市群城市城镇福利水平的跨区段变化进行分析，可以看到在 2008 ~ 2016 年，有 4 个城市的城镇福利水平在北部湾城市群城市的名次发生大幅变动。其中南宁市由上游区下降至中游区，阳江市由中游区上升至上游区，玉林市由中游区下降至下游区，防城港市由下游区上升至中游区。这说明北部湾城市群各城市的城镇福利水平 2008 ~ 2016 年发生较大幅度的变动，但海口市、湛江市持续保持最优地位，茂名市、北海市持续保持中游区地位，钦州市、崇左市持续保持较低的城镇福利水平。

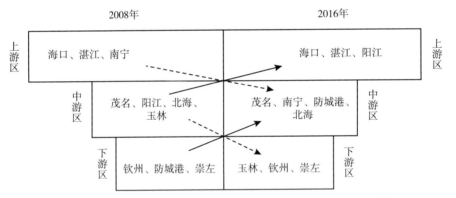

图 9 - 36　2008 ~ 2016 年北部湾城市群城市城镇福利水平大幅变动情况

三、北部湾城市群城市农村福利比较分析

（一）北部湾城市群城市农村福利水平综合评估结果

根据北部湾城市群城市农村福利水平指标体系和数学评价模型，对 2008 ~ 2016 年北部湾城市群城市 10 个城市的农村福利水平进行评价。下面是本次评估期间北部湾城市群 10 个城市的农村福利水平排名及变化情况和指标评价结构。

根据表 9 - 25 对 2008 年北部湾城市群各城市农村福利水平排名进行分析，可以看到北部湾城市群 10 个城市中，农村福利水平处于上游区的依次是茂阳江市、玉林市、防城港市；处于中游区的依次是海口市、北海市、钦州市、湛江市；处于下游区的依次是南宁市、茂名市、崇左市。这说明在北部湾城市群城市中广东地区农村福利水平高于广西地区和海南地区，更具发展优势。

表 9 - 25　　　　　　　　　　　　2008 年北部湾城市群城市农村福利水平排名

地区	排名	区段	地区	排名	区段	地区	排名	区段
阳江	1		海口	4		南宁	8	
玉林	2	上游区	北海	5	中游区	茂名	9	下游区
防城港	3		钦州	6		崇左	10	
			湛江	7				

根据表 9 - 26 对 2009 年北部湾城市群各城市农村福利水平排名进行分析,可以看到北部湾城市群 10 个城市中,农村福利水平处于上游区的依次是北海市、防城港市、海口市;处于中游区的依次是湛江市、茂名市、玉林市、钦州市;处于下游区的依次是南宁市、阳江市、崇左市。这说明在北部湾城市群城市中广西地区农村福利水平高于广东地区和海南地区,更具发展优势。

表 9 - 26　　　　　　　　　　　　2009 年北部湾城市群城市农村福利水平排名

地区	排名	区段	地区	排名	区段	地区	排名	区段
北海	1		湛江	4		南宁	8	
防城港	2	上游区	茂名	5	中游区	阳江	9	下游区
海口	3		玉林	6		崇左	10	
			钦州	7				

根据表 9 - 27 对 2010 年北部湾城市群各城市农村福利水平排名进行分析,可以看到北部湾城市群 10 个城市中,农村福利水平处于上游区的依次是北海市、湛江市、玉林市;处于中游区的依次是茂名市、海口市、防城港市、南宁市;处于下游区的依次是钦州市、阳江市、崇左市。这说明在北部湾城市群城市中广西地区农村福利水平高于广东地区和海南地区,更具发展优势。

表 9 - 27　　　　　　　　　　　　2010 年北部湾城市群城市农村福利水平排名

地区	排名	区段	地区	排名	区段	地区	排名	区段
北海	1		茂名	4		钦州	8	
湛江	2	上游区	海口	5	中游区	阳江	9	下游区
玉林	3		防城港	6		崇左	10	
			南宁	7				

根据表 9 - 28 对 2011 年北部湾城市群各城市农村福利水平排名进行分析,可以看到北部湾城市群 10 个城市中,农村福利水平处于上游区的依次是茂名市、湛江市、海口市;处于中游区的依次是北海市、玉林市、防城港市、钦州市;处于下游区的依次是南宁市、阳江市、崇左市。这说明在北部湾城市群城市中广东地区农村福利水平高于广西地区和海南地区,更具发展优势。

表 9 - 28　　　　　　　　　　　　2011 年北部湾城市群城市农村福利水平排名

地区	排名	区段	地区	排名	区段	地区	排名	区段
茂名	1		北海	4		南宁	8	
湛江	2	上游区	玉林	5	中游区	阳江	9	下游区
海口	3		防城港	6		崇左	10	
			钦州	7				

根据表 9 - 29 对 2012 年北部湾城市群各城市农村福利水平排名进行分析,可以看到北部湾城市群 10 个城市中,农村福利水平处于上游区的依次是茂名市、阳江市、湛江市;处于中游区的依次是防城港市、海口市、玉林市、钦州市;处于下游区的依次是南宁市、阳江市、崇左市。这说明在北部湾城市群城市中

广东地区农村福利水平高于广西地区和海南地区，更具发展优势。

表9-29 2012年北部湾城市群城市农村福利水平排名

地区	排名	区段	地区	排名	区段	地区	排名	区段
北海	1		防城港	4		南宁	8	
湛江	2	上游区	海口	5	中游区	阳江	9	下游区
茂名	3		玉林	6		崇左	10	
			钦州	7				

根据表9-30对2013年北部湾城市群各城市农村福利水平排名进行分析，可以看到北部湾城市群10个城市中，农村福利水平处于上游区的依次是海口市、北海市、玉林市；处于中游区的依次是钦州市、防城港市、茂名市、湛江市；处于下游区的依次是南宁市、阳江市、崇左市。这说明在北部湾城市群城市中海南地区农村福利水平高于广西地区和广东地区，更具发展优势。

表9-30 2013年北部湾城市群城市农村福利水平排名

地区	排名	区段	地区	排名	区段	地区	排名	区段
海口	1		钦州	4		南宁	8	
北海	2	上游区	防城港	5	中游区	阳江	9	下游区
玉林	3		茂名	6		崇左	10	
			湛江	7				

根据表9-31对2014年北部湾城市群各城市农村福利水平排名进行分析，可以看到北部湾城市群10个城市中，农村福利水平处于上游区的依次是海口市、玉林市、钦州市；处于中游区的依次是北海市、防城港市、南宁市、湛江市；处于下游区的依次是茂名市、阳江市、崇左市。这说明在北部湾城市群城市中海南地区农村福利水平高于广西地区和广东地区，更具发展优势。

表9-31 2014年北部湾城市群城市农村福利水平排名

地区	排名	区段	地区	排名	区段	地区	排名	区段
海口	1		北海	4		茂名	8	
玉林	2	上游区	防城港	5	中游区	阳江	9	下游区
钦州	3		南宁	6		崇左	10	
			湛江	7				

根据表9-32对2015年北部湾城市群各城市农村福利水平排名进行分析，可以看到北部湾城市群10个城市中，农村福利水平处于上游区的依次是海口市、玉林市、北海市；处于中游区的依次是钦州市、防城港市、湛江市、南宁市；处于下游区的依次是阳江市、茂名市、崇左市。

表9-32 2015年北部湾城市群城市农村福利水平排名

地区	排名	区段	地区	排名	区段	地区	排名	区段
海口	1		钦州	4		阳江	8	
玉林	2	上游区	防城港	5	中游区	茂名	9	下游区
北海	3		湛江	6		崇左	10	
			南宁	7				

根据表9-33对2016年北部湾城市群各城市农村福利水平排名进行分析，可以看到北部湾城市群10个城市中，农村福利水平处于上游区的依次是玉林市、海口市、北海市；处于中游区的依次是防城港市、

钦州市、湛江市、阳江市；处于下游区的依次是崇左市、南宁市、茂名市。这说明在北部湾城市群城市中广西地区农村福利水平高于广西地区和海南地区，更具发展优势。

表9-33　　　　　　　　　　　　2016年北部湾城市群城市农村福利水平排名

地区	排名	区段	地区	排名	区段	地区	排名	区段
玉林	1		防城港	4		崇左	8	
海口	2	上游区	钦州	5	中游区	南宁	9	下游区
北海	3		湛江	6		茂名	10	
			阳江	7				

根据表9-34对2008~2016年北部湾城市群各城市农村福利水平排名变化趋势进行分析，可以看到在北部湾城市群10个城市农村福利水平处于上升区的依次是阳江市、崇左市、北海市、海口市；处于保持区的是湛江市、钦州市、玉林市；处于下降区的依次是茂名市、南宁市、防城港市。这说明北部湾城市群城市中广西板块城市的变化幅度要高于广东板块和海南板块的变化幅度，广西板块城市农村福利水平发展的平稳性较弱。

表9-34　　　　　　　　　　2008~2016年北部湾城市群城市农村福利水平排名变化

地区	排名	区段	地区	排名	区段	地区	排名	区段
阳江	2		湛江	0		茂名	-2	
崇左	2	上升区	钦州	0	保持区	南宁	-2	下降区
北海	1		玉林	0		防城港	-2	
海口	1							

（二）北部湾城市群城市农村福利水平综合评估结果的比较与评析

1. 北部湾城市群城市农村福利水平分布情况

根据灰色综合评价法对无量纲化后的三级指标进行权重得分计算，得到北部湾城市群各城市的农村福利水平得分及排名，反映各城市农村福利水平情况。下面对2008~2016年北部湾城市群城市农村福利水平评价分值分布进行统计。

由图9-37可以看到2008年北部湾城市群城市农村福利水平得分情况，暂无城市农村福利水平得分在10分以下、10~12分，有2个城市的农村福利水平得分分布在12~14分，暂无城市的农村福利水平得分分布在14~16分，有1个城市的农村福利水平得分分布在16~18分，有3个城市的农村福利水平得分分布在18~20分，有4个城市的农村福利水平得分分布在20分以上，这说明北部湾城市群城市农村福利水平分布较不均衡，大量城市的农村福利水平得分较高。

由图9-38可以看到，2009年北部湾城市群城市农村福利水平得分与2008年相似，暂无城市农村福利水平得分在10分以下、10~12分，有2个城市的农村福利水平得分分布在12~14分，有1个城市的农村福利水平得分分布在14~16分，有3个城市的农村福利水平得分在16~18分，各有2个城市的农村福利水平得分在18~20分、20分以上，这说明北部湾城市群城市农村福利水平分得分上升幅度大，地区的农村福利水平得分分布趋向不稳定。

由图9-39可以看到，2010年北部湾城市群城市农村福利水平得分出现较大变化，暂无城市农村福利水平得分在10分以下、10~12分、12~14分，有1个城市的农村福利水平得分分布在14~16分，有2个城市的农村福利水平得分在16~18分，有3个城市的农村福利水平得分在18~20分，有4个城市的农村福利水平得分在20分以上，这说明北部湾城市群城市农村福利水平分得分上升幅度大，地区的农村福利水平得分分布趋向不稳定。

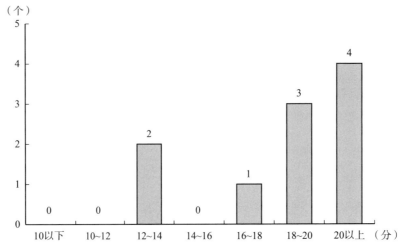

图 9 - 37　2008 年北部湾城市群城市农村福利水平评价分值分布

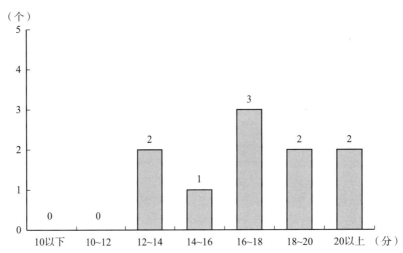

图 9 - 38　2009 年北部湾城市群城市农村福利水平评价分值分布

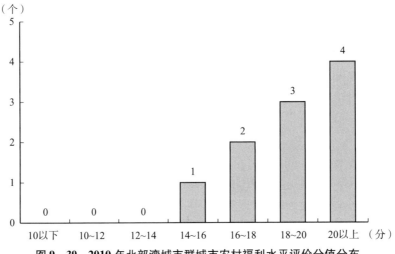

图 9 - 39　2010 年北部湾城市群城市农村福利水平评价分值分布

　　由图 9 - 40 可以看到，2011 年北部湾城市群城市农村福利水平得分出现较大变化，暂无城市农村福利水平得分在 10 分以下、10 ~ 12 分，各有 1 个城市的农村福利水平得分在 10 ~ 12 分、14 ~ 16 分、16 ~ 18 分，有 3 个城市的农村福利水平得分分布在 18 ~ 20 分，有 4 个城市的农村福利水平得分在 20 分以上，这说明北部湾城市群城市农村福利水平分布较不均匀，地区的农村福利水平得分分布趋向不稳定。

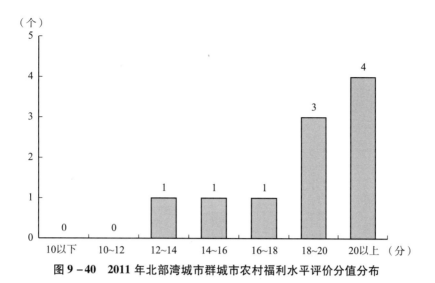

图 9 – 40　2011 年北部湾城市群城市农村福利水平评价分值分布

由图 9 – 41 可以看到，2012 年北部湾城市群城市农村福利水平得分出现较大变化，暂无城市农村福利水平得分在 10 分以下，各有 1 个城市的农村福利水平得分在 10 ~ 12 分、12 ~ 14 分、14 ~ 16 分，有 5 个城市的农村福利水平得分在 16 ~ 18 分，有 2 个城市的农村福利水平得分分布在 18 ~ 20 分，暂无城市的农村福利水平得分在 20 分以上，这说明北部湾城市群城市农村福利水平分布较不均匀，大量城市的农村福利水平得分较低，地区的农村福利水平得分分布趋向不稳定。

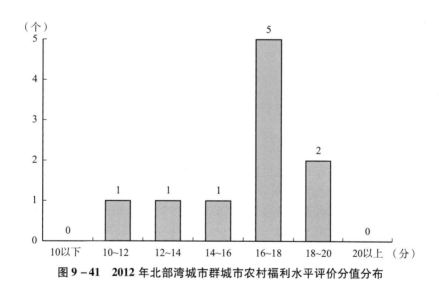

图 9 – 41　2012 年北部湾城市群城市农村福利水平评价分值分布

由图 9 – 42 可以看到，2013 年北部湾城市群城市农村福利水平得分与 2012 年相似，暂无城市农村福利水平得分在 10 分以下，各有 1 个城市的农村福利水平得分分布在 10 ~ 12 分、12 ~ 14 分、14 ~ 16 分，有 7 个城市的农村福利水平得分在 16 ~ 18 分，暂无城市农村福利水平得分在 18 ~ 20 分、20 分以上，这说明北部湾城市群城市农村福利水平得分整体呈现小幅下降趋势。

由图 9 – 43 可以看到，2014 年北部湾城市群城市农村福利水平得分情况，有 1 个城市农村福利水平得分在 10 分以下，暂无城市的农村福利水平得分在 10 ~ 12 分、12 ~ 14 分，有 4 个城市的农村福利水平得分在 14 ~ 16 分，有 3 个城市的农村福利水平得分在 16 ~ 18 分，各有 1 个城市农村福利水平得分在 18 ~ 20 分、20 分以上，这说明北部湾城市群城市农村福利水平得分差距较大，也说明各城市农村福利发展不稳定。

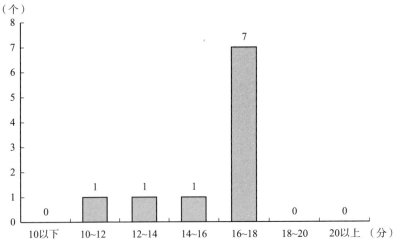

图9－42 2013年北部湾城市群城市农村福利水平评价分值分布

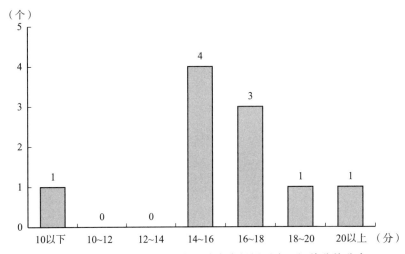

图9－43 2014年北部湾城市群城市农村福利水平评价分值分布

由图9－44可以看到，2015年北部湾城市群城市农村福利水平得分均衡性变差，有2个城市农村福利水平得分在10分以下，有4个城市的农村福利水平得分在10～12分，有1个城市的农村福利水平得分在12～14分，有2个城市的农村福利水平得分在14～16分，有1个城市的农村福利水平得分在16～18分，暂无城市农村福利水平得分在18～20分、20分以上，这说明北部湾城市群城市社会农村福利水平得分整体呈现大幅下降趋势。

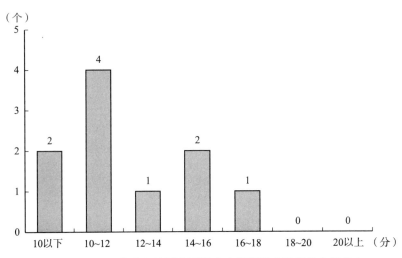

图9－44 2015年北部湾城市群城市农村福利水平评价分值分布

由图 9-45 可以看到，2016 年北部湾城市群城市农村福利水平得分有较大变化，暂无城市农村福利水平得分在 10 分以下，有 1 个城市的农村福利水平得分在 10~12 分，有 3 个城市的农村福利水平得分在 12~14 分，各有 1 个城市的农村福利水平得分在 14~16 分、16~18 分，有 4 个城市的农村福利水平得分在 18~20 分，暂无城市的农村福利水平得分在 20 分以上，这说明北部湾城市群城市农村福利水平分得分上升幅度大，地区的农村福利水平得分分布趋向不稳定。

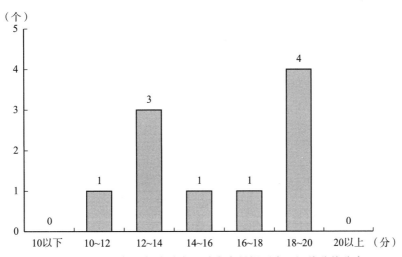

图 9-45　2016 年北部湾城市群城市农村福利水平评价分值分布

2. 北部湾城市群城市农村福利水平跨区段变动情况

根据图 9-46 对 2008~2009 年北部湾城市群城市农村福利水平的跨区段变化进行分析，可以看到在 2008~2009 年，有 4 个城市的农村福利水平在北部湾城市群城市的名次发生大幅变动。其中，玉林市由上游区下降至中游区，北海市由中游区上升至上游区，南宁市由中游区下降至下游区，茂名市由下游区上升至中游区。

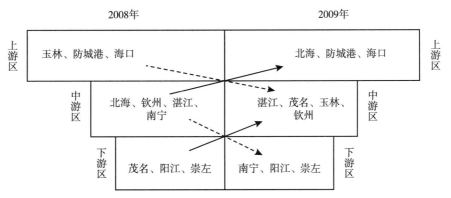

图 9-46　2008~2009 年北部湾城市群城市农村福利水平大幅变动情况

根据图 9-47 对 2009~2010 年北部湾城市群城市农村福利水平的跨区段变化进行分析，可以看到在 2009~2010 年，有 6 个城市的农村福利水平发生大幅变动，防城港市由上游区下降至中游区，海口市由上游区下降中游区，湛江市由中游区上升至上游区，玉林市由中游区上升至上游区，钦州市由中游区下降至下游区，南宁市由下游区上升至中游区。

根据图 9-48 对 2010~2011 年北部湾城市群城市农村福利水平的跨区段变化进行分析，可以看到在 2010~2011 年，有 6 个城市的农村福利水平发生大幅变动，北海市由上游区下降至中游区，玉林市由上游区下降至中游区，茂名市由中游区上升至上游区，海口市由中游区上升至上游区。钦州市由下游区上升至中游区，南宁市由中游区下降至下游区。

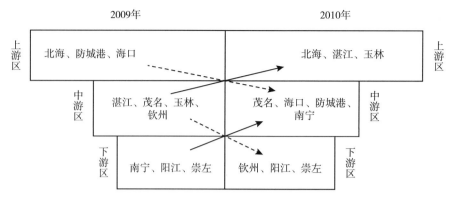

图 9－47　2009～2010 年北部湾城市群城市农村福利水平大幅变动情况

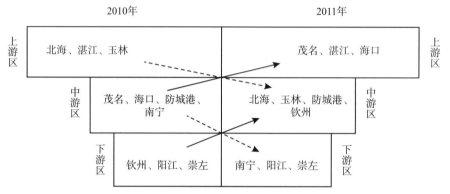

图 9－48　2010～2011 年北部湾城市群城市农村福利水平大幅变动情况

根据图 9－49 对 2011～2012 年北部湾城市群城市农村福利水平的跨区段变化进行分析，可以看到在 2011～2012 年，有 2 个城市的农村福利水平发生大幅变动，海口市由上游区下降至中游区，北海市由中游区上升至上游区。

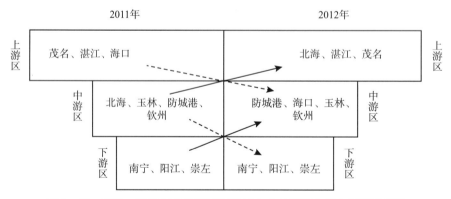

图 9－49　2011～2012 年北部湾城市群城市农村福利水平大幅变动情况

根据图 9－50 对 2012～2013 年北部湾城市群城市农村福利水平的跨区段变化进行分析，可以看到在 2012～2013 年，有 4 个城市的农村福利水平发生大幅变动，湛江市由上游区下降至中游区，茂名市由上游区下降至中游区，海口市由中游区上升至上游区，玉林市由中游区上升至上游区，说明北部湾城市群城市的农村福利水平保持稳定发展。

根据图 9－51 对 2013～2014 年北部湾城市群城市农村福利水平的跨区段变化进行分析，可以看到在 2013～2014 年，有 4 个城市的农村福利水平发生大幅度变动，北海市由上游区下降至中游区，钦州市由中游区上升至上游区，南宁市由下游区上升至中游区，茂名市由中游区下降至下游区，说明北部湾城市群城市的农村福利水平保持稳定发展。

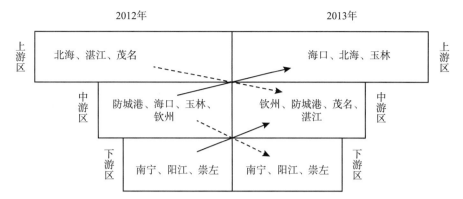

图 9 - 50 2012～2013 年北部湾城市群城市农村福利水平大幅变动情况

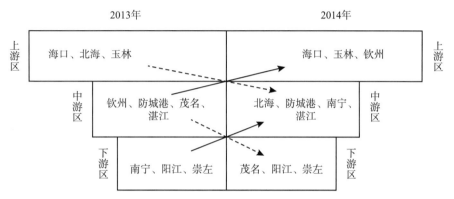

图 9 - 51 2013～2014 年北部湾城市群城市农村福利水平大幅变动情况

根据图 9 - 52 对 2013～2015 年北部湾城市群城市农村福利水平的跨区段变化进行分析，可以看到在 2013～2014 年，有 2 个城市的农村福利水平发生大幅变动，钦州市由上游区下降至中游区，北海市由中游区上升至上游区，说明北部湾城市群城市的农村福利水平保持稳定发展。

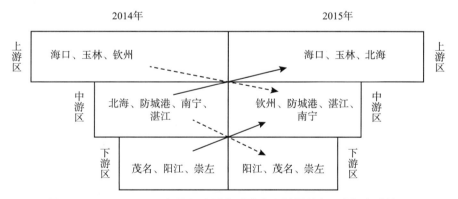

图 9 - 52 2013～2015 年北部湾城市群城市农村福利水平大幅变动情况

根据图 9 - 53 对 2015～2016 年北部湾城市群城市农村福利水平的跨区段变化进行分析，可以看到在 2015～2016 年，有 5 个城市的农村福利水平发生大幅变动，湛江市由上游区下降至中游区，南宁市由上游区下降至下游区，防城港市由中游区上升至上游区，阳江市由中游区上升至上游区，北海市由下游区上升至中游区。

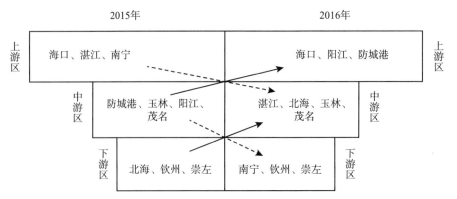

图 9 - 53　2015 ~ 2016 年北部湾城市群城市农村福利水平大幅变动情况

根据图 9 - 54 对 2008 ~ 2016 年北部湾城市群城市农村福利水平的跨区段变化进行分析，可以看到在 2008 ~ 2016 年，有 2 个城市的农村福利水平在北部湾城市群城市的名次发生大幅变动。其中，南宁市由中游区下降至下游区，阳江市由下游区上升至中游区。这说明北部湾城市群各城市的农村福利水平 2008 ~ 2016 年发生较大幅度的变动，但海口市、北海市持续保持最优地位，钦州市、防城港市、湛江市持续保持中游区地位，茂名市、崇左市持续保持较低的农村福利水平。

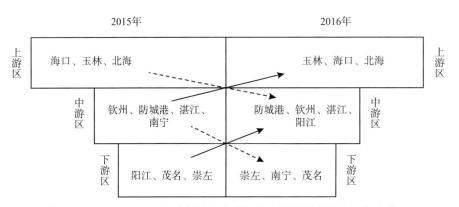

图 9 - 54　2008 ~ 2016 年北部湾城市群城市农村福利水平大幅变动情况

四、北部湾城市群城市财政能力比较分析

（一）北部湾城市群城市财政能力水平综合评估结果

根据北部湾城市群城市财政能力水平指标体系和数学评价模型，对 2008 ~ 2016 年北部湾城市群城市 10 个城市的财政能力水平进行评价。下面是评估期间北部湾城市群 10 个城市的财政能力水平排名及变化情况和指标评价结构。

根据表 9 - 35 对 2008 年北部湾城市群各城市财政能力水平排名进行分析，可以看到北部湾城市群 10 个城市中，财政能力水平处于上游区的依次是南宁市、海口市、防城港市；处于中游区的依次是崇左市、湛江市、玉林市、钦州市；处于下游区的依次是北海市、茂名市、阳江市。这说明在北部湾城市群城市中广西地区财政能力水平高于广东地区和广东地区，更具发展优势。

根据表 9 - 36 对 2009 年北部湾城市群各城市财政能力水平排名进行分析，可以看到北部湾城市群 10 个城市中，财政能力水平处于上游区的依次是海口市、北海市、防城港市；处于中游区的依次是南宁市、崇左市、玉林市、钦州市；处于下游区的依次是阳江市、湛江市、茂名市。这说明在北部湾城市群城市中海南地区财政能力水平高于广西地区和广东地区，更具发展优势。

表 9 – 35　　　　　　　　　　　　2008 年北部湾城市群城市财政能力水平排名

地区	排名	区段	地区	排名	区段	地区	排名	区段
南宁	1	上游区	崇左	4	中游区	北海	8	下游区
海口	2		湛江	5		茂名	9	
防城港	3		玉林	6		阳江	10	
			钦州	7				

表 9 – 36　　　　　　　　　　　　2009 年北部湾城市群城市财政能力水平排名

地区	排名	区段	地区	排名	区段	地区	排名	区段
海口	1	上游区	南宁	4	中游区	阳江	8	下游区
北海	2		崇左	5		湛江	9	
防城港	3		玉林	6		茂名	10	
			钦州	7				

根据表 9 – 37 对 2010 年北部湾城市群各城市财政能力水平排名进行分析，可以看到北部湾城市群 10 个城市中，财政能力水平处于上游区的依次是海口市、防城港市、北海市；处于中游区的依次是南宁市、玉林市、崇左市、钦州市；处于下游区的依次是湛江市、阳江市、茂名市。这说明在北部湾城市群城市中海南地区财政能力水平高于广西地区和广东地区，更具发展优势。

表 9 – 37　　　　　　　　　　　　2010 年北部湾城市群城市财政能力水平排名

地区	排名	区段	地区	排名	区段	地区	排名	区段
海口	1	上游区	南宁	4	中游区	湛江	8	下游区
防城港	2		玉林	5		阳江	9	
北海	3		崇左	6		茂名	10	
			钦州	7				

根据表 9 – 38 对 2011 年北部湾城市群各城市财政能力水平排名进行分析，可以看到北部湾城市群 10 个城市中，财政能力水平处于上游区的依次是海口市、北海市、防城港市；处于中游区的依次是南宁市、玉林市、崇左市、钦州市；处于下游区的依次是湛江市、阳江市、茂名市。这说明在北部湾城市群城市中海南地区财政能力水平高于广西地区和广东地区，更具发展优势。

表 9 – 38　　　　　　　　　　　　2011 年北部湾城市群城市财政能力水平排名

地区	排名	区段	地区	排名	区段	地区	排名	区段
海口	1	上游区	南宁	4	中游区	湛江	8	下游区
北海	2		玉林	5		阳江	9	
防城港	3		崇左	6		茂名	10	
			钦州	7				

根据表 9 – 39 对 2012 年北部湾城市群各城市财政能力水平排名进行分析，可以看到北部湾城市群 10 个城市中，财政能力水平处于上游区的依次是防城港市、海口市、北海市；处于中游区的依次是崇左市、南宁市、玉林市、钦州市；处于下游区的依次是防城港市、钦州市、崇左市。这说明在北部湾城市群城市中广西地区财政能力水平高于广东地区和海南地区，更具发展优势。

根据表 9 – 40 对 2013 年北部湾城市群各城市财政能力水平排名进行分析，可以看到北部湾城市群 10 个城市中，财政能力水平处于上游区的依次是防城港市、海口市、南宁市；处于中游区的依次是湛江市、北海市、崇左市、玉林市；处于下游区的依次是钦州市、阳江市、茂名市。这说明在北部湾城市群城市中广西地区财政能力水平高于广东地区和海南地区，更具发展优势。

表 9 - 39   2012 年北部湾城市群城市财政能力水平排名

地区	排名	区段	地区	排名	区段	地区	排名	区段
防城港	1	上游区	崇左	4	中游区	湛江	8	下游区
海口	2		南宁	5		阳江	9	
北海	3		玉林	6		茂名	10	
			钦州	7				

表 9 - 40   2013 年北部湾城市群城市财政能力水平排名

地区	排名	区段	地区	排名	区段	地区	排名	区段
防城港	1	上游区	湛江	4	中游区	钦州	8	下游区
海口	2		北海	5		阳江	9	
南宁	3		崇左	6		茂名	10	
			玉林	7				

根据表 9 - 41 对 2014 年北部湾城市群各城市财政能力水平排名进行分析，可以看到北部湾城市群 10 个城市中，财政能力水平处于上游区的依次是防城港市、海口市、南宁市；处于中游区的依次是湛江市、崇左市、北海市、玉林市；处于下游区的依次是钦州市、茂名市、阳江市。这说明在北部湾城市群城市中广西地区财政能力水平高于海南地区和广东地区，更具发展优势。

表 9 - 41   2014 年北部湾城市群城市财政能力水平排名

地区	排名	区段	地区	排名	区段	地区	排名	区段
防城港	1	上游区	湛江	4	中游区	钦州	8	下游区
海口	2		崇左	5		茂名	9	
南宁	3		北海	6		阳江	10	
			玉林	7				

根据表 9 - 42 对 2015 年北部湾城市群各城市财政能力水平排名进行分析，可以看到北部湾城市群 10 个城市中，财政能力水平处于上游区的依次是防城港市、海口市、崇左市；处于中游区的依次是北海市、玉林市、钦州市、南宁市；处于下游区的依次是湛江市、阳江市、茂名市。这说明在北部湾城市群城市中广西地区财政能力水平高于海南地区和广东地区，更具发展优势。

表 9 - 42   2015 年北部湾城市群城市财政能力水平排名

地区	排名	区段	地区	排名	区段	地区	排名	区段
防城港	1	上游区	北海	4	中游区	湛江	8	下游区
海口	2		玉林	5		阳江	9	
崇左	3		钦州	6		茂名	10	
			南宁	7				

根据表 9 - 43 对 2016 年北部湾城市群各城市财政能力水平排名进行分析，可以看到北部湾城市群 10 个城市中，财政能力水平处于上游区的依次是海口市、防城港市、阳江市；处于中游区的依次是崇左市、北海市、南宁市、玉林市；处于下游区的依次是钦州市、茂名市、湛江市。这说明在北部湾城市群城市中海南地区财政能力水平高于广西地区和广东地区，更具发展优势。

根据表 9 - 44 对 2008 ~ 2016 年北部湾城市群各城市财政能力水平排名变化趋势进行分析，可以看到在北部湾城市群 10 个城市财政能力水平处于上升区的依次是阳江市、北海市、防城港市、海口市；处在保持区的是茂名市、崇左市；处在下降区的依次是钦州市、玉林市、湛江市、南宁市。

表 9 – 43　　　　　　　　　　　2016 年北部湾城市群城市财政能力水平排名

地区	排名	区段	地区	排名	区段	地区	排名	区段
海口	1		崇左	4		钦州	8	
防城港	2	上游区	北海	5	中游区	茂名	9	下游区
阳江	3		南宁	6		湛江	10	
			玉林	7				

表 9 – 44　　　　　　　　　2008 ~ 2016 年北部湾城市群城市财政能力水平排名变化

地区	排名	区段	地区	排名	区段	地区	排名	区段
阳江	7		茂名	0		钦州	-1	
北海	3	上升区	崇左	0	保持区	玉林	-1	下游区
防城港	1					湛江	-5	
海口	1					南宁	-5	

（二）北部湾城市群城市财政能力水平综合评估结果的比较与评析

1. 北部湾城市群城市财政能力水平分布情况

根据灰色综合评价法对无量纲化后的三级指标进行权重得分计算，得到北部湾城市群各城市的财政能力水平得分及排名，反映各城市财政能力水平情况。下面对 2008 ~ 2016 年北部湾城市群城市财政能力水平评价分值分布进行统计。

由图 9 - 55 可以看到，2008 年北部湾城市群城市财政能力水平得分情况，暂无城市财政能力水平得分在 11 分以下，有 2 个城市的财政能力水平得分分布在 11 ~ 12 分，有 3 个城市的财政能力水平得分分布在 12 ~ 13 分，有 2 个城市的财政能力水平得分分布在 13 ~ 14 分，暂无城市的财政能力水平得分分布在 14 ~ 15 分，有 1 个城市的财政能力水平得分分布在 15 ~ 16 分，有 2 个城市的财政能力水平得分分布在 16 分以上，这说明北部湾城市群城市财政能力水平分布较不均衡。

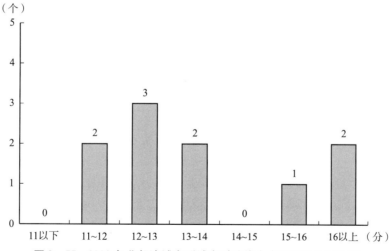

图 9 – 55　2008 年北部湾城市群城市财政能力水平评价分值分布

由图 9 - 56 可以看到，2009 年北部湾城市群城市财政能力水平得分与 2008 年相似，暂无城市财政能力水平得分在 11 分以下，各有 1 个城市的财政能力水平得分分布在 11 ~ 12 分、12 ~ 13 分，有 3 个城市的财政能力水平得分在 13 ~ 14 分，各有 1 个城市的财政能力水平得分分布在 14 ~ 15 分、15 ~ 16 分，有 3 个城市的财政能力水平得分在 16 分以上，这说明北部湾城市群城市财政能力水平分得分上升幅度小，地区的财政能力水平得分分布趋向不稳定。

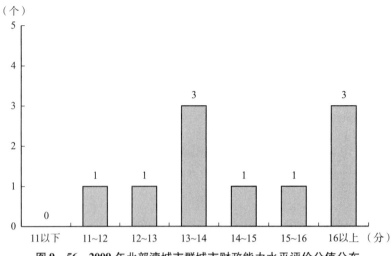

图 9 - 56　2009 年北部湾城市群城市财政能力水平评价分值分布

由图 9 - 57 可以看到，2010 年北部湾城市群城市财政能力水平得分变化较大，暂无城市财政能力水平得分在 11 分以下，有 1 个城市的财政能力水平得分在 11～12 分，有 2 个城市的财政能力水平得分分布在 12～13 分，有 3 个城市的财政能力水平得分分布在 13～14 分，有 2 个城市的财政能力水平得分在 14～15 分，各有 1 个城市的财政能力水平得分分布在 15～16 分、16 分以上，这说明北部湾城市群城市财政能力水平分得分上升幅度小，地区的财政能力水平得分分布趋向不稳定。

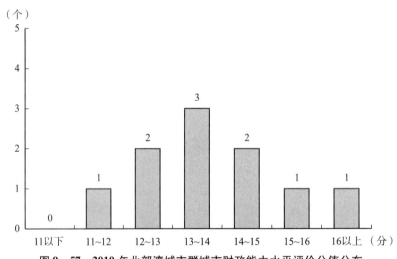

图 9 - 57　2010 年北部湾城市群城市财政能力水平评价分值分布

由图 9 - 58 可以看到，2011 年北部湾城市群城市财政能力水平得分与 2010 年类似，各有 1 个城市财政能力水平得分在 11 分以下、11～12 分，各有 2 个城市财政能力水平得分在 12～13 分、13～14 分、14～15 分，各有 1 个城市财政能力水平得分在 15～16 分、16 分以上，这说明北部湾城市群城市财政能力水平分布较不均匀，大量城市的财政能力水平得分较低，地区的财政能力水平得分分布趋向不稳定。

由图 9 - 59 可以看到，2012 年北部湾城市群城市财政能力水平得分有较大变化，各有 1 个城市财政能力水平得分在 11 分以下、11～12 分，有 2 个城市财政能力水平得分在 7～11 分，有 1 个城市的财政能力水平得分在 13～14 分，有 2 个城市的财政能力水平得分分布在 14～15 分，有 1 个城市的财政能力水平得分分布在 15～16 分，有 2 个城市的财政能力水平得分在 16 分以上，这说明北部湾城市群城市财政能力水平分布较不均匀，大量城市的财政能力水平得分较低，地区的财政能力水平得分分布趋向不稳定。

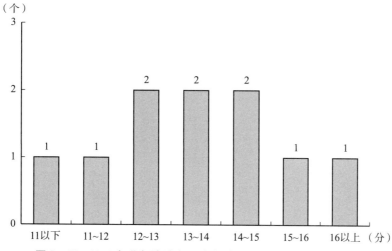

图 9 – 58 2011 年北部湾城市群城市财政能力水平评价分值分布

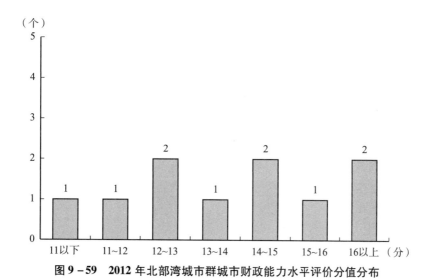

图 9 – 59 2012 年北部湾城市群城市财政能力水平评价分值分布

由图 9 – 60 可以看到，2013 年北部湾城市群城市财政能力水平得分出现较大变化，各有 1 个城市财政能力水平得分在 11 分以下、11 ~ 12 分，各有 2 个城市财政能力水平得分在 12 ~ 13 分、13 ~ 14 分、14 ~ 15 分、15 ~ 16 分，暂无城市财政能力水平得分在 16 分以上，这说明北部湾城市群城市财政能力水平得分整体呈现小幅下降趋势。

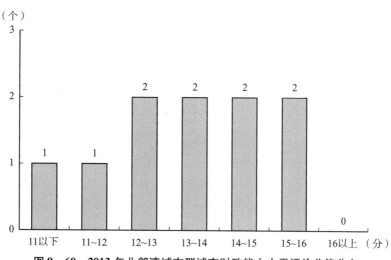

图 9 – 60 2013 年北部湾城市群城市财政能力水平评价分值分布

　　由图9－61可以看到，2014年北部湾城市群城市财政能力水平得分分布较不均衡，各有2个城市财政能力水平得分在11分以下、11～12分，有4个城市的财政能力水平得分在12～13分，各有1个城市的财政能力水平得分在13～14分、14～15分，暂无城市财政能力水平得分在15～16分、16分以上，这说明北部湾城市群城市财政能力水平得分差距较大，也说明各城市财政能力发展不稳定。

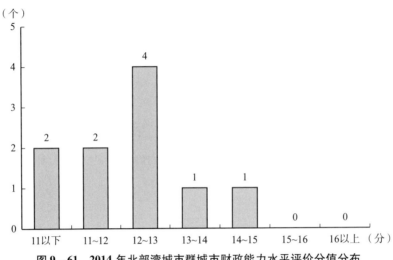

图9－61　2014年北部湾城市群城市财政能力水平评价分值分布

　　由图9－62可以看到，2015年北部湾城市群城市财政能力水平得分均衡性变差，有2个城市财政能力水平得分在11分以下，有4个城市的财政能力水平得分在11～12分，有1个城市的财政能力水平得分在12～13分，有2个城市的财政能力水平得分在13～14分，有1个城市的财政能力水平得分在14～15分，暂无城市财政能力水平得分在15～16分、16分以上，这说明北部湾城市群城市社会财政能力水平得分整体呈现大幅下降趋势。

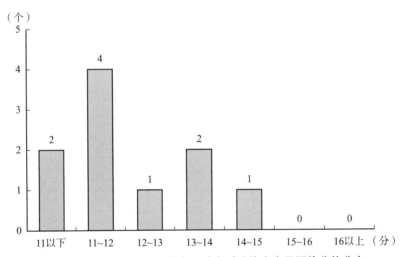

图9－62　2015年北部湾城市群城市财政能力水平评价分值分布

　　由图9－63可以看到，2016年北部湾城市群城市财政能力水平得分有较大变化，暂无城市财政能力水平得分在11分以下，各有2个城市的财政能力水平得分分布在11～12分、12～13分、13～14分，有1个城市的财政能力水平得分在14～15分，有2个城市的财政能力水平得分在15～16分，有1个城市的财政能力水平得分在16分以上，这说明北部湾城市群城市财政能力水平分得分上升幅度大，地区的财政能力水平得分分布趋向不稳定。

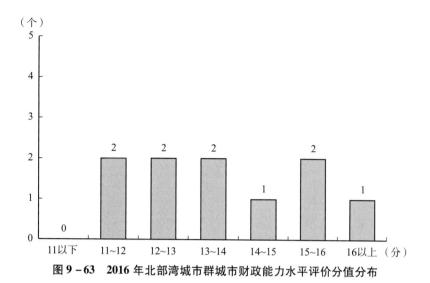

图 9 - 63　2016 年北部湾城市群城市财政能力水平评价分值分布

2. 北部湾城市群城市财政能力水平跨区段变动情况

根据图 9 - 64 对 2008～2009 年北部湾城市群城市财政能力水平的跨区段变化进行分析，可以看到在 2008～2009 年，有 3 个城市的财政能力水平在北部湾城市群城市的名次发生大幅变动。其中，南宁市由上游区下降至中游区，湛江市由中游区下降至下游区，北海市由下游区上升至上游区。

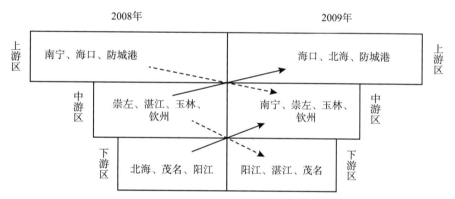

图 9 - 64　2008～2009 年北部湾城市群城市财政能力水平大幅变动情况

根据图 9 - 65 对 2009～2010 年北部湾城市群城市财政能力水平的跨区段变化进行分析，可以看到在 2009～2010 年没有发生跨区域变化。

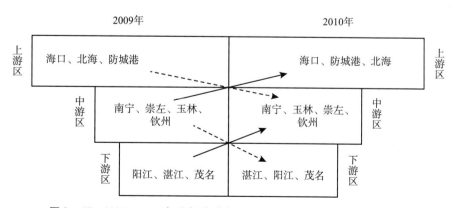

图 9 - 65　2009～2010 年北部湾城市群城市财政能力水平大幅变动情况

根据图 9 - 66 对 2010～2011 年北部湾城市群城市财政能力水平的跨区段变化进行分析，可以看到在

2010～2011 年没有发生跨区域变化。

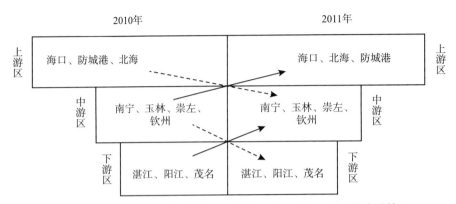

图 9－66　2010～2011 年北部湾城市群城市财政能力水平大幅变动情况

根据图 9－67 对 2011～2012 年北部湾城市群城市财政能力水平的跨区段变化进行分析，可以看到在 2011～2012 年没有发生跨区域变化。

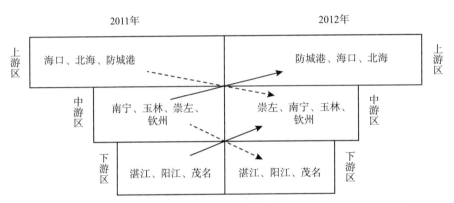

图 9－67　2011～2012 年北部湾城市群城市财政能力水平大幅变动情况

根据图 9－68 对 2012～2013 年北部湾城市群城市财政能力水平的跨区段变化进行分析，可以看到在 2012～2013 年有 4 个城市的财政能力水平发生大幅变动，北海市由上游区下降至中游区，南宁市由中游区中升至上游区，钦州市由中游区下降至下游区，湛江市由下游区上升至中游区。

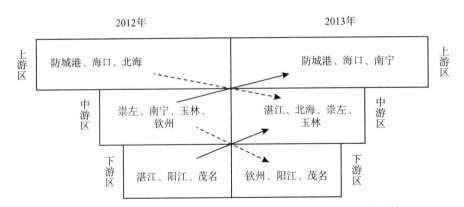

图 9－68　2012～2013 年北部湾城市群城市财政能力水平大幅变动情况

根据图 9－69 对 2013～2014 年北部湾城市群城市财政能力水平的跨区段变化进行分析，可以看到在 2013～2014 年没有发生跨区域变化。

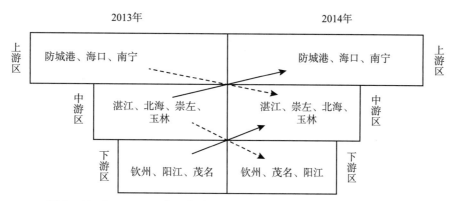

图 9 - 69　2013 ~ 2014 年北部湾城市群城市财政能力水平大幅变动情况

根据图 9 - 70 对 2014 ~ 2015 年北部湾城市群城市财政能力水平的跨区段变化进行分析，可以看到在 2014 ~ 2015 年有 4 个城市的财政能力水平发生大幅变动，南宁市由上游区下降至中游区，湛江市由中游区下降至下游区，崇左市由中游区上升至上游区，钦州市由下游区上升至中游区。

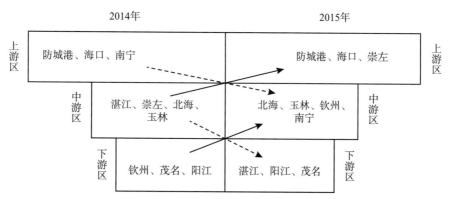

图 9 - 70　2014 ~ 2015 年北部湾城市群城市财政能力水平大幅变动情况

根据图 9 - 71 对 2015 ~ 2016 年北部湾城市群城市财政能力水平的跨区段变化进行分析，可以看到在 2015 ~ 2016 年，有 3 个城市的财政能力水平发生大幅变动，崇左市由上游区下降至中游区，钦州市由中游区下降至下游区，阳江市由下游区上升至上游区。

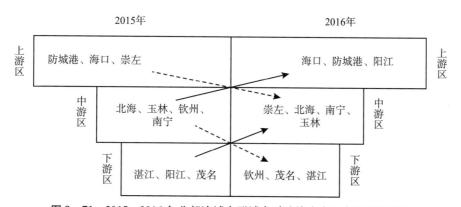

图 9 - 71　2015 ~ 2016 年北部湾城市群城市财政能力水平大幅变动情况

根据图 9 - 72 对 2008 ~ 2016 年北部湾城市群城市财政能力水平的跨区段变化进行分析，可以看到在 2008 ~ 2016 年，有 5 个城市的财政能力水平在北部湾城市群城市的名次发生大幅变动。其中南宁市由上游区下降至中游区，湛江市由中游区下降至下游区，钦州市由中游区下降至下游区，北海市由下游区上升至中游区，阳江市由下游区上升至上游区。

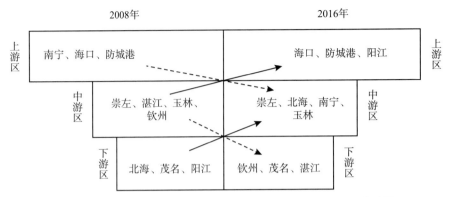

图 9 – 72　2008～2016 年北部湾城市群城市财政能力水平大幅变动情况

第十章 北部湾城市群城市居民生活发展水平评估分析

一、北部湾城市群城市居民生活综合评估分析

（一）北部湾城市群城市居民生活质量综合评估结果

根据北部湾城市群城市居民生活竞争力指标体系和数学评价模型，对 2008～2016 年北部湾城市群内 10 个城市的居民生活质量进行了评价。下面是本次评估期间北部湾城市群 10 个城市的居民生活质量排名及变化情况和指标评价结构。

1. 北部湾城市群城市居民生活质量排名

根据表 10 - 1 对 2008 年北部湾城市群城市居民生活质量排名进行分析，可以看到北部湾城市群 10 个城市中，居民生活质量处于上游区的依次是南宁市、海口市、阳江市；处于中游区的依次是湛江市、玉林市、钦州市、茂名市；处于下游区的依次是防城港市、崇左市、北海市。

表 10 - 1 　　　　　　　　　2008 年北部湾城市群城市居民生活质量排名

地区	排名	区段	地区	排名	区段	地区	排名	区段
南宁	1		湛江	4		防城港	8	
海口	2	上游区	玉林	5	中游区	崇左	9	下游区
阳江	3		钦州	6		北海	10	
			茂名	7				

根据表 10 - 2 对 2009 年北部湾城市群城市居民生活质量排名进行分析，可以看到北部湾城市群 10 个城市中，居民生活质量处于上游区的依次是南宁市、海口市、茂名市；处于中游区的依次是玉林市、阳江市、湛江市、钦州市；处于下游区的依次是防城港市、北海市、崇左市。

表 10 - 2 　　　　　　　　　2009 年北部湾城市群城市居民生活质量排名

地区	排名	区段	地区	排名	区段	地区	排名	区段
南宁	1		玉林	4		防城港	8	
海口	2	上游区	阳江	5	中游区	北海	9	下游区
茂名	3		湛江	6		崇左	10	
			钦州	7				

根据表 10 - 3 对 2010 年北部湾城市群城市居民生活质量排名进行分析，可以看到北部湾城市群 10 个城市中，居民生活质量处于上游区的依次是南宁市、海口市、玉林市；处于中游区的依次是湛江市、阳江市、防城港市、茂名市；处于下游区的依次是钦州市、北海市、崇左市。

根据表 10 - 4 对 2011 年北部湾城市群城市居民生活质量排名进行分析，可以看到北部湾城市群 10 个城市中，居民生活质量处于上游区的依次是海口市、南宁市、湛江市；处于中游区的依次是玉林市、茂名市、阳江市、防城港市；处于下游区的依次是钦州市、崇左市、北海市。

表 10 – 3   2010 年北部湾城市群城市居民生活质量排名

地区	排名	区段	地区	排名	区段	地区	排名	区段
南宁	1	上游区	湛江	4	中游区	钦州	8	下游区
海口	2		阳江	5		北海	9	
玉林	3		防城港	6		崇左	10	
			茂名	7				

表 10 – 4   2011 年北部湾城市群城市居民生活质量排名

地区	排名	区段	地区	排名	区段	地区	排名	区段
海口	1	上游区	玉林	4	中游区	钦州	8	下游区
南宁	2		茂名	5		崇左	9	
湛江	3		阳江	6		北海	10	
			防城港	7				

根据表 10 – 5 对 2012 年北部湾城市群城市居民生活质量排名进行分析，可以看到北部湾城市群 10 个城市中，居民生活质量处于上游区的依次是海口市、南宁市、茂名市；处于中游区的依次是钦州市、湛江市、阳江市、玉林市；处于下游区的依次是防城港市、崇左市、北海市。

表 10 – 5   2012 年北部湾城市群城市居民生活质量排名

地区	排名	区段	地区	排名	区段	地区	排名	区段
海口	1	上游区	钦州	4	中游区	防城港	8	下游区
南宁	2		湛江	5		崇左	9	
茂名	3		阳江	6		北海	10	
			玉林	7				

根据表 10 – 6 对 2013 年北部湾城市群城市居民生活质量排名进行分析，可以看到北部湾城市群 10 个城市中，居民生活质量处于上游区的依次是海口市、南宁市、湛江市；处于中游区的依次是茂名市、阳江市、玉林市、钦州市；处于下游区的依次是崇左水、防城港市、北海市。

表 10 – 6   2013 年北部湾城市群城市居民生活质量排名

地区	排名	区段	地区	排名	区段	地区	排名	区段
海口	1	上游区	茂名	4	中游区	崇左	8	下游区
南宁	2		阳江	5		防城港	9	
湛江	3		玉林	6		北海	10	
			钦州	7				

根据表 10 – 7 对 2014 年北部湾城市群城市居民生活质量排名进行分析，可以看到北部湾城市群 10 个城市中，居民生活质量处于上游区的依次是南宁市、海口市、茂名市；处于中游区的依次是阳江市、湛江市、玉林市、崇左市；处于下游区的依次是钦州市、防城港市、北海市。

表 10 – 7   2014 年北部湾城市群城市居民生活质量排名

地区	排名	区段	地区	排名	区段	地区	排名	区段
南宁	1	上游区	阳江	4	中游区	钦州	8	下游区
海口	2		湛江	5		防城港	9	
茂名	3		玉林	6		北海	10	
			崇左	7				

根据表 10 - 8 对 2015 年北部湾城市群城市居民生活质量排名进行分析，可以看到北部湾城市群 10 个城市中，居民生活质量处于上游区的依次是海口市、南宁市、茂名市；处于中游区的依次是湛江市、阳江市、玉林市、钦州市；处于下游区的依次是崇左市、防城港市、北海市。

表 10 - 8　　　　　　　　　　2015 年北部湾城市群城市居民生活质量排名

地区	排名	区段	地区	排名	区段	地区	排名	区段
海口	1	上游区	湛江	4	中游区	崇左	8	下游区
南宁	2		阳江	5		防城港	9	
茂名	3		玉林	6		北海	10	
			钦州	7				

根据表 10 - 9 对 2016 年北部湾城市群城市居民生活质量排名进行分析，可以看到北部湾城市群 10 个城市中，居民生活质量处于上游区的依次是茂名市、南宁市、阳江市；处于中游区的依次是湛江市、防城港市、海口市、钦州市；处于下游区的依次是玉林市、崇左市、北海市。

表 10 - 9　　　　　　　　　　2016 年北部湾城市群城市居民生活质量排名

地区	排名	区段	地区	排名	区段	地区	排名	区段
茂名	1	上游区	湛江	4	中游区	玉林	8	下游区
南宁	2		防城港	5		崇左	9	
阳江	3		海口	6		北海	10	
			钦州	7				

根据表 10 - 10 对 2008 ~ 2016 年北部湾城市群城市居民生活质量排名变化趋势进行分析，可以看到在北部湾城市群 10 个城市居民生活质量处于上升区的依次是茂名市、防城港市；处于保持区的依次是阳江市、湛江市、北海市、崇左市；处于下降区的依次是南宁市、钦州市、玉林市、海口市。

表 10 - 10　　　　　　　　2008 ~ 2016 北部湾城市群城市居民生活质量排名变化

地区	排名	区段	地区	排名	区段	地区	排名	区段
茂名	6	上升区	阳江	0	保持区	南宁	-1	下降区
防城港	3		湛江	0		钦州	-1	
			北海	0		玉林	-3	
			崇左	0		海口	-4	

2. 北部湾城市群城市居民生活质量得分情况

通过表 10 - 11 对 2008 ~ 2016 年的居民生活质量及变化进行分析。由 2008 年的北部湾城市群城市居民生活质量评价来看，得分处在 19 ~ 41 分，有 6 个城市的居民生活质量得分已经在 25 分以上，小于 25 分的城市有茂名市、防城港市、崇左市、北海市。北部湾城市群城市居民生活质量最高得分为南宁市的 40.033 分，最低得分为北海市的 19.623 分。得分平均值为 26.221 分，得分标准差为 5.816。北部湾城市群中广东地区城市的居民生活质量得分较高，北部湾城市群中广西地区的居民生活质量水平较低。

表 10 - 11　　　　　　　　2008 ~ 2016 年北部湾城市群城市居民生活质量评价比较

地区	2008 年	2009 年	2010 年	2011 年	2012 年	2013 年	2014 年	2015 年	2016 年	综合变化
阳江	27.438	28.268	25.381	25.413	26.733	32.699	30.788	34.673	45.034	17.596
湛江	26.999	27.098	25.454	29.281	27.106	34.909	30.062	34.765	34.072	7.073
茂名	23.744	31.908	23.166	27.181	29.688	33.861	32.720	34.929	48.362	24.618

续表

地区	2008 年	2009 年	2010 年	2011 年	2012 年	2013 年	2014 年	2015 年	2016 年	综合变化
南宁	40.033	43.748	39.303	34.893	32.692	37.190	48.566	35.809	46.489	6.456
北海	19.623	26.076	20.079	19.978	18.533	19.272	13.362	20.358	20.018	0.395
防城港	22.510	26.541	23.393	24.622	21.716	21.092	21.907	24.975	28.052	5.542
钦州	25.781	26.915	22.060	24.543	29.509	22.160	22.650	29.372	26.539	0.758
玉林	26.125	31.609	30.917	28.182	24.032	26.191	25.287	30.964	26.479	0.354
崇左	20.246	23.574	18.427	22.552	18.814	21.838	23.009	27.928	25.917	5.671
海口	29.713	36.025	36.156	37.891	34.706	38.281	33.825	37.502	28.031	-1.682
最高分	40.033	43.748	39.303	37.891	34.706	38.281	48.566	37.502	48.362	8.329
最低分	19.623	23.574	18.427	19.978	18.533	19.272	13.362	20.358	20.018	0.395
平均分	26.221	30.176	26.434	27.453	26.353	28.749	28.218	31.128	32.900	6.678
标准差	5.816	5.971	6.879	5.465	5.544	7.363	9.446	5.477	10.088	4.273

由 2009 年的北部湾城市群城市居民生活质量评价来看，得分处在 23～44 分，有 4 个城市的居民生活质量得分已经在 30 分以上，小于 30 分的城市有阳江市、湛江市、钦州市、防城港市、北海市、崇左市。北部湾城市群城市居民生活质量最高得分为南宁市的 43.748 分，最低得分为崇左市的 23.574 分。得分平均值为 30.176 分，得分标准差为 5.971。北部湾城市群中广东地区城市的居民生活质量得分较高，北部湾城市群中广西地区的居民生活质量水平较低。

由 2010 年的北部湾城市群城市居民生活质量评价来看，得分处在 18～40 分，有 4 个城市的居民生活质量得分已经在 25 分以上，小于 26 分的城市有阳江市、防城港市、茂名市、钦州市、北海市、崇左市。北部湾城市群城市居民生活质量最高得分为南宁市的 39.303 分，最低得分为崇左市的 18.427 分。得分平均值为 26.434 分，得分标准差为 6.879。北部湾城市群中广东地区城市的居民生活质量得分较高，北部湾城市群中广西地区的居民生活质量水平较低。

由 2011 年的北部湾城市群城市居民生活质量评价来看，得分处在 20～38 分，有 6 个城市的居民生活质量得分已经在 25 分以上，小于 25 分的城市有防城港市、钦州市、崇左市、北海市。北部湾城市群城市居民生活质量最高得分为海口市的 37.891 分，最低得分为北海市的 19.978 分。得分平均值为 27.453 分，得分标准差为 5.465。北部湾城市群中广东地区城市的居民生活质量得分较高，北部湾城市群中广西地区的居民生活质量水平较低。

由 2012 年的北部湾城市群城市居民生活质量评价来看，得分处在 18～34 分，有 5 个城市的居民生活质量得分已经在 27 分以上，小于 27 分的城市有阳江市、玉林市、防城港市、崇左市、北海市。北部湾城市群城市居民生活质量最高得分为海口市的 34.706 分，最低得分为北海市的 18.533 分。得分平均值为 26.353 分，得分标准差为 5.544。北部湾城市群中广东地区城市的居民生活质量得分较高，北部湾城市群中广西地区的居民生活质量水平较低。

由 2013 年的北部湾城市群城市居民生活质量评价来看，得分处在 19～39 分，有 5 个城市的居民生活质量得分已经在 30 分以上，小于 30 分的城市有玉林市、钦州市、崇左市、防城港市、北海市。北部湾城市群城市居民生活质量最高得分为海口市的 38.281 分，最低得分为北海市的 19.272 分。得分平均值为 28.749 分，得分标准差为 7.363。北部湾城市群中广东地区城市的居民生活质量得分较高，北部湾城市群中广西地区的居民生活质量水平较低。

由 2014 年的北部湾城市群城市居民生活质量评价来看，得分处在 13～49 分，有 6 个城市的居民生活质量得分已经在 25 分以上，小于 25 分的城市有崇左市、钦州市、防城港市、北海市。北部湾城市群城市居民生活质量最高得分为南宁市的 48.566 分，最低得分为北海市的 13.362 分。得分平均值为 28.218 分，得分标准差为 9.446。北部湾城市群中广东地区城市的居民生活质量得分较高，北部湾城市群中广西地区的居民生活质量水平较低。

由 2015 年的北部湾城市群城市居民生活质量评价来看，得分处在 20～38 分，有 6 个城市的居民生活质量得分已经在 30 分以上，小于 30 分的城市有钦州市、崇左市、防城港市、北海市。北部湾城市群城市居民生活质量最高得分为海口市的 37.502 分，最低得分为北海市的 20.358 分。得分平均值为 31.128 分，得分标准差为 5.477。北部湾城市群中广东地区城市的居民生活质量得分较高，北部湾城市群中广西地区的居民生活质量水平较低。

由 2016 年的北部湾城市群城市居民生活质量评价来看，得分处在 20~49 分，有 4 个城市的居民生活质量得分已经在 30 分以上，小于 30 分的城市有防城港市、海口市、钦州市、玉林市、崇左市、北海市。北部湾城市群城市居民生活质量最高得分为茂名市的 48.362 分，最低得分为北海市的 20.018 分。得分平均值为 32.900 分，得分标准差为 10.088。北部湾城市群中广东地区城市的居民生活质量得分较高，北部湾城市群中广西地区的居民生活质量水平较低。

对比北部湾城市群城市工业生活环境变化，通过对各年的北部湾城市群城市工业生活环境的平均分、标准差进行分析，可以发现其平均分处于波动上升趋势，说明北部湾城市群城市居民生活综合能力整体有所上升。同时北部湾城市群城市工业生活环境的标准差也处于波动上升趋势，说明城市间工业生活环境差距有所扩大。广东地区其他城市排名均基本稳定，广西地区各个城市排名变化幅度较大，说明广西地区居民生活稳定性比广东地区居民生活稳定性差。

3. 北部湾城市群城市居民生活要素得分情况

通过表 10-12 对 2008~2016 年的生活水平进行分析。由 2008 年的北部湾城市群城市生活水平的评价来看，得分处在 8~19 分，有 8 个城市的生活水平得分已经在 10 分以上，小于 10 分的城市有茂名市、北海市。北部湾城市群城市生活水平最高得分为南宁市的 18.404 分，最低得分为北海市的 8.999 分。得分平均值为 12.229 分，得分标准差为 2.942。北部湾城市群中广东地区城市的生活水平得分较高，北部湾城市群中广西地区的生活水平较低。

表 10-12　　　　　　　　　2008~2016 年北部湾城市群城市生活水平评价比较

地区	2008 年	2009 年	2010 年	2011 年	2012 年	2013 年	2014 年	2015 年	2016 年	综合变化
阳江	10.168	12.825	10.640	12.121	13.436	16.181	13.540	12.957	15.102	4.934
湛江	11.331	13.418	12.156	11.877	15.002	17.886	15.822	18.494	16.717	5.385
茂名	9.209	16.026	8.214	14.088	17.203	18.040	15.892	18.527	15.980	6.771
南宁	18.404	18.989	20.161	14.779	15.455	14.274	27.872	14.823	24.630	6.225
北海	8.999	16.319	8.370	10.034	9.363	7.492	8.515	10.761	9.654	0.655
防城港	11.453	14.200	12.393	13.896	12.083	10.127	9.722	12.938	10.669	-0.785
钦州	15.349	16.722	11.580	12.140	16.832	11.232	11.994	14.575	12.960	-2.389
玉林	11.537	13.851	14.618	13.870	12.025	15.620	12.799	18.079	14.858	3.321
崇左	11.618	15.712	11.352	12.510	10.707	12.702	13.602	18.943	16.103	4.485
海口	14.221	21.139	19.446	22.464	22.268	19.817	17.425	24.275	15.606	1.385
最高分	18.404	21.139	20.161	22.464	22.268	19.817	27.872	24.275	24.630	6.225
最低分	8.999	12.825	8.214	10.034	9.363	7.492	8.515	10.761	9.654	0.655
平均分	12.229	15.920	12.893	13.778	14.437	14.337	14.718	16.437	15.228	2.999
标准差	2.942	2.595	4.097	3.354	3.772	3.920	5.376	3.967	4.072	1.130

由 2009 年的北部湾城市群城市生活水平的评价来看，得分处在 12~22 分，有 6 个城市的生活水平得分已经在 15 分以上，小于 15 分的城市有防城港市、玉林市、湛江市、阳江市。北部湾城市群城市生活水平最高得分为海口市的 21.139 分，最低得分为阳江市的 12.825 分。得分平均值为 15.920 分，得分标准差为 2.595。北部湾城市群中广东地区城市的生活水平得分较高，北部湾城市群中广西地区的生活水平较低。

由 2010 年的北部湾城市群城市生活水平的评价来看，得分处在 8~21 分，有 5 个城市的生活水平得分已经在 12 分以上，小于 12 分的城市有钦州市、崇左市、阳江市、北海市、茂名市。北部湾城市群城市生活水平最高得分为南宁市的 20.161 分，最低得分为茂名市的 8.214 分。得分平均值为 12.893 分，得分标准差为4.097。北部湾城市群中广东地区城市的生活水平得分较高，北部湾城市群中广西地区的生活水平较低。

由2011年的北部湾城市群城市生活水平的评价来看，得分处在10～23分，有5个城市的生活水平得分已经在12分以上，小于12分的城市有崇左市、钦州市、阳江市、湛江市、北海市。北部湾城市群城市生活水平最高得分为海口市的22.464分，最低得分为北海市的10.034分。得分平均值为13.778分，得分标准差为3.354。北部湾城市群中广东地区城市的生活水平得分较高，北部湾城市群中广西地区的生活水平较低。

由2012年的北部湾城市群城市生活水平的评价来看，得分处在9～23分，有5个城市的生活水平得分已经在15分以上，小于15分的城市有阳江市、防城港市、玉林市、崇左市、北海市。北部湾城市群城市生活水平最高得分为海口市的22.268分，最低得分为北海市的9.363分。得分平均值为14.437分，得分标准差为3.772。北部湾城市群中广东地区城市的生活水平得分较高，北部湾城市群中广西地区的生活水平较低。

由2013年的北部湾城市群城市生活水平的评价来看，得分处在7～20分，有5个城市的生活水平得分已经在15分以上，小于15分的城市有南宁市、崇左市、钦州市、防城港市、北海市。北部湾城市群城市生活水平最高得分为海口市的19.817分，最低得分为北海市的7.492分。得分平均值为14.337分，得分标准差为3.920。北部湾城市群中广东地区城市的生活水平得分较高，北部湾城市群中广西地区的生活水平较低。

由2014年的北部湾城市群城市生活水平的评价来看，得分处在8～28分，有6个城市的生活水平得分已经在13分以上，小于13分的城市有玉林市、钦州市、防城港市、北海市。北部湾城市群城市生活水平最高得分为南宁市的27.872分，最低得分为北海市的8.515分。得分平均值为14.718分，得分标准差为5.376。北部湾城市群中广东地区城市的生活水平得分较高，北部湾城市群中广西地区的生活水平较低。

由2015年的北部湾城市群城市生活水平的评价来看，得分处在10～25分，有5个城市的生活水平得分已经在18分以上，小于18分的城市有南宁市、钦州市、阳江市、防城港市、北海市。北部湾城市群城市生活水平最高得分为海口市的24.275分，最低得分为北海市的10.761分。得分平均值为16.437分，得分标准差为3.967。北部湾城市群中广东地区城市的生活水平得分较高，北部湾城市群中广西地区的生活水平较低。

由2016年的北部湾城市群城市生活水平的评价来看，得分处在9～25分，有6个城市的生活水平得分已经在15分以上，小于15分的城市有玉林市、钦州市、防城港市。北部湾城市群城市生活水平最高得分为南宁市的24.630分，最低得分为北海市的9.654分。得分平均值为15.228分，得分标准差为4.072。北部湾城市群中广东地区城市的生活水平得分较高，北部湾城市群中广西地区的生活水平较低。

对比北部湾城市群城市生活水平变化，通过对各年的北部湾城市群城市生活水平的平均分、标准差进行分析，可以发现其平均分处于波动上升趋势，说明北部湾城市群城市居民生活综合能力整体有所上升。同时北部湾城市群城市生活水平的标准差也处于波动上升趋势，说明城市间生活水平差距有所扩大。广东地区其他城市排名均基本稳定，广西地区各个城市排名变化幅度较大，说明广西地区居民生活稳定性比广东地区居民生活稳定性差。

通过表10－13对2008～2016年的生活环境进行分析。由2008年的北部湾城市群城市生活环境质量评价来看，得分处在8～22分，有3个城市的居民生活环境质量得分已经在15分以上，小于15分的城市有海口市、玉林市、茂名市、防城港市、北海市、钦州市、崇左市。北部湾城市群城市生活环境质量最高得分为南宁市的21.629分，最低得分为崇左市的8.629分。得分平均值为13.992分，得分标准差为3.890。北部湾城市群中广东地区城市的生活环境水平得分较高，北部湾城市群中广西地区的生活环境生活水平较低。

表 10 - 13　　　　　　　　　　2008～2016 年北部湾城市群城市生活环境评价比较

地区	2008 年	2009 年	2010 年	2011 年	2012 年	2013 年	2014 年	2015 年	2016 年	综合变化
阳江	17.270	15.443	14.741	13.292	13.297	16.518	17.248	21.716	29.932	12.662
湛江	15.668	13.680	13.298	17.404	12.104	17.023	14.240	16.271	17.356	1.688
茂名	14.535	15.882	14.952	13.092	12.485	15.821	16.829	16.402	32.382	17.847
南宁	21.629	24.760	19.141	20.114	17.238	22.916	20.695	20.985	21.860	0.231
北海	10.624	9.757	11.709	9.944	9.170	11.780	4.847	9.597	10.365	-0.260
防城港	11.057	12.341	11.001	10.726	9.633	10.965	12.184	12.037	17.383	6.326
钦州	10.432	10.193	10.480	12.403	12.677	10.928	10.656	14.797	13.579	3.146
玉林	14.588	17.758	16.299	14.312	12.007	10.571	12.488	12.885	11.621	-2.967
崇左	8.629	7.862	7.075	10.042	8.107	9.137	9.407	8.986	9.815	1.186
海口	15.492	14.886	16.710	15.427	12.438	18.464	16.400	13.228	12.426	-3.066
最高分	21.629	24.760	19.141	20.114	17.238	22.916	20.695	21.716	32.382	10.753
最低分	8.629	7.862	7.075	9.944	8.107	9.137	4.847	8.986	9.815	1.186
平均分	13.992	14.256	13.540	13.676	11.916	14.412	13.499	14.690	17.672	3.679
标准差	3.890	4.815	3.551	3.279	2.554	4.416	4.574	4.286	8.031	4.141

　　由 2009 年的北部湾城市群城市生活环境质量评价来看，得分处在 7～25 分，有 5 个城市的居民生活环境质量得分已经在 14 分以上，小于 14 分的城市有湛江市、防城港市、钦州市、北海市、崇左市。北部湾城市群城市生活环境质量最高得分为南宁市的 24.760 分，最低得分为崇左市的 7.862 分。得分平均值为 14.256 分，得分标准差为 4.815。北部湾城市群中广东地区城市的生活环境水平得分较高，北部湾城市群中广西地区的生活环境生活水平较低。

　　由 2010 年的北部湾城市群城市生活环境质量评价来看，得分处在 7～20 分，有 5 个城市的居民生活环境质量得分已经在 14 分以上，小于 14 分的城市有湛江市、北海市、防城港市、钦州市、崇左市。北部湾城市群城市生活环境质量最高得分为南宁市的 19.141 分，最低得分为崇左市的 7.075 分。得分平均值为 13.540 分，得分标准差为 3.551。北部湾城市群中广东地区城市的生活环境水平得分较高，北部湾城市群中广西地区的生活环境生活水平较低。

　　由 2011 年的北部湾城市群城市生活环境质量评价来看，得分处在 7～19 分，有 6 个城市的居民生活环境质量得分已经在 13 分以上，小于 13 分的城市有钦州市、防城港市、崇左市。北部湾城市群城市生活环境质量最高得分为南宁市的 20.114 分，最低得分为北海市的 9.944 分。得分平均值为 13.676 分，得分标准差为 3.279。北部湾城市群中广东地区城市的生活环境水平得分较高，北部湾城市群中广西地区的生活环境生活水平较低。

　　由 2012 年的北部湾城市群城市生活环境质量评价来看，得分处在 8～18 分，有 7 个城市的居民生活环境质量得分已经在 12 分以上，小于 12 分的城市有防城港市、北海市、崇左市。北部湾城市群城市生活环境质量最高得分为南宁市的 17.238 分，最低得分为崇左市的 8.107 分。得分平均值为 11.916 分，得分标准差为 2.554。北部湾城市群中广东地区城市的生活环境水平得分较高，北部湾城市群中广西地区的生活环境生活水平较低。

　　由 2013 年的北部湾城市群城市生活环境质量评价来看，得分处在 6～18 分，有 5 个城市的居民生活环境质量得分已经在 15 分以上，小于 15 分的城市有北海市、防城港市、钦州市、玉林市、崇左市。北部湾城市群城市生活环境质量最高得分为南宁市的 22.916 分，最低得分为崇左市的 9.137 分。得分平均值为 14.412 分，得分标准差为 4.416。北部湾城市群中广东地区城市的生活环境水平得分较高，北部湾城市群中广西地区的生活环境生活水平较低。

　　由 2014 年的北部湾城市群城市生活环境质量评价来看，得分处在 4～21 分，有 5 个城市的居民生活环境质量得分已经在 14 分以上，小于 14 分的城市有玉林市、防城港市、钦州市、崇左市、北海市。北部湾城市群城市生活环境质量最高得分为南宁市的 20.695 分，最低得分为北海市的 4.847 分。得分平均值为 13.499 分，得分标准差为 4.574。北部湾城市群中广东地区城市的生活环境水平得分较高，北部湾城市群中广西地区的生活环境生活水平较低。

由 2015 年的北部湾城市群城市生活环境质量评价来看，得分处在 8 ~ 22 分，有 5 个城市的居民生活环境质量得分已经在 14 分以上，小于 14 分的城市有海口市、玉林市、防城港市、北海市、崇左市。北部湾城市群城市生活环境质量最高得分为阳江市的 21.716 分，最低得分为崇左市的 8.986 分。得分平均值为 14.690 分，得分标准差为 4.286。北部湾城市群中广东地区城市的生活环境水平得分较高，北部湾城市群中广西地区的生活环境生活水平较低。

由 2016 年的北部湾城市群城市生活环境质量评价来看，得分处在 9 ~ 33 分，有 5 个城市的居民生活环境质量得分已经在 17 分以上，小于 17 分的城市有钦州市、海口市、玉林市、北海市。北部湾城市群城市生活环境质量最高得分为茂名市的 32.382 分，最低得分为崇左市的 9.815 分。得分平均值为 17.672 分，得分标准差为 8.031。北部湾城市群中广东地区城市的生活环境水平得分较高，北部湾城市群中广西地区的生活环境生活水平较低。

对比北部湾城市群城市生活环境变化，通过对各年的北部湾城市群城市生活环境的平均分、标准差进行分析，可以发现其平均分处于波动上升趋势，说明北部湾城市群城市居民生活综合能力整体有所上升。同时北部湾城市群城市生活环境的标准差也处于波动上升趋势，说明城市间生活环境差距有所扩大。广东地区其他城市排名均基本稳定，广西地区各个城市排名变化幅度较大，说明广西地区居民生活稳定性比广东地区居民生活稳定性差。

(二) 北部湾城市群城市居民生活质量综合评估结果的比较与评析

1. 北部湾城市群城市居民生活质量分布情况

根据灰色综合评价法对无量纲化后的三级指标进行权重得分计算，得到北部湾城市群城市的居民生活质量得分及排位，反映各城市居民生活质量情况。下面对 2008 ~ 2016 年北部湾城市群城市居民生活质量评价分值分布进行统计。

由图 10 - 1 可以看到 2008 年北部湾城市群城市居民生活质量得分情况，居民生活质量得分在 20 分以下、20 ~ 22 分各有 1 个城市，22 ~ 25 分有 2 个城市，25 ~ 30 分有 5 个城市，40 分以上有 1 个城市，说明北部湾城市群城市居民生活质量分布较不均衡。

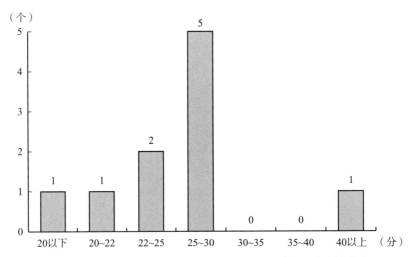

图 10 - 1　2008 年北部湾城市群城市居民生活质量评价分值分布

由图 10 - 2 可以看到 2008 年北部湾城市群城市居民生活质量得分情况，居民生活质量得分在 22 ~ 25 分有 1 个城市，25 ~ 30 分有 5 个城市，30 ~ 35 分有 2 个城市，35 ~ 40 分及 40 分以上各有 1 个城市，说明北部湾城市群城市居民生活质量分布较不均衡。

由图 10 - 3 可以看到 2008 年北部湾城市群城市居民生活质量得分情况，居民生活质量得分在 20 分以下、20 ~ 22 分及 30 ~ 35 分各有 1 个城市，22 ~ 25 分有 3 个城市，25 ~ 30 分、35 ~ 40 分各有 2 个城市，说明北部湾城市群城市居民生活质量分布较不均衡。

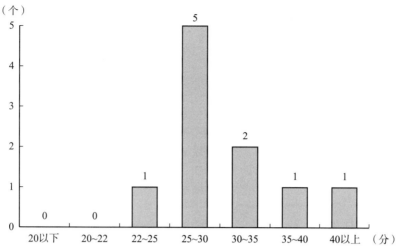

图 10 - 2　2009 年北部湾城市群城市居民生活质量评价分值分布

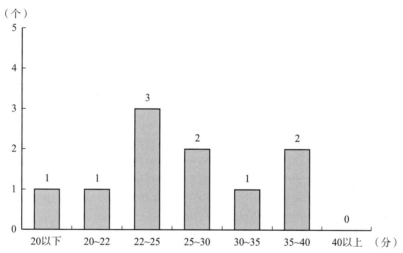

图 10 - 3　2010 年北部湾城市群城市居民生活质量评价分值分布

由图 10 - 4 可以看到 2008 年北部湾城市群城市居民生活质量得分情况，居民生活质量得分在 20 分以下、30 ~ 35 分、35 ~ 40 分各有 1 个城市，22 ~ 25 分有 3 个城市，25 ~ 30 分有 4 个城市，说明北部湾城市群城市居民生活质量分布较不均衡。

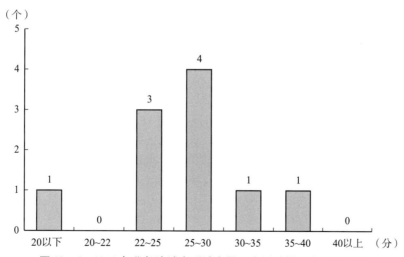

图 10 - 4　2011 年北部湾城市群城市居民生活质量评价分值分布

由图 10－5 可以看到 2008 年北部湾城市群城市居民生活质量得分情况，居民生活质量得分 20 分以下、30～35 分各有 2 个城市，20～22 分、22～25 分各有 1 个城市，25～30 分有 4 个城市，说明北部湾城市群城市居民生活质量分布较为均衡。

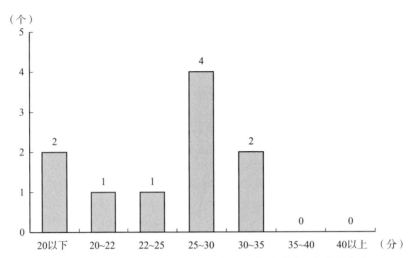

图 10－5　2012 年北部湾城市群城市居民生活质量评价分值分布

由图 10－6 可以看到 2008 年北部湾城市群城市居民生活质量得分情况，居民生活质量得分在 20 分以下、22～25 分、25～30 分各有 1 个城市，20～22 分、35～40 分各有 2 个城市，30～35 分有 3 个城市，说明北部湾城市群城市居民生活质量分布较为均衡。

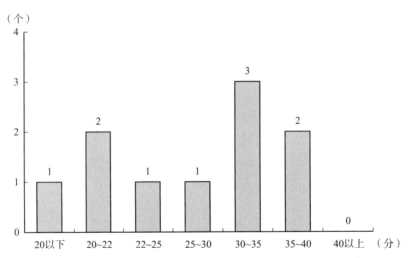

图 10－6　2013 年北部湾城市群城市居民生活质量评价分值分布

由图 10－7 可以看到 2008 年北部湾城市群城市居民生活质量得分情况，居民生活质量得分在 20 分以下、20～22 分、25～30 分、40 分以上各有 1 个城市，22～25 分有 2 个城市，30～35 分有 4 个城市，说明北部湾城市群城市居民生活质量分布较为均衡。

由图 10－8 可以看到 2008 年北部湾城市群城市居民生活质量得分情况，居民生活质量得分在 20 分以下、25～30 分有 2 个城市，20～22 分有 4 个城市，22～25 分、30～35 分有 1 个城市，说明北部湾城市群城市居民生活质量分布较不均衡。

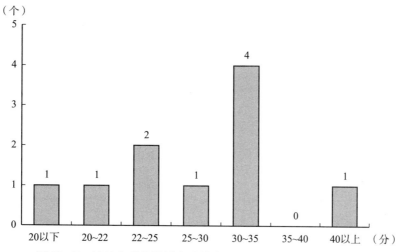

图 10 - 7　2014 年北部湾城市群城市居民生活质量评价分值分布

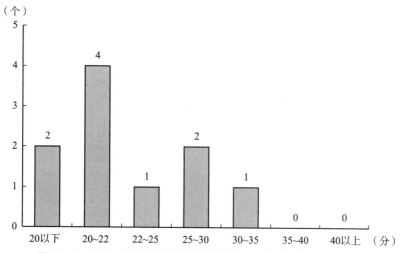

图 10 - 8　2015 年北部湾城市群城市居民生活质量评价分值分布

由图 10 - 9 可以看到 2008 年北部湾城市群城市居民生活质量得分情况，居民生活质量得分在 20 ~ 22 分、30 ~ 35 分有 1 个城市，25 ~ 30 分有 5 个城市，40 分以上有 3 个城市，说明北部湾城市群市居民生活质量分布较不均衡。

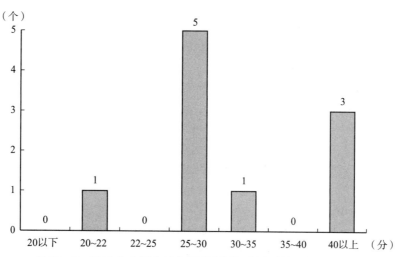

图 10 - 9　2016 年北部湾城市群城市居民生活质量评价分值分布

2. 北部湾城市群城市居民生活质量跨区段变动情况

根据图 10－10 对 2008～2009 年北部湾城市群城市居民生活质量的跨区段变化进行分析，可以看到在 2008～2009 年有 4 个城市的居民生活质量在北部湾城市群的位次发生了大幅变动。其中，南宁市由上游区下降至中游区，茂名市由上游区下降至中游区，湛江市由中游区上升至上游区，玉林市由中游区上升至上游区。

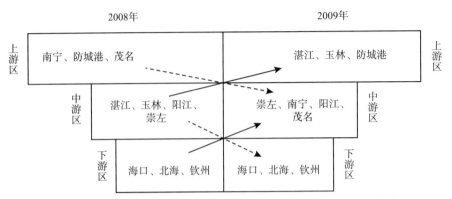

图 10－10　2008～2009 年北部湾城市群城市居民生活质量大幅变动情况

根据图 10－11 对 2009～2010 年北部湾城市群城市居民生活质量的跨区段变化进行分析，可以看到在 2009～2010 年有两个城市的居民生活质量在北部湾城市群的位次发生大幅变动。其中，防城港市由上游区下降至中游区，茂名市由中游区上升至上游区。

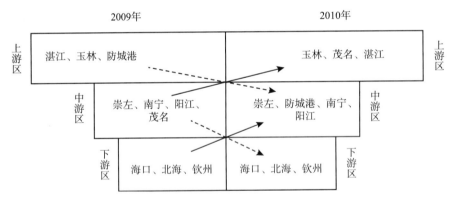

图 10－11　2009～2010 年北部湾城市群城市居民生活质量大幅变动情况

根据图 10－12 对 2010～2011 年北部湾城市群城市居民生活质量的跨区段变化进行分析，可以看到在 2010～2011 年有两个城市的居民生活质量在北部湾城市群的位次发生了大幅变动。其中，茂名市由上游区下降至中游区，崇左市由中游区上升至上游区。

根据图 10－13 对 2011～2012 年北部湾城市群城市居民生活质量的跨区段变化进行分析，可以看到在 2011～2012 年有 4 个城市的居民生活质量在北部湾城市群的位次发生了大幅变动。其中，玉林市由上游区下降至中游区，防城港市由中游区上升至上游区，南宁市由中游区下降至下游区，北海市由下游区上升至中游区。

根据图 10－14 对 2012～2013 年北部湾城市群城市居民生活质量的跨区段变化进行分析，可以看到在 2012～2013 年有两个城市的居民生活质量在北部湾城市群的位次发生了大幅变动。其中，防城港市由上游区下降至中游区，玉林市由中游区上升至上游区。

根据图 10－15 对 2013～2014 年北部湾城市群城市居民生活质量的跨区段变化进行分析，可以看到在 2013～2014 年有两个城市的居民生活质量在北部湾城市群的位次发生了大幅变动。其中，北海市由中游区下降至下游区，南宁市由下游区上升至中游区。

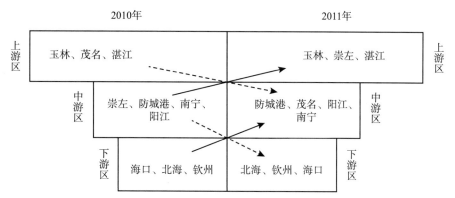

图 10 - 12　2010 ~ 2011 年北部湾城市群城市居民生活质量大幅变动情况

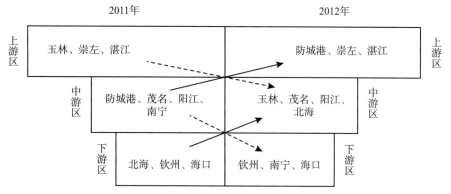

图 10 - 13　2011 ~ 2012 年北部湾城市群城市居民生活质量大幅变动情况

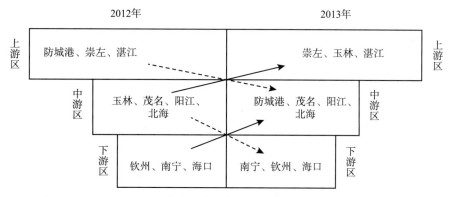

图 10 - 14　2012 ~ 2013 年北部湾城市群城市居民生活质量大幅变动情况

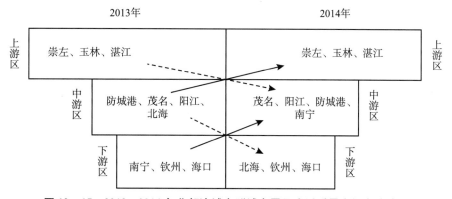

图 10 - 15　2013 ~ 2014 年北部湾城市群城市居民生活质量大幅变动情况

根据图 10－16 对 2014～2015 年北部湾城市群城市居民生活质量的跨区段变化进行分析，可以看到在 2014～2015 年有 4 个城市的居民生活质量在北部湾城市群的位次发生了大幅变动。其中，湛江市由上游区下降至中游区，阳江市由中游区下降至下游区，防城港市由中游区上升至上游区，北海市由下游区上升至中游区。

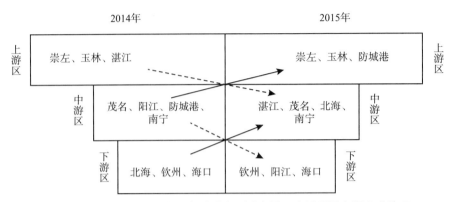

图 10－16　2014～2015 年北部湾城市群城市居民生活质量大幅变动情况

根据图 10－17 对 2015～2016 年北部湾城市群城市居民生活质量的跨区段变化进行分析，可以看到在 2015～2016 年没有城市的居民生活质量在北部湾城市群的位次发生了大幅变动。

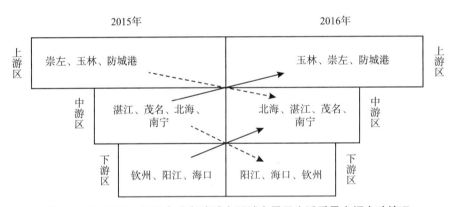

图 10－17　2015～2016 年北部湾城市群城市居民生活质量大幅变动情况

根据图 10－18 对 2008～2016 年北部湾城市群城市居民生活质量的跨区段变化进行分析，可以看到在 2008～2016 年有 5 个城市的居民生活质量在北部湾城市群的位次发生了大幅变动。其中，南宁市由上游区下降至中游区，茂名市由上游区下降至中游区，玉林市由中游区上升至上游区，崇左市由中游区上升至上游区，北海市由下游区上升至中游区。

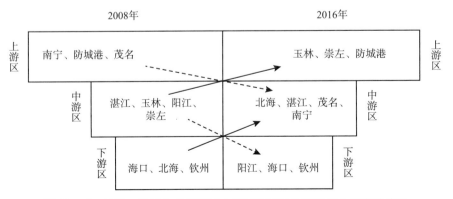

图 10－18　2008～2016 年北部湾城市群城市居民生活质量大幅变动情况

二、北部湾城市群城市生活水平比较分析

（一）北部湾城市群城市生活水平评估结果

根据北部湾城市群城市生活水平竞争力指标体系和数学评价模型，对 2008～2016 年北部湾城市群内 10 个城市的生活水平进行评价。下面是本次评估期间北部湾城市群 10 个城市的生活水平排名及变化情况和指标评价结构。

根据表 10 - 14 对 2008 年北部湾城市群城市生活水平排名进行分析，可以看到北部湾城市群 10 个城市中，生活水平质量处于上游区的依次是阳江市、湛江市、海口市；处于中游区的依次是崇左市、玉林市、钦州市、南宁市；处于下游区的依次是防城港市、北海市、茂名市。

表 10 - 14　　　　　　　　　　2008 年北部湾城市群城市生活水平排名

地区	排名	区段	地区	排名	区段	地区	排名	区段
阳江	1		崇左	4		防城港	8	
湛江	2	上游区	玉林	5	中游区	北海	9	下游区
海口	3		钦州	6		茂名	10	
			南宁	7				

根据表 10 - 15 对 2009 年北部湾城市群城市生活水平排名进行分析，可以看到北部湾城市群 10 个城市中，生活水平处于上游区的依次是崇左市、阳江市、防城港市；处于中游区的依次是海口市、钦州市、南宁市、湛江市；处于下游区的依次是玉林市、北海市、茂名市。

表 10 - 15　　　　　　　　　　2009 年北部湾城市群城市生活水平排名

地区	排名	区段	地区	排名	区段	地区	排名	区段
崇左	1		海口	4		玉林	8	
阳江	2	上游区	钦州	5	中游区	北海	9	下游区
防城港	3		南宁	6		茂名	10	
			湛江	7				

根据表 10 - 16 对 2010 年北部湾城市群城市生活水平排名进行分析，可以看到北部湾城市群 10 个城市中，生活水平处于上游区的依次是崇左市、阳江市、南宁市；处于中游区的依次是防城港市、海口市、湛江市、玉林市；处于下游区的依次是钦州市、茂名市、北海市。

表 10 - 16　　　　　　　　　　2010 年北部湾城市群城市生活水平排名

地区	排名	区段	地区	排名	区段	地区	排名	区段
崇左	1		防城港	4		钦州	8	
阳江	2	上游区	海口	5	中游区	茂名	9	下游区
南宁	3		湛江	6		北海	10	
			玉林	7				

根据表 10 - 17 对 2011 年北部湾城市群城市生活水平排名进行分析，可以看到北部湾城市群 10 个城市中，生活水平处于上游区的依次是崇左市、阳江市、防城港市；处于中游区的依次是玉林市、钦州市、海口市、湛江市；处于下游区的依次是南宁市、茂名市、北海市。

表 10 – 17　　　　　　　　　　　　　　　2011 年北部湾城市群城市生活水平排名

地区	排名	区段	地区	排名	区段	地区	排名	区段
崇左	1		玉林	4		南宁	8	
阳江	2	上游区	钦州	5	中游区	茂名	9	下游区
防城港	3		海口	6		北海	10	
			湛江	7				

根据表 10 – 18 对 2012 年北部湾城市群城市生活水平排名进行分析，可以看到北部湾城市群 10 个城市中，生活水平质量处于上游区的依次是崇左市、阳江市、玉林市；处于中游区的依次是钦州市、防城港市、海口市、湛江市；处于下游区的依次是茂名市、南宁市、北海市。

表 10 – 18　　　　　　　　　　　　　　　2012 年北部湾城市群城市生活水平排名

地区	排名	区段	地区	排名	区段	地区	排名	区段
崇左	1		钦州	4		茂名	8	
阳江	2	上游区	防城港	5	中游区	南宁	9	下游区
玉林	3		海口	6		北海	10	
			湛江	7				

根据表 10 – 19 对 2013 年北部湾城市群城市生活水平排名进行分析，可以看到北部湾城市群 10 个城市中，生活水平质量处于上游区的依次是崇左市、钦州市、玉林市；处于中游区的依次是阳江市、防城港市、茂名市、湛江市；处于下游区的依次是南宁市、海口市、北海市。

表 10 – 19　　　　　　　　　　　　　　　2013 年北部湾城市群城市生活水平排名

地区	排名	区段	地区	排名	区段	地区	排名	区段
崇左	1		阳江	4		南宁	8	
钦州	2	上游区	防城港	5	中游区	海口	9	下游区
玉林	3		茂名	6		北海	10	
			湛江	7				

根据表 10 – 20 对 2014 年北部湾城市群城市生活水平排名进行分析，可以看到北部湾城市群 10 个城市中，生活水平处于上游区的依次是崇左市、防城港市、湛江市；处于中游区的依次是钦州市、玉林市、海口市、茂名市；处于下游区的依次是阳江市、南宁市、北海市。

表 10 – 20　　　　　　　　　　　　　　　2014 年北部湾城市群城市生活水平排名

地区	排名	区段	地区	排名	区段	地区	排名	区段
崇左	1		钦州	4		阳江	8	
防城港	2	上游区	玉林	5	中游区	南宁	9	下游区
湛江	3		海口	6		北海	10	
			茂名	7				

根据表 10 – 21 对 2015 年北部湾城市群城市生活水平排名进行分析，可以看到北部湾城市群 10 个城市中，生活水平质量处于上游区的依次是崇左市、湛江市、玉林市；处于中游区的依次是钦州市、茂名市、防城港市、阳江市；处于下游区的依次是海口市、南宁市、北海市。

根据表 10 – 22 对 2016 年北部湾城市群城市生活水平排名进行分析，可以看到北部湾城市群 10 个城市中，生活水平处于上游区的依次是崇左市、钦州市、湛江市；处于中游区的依次是茂名市、玉林市、防城港市、阳江市；处于下游区的依次是南宁市、海口市、北海市。

表 10 – 21   **2015 年北部湾城市群城市生活水平排名**

地区	排名	区段	地区	排名	区段	地区	排名	区段
崇左	1	上游区	钦州	4	中游区	海口	8	下游区
湛江	2		茂名	5		南宁	9	
玉林	3		防城港	6		北海	10	
			阳江	7				

表 10 – 22   **2016 年北部湾城市群城市生活水平排名**

地区	排名	区段	地区	排名	区段	地区	排名	区段
崇左	1	上游区	茂名	4	中游区	南宁	8	下游区
钦州	2		玉林	5		海口	9	
湛江	3		防城港	6		北海	10	
			阳江	7				

    根据表 10 – 23 对 2008～2016 年北部湾城市群城市生活水平排名变化趋势进行分析,可以看到在北部湾城市群 10 个城市中,生活水平质量处于上升区的依次是北海市、防城港市、崇左市;处于保持区的依次是阳江市、湛江市、茂名市、钦州市、海口市,处于下降区的依次是南宁市、玉林市。

表 10 – 23   **2008～2016 年北部湾城市群城市生活水平排名变化**

地区	排名	区段	地区	排名	区段	地区	排名	区段
北海	1	上升区	阳江	0	保持区	南宁	-1	下降区
防城港	1		湛江	0		玉林	-2	
崇左	1		茂名	0				
			钦州	0				
			海口	0				

(二) 北部湾城市群城市生活水平评估结果的比较与评析

1. 北部湾城市群城市生活水平分布情况

    根据灰色综合评价法对无量纲化后的三级指标进行权重得分计算,得到北部湾城市群城市的生活水平得分及排位,反映各城市生活水平情况。下面对 2008～2016 年北部湾城市群城市生活水平评价分值分布进行统计。

    由图 10 – 19 可以看到 2008 年北部湾城市群城市生活水平得分情况。生活水平得分在 10 分以下、14～16 分各有 2 个城市,18～20 分有 1 个城市,10～12 分有 5 个城市,说明北部湾城市群城市生活水平分布较不均衡,城市的生活水平得分相差较大。

    由图 10 – 20 看到 2009 年北部湾城市群城市生活水平得分情况。生活水平得分 12～14 分、16～18 分各有 3 个城市,14～16 分有 2 个城市,18～20 分、20 分以上各有 1 个城市,说明北部湾城市群城市生活水平分布较不均衡,城市生活水平得分相差较大。

    由图 10 – 21 可以看到 2010 年北部湾城市群城市生活水平得分情况。生活水平得分在 10 分以下、12～14 分各有 2 个城市,10～12 分有 3 个城市,14～16 分、18～20 分、20 分以上各有 1 个城市,说明北部湾城市群城市生活水平分布较为均衡,城市的生活水平得分相差较小。

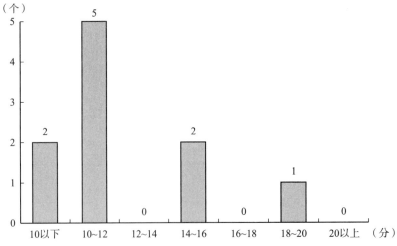

图 10－19　2008 年北部湾城市群城市生活水平评价分值分布

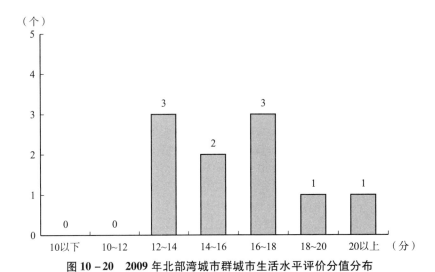

图 10－20　2009 年北部湾城市群城市生活水平评价分值分布

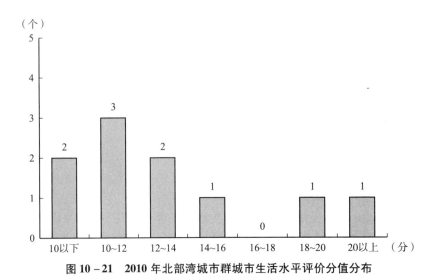

图 10－21　2010 年北部湾城市群城市生活水平评价分值分布

　　由图 10－22 可以看到 2011 年北部湾城市群城市生活水平得分情况。生活水平得分在 10～12 分、14～16 分各有 2 个城市，12～14 分有 5 个城市，20 分以上有 1 个城市，说明北部湾城市群城市生活水平分布较为均衡，城市的生活水平得分相差较小。

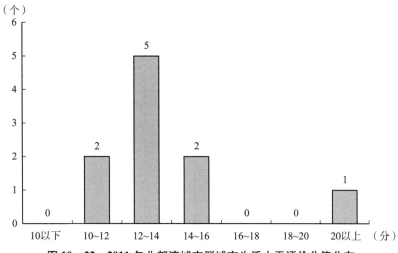

图 10 - 22 2011 年北部湾城市群城市生活水平评价分值分布

由图 10 - 23 可以看到 2012 年北部湾城市群城市生活水平得分情况。生活水平得分在 10 分以下、10 ~ 12 分、20 分以上各有 1 个城市，12 ~ 14 分有 3 个城市，14 ~ 16 分、16 ~ 18 分各有 2 个城市，说明北部湾城市群城市生活水平分布较为均衡，城市的生活水平得分相差较小。

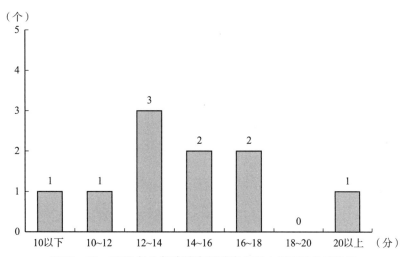

图 10 - 23 2012 年北部湾城市群城市生活水平评价分值分布

由图 10 - 24 可以看到 2013 年北部湾城市群城市生活水平得分情况。生活水平得分在 10 分以下、12 ~ 14 分各有 1 个城市，10 ~ 12 分、14 ~ 16 分、16 ~ 18 分、18 ~ 20 分各有 2 个城市，说明北部湾城市群城市生活水平分布较不均衡，城市生活水平得分相差较大。

由图 10 - 25 可以看到 2014 年北部湾城市群城市生活水平得分情况。生活水平得分在 10 分以下、14 ~ 16 分各有 2 个城市，10 ~ 12 分、16 ~ 18 分、20 分以上各有 1 个城市，12 ~ 14 分有 3 个城市，说明北部湾城市群城市生活水平分布较不均衡，城市的生活水平得分相差较大。

由图 10 - 26 可以看到 2015 年北部湾城市群城市生活水平得分情况。生活水平得分在 10 分以下、14 ~ 16 分有 2 个城市，10 ~ 12 分有 4 个城市，12 ~ 14 分、16 ~ 18 分各有 1 个城市，说明北部湾城市群城市生活水平分布较不均衡，城市的生活水平得分相差较大。

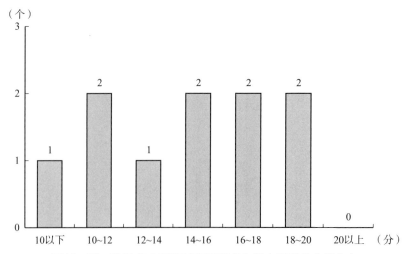

图 10－24　2013 年北部湾城市群城市生活水平评价分值分布

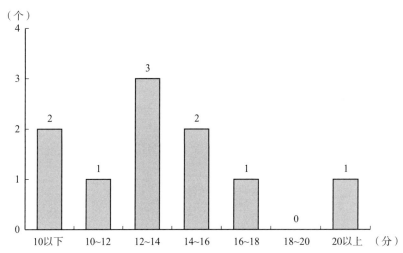

图 10－25　2014 年北部湾城市群城市生活水平评价分值分布

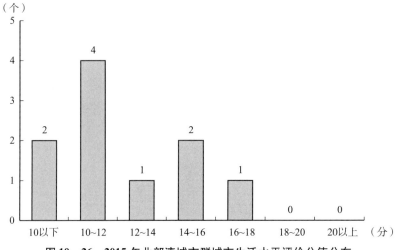

图 10－26　2015 年北部湾城市群城市生活水平评价分值分布

由图 10－27 可以看到 2016 年北部湾城市群城市生活水平得分情况。生活水平得分 10 分以下、10～12 分、12～14 分、20 分以上各有 1 个城市，16～18 分有 2 个城市，14～16 分有 4 个城市，说明北部湾城市群城市生活水平分布较不均衡，城市的生活水平得分相差较大。

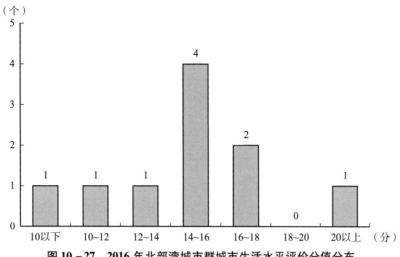

图 10 - 27　2016 年北部湾城市群城市生活水平评价分值分布

2. 北部湾城市群城市生活水平跨区段变动情况

根据图 10 - 28 对 2008 ~ 2009 年北部湾城市群城市生活水平的跨区段变化进行分析，可以看到在 2008 ~ 2009 年有 6 个城市的生活水平在北部湾城市群的位次发生大幅变动。其中，南宁市由上游区下降至中游区，崇左市由上游区下降至中游区，茂名市由中游区下降至下游区，阳江市由中游区上升至上游区，玉林市由中游区上升至上游区，海口市由下游区上升至中游区。

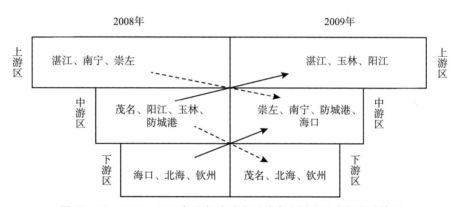

图 10 - 28　2008 ~ 2009 年北部湾城市群城市生活水平大幅变动情况

根据图 10 - 29 对 2009 ~ 2010 年北部湾城市群城市生活水平的跨区段变化进行分析，可以看到在 2009 ~ 2010 年有 4 个城市的生活水平在北部湾城市群的位次发生了大幅变动。其中，湛江市由上游区下降至中游区，崇左市由中游区上升至上游区，海口市由中游区下降至下游区，茂名市由下游区上升至中游区。

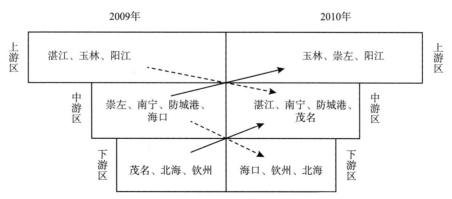

图 10 - 29　2009 ~ 2010 年北部湾城市群城市生活水平大幅变动情况

根据图10－30对2010～2011年北部湾城市群城市生活水平的跨区段变化进行分析，可以看到在2010～2011年有两个城市的生活水平在北部湾城市群的位次发生大幅变动。其中，阳江市由上游区下降至中游区，湛江市由中游区上升至上游区。

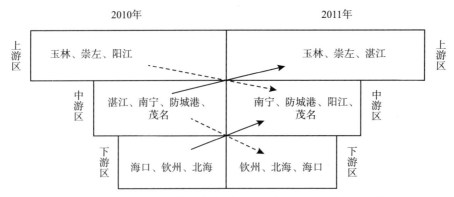

图10－30　2010～2011年北部湾城市群城市生活水平大幅变动情况

根据图10－31对2011～2012年北部湾城市群城市生活水平的跨区段变化进行分析，可以看到在2011～2012年有4个城市的生活水平在北部湾城市群的位次发生了大幅变动。其中，玉林市由上游区下降至中游区，湛江市由上游区下降至中游区，南宁市由中游区上升至上游区，茂名市由中游区下降至下游区。

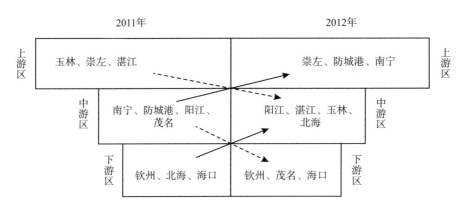

图10－31　2011～2012年北部湾城市群城市生活水平大幅变动情况

根据图10－32对2012～2013年北部湾城市群城市生活水平的跨区段变化进行分析，可以看到在2012～2013年有6个城市的生活水平在北部湾城市群的位次发生了大幅变动。其中，崇左市由上游区下降至中游区，防城港市由上游区下降至中游区，南宁市由上游区下降至中游区，阳江市由中游区上升至上游区，湛江市由中游区上升至上游区，玉林市由中游区上升至上游区。

根据图10－33对2013～2014年北部湾城市群城市生活水平的跨区段变化进行分析，可以看到在2013～2014年有两个城市的生活水平在北部湾城市群的位次发生了大幅变动。其中，湛江市由上游区下降至中游区，南宁市由中游区上升至上游区。

根据图10－34对2014～2015年北部湾城市群城市生活水平的跨区段变化进行分析，可以看到在2014～2015年有4个城市的生活水平在北部湾城市群的位次发生了大幅变动。其中，阳江市由上游区下降至中游区，玉林市由上游区下降至中游区，湛江市由中游区上升至上游区，崇左市由中游区上升至上游区。

根据图10－35对2015～2016年北部湾城市群城市生活水平的跨区段变化进行分析，可以看到在2015～2016年有4个城市的生活水平在北部湾城市群的位次发生了大幅变动。其中，南宁市由上游区下降至中游区，崇左市由上游区下降至中游区，玉林市由中游区上升至上游区，北海市由中游区上升至上游区。

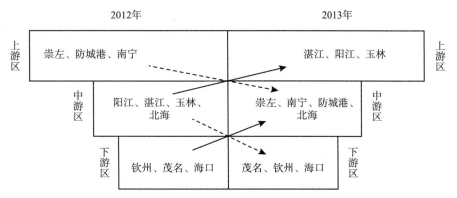

图 10 – 32　2012～2013 年北部湾城市群城市生活水平大幅变动情况

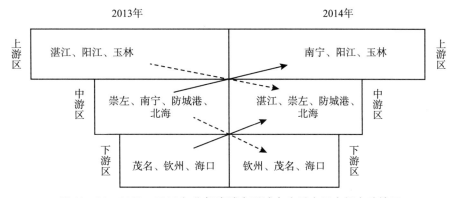

图 10 – 33　2013～2014 年北部湾城市群城市生活水平大幅变动情况

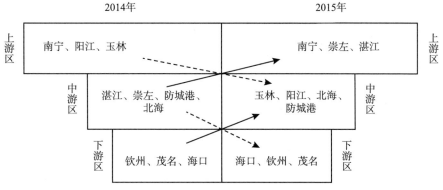

图 10 – 34　2014～2015 年北部湾城市群城市生活水平大幅变动情况

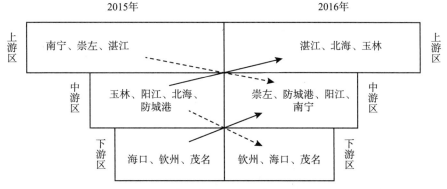

图 10 – 35　2015～2016 年北部湾城市群城市生活水平大幅变动情况

根据图 10－36 对 2008～2016 年北部湾城市群城市生活水平的跨区段变化进行分析，可以看到在 2008～2016 年有 5 个城市的生活水平在北部湾城市群的位次发生了大幅变动。其中，南宁市由上游区下降至中游区，崇左市由上游区下降至中游区，茂名市由中游区下降至下游区，玉林市由中游区上升至上游区，北海市由下游区上升至上游区。

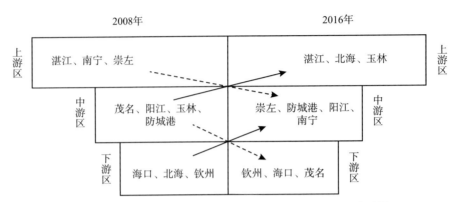

图 10－36　2008～2016 年北部湾城市群城市生活水平大幅变动情况

三、北部湾城市群城市生活环境比较分析

（一）北部湾城市群城市生活环境质量评估结果

根据北部湾城市群城市生活环境竞争力指标体系和数学评价模型，对 2008～2016 年北部湾城市群内 10 个城市的生活环境质量进行了评价。下面是本次评估期间北部湾城市群 10 个城市的生活环境质量排名及变化情况和指标评价结构。

根据表 10－24 对 2008 年北部湾城市群城市生活环境质量排名进行分析，可以看到北部湾城市群 10 个城市中，生活环境质量处于上游区的依次是崇左市、钦州市、茂名市；处于中游区的依次是北海市、海口市、湛江市、阳江市；处于下游区的依次是玉林市、防城港市、南宁市。

表 10－24　　　　　　　　　　　2008 年北部湾城市群城市生活环境质量排名

地区	排名	区段	地区	排名	区段	地区	排名	区段
崇左	1	上游区	北海	4	中游区	玉林	8	下游区
钦州	2		海口	5		防城港	9	
茂名	3		湛江	6		南宁	10	
			阳江	7				

根据表 10－25 对 2009 年北部湾城市群城市生活环境质量排名进行分析，可以看到北部湾城市群 10 个城市中，生活环境质量处于上游区的依次是防城港市、海口市、阳江市；处于中游区的依次是北海市、玉林市、南宁市、钦州市；处于下游区的依次是湛江市、崇左市、茂名市。

表 10－25　　　　　　　　　　　2009 年北部湾城市群城市生活环境质量排名

地区	排名	区段	地区	排名	区段	地区	排名	区段
防城港	1	上游区	北海	4	中游区	湛江	8	下游区
海口	2		玉林	5		崇左	9	
阳江	3		南宁	6		茂名	10	
			钦州	7				

根据表 10－26 对 2010 年北部湾城市群城市生活环境质量排名进行分析，可以看到北部湾城市群 10 个

城市中，生活环境质量处于上游区的依次是北海市、防城港市、海口市；处于中游区的依次是玉林市、阳江市、茂名市、崇左市；处于下游区的依次是南宁市、湛江市、钦州市。

表 10 – 26　　　　　　　　2010 年北部湾城市群城市生活环境质量排名

地区	排名	区段	地区	排名	区段	地区	排名	区段
北海	1	上游区	玉林	4	中游区	南宁	8	下游区
防城港	2		阳江	5		湛江	9	
海口	3		茂名	6		钦州	10	
			崇左	7				

根据表 10 – 27 对 2011 年北部湾城市群城市生活环境质量排名进行分析，可以看到北部湾城市群 10 个城市中，生活环境质量处于上游区的依次是南宁市、湛江市、北海市；处于中游区的依次是玉林市、崇左市、茂名市、钦州市；处于下游区的依次是海口市、阳江市、防城港市。

表 10 – 27　　　　　　　　2011 年北部湾城市群城市生活环境质量排名

地区	排名	区段	地区	排名	区段	地区	排名	区段
南宁	1	上游区	玉林	4	中游区	海口	8	下游区
湛江	2		崇左	5		阳江	9	
北海	3		茂名	6		防城港	10	
			钦州	7				

根据表 10 – 28 对 2012 年北部湾城市群城市生活环境质量排名进行分析，可以看到北部湾城市群 10 个城市中，生活环境质量处于上游区的依次是茂名市、玉林市、钦州市；处于中游区的依次是海口市、南宁市、北海市、湛江市；处于下游区的依次是阳江市、崇左市、防城港市。

表 10 – 28　　　　　　　　2012 年北部湾城市群城市生活环境质量排名

地区	排名	区段	地区	排名	区段	地区	排名	区段
茂名	1	上游区	海口	4	中游区	阳江	8	下游区
玉林	2		南宁	5		崇左	9	
钦州	3		北海	6		防城港	10	
			湛江	7				

根据表 10 – 29 对 2013 年北部湾城市群城市生活环境质量排名进行分析，可以看到北部湾城市群 10 个城市中，生活环境质量处于上游区的依次是崇左市、北海市、海口市；处于中游区的依次是钦州市、南宁市、茂名市、防城港市；处于下游区的依次是湛江市、阳江市、玉林市。

表 10 – 29　　　　　　　　2013 年北部湾城市群城市生活环境质量排名

地区	排名	区段	地区	排名	区段	地区	排名	区段
崇左	1	上游区	钦州	4	中游区	湛江	8	下游区
北海	2		南宁	5		阳江	9	
海口	3		茂名	6		玉林	10	
			防城港	7				

根据表 10 – 30 对 2014 年北部湾城市群城市生活环境质量排名进行分析，可以看到北部湾城市群 10 个城市中，生活环境质量处于上游区的依次是茂名市、崇左市、海口市；处于中游区的依次是钦州市、玉林市、湛江市、南宁市；处于下游区的依次是北海市、阳江市、防城港市。

表 10－30　　　　　　　　　　　2014 年北部湾城市群城市生活环境质量排名

地区	排名	区段	地区	排名	区段	地区	排名	区段
茂名	1		钦州	4		北海	8	
崇左	2	上游区	玉林	5	中游区	阳江	9	下游区
海口	3		湛江	6		防城港	10	
			南宁	7				

根据表 10－31 对 2015 年北部湾城市群城市生活环境质量排名进行分析，可以看到北部湾城市群 10 个城市中，生活环境质量处于上游区的依次是钦州市、崇左市、海口市；处于中游区的依次是阳江市、茂名市、湛江市、南宁市；处于下游区的依次是玉林市、北海市、防城港市。

表 10－31　　　　　　　　　　　2015 年北部湾城市群城市生活环境质量排名

地区	排名	区段	地区	排名	区段	地区	排名	区段
钦州	1		阳江	4		玉林	8	
崇左	2	上游区	茂名	5	中游区	北海	9	下游区
海口	3		湛江	6		防城港	10	
			南宁	7				

根据表 10－32 对 2016 年北部湾城市群城市生活环境质量排名进行分析，可以看到北部湾城市群 10 个城市中，生活环境质量处于上游区的依次是防城港市、崇左市、茂名市；处于中游区的依次是钦州市、阳江市、北海市、玉林市；处于下游区的依次是南宁市、湛江市、海口市。

表 10－32　　　　　　　　　　　2016 年北部湾城市群城市生活环境质量排名

地区	排名	区段	地区	排名	区段	地区	排名	区段
防城港	1		钦州	4		南宁	8	
崇左	2	上游区	阳江	5	中游区	湛江	9	下游区
茂名	3		北海	6		海口	10	
			玉林	7				

根据表 10－33 对 2008～2016 年北部湾城市群城市生活环境质量排名趋势进行分析，可以看到在北部湾城市群 10 个城市生活环境质量处于上升区的是北海市、防城港市、崇左市；处在下降区的是南宁市、玉林市；处在保持区的是阳江市、湛江市、茂名市、钦州市、海口市。

表 10－33　　　　　　　　　　2008～2016 年北部湾城市群城市生活环境质量排名

地区	排名	区段	地区	排名	区段	地区	排名	区段
北海	1		阳江	0		南宁	－1	
防城港	1	上升区	湛江	0		玉林	－2	下降区
崇左	1		茂名	0	保持区			
			钦州	0				
			海口	0				

（二）北部湾城市群城市生活环境质量评估结果的比较与评析

1. 北部湾城市群城市生活环境分布情况

根据灰色综合评价法对无量纲化后的三级指标进行权重得分计算，得到北部湾城市群城市的生活环境得分及排位，反映各城市生活环境情况。下面对 2008～2016 年北部湾城市群城市生活环境评价分值分布进行统计。

由图 10 - 37 可以看到 2008 年北部湾城市群城市生活环境得分情况。生活环境得分在 8 ~ 10 分、16 ~ 18 分、18 分以上各有 1 个城市，10 ~ 12 分有 3 个城市，14 ~ 16 分有 4 个城市，说明北部湾城市群城市生活环境分布不均衡，城市的生活环境得分相差较大。

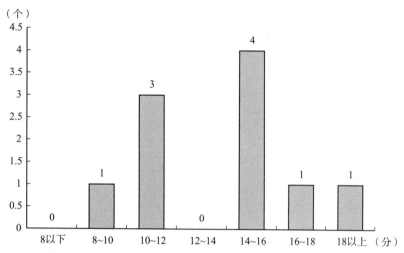

图 10 - 37　2008 年北部湾城市群城市生活环境评价分值分布

由图 10 - 38 可以看到 2009 年北部湾城市群城市生活环境得分情况。生活环境得分在 8 分以下、8 ~ 10 分、10 ~ 12 分、16 ~ 18 分、18 分以上各有 1 个城市，12 ~ 14 分有 2 个城市，14 ~ 16 分有 3 个城市，说明北部湾城市群城市生活环境分布均衡，城市的生活环境得分相差较小。

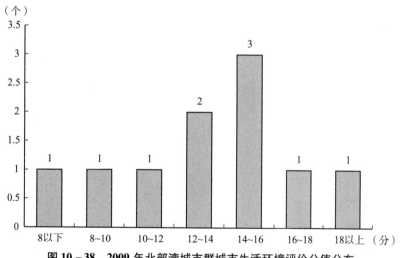

图 10 - 38　2009 年北部湾城市群城市生活环境评价分值分布

由图 10 - 39 可以看到 2010 年北部湾城市群城市生活环境得分情况。生活环境得分在 8 分以下、12 ~ 14 分、18 分以上各有 1 个城市，10 ~ 12 分有 3 个城市，14 ~ 16 分、16 ~ 18 分各有 2 个城市，说明北部湾城市群城市生活环境分布均衡，城市的生活环境得分相差较小。

由图 10 - 40 可以看到 2011 年北部湾城市群城市生活环境得分情况。生活环境得分在 8 ~ 10 分、16 ~ 18 分、18 分以上各有 1 个城市，10 ~ 12 分、14 ~ 16 分各有 2 个城市，12 ~ 14 分有 3 个城市，说明北部湾城市群城市生活环境分布均衡，城市的生活环境得分相差较小。

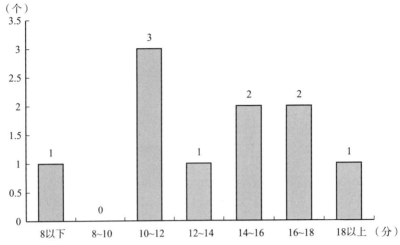

图 10－39　2010 年北部湾城市群城市生活环境评价分值分布

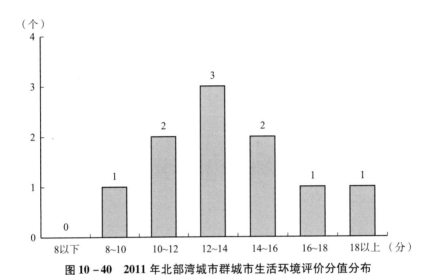

图 10－40　2011 年北部湾城市群城市生活环境评价分值分布

　　由图 10－41 可以看到 2012 年北部湾城市群城市生活环境得分情况。生活环境得分在 8～10 分有 3 个城市，12～14 分有 6 个城市，16～18 分有 1 个城市，说明北部湾城市群城市生活环境分布均衡，城市的生活环境得分相差较小。

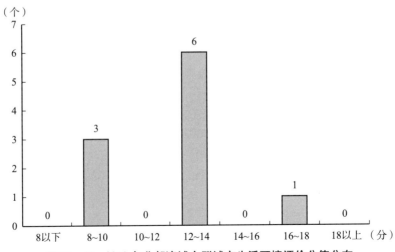

图 10－41　2012 年北部湾城市群城市生活环境评价分值分布

由图 10-42 可以看到 2013 年北部湾城市群城市生活环境得分情况。生活环境得分在 8~10 分、14~16 分各有 1 个城市，10~12 分有 4 个城市，16~18 分、18 分以上各有 2 个城市，说明北部湾城市群城市生活环境分布均衡，城市的生活环境得分相差较小。

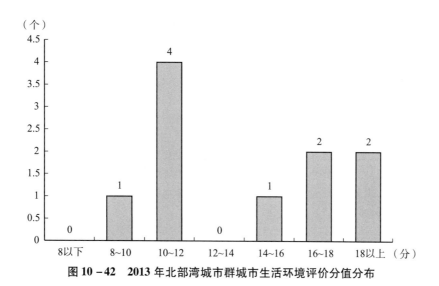

图 10-42　2013 年北部湾城市群城市生活环境评价分值分布

由图 10-43 可以看到 2014 年北部湾城市群城市生活环境得分情况。生活环境得分在 8 分以下、8~10 分、10~12 分、14~16 分、18 分以上各有 1 个城市，12~14 分有 2 个城市，16~18 分有 3 个城市，说明北部湾城市群城市生活环境分布均衡，城市的生活环境得分相差较小。

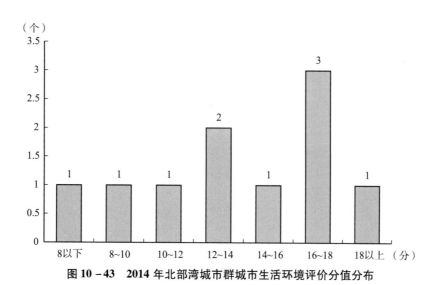

图 10-43　2014 年北部湾城市群城市生活环境评价分值分布

由图 10-44 可以看到 2015 年北部湾城市群城市生活环境得分情况。生活环境得分在 8 分以下、12~14 分有 2 个城市，8~10 分有 4 个城市，10~12 分、14~16 分各有 1 个城市，说明北部湾城市群城市生活环境分布均衡，城市的生活环境得分相差较小。

由图 10-45 可以看到 2016 年北部湾城市群城市生活环境得分情况。生活环境得分在 8~10 分有 1 个城市，10~12 分、12~14 分、16~18 分有 2 个城市，18 分以上有 3 个城市，说明北部湾城市群城市生活环境分布均衡，城市的生活环境得分相差较小。

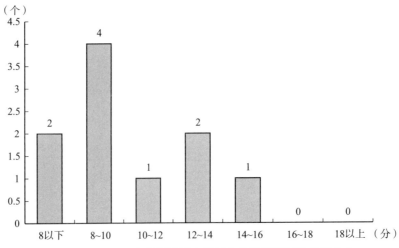

图 10－44　2015 年北部湾城市群城市生活环境评价分值分布

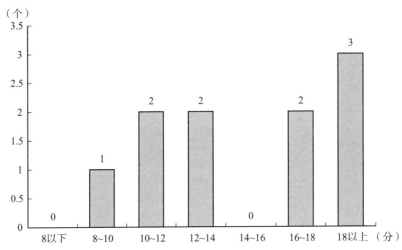

图 10－45　2016 年北部湾城市群城市生活环境评价分值分布

2. 北部湾城市群城市生活环境发展水平跨区段变动情况

根据图 10－46 对 2008～2009 年北部湾城市群城市生活环境发展水平的跨区段变化进行分析，可以看到在 2008～2009 年有 6 个城市的生活环境发展水平在北部湾城市群的位次发生了大幅变动。其中，南宁市由上游区下降至中游区，茂名市由上游区下降至中游区，玉林市由中游区上升至上游区，湛江市由中游区上升至上游区，海口市由中游区下降至下游区，崇左市由下游区上升至中游区。

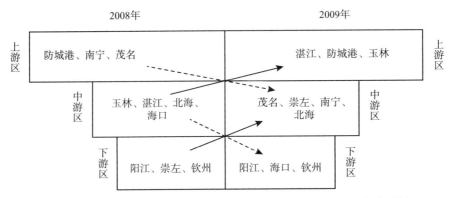

图 10－46　2008～2009 年北部湾城市群城市生活环境发展水平大幅变动情况

　　根据图 10－47 对 2009～2010 年北部湾城市群城市生活环境发展水平的跨区段变化进行分析，可以看到在 2009～2010 年有两个城市的生活环境发展水平在北部湾城市群的位次发生了大幅变动。其中，防城港市由上游区下降至中游区，茂名市由中游区上升至上游区。

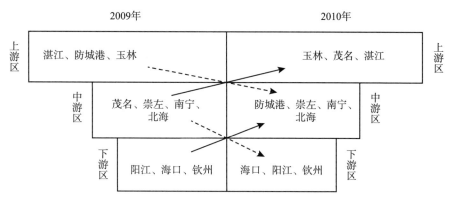

图 10－47　2009～2010 年北部湾城市群城市生活环境发展水平大幅变动情况

　　根据图 10－48 对 2010～2011 年北部湾城市群城市生活环境发展水平的跨区段变化进行分析，可以看到在 2010～2011 年有 4 个城市的生活环境发展水平在北部湾城市群的位次发生了大幅变动。其中，茂名市由上游区下降至中游区，防城港市由中游区上升至上游区，南宁市由中游区下降至下游区，阳江市由下游区上升至中游区。

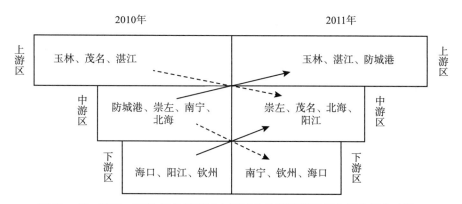

图 10－48　2010～2011 年北部湾城市群城市生活环境发展水平大幅变动情况

　　根据图 10－49 对 2011～2012 年北部湾城市群城市生活环境发展水平的跨区段变化进行分析，可以看到在 2011～2012 年有两个城市的生活环境发展水平在北部湾城市群的位次发生了大幅变动。其中，玉林市由上游区下降至中游区，崇左市由中游区上升至上游区。

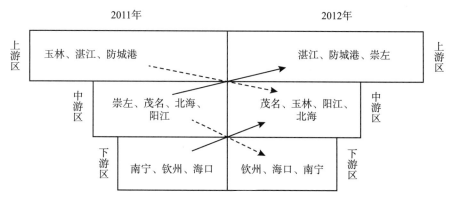

图 10－49　2011～2012 年北部湾城市群城市生活环境发展水平大幅变动情况

根据图 10－50 对 2012～2013 年北部湾城市群城市生活环境发展水平的跨区段变化进行分析，可以看到在 2012～2013 年有 6 个城市的生活环境发展水平在北部湾城市群的位次发生了大幅变动。其中，湛江市由上游区下降至中游区，防城港市由上游区下降至中游区，茂名市由中游区上升至上游区，玉林市由中游区上升至上游区，阳江市由中游区下降至下游区，钦州市由下游区上升至中游区。

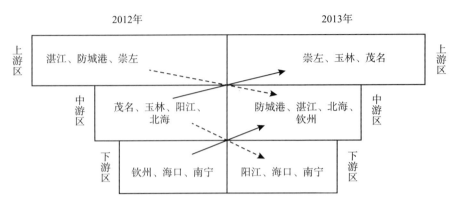

图 10－50　2012～2013 年北部湾城市群城市生活环境发展水平大幅变动情况

根据图 10－51 对 2013～2014 年北部湾城市群城市生活环境发展水平的跨区段变化进行分析，可以看到在 2013～2014 年有两个城市的生活环境发展水平在北部湾城市群的位次发生了大幅变动。其中，钦州市由中游区下降至下游区，阳江市由下游区上升至中游区。

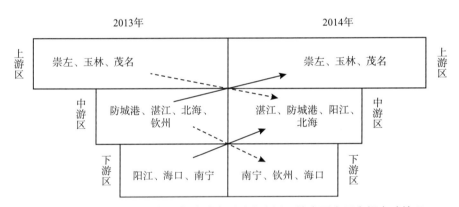

图 10－51　2013～2014 年北部湾城市群城市生活环境发展水平大幅变动情况

根据图 10－52 对 2014～2015 年北部湾城市群城市生活环境发展水平的跨区段变化进行分析，可以看到在 2014～2015 年有两个城市的生活环境发展水平在北部湾城市群的位次发生了大幅变动。其中，阳江市由中游区下降至下游区，钦州市由下游区上升至中游区。

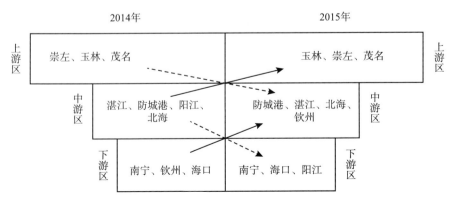

图 10－52　2014～2015 年北部湾城市群城市生活环境发展水平大幅变动情况

根据图 10 - 53 对 2015～2016 年北部湾城市群城市生活环境发展水平的跨区段变化进行分析，可以看到在 2015～2016 年有两个城市的生活环境发展水平在北部湾城市群的位次发生了大幅变动。其中，钦州市由中游区下降至下游区，海口市由下游区上升至中游区。

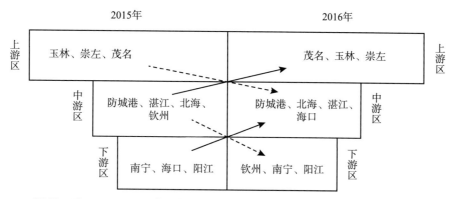

图 10 - 53　2015～2016 年北部湾城市群城市生活环境发展水平大幅变动情况

根据图 10 - 54 对 2008～2016 年北部湾城市群城市生活环境发展水平的跨区段变化进行分析，可以看到在 2008～2016 年有 4 个城市的生活环境发展水平在北部湾城市群的位次发生了大幅变动。其中，防城港市由上游区下降至中游区，南宁市由上游区下降至下游区，玉林市由中游区上升至上游区，崇左市由下游区上升至上游区。

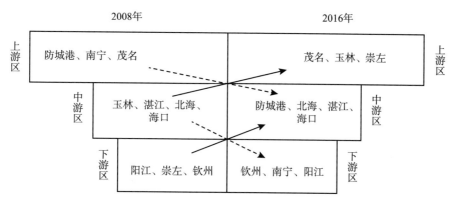

图 10 - 54　2008～2016 年北部湾城市群城市生活环境发展水平大幅变动情况

第十一章 北部湾城市群城市科教文卫事业发展水平评估分析

一、北部湾城市群城市科教文卫事业综合评估分析

（一）北部湾城市群城市科教文卫事业发展水平综合评估结果

根据北部湾城市群城市科教文卫事业发展水平指标体系和数学评价模型，对 2008～2016 年北部湾城市群城市 11 个城市的科教文卫事业发展水平进行评价。下面是本次评估期间北部湾城市群 11 个城市的科教文卫事业发展水平排名及变化情况和指标评价结构。

1. 北部湾城市群城市科教文卫事业发展水平排名

根据表 11－1 对 2008 年北部湾城市群各城市科教文卫事业发展水平排名进行分析，可以看到北部湾城市群 10 个城市中，科教文卫事业发展水平处于上游区的依次是南宁市、海口市、崇左市；处于中游区的依次是北海市、玉林市、阳江市、湛江市；处于下游区的依次是防城港市、茂名市、钦州市说明在北部湾城市群城市中广西地区科教文卫事业发展水平高于海南地区和广东地区，更具发展优势。

表 11－1 　　　　　　2008 年北部湾城市群城市科教文卫事业发展水平排名

地区	排名	区段	地区	排名	区段	地区	排名	区段
南宁	1	上游区	北海	4	中游区	防城港	8	下游区
海口	2		玉林	5		茂名	9	
崇左	3		阳江	6		钦州	10	
			湛江	7				

根据表 11－2 对 2009 年北部湾城市群各城市科教文卫事业发展水平排名进行分析，可以看到北部湾城市群 10 个城市中，科教文卫事业发展水平处于上游区的依次是北海市、南宁市、玉林市；处于中游区的依次是崇左市、海口市、湛江市、阳江市；处于下游区的依次是钦州市、防城港市、茂名市。这说明在北部湾城市群城市中广西地区科教文卫事业发展水平高于海南地区和广东地区，更具发展优势。

表 11－2 　　　　　　2009 年北部湾城市群城市科教文卫事业发展水平排名

地区	排名	区段	地区	排名	区段	地区	排名	区段
北海	1	上游区	崇左	4	中游区	钦州	8	下游区
南宁	2		海口	5		防城港	9	
玉林	3		湛江	6		茂名	10	
			阳江	7				

根据表 11－3 对 2010 年北部湾城市群各城市科教文卫事业发展水平排名进行分析，可以看到北部湾城市群 10 个城市中，科教文卫事业发展水平处于上游区的依次是海口市、南宁市、湛江市；处于中游区的依次是崇左市、阳江市、茂名市、北海市；处于下游区的依次是玉林市、防城港市、钦州市。这说明在北部湾城市群城市中海南地区科教文卫事业发展水平高于广西地区和广东地区，更具发展优势。

表 11 - 3   2010 年北部湾城市群城市科教文卫事业发展水平排名

地区	排名	区段	地区	排名	区段	地区	排名	区段
海口	1	上游区	崇左	4	中游区	玉林	8	下游区
南宁	2		阳江	5		防城港	9	
湛江	3		茂名	6		钦州	10	
			北海	7				

　　根据表 11 - 4 对 2011 年北部湾城市群各城市科教文卫事业发展水平排名进行分析，可以看到北部湾城市群 10 个城市中，科教文卫事业发展水平处于上游区的依次是海口市、崇左市、钦州市；处于中游区的依次是南宁市、湛江市、阳江市、北海市；处于下游区的依次是茂名市、玉林市、防城港市。这说明在北部湾城市群城市中海南地区科教文卫事业发展水平高于广西地区和广东地区，更具发展优势。

表 11 - 4   2011 年北部湾城市群城市科教文卫事业发展水平排名

地区	排名	区段	地区	排名	区段	地区	排名	区段
海口	1	上游区	南宁	4	中游区	茂名	8	下游区
崇左	2		湛江	5		玉林	9	
钦州	3		阳江	6		防城港	10	
			北海	7				

　　根据表 11 - 5 对 2012 年北部湾城市群各城市科教文卫事业发展水平排名进行分析，可以看到北部湾城市群 10 个城市中，科教文卫事业发展水平处于上游区的依次是南宁市、崇左市、海口市；处于中游区的依次是北海市、湛江市、阳江市、茂名市；处于下游区的依次是钦州市、玉林市、防城港市。这说明在北部湾城市群城市中广西地区科教文卫事业发展水平高于海南地区和广东地区，更具发展优势。

表 11 - 5   2012 年北部湾城市群城市科教文卫事业发展水平排名

地区	排名	区段	地区	排名	区段	地区	排名	区段
南宁	1	上游区	北海	4	中游区	钦州	8	下游区
崇左	2		湛江	5		玉林	9	
海口	3		阳江	6		防城港	10	
			茂名	7				

　　根据表 11 - 6 对 2013 年北部湾城市群各城市科教文卫事业发展水平排名进行分析，可以看到北部湾城市群 10 个城市中，科教文卫事业发展水平处于上游区的依次是南宁市、海口市、湛江市；处于中游区的依次是崇左市、阳江市、茂名市、北海市；处于下游区的依次是钦州市、玉林市、防城港市。这说明在北部湾城市群城市中广西地区科教文卫事业发展水平高于海南地区和广东地区，更具发展优势。

表 11 - 6   2013 年北部湾城市群城市科教文卫事业发展水平排名

地区	排名	区段	地区	排名	区段	地区	排名	区段
南宁	1	上游区	崇左	4	中游区	钦州	8	下游区
海口	2		阳江	5		玉林	9	
湛江	3		茂名	6		防城港	10	
			北海	7				

　　根据表 11 - 7 对 2014 年北部湾城市群各城市科教文卫事业发展水平排名进行分析，可以看到北部湾城市群 10 个城市中，科教文卫事业发展水平处于上游区的依次是南宁市、海口市、湛江市；处于中游区的依次是钦州市、崇左市、茂名市、北海市；处于下游区的依次是防城港市、玉林市、阳江市。这说明在

北部湾城市群城市中广西地区科教文卫事业发展水平高于海南地区和广东地区，更具发展优势。

表 11－7　　　　　　　　2014 年北部湾城市群城市科教文卫事业发展水平排名

地区	排名	区段	地区	排名	区段	地区	排名	区段
南宁	1	上游区	钦州	4	中游区	防城港	8	下游区
海口	2		崇左	5		玉林	9	
湛江	3		茂名	6		阳江	10	
			北海	7				

根据表 11－8 对 2015 年北部湾城市群各城市科教文卫事业发展水平排名进行分析，可以看到北部湾城市群 10 个城市中，科教文卫事业发展水平处于上游区的依次是湛江市、海口市、南宁市；处于中游区的依次是崇左市、北海市、阳江市、茂名市；处于下游区的依次是玉林市、钦州市、防城港市。这说明在北部湾城市群城市中广东地区科教文卫事业发展水平高于广西地区和海南地区，更具发展优势。

表 11－8　　　　　　　　2015 年北部湾城市群城市科教文卫事业发展水平排名

地区	排名	区段	地区	排名	区段	地区	排名	区段
湛江	1	上游区	崇左	4	中游区	玉林	8	下游区
海口	2		北海	5		钦州	9	
南宁	3		阳江	6		防城港	10	
			茂名	7				

根据表 11－9 对 2016 年北部湾城市群各城市科教文卫事业发展水平排名进行分析，可以看到北部湾城市群 10 个城市中，科教文卫事业发展水平处于上游区的依次是海口市、湛江市、南宁市；处于中游区的依次是阳江市、茂名市、北海市、崇左市；处于下游区的依次是钦州市、玉林市、防城港市。这说明在北部湾城市群城市中海南地区科教文卫事业发展水平高于广西地区和广东地区，更具发展优势。

表 11－9　　　　　　　　2016 年北部湾城市群城市科教文卫事业发展水平排名

地区	排名	区段	地区	排名	区段	地区	排名	区段
海口	1	上游区	阳江	4	中游区	钦州	8	下游区
湛江	2		茂名	5		玉林	9	
南宁	3		北海	6		防城港	10	
			崇左	7				

根据表 11－10 对 2008～2016 年北部湾城市群各城市科教文卫事业发展水平排名变化趋势进行分析，可以看到在北部湾城市群 10 个城市中，科教文卫事业发展水平处于上升区的依次是湛江市、茂名市、阳江市、钦州市、海口市；处于下降区的依次是南宁市、北海市、防城港市、玉林市、崇左市。

表 11－10　　　　　　　　2008～2016 年北部湾城市群城市科教文卫事业发展水平排名变化

地区	排名	区段	地区	排名	区段	地区	排名	区段
湛江	5	上升区			保持区	南宁	-2	下降区
茂名	4					北海	-2	
阳江	2					防城港	-2	
钦州	2					玉林	-4	
海口	1					崇左	-4	

2. 北部湾城市群城市科教文卫事业发展水平得分情况

通过表 11 - 11 对 2008 ~ 2016 年北部湾城市群城市科教文卫事业发展水平及变化进行分析。由 2008 年的北部湾城市群城市科教文卫事业发展水平评价来看，得分处在 17 ~ 29 分，有 2 个城市科教文卫事业发展水平得分在 27 分以上，小于 27 分的城市有阳江市、湛江市、茂名市、北海市、防城港市、钦州市、玉林市、崇左市。北部湾城市群城市科教文卫事业发展水平最高得分为南宁市的 29.275 分，最低得分为钦州市的 17.446 分。得分平均值为 23.555 分，标准差为 4.004。北部湾城市群城市中广西地区城市的科教文卫事业发展水平得分较高，其中有 2 个城市的科教文卫事业发展水平得分超过 44 分。北部湾城市群城市中广东和海南地区科教文卫事业发展水平较低，其中所有城市的科教文卫事业发展水平均低于 27 分。

表 11 - 11　　　　　　　　2008 ~ 2016 年北部湾城市群城市科教文卫事业发展水平评价比较

地区	2008 年	2009 年	2010 年	2011 年	2012 年	2013 年	2014 年	2015 年	2016 年	综合变化
阳江	23.133	25.108	24.017	25.486	27.186	26.814	24.861	28.208	32.475	9.342
湛江	21.833	25.236	28.796	25.976	29.062	30.799	30.062	36.928	35.585	13.752
茂名	19.156	20.641	23.675	24.187	26.745	25.281	26.626	28.178	32.355	13.200
南宁市	29.275	28.944	29.923	28.117	32.809	36.971	35.373	32.309	34.921	5.646
北海	25.457	31.381	23.109	24.451	29.522	24.946	26.457	30.789	28.366	2.909
防城港	19.441	22.030	21.994	21.431	22.936	22.689	25.049	22.815	23.026	3.585
钦州	17.446	23.952	21.900	28.335	26.225	23.224	29.321	26.394	26.047	8.602
玉林	25.210	27.172	22.263	24.058	24.573	23.139	24.866	27.999	24.068	- 1.142
崇左	26.861	27.002	28.317	28.883	31.196	29.882	28.342	31.070	28.178	1.317
海口	27.739	26.629	30.356	31.059	30.749	35.048	33.281	34.904	36.949	9.210
最高分	29.275	31.381	30.356	31.059	32.809	36.971	35.373	36.928	36.949	7.674
最低分	17.446	20.641	21.900	21.431	22.936	22.689	24.861	22.815	23.026	5.580
平均分	23.555	25.809	25.435	26.198	28.100	27.879	28.424	29.959	30.197	6.642
标准差	4.004	3.164	3.478	2.868	3.109	5.101	3.640	4.140	4.949	0.945

由 2009 年的北部湾城市群城市科教文卫事业发展水平评价来看，得分处在 21 ~ 31 分，有 4 个城市科教文卫事业发展水平得分在 27 分以上，小于 27 分的城市有阳江市、湛江市、茂名市、防城港市、钦州市、海口市。北部湾城市群城市科教文卫事业发展水平最高得分为北海市的 31.381 分，最低得分为茂名市的 20.641 分。得分平均值为 23.555 分，标准差为 3.164。北部湾城市群城市中广西地区城市的科教文卫事业发展水平得分较高，其中有 4 个城市的科教文卫事业发展水平得分超过 27 分。北部湾城市群城市中广东和海南地区科教文卫事业发展水平较低，其中所有城市的科教文卫事业发展水平均低于 27 分。

由 2010 年的北部湾城市群城市科教文卫事业发展水平评价来看，得分处在 22 ~ 30 分，有 4 个城市科教文卫事业发展水平得分在 27 分以上，小于 27 分的城市有阳江市、茂名市、北海市、防城港市、钦州市、玉林市。北部湾城市群城市科教文卫事业发展水平最高得分为海口市的 30.356 分，最低得分为钦州市的 21.900 分。得分平均值为 25.435 分，标准差为 3.478。北部湾城市群城市中海南地区城市的科教文卫事业发展水平得分较高，其中所有城市的科教文卫事业发展水平得分均超过 27 分。北部湾城市群城市中广西地区科教文卫事业发展水平较低，其中仅有 2 个城市的科教文卫事业发展水平超过 44 分。

由 2011 年的北部湾城市群城市科教文卫事业发展水平评价来看，得分处在 21 ~ 31 分，有 4 个城市科教文卫事业发展水平得分在 27 分以上，小于 27 分的城市有阳江市、湛江市、茂名市、北海市、防城港市、玉林市。北部湾城市群城市科教文卫事业发展水平最高得分为海口市的 31.059 分，最低得分为防城港市的 21.431 分。得分平均值为 26.198 分，标准差为 2.868。北部湾城市群城市中海南地区城市的科教文卫事业发展水平得分较高，其中所有城市的科教文卫事业发展水平得分均超过 27 分。北部湾城市群城市中广西地区科教文卫事业发展水平较低，其中仅有 3 个城市的科教文卫事业发展水平超过 27 分。

由 2012 年的北部湾城市群城市科教文卫事业发展水平评价来看，得分处在 23 ~ 33 分，有 6 个城市科教文卫事业发展水平得分在 27 分以上，小于 27 分的城市有茂名市、防城港市、钦州市、玉林市。北部湾城市群城市科教文卫事业发展水平最高得分为南宁市的 32.809 分，最低得分为防城港市的 22.936 分。得分平均值为 28.100 分，标准差为 3.109。北部湾城市群城市中海南地区城市的科教文卫事业发展水平得分较高，其中所有城市的科教文卫事业发展水平得分均超过 27 分。北部湾城市群城市中广西地区科教文卫事业发展水平较低，其中仅有 3 个城市的科教文卫事业发展水平超过 27 分。

由 2013 年的北部湾城市群城市科教文卫事业发展水平评价来看，得分处在 23～37 分，有 4 个城市科教文卫事业发展水平得分在 27 分以上，小于 27 分的城市有阳江市、茂名市、北海市、防城港市、钦州市、玉林市。北部湾城市群城市科教文卫事业发展水平最高得分为南宁市的 36.971 分，最低得分为防城港市的 22.689 分。得分平均值为 27.897 分，标准差为 5.101。北部湾城市群城市中海南地区城市的科教文卫事业发展水平得分较高，其中所有城市的科教文卫事业发展水平得分均超过 27 分。北部湾城市群城市中广西地区科教文卫事业发展水平较低，其中仅有 2 个城市的科教文卫事业发展水平超过 27 分。

由 2014 年的北部湾城市群城市科教文卫事业发展水平评价来看，得分处在 25～35 分，有 5 个城市科教文卫事业发展水平得分在 27 分以上，小于 27 分的城市有阳江市、茂名市、北海市、防城港市、玉林市。北部湾城市群城市科教文卫事业发展水平最高得分为南宁市的 35.373 分，最低得分为阳江市的 24.861 分。得分平均值为 28.424 分，标准差为 3.640。北部湾城市群城市中海南地区城市的科教文卫事业发展水平得分较高，其中所有城市的科教文卫事业发展水平得分均超过 27 分。北部湾城市群城市中广西地区科教文卫事业发展水平较低，其中仅有 3 个城市的科教文卫事业发展水平超过 27 分。

由 2015 年的北部湾城市群城市科教文卫事业发展水平评价来看，得分处在 23～37 分，有 8 个城市科教文卫事业发展水平得分在 27 分以上，小于 27 分的城市有防城港市、钦州市。北部湾城市群城市科教文卫事业发展水平最高得分为湛江市的 36.928 分，最低得分为防城港市的 22.815 分。得分平均值为 29.959 分，标准差为 4.140。北部湾城市群城市中广东地区城市的科教文卫事业发展水平得分较高，其中所有城市的科教文卫事业发展水平得分均超过 27 分。北部湾城市群城市中广西地区科教文卫事业发展水平较低，其中仅有 3 个城市的科教文卫事业发展水平超过 27 分。

由 2016 年的北部湾城市群城市科教文卫事业发展水平评价来看，得分处在 23～37 分，有 7 个城市科教文卫事业发展水平得分在 27 分以上，小于 27 分的城市有防城港市、玉林市。北部湾城市群城市科教文卫事业发展水平最高得分为海口市的 36.949 分，最低得分为防城港市的 23.026 分。得分平均值为 30.197 分，标准差为 4.949。北部湾城市群城市中海南和广东地区城市的科教文卫事业发展水平得分较高，其中所有城市的科教文卫事业发展水平得分均超过 27 分。北部湾城市群城市中广西地区科教文卫事业发展水平较低，其中仅有 3 个城市的科教文卫事业发展水平超过 27 分。

对比北部湾城市群城市各城市科教文卫事业发展水平变化，通过对各年北部湾城市群城市科教文卫事业发展水平平均分、标准差进行分析，可以发现其平均分处于波动上升趋势，说明北部湾城市群城市科教文卫事业发展水平有所上升。北部湾城市群城市科教文卫事业发展水平的标准差处于波动上升趋势，说明城市间的科教文卫事业发展水平差距在扩大。对各城市的科教文卫事业发展水平变化展开分析，发现海口市科教文卫事业发展水平处在绝对领先位置，从 2010～2016 年的各个时间段内大多排名第 1，整体得分也处于波动上升趋势。广东地区城市的科教文卫事业发展水平的得分处于波动上升状态，说明广东地区的整体科教文卫事业发展水平有所提升。广西地区城市的科教文卫事业发展水平的得分也处于波动上升状态，但提升速度低于广东地区，这说明广西地区的城市科教文卫事业发展水平处于缓慢增长阶段，其科教文卫事业发展水平的稳定性不足。

3. 北部湾城市群城市科教文卫要素得分情况

通过表 11－12 对 2008～2016 年北部湾城市群城市科学教育事业发展水平进行分析。由 2008 年的北部湾城市群城市科学教育事业发展水平的评价来看，得分处在 7～17 分，有 4 个城市的科学教育事业发展水平的得分在 13 分以上，小于 13 分的城市有阳江市、湛江市、茂名市、防城港市、钦州市、玉林市。北部湾城市群城市科学教育事业发展水平得分最高为崇左市的 17.179 分，最低得分为崇左市的 6.765 分。得分平均值为 11.304 分，标准差为 3.081。北部湾城市群城市中海南地区城市的科学教育事业发展水平得分较高，其中所有城市的科学教育事业发展水平得分均超过 13 分。北部湾城市群城市中广东地区科学教育事业发展水平的得分较低，所有城市得分均未超过 13 分。

表 11 - 12　　　　　　　2008 ~ 2016 年北部湾城市群城市科学教育事业发展水平评价比较

地区	2008 年	2009 年	2010 年	2011 年	2012 年	2013 年	2014 年	2015 年	2016 年	综合变化
阳江	11.440	12.924	12.918	11.927	13.170	12.393	10.553	11.563	15.384	3.945
湛江	9.192	10.325	11.526	9.935	10.434	11.009	11.541	14.043	15.525	6.333
茂名	6.765	6.967	7.274	7.423	9.427	9.374	10.029	10.725	12.001	5.236
南宁	13.233	13.426	13.627	13.434	13.905	16.136	14.726	13.209	14.110	0.878
北海	13.454	15.495	11.713	11.275	15.282	11.540	13.011	14.150	13.559	0.105
防城港	9.123	10.538	10.724	10.486	11.167	10.762	11.231	10.240	10.485	1.362
钦州	8.273	9.053	9.111	11.369	10.649	10.938	11.707	10.882	11.377	3.104
玉林	11.192	8.832	10.114	10.446	10.960	10.744	10.435	11.038	11.677	0.485
崇左	17.179	16.345	16.789	15.573	17.446	15.010	13.612	14.429	14.906	- 2.273
海口	13.188	13.881	15.130	16.786	15.422	18.723	18.099	16.023	17.764	4.575
最高分	17.179	16.345	16.789	16.786	17.446	18.723	18.099	16.023	17.764	0.585
最低分	6.765	6.967	7.274	7.423	9.427	9.374	10.029	10.240	10.485	3.720
平均分	11.304	11.779	11.893	11.865	12.786	12.663	12.494	12.630	13.679	2.375
标准差	3.081	3.092	2.834	2.757	2.659	2.971	2.475	1.985	2.286	- 0.795

　　由 2009 年的北部湾城市群城市科学教育事业发展水平的评价来看，得分处在 7 ~ 16 分，有 4 个城市的科学教育事业发展水平的得分在 13 分以上，小于 13 分的城市有阳江市、湛江市、茂名市、防城港市、钦州市、玉林市。北部湾城市群城市科学教育事业发展水平最高得分为崇左市的 16.345 分，最低得分为茂名市的 6.967 分。得分平均值为 11.304 分，标准差为 3.081。北部湾城市群城市中海南地区城市的科学教育事业发展水平得分较高，其中所有城市的科学教育事业发展水平得分均超过 13 分。北部湾城市群城市中广东地区科学教育的得分较低，所有城市得分均未超过 13 分。

　　由 2010 年的北部湾城市群城市科学教育事业发展水平的评价来看，得分处在 7 ~ 17 分，有 3 个城市的科学教育事业发展水平的得分在 13 分以上，小于 13 分的城市有阳江市、湛江市、茂名市、北海市、防城港市、钦州市、玉林市。北部湾城市群城市科学教育事业发展水平最高得分为崇左市的 16.789 分，最低得分为茂名市的 7.274 分。得分平均值为 11.893 分，标准差为 2.834。北部湾城市群城市中海南地区城市的科学教育事业发展水平得分较高，其中所有城市的科学教育事业发展水平得分均超过 13 分。北部湾城市群城市中广东地区科学教育事业发展水平的得分较低，所有城市得分均未超过 13 分。

　　由 2011 年的北部湾城市群城市科学教育事业发展水平的评价来看，得分处在 7 ~ 17 分，有 3 个城市的科学教育事业发展水平的得分在 13 分以上，小于 13 分的城市有阳江市、湛江市、茂名市、北海市、防城港市、钦州市、玉林市。北部湾城市群城市科学教育事业发展水平最高得分为海口市的 16.789 分，最低得分为茂名市的 7.423 分。得分平均值为 11.865 分，标准差为 2.757。北部湾城市群城市中海南地区城市的科学教育事业发展水平得分较高，其中所有城市的科学教育事业发展水平得分均超过 13 分。北部湾城市群城市中广东地区科学教育的得分较低，所有城市得分均未超过 13 分。

　　由 2012 年的北部湾城市群城市科学教育事业发展水平的评价来看，得分处在 9 ~ 17 分，有 5 个城市的科学教育事业发展水平的得分在 13 分以上，小于 13 分的城市有湛江市、南宁市、北海市、崇左市、海口市。北部湾城市群城市科学教育事业发展水平最高得分为崇左市的 17.446 分，最低得分为茂名市的 9.427 分。得分平均值为 12.786 分，标准差为 2.659。北部湾城市群城市中海南地区城市的科学教育事业发展水平得分较高，其中所有城市的科学教育事业发展水平得分均超过 13 分。北部湾城市群城市中广东地区科学教育事业发展水平的得分较低，仅有 1 个城市得分超过 13 分。

　　由 2013 年的北部湾城市群城市科学教育事业发展水平的评价来看，得分处在 9 ~ 19 分，有 3 个城市的科学教育事业发展水平的得分在 13 分以上，小于 13 分的城市有阳江市、湛江市、茂名市、北海市、防城港市、钦州市、玉林市。北部湾城市群城市科学教育事业发展水平最高得分为海口市的 18.723 分，最低得分为茂名市的 9.374 分。得分平均值为 12.663 分，标准差为 2.971。北部湾城市群城市中海南地区城市的科学教育事业发展水平得分较高，其中所有城市的科学教育事业发展水平得分均超过 13 分。北部湾城市群城市中广东地区科学教育事业发展水平的得分较低,所有城市得分均未超过 13 分。

由 2014 年的北部湾城市群城市科学教育事业发展水平评价来看,得分处在 10～18 分,有 4 个城市的科学教育事业发展水平得分在 13 分以上,小于 13 分的城市有阳江市、湛江市、茂名市、防城港市、钦州市、玉林市。北部湾城市群城市科学教育事业发展水平最高得分为海口市的 18.099 分,最低得分为茂名市的 10.029 分。得分平均值为 12.494 分,标准差为 2.475。北部湾城市群城市中海南地区城市的科学教育事业发展水平得分较高,其中所有城市的科学教育事业发展水平得分均超过 13 分。北部湾城市群城市中广东地区科学教育事业发展水平得分较低,所有城市得分均未超 13 分。

由 2015 年的北部湾城市群城市科学教育事业发展水平的评价来看,得分处在 10～16 分,有 5 个城市的科学教育事业发展水平的得分在 13 分以上,小于 13 分的城市有阳江市、茂名市、防城港市、钦州市、玉林市。北部湾城市群城市科学教育事业发展水平最高得分为海口市的 16.023 分,最低得分为防城港市的 10.240 分。得分平均值为 12.630 分,标准差为 1.985。北部湾城市群城市中海南地区城市的科学教育事业发展水平得分较高,其中所有城市的科学教育事业发展水平得分均超过 13 分。北部湾城市群城市中广东地区科学教育事业发展水平的得分较低,仅有 1 个城市得分超 13 分。

由 2016 年的北部湾城市群城市科学教育事业发展水平的评价来看,得分处在 10～18 分,有 6 个城市的科学教育事业发展水平的得分在 13 分以上,小于 13 分的城市有茂名市、防城港、钦州市、玉林市。北部湾城市群城市科学教育事业发展水平最高得分为海口市的 17.764 分,最低得分为防城港市的 10.485 分。得分平均值为 13.679 分,标准差为 2.286。北部湾城市群城市中海南地区城市的科学教育事业发展水平得分较高,其中所有城市的科学教育事业发展水平得分均超过 13 分。北部湾城市群城市中广西地区科学教育事业发展水平的得分较低,仅有 3 个城市得分超 13 分。

对比北部湾城市群各城市科学教育事业发展水平变化,通过对各年的北部湾城市群城市科学教育事业发展水平的平均分、标准差进行分析,可以发现其平均分处于波动上升趋势,说明北部湾城市群城市科学教育事业发展水平综合能力有所提升。北部湾城市群城市科学教育事业发展水平的标准差处于波动下降趋势,说明城市间科学教育事业发展水平差距缩小。对各城市的科学教育事业发展水平变化展开分析,发现海口市科学教育事业发展水平处在绝对领先位置,从 2013～2016 年的各个时间段内大多排名第 1,整体得分也处于波动上升趋势。除了阳江市和崇左市在排名上出现小幅度的变化之外,北部湾城市群其他城市的科学教育事业发展水平得分以及排名均呈现稳定趋势,说明北部湾城市群各城市科学教育事业发展水平发展稳定。

通过表 11－13 对 2018～2016 年北部湾城市群城市文化旅游事业发展水平及变化进行分析。由 2008 年北部湾城市群城市文化旅游事业发展水平的评价来看,得分处在 3～8 分,有 1 个城市的文化旅游事业发展水平得分在 7 分以上,小于 7 分的城市有阳江市、湛江市、茂名市、北海市、防城港市、钦州市、玉林市、崇左市和海口市。北部湾城市群城市文化旅游事业发展水平最高得分为南宁市的 7.929 分,最低得分为崇左市的 2.750 分。得分平均值为 4.927 分,标准差为 1.578。北部湾城市群城市中广西地区城市的文化旅游事业发展水平得分较高,其中有 1 个城市的文化旅游事业发展水平得分超过 7 分。北部湾城市群城市中海南和广东地区文化旅游事业发展水平较低,所有城市的文化旅游事业发展水平均未超过 7 分。

表 11－13　　　　　　　　2008～2016 年北部湾城市群城市文化旅游事业发展水平评价比较

地区	2008 年	2009 年	2010 年	2011 年	2012 年	2013 年	2014 年	2015 年	2016 年	综合变化
阳江	5.581	6.378	5.825	7.101	8.418	8.305	8.769	9.679	10.823	5.242
湛江	4.251	5.142	5.516	6.422	8.287	8.619	9.544	10.243	9.057	4.806
茂名	5.272	6.802	6.434	6.866	8.103	8.098	8.716	8.981	8.867	3.595
南宁	7.929	6.494	7.955	7.340	10.966	12.250	12.675	12.127	11.444	3.515
北海	5.330	10.345	6.791	7.778	8.934	8.142	8.462	10.868	10.024	4.694
防城港	4.010	5.304	5.579	5.675	6.821	6.813	8.548	7.971	7.882	3.872
钦州	3.731	5.983	5.670	8.950	7.881	6.213	7.848	7.897	8.289	4.558
玉林	3.618	4.970	5.055	5.578	6.373	6.438	6.410	9.235	7.358	3.740
崇左	2.750	4.117	4.895	7.647	8.015	7.525	7.730	8.635	6.994	4.244

续表

地区	2008 年	2009 年	2010 年	2011 年	2012 年	2013 年	2014 年	2015 年	2016 年	综合变化
海口	6.802	7.596	7.628	8.059	8.992	8.750	8.923	11.393	13.537	6.735
最高分	7.929	10.345	7.955	8.950	10.966	12.250	12.675	12.127	13.537	5.607
最低分	2.750	4.117	4.895	5.578	6.373	6.213	6.410	7.897	6.994	4.244
平均分	4.927	6.313	6.135	7.142	8.279	8.116	8.762	9.703	9.428	4.500
标准差	1.578	1.742	1.042	1.054	1.256	1.708	1.617	1.435	2.044	0.466

由 2009 年北部湾城市群城市文化旅游事业发展水平的评价来看，得分处在 4~10 分，有 2 个城市的文化旅游事业发展水平得分在 7 分以上，小于 7 分的城市有阳江市、湛江市、茂名市、南宁市、防城港市、钦州市、玉林市、崇左市。北部湾城市群城市文化旅游事业发展水平最高得分为北海市的 10.345 分，最低得分为崇左市的 4.117 分。得分平均值为 6.313 分，标准差为 1.742。北部湾城市群城市中海南地区城市的文化旅游事业发展水平得分较高，其所有城市的文化旅游事业发展水平得分均超过 7 分。北部湾城市群城市中广东和广西地区文化旅游事业发展水平较低，其中广西地区仅有 1 个城市的文化旅游事业发展水平超过 7 分，广东地区所有城市的文化旅游事业发展水平得分均未超过 7 分。

由 2010 年北部湾城市群城市文化旅游事业发展水平的评价来看，得分处在 5~8 分，有 2 个城市的文化旅游事业发展水平得分在 7 分以上，小于 7 分的城市有阳江市、湛江市、茂名市、北海市、防城港市、钦州市、玉林市、崇左市。北部湾城市群城市文化旅游事业发展水平最高得分为南宁市的 7.955 分，最低得分为崇左市的 4.895 分。得分平均值为 6.135 分，标准差为 1.042。北部湾城市群城市中海南地区城市的文化旅游事业发展水平得分较高，其所有城市的文化旅游事业发展水平得分均超过 7 分。北部湾城市群城市中广东和广西地区文化旅游事业发展水平较低，其中广西地区仅有 1 个城市的文化旅游事业发展水平超过 7 分，广东地区所有城市的文化旅游事业发展水平得分均未超过 7 分。

由 2011 年北部湾城市群城市文化旅游事业发展水平的评价来看，得分处在 6~9 分，有 6 个城市的文化旅游事业发展水平得分在 7 分以上，小于 7 分的城市有湛江市、茂名市、防城港市、玉林市。北部湾城市群城市文化旅游事业发展水平最高得分为钦州市的 8.950 分，最低得分为玉林市的 5.578 分。得分平均值为 7.142 分，标准差为 1.054。北部湾城市群城市中海南地区城市的文化旅游事业发展水平得分较高，其所有城市的文化旅游事业发展水平得分均超过 7 分。北部湾城市群城市中广东地区文化旅游事业发展水平较低，仅有 1 个城市的文化旅游事业发展水平超过 7 分。

由 2012 年北部湾城市群城市文化旅游事业发展水平的评价来看，得分处在 6~11 分，有 8 个城市的文化旅游事业发展水平得分在 7 分以上，小于 7 分的城市有防城港市、玉林市。北部湾城市群城市文化旅游事业发展水平最高得分为南宁市的 10.966 分，最低得分为玉林市的 6.373 分。得分平均值为 8.279 分，标准差为 1.256。北部湾城市群城市中海南地区和广东地区城市的文化旅游事业发展水平得分较高，其所有城市的文化旅游事业发展水平得分均超过 7 分。北部湾城市群城市中广西地区文化旅游事业发展水平较低，仅有 4 个城市的文化旅游事业发展水平超过 7 分。

由 2013 年北部湾城市群城市文化旅游事业发展水平的评价来看，得分处在 6~12 分，有 7 个城市的文化旅游事业发展水平得分在 7 分以上，小于 7 分的城市有防城港市、钦州市、玉林市。北部湾城市群城市文化旅游事业发展水平最高得分为南宁市的 12.250 分，最低得分为钦州市的 6.213 分。得分平均值为 8.116 分，标准差为 1.708。北部湾城市群城市中海南地区和广东地区城市的文化旅游事业发展水平得分较高，其所有城市的文化旅游事业发展水平得分均超过 7 分。北部湾城市群城市中广西地区文化旅游事业发展水平较低，仅有 3 个城市的文化旅游事业发展水平超过 7 分。

由 2014 年北部湾城市群城市文化旅游事业发展水平的评价来看，得分处在 6~13 分，有 9 个城市的文化旅游事业发展水平得分在 7 分以上，小于 7 分的城市有玉林市。北部湾城市群城市文化旅游事业发展水平最高得分为南宁市的 12.675 分，最低得分为玉林市的 6.410 分。得分平均值为 8.762 分，标准差为 1.617。北部湾城市群城市中海南地区和广东地区城市的文化旅游事业发展水平得分较高，其所有城市的文化旅游事业发展水平得分均超过 7 分。北部湾城市群城市中广西地区文化旅游事业发展水平较低，有 1 个城市的文化旅游事业发展水平未超过 7 分。

由 2015 年北部湾城市群城市文化旅游事业发展水平的评价来看，得分处在 8～12 分，所有城市的文化旅游事业发展水平得分均在 7 分以上，北部湾城市群城市文化旅游事业发展水平最高得分为南宁市的 12.127 分，最低得分为钦州市的 7.897 分。得分平均值 9.703 分，标准差为 1.435。北部湾城市群城市中所有城市的文化旅游事业发展水平得分均超过 7 分。

由 2016 年北部湾城市群城市文化旅游事业发展水平的评价来看，得分处在 7～14 分，有 9 个城市的文化旅游事业发展水平得分在 7 分以上，小于 7 分的城市有崇左市。北部湾城市群城市文化旅游事业发展水平最高得分为海口市的 15.537 分，最低得分为崇左市的 6.994 分。得分平均值 9.428 分，标准差为 2.044。北部湾城市群城市中海南地区和广东地区城市的文化旅游事业发展水平得分较高，其所有城市的文化旅游事业发展水平得分均超过 7 分。北部湾城市群城市中广西地区文化旅游事业发展水平较低，仅有 5 个城市的文化旅游事业发展水平超过 7 分。

对比北部湾城市群各城市文化旅游事业发展水平变化，通过对各年的北部湾城市群城市文化旅游事业发展水平的平均分、标准差进行分析，可以发现其平均分处于波动上升趋势，说明北部湾城市群城市文化旅游事业发展水平综合能力有所提高。北部湾城市群城市文化旅游事业发展水平的标准差处于波动下降趋势，说明城市间文化旅游事业发展水平差距缩小。对各城市的文化旅游事业发展水平变化展开分析，发现南宁市文化旅游事业发展水平处在绝对领先位置，从 2012～2015 年的各个时间段内均排名第 1，整体得分也处于波动上升趋势。广西地区其他城市的文化旅游事业发展水平得分均出现小幅波动，说明广西地区的整体文化旅游事业发展水平变化幅度较小。广东和海南地区的其他城市文化旅游事业发展水平得分呈上升趋势，说明这些城市的文化旅游事业发展水平在不断提升，乡村活力不断加强。

通过表 11－14 对 2008～2016 年北部湾城市群城市医疗卫生事业发展水平及变化进行分析。由 2008 年的北部湾城市群城市医疗卫生事业发展水平评价来看，得分处在 5～10 分，有 5 个城市的医疗卫生得分在 7 分以上，小于 7 分的城市有阳江市、北海市、防城港市、钦州市、崇左市。北部湾城市群城市医疗卫生事业发展水平最高得分为玉林市的 10.399 分，最低得分为钦州市的 5.442 分。得分平均值为 7.324 分，标准差为 1.417。北部湾城市群城市中海南地区医疗卫生事业发展水平较高，全部城市的医疗卫生事业发展水平超过 7 分。北部湾城市群城市中广西地区城市的医疗卫生事业发展水平得分较低，其中只有 2 个城市医疗卫生事业发展水平得分超过 7 分。

表 11－14 　　　　　2008～2016 年北部湾城市群城市医疗卫生事业发展水平评价比较

地区	2008 年	2009 年	2010 年	2011 年	2012 年	2013 年	2014 年	2015 年	2016 年	综合变化
阳江	6.112	5.806	5.274	6.458	5.599	6.115	5.539	6.966	6.267	0.155
湛江	8.390	9.769	11.754	9.619	10.341	11.170	8.976	12.642	11.003	2.613
茂名	7.119	6.872	9.966	9.897	9.215	7.808	7.882	8.472	11.487	4.369
南宁	8.113	9.024	8.341	7.343	7.938	8.585	7.972	6.972	9.366	1.253
北海	6.673	5.541	4.605	5.398	5.307	5.264	4.984	5.771	4.784	-1.889
防城港	6.309	6.187	5.690	5.270	4.948	5.114	5.271	4.604	4.659	-1.650
钦州	5.442	8.915	7.119	8.016	7.695	6.072	9.767	7.615	6.381	0.940
玉林	10.399	13.370	7.094	8.034	7.240	5.956	8.021	7.726	5.033	-5.366
崇左	6.931	6.539	6.633	5.662	5.736	7.346	7.001	8.005	6.277	-0.654
海口	7.749	5.151	7.598	6.214	6.334	7.574	6.259	7.489	5.649	-2.100
最高分	10.399	13.370	11.754	9.897	10.341	11.170	9.767	12.642	11.487	1.088
最低分	5.442	5.151	4.605	5.270	4.948	5.114	4.984	4.604	4.659	-0.783
平均分	7.324	7.718	7.407	7.191	7.035	7.100	7.167	7.626	7.091	-0.233
标准差	1.417	2.554	2.173	1.679	1.781	1.832	1.626	2.095	2.565	1.148

由 2009 年的北部湾城市群城市医疗卫生事业发展水平评价来看，得分处在 5～13 分，有 4 个城市的医疗卫生得分在 7 分以上，小于 7 分的城市有阳江市、茂名市、北海市、防城港市、崇左市。北部湾城市群城市医疗卫生事业发展水平最高得分为玉林市的 13.370 分，最低得分为海口市的 5.151 分。得分平均

值为 7.718 分，标准差为 2.554。北部湾城市群城市中广西地区医疗卫生事业发展水平较高，有 3 个城市的医疗卫生事业发展水平超过 7 分。北部湾城市群城市中广东地区和海南地区城市的医疗卫生事业发展水平得分较低，其中广东只有 1 个城市医疗卫生事业发展水平得分超过 7 分，海南城市医疗卫生事业发展水平得分均未超过 7 分。

由 2010 年的北部湾城市群城市医疗卫生事业发展水平评价来看，得分处在 4～12 分，有 6 个城市的医疗卫生事业发展水平得分在 7 分以上，小于 7 分的城市有阳江市、北海市、防城港市、崇左市。北部湾城市群城市医疗卫生事业发展水平最高得分为湛江市的 11.754 分，最低得分为北海市的 4.605 分。得分平均值为 7.407 分，标准差为 2.173。北部湾城市群城市中海南地区医疗卫生事业发展水平较高，全部城市的医疗卫生事业发展水平超过 7 分。北部湾城市群城市中广西地区城市的医疗卫生事业发展水平得分较低，仅有 3 个城市医疗卫生事业发展水平得分超过 7 分。

由 2011 年的北部湾城市群城市医疗卫生事业发展水平评价来看，得分处在 5～10 分，有 5 个城市的医疗卫生事业发展水平得分在 7 分以上，小于 7 分的城市有阳江市、北海市、防城港市、崇左市、海口市。北部湾城市群城市医疗卫生事业发展水平最高得分为茂名市的 9.897 分，最低得分为防城港市的 5.270 分。得分平均值为 7.191 分，标准差为 1.679。北部湾城市群城市中广东地区医疗卫生事业发展水平较高，有 2 个城市的医疗卫生事业发展水平超过 7 分。北部湾城市群城市中海南地区城市的医疗卫生事业发展水平得分较低，没有城市医疗卫生事业发展水平得分超过 7 分。

由 2012 年的北部湾城市群城市医疗卫生事业发展水平评价来看，得分处在 5～10 分，有 5 个城市的医疗卫生事业发展水平得分在 7 分以上，小于 7 分的城市有阳江市、北海市、防城港市、崇左市、海口市。北部湾城市群城市医疗卫生事业发展水平最高得分为湛江市的 10.341 分，最低得分为防城港市的 4.948 分。得分平均值为 7.035 分，标准差为 1.781。北部湾城市群城市中广东地区医疗卫生事业发展水平较高，有 2 个城市的医疗卫生事业发展水平得分超过 7 分。北部湾城市群城市中广西地区城市的医疗卫生事业发展水平得分较低，仅有 3 个城市医疗卫生事业发展水平得分超过 7 分。

由 2013 年的北部湾城市群城市医疗卫生事业发展水平评价来看，得分处在 5～11 分，有 5 个城市的医疗卫生事业发展水平得分在 7 分以上，小于 7 分的城市有阳江市、北海市、防城港市、钦州市、玉林市。北部湾城市群城市医疗卫生事业发展水平最高得分为湛江市的 11.170 分，最低得分为防城港市的 5.114 分。得分平均值为 7.100 分，标准差为 1.832。北部湾城市群城市中海南地区医疗卫生事业发展水平较高，全部城市的医疗卫生事业发展水平超过 7 分。北部湾城市群城市中广西地区城市的医疗卫生事业发展水平得分较低，其中仅有 2 个城市医疗卫生事业发展水平得分超过 7 分。

由 2014 年的北部湾城市群城市医疗卫生事业发展水平评价来看，得分处在 5～10 分，有 6 个城市的医疗卫生事业发展水平得分在 7 分以上，小于 7 分的城市有阳江市、北海市、防城港市、海口市。北部湾城市群城市医疗卫生事业发展水平最高得分为防城港市的 9.767 分，最低得分为北海市的 4.984 分。得分平均值为 7.167 分，标准差为 1.626。北部湾城市群城市中广东地区医疗卫生事业发展水平较高，有 2 个城市的医疗卫生事业发展水平超过 7 分。北部湾城市群城市中海南地区城市的医疗卫生事业发展水平得分较低，没有城市医疗卫生事业发展水平得分超过 7 分。

由 2015 年的北部湾城市群城市医疗卫生事业发展水平评价来看，得分处在 5～12 分，有 6 个城市的医疗卫生事业发展水平得分在 7 分以上，小于 7 分的城市有阳江市、南宁市、北海市、防城港市。北部湾城市群城市医疗卫生事业发展水平最高得分为湛江市的 12.642 分，最低得分为防城港市的 4.604 分。北部湾城市群城市医疗卫生事业发展水平得分平均值为 7.626 分，标准差为 2.095。北部湾城市群城市中海南地区医疗卫生事业发展水平较高，全部城市的医疗卫生超过 7 分。北部湾城市群城市中广西地区城市的医疗卫生得分较低，仅有 3 个城市医疗卫生得分超过 7 分。

由 2016 年的北部湾城市群城市医疗卫生事业发展水平评价来看，得分处在 5～11 分，有 3 个城市的医疗卫生事业发展水平得分在 7 分以上，小于 7 分的城市有阳江市、北海市、防城港市、玉林市、崇左市、海口市。北部湾城市群城市医疗卫生事业发展水平最高得分为湛江市的 12.642 分，最低得分为防城港市的 4.604 分。得分平均值为 7.626 分，标准差为 2.095。北部湾城市群城市中海南地区医疗卫生事业发展水平较高，全部城市的医疗卫生事业发展水平超过 7 分。北部湾城市群城市中广西地区城市的医疗卫生事业发展水平得分较低，仅有 3 个城市医疗卫生事业发展水平得分超过 7 分。

对比北部湾城市群各城市医疗卫生事业发展水平变化，通过对各年北部湾城市群城市医疗卫生事业发展水平的平均分、标准差进行分析，可以发现其平均分处于波动下降保持的趋势，说明珠北部湾城市群城市医疗卫生事业发展水平并未提升，也并未下降。北部湾城市群城市医疗卫生事业发展水平标准差处于波动上升趋势，说明城市间医疗卫生事业发展水平差距有所扩大。对各城市医疗卫生事业发展水平变化展开分析，发现湛江市医疗卫生事业发展水平处在绝对领先位置，2008～2016 年较多年份排名前 2，且其综合发展水平得分有所上升。北部湾城市群其他城市医疗卫生事业发展水平得分也呈现波动上升趋势，说明北部湾城市群医疗卫生事业发展水平提升。

（二）北部湾城市群城市科教文卫事业发展水平综合评估结果的比较与评析

1. 北部湾城市群城市科教文卫事业发展水平分布情况

根据灰色综合评价法对无量纲化后的三级指标进行权重得分计算，得到北部湾城市群各城市的科教文卫事业发展水平得分及排名，反映出各城市科教文卫事业发展水平情况。下面对 2008～2016 年北部湾城市群城市科教文卫事业发展水平评价分值分布进行统计。

由图 11－1 可以看到 2008 年北部湾城市群城市科教文卫事业发展水平得分情况，有 3 个城市的科教文卫事业发展水平得分分布在 21 分以下，各有 1 个城市的科教文卫事业发展水平得分分布在 21～23 分、23～25 分，有 3 个城市的科教文卫事业发展水平得分分布在 25～27 分，各有 1 个城市的科教文卫事业发展水平得分分布在 27～29 分、29～31 分，暂无城市的科教文卫事业发展水平得分分布在 31 分以上，这说明北部湾城市群城市科教文卫事业发展水平分布较不均衡，大量城市的科教文卫事业发展水平得分较低。

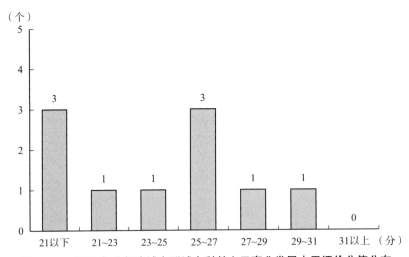

图 11－1 2008 年北部湾城市群城市科教文卫事业发展水平评价分值分布

由图 11－2 可以看到 2009 年北部湾城市群城市科教文卫事业发展水平得分情况，各有 1 个城市的科教文卫事业发展水平得分分布在 21 分以下、21～23 分、23～25 分，各有 3 个城市的科教文卫事业发展水平得分分布在 25～27 分、27～29 分，暂无城市的科教文卫事业发展水平得分分布在 29～31 分，有 1 个城市的科教文卫事业发展水平得分分布在 31 分以上，这说明北部湾城市群城市科教文卫事业发展水平分得分上升幅度小，地区的科教文卫事业发展水平得分分布趋向不稳定。

由图 11－3 可以看到，2010 年北部湾城市群城市科教文卫事业发展水平得分与 2009 年相似，暂无城市科教文卫事业发展水平得分在 21 分以下，各有 3 个城市的科教文卫事业发展水平得分分布在 21～23 分、23～25 分，暂无城市的科教文卫事业发展水平得分分布在 25～27 分，各有 2 个城市的科教文卫事业发展水平得分分布在 27～29 分、29～31 分，暂无城市的科教文卫事业发展水平得分分布在 31 分以上，对比上年北部湾城市群城市科教文卫事业发展水平分得分上升幅度大，地区的科教文卫事业发展水平得分分布趋向不稳定。

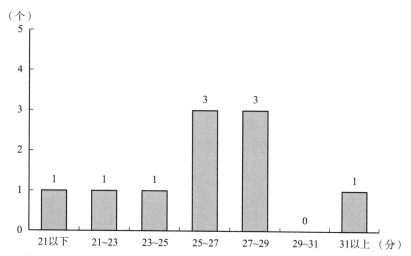

图 11 - 2　2009 年北部湾城市群城市科教文卫事业发展水平评价分值分布

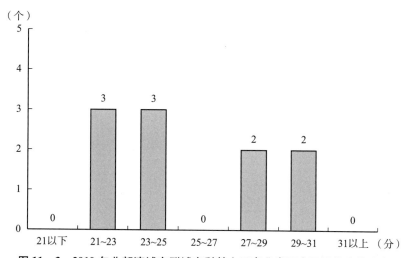

图 11 - 3　2010 年北部湾城市群城市科教文卫事业发展水平评价分值分布

由图 11 - 4 可以看到，2011 年北部湾城市群城市科教文卫事业发展水平得分与上年出现较大变化，暂无城市科教文卫事业发展水平得分在 21 分以下，有 1 个城市的科教文卫事业发展水平得分在 21 ~ 23 分，有 3 个城市的科教文卫事业发展水平得分分布在 23 ~ 25 分，有 2 个城市的科教文卫事业发展水平得分分布在 25 ~ 27 分，有 3 个城市的科教文卫事业发展水平得分分布在 27 ~ 29 分，暂无城市的科教文卫事业发展水平得分分布在 29 ~ 31 分，有 1 个城市的科教文卫事业发展水平得分在 31 分以上，这说明北部湾城市群城市科教文卫事业发展水平分布较不均匀，大量城市的科教文卫事业发展水平得分较高，地区的科教文卫事业发展水平得分分布趋向不稳定。

由图 11 - 5 可以看到，2012 年北部湾城市群城市科教文卫事业发展水平得分与上年相比有较大提升，暂无城市科教文卫事业发展水平得分在 21 分以下，各有 1 个城市的科教文卫事业发展水平得分在 21 ~ 23 分、23 ~ 25 分，有 2 个城市的科教文卫事业发展水平得分分布在 25 ~ 27 分，有 1 个城市的科教文卫事业发展水平得分分布在 27 ~ 29 分，有 3 个城市的科教文卫事业发展水平得分分布在 29 ~ 31 分，有 2 个城市的科教文卫事业发展水平得分分布在 31 分以上，这说明北部湾城市群城市科教文卫事业发展水平分布较不均匀，大量城市的科教文卫事业发展水平得分较高，地区的科教文卫事业发展水平得分分布趋向不稳定。

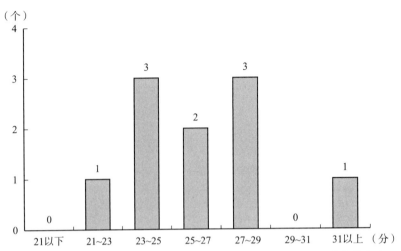

图 11－4　2011 年北部湾城市群城市科教文卫事业发展水平评价分值分布

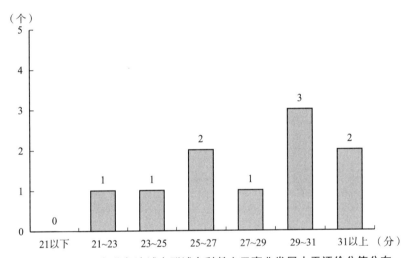

图 11－5　2012 年北部湾城市群城市科教文卫事业发展水平评价分值分布

由图 11－6 可以看到，2013 年北部湾城市群城市科教文卫事业发展水平得分与 2012 年较为相似，暂无城市科教文卫事业发展水平得分在 21 分以下，有 1 个城市的科教文卫事业发展水平得分分布在 21～23 分，有 3 个城市的科教文卫事业发展水平得分分布在 23～25 分，有 2 个城市的科教文卫事业发展水平得分分布在 25～27 分，暂无城市的科教文卫事业发展水平得分分布在 29～31 分，各有 2 个城市的科教文卫事业发展水平得分分布在 29～31 分、31 分以上，这说明北部湾城市群城市科教文卫事业发展水平得分整体呈现上升趋势。

由图 11－7 可以看到，2014 年北部湾城市群城市科教文卫事业发展水平得分较上年有大幅上升，其中暂无城市的科教文卫事业发展水平得分分布在 21 分以下、21～23 分，有 2 个城市的科教文卫事业发展水平得分分布在 23～25 分，有 3 个城市的科教文卫事业发展水平得分分布在 25～27 分，有 1 个城市的科教文卫事业发展水平得分分布在 27～29 分，各有 2 个城市的科教文卫事业发展水平得分分布在 29～31 分、31 分以上，这说明北部湾城市群城市科教文卫事业发展水平得分呈现整体上升趋势但差距较大，也说明各城市科教文卫事业发展水平不稳定。

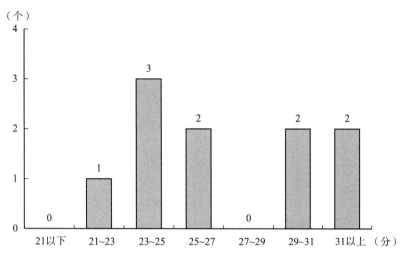

图 11 – 6 2013 年北部湾城市群城市科教文卫事业发展水平评价分值分布

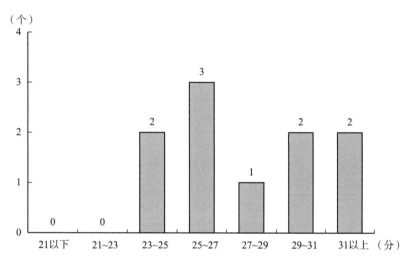

图 11 – 7 2014 年北部湾城市群城市科教文卫事业发展水平评价分值分布

由图 11 – 8 可以看到，2015 年北部湾城市群城市科教文卫事业发展水平得分分布整体较差且不均衡，其中有 2 个城市的科教文卫事业发展水平得分分布在 21 分以下、有 4 个城市的科教文卫事业发展水平得分分布在 21 ~ 23 分，有 1 个城市的科教文卫事业发展水平得分分布在 23 ~ 25 分，有 2 个有 1 个城市的科教文卫事业发展水平得分分布在 25 ~ 27 分，有 1 个城市的科教文卫事业发展水平得分分布在 27 ~ 29 分，暂无城市的科教文卫事业发展水平得分分布在 29 ~ 31 分、31 分以上，这说明北部湾城市群城市社会科教文卫事业发展水平得分整体呈现大幅下降趋势，且高分城市较少。

由图 11 – 9 可以看到，2016 年北部湾城市群城市科教文卫事业发展水平得分与 2011 年相比有大幅上升，暂无城市科教文卫事业发展水平得分在 21 分以下、21 ~ 23 分，有 2 个城市的科教文卫事业发展水平得分分布在 23 ~ 25 分，有 1 个城市的科教文卫事业发展水平得分分布在 25 ~ 27 分，有 2 个城市的科教文卫事业发展水平得分分布在 27 ~ 29 分，暂无城市的科教文卫事业发展水平得分分布在 29 ~ 31 分，有 5 个城市的科教文卫事业发展水平得分分布在 31 分以上，这说明北部湾城市群城市科教文卫事业发展水平分得分上升幅度大，且地区的科教文卫事业发展水平得分分布趋向不稳定。

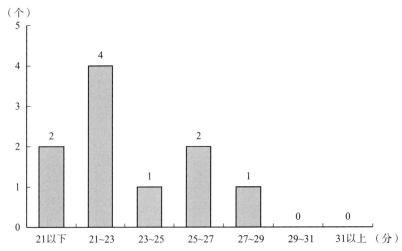

图 11-8　2015 年北部湾城市群城市科教文卫事业发展水平评价分值分布

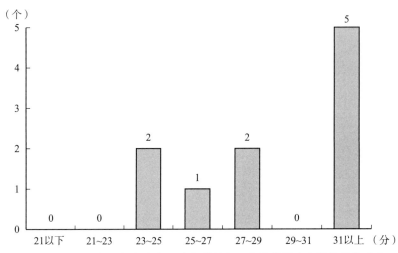

图 11-9　2016 年北部湾城市群城市科教文卫事业发展水平评价分值分布

2. 北部湾城市群城市科教文卫事业发展水平跨区段变动情况

根据图 11-10 对 2008~2009 年北部湾城市群城市科教文卫事业发展水平的跨区段变化进行分析，可以看到在 2008~2009 年，有 5 个城市的科教文卫事业发展水平在北部湾城市群城市的名次发生大幅度变动。其中，海口市由上游区下降至中游区，北海市由中游区上升至上游区，玉林市由中游区上升至上游区，北海市由中游区上升至上游区，玉林市由中游区上升至上游区。

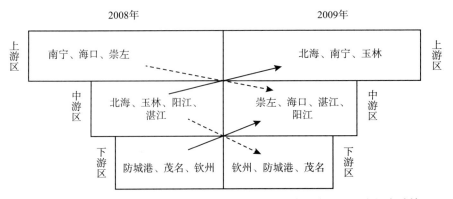

图 11-10　2008~2009 年北部湾城市群城市科教文卫事业发展水平大幅变动情况

根据图 11 – 11 对 2009～2010 年北部湾城市群城市科教文卫事业发展水平的跨区段变化进行分析，可以看到在 2009～2010 年，有 5 个城市的科教文卫事业发展水平发生大幅变动，北海市由上游区下降至中游区，玉林市有上游区下降至下游区，海口市由中游区上升至上游区，湛江市中游区上升至上游区，茂名市由下游区上升至中游区。

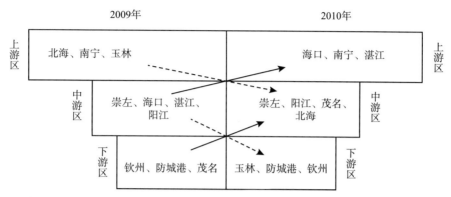

图 11 – 11　2009～2010 年北部湾城市群城市科教文卫事业发展水平大幅变动情况

根据图 11 – 12 对 2010～2011 年北部湾城市群城市科教文卫事业发展水平的跨区段变化进行分析，可看到在 2010～2011 年，有 5 个城市的科教文卫事业发展水平发生大幅变动。其中，南宁市由上游区下降至中游区，湛江市由上游区下降至中游区，崇左市由中游区上升至上游区，茂名市由中游区下降至下游区，钦州市由下游区上升至上游区。

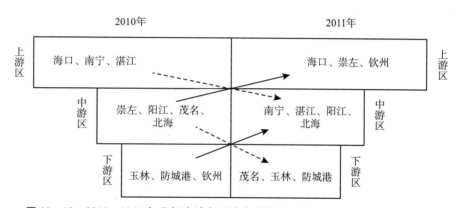

图 11 – 12　2010～2011 年北部湾城市群城市科教文卫事业发展水平大幅变动情况

根据图 11 – 13 对 2011～2012 年北部湾城市群城市科教文卫事业发展水平的跨区段变化进行分析，可以看到在 2011～2012 年，有 3 个城市的科教文卫事业发展水平发生大幅变动，钦州市由上游区下降至下游区，南宁市由中游区上升至上游区，茂名市由下游区上升至中游区。

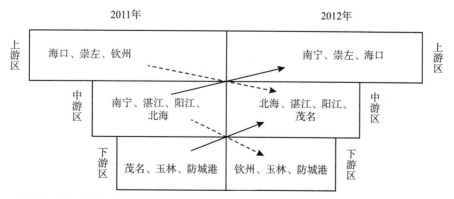

图 11 – 13　2011～2012 年北部湾城市群城市科教文卫事业发展水平大幅变动情况

根据图 11－14 对 2012～2013 年北部湾城市群城市科教文卫事业发展水平的跨区段变化进行分析，可以看到在 2012～2013 年，有 2 个城市的科教文卫事业发展水平发生大幅变动，崇左市由上游区下降至中游区，湛江市由中游区上升至上游区。

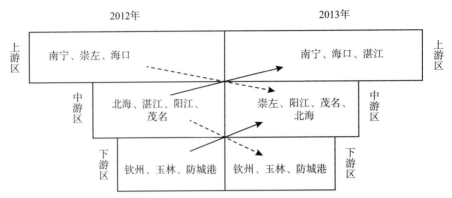

图 11－14　2012～2013 年北部湾城市群城市科教文卫事业发展水平大幅变动情况

根据图 11－15 对 2013～2014 年北部湾城市群城市科教文卫事业发展水平的跨区段变化进行分析，可以看到在 2013～2014 年，有 2 个城市的科教文卫事业发展水平发生大幅变动，阳江市由中游区下降至下游区，钦州市由下游区上升至中游区。

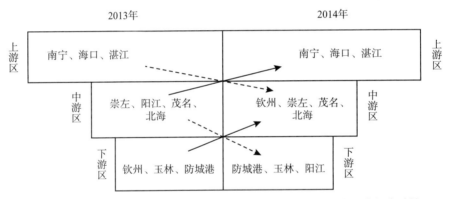

图 11－15　2013～2014 年北部湾城市群城市科教文卫事业发展水平大幅变动情况

根据图 11－16 对 2013～2015 年北部湾城市群城市科教文卫事业发展水平的跨区段变化进行分析，可以看到在 2014～2015 年有 2 个城市的科教文卫事业发展水平发生大幅变动。其中，钦州市由中游区下降至下游区，阳江市有下游区上升至中游区。

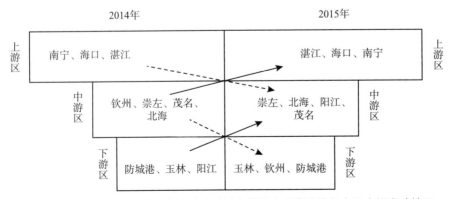

图 11－16　2013～2015 年北部湾城市群城市科教文卫事业发展水平大幅变动情况

根据图 11 - 17 对 2015 ~ 2016 年北部湾城市群城市科教文卫事业发展水平的跨区段变化进行分析，可以看到在 2015 ~ 2016 年，没有城市的科教文卫事业发展水平发生大幅变动。这说明北部湾城市群城市的科教文卫事业发展水平保持稳定发展。

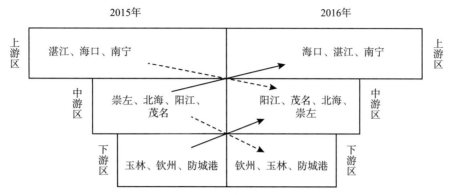

图 11 - 17　2015 ~ 2016 年北部湾城市群城市科教文卫事业发展水平大幅变动情况

根据图 11 - 18 对 2008 ~ 2016 年北部湾城市群城市科教文卫事业发展水平的跨区段变化进行分析，可以看到在 2008 ~ 2016 年，有 4 个城市的科教文卫事业发展水平在北部湾城市群城市的名次发生大幅度变动。其中，崇左市由上游区下降至中游区，玉林市由中游区下降至下游区，湛江市由中游区上升至上游区，茂名市由下游区上升至中游区。这说明北部湾城市群各城市的科教文卫事业发展水平 2008 ~ 2016 年发生较大幅度的变动，但海口市持续保持最优地位，其次是南宁，北海市持续保持中游区地位，防城港市持续保持较低的科教文卫事业发展水平。

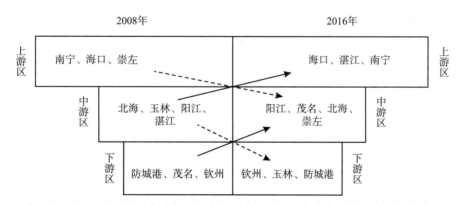

图 11 - 18　2008 ~ 2016 年北部湾城市群城市科教文卫事业发展水平大幅变动情况

二、北部湾城市群城市科学教育事业比较分析

（一）北部湾城市群城市科学教育事业发展水平综合评估结果

根据北部湾城市群城市科学教育事业发展水平指标体系和数学评价模型，对 2008 ~ 2016 年北部湾城市群城市 10 个城市的科学教育事业发展水平进行评价。下面是本次评估期间北部湾城市群 10 个城市的科学教育事业发展水平排名及变化情况和指标评价结构。

根据表 11 - 15 对 2008 年北部湾城市群各城市科学教育事业发展水平排名进行分析，可以看到北部湾城市群 10 个城市中，科学教育事业发展水平处于上游区的依次是崇左市、北海市、南宁市；处于中游区的依次是海口市、阳江市、玉林市、湛江市；处于下游区的依次是防城港市、钦州市、茂名市。这说明在北部湾城市群城市中广西地区科学教育事业发展水平高于海南地区和广东地区，更具发展优势。

表11-15　　　　　　　　　　　2008年北部湾城市群城市科学教育事业发展水平排名

地区	排名	区段	地区	排名	区段	地区	排名	区段
崇左	1		海口	4		防城港	8	
北海	2	上游区	阳江	5	中游区	钦州	9	下游区
南宁	3		玉林	6		茂名	10	
			湛江	7				

根据表11-16对2009年北部湾城市群各城市科学教育事业发展水平排名进行分析，可以看到北部湾城市群10个城市中，科学教育事业发展水平处于上游区的依次是崇左市、北海市、海口市；处于中游区的依次是南宁市、阳江市、防城港市、湛江市；处于下游区的依次是钦州市、玉林市、茂名市。这说明在北部湾城市群城市中广西地区科学教育事业发展水平高于广东地区和海南地区，更具发展优势。

表11-16　　　　　　　　　　　2009年北部湾城市群城市科学教育事业发展水平排名

地区	排名	区段	地区	排名	区段	地区	排名	区段
崇左	1		南宁	4		钦州	8	
北海	2	上游区	阳江	5	中游区	玉林	9	下游区
海口	3		防城港	6		茂名	10	
			湛江	7				

根据表11-17对2010年北部湾城市群各城市科学教育事业发展水平排名进行分析，可以看到北部湾城市群10个城市中，科学教育事业发展水平处于上游区的依次是崇左市、海口市、南宁市；处于中游区的依次是阳江市、北海市、湛江市、防城港市；处于下游区的依次是玉林市、钦州市、茂名市。这说明在北部湾城市群城市中广西地区科学教育事业发展水平高于广东地区和海南地区，更具发展优势。

表11-17　　　　　　　　　　　2010年北部湾城市群城市科学教育事业发展水平排名

地区	排名	区段	地区	排名	区段	地区	排名	区段
崇左	1		阳江	4		玉林	8	
海口	2	上游区	北海	5	中游区	钦州	9	下游区
南宁	3		湛江	6		茂名	10	
			防城港	7				

根据表11-18对2011年北部湾城市群各城市科学教育事业发展水平排名进行分析，可以看到北部湾城市群10个城市中，科学教育事业发展水平处于上游区的依次海口市、崇左市、南宁市；处于中游区的依次是阳江市、钦州市、北海市、防城港市；处于下游区的依次是玉林市、湛江市、茂名市。这说明在北部湾城市群城市中广西地区科学教育事业发展水平高于广东地区和海南地区，更具发展优势。

表11-18　　　　　　　　　　　2011年北部湾城市群城市科学教育事业发展水平排名

地区	排名	区段	地区	排名	区段	地区	排名	区段
海口	1		阳江	4		玉林	8	
崇左	2	上游区	钦州	5	中游区	湛江	9	下游区
南宁	3		北海	6		茂名	10	
			防城港	7				

根据表11-19对2012年北部湾城市群各城市科学教育事业发展水平排名进行分析，可以看到北部湾城市群10个城市中，科学教育事业发展水平处于上游区的依次是崇左市、海口市、北海市；处于中游区的依次是南宁市、阳江市、防城港市、玉林市；处于下游区的依次是钦州市、湛江市、茂名市。这说明在

北部湾城市群城市中广西地区科学教育事业发展水平高于广东地区和海南地区，更具发展优势。

表 11-19　　　　　　　　2012 年北部湾城市群城市科学教育事业发展水平排名

地区	排名	区段	地区	排名	区段	地区	排名	区段
崇左	1	上游区	南宁	4	中游区	钦州	8	下游区
海口	2		阳江	5		湛江	9	
北海	3		防城港	6		茂名	10	
			玉林	7				

根据表 11-20 对 2013 年北部湾城市群各城市科学教育事业发展水平排名进行分析，可以看到北部湾城市群 10 个城市中，科学教育事业发展水平处于上游区的依次是海口市、南宁市、崇左市；处于中游区的依次是阳江市、北海市、湛江市、钦州市；处于下游区的依次是防城港市、玉林市、茂名市。这说明在北部湾城市群城市中海南地区科学教育事业发展水平高于广西地区和广东地区，更具发展优势。

表 11-20　　　　　　　　2013 年北部湾城市群城市科学教育事业发展水平排名

地区	排名	区段	地区	排名	区段	地区	排名	区段
海口	1	上游区	阳江	4	中游区	防城港	8	下游区
南宁	2		北海	5		玉林	9	
崇左	3		湛江	6		茂名	10	
			钦州	7				

根据表 11-21 对 2014 年北部湾城市群各城市科学教育事业发展水平排名进行分析，可以看到北部湾城市群 10 个城市中，科学教育事业发展水平处于上游区的依次是海口市、南宁市、崇左市；处于中游区的依次是北海市、钦州市、湛江市、防城港市；处于下游区的依次是阳江市、玉林市、茂名市。这说明在北部湾城市群城市中海南地区科学教育事业发展水平高于广西地区和广东地区，更具发展优势。

表 11-21　　　　　　　　2014 年北部湾城市群城市科学教育事业发展水平排名

地区	排名	区段	地区	排名	区段	地区	排名	区段
海口	1	上游区	北海	4	中游区	阳江	8	下游区
南宁	2		钦州	5		玉林	9	
崇左	3		湛江	6		茂名	10	
			防城港	7				

根据表 11-22 对 2015 年北部湾城市群各城市科学教育事业发展水平排名进行分析，可以看到北部湾城市群 10 个城市中，科学教育事业发展水平处于上游区的依次是海口市、崇左市、北海市；处于中游区的依次是湛江市、南宁市、阳江市、玉林市；处于下游区的依次是钦州市、茂名市、防城港市。这说明在北部湾城市群城市中海南地区科学教育事业发展水平高于广西地区和广东地区，更具发展优势。

表 11-22　　　　　　　　2015 年北部湾城市群城市科学教育事业发展水平排名

地区	排名	区段	地区	排名	区段	地区	排名	区段
海口	1	上游区	湛江	4	中游区	钦州	8	下游区
崇左	2		南宁	5		茂名	9	
北海	3		阳江	6		防城港	10	
			玉林	7				

根据表 11-23 对 2016 年北部湾城市群各城市科学教育事业发展水平排名进行分析，可以看到北部湾城市群 10 个城市中，科学教育事业发展水平处于上游区的依次是海口市、湛江市、阳江市；处于中游区的依次是崇左市、南宁市、北海市、茂名市；处于下游区的依次是玉林市、钦州市、防城港。这说明在北部湾城市群城市中海南地区科学教育事业发展水平高于广西地区和广东地区，更具发展优势。

表 11-23　　　　　　　　2016 年北部湾城市群城市科学教育事业发展水平排名

地区	排名	区段	地区	排名	区段	地区	排名	区段
海口	1		崇左	4		玉林	8	
湛江	2	上游区	南宁	5	中游区	钦州	9	下游区
阳江	3		北海	6		防城港	10	
			茂名	7				

根据表 11-24 对 2008~2016 年北部湾城市群各城市科学教育事业发展水平排名变化趋势进行分析，可以看到在北部湾城市群 10 个城市科学教育事业发展水平处于上升区的依次是阳江市、湛江市、茂名市、海口市；处于保持区的是钦州市；处于下降区的依次是南宁市、防城港市、玉林市、崇左市。

表 11-24　　　　　　　2008~2016 年北部湾城市群城市科学教育事业发展水平排名变化

地区	排名	区段	地区	排名	区段	地区	排名	区段
湛江	5		钦州	0		南宁	-2	
茂名	3	上升区			保持区	防城港	-2	下降区
海口	3					玉林	-2	
阳江	2					崇左	-3	

（二）北部湾城市群城市科学教育事业发展水平综合评估结果的比较与评析

1. 北部湾城市群城市科学教育事业发展水平分布情况

根据灰色综合评价法对无量纲化后的三级指标进行权重得分计算，得到北部湾城市群各城市的科学教育事业发展水平得分及排名，反映各城市科学教育事业发展水平情况。下面对 2008~2016 年北部湾城市群城市科学教育事业发展水平评价分值分布进行统计。

由图 11-19 可以看到 2008 年北部湾城市群城市科学教育事业发展水平得分情况，有 4 个城市科学教育事业发展水平得分在 10 分以下，暂无城市的科学教育事业发展水平得分在 10~11 分，有 2 个城市的科学教育事业发展水平得分在 11~12 分，暂无城市的科学教育事业发展水平得分在 12~13 分，有 3 个城市的科学教育事业发展水平得分在 13~14 分，暂无与城市的科学教育事业发展水平得分在 14~15 分，有 1 个城市的科学教育事业发展水平得分在 15 分以上，这说明北部湾城市群城市科学教育事业发展水平分布较不均衡，大量城市的科学教育事业发展水平得分较低。

由图 11-20 可以看到，2009 年北部湾城市群城市科学教育事业发展水平得分与 2008 年相似，有 3 个城市科学教育事业发展水平得分在 10 分以下，有 2 个城市的科学教育事业发展水平得分分布在 10~11 分，暂无城市的科学教育事业发展水平得分在 11~12 分，有 1 个城市的科学教育事业发展水平得分在 12~13 分，有 2 个城市的科学教育事业发展水平得分在 13~14 分，暂无城市的城市科学教育事业发展水平得分在 14~15 分，有 2 个城市的科学教育事业发展水平得分在 15 分以上，这说明北部湾城市群城市科学教育事业发展水平分得分上升幅度小，地区的科学教育事业发展水平得分分布趋向不稳定。

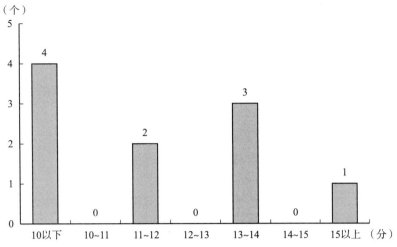

图 11-19 2008 年北部湾城市群城市科学教育事业发展水平评价分值分布

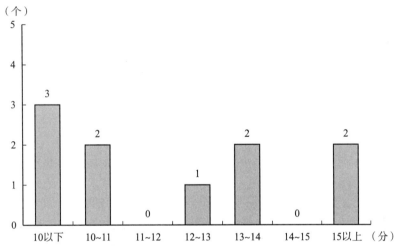

图 11-20 2009 年北部湾城市群城市科学教育事业发展水平评价分值分布

由图 11-21 可以看到，2010 年北部湾城市群城市科学教育事业发展水平得分与上年相比变化较大，分别有 2 个城市科学教育事业发展水平得分在 10 分以下、10~11 分、11~12 分，分别有 1 个城市的科学教育事业发展水平得分在 12~13 分、13~14 分，暂无城市的科学教育事业发展水平得分在 14~15 分，有 2 个城市的科学教育事业发展水平得分在 15 分以上，这说明北部湾城市群城市科学教育事业发展水平分得分上升幅度小，地区的科学教育事业发展水平得分分布较为均匀。

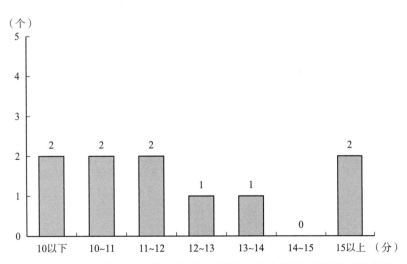

图 11-21 2010 年北部湾城市群城市科学教育事业发展水平评价分值分布

由图 11－22 可以看到 2011 年北部湾城市群城市科学教育事业发展水平得分情况，各有 2 个城市科学教育事业发展水平得分在 10 分以下、10～11 分，有 3 个城市科学教育事业发展水平得分在 11～12 分，暂无城市的科学教育事业发展水平得分在 12～13 分，有 1 个城市科学教育事业发展水平得分在 13～14 分、暂无城市科学教育事业发展水平得分在 14～15 分，有 2 个城市的科学教育事业发展水平得分在 15 分以上，这说明北部湾城市群城市科学教育事业发展水平分布较不均衡，大量城市的科学教育事业发展水平得分较低，地区的科学教育事业发展水平得分分布趋向不稳定。

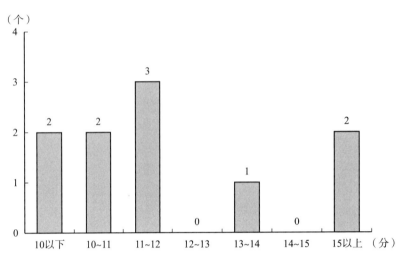

图 11－22　2011 年北部湾城市群城市科学教育事业发展水平评价分值分布

由图 11－23 可以看到，2012 年北部湾城市群城市科学教育事业发展水平得分与 2011 年相似，有 1 个城市科学教育事业发展水平得分在 10 分以下，有 3 个城市的科学教育事业发展水平得分在 10～11 分，有 1 个城市科学教育事业发展水平得分在 11～12 分，暂无城市的科学教育事业发展水平得分在 12～13 分，有 2 个城市的科学教育事业发展水平得分在 13～14 分，暂无城市的科学教育事业发展水平得分在 14～15 分，有 3 个城市的科学教育事业发展水平得分在 15 分以上，这说明北部湾城市群城市科学教育事业发展水平分布较不均衡，但科学教育事业发展水平得分较高的城市数量在逐渐增加，地区的科学教育事业发展水平得分分布趋向稳定。

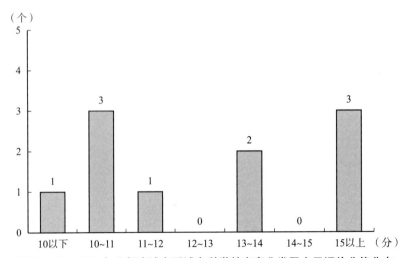

图 11－23　2012 年北部湾城市群城市科学教育事业发展水平评价分值分布

由图 11－24 可以看到 2013 年北部湾城市群城市科学教育事业发展水平得分情况，有 1 个城市科学教育事业发展水平得分在 10 分以下，有 3 个城市的科学教育事业发展水平得分在 10～11 分，有 2 个城市科学教育事业发展水平得分在 11～12 分，有 1 个城市的科学教育事业发展水平得分在 12～13 分，暂无城市科学教育事业发展水平得分在 13～14 分、14～15 分，有 3 个城市的科学教育事业发展水平得分在 15 分以上，这说明北部湾城市群城市科学教育事业发展水平得分整体呈现小幅下降趋势。

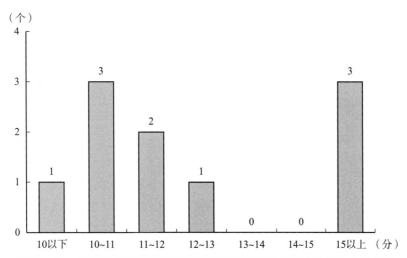

图 11－24　2013 年北部湾城市群城市科学教育事业发展水平评价分值分布

　　由图 11－25 可以看到 2014 年北部湾城市群城市科学教育事业发展水平得分情况，暂无城市科学教育事业发展水平得分在 10 分以下，分别有 3 个城市的科学教育事业发展水平得分在 10～11 分、11～12 分，暂无城市的科学教育事业发展水平得分在 12～13 分，有 2 个城市的科学教育事业发展水平得分在 13～14 分，分别有 1 个城市科学教育事业发展水平得分在 14～15 分、15 分以上，这说明北部湾城市群城市科学教育事业发展水平得分差距较大，且北部湾城市群城市科学教育事业发展水平得分整体呈现小幅上升趋势。

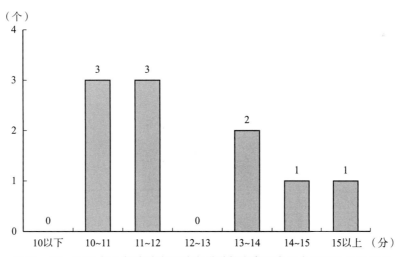

图 11－25　2014 年北部湾城市群城市科学教育事业发展水平评价分值分布

　　由图 11－26 可以看到，2015 年北部湾城市群城市科学教育事业发展水平得分均衡性变差，有 2 个城市科学教育事业发展水平得分在 10 分以下，有 4 个城市的科学教育事业发展水平得分在 10～11 分，有 1 个城市的科学教育事业发展水平得分在 11～12 分，有 2 个城市的科学教育事业发展水平得分在 12～13 分，有 1 个城市的科学教育事业发展水平得分在 13～14 分，暂无城市科学教育事业发展水平得分在 14～15 分、15 分以上，这说明北部湾城市群城市社会科学教育事业发展水平得分整体呈现大幅下降趋势。

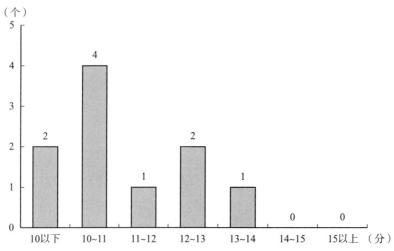

图 11－26　2015 年北部湾城市群城市科学教育事业发展水平评价分值分布

由图 11－27 可以看到，2016 年北部湾城市群城市科学教育事业发展水平得分有较大变化，暂无城市科学教育事业发展水平得分在 10 分以下，有 1 个城市的科学教育事业发展水平得分在 10～11 分，有 2 个城市的科学教育事业发展水平得分在 11～12 分，各有 1 个城市的科学教育事业发展水平得分在 12～13 分、13～14 分，有 2 个城市的科学教育事业发展水平得分在 14～15 分，有 3 个城市的科学教育事业发展水平得分在 15 分以上，这说明北部湾城市群城市科学教育事业发展水平分得分上升幅度大，地区的科学教育事业发展水平得分分布趋向不稳定。

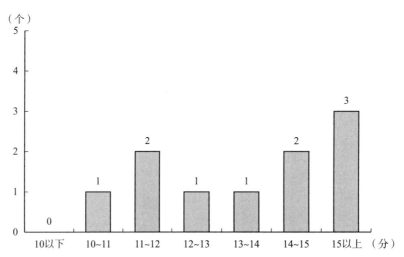

图 11－27　2016 年北部湾城市群城市科学教育事业发展水平评价分值分布

2. 北部湾城市群城市科学教育事业发展水平跨区段变动情况

根据图 11－28 对 2008～2009 年北部湾城市群城市科学教育事业发展水平的跨区段变化进行分析，可以看到在 2008～2009 年，有 4 个城市的科学教育事业发展水平在北部湾城市群城市的名次发生大幅变动。其中，南宁市由上游区下降至中游区，海口市由中游区上升至上游区，玉林市由中游区下降至下游区，防城港市由下游区上升至中游区。

根据图 11－29 对 2009～2010 年北部湾城市群城市科学教育事业发展水平的跨区段变化进行分析，可以看到在 2009～2010 年，有 2 个城市的科学教育事业发展水平发生大幅变动，北海市由上游区下降至中游区，南宁市由中游区上升至上游区。

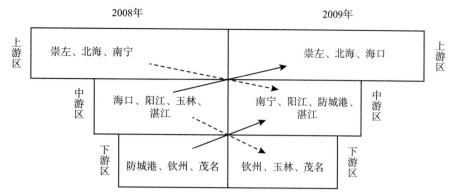

图 11 – 28　2008~2009 年北部湾城市群城市科学教育事业发展水平大幅变动情况

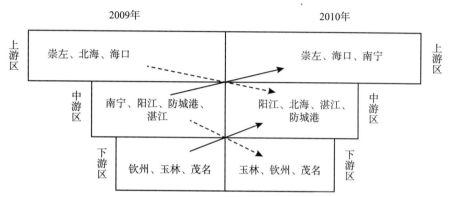

图 11 – 29　2009~2010 年北部湾城市群城市科学教育事业发展水平大幅变动情况

根据图 11 – 30 对 2010~2011 年北部湾城市群城市科学教育事业发展水平的跨区段变化进行分析，可以看到在 2010~2011 年，有 2 个城市的科学教育事业发展水平发生大幅变动，湛江市由中游区下降至下游区，钦州市由下游区上升至中游区。

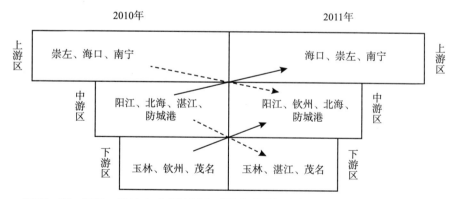

图 11 – 30　2010~2011 年北部湾城市群城市科学教育事业发展水平大幅变动情况

根据图 11 – 31 对 2011~2012 年北部湾城市群城市科学教育事业发展水平的跨区段变化进行分析，可以看到在 2011~2012 年，有 3 个城市的科学教育事业发展水平发生大幅变动，南宁市由上游区下降至中游区，钦州市由中游区下降至下游区，北海市由中游区上升至上游区，玉林市由下游区上升至中游区。

根据图 11 – 32 对 2012~2013 年北部湾城市群城市科学教育事业发展水平的跨区段变化进行分析，可以看到在 2012~2013 年，有 6 个城市的科学教育事业发展水平发生大幅变动，北海市由上游区下降至中游区，南宁市由中游区上升至上游区，防城港市由中游区下降至下游区，玉林市由中游区下降至下游区，钦州市由下游区上升至中游区，湛江市由下游区上升至中游区。

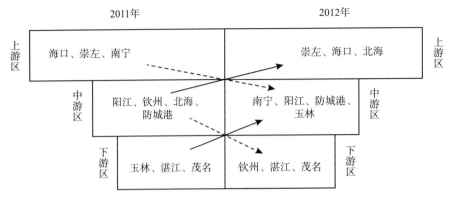

图 11－31　2011～2012 年北部湾城市群城市科学教育事业发展水平大幅变动情况

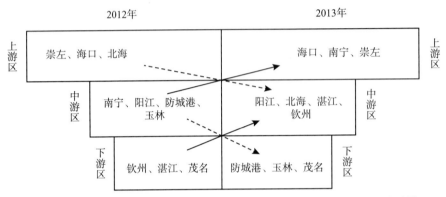

图 11－32　2012～2013 年北部湾城市群城市科学教育事业发展水平大幅变动情况

根据图 11－33 对 2013～2014 年北部湾城市群城市科学教育事业发展水平的跨区段变化进行分析，可以看到在 2013～2014 年，有 2 个城市的科学教育事业发展水平发生大幅变动，阳江市由中游区下降至下游区，防城港市由下游区中升至中游区。

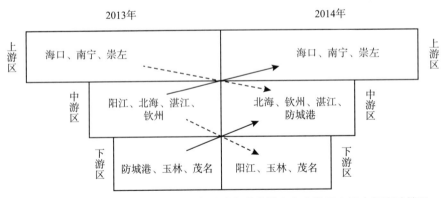

图 11－33　2013～2014 年北部湾城市群城市科学教育事业发展水平大幅变动情况

根据图 11－34 对 2014～2015 年北部湾城市群城市科学教育事业发展水平的跨区段变化进行分析，可以看到在 2014～2015 年，有 6 个城市的科学教育事业发展水平发生大幅变动，南宁市由上游区下降至中游区，北海市由中游区上升至上游区，钦州市由中游区下降至下游区，防城港市由中游区下降至下游区，阳江市由下游区上升至中游区，玉林市由下游区上升至中游区。

根据图 11－35 对 2015～2016 年北部湾城市群城市科学教育事业发展水平的跨区段变化进行分析，可以看到在 2015～2016 年，有 4 个城市的科学教育事业发展水平发生大幅变动，南宁市由上游区下降至中游区，阳江市由中游区上升至上游区，玉林市由中游区下降至下游区，北海市由中游区下降至下游区。

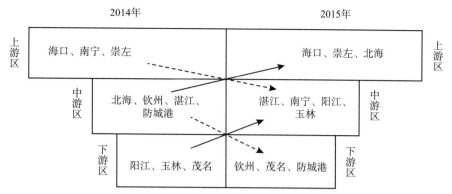

图 11 - 34　2014～2015 年北部湾城市群城市科学教育事业发展水平大幅变动情况

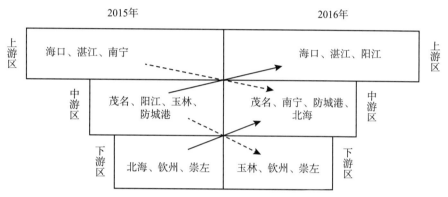

图 11 - 35　2015～2016 年北部湾城市群城市科学教育事业发展水平大幅变动情况

根据图 11 - 36 对 2008～2016 年北部湾城市群城市科学教育事业发展水平的跨区段变化进行分析，可以看到在 2008～2016 年，有 8 个城市的科学教育事业发展水平在北部湾城市群城市的名次发生大幅变动。其中，崇左市由上游区下降至中游区，北海市由上游区下降至中游区，南宁市由上游区下降至中游区，海口市由中游区上升至上游区，阳江市由中游区上升至上游区，玉林市由中游区下降至下游区，湛江市由中游区上升至上游区，茂名市由下游区上升至中游区。这说明北部湾城市群各城市的科学教育事业发展水平 2008～2016 年发生较大幅度的变动，钦州市、防城港市持续保持较低的科学教育事业发展水平。

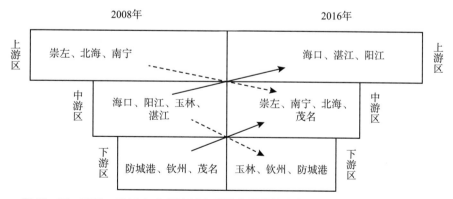

图 11 - 36　2008～2016 年北部湾城市群城市科学教育事业发展水平大幅变动情况

三、北部湾城市群城市文化旅游事业比较分析

（一）北部湾城市群城市文化旅游事业发展水平综合评估结果

根据北部湾城市群城市文化旅游事业发展水平指标体系和数学评价模型，对 2008～2016 年北部湾城

市群城市 10 个城市的文化旅游事业发展水平进行评价。下面是本次评估期间北部湾城市群 10 个城市的文化旅游事业发展水平排名及变化情况和指标评价结构。

根据表 11－25 对 2008 年北部湾城市群各城市文化旅游事业发展水平排名进行分析，可以看到北部湾城市群 10 个城市中，文化旅游事业发展水平处于上游区的依次是阳江市、玉林市、防城港市；处于中游区的依次是海口市、北海市、钦州市、湛江市；处于下游区的依次是南宁市、茂名市、崇左市。这说明在北部湾城市群城市中广东地区文化旅游事业发展水平高于广西地区和海南地区，更具发展优势。

表 11－25 　　　　2008 年北部湾城市群城市文化旅游事业发展水平排名

地区	排名	区段	地区	排名	区段	地区	排名	区段
阳江	1	上游区	海口	4	中游区	南宁	8	下游区
玉林	2		北海	5		茂名	9	
防城港	3		钦州	6		崇左	10	
			湛江	7				

根据表 11－26 对 2009 年北部湾城市群各城市文化旅游事业发展水平排名进行分析，可以看到北部湾城市群 10 个城市中，文化旅游事业发展水平处于上游区的依次是北海市、防城港市、海口市；处于中游区的依次是湛江市、茂名市、玉林市、钦州市；处于下游区的依次是南宁市、阳江市、崇左市。这说明在北部湾城市群城市中广西地区文化旅游事业发展水平高于广东地区和海南地区，更具发展优势。

表 11－26 　　　　2009 年北部湾城市群城市文化旅游事业发展水平排名

地区	排名	区段	地区	排名	区段	地区	排名	区段
北海	1	上游区	湛江	4	中游区	南宁	8	下游区
防城港	2		茂名	5		阳江	9	
海口	3		玉林	6		崇左	10	
			钦州	7				

根据表 11－27 对 2010 年北部湾城市群各城市文化旅游事业发展水平排名进行分析，可以看到北部湾城市群 10 个城市中，文化旅游事业发展水平处于上游区的依次是北海市、湛江市、玉林市；处于中游区的依次是茂名市、海口市、防城港市、南宁市；处于下游区的依次是钦州市、阳江市、崇左市。这说明在北部湾城市群城市中广西地区文化旅游事业发展水平高于广东地区和海南地区，更具发展优势。

表 11－27 　　　　2010 年北部湾城市群城市文化旅游事业发展水平排名

地区	排名	区段	地区	排名	区段	地区	排名	区段
北海	1	上游区	茂名	4	中游区	钦州	8	下游区
湛江	2		海口	5		阳江	9	
玉林	3		防城港	6		崇左	10	
			南宁	7				

根据表 11－28 对 2011 年北部湾城市群各城市文化旅游事业发展水平排名进行分析，可以看到北部湾城市群 10 个城市中，文化旅游事业发展水平处于上游区的依次是茂名市、湛江市、海口市；处于中游区的依次是北海市、玉林市、防城港市、钦州市；处于下游区的依次是南宁市、阳江市、崇左市。这说明在北部湾城市群城市中广东地区文化旅游事业发展水平高于广西地区和海南地区，更具发展优势。

表 11 – 28　　　　　　　2011 年北部湾城市群城市文化旅游事业发展水平排名

地区	排名	区段	地区	排名	区段	地区	排名	区段
茂名	1	上游区	北海	4	中游区	南宁	8	下游区
湛江	2		玉林	5		阳江	9	
海口	3		防城港	6		崇左	10	
			钦州	7				

根据表 11 – 29 对 2012 年北部湾城市群各城市文化旅游事业发展水平排名进行分析，可以看到北部湾城市群 10 个城市中，文化旅游事业发展水平处于上游区的依次是北海市、湛江市、茂名市；处于中游区的依次是防城港市、海口市、玉林市、钦州市；处于下游区的依次是南宁市、阳江市、崇左市。这说明在北部湾城市群城市中广东地区文化旅游事业发展水平高于广西地区和海南地区，更具发展优势。

表 11 – 29　　　　　　　2012 年北部湾城市群城市文化旅游事业发展水平排名

地区	排名	区段	地区	排名	区段	地区	排名	区段
北海	1	上游区	防城港	4	中游区	南宁	8	下游区
湛江	2		海口	5		阳江	9	
茂名	3		玉林	6		崇左	10	
			钦州	7				

根据表 11 – 30 对 2013 年北部湾城市群各城市文化旅游事业发展水平排名进行分析，可以看到北部湾城市群 10 个城市中，文化旅游事业发展水平处于上游区的依次是海口市、北海市、玉林市；处于中游区的依次是钦州市、防城港市、茂名市、湛江市；处于下游区的依次是南宁市、阳江市、崇左市。这说明在北部湾城市群城市中海南地区文化旅游事业发展水平高于广西地区和广东地区，更具发展优势。

表 11 – 30　　　　　　　2013 年北部湾城市群城市文化旅游事业发展水平排名

地区	排名	区段	地区	排名	区段	地区	排名	区段
海口	1	上游区	钦州	4	中游区	南宁	8	下游区
北海	2		防城港	5		阳江	9	
玉林	3		茂名	6		崇左	10	
			湛江	7				

根据表 11 – 31 对 2014 年北部湾城市群各城市文化旅游事业发展水平排名进行分析，可以看到北部湾城市群 10 个城市中，文化旅游事业发展水平处于上游区的依次是海口市、玉林市、钦州市；处于中游区的依次是北海市、防城港市、南宁市、湛江市；处于下游区的依次是茂名市、阳江市、崇左市。这说明在北部湾城市群城市中海南地区文化旅游事业发展水平高于广西地区和广东地区，更具发展优势。

表 11 – 31　　　　　　　2014 年北部湾城市群城市文化旅游事业发展水平排名

地区	排名	区段	地区	排名	区段	地区	排名	区段
海口	1	上游区	北海	4	中游区	茂名	8	下游区
玉林	2		防城港	5		阳江	9	
钦州	3		南宁	6		崇左	10	
			湛江	7				

根据表 11 – 32 对 2015 年北部湾城市群各城市文化旅游事业发展水平排名进行分析，可以看到北部湾城市群 10 个城市中，文化旅游事业发展水平处于上游区的依次是海口市、玉林市、北海市；处于中游区的依次是钦州市、防城港市、湛江市、南宁市；处于下游区的依次是阳江市、茂名市、崇左市。这说明在

北部湾城市群城市中海南地区文化旅游事业发展水平高于广西地区和广东地区，更具发展优势。

表 11－32　　　　　　　　2015 年北部湾城市群城市文化旅游事业发展水平排名

地区	排名	区段	地区	排名	区段	地区	排名	区段
海口	1		钦州	4		阳江	8	
玉林	2	上游区	防城港	5	中游区	茂名	9	下游区
北海	3		湛江	6		崇左	10	
			南宁	7				

根据表 11－33 对 2016 年北部湾城市群各城市文化旅游事业发展水平排名进行分析，可以看到北部湾城市群 10 个城市中，文化旅游事业发展水平处于上游区的依次是玉林市、海口市、北海市；处于中游区的依次是防城港市、钦州市、湛江市、阳江市；处于下游区的依次是崇左市、南宁市、茂名市。这说明在北部湾城市群城市中广西地区文化旅游事业发展水平高于广西地区和海南地区，更具发展优势。

表 11－33　　　　　　　　2016 年北部湾城市群城市文化旅游事业发展水平排名

地区	排名	区段	地区	排名	区段	地区	排名	区段
玉林	1		防城港	4		崇左	8	
海口	2	上游区	钦州	5	中游区	南宁	9	下游区
北海	3		湛江	6		茂名	10	
			阳江	7				

根据表 11－34 对 2008～2016 年北部湾城市群各城市文化旅游事业发展水平排名变化趋势进行分析，可以看到在北部湾城市群 10 个城市文化旅游事业发展水平处于上升区的依次是湛江市、钦州市、海口市；处于保持区的是阳江市、北海市、玉林市、崇左市；处于下降区的依次是茂名市、南宁市、防城港市。

表 11－34　　　　　　　2008～2016 年北部湾城市群城市文化旅游事业发展水平排名变化

地区	排名	区段	地区	排名	区段	地区	排名	区段
湛江	1		阳江	0		茂名	－1	
钦州	1	上升区	北海	0	保持区	南宁	－1	下降区
海口	1		玉林	0		防城港	－1	
			崇左	0				

（二）北部湾城市群城市文化旅游事业发展水平综合评估结果的比较与评析

1. 北部湾城市群城市文化旅游事业发展水平分布情况

根据灰色综合评价法对无量纲化后的三级指标进行权重得分计算，得到北部湾城市群各城市的文化旅游事业发展水平得分及排名，反映各城市文化旅游事业发展水平情况。下面对 2008～2016 年北部湾城市群城市文化旅游事业发展水平评价分值分布进行统计。

由图 11－37 可以看到 2008 年北部湾城市群城市文化旅游事业发展水平得分情况，有 3 个城市文化旅游事业发展水平得分在 4 分以下，有 2 个城市的文化旅游事业发展水平得分在 4～5 分，有 3 个城市的文化旅游事业发展水平得分在 5～6 分，有 1 个城市的文化旅游事业发展水平得分在 6～7 分，有 1 个城市的文化旅游事业发展水平得分在 7～8 分，暂无城市的文化旅游事业发展水平得分在 8～9 分、9 分以上，这说明北部湾城市群城市文化旅游事业发展水平分布较不均衡，大量城市的文化旅游事业发展水平得分较低。

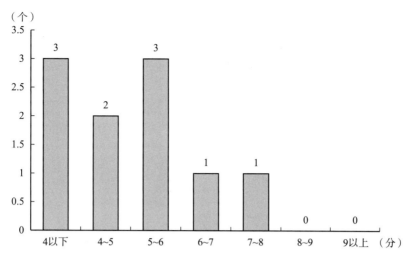

图 11 – 37 2008 年北部湾城市群城市文化旅游事业发展水平评价分值分布

由图 11 – 38 可以看到，2009 年北部湾城市群城市文化旅游事业发展水平得分与上年相比有较大变化，暂无城市文化旅游事业发展水平得分在 4 分以下，有 2 个城市的文化旅游事业发展水平得分在 4 ~ 5 分，分别有 3 个城市的文化旅游事业发展水平得分在 5 ~ 6 分、6 ~ 7 分，有 1 个城市的文化旅游事业发展水平得分在 7 ~ 8 分，暂无城市的文化旅游事业发展水平得分在 8 ~ 9 分，有 1 个城市的文化旅游事业发展水平得分在 9 分以上，这说明北部湾城市群城市文化旅游事业发展水平分得分上升幅度大，地区的文化旅游事业发展水平得分分布趋向不稳定。

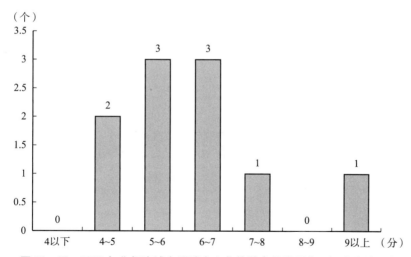

图 11 – 38 2009 年北部湾城市群城市文化旅游事业发展水平评价分值分布

由图 11 – 39 可以看到，2010 年北部湾城市群城市文化旅游事业发展水平得分与上年相比出现较大变化，暂无城市文化旅游事业发展水平得分在 4 分以下，有 1 个城市的文化旅游事业发展水平得分在 4 ~ 5 分，有 5 个城市的文化旅游事业发展水平得分在 5 ~ 6 分，有 2 个城市的文化旅游事业发展水平得分在 6 ~ 7 分，有 2 个城市的文化旅游事业发展水平得分在 7 ~ 8 分，暂无城市的文化旅游事业发展水平得分在 8 ~ 9 分、9 分以上，这说明北部湾城市群城市文化旅游事业发展水平分得分上升幅度大，地区的文化旅游事业发展水平得分分布趋向不稳定。

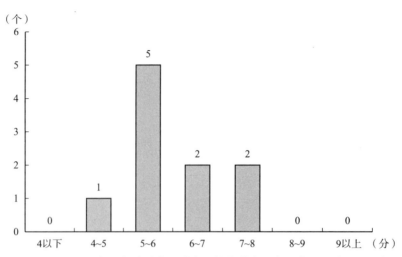

图 11 - 39　2010 年北部湾城市群城市文化旅游事业发展水平评价分值分布

由图 11 - 40 可以看到，2011 年北部湾城市群城市文化旅游事业发展水平得分与上年相比出现较大变化，暂无城市文化旅游事业发展水平得分在 4 分以下、4 ~ 5 分，有 2 个城市的文化旅游事业发展水平得分在 5 ~ 6 分，有 2 个城市的文化旅游事业发展水平得分在 6 ~ 7 分，有 4 个城市的文化旅游事业发展水平得分在 7 ~ 8 分，有 2 个城市的文化旅游事业发展水平得分在 8 ~ 9 分，暂无城市的文化旅游事业发展水平得分在 9 分以上，这说明北部湾城市群城市文化旅游事业发展水平分布较不均匀，大量城市的文化旅游事业发展水平得分较高，地区的文化旅游事业发展水平得分分布趋向不稳定。

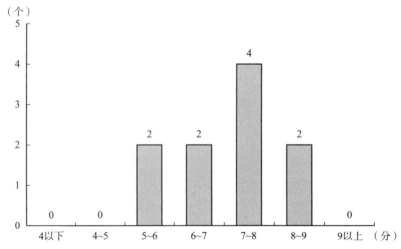

图 11 - 40　2011 年北部湾城市群城市文化旅游事业发展水平评价分值分布

由图 11 - 41 可以看到，2012 年北部湾城市群城市文化旅游事业发展水平得分与上年相比出现较大变化，暂无城市文化旅游事业发展水平得分在 4 分以下、4 ~ 5 分、5 ~ 6 分，有 2 个城市的文化旅游事业发展水平得分在 6 ~ 7 分，有 1 个城市的文化旅游事业发展水平得分在 7 ~ 8 分，有 6 个城市的文化旅游事业发展水平得分在 8 ~ 9 分、有 1 个城市的文化旅游事业发展水平得分在 9 分以上，这说明北部湾城市群城市文化旅游事业发展水平分布较不均衡，大量城市的文化旅游事业发展水平得分较高，地区的文化旅游事业发展水平得分分布趋向不稳定。

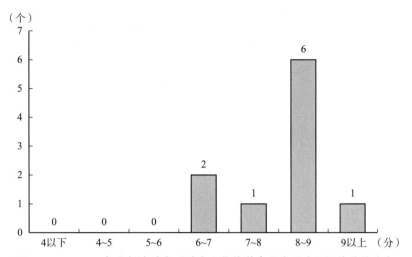

图11－41　2012年北部湾城市群城市文化旅游事业发展水平评价分值分布

由图11－42可以看到，2013年北部湾城市群城市文化旅游事业发展水平得分与2012年相似，暂无城市文化旅游事业发展水平得分在4分以下、4~5分、5~6分，有3个城市的文化旅游事业发展水平得分在6~7分，有1个城市的文化旅游事业发展水平得分在7~8分，有5个城市的文化旅游事业发展水平得分在8~9分，有1个城市的文化旅游事业发展水平得分在9分以上，这说明北部湾城市群城市文化旅游事业发展水平得分整体呈现小幅下降趋势。

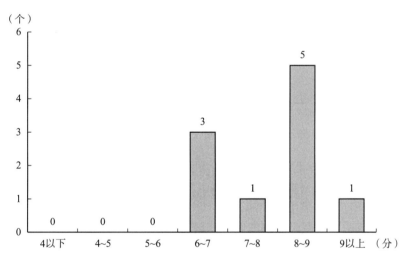

图11－42　2013年北部湾城市群城市文化旅游事业发展水平评价分值分布

由图11－43可以看到2014年北部湾城市群城市文化旅游事业发展水平得分情况，暂无城市文化旅游事业发展水平得分在4分以下、4~5分、5~6分，有1个城市的文化旅游事业发展水平得分在6~7分，有2个城市的文化旅游事业发展水平得分在7~8分，有5个城市的文化旅游事业发展水平得分在8~9分，有2个城市的文化旅游事业发展水平得分在9分以上，这说明北部湾城市群城市文化旅游事业发展水平得分差距较大，大量城市的文化旅游事业发展水平得分较高，也说明各城市文化旅游事业发展水平不稳定。

由图11－44可以看到，2015年北部湾城市群城市文化旅游事业发展水平得分与上年相比有大幅度下降，有2个城市文化旅游事业发展水平得分在4分以下，有4个城市的文化旅游事业发展水平得分在4~5分，有1个城市的文化旅游事业发展水平得分在5~6分，有2个城市的文化旅游事业发展水平得分在6~7分，有1个城市的文化旅游事业发展水平得分在7~8分，暂无城市的文化旅游事业发展水平得分在8~9分、9分以上，这说明北部湾城市群城市社会文化旅游事业发展水平得分整体呈现大幅下降趋势。

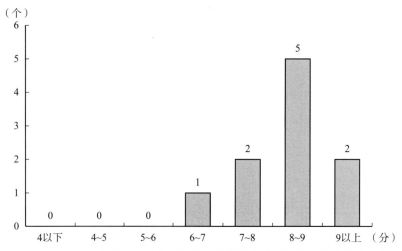

图 11－43　2014 年北部湾城市群城市文化旅游事业发展水平评价分值分布

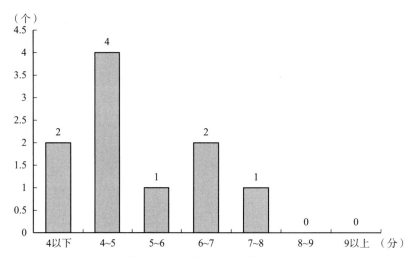

图 11－44　2015 年北部湾城市群城市文化旅游事业发展水平评价分值分布

　　由图 11－45 可以看到，2016 年北部湾城市群城市文化旅游事业发展水平得分与上年相比有较大变化，暂无城市文化旅游事业发展水平得分在 4 分以下、4～5 分、5～6 分，有 1 个城市的文化旅游事业发展水平得分在 6～7 分，有 2 个城市的文化旅游事业发展水平得分在 7～8 分、8～9 分，有 5 个城市的文化旅游事业发展水平得分在 9 分以上，这说明北部湾城市群城市文化旅游事业发展水平分得分上升幅度大，地区的文化旅游事业发展水平得分分布趋向不稳定。

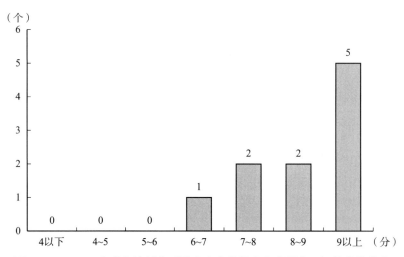

图 11－45　2016 年北部湾城市群城市文化旅游事业发展水平评价分值分布

2. 北部湾城市群城市文化旅游事业发展水平跨区段变动情况

根据图 11 - 46 对 2008 ~ 2009 年北部湾城市群城市文化旅游事业发展水平的跨区段变化进行分析，可以看到在 2008 ~ 2009 年，有 6 个城市的文化旅游事业发展水平在北部湾城市群城市的名次发生大幅变动。其中，南宁市由上游区下降至中游区，阳江市由上游区下降至中游区，北海市由中游区上升至上游区，茂名市由中游区上升至上游区，湛江市由中游区下降至下游区，钦州市由下游区上升至中游区。

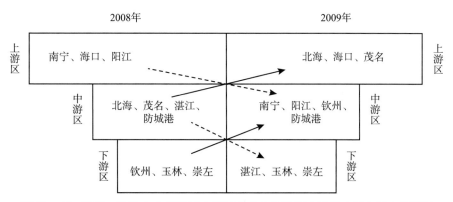

图 11 - 46　2008 ~ 2009 年北部湾城市群城市文化旅游事业发展水平大幅变动情况

根据图 11 - 47 对 2009 ~ 2010 年北部湾城市群城市文化旅游事业发展水平的跨区段变化进行分析，可以看到在 2009 ~ 2010 年，有 2 个城市的文化旅游事业发展水平发生大幅变动，茂名市由上游区下降至中游区，南宁市由中游区上升至上游区。

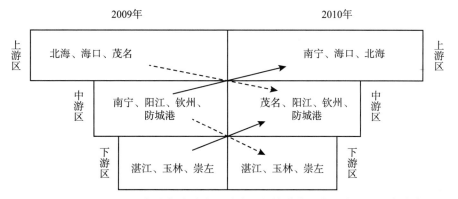

图 11 - 47　2009 ~ 2010 年北部湾城市群城市文化旅游事业发展水平大幅变动情况

根据图 11 - 48 对 2010 ~ 2011 年北部湾城市群城市文化旅游事业发展水平的跨区段变化进行分析，可以看到在 2010 ~ 2011 年，有 4 个城市的文化旅游事业发展水平发生大幅变动，南宁市由上游区下降至中游区，钦州市由中游区上升至上游区，防城港市由中游区下降至下游区，崇左市由下游区上升至中游区。

根据图 11 - 49 中对 2011 ~ 2012 年北部湾城市群城市文化旅游事业发展水平的跨区段变化进行分析，可以看到在 2011 ~ 2012 年，有 3 个城市的文化旅游事业发展水平发生大幅变动，钦州市由上游区下降至下游区，南宁市由中游区上升至上游区，湛江市由下游区上升至中游区。

根据图 11 - 50 对 2012 ~ 2013 年北部湾城市群城市文化旅游事业发展水平的跨区段变化进行分析，可以看到在 2012 ~ 2013 年，有 2 个城市的文化旅游事业发展水平发生大幅变动，北海市由上游区下降至中游区，湛江市由中游区上升至上游区。

根据图 11 - 51 对 2013 ~ 2014 年北部湾城市群城市文化旅游事业发展水平的跨区段变化进行分析，可以看到在 2013 ~ 2014 年，有 2 个城市的文化旅游事业发展水平发生大幅变动，崇左市由中游区下降至下游区，防城港市由下游区上升至中游区。

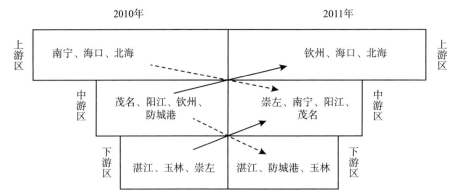

图 11－48　2010～2011 年北部湾城市群城市文化旅游事业发展水平大幅变动情况

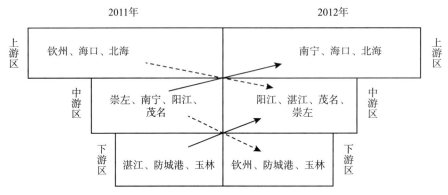

图 11－49　2011～2012 年北部湾城市群城市文化旅游事业发展水平大幅变动情况

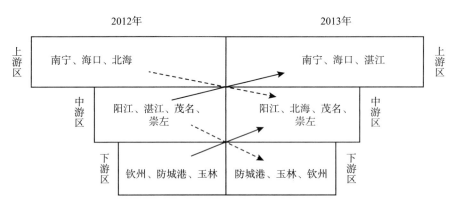

图 11－50　2012～2013 年北部湾城市群城市文化旅游事业发展水平大幅变动情况

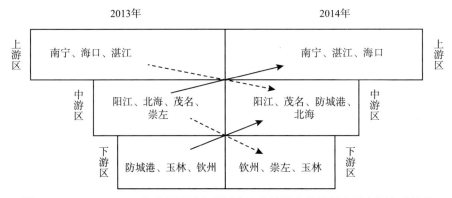

图 11－51　2013～2014 年北部湾城市群城市文化旅游事业发展水平大幅变动情况

根据图 11 - 52 对 2014 ~ 2015 年北部湾城市群城市文化旅游事业发展水平的跨区段变化进行分析,可以看到在 2014 ~ 2015 年,有 4 个城市的文化旅游事业发展水平发生大幅变动,湛江市由上游区下降至中游区,防城港市由中游区下降至下游区,北海市由中游区上升至上游区,玉林市由下游区上升至中游区。

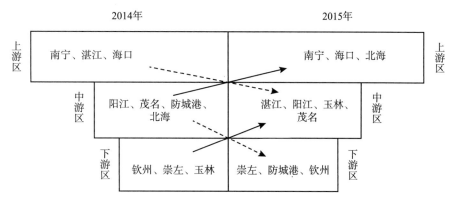

图 11 - 52　2014 ~ 2015 年北部湾城市群城市文化旅游事业发展水平大幅变动情况

根据图 11 - 53 对 2015 ~ 2016 年北部湾城市群城市文化旅游事业发展水平的跨区段变化进行分析,可以看到在 2015 ~ 2016 年,有 4 个城市的文化旅游事业发展水平发生大幅变动,北海市由上游区下降至中游区,阳江市由中游区上升至上游区,玉林市由中游区下降至下游区,钦州市由下游区上升至中游区。

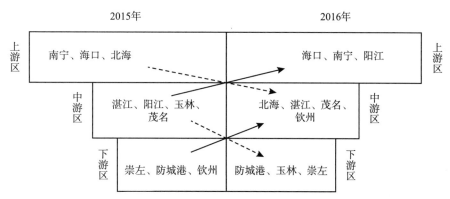

图 11 - 53　2015 ~ 2016 年北部湾城市群城市文化旅游事业发展水平大幅变动情况

根据图 11 - 54 对 2008 ~ 2016 年北部湾城市群城市文化旅游事业发展水平的跨区段变化进行分析,可以看到在 2008 ~ 2016 年,有 2 个城市的文化旅游事业发展水平在北部湾城市群城市的名次发生大幅变动。其中,防城港市由中游区下降至下游区,钦州市由下游区上升至中游区。海口市、南宁市和阳江市持续保持最优地位,北海市、茂名市、湛江市持续保持中游区地位,玉林市、崇左市持续保持较低的文化旅游事业发展水平。

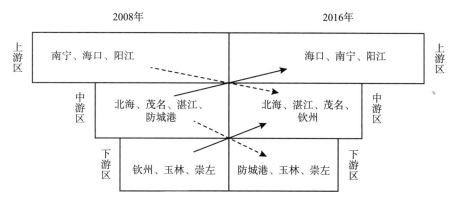

图 11 - 54　2008 ~ 2016 年北部湾城市群城市文化旅游事业发展水平大幅变动情况

四、北部湾城市群城市医疗卫生事业比较分析

（一）北部湾城市群城市医疗卫生事业发展水平综合评估结果

根据北部湾城市群城市医疗卫生事业发展水平指标体系和数学评价模型，对 2008~2016 年北部湾城市群城市 10 个城市的医疗卫生事业发展水平进行评价。下面是本次评估期间北部湾城市群 10 个城市的医疗卫生事业发展水平排名及变化情况和指标评价结构。

根据表 11－35 对 2008 年北部湾城市群各城市医疗卫生事业发展水平排名进行分析，可以看到北部湾城市群 10 个城市中，医疗卫生事业发展水平处于上游区的依次是南宁市、海口市、防城港市；处于中游区的依次是崇左市、湛江市、玉林市、钦州市；处于下游区的依次是北海市、茂名市、阳江市。这说明在北部湾城市群城市中广西地区医疗卫生事业发展水平高于广东地区和广东地区，更具发展优势。

表 11－35   2008 年北部湾城市群城市医疗卫生事业发展水平排名

地区	排名	区段	地区	排名	区段	地区	排名	区段
南宁	1		崇左	4		北海	8	
海口	2	上游区	湛江	5	中游区	茂名	9	下游区
防城港	3		玉林	6		阳江	10	
			钦州	7				

根据表 11－36 对 2009 年北部湾城市群各城市医疗卫生事业发展水平排名进行分析，可以看到北部湾城市群 10 个城市中，医疗卫生事业发展水平处于上游区的依次是海口市、北海市、防城港市；处于中游区的依次是南宁市、崇左市、玉林市、钦州市；处于下游区的依次是阳江市、湛江市、茂名市。这说明在北部湾城市群城市中海南地区医疗卫生事业发展水平高于广西地区和广东地区，更具发展优势。

表 11－36   2009 年北部湾城市群城市医疗卫生事业发展水平排名

地区	排名	区段	地区	排名	区段	地区	排名	区段
海口	1		南宁	4		阳江	8	
北海	2	上游区	崇左	5	中游区	湛江	9	下游区
防城港	3		玉林	6		茂名	10	
			钦州	7				

根据表 11－37 对 2010 年北部湾城市群各城市医疗卫生事业发展水平排名进行分析，可以看到北部湾城市群 10 个城市中，医疗卫生事业发展水平处于上游区的依次海口市、防城港市、北海市；处于中游区的依次是南宁市、玉林市、崇左市、钦州市；处于下游区的依次是湛江市、阳江市、茂名市。这说明在北部湾城市群城市中海南地区医疗卫生事业发展水平高于广西地区和广东地区，更具发展优势。

表 11－37   2010 年北部湾城市群城市医疗卫生事业发展水平排名

地区	排名	区段	地区	排名	区段	地区	排名	区段
海口	1		南宁	4		湛江	8	
防城港	2	上游区	玉林	5	中游区	阳江	9	下游区
北海	3		崇左	6		茂名	10	
			钦州	7				

根据表 11－38 对 2011 年北部湾城市群各城市医疗卫生事业发展水平排名进行分析，可以看到北部湾城市群 10 个城市中，医疗卫生事业发展水平处于上游区的依次是海口市、北海市、防城港市；处于中游

区的依次是南宁市、玉林市、崇左市、钦州市；处于下游区的依次是湛江市、阳江市、茂名市。这说明在北部湾城市群城市中海南地区医疗卫生事业发展水平高于广西地区和广东地区，更具发展优势。

表 11 -38　　　　　　　　2011 年北部湾城市群城市医疗卫生事业发展水平排名

地区	排名	区段	地区	排名	区段	地区	排名	区段
海口	1	上游区	南宁	4	中游区	湛江	8	下游区
北海	2		玉林	5		阳江	9	
防城港	3		崇左	6		茂名	10	
			钦州	7				

根据表 11 -39 对 2012 年北部湾城市群各城市医疗卫生事业发展水平排名进行分析，可以看到北部湾城市群 10 个城市中，医疗卫生事业发展水平处于上游区的依次是防城港市、海口市、北海市；处于中游区的依次是崇左市、南宁市、玉林市、钦州市；处于下游区的依次是湛江市、阳江市、茂名市。这说明在北部湾城市群城市中广西地区医疗卫生事业发展水平高于广东地区和海南地区，更具发展优势。

表 11 -39　　　　　　　　2012 年北部湾城市群城市医疗卫生事业发展水平排名

地区	排名	区段	地区	排名	区段	地区	排名	区段
防城港	1	上游区	崇左	4	中游区	湛江	8	下游区
海口	2		南宁	5		阳江	9	
北海	3		玉林	6		茂名	10	
			钦州	7				

根据表 11 -40 对 2013 年北部湾城市群各城市医疗卫生事业发展水平排名进行分析，可以看到北部湾城市群 10 个城市中，医疗卫生事业发展水平处于上游区的依次是防城港市、海口市、南宁市；处于中游区的依次是湛江市、北海市、崇左市、玉林市；处于下游区的依次是钦州市、阳江市、茂名市。这说明在北部湾城市群城市中广西地区医疗卫生事业发展水平高于广东地区和海南地区，更具发展优势。

表 11 -40　　　　　　　　2013 年北部湾城市群城市医疗卫生事业发展水平排名

地区	排名	区段	地区	排名	区段	地区	排名	区段
防城港	1	上游区	湛江	4	中游区	钦州	8	下游区
海口	2		北海	5		阳江	9	
南宁	3		崇左	6		茂名	10	
			玉林	7				

根据表 11 -41 对 2014 年北部湾城市群各城市医疗卫生事业发展水平排名进行分析，可以看到北部湾城市群 10 个城市中，医疗卫生事业发展水平处于上游区的依次是防城港市、海口市、南宁市；处于中游区的依次是湛江市、崇左市、北海市、玉林市；处于下游区的依次是钦州市、茂名市、阳江市。这说明在北部湾城市群城市中广西地区医疗卫生事业发展水平高于海南地区和广东地区，更具发展优势。

表 11 -41　　　　　　　　2014 年北部湾城市群城市医疗卫生事业发展水平排名

地区	排名	区段	地区	排名	区段	地区	排名	区段
防城港	1	上游区	湛江	4	中游区	钦州	8	下游区
海口	2		崇左	5		茂名	9	
南宁	3		北海	6		阳江	10	
			玉林	7				

根据表 11－42 对 2015 年北部湾城市群各城市医疗卫生事业发展水平排名进行分析，可以看到北部湾城市群 10 个城市中，医疗卫生事业发展水平处于上游区的依次是防城港市、海口市、崇左市；处于中游区的依次是北海市、玉林市、钦州市、南宁市；处于下游区的依次是湛江市、阳江市、茂名市。这说明在北部湾城市群城市中广西地区医疗卫生事业发展水平高于海南地区和广东地区，更具发展优势。

表 11－42　　　　　　　　2015 年北部湾城市群城市医疗卫生事业发展水平排名

地区	排名	区段	地区	排名	区段	地区	排名	区段
防城港	1	上游区	北海	4	中游区	湛江	8	下游区
海口	2		玉林	5		阳江	9	
崇左	3		钦州	6		茂名	10	
			南宁	7				

根据表 11－43 对 2016 年北部湾城市群各城市医疗卫生事业发展水平排名进行分析，可以看到北部湾城市群 10 个城市中，医疗卫生事业发展水平处于上游区的依次是海口市、防城港市、阳江市；处于中游区的依次是崇左市、北海市、南宁市、玉林市；处于下游区的依次是钦州市、茂名市、湛江市。这说明在北部湾城市群城市中海南地区医疗卫生事业发展水平高于广西地区和广东地区，更具发展优势。

表 11－43　　　　　　　　2016 年北部湾城市群城市医疗卫生事业发展水平排名

地区	排名	区段	地区	排名	区段	地区	排名	区段
海口	1	上游区	崇左	4	中游区	钦州	8	下游区
防城港	2		北海	5		茂名	9	
阳江	3		南宁	6		湛江	10	
			玉林	7				

根据表 11－44 对 2008～2016 年北部湾城市群各城市医疗卫生事业发展水平排名趋势进行分析，可以看到在北部湾城市群 10 个城市医疗卫生事业发展水平处于上升区的依次是钦州市、茂名市、阳江市、崇左市；处于保持区的依次是湛江市、南宁市；处于下降区的依次是北海市、防城港市、海口市、玉林市。

表 11－44　　　　　　　　2008～2016 年北部湾城市群城市医疗卫生事业发展水平排名变化

地区	排名	区段	地区	排名	区段	地区	排名	区段
钦州	6	上升区	湛江	0	保持区	北海	-2	下降区
茂名	4		南宁	0		防城港	-2	
阳江	3					海口	-3	
崇左	1					玉林	-7	

（二）北部湾城市群城市医疗卫生事业发展水平综合评估结果的比较与评析

1. 北部湾城市群城市医疗卫生事业发展水平分布情况

根据灰色综合评价法对无量纲化后的三级指标进行权重得分计算，得到北部湾城市群各城市的医疗卫生事业发展水平得分及排名，反映各城市医疗卫生事业发展水平情况。下面对 2008～2016 年北部湾城市群城市医疗卫生事业发展水平评价分值分布进行统计。

由图 11－55 可以看到 2008 年北部湾城市群城市医疗卫生事业发展水平得分情况，有 1 个城市医疗卫生事业发展水平得分在 6 分以下，有 4 个城市的医疗卫生事业发展水平得分在 6～7 分，有 2 个城市的医疗卫生事业发展水平得分在 7～8 分，有 2 个城市的医疗卫生事业发展水平得分在 8～9 分，暂无城市的医疗卫生事业发展水平得分在 9～10 分，有 1 个城市的医疗卫生事业发展水平得分在 10～11 分，暂无城市的医疗卫生事业发展水平得分在 11 分以上，这说明北部湾城市群城市医疗卫生事业发展水平分布较不均衡，大量城市的医疗卫生事业发展水平得分较低。

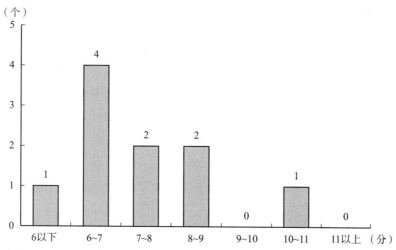

图 11 - 55　2008 年北部湾城市群城市医疗卫生事业发展水平评价分值分布

由图 11 - 56 可以看到，2009 年北部湾城市群城市医疗卫生事业发展水平得分与 2008 年相似，有 3 个城市医疗卫生事业发展水平得分在 6 分以下，有 3 个城市的医疗卫生事业发展水平得分在 6 ~ 7 分，暂无城市的医疗卫生事业发展水平得分在 7 ~ 8 分，有 1 个城市的医疗卫生事业发展水平得分在 8 ~ 9 分，有 2 个城市的医疗卫生事业发展水平得分在 9 ~ 10 分，暂无城市的医疗卫生事业发展水平得分在 10 ~ 11 分，有 1 个城市的医疗卫生事业发展水平得分在 11 分以上，这说明北部湾城市群城市医疗卫生事业发展水平分得分上升幅度小，地区的医疗卫生事业发展水平得分分布趋向不稳定。

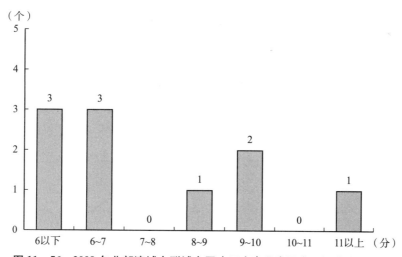

图 11 - 56　2009 年北部湾城市群城市医疗卫生事业发展水平评价分值分布

由图 11 - 57 可以看到，2010 年北部湾城市群城市医疗卫生事业发展水平得分与 2009 年类似，有 3 个城市医疗卫生事业发展水平得分在 6 分以下，有 1 个城市的医疗卫生事业发展水平得分在 6 ~ 7 分，有 3 个城市的医疗卫生事业发展水平得分在 7 ~ 8 分，有 1 个城市的医疗卫生事业发展水平得分在 8 ~ 9 分，有 1 个城市的医疗卫生事业发展水平得分在 9 ~ 10 分，暂无城市的医疗卫生事业发展水平得分在 10 ~ 11 分，有 1 个城市的医疗卫生事业发展水平得分在 11 分以上，这说明北部湾城市群城市医疗卫生事业发展水平分得分上升幅度小，地区的医疗卫生事业发展水平得分分布趋向不稳定。

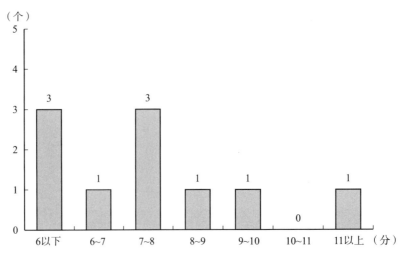

图 11 -57　2010 年北部湾城市群城市医疗卫生事业发展水平评价分值分布

　　由图 11 -58 可以看到 2011 年北部湾城市群城市医疗卫生事业发展水平得分情况，有 3 个城市医疗卫生事业发展水平得分在 6 分以下，有 2 个城市的医疗卫生事业发展水平得分在 6 ~ 7 分，有 1 个城市的医疗卫生事业发展水平得分在 7 ~ 8 分，有 2 个城市的医疗卫生事业发展水平得分在 8 ~ 9 分，有 2 个城市的医疗卫生事业发展水平得分在 9 ~ 10 分，暂无城市的医疗卫生事业发展水平得分在 10 ~ 11 分、11 分以上，这说明北部湾城市群城市医疗卫生事业发展水平分布较不均衡，大量城市的医疗卫生事业发展水平得分较低，地区的医疗卫生事业发展水平得分分布趋向不稳定。

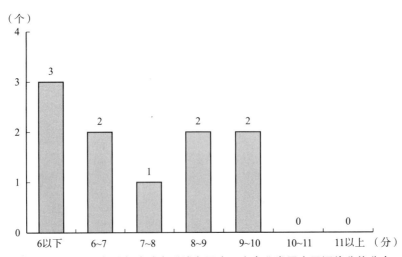

图 11 -58　2011 年北部湾城市群城市医疗卫生事业发展水平评价分值分布

　　由图 11 -59 可以看到，2012 年北部湾城市群城市医疗卫生事业发展水平得分与 2011 年有较大变化，有 4 个城市医疗卫生事业发展水平得分在 6 分以下，有 1 个城市的医疗卫生事业发展水平得分在 6 ~ 7 分，有 3 个城市的医疗卫生事业发展水平得分在 7 ~ 8 分，暂无城市的医疗卫生事业发展水平得分在 8 ~ 9 分，有 1 个城市的医疗卫生事业发展水平得分在 9 ~ 10 分、10 ~ 11 分，暂无城市的医疗卫生事业发展水平得分在 11 分以上，这说明北部湾城市群城市医疗卫生事业发展水平分布较不均衡，大量城市的医疗卫生事业发展水平得分较低，地区的医疗卫生事业发展水平得分分布趋向不稳定。

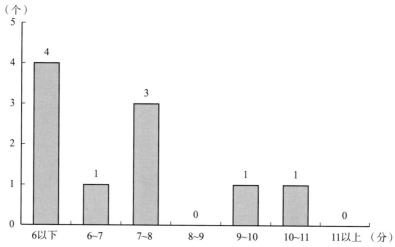

图 11 - 59　2012 年北部湾城市群城市医疗卫生事业发展水平评价分值分布

由图 11 - 60 可以看到，2013 年北部湾城市群城市医疗卫生事业发展水平得分与 2012 年类似，有 3 个城市医疗卫生事业发展水平得分在 6 分以下，有 2 个城市的医疗卫生事业发展水平得分在 6 ~ 7 分，有 3 个城市的医疗卫生事业发展水平得分在 7 ~ 8 分，有 1 个城市的医疗卫生事业发展水平得分在 8 ~ 9 分，暂无城市的医疗卫生事业发展水平得分在 9 ~ 10 分、10 ~ 11 分，有 1 个城市的医疗卫生事业发展水平得分分布在 11 分以上，这说明北部湾城市群城市医疗卫生事业发展水平得分整体呈现小幅上升趋势。

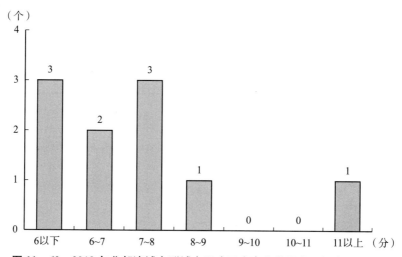

图 11 - 60　2013 年北部湾城市群城市医疗卫生事业发展水平评价分值分布

由图 11 - 61 可以看到 2014 年北部湾城市群城市医疗卫生事业发展水平得分情况，有 3 个城市医疗卫生事业发展水平得分在 6 分以下，有 1 个城市的医疗卫生事业发展水平得分在 6 ~ 7 分，有 3 个城市的医疗卫生事业发展水平得分在 7 ~ 8 分，有 2 个城市的医疗卫生事业发展水平得分在 8 ~ 9 分，有 1 个城市的医疗卫生事业发展水平得分在 9 ~ 10 分，暂无城市的医疗卫生事业发展水平得分在 10 ~ 11 分、11 分以上，这说明北部湾城市群城市医疗卫生事业发展水平得分高分城市较少，也说明城市医疗卫生事业发展水平发展不稳定。

由图 11 - 62 可以看到，2015 年北部湾城市群城市医疗卫生事业发展水平得分均衡性变差，有 2 个城市医疗卫生事业发展水平得分在 6 分以下，有 4 个城市的医疗卫生事业发展水平得分在 6 ~ 7 分，有 1 个城市的医疗卫生事业发展水平得分在 7 ~ 8 分，有 2 个城市的医疗卫生事业发展水平得分在 8 ~ 9 分，有 1 个城市的医疗卫生事业发展水平得分在 9 ~ 10 分，暂无城市的医疗卫生事业发展水平得分在 10 ~ 11 分、11 分以上，这说明北部湾城市群城市社会医疗卫生事业发展水平得分整体呈现小幅度上升趋势。

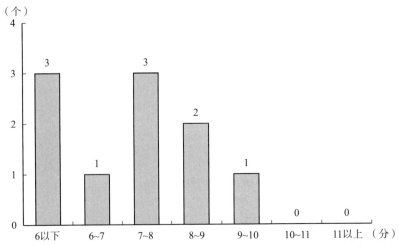

图 11－61　2014 年北部湾城市群城市医疗卫生事业发展水平评价分值分布

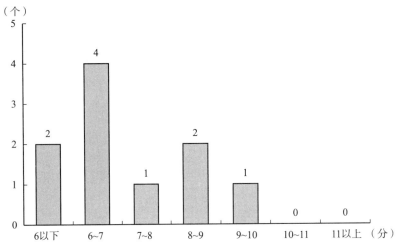

图 11－62　2015 年北部湾城市群城市医疗卫生事业发展水平评价分值分布

由图 11－63 可以看到，2016 年北部湾城市群城市医疗卫生事业发展水平得分有较大变化，有 4 个城市医疗卫生事业发展水平得分在 6 分以下，有 3 个城市的医疗卫生事业发展水平得分在 6～7 分，暂无城市的医疗卫生事业发展水平得分在 7～8 分、8～9 分，有 1 个城市的医疗卫生事业发展水平得分在 9～10分，暂无城市的医疗卫生事业发展水平得分在 10～11 分，有 2 个城市的医疗卫生事业发展水平得分在 11分以上，这说明北部湾城市群城市医疗卫生事业发展水平分得分上升幅度大，地区的医疗卫生事业发展水平得分分布趋向不稳定。

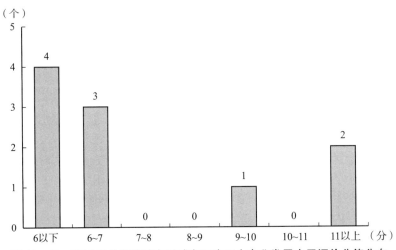

图 11－63　2016 年北部湾城市群城市医疗卫生事业发展水平评价分值分布

2. 北部湾城市群城市医疗卫生事业发展水平跨区段变动情况

根据图 11 - 64 对 2008 ~ 2009 年北部湾城市群城市医疗卫生事业发展水平的跨区段变化进行分析，可以看到在 2008 ~ 2009 年，有 4 个城市的医疗卫生事业发展水平在北部湾城市群城市的名次发生大幅变动。其中，海口市由中游区下降至下游区，北海市由中游区下降至下游区，防城港市由下游区上升至中游区，钦州市由下游区上升至中游区。

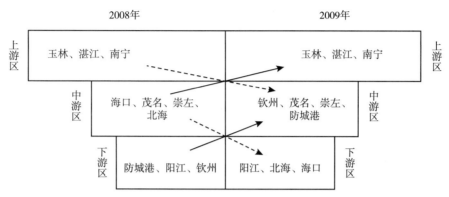

图 11 - 64　2008 ~ 2009 年北部湾城市群城市医疗卫生事业发展水平大幅变动情况

根据图 11 - 65 对 2009 ~ 2010 年北部湾城市群城市医疗卫生事业发展水平的跨区段变化进行分析，可以看到在 2009 ~ 2010 年有 4 个城市的医疗卫生事业发展水平在北部湾城市群城市的名次发生大幅变动。玉林市由上游区下降至中游区，茂名市由中游区上升至上游区，防城港市由中游区下降至下游区，海口市由下游区上升至中游区。

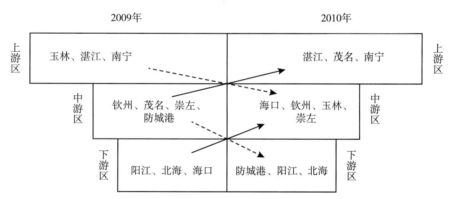

图 11 - 65　2009 ~ 2010 年北部湾城市群城市医疗卫生事业发展水平大幅变动情况

根据图 11 - 66 对 2010 ~ 2011 年北部湾城市群城市医疗卫生事业发展水平的跨区段变化进行分析，可以看到在 2010 ~ 2011 年有 4 个城市的医疗卫生事业发展水平在北部湾城市群城市的名次发生大幅变动。南宁市由上游区下降至中游区，玉林市由中游区上升至上游区，崇左市由中游区下降至下游区，阳江市由下游区上升至中游区。

根据图 11 - 67 对 2011 ~ 2012 年北部湾城市群城市医疗卫生事业发展水平的跨区段变化进行分析，可以看到在 2011 ~ 2012 年有 4 个城市的医疗卫生事业发展水平在北部湾城市群城市的名次发生大幅变动。玉林市由上游区下降至中游区，南宁市由中游区上升至上游区，阳江市由中游区下降至下游区，崇左市由下游区上升至中游区。

根据图 11 - 68 对 2012 ~ 2013 年北部湾城市群城市医疗卫生事业发展水平的跨区段变化进行分析，可以看到在 2012 ~ 2013 年有 2 个城市的医疗卫生事业发展水平发生大幅变动，玉林市由中游区下降至下游区，阳江市由下游区上升至中游区。

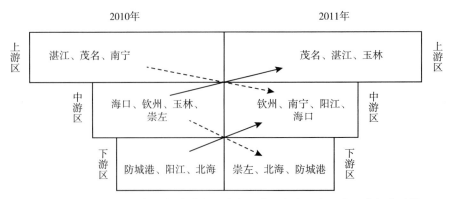

图 11－66　2010～2011 年北部湾城市群城市医疗卫生事业发展水平大幅变动情况

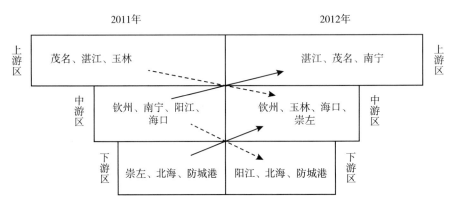

图 11－67　2011～2012 年北部湾城市群城市医疗卫生事业发展水平大幅变动情况

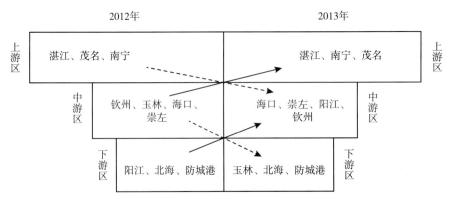

图 11－68　2012～2013 年北部湾城市群城市医疗卫生事业发展水平大幅变动情况

根据图 11－69 对 2013～2014 年北部湾城市群城市医疗卫生事业发展水平的跨区段变化进行分析，可以看到在 2013～2014 年有 5 个城市的医疗卫生事业发展水平在北部湾城市群城市的名次发生大幅变动。南宁市由上游区下降至中游区，茂名市由上游区下降至中游区，阳江市由中游区下降至下游区，钦州市由中游区上升至上游区，玉林市由下游区上升至上游区。

根据图 11－70 对 2014～2015 年北部湾城市群城市医疗卫生事业发展水平的跨区段变化进行分析，可以看到在 2014～2015 年有 4 个城市的医疗卫生事业发展水平发生大幅变动，钦州市由上游区下降至中游区，玉林市由上游区下降至中游区，茂名市由中游区上升至上游区，崇左市由中游区上升至上游区。

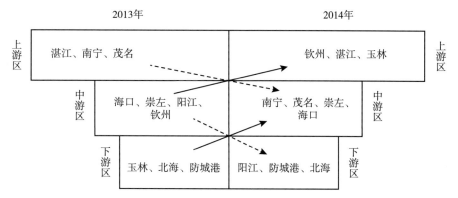

图 11 – 69 2013～2014 年北部湾城市群城市医疗卫生事业发展水平大幅变动情况

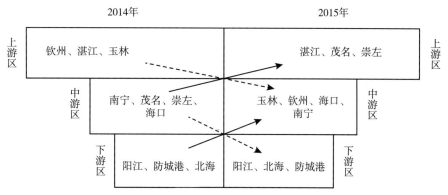

图 11 – 70 2014～2015 年北部湾城市群城市医疗卫生事业发展水平大幅变动情况

根据图 11 – 71 对 2015～2016 年北部湾城市群城市医疗卫生事业发展水平的跨区段变化进行分析,可以看到在 2015～2016 年,有 3 个城市的医疗卫生事业发展水平发生大幅变动,玉林市由中游区下降至下游区,南宁市由中游区上升至上游区,阳江市由下游区上升至中游区。

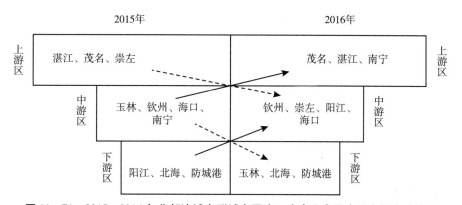

图 11 – 71 2015～2016 年北部湾城市群城市医疗卫生事业发展水平大幅变动情况

根据图 11 – 72 对 2008～2016 年北部湾城市群城市医疗卫生事业发展水平的跨区段变化进行分析,可以看到在 2008～2016 年,有 5 个城市的医疗卫生事业发展水平在北部湾城市群城市的名次发生大幅变动。其中,玉林市由上游区下降至下游区,茂名市由中游区上升至上游区,北海市由中游区下降至下游区,阳江市由下游区上升至中游区,钦州市由下游区上升至中游区。湛江市、南宁市持续保持最优地位,崇左市、海口市持续保持中游区地位,防城港市持续保持较低的医疗卫生事业发展水平。

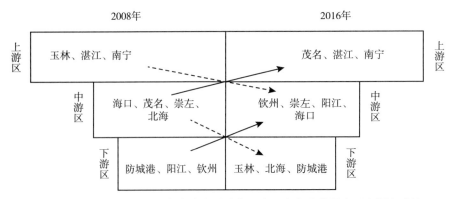

图 11－72　2008～2016 年北部湾城市群城市医疗卫生事业发展水平大幅变动情况

第十二章 北部湾城市群城市生态环境建设水平评估分析

一、北部湾城市群城市生态环境综合评估分析

（一）北部湾城市群城市生态环境建设水平综合评估结果

根据北部湾城市群城市生态环境建设水平指标体系和数学评价模型，对 2008～2016 年北部湾城市群 10 个城市的生态环境建设水平进行评价。下面是本次评估期间北部湾城市群 10 个城市的生态环境建设水平排名及变化情况和指标评价结构。

1. 北部湾城市群城市生态环境建设水平排名

根据表 12－1 对 2008 年北部湾城市群城市生态环境建设水平排名进行分析，可以发现北部湾城市群 10 个城市生态环境建设水平处于上游区的依次是南宁市、海口市、茂名市；处于中游区的依次是防城港市、阳江市、崇左市、玉林市；处于下游区的依次是湛江市、钦州市、北海市。这表明在北部湾城市群中海南地区和广东地区的生态环境建设水平高于广西地区，更具优势。

表 12－1　　　　　　　2008 年北部湾城市群城市生态环境建设水平排名

地区	排名	区段	地区	排名	区段	地区	排名	区段
南宁	1		防城港	4		湛江	8	
海口	2	上游区	阳江	5	中游区	钦州	9	下游区
茂名	3		崇左	6		北海	10	
			玉林	7				

根据表 12－2 对 2009 年北部湾城市群城市生态环境建设水平排名进行分析，可以发现北部湾城市群 10 个城市生态环境建设水平处于上游区的依次是海口市、茂名市、北海市；处于中游区的依次是防城港市、南宁市、阳江市、湛江市；处于下游区的依次是钦州市、玉林市、崇左市。这表明在北部湾城市群中海南地区和广东地区的生态环境建设水平高于广西地区，更具优势。

表 12－2　　　　　　　2009 年北部湾城市群城市生态环境建设水平排名

地区	排名	区段	地区	排名	区段	地区	排名	区段
海口	1		防城港	4		钦州	8	
茂名	2	上游区	南宁	5	中游区	玉林	9	下游区
北海	3		阳江	6		崇左	10	
			湛江	7				

根据表 12－3 对 2010 年北部湾城市群城市生态环境建设水平排名进行分析，可以发现北部湾城市群 10 个城市生态环境建设水平处于上游区的依次是海口市、茂名市、玉林市；处于中游区的依次是阳江市、南宁市、湛江市、崇左市；处于下游区的依次是防城港市、钦州市、北海市。这表明在北部湾城市群中海南地区和广东地区的生态环境建设水平高于广西地区，更具优势。

表12－3　　　　　　　　　　2010 年北部湾城市群城市生态环境建设水平排名

地区	排名	区段	地区	排名	区段	地区	排名	区段
海口	1	上游区	阳江	4	中游区	防城港	8	下游区
茂名	2		南宁	5		钦州	9	
玉林	3		湛江	6		北海	10	
			崇左	7				

根据表12－4对2011年北部湾城市群城市生态环境建设水平排名进行分析，可以发现北部湾城市群10个城市生态环境建设水平处于上游区的依次是湛江市、茂名市、海口市；处于中游区的依次是玉林市、南宁市、阳江市、北海市；处于下游区的依次是防城港市、钦州市、崇左市。这表明在北部湾城市群中海南地区和广东地区的生态环境建设水平高于广西地区，更具优势。

表12－4　　　　　　　　　　2011 年北部湾城市群城市生态环境建设水平排名

地区	排名	区段	地区	排名	区段	地区	排名	区段
湛江	1	上游区	玉林	4	中游区	防城港	8	下游区
茂名	2		南宁	5		钦州	9	
海口	3		阳江	6		崇左	10	
			北海	7				

根据表12－5对2012年北部湾城市群城市生态环境建设水平排名进行分析，可以发现北部湾城市群10个城市生态环境建设水平处于上游区的依次是南宁市、茂名市、海口市；处于中游区的依次是钦州市、阳江市、湛江市、崇左市；处于下游区的依次是防城港市、北海市、玉林市。这表明在北部湾城市群中海南地区和广东地区的生态环境建设水平高于广西地区，更具优势。

表12－5　　　　　　　　　　2012 年北部湾城市群城市生态环境建设水平排名

地区	排名	区段	地区	排名	区段	地区	排名	区段
南宁	1	上游区	钦州	4	中游区	防城港	8	下游区
茂名	2		阳江	5		北海	9	
海口	3		湛江	6		玉林	10	
			崇左	7				

根据表12－6对2013年北部湾城市群城市生态环境建设水平排名进行分析，可以发现北部湾城市群10个城市生态环境建设水平处于上游区的依次是茂名市、湛江市、海口市；处于中游区的依次是南宁市、阳江市、北海市、钦州市；处于下游区的依次是防城港市、玉林市、崇左市。这表明在北部湾城市群中海南地区和广东地区的生态环境建设水平高于广西地区，更具优势。

表12－6　　　　　　　　　　2013 年北部湾城市群城市生态环境建设水平排名

地区	排名	区段	地区	排名	区段	地区	排名	区段
茂名	1	上游区	南宁	4	中游区	防城港	8	下游区
湛江	2		阳江	5		玉林	9	
海口	3		北海	6		崇左	10	
			钦州	7				

根据表12－7对2014年北部湾城市群城市生态环境建设水平排名进行分析，可以发现北部湾城市群10个城市生态环境建设水平处于上游区的依次是海口市、茂名市、湛江市；处于中游区的依次是南宁市、阳江市、崇左市、玉林市；处于下游区的依次是防城港市、北海市、钦州市。这表明在北部湾城市群中海

南地区和广东地区的生态环境建设水平高于广西地区，更具优势。

表 12 - 7   2014 年北部湾城市群城市生态环境建设水平排名

地区	排名	区段	地区	排名	区段	地区	排名	区段
海口	1	上游区	南宁	4	中游区	防城港	8	下游区
茂名	2		阳江	5		北海	9	
湛江	3		崇左	6		钦州	10	
			玉林	7				

根据表 12 - 8 对 2015 年北部湾城市群城市生态环境建设水平排名进行分析，可以发现北部湾城市群 10 个城市生态环境建设水平处于上游区的依次是南宁市、阳江市、海口市；处于中游区的依次是防城港市、茂名市、湛江市、崇左市；处于下游区的依次是北海市、钦州市、玉林市。这表明在北部湾城市群中海南地区和广东地区的生态环境建设水平高于广西地区，更具优势。

表 12 - 8   2015 年北部湾城市群城市生态环境建设水平排名

地区	排名	区段	地区	排名	区段	地区	排名	区段
南宁	1	上游区	防城港	4	中游区	北京	8	下游区
阳江	2		茂名	5		钦州	9	
海口	3		湛江	6		玉林	10	
			崇左	7				

根据表 12 - 9 对 2016 年北部湾城市群城市生态环境建设水平排名进行分析，可以发现北部湾城市群 10 个城市生态环境建设水平处于上游区的依次是南宁市、茂名市、阳江市；处于中游区的依次是崇左市、防城港市、海口市、湛江市；处于下游区的依次是钦州市、玉林市、北海市。这表明在北部湾城市群中广东地区和海南地区的生态环境建设水平高于广西地区，更具优势。

表 12 - 9   2016 年北部湾城市群城市生态环境建设水平排名

地区	排名	区段	地区	排名	区段	地区	排名	区段
南宁	1	上游区	崇左	4	中游区	钦州	8	下游区
茂名	2		防城港	5		玉林	9	
阳江	3		海口	6		北海	10	
			湛江	7				

根据表 12 - 10 对 2008 ~ 2016 年北部湾城市群城市生态环境建设水平排名变化趋势进行分析，可以发现在北部湾 10 个城市生态环境建设水平处于上升区的依次是湛江市、茂名市、钦州市、阳江市、崇左市；处于保持区的依次是南宁市、北海市；处于下降区的依次是防城港市、玉林市、海口市。这表明在北部湾城市群中广东地区的生态环境建设水平大幅提升，广西地区的生态环境建设水平小幅提升，海南地区的生态环境建设水平大幅下降。

表 12 - 10   2008 ~ 2016 年北部湾城市群城市生态环境建设水平排名变化

地区	排名变化	区段	地区	排名变化	区段	地区	排名变化	区段
湛江	1	上升区	南宁	0	保持区	防城港	- 1	下游区
茂名	1		北海	0		玉林	- 2	
钦州	1					海口	- 4	
阳江	2							
崇左	2							

2. 北部湾城市群城市生态环境建设水平得分情况

通过表12 - 11 对2008～2016年北部湾城市群城市生态环境建设水平及变化进行分析。由2008年的北部湾城市群城市生态环境建设水平评价来看，得分处在32～63分，有3个城市的生态环境建设水平得分在39.644分以上，小于39.644分的城市有阳江市、湛江市、北海市、防城港市、钦州市、玉林市、崇左市。北部湾城市群城市生态环境建设水平最高得分是南宁市的62.614分，最低得分是北海市的32.688分。得分平均值为39.644分，标准差为8.786。北部湾城市群中广东地区茂名市的得分超过平均分，广西地区南宁市的得分超过平均分，海南地区海口市的得分超过平均分。

表12 - 11　　　　　　　　2008～2016年北部湾城市群城市生态环境建设水平评价比较

地区	2008 年	2009 年	2010 年	2011 年	2012 年	2013 年	2014 年	2015 年	2016 年	综合变化
阳江	38.150	39.375	42.446	39.911	41.787	39.643	38.888	46.375	38.748	0.597
湛江	34.613	36.541	38.949	45.245	41.074	45.113	43.513	37.329	36.239	1.626
茂名	41.752	45.909	45.308	45.212	46.071	46.168	46.811	38.620	39.166	- 2.587
南宁	62.614	42.443	40.127	40.855	46.742	41.398	40.863	50.214	59.012	- 3.602
北海	32.668	44.582	32.972	38.126	35.395	39.381	32.891	36.172	32.822	0.153
防城港	38.830	43.450	34.394	37.386	36.559	37.770	37.603	39.917	36.712	- 2.118
钦州	33.567	36.346	34.253	37.186	44.837	38.053	26.284	35.661	35.058	1.492
玉林	35.241	35.612	43.492	42.187	33.943	37.611	37.942	34.722	34.090	- 1.150
崇左	35.666	35.573	36.006	30.867	37.366	35.500	38.796	36.893	38.027	2.361
海口	43.338	47.691	48.033	44.650	45.802	41.723	47.402	43.787	36.667	- 6.671
最高分	62.614	47.691	48.033	45.245	46.742	46.168	47.402	50.214	59.012	- 3.602
最低分	32.668	35.573	32.972	30.867	33.943	35.500	26.284	34.722	32.822	0.153
平均分	39.644	40.752	39.598	40.163	40.958	40.236	39.099	39.969	38.654	- 0.990
标准差	8.786	4.617	5.166	4.512	4.844	3.396	6.303	5.157	7.427	- 1.359

由2009年的北部湾城市群城市生态环境建设水平评价来看，得分处在35～48分，有5个城市的生态环境建设水平得分在40.752分以上，小于40.752分的城市有阳江市、湛江市、钦州市、玉林市、崇左市。北部湾城市群城市生态环境建设水平最高得分是海口市的47.691分，最低得分是崇左市的35.573分。得分平均值为40.752分，标准差为4.617。北部湾城市群中广东地区茂名市的得分超过平均分，广西地区南宁市、北海市、防城港市的得分超过平均分，海南地区海口市的得分超过平均分。

由2010年的北部湾城市群城市生态环境建设水平评价来看，得分处在32～49分，有5个城市的生态环境建设水平得分在39.598分以上，小于39.598分的城市有湛江市、北海市、防城港市、钦州市、崇左市。北部湾城市群城市生态环境建设水平最高得分是海口市的48.033分，最低得分是北海市的32.972分。得分平均值为39.598分，标准差为5.166。北部湾城市群中广东地区阳江市、茂名市的得分超过平均分，广西地区南宁市、玉林市的得分超过平均分，海南地区海口市的得分超过平均分。

由2011年的北部湾城市群城市生态环境建设水平评价来看，得分处在30～46分，有5个城市的生态环境建设水平得分在40.163分以上，小于40.163分的城市有阳江市、北海市、防城港市、钦州市、崇左市。北部湾城市群城市生态环境建设水平最高得分是湛江市的45.245分，最低得分是崇左市的30.867分。得分平均值为40.163分，标准差为4.512。北部湾城市群中广东地区湛江市、茂名市的得分超过平均分，广西地区南宁市、玉林市的得分超过平均分，海南地区海口市的得分超过平均分。

由2012年的北部湾城市群城市生态环境建设水平评价来看，得分处在33～47分，有6个城市的生态环境建设水平得分在40.958分以上，小于40.958分的城市有北海市、防城港市、玉林市、崇左市。北部湾城市群城市生态环境建设水平最高得分是南宁市的46.742分，最低得分是玉林市的33.943分。得分平均值为40.958分，标准差为4.844。北部湾城市群中广东地区阳江市、湛江市、茂名市的得分超过平均分，广西地区南宁市、钦州市的得分超过平均分，海南地区海口市的得分超过平均分。

由2013年的北部湾城市群城市生态环境建设水平评价来看，得分处在35～47分，有4个城市的生态环境建设水平得分在 40.236 分以上，小于 40.236 分的城市有阳江市、北海市、防城港市、钦州市、玉林市、崇左市。北部湾城市群城市生态环境建设水平最高得分是茂名市的 46.168 分，最低得分是崇左市的 35.500 分。得分平均值为 40.236 分，标准差为 3.396。北部湾城市群中广东地区湛江市、茂名市的得分超过平均分，广西地区南宁市的得分超过平均分，海南地区海口市的得分超过平均分。

由 2014 年的北部湾城市群城市生态环境建设水平评价来看，得分处在 26~48 分，有 4 个城市的生态环境建设水平得分在 39.099 分以上，小于 39.099 分的城市有阳江市、北海市、防城港市、钦州市、玉林市、崇左市。北部湾城市群城市生态环境建设水平最高得分是海口市的 47.402 分，最低得分是钦州市的 26.284 分。得分平均值为 39.099 分，标准差为 6.303。北部湾城市群中广东地区湛江市、茂名市的得分超过平均分，广西地区南宁市的得分超过平均分，海南地区海口市的得分超过平均分。

由 2015 年的北部湾城市群城市生态环境建设水平评价来看，得分处在 34~51 分，有 3 个城市的生态环境建设水平得分在 39.969 分以上，小于 39.969 分的城市有阳江市、湛江市、北海市、防城港市、钦州市、玉林市、崇左市。北部湾城市群城市生态环境建设水平最高得分是南宁市的 50.214 分，最低得分是玉林市的 34.722 分。得分平均值为 39.969 分，标准差为 5.157。北部湾城市群中广东地区茂名市的得分超过平均分，广西地区南宁市的得分超过平均分，海南地区海口市的得分超过平均分。

由 2016 年的北部湾城市群城市生态环境建设水平评价来看，得分处在 32~60 分，有 4 个城市的生态环境建设水平得分在 38.654 分以上，小于 38.654 分的城市有湛江市、北海市、防城港市、钦州市、玉林市、崇左市。北部湾城市群城市生态环境建设水平最高得分是南宁市的 59.012 分，最低得分是北海市的 32.822 分。得分平均值为 38.654 分，标准差为 7.427。北部湾城市群中广东地区阳江市、茂名市的得分超过平均分，广西地区南宁市的得分超过平均分，海南地区海口市的得分超过平均分。

对比北部湾城市群各城市生态环境建设水平变化，通过对 2008~2016 年北部湾城市群城市生态环境建设水平的平均分和标准差进行分析，可以发现其平均分呈现波动下降趋势，表明北部湾城市群的整体生态环境建设水平下降；其标准差呈现波动下降趋势，表明北部湾城市群各城市间的生态环境建设水平差距缩小。对各城市的生态环境建设水平变化展开分析，南宁市和海口市的生态环境建设水平处在相对领先的位置，在 2008~2016 年的排名虽有所波动，但始终处在靠前位置。

3. 北部湾城市群城市生态环境要素得分情况

通过表 12-12 对 2008~2016 年北部湾城市群城市生态绿化建设水平及变化进行分析。由 2008 年的北部湾城市群城市生态绿化建设水平评价来看，得分处在 9~23 分，有 2 个城市的生态绿化建设水平得分在 11.853 分以上，小于 11.853 分的城市有阳江市、茂名市、北海市、防城港市、钦州市、玉林市、崇左市、海口市。北部湾城市群城市生态绿化建设水平最高得分是南宁市的 22.834 分，最低得分是防城港市的 9.611 分。得分平均值为 11.853 分，标准差为 3.929。北部湾城市群中广东地区湛江市的得分超过平均分，广西地区南宁市的得分超过平均分，海南地区没有城市得分超过平均分。

表 12-12　　　　　　　　　　　2008~2016 年北部湾城市群城市生态绿化建设水平评价比较

地区	2008 年	2009 年	2010 年	2011 年	2012 年	2013 年	2014 年	2015 年	2016 年	综合变化
阳江	10.183	10.404	12.703	11.482	12.048	10.800	10.964	22.916	12.551	2.368
湛江	12.056	12.706	11.937	14.314	12.316	12.308	12.067	13.516	12.392	0.336
茂名	10.913	11.386	11.714	12.062	11.666	11.062	13.486	13.372	11.938	1.025
南宁	22.834	17.649	22.336	23.966	25.482	21.309	20.291	13.904	21.513	-1.321
北海	10.851	18.518	10.905	12.722	11.291	12.129	9.281	11.688	11.589	0.737
防城港	9.611	16.380	8.391	10.759	10.838	10.140	10.373	13.006	11.424	1.813
钦州	9.941	10.706	12.178	14.707	17.424	10.903	11.293	11.847	11.921	1.981
玉林	10.935	11.984	11.638	14.507	12.534	10.380	11.344	11.992	11.535	0.600
崇左	9.898	11.338	10.330	10.490	10.627	11.241	11.528	12.018	14.692	4.795
海口	11.310	12.970	13.005	12.934	17.300	12.856	20.008	14.976	11.924	0.614
最高分	22.834	18.518	22.336	23.966	25.482	21.309	20.291	22.916	21.513	-1.321

地区	2008 年	2009 年	2010 年	2011 年	2012 年	2013 年	2014 年	2015 年	2016 年	综合变化
最低分	9.611	10.404	8.391	10.490	10.627	10.140	9.281	11.688	11.424	1.813
平均分	11.853	13.404	12.514	13.794	14.152	12.313	13.063	13.924	13.148	1.295
标准差	3.929	2.988	3.696	3.879	4.681	3.278	3.888	3.333	3.087	－0.842

由 2009 年的北部湾城市群城市生态绿化建设水平评价来看，得分处在 10～19 分，有 3 个城市的生态绿化建设水平得分在 13.404 分以上，小于 13.404 分的城市有阳江市、湛江市、茂名市、钦州市、玉林市、崇左市、海口市。北部湾城市群城市生态绿化建设水平最高得分是北海市的 18.518 分，最低得分是阳江市的 10.404 分。得分平均值为 13.404 分，标准差为 2.988。北部湾城市群中广东地区没有城市得分超过平均分，广西地区南宁市、北海市、防城港市的得分超过平均分，海南地区没有城市得分超过平均分。

由 2010 年的北部湾城市群城市生态绿化建设水平评价来看，得分处在 8～23 分，有 3 个城市的生态绿化建设水平得分在 12.514 分以上，小于 12.514 分的城市有湛江市、茂名市、北海市、防城港市、钦州市、玉林市、崇左市。北部湾城市群城市生态绿化建设水平最高得分是南宁市的 22.336 分，最低得分是防城港市的 8.391 分。得分平均值为 12.514 分，标准差为 3.696。北部湾城市群中广东地区阳江市的得分超过平均分，广西地区南宁市的得分超过平均分，海南地区海口市的得分超过平均分。

由 2011 年的北部湾城市群城市生态绿化建设水平评价来看，得分处在 10～24 分，有 4 个城市的生态绿化建设水平得分在 13.794 分以上，小于 13.794 分的城市有阳江市、茂名市、北海市、防城港市、崇左市、海口市。北部湾城市群城市生态绿化建设水平最高得分是南宁市的 23.966 分，最低得分是崇左市的 10.490 分。得分平均值为 13.794 分，标准差为 3.879。北部湾城市群中广东地区湛江市的得分超过平均分，广西地区南宁市、钦州市、玉林市的得分超过平均分，海南地区没有城市得分超过平均分。

由 2012 年的北部湾城市群城市生态绿化建设水平评价来看，得分处在 10～26 分，有 3 个城市的生态绿化建设水平得分在 14.152 分以上，小于 14.152 分的城市有阳江市、湛江市、茂名市、北海市、防城港市、玉林市、崇左市。北部湾城市群城市生态绿化建设水平最高得分是南宁市的 25.482 分，最低得分是崇左市的 10.627 分。得分平均值为 14.152 分，标准差为 4.681。北部湾城市群中广东地区没有城市得分超过平均分，广西地区南宁市、钦州市的得分超过平均分，海南地区海口市的得分超过平均分。

由 2013 年的北部湾城市群城市生态绿化建设水平评价来看，得分处在 10～22 分，有 3 个城市的生态绿化建设水平得分在 12.313 分以上，小于 12.313 分的城市有阳江市、湛江市、茂名市、北海市、防城港市、钦州市、玉林市、崇左市。北部湾城市群城市生态绿化建设水平最高得分是南宁市的 21.309 分，最低得分是防城港市的 10.140 分。得分平均值为 12.313 分，标准差为 3.278。北部湾城市群中广东地区没有城市得分超过平均分，广西地区南宁市的得分超过平均分，海南地区海口市的得分超过平均分。

由 2014 年的北部湾城市群城市生态绿化建设水平评价来看，得分处在 9～21 分，有 3 个城市的生态绿化建设水平得分在 13.063 分以上，小于 13.063 分的城市有阳江市、湛江市、北海市、防城港市、钦州市、玉林市、崇左市。北部湾城市群城市生态绿化建设水平最高得分是南宁市的 20.921 分，最低得分是北海市的 9.281 分。得分平均值为 13.063 分，标准差为 3.888。北部湾城市群中广东地区茂名市的得分超过平均分，广西地区南宁市的得分超过平均分，海南地区海口市的得分超过平均分。

由 2015 年的北部湾城市群城市生态绿化建设水平评价来看，得分处在 11～23 分，有 2 个城市的生态绿化建设水平得分在 13.924 分以上，小于 13.924 分的城市有湛江市、茂名市、南宁市、北海市、防城港市、钦州市、玉林市、崇左市。北部湾城市群城市生态绿化建设水平最高得分是阳江市的 22.916 分，最低得分是北海市的 11.688 分。得分平均值为 13.924 分，标准差为 3.333。北部湾城市群中广东地区阳江市的得分超过平均分，广西地区没有城市得分超过平均分，海南地区海口市的得分超过平均分。

由 2016 年的北部湾城市群城市生态绿化建设水平评价来看，得分处在 11～22 分，有 3 个城市的生态绿化建设水平得分在 13.148 分以上，小于 13.148 分的城市有阳江市、湛江市、茂名市、北海市、防城港市、钦州市、玉林市。北部湾城市群城市生态绿化建设水平最高得分是南宁市的 21.513 分，最低得分是防城港市的 11.424 分。得分平均值为 13.148 分，标准差为 3.087。北部湾城市群中广东地区没有城市得分超过平均分，广西地区南宁市、崇左市的得分超过平均分，海南地区海口市的得分超过平均分。

对比北部湾城市群各城市生态绿化建设水平变化，通过对 2008～2016 年北部湾城市群城市生态绿化建设水平的平均分和标准差进行分析，可以发现其平均分呈现波动上升趋势，表明北部湾城市群的整体生态绿化建设水平提高；其标准差呈现波动上升趋势，表明北部湾城市群各城市间的生态绿化建设水平差距扩大。对各城市的生态绿化建设水平变化展开分析，南宁市和海口市的生态绿化建设水平处在相对领先的位置，在 2008～2016 年的排名虽有所波动，但始终处在靠前位置，尤其是南宁市基本一直处于第 1 名的绝对领先位置。

通过表 12-13 对 2008～2016 年北部湾城市群城市环境治理水平及变化进行分析。由 2008 年的北部湾城市群城市环境治理水平评价来看，得分处在 21～40 分，有 5 个城市的环境治理水平得分在 27.791 分以上，小于 27.791 分的城市有湛江市、北海市、钦州市、玉林市、崇左市。北部湾城市群城市环境治理水平最高得分是南宁市的 39.780 分，最低得分是北海市的 21.817 分。得分平均值为 27.791 分，标准差为5.475。北部湾城市群中广东地区阳江市、茂名市的得分超过平均分，广西地区南宁市、防城港市的得分超过平均分，海南地区海口市的得分超过平均分。

表 12-13　　　　　　　　　　　2008～2016 年北部湾城市群城市环境治理水平评价比较

地区	2008 年	2009 年	2010 年	2011 年	2012 年	2013 年	2014 年	2015 年	2016 年	综合变化
阳江	27.967	28.971	29.743	28.429	29.739	28.843	27.924	23.459	26.196	-1.771
湛江	22.557	23.835	27.011	30.930	28.759	32.805	31.446	23.813	23.848	1.291
茂名	30.840	34.522	33.594	33.151	34.405	35.106	33.325	25.248	27.228	-3.612
南宁	39.780	24.794	17.791	16.890	21.260	20.089	20.572	36.309	37.498	-2.282
北海	21.817	26.064	22.067	25.405	24.105	27.252	23.610	24.484	21.233	-0.584
防城港	29.220	27.070	26.003	26.627	25.722	27.630	27.231	26.911	25.289	-3.931
钦州	23.626	25.640	22.075	22.480	27.412	27.151	14.991	23.813	23.137	-0.489
玉林	24.306	23.628	31.855	27.680	21.409	27.231	26.598	22.730	22.555	-1.750
崇左	25.768	24.235	25.675	20.377	26.739	24.259	27.268	24.875	23.335	-2.433
海口	32.028	34.721	35.028	31.716	28.501	28.867	27.394	28.811	24.743	-7.285
最高分	39.780	34.721	35.028	33.151	34.405	35.106	33.325	36.309	37.498	-2.282
最低分	21.817	23.628	17.791	16.890	21.260	20.089	14.991	22.730	21.233	-0.584
平均分	27.791	27.348	27.084	26.368	26.805	27.923	26.036	26.045	25.506	-2.285
标准差	5.475	4.157	5.529	5.199	3.969	4.131	5.258	4.025	4.570	-0.905

由 2009 年的北部湾城市群城市环境治理水平评价来看，得分处在 23～35 分，有 3 个城市的环境治理水平得分在 27.348 分以上，小于 27.348 分的城市有湛江市、南宁市、北海市、防城港市、钦州市、玉林市、崇左市。北部湾城市群城市环境治理水平最高得分是海口市的 34.721 分，最低得分是玉林市的23.628 分。得分平均值为 27.348 分，标准差为 4.157。北部湾城市群中广东地区阳江市、茂名市的得分超过平均分，广西地区没有城市得分超过平均分，海南地区海口市的得分超过平均分。

由 2010 年的北部湾城市群城市环境治理水平评价来看，得分处在 17～36 分，有 4 个城市的环境治理水平得分在 27.084 分以上，小于 27.084 分的城市有湛江市、南宁市、北海市、防城港市、钦州市、崇左市。北部湾城市群城市环境治理水平最高得分是海口市的 35.028 分，最低得分是南宁市的 17.791 分。得分平均值为 27.084 分，标准差为 5.529。北部湾城市群中广东地区阳江市、茂名市的得分超过平均分，广西地区玉林市的得分超过平均分，海南地区海口市的得分超过平均分。

由 2011 年的北部湾城市群城市环境治理水平评价来看，得分处在 16～34 分，有 6 个城市的环境治理水平得分在 26.368 分以上，小于 26.368 分的城市有南宁市、北海市、钦州市、崇左市。北部湾城市群城市环境治理水平最高得分是茂名市的 33.151 分，最低得分是南宁市的 16.890 分。得分平均值为 26.368分，标准差为 5.199。北部湾城市群中广东地区阳江市、湛江市、茂名市的得分超过平均分，广西地区防城港市、玉林市的得分超过平均分，海南地区海口市的得分超过平均分。

由 2012 年的北部湾城市群城市环境治理水平评价来看，得分处在 21～35 分，有 5 个城市的环境治理水平得分在26.805分以上，小于26.805分的城市有南宁市、北海市、防城港市、玉林市、崇左市。北部湾城市群城市环境治理水平最高得分是茂名市的34.405分，最低得分是南宁市的21.260分。得分平均值为26.805分，标准差为3.969。北部湾城市群中广东地区阳江市、湛江市、茂名市的得分超过平均分，广西地区钦州市的得分超过平均分，海南地区海口市的得分超过平均分。

由2013年的北部湾城市群城市环境治理水平评价来看，得分处在20～36分，有4个城市的环境治理水平得分在27.923分以上，小于27.923分的城市有南宁市、北海市、防城港市、钦州市、玉林市、崇左市。北部湾城市群城市环境治理水平最高得分是茂名市的35.106分，最低得分是南宁市的20.089分。得分平均值为27.923分，标准差为4.131。北部湾城市群中广东地区阳江市、湛江市、茂名市的得分超过平均分，广西地区没有城市得分超过平均分，海南地区海口市的得分超过平均分。

由2014年的北部湾城市群城市环境治理水平评价来看，得分处在26～48分，有7个城市的环境治理水平得分在26.036分以上，小于26.036分的城市有南宁市、北海市、钦州市。北部湾城市群城市环境治理水平最高得分是茂名市的33.325分，最低得分是钦州市的14.991分。得分平均值为26.036分，标准差为5.258。北部湾城市群中广东地区阳江市、湛江市、茂名市的得分超过平均分，广西地区防城港市、玉林市、崇左市的得分超过平均分，海南地区海口市的得分超过平均分。

由2015年的北部湾城市群城市环境治理水平评价来看，得分处在22～37分，有3个城市的环境治理水平得分在26.045分以上，小于26.045分的城市有阳江市、湛江市、茂名市、北海市、钦州市、玉林市、崇左市。北部湾城市群城市环境治理水平最高得分是南宁市的36.309分，最低得分是玉林市的22.730分。得分平均值为26.045分，标准差为4.025。北部湾城市群中广东地区没有城市得分超过平均分，广西地区南宁市、防城港市的得分超过平均分，海南地区海口市的得分超过平均分。

由2016年的北部湾城市群城市环境治理水平评价来看，得分处在21～38分，有3个城市的环境治理水平得分在25.506分以上，小于25.506分的城市有湛江市、北海市、防城港市、钦州市、玉林市、崇左市、海口市。北部湾城市群城市环境治理水平最高得分是南宁市的37.498分，最低得分是北海市的21.233分。得分平均值为25.506分，标准差为4.570。北部湾城市群中广东地区阳江市、茂名市的得分超过平均分，广西地区南宁市的得分超过平均分，海南地区没有城市得分超过平均分。

对比北部湾城市群各城市环境治理水平变化，通过对2008～2016年北部湾城市群城市环境治理水平的平均分和标准差进行分析，可以发现其平均分呈现波动下降趋势，表明北部湾城市群的整体环境治理水平下降；其标准差呈现波动下降趋势，表明北部湾城市群各城市间的环境治理水平差距缩小。对各城市的环境治理水平变化展开分析，茂名市和海口市的环境治理水平处在相对领先的位置，在2008～2016年的排名虽有所波动，但始终处在靠前位置；南宁市的环境治理水平波动幅度大，发展极为不稳定。

（二）北部湾城市群城市生态环境建设水平综合评估结果的比较与评析

1. 北部湾城市群城市生态环境建设水平分布情况

根据灰色综合评价法对无量纲化后的三级指标进行权重得分计算，得到北部湾城市群各城市的生态环境建设水平得分及排名，反映出各城市生态环境建设水平情况。下面对2008～2016年北部湾城市群各城市生态环境建设水平评价分值分布进行统计。

由图12－1可以看到2008年北部湾城市群城市生态环境建设水平得分情况，有2个城市的生态环境建设水平得分在34分以下，有3个城市的生态环境建设水平得分在34～36分，没有城市的生态环境建设水平得分在36～38分，有2个城市的生态环境建设水平得分在38～40分，有1个城市的生态环境建设水平得分在40～42分，有1个城市的生态环境建设水平得分在42～44分，有1个城市的生态环境建设水平得分在44分以上，表明北部湾城市群中多数城市的生态环境建设水平得分较低。

由图12－2可以看到，2009年北部湾城市群城市生态环境建设水平得分分布较为均衡，没有城市的生态环境建设水平得分在34分以下，有2个城市的生态环境建设水平得分在34～36分，有2个城市的生态环境建设水平得分在36～38分，有1个城市的生态环境建设水平得分在38～40分，没有城市的生态环境建设水平得分在40～42分，有2个城市的生态环境建设水平得分在42～44分，有3个城市的生态环境建设水平得分在44分以上，表明北部湾城市群整体的生态环境建设水平得分稍有提高。

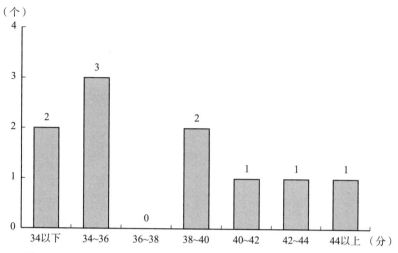

图 12-1　2008 年北部湾城市群城市生态环境建设水平评价分值分布

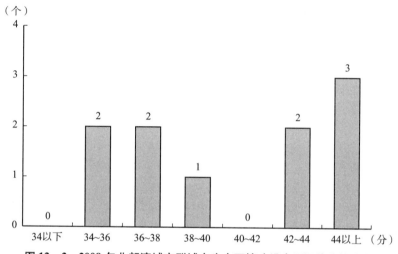

图 12-2　2009 年北部湾城市群城市生态环境建设水平评价分值分布

由图 12-3 可以看到 2010 年北部湾城市群城市生态环境建设水平得分情况，有 1 个城市的生态环境建设水平得分在 34 分以下，有 2 个城市的生态环境建设水平得分在 34~36 分，有 1 个城市的生态环境建设水平得分在 36~38 分，有 1 个城市的生态环境建设水平得分在 38~40 分，有 1 个城市的生态环境建设水平得分在 40~42 分，有 2 个城市的生态环境建设水平得分在 42~44 分，有 2 个城市的生态环境建设水平得分在 44 分以上，表明北部湾城市群整体的生态环境建设水平分布更加均衡。

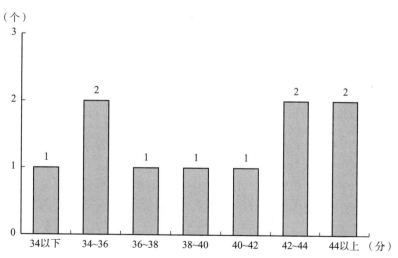

图 12-3　2010 年北部湾城市群城市生态环境建设水平评价分值分布

由图 12 -4 可以看到，2011 年北部湾城市群城市生态环境建设水平得分分布较为均衡，有 1 个城市的生态环境建设水平得分在 34 分以下，没有城市的生态环境建设水平得分在 34～36 分，有 2 个城市的生态环境建设水平得分在 36～38 分，有 2 个城市的生态环境建设水平得分在 38～40 分，有 1 个城市的生态环境建设水平得分在 40～42 分，有 1 个城市的生态环境建设水平得分在 42～44 分，有 3 个城市的生态环境建设水平得分在 44 分以上，表明北部湾城市群整体的生态环境建设水平得分较高。

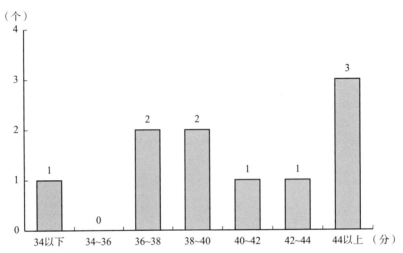

图 12 -4 2011 年北部湾城市群城市生态环境建设水平评价分值分布

由图 12 -5 可以看到，2012 年北部湾城市群城市生态环境建设水平得分分布较不均衡，有 1 个城市的生态环境建设水平得分在 34 分以下，有 1 个城市的生态环境建设水平得分在 34～36 分，有 2 个城市的生态环境建设水平得分在 36～38 分，没有城市的生态环境建设水平得分在 38～40 分，有 2 个城市的生态环境建设水平得分在 40～42 分，没有城市的生态环境建设水平得分在 42～44 分，有 4 个城市的生态环境建设水平得分在 44 分以上，表明北部湾城市群的生态环境建设水平得分分别集中在较高分段和较低分段，城市群内部的生态环境建设水平发展存在差距。

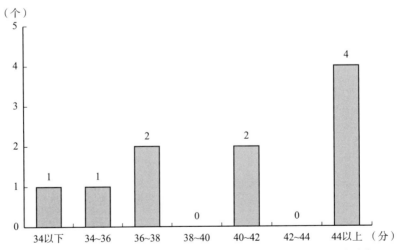

图 12 -5 2012 年北部湾城市群城市生态环境建设水平评价分值分布

由图 12 -6 可以看到 2013 年北部湾城市群城市生态环境建设水平得分情况，没有城市的生态环境建设水平得分在 34 分以下，有 1 个城市的生态环境建设水平得分在 34～36 分，有 2 个城市的生态环境建设水平得分在 36～38 分，有 3 个城市的生态环境建设水平得分在 38～40 分，有 2 个城市的生态环境建设水平得分在 40～42 分，没有城市的生态环境建设水平得分在 42～44 分，有 2 个城市的生态环境建设水平得分在 44 分以上，表明北部湾城市群内部城市间的生态环境建设水平得分差距缩小，但北部湾城市群整体的生态环境建设水平得分分布较不均衡。

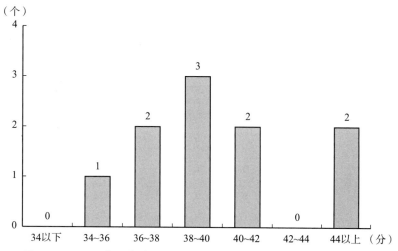

图 12 – 6　2013 年北部湾城市群城市生态环境建设水平评价分值分布

由图 12 – 7 可以看到，2014 年北部湾城市群城市生态环境建设水平得分分布较为均衡，有 2 个城市的生态环境建设水平得分在 34 分以下，没有城市的生态环境建设水平得分在 34 ~ 36 分，有 2 个城市的生态环境建设水平得分在 36 ~ 38 分，有 2 个城市的生态环境建设水平得分在 38 ~ 40 分，有 1 个城市的生态环境建设水平得分在 40 ~ 42 分，有 1 个城市的生态环境建设水平得分在 42 ~ 44 分，有 2 个城市的生态环境建设水平得分在 44 分以上，表明北部湾城市群的生态环境建设水平得分向着均衡化发展。

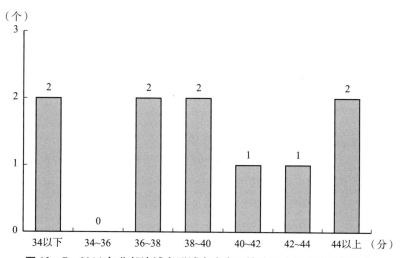

图 12 – 7　2014 年北部湾城市群城市生态环境建设水平评价分值分布

由图 12 – 8 可以看到，2015 年北部湾城市群城市生态环境建设水平得分分布较为均衡，没有城市的生态环境建设水平得分在 34 分以下，有 2 个城市的生态环境建设水平得分在 34 ~ 36 分，有 3 个城市的生态环境建设水平得分在 36 ~ 38 分，有 2 个城市的生态环境建设水平得分在 38 ~ 40 分，没有城市的生态环境建设水平得分在 40 ~ 42 分，有 1 个城市的生态环境建设水平得分在 42 ~ 44 分，有 2 个城市的生态环境建设水平得分在 44 分以上，表明北部湾城市群的生态环境建设水平得分集中在中间水平。

由图 12 – 9 可以看到，2016 年北部湾城市群城市生态环境建设水平得分分布较不均衡，有 1 个城市的生态环境建设水平得分在 34 分以下，有 2 个城市的生态环境建设水平得分在 34 ~ 36 分，有 3 个城市的生态环境建设水平得分在 36 ~ 38 分，有 3 个城市的生态环境建设水平得分在 38 ~ 40 分，没有城市的生态环境建设水平得分在 40 ~ 42 分，没有城市的生态环境建设水平得分在 42 ~ 44 分，有 1 个城市的生态环境建设水平得分在 44 分以上，表明北部湾城市群的生态环境建设水平得分整体上下降。

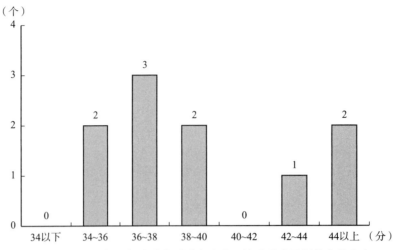

图 12 － 8　2015 年北部湾城市群城市生态环境建设水平评价分值分布

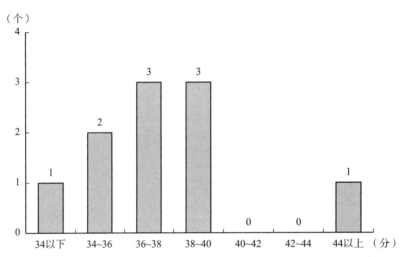

图 12 － 9　2016 年北部湾城市群城市生态环境建设水平评价分值分布

2. 北部湾城市群城市生态环境建设水平跨区段变动情况

根据图 12 － 10 对 2008～2009 年北部湾城市群各城市生态环境建设水平的跨区段变化进行分析，可以发现在 2008～2009 年有 5 个城市的生态环境建设水平在北部湾城市群的位次发生大幅变动。其中，南宁市由上游区下降至中游区，崇左市和玉林市由中游区下降至下游区，北海市由下游区上升至上游区，湛江市由下游区上升至中游区。

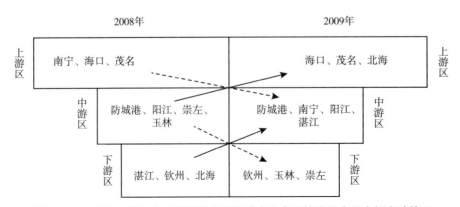

图 12 － 10　2008～2009 年北部湾城市群各城市生态环境建设水平大幅变动情况

根据图 12 - 11 对 2009 ~ 2010 年北部湾城市群各城市生态环境建设水平的跨区段变化进行分析,可以发现在 2009 ~ 2010 年有 4 个城市的生态环境建设水平在北部湾城市群的位次发生大幅变动。其中,北海市由上游区下降至下游区,防城港市由中游区下降至下游区,玉林市由下游区上升至上游区,崇左市由下游区上升至中游区。

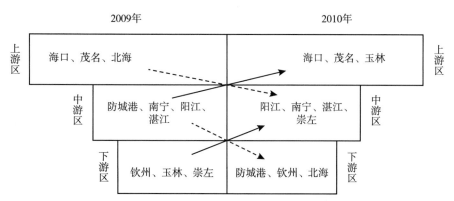

图 12 - 11　2009 ~ 2010 年北部湾城市群各城市生态环境建设水平大幅变动情况

根据图 12 - 12 对 2010 ~ 2011 年北部湾城市群各城市生态环境建设水平的跨区段变化进行分析,可以发现在 2010 ~ 2011 年有 4 个城市的生态环境建设水平在北部湾城市群的位次发生大幅度变动。其中,玉林市由上游区下降至中游区,湛江市由中游区上升至上游区,崇左市由中游区下降至下游区,北海市由下游区上升至中游区。

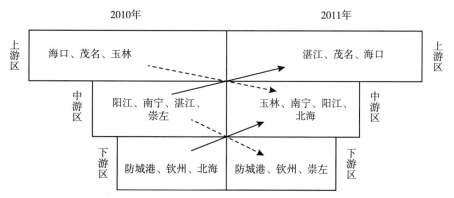

图 12 - 12　2010 ~ 2011 年北部湾城市群各城市生态环境建设水平大幅变动情况

根据图 12 - 13 对 2011 ~ 2012 年北部湾城市群各城市生态环境建设水平的跨区段变化进行分析,可以发现在 2011 ~ 2012 年有 6 个城市的生态环境建设水平在北部湾城市群的位次发生大幅变动。其中,湛江市由上游区下降至中游区,南宁市由中游区上升至上游区,北海市和玉林市由中游区下降至下游区,钦州市和崇左市由下游区上升至中游区。

根据图 12 - 14 对 2012 ~ 2013 年北部湾城市群各城市生态环境建设水平的跨区段变化进行分析,可以发现在 2012 ~ 2013 年有 4 个城市的生态环境建设水平在北部湾城市群的位次发生大幅变动。其中,南宁市由上游区下降至中游区,湛江市由中游区上升至上游区,崇左市由中游区下降至下游区,北海市由下游区上升至中游区。

根据图 12 - 15 对 2013 ~ 2014 年北部湾城市群各城市生态环境建设水平的跨区段变化进行分析,可以发现在 2013 ~ 2014 年有 4 个城市的生态环境建设水平在北部湾城市群的位次发生大幅变动。其中,北海市和钦州市由中游区下降至下游区,玉林市和崇左市由下游区上升至中游区。

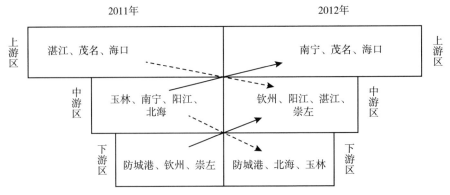

图 12 － 13　2011 ~ 2012 年北部湾城市群各城市生态环境建设水平大幅变动情况

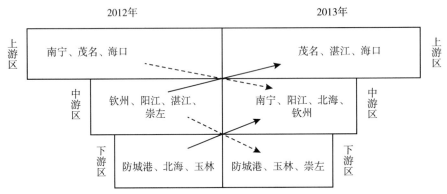

图 12 － 14　2012 ~ 2013 年北部湾城市群各城市生态环境建设水平大幅变动情况

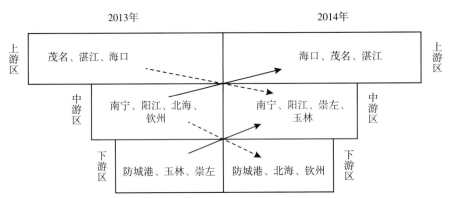

图 12 － 15　2013 ~ 2014 年北部湾城市群各城市生态环境建设水平大幅变动情况

　　根据图 12 － 16 对 2014 ~ 2015 年北部湾城市群各城市生态环境建设水平的跨区段变化进行分析，可以发现在 2014 ~ 2015 年有 6 个城市的生态环境建设水平在北部湾城市群的位次发生大幅变动。其中，茂名市和湛江市由上游区下降至中游区，南宁市和阳江市由中游区上升至上游区，玉林市由中游区下降至下游区，防城港市由下游区上升至中游区。

　　根据图 12 － 17 对 2015 ~ 2016 年北部湾城市群各城市生态环境建设水平的跨区段变化进行分析，可以发现在 2015 ~ 2016 年有 2 个城市的生态环境建设水平在北部湾城市群的位次发生大幅变动。其中，海口市由上游区下降至中游区，茂名市由中游区上升至上游区。

　　根据图 12 － 18 对 2008 ~ 2016 年北部湾城市群各城市生态环境建设水平的跨区段变化进行分析，可以发现在 2008 ~ 2016 年有 4 个城市的生态环境建设水平在北部湾城市群的位次发生大幅变动。其中，海口市由上游区下降至中游区，阳江市由中游区上升至上游区，玉林市由中游区下降至下游区，湛江市由下游区上升至中游区。

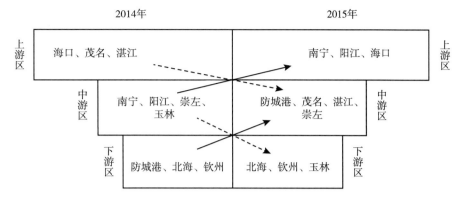

图 12 – 16　2014～2015 年北部湾城市群各城市生态环境建设水平大幅变动情况

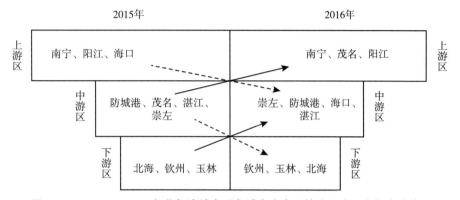

图 12 – 17　2015～2016 年北部湾城市群各城市生态环境建设水平大幅变动情况

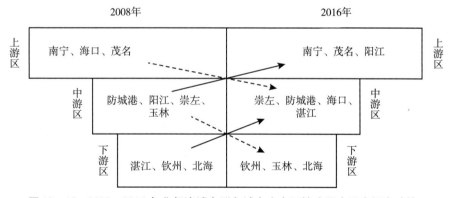

图 12 – 18　2008～2016 年北部湾城市群各城市生态环境建设水平大幅变动情况

二、北部湾城市群城市生态绿化比较分析

（一）北部湾城市群城市生态绿化建设水平综合评估结果

根据北部湾城市群城市生态绿化建设水平指标体系和数学评价模型，对 2008～2016 年北部湾城市群 10 个城市的生态绿化建设水平进行评价。下面是本次评估期间北部湾城市群 10 个城市的生态绿化建设水平排名及变化情况和指标评价结构。

根据表 12 – 14 对 2008 年北部湾城市群城市生态绿化建设水平排名进行分析，可以发现北部湾城市群 10 个城市生态绿化建设水平处于上游区的依次是南宁市、湛江市、海口市；处于中游区的依次是玉林市、茂名市、北海市、阳江市；处于下游区的依次是钦州市、崇左市、防城港市。

表 12－14　　　　　　　　　　　2008 年北部湾城市群城市生态绿化建设水平排名

地区	排名	区段	地区	排名	区段	地区	排名	区段
南宁	1		玉林	4		钦州	8	
湛江	2	上游区	茂名	5	中游区	崇左	9	下游区
海口	3		北海	6		防城港	10	
			阳江	7				

根据表 12－15 对 2009 年北部湾城市群城市生态绿化建设水平排名进行分析，可以发现北部湾城市群 10 个城市生态绿化建设水平处于上游区的依次是北海市、南宁市、防城港市；处于中游区的依次是海口市、湛江市、玉林市、茂名市；处于下游区的依次是崇左市、钦州市、阳江市。

表 12－15　　　　　　　　　　　2009 年北部湾城市群城市生态绿化建设水平排名

地区	排名	区段	地区	排名	区段	地区	排名	区段
北海	1		海口	4		崇左	8	
南宁	2	上游区	湛江	5	中游区	钦州	9	下游区
防城港	3		玉林	6		阳江	10	
			茂名	7				

根据表 12－16 对 2010 年北部湾城市群城市生态绿化建设水平排名进行分析，可以发现北部湾城市群 10 个城市生态绿化建设水平处于上游区的依次是南宁市、海口市、阳江市；处于中游区的依次是钦州市、湛江市、茂名市、玉林市；处于下游区的依次是北海市、崇左市、防城港市。

表 12－16　　　　　　　　　　　2010 年北部湾城市群城市生态绿化建设水平排名

地区	排名	区段	地区	排名	区段	地区	排名	区段
南宁	1		钦州	4		北海	8	
海口	2	上游区	湛江	5	中游区	崇左	9	下游区
阳江	3		茂名	6		防城港	10	
			玉林	7				

根据表 12－17 对 2011 年北部湾城市群城市生态绿化建设水平排名进行分析，可以发现北部湾城市群 10 个城市生态绿化建设水平处于上游区的依次是南宁市、钦州市、玉林市；处于中游区的依次是湛江市、海口市、北海市、茂名市；处于下游区的依次是阳江市、防城港市、崇左市。

表 12－17　　　　　　　　　　　2011 年北部湾城市群城市生态绿化建设水平排名

地区	排名	区段	地区	排名	区段	地区	排名	区段
南宁	1		湛江	4		阳江	8	
钦州	2	上游区	海口	5	中游区	防城港	9	下游区
玉林	3		北海	6		崇左	10	
			茂名	7				

根据表 12－18 对 2012 年北部湾城市群城市生态绿化建设水平排名进行分析，可以发现北部湾城市群 10 个城市生态绿化建设水平处于上游区的依次是南宁市、钦州市、海口市；处于中游区的依次是玉林市、湛江市、阳江市、茂名市；处于下游区的依次是北海市、防城港市、崇左。

根据表 12－19 对 2013 年北部湾城市群城市生态绿化建设水平排名进行分析，可以发现北部湾城市群 10 个城市生态绿化建设水平处于上游区的依次是南宁市、海口市、湛江市；处于中游区的依次是北海市、崇左市、茂名市、钦州市；处于下游区的依次是阳江市、玉林市、防城港市。

表 12 – 18   2012 年北部湾城市群城市生态绿化建设水平排名

地区	排名	区段	地区	排名	区段	地区	排名	区段
南宁	1		玉林	4		北海	8	
钦州	2	上游区	湛江	5	中游区	防城港	9	下游区
玉林	3		阳江	6		崇左	10	
			茂名	7				

表 12 – 19   2013 年北部湾城市群城市生态绿化建设水平排名

地区	排名	区段	地区	排名	区段	地区	排名	区段
南宁	1		北海	4		阳江	8	
海口	2	上游区	崇左	5	中游区	玉林	9	下游区
湛江	3		茂名	6		防城港	10	
			钦州	7				

根据表 12 – 20 对 2014 年北部湾城市群城市生态绿化建设水平排名进行分析，可以发现北部湾城市群 10 个城市生态绿化建设水平处于上游区的依次是南宁市、海口市、茂名市；处于中游区的依次是湛江市、崇左市、玉林市、钦州市；处于下游区的依次是阳江市、防城港市、北海市。

表 12 – 20   2014 年北部湾城市群城市生态绿化建设水平排名

地区	排名	区段	地区	排名	区段	地区	排名	区段
南宁	1		湛江	4		阳江	8	
海口	2	上游区	崇左	5	中游区	防城港	9	下游区
茂名	3		玉林	6		北海	10	
			钦州	7				

根据表 12 – 21 对 2015 年北部湾城市群城市生态绿化建设水平排名进行分析，可以发现北部湾城市群 10 个城市生态绿化建设水平处于上游区的依次是阳江市、海口市、南宁市；处于中游区的依次是湛江市、茂名市、防城港市、崇左市；处于下游区的依次是玉林市、钦州市、北海市。

表 12 – 21   2015 年北部湾城市群城市生态绿化建设水平排名

地区	排名	区段	地区	排名	区段	地区	排名	区段
阳江	1		湛江	4		玉林	8	
海口	2	上游区	茂名	5	中游区	钦州	9	下游区
南宁	3		防城港	6		北海	10	
			崇左	7				

根据表 12 – 22 对 2016 年北部湾城市群城市生态绿化建设水平排名进行分析，可以发现北部湾城市群 10 个城市生态绿化建设水平处于上游区的依次是南宁市、崇左市、阳江市；处于中游区的依次是湛江市、茂名市、海口市、钦州市；处于下游区的依次是北海市、玉林市、防城港市。

表 12 – 22   2016 年北部湾城市群城市生态绿化建设水平排名

地区	排名	区段	地区	排名	区段	地区	排名	区段
南宁	1		湛江	4		北海	8	
崇左	2	上游区	茂名	5	中游区	玉林	9	下游区
阳江	3		海口	6		防城港	10	
			钦州	7				

根据表12－23中的内容对2008～2016北部湾城市群城市生态绿化建设水平排名变化趋势进行分析，可以发现在北部湾10个城市生态绿化建设水平处于上升区的依次是钦州市、阳江市、崇左市；处于保持区的依次是茂名市、南宁市、防城港市；处于下降区的依次是湛江市、北海市、海口市、玉林市。这表明在北部湾城市群中广东地区和广西地区的生态绿化建设水平均既有大幅上升，又有大幅下降，海南地区的生态绿化建设水平大幅下降，整个北部湾城市群的生态绿化建设水平的发展不稳定。

表12－23　　　　　　　　　2008～2016年北部湾城市群城市生态绿化建设水平排名变化

地区	排名变化	区段	地区	排名变化	区段	地区	排名变化	区段
钦州	1		茂名	0		湛江	-2	
阳江	4	上升区	南宁	0	保持区	北海	-2	下降区
崇左	7		防城港	0		海口	-3	
						玉林	-5	

（二）北部湾城市群城市生态绿化建设水平评估结果的比较与评析

1. 北部湾城市群城市生态绿化建设水平分布情况

根据灰色综合评价法对无量纲化后的三级指标进行权重得分计算，得到北部湾城市群各城市的生态绿化建设水平得分及排名，反映各城市生态绿化建设水平情况。下面对2008～2016年北部湾城市群各城市生态绿化建设水平评价分值分布进行统计。

由图12－19可以看到，2008年北部湾城市群城市生态绿化建设水平得分分布不均衡，有3个城市的生态绿化建设水平得分在10分以下，有5个城市的生态绿化建设水平得分在10～12分，有1个城市的生态绿化建设水平得分在12～14分，没有城市的生态绿化建设水平得分在14～16分，没有城市的生态绿化建设水平得分在16～18分，没有城市的生态绿化建设水平得分在18～20分，有1个城市的生态绿化建设水平得分在20分以上，表明北部湾城市群内各城市的生态绿化建设水平得分大多集中在较低的分数段。

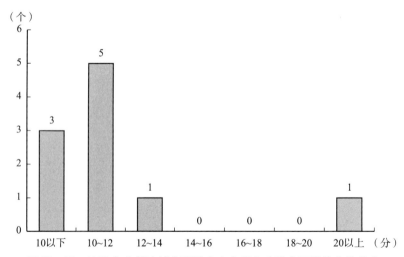

图12－19　2008年北部湾城市群城市生态绿化建设水平评价分值分布

由图12－20可以看到，2009年北部湾城市群城市生态绿化建设水平得分分布不均衡，没有城市的生态绿化建设水平得分在10分以下，有5个城市的生态绿化建设水平得分在10～12分，有2个城市的生态绿化建设水平得分在12～14分，没有城市的生态绿化建设水平得分在14～16分，有2个城市的生态绿化建设水平得分在16～18分，有1个城市的生态绿化建设水平得分在18～20分，没有城市的生态绿化建设水平得分在20分以上，表明北部湾城市群城市的生态绿化建设水平得分稍有提高。

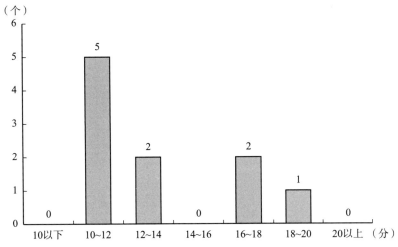

图 12 - 20　2009 年北部湾城市群城市生态绿化建设水平评价分值分布

由图 12 - 21 可以看到 2010 年北部湾城市群城市生态绿化建设水平得分情况，有 1 个城市的生态绿化建设水平得分在 10 分以下，有 5 个城市的生态绿化建设水平得分在 10～12 分，有 3 个城市的生态绿化建设水平得分在 12～14 分，没有城市的生态绿化建设水平得分在 14～16 分，没有城市的生态绿化建设水平得分在 16～18 分，没有城市的生态绿化建设水平得分在 18～20 分，有 1 个城市的生态绿化建设水平得分在 20 分以上，表明北部湾城市群的生态绿化建设水平得分整体下降，内部得分分布存在断档问题，且整体的生态绿化建设水平得分分布不均衡。

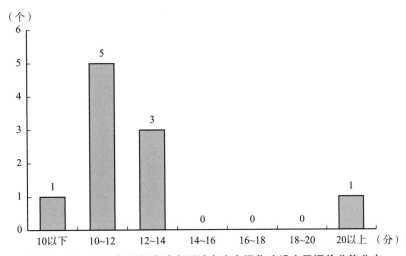

图 12 - 21　2010 年北部湾城市群城市生态绿化建设水平评价分值分布

由图 12 - 22 可以看到 2011 年北部湾城市群城市生态绿化建设水平得分情况，没有城市的生态绿化建设水平得分在 10 分以下，有 3 个城市的生态绿化建设水平得分在 10～12 分，有 3 个城市的生态绿化建设水平得分在 12～14 分，有 3 个城市的生态绿化建设水平得分在 14～16 分，没有城市的生态绿化建设水平得分在 16～18 分，没有城市的生态绿化建设水平得分在 18～20 分，有 1 个城市的生态绿化建设水平得分在 20 分以上，表明北部湾城市群的生态绿化建设水平得分提高，整体的生态绿化建设水平得分分布均衡化发展，内部衔接性问题有所改善但依旧存在。

由图 12 - 23 可以看到 2012 年北部湾城市群城市生态绿化建设水平得分情况，没有城市的生态绿化建设水平得分在 10 分以下，有 4 个城市的生态绿化建设水平得分在 10～12 分，有 3 个城市的生态绿化建设水平得分在 12～14 分，没有城市的生态绿化建设水平得分在 14～16 分，有 2 个城市的生态绿化建设水平得分在 16～18 分，没有城市的生态绿化建设水平得分在 18～20 分，有 1 个城市的生态绿化建设水平得分在 20 分以上，表明北部湾城市群的生态绿化建设水平得分稍有提高，整体的生态绿化建设水平得分分布继续均衡化发展。

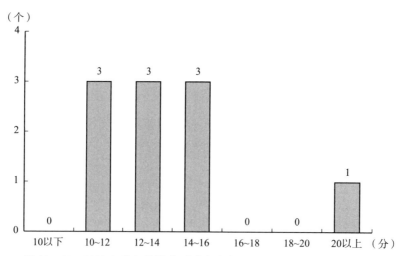

图 12 - 22　2011 年北部湾城市群城市生态绿化建设水平评价分值分布

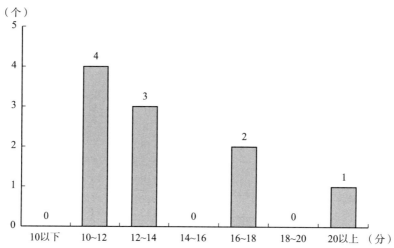

图 12 - 23　2012 年北部湾城市群城市生态绿化建设水平评价分值分布

由图 12 - 24 可以看到，2013 年北部湾城市群城市生态绿化建设水平得分情况，没有城市的生态绿化建设水平得分在 10 分以下，有 6 个城市的生态绿化建设水平得分在 10 ~ 12 分，有 3 个城市的生态绿化建设水平得分在 12 ~ 14 分，没有城市的生态绿化建设水平得分在 14 ~ 16 分，没有城市的生态绿化建设水平得分在 16 ~ 18 分，没有城市的生态绿化建设水平得分在 18 ~ 20 分，有 1 个城市的生态绿化建设水平得分在 20 分以上，表明北部湾城市群的生态绿化建设水平得分整体下降，各城市的生态绿化建设水平得分分布极不均衡。

由图 12 - 25 可以看到 2014 年北部湾城市群城市生态绿化建设水平得分情况，有 1 个城市的生态绿化建设水平得分在 10 分以下，有 5 个城市的生态绿化建设水平得分在 10 ~ 12 分，有 2 个城市的生态绿化建设水平得分在 12 ~ 14 分，没有城市的生态绿化建设水平得分在 14 ~ 16 分，没有城市的生态绿化建设水平得分在 16 ~ 18 分，没有城市的生态绿化建设水平得分在 18 ~ 20 分，有 2 个城市的生态绿化建设水平得分在 20 分以上，表明北部湾城市群城市间的生态绿化建设水平得分差距扩大，整个城市群的生态绿化建设水平得分分布不均衡，且存在断档。

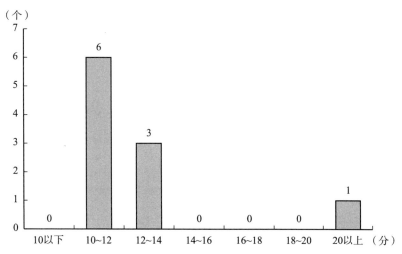

图 12 - 24　2013 年北部湾城市群城市生态绿化建设水平评价分值分布

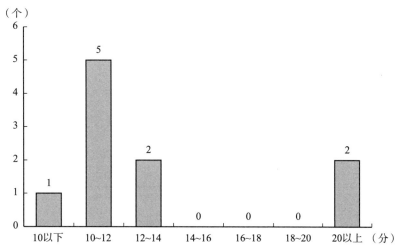

图 12 - 25　2014 年北部湾城市群城市生态绿化建设水平评价分值分布

由图 12 - 26 可以看到 2015 年北部湾城市群城市生态绿化建设水平得分情况，没有城市的生态绿化建设水平得分在 10 分以下，有 3 个城市的生态绿化建设水平得分在 10 ~ 12 分，有 5 个城市的生态绿化建设水平得分在 12 ~ 14 分，有 1 个城市的生态绿化建设水平得分在 14 ~ 16 分，没有城市的生态绿化建设水平得分在 16 ~ 18 分，没有城市的生态绿化建设水平得分在 18 ~ 20 分，有 1 个城市的生态绿化建设水平得分在 20 分以上，表明北部湾城市群的生态绿化建设水平得分提高，但城市间的生态绿化建设水平得分差距依旧较大，整体城市群的得分分布依旧不均衡。

由图 12 - 27 可以看到 2016 年北部湾城市群城市生态绿化建设水平得分情况，没有城市的生态绿化建设水平得分在 10 分以下，有 6 个城市的生态绿化建设水平得分在 10 ~ 12 分，有 2 个城市的生态绿化建设水平得分在 12 ~ 14 分，有 1 个城市的生态绿化建设水平得分在 14 ~ 16 分，没有城市的生态绿化建设水平得分在 16 ~ 18 分，没有城市的生态绿化建设水平得分在 18 ~ 20 分，有 1 个城市的生态绿化建设水平得分在 20 分以上，表明北部湾城市群的生态绿化建设水平得分整体稍有下降，城市间的生态绿化建设水平得分差距问题和整体城市群的生态绿化建设水平得分分布不均衡问题均暂无得到改善。

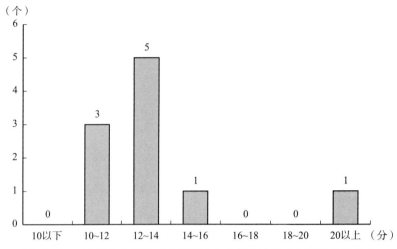

图 12－26　2015 年北部湾城市群城市生态绿化建设水平评价分值分布

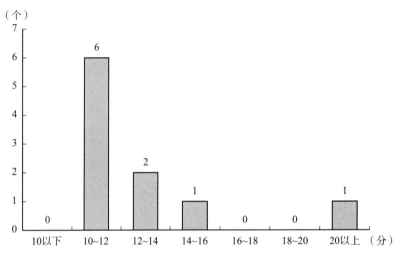

图 12－27　2016 年北部湾城市群城市生态绿化建设水平评价分值分布

2. 北部湾城市群城市生态绿化建设水平跨区段变动情况

根据图 12－28 对 2008～2009 年北部湾城市群各城市生态绿化建设水平的跨区段变化进行分析，可以发现在 2008～2009 年有 5 个城市的生态绿化建设水平在北部湾城市群的位次发生大幅变动。其中，湛江市和海口市由上游区下降至中游区，北海市由中游区上升至上游区，阳江市由中游区下降至下游区，防城港市由下游区上升至上游区。

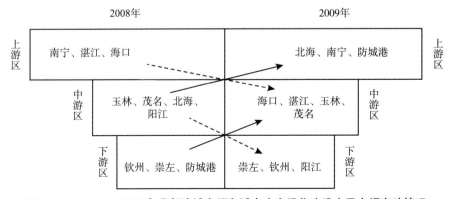

图 12－28　2008～2009 年北部湾城市群各城市生态绿化建设水平大幅变动情况

　　根据图 12 - 29 对 2009～2010 年北部湾城市群各城市生态绿化建设水平的跨区段变化进行分析，可以发现在 2009～2010 年有 5 个城市的生态绿化建设水平在北部湾城市群的位次发生大幅变动。其中，北海市和防城港市由上游区下降至下游区，海口市由中游区上升至上游区，阳江市由下游区上升至上游区，钦州市由下游区上升至中游区。

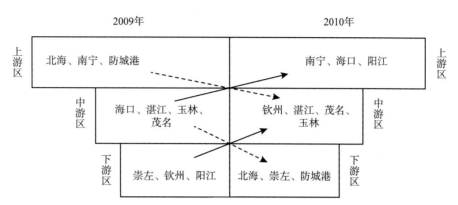

图 12 - 29　2009～2010 年北部湾城市群各城市生态绿化建设水平大幅变动情况

　　根据图 12 - 30 对 2010～2011 年北部湾城市群各城市生态绿化建设水平的跨区段变化进行分析，可以发现在 2010～2011 年有 5 个城市的生态绿化建设水平在北部湾城市群的位次发生大幅度变动。其中，海口市由上游区下降至中游区，阳江市由上游区下降至下游区，钦州市和玉林市由中游区上升至上游区，北海市由下游区上升至中游区。

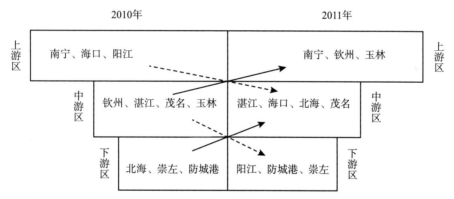

图 12 - 30　2010～2011 年北部湾城市群各城市生态绿化建设水平大幅变动情况

　　根据图 12 - 31 对 2011～2012 年北部湾城市群各城市生态绿化建设水平的跨区段变化进行分析，可以发现在 2011～2012 年有 4 个城市的生态绿化建设水平在北部湾城市群的位次发生大幅变动。其中，玉林市由上游区下降至中游区，海口市由中游区上升至上游区，北海市由中游区下降至下游区，阳江市由下游区上升至中游区。

　　根据图 12 - 32 对 2012～2013 年北部湾城市群各城市生态绿化建设水平的跨区段变化进行分析，可以发现在 2012～2013 年有 6 个城市的生态绿化建设水平在北部湾城市群的位次发生大幅变动。其中，钦州市由上游区下降至中游区，湛江市由中游区上升至上游区，阳江市和玉林市由中游区下降至下游区，北海市和崇左市由下游区上升至中游区。

　　根据图 12 - 33 对 2013～2014 年北部湾城市群各城市生态绿化建设水平的跨区段变化进行分析，可以发现在 2013～2014 年有 4 个城市的生态绿化建设水平在北部湾城市群的位次发生大幅变动。其中，湛江市由上游区下降至中游区，茂名市由中游区上升至上游区，北海市由中游区下降至下游区，玉林市由下游区上升至中游区。

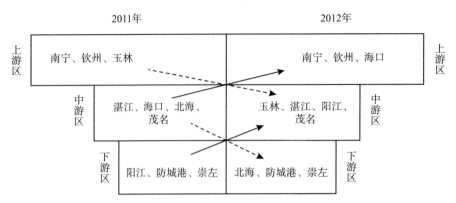

图 12－31　2011～2012 年北部湾城市群各城市生态绿化建设水平大幅变动情况

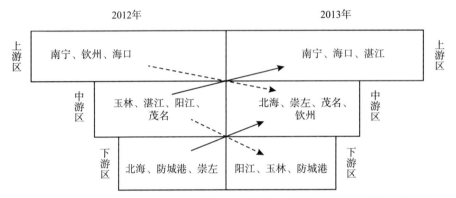

图 12－32　2012～2013 年北部湾城市群各城市生态绿化建设水平大幅变动情况

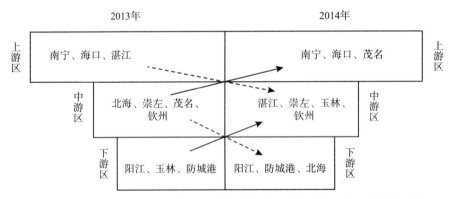

图 12－33　2013～2014 年北部湾城市群各城市生态绿化建设水平大幅变动情况

根据图 12－34 对 2014～2015 年北部湾城市群各城市生态绿化建设水平的跨区段变化进行分析，可以发现在 2014～2015 年有 5 个城市的生态绿化建设水平在北部湾城市群的位次发生大幅变动。其中，茂名市由上游区下降至中游区，钦州市和玉林市由中游区下降至下游区，阳江市由下游区上升至上游区，防城港市由下游区上升至中游区。

根据图 12－35 对 2015～2016 年北部湾城市群各城市生态绿化建设水平的跨区段变化进行分析，可以发现在 2015～2016 年有 4 个城市的生态绿化建设水平在北部湾城市群的位次发生大幅变动。其中，海口市由上游区下降至中游区，崇左市由中游区上升至上游区，防城港市由中游区下降至下游区，钦州市由下游区上升至中游区。

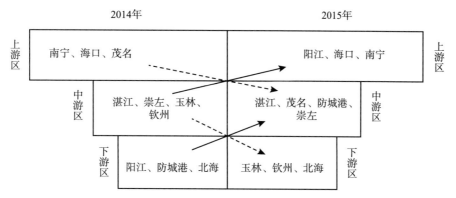

图 12 - 34　2014 ~ 2015 年北部湾城市群各城市生态绿化建设水平大幅变动情况

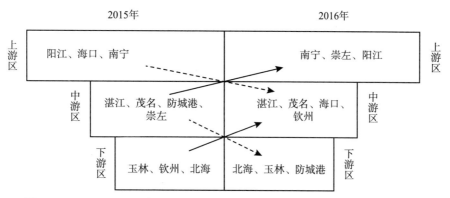

图 12 - 35　2015 ~ 2016 年北部湾城市群各城市生态绿化建设水平大幅变动情况

　　根据图 12 - 36 对 2008 ~ 2016 年北部湾城市群各城市生态绿化建设水平的跨区段变化进行分析，可以发现在 2008 ~ 2016 年有 7 个城市的生态绿化建设水平在北部湾城市群的位次发生大幅变动。其中，湛江市和海口市由上游区下降至中游区，阳江市由中游区上升至上游区，北海市和玉林市由中游区下降至下游区，崇左市由下游区上升至上游区，钦州市由下游区上升至中游区。

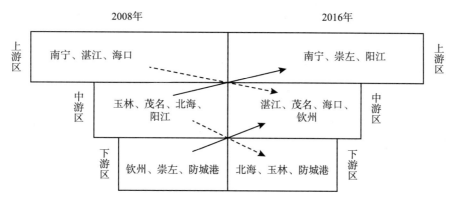

图 12 - 36　2008 ~ 2016 年北部湾城市群各城市生态绿化建设水平大幅变动情况

三、北部湾城市群城市环境治理比较分析

（一）北部湾城市群城市环境治理水平综合评估结果

　　根据北部湾城市群城市环境治理水平指标体系和数学评价模型，对 2008 ~ 2016 年北部湾城市群 10 个城市的环境治理水平进行评价。下面是本次评估期间北部湾城市群 10 个城市的环境治理水平排名及变化情况和指标评价结构。

根据表12－24对2008年北部湾城市群城市环境治理水平排名进行分析，可以发现北部湾城市群10个城市环境治理水平处于上游区的依次是南宁市、海口市、茂名市；处于中游区的依次是防城港市、阳江市、崇左市、玉林市；处于下游区的依次是钦州市、湛江市、北海市。

表12－24 2008年北部湾城市群城市环境治理水平排名

地区	排名	区段	地区	排名	区段	地区	排名	区段
南宁	1	上游区	防城港	4	中游区	钦州	8	下游区
海口	2		阳江	5		湛江市	9	
茂名	3		崇左	6		北海市	10	
			玉林	7				

根据表12－25对2009年北部湾城市群城市环境治理水平排名变化进行分析，可以发现北部湾城市群10个城市环境治理水平处于上游区的依次是海口市、茂名市、阳江市；处于中游区的依次是防城港市、北海市、钦州市、南宁市；处于下游区的依次是崇左市、湛江市、玉林市。

表12－25 2009年北部湾城市群城市环境治理水平排名

地区	排名	区段	地区	排名	区段	地区	排名	区段
海口	1	上游区	防城港	4	中游区	崇左	8	下游区
茂名	2		北海	5		湛江市	9	
阳江	3		钦州	6		玉林市	10	
			南宁	7				

根据表12－26对2010年北部湾城市群城市环境治理水平排名进行分析，可以发现北部湾城市群10个城市环境治理水平处于上游区的依次是海口市、茂名市、玉林市；处于中游区的依次是阳江市、湛江市、防城港市、崇左市；处于下游区的依次是钦州市、北海市、南宁市。

表12－26 2010年北部湾城市群城市环境治理水平排名

地区	排名	区段	地区	排名	区段	地区	排名	区段
海口	1	上游区	阳江	4	中游区	钦州	8	下游区
茂名	2		湛江	5		北海市	9	
玉林	3		防城港	6		南宁市	10	
			崇左	7				

根据表12－27对2011年北部湾城市群城市环境治理水平排名进行分析，可以发现北部湾城市群10个城市环境治理水平处于上游区的依次是茂名市、海口市、湛江市；处于中游区的依次是阳江市、玉林市、防城港市、北海市；处于下游区的依次是钦州市、崇左市、南宁市。

表12－27 2011年北部湾城市群城市环境治理水平排名

地区	排名	区段	地区	排名	区段	地区	排名	区段
茂名	1	上游区	阳江	4	中游区	钦州	8	下游区
海口	2		玉林	5		北海市	9	
湛江	3		防城港	6		南宁市	10	
			北海	7				

根据表12－28对2012年北部湾城市群城市环境治理水平排名进行分析，可以发现北部湾城市群10个城市环境治理水平处于上游区的依次是茂名市、阳江市、湛江市；处于中游区的依次是海口市、钦州市、

崇左市、防城港市；处于下游区的依次是北海市、玉林市、南宁市。

表 12 – 28   2012 年北部湾城市群城市环境治理水平排名

地区	排名	区段	地区	排名	区段	地区	排名	区段
茂名	1		海口	4		北海	8	
阳江	2	上游区	钦州	5	中游区	玉林市	9	下游区
湛江	3		崇左	6		南宁市	10	
			防城港	7				

根据表 12 – 29 对 2013 年北部湾城市群城市环境治理水平排名进行分析，可以发现北部湾城市群 10 个城市环境治理水平处于上游区的依次是茂名市、湛江市、海口市；处于中游区的依次是阳江市、防城港市、北海市、玉林市；处于下游区的依次是钦州市、崇左市、南宁市。

表 12 – 29   2013 年北部湾城市群城市环境治理水平排名

地区	排名	区段	地区	排名	区段	地区	排名	区段
茂名	1		阳江	4		钦州	8	
湛江	2	上游区	防城港	5	中游区	崇左市	9	下游区
海口	3		北海	6		南宁市	10	
			玉林	7				

根据表 12 – 30 对 2014 年北部湾城市群城市环境治理水平排名进行分析，可以发现北部湾城市群 10 个城市环境治理水平处于上游区的依次是茂名市、湛江市、阳江市；处于中游区的依次是海口市、崇左市、防城港市、玉林市；处于下游区的依次是北海市、南宁市、钦州市。

表 12 – 30   2014 年北部湾城市群城市环境治理水平排名

地区	排名	区段	地区	排名	区段	地区	排名	区段
茂名	1		海口	4		北海	8	
湛江	2	上游区	崇左	5	中游区	南宁市	9	下游区
阳江	3		防城港	6		钦州市	10	
			玉林	7				

根据表 12 – 31 对 2015 年北部湾城市群城市环境治理水平排名进行分析，可以发现北部湾城市群 10 个城市环境治理水平处于上游区的依次是南宁市、海口市、防城港市；处于中游区的依次是茂名市、崇左市、北海市、钦州市；处于下游区的依次是湛江市、阳江市、玉林市。

表 12 – 31   2015 年北部湾城市群城市环境治理水平排名

地区	排名	区段	地区	排名	区段	地区	排名	区段
南宁	1		茂名	4		湛江	8	
海口	2	上游区	崇左	5	中游区	阳江市	9	下游区
防城港	3		北海	6		玉林市	10	
			钦州	7				

根据表 12 – 32 对 2016 年北部湾城市群城市环境治理水平排名进行分析，可以发现北部湾城市群 10 个城市环境治理水平处于上游区的依次是南宁市、茂名市、阳江市；处于中游区的依次是防城港市、海口市、湛江市、崇左市；处于下游区的依次是钦州市、玉林市、北海市。

表 12－32　　　　　　　　　　2016 年北部湾城市群城市环境治理水平排名

地区	排名	区段	地区	排名	区段	地区	排名	区段
南宁	1	上游区	防城港	4	中游区	钦州	8	下游区
茂名	2		海口	5		玉林市	9	
阳江	3		湛江	6		北海市	10	
			崇左	7				

　　根据表 12－33 对 2008～2016 北部湾城市群城市环境治理水平排名变化趋势进行分析，可以发现在北部湾 10 个城市环境治理水平处于上升区的依次是茂名市、阳江市、湛江市；处于保持区的依次是南宁市、北海市、防城港市、钦州市；处于湛江区的依次是崇左市、玉林市、海口市。

表 12－33　　　　　　　　2008～2016 年北部湾城市群城市环境治理水平排名变化

地区	排名变化	区段	地区	排名变化	区段	地区	排名变化	区段
茂名	1	上升区	南宁	0	保持区	崇左	－1	下降区
阳江	2		北海	0		玉林市	－2	
湛江	3		防城港	0		海口市	－3	
			钦州	0				

（二）北部湾城市群城市环境治理水平评估结果的比较与评析

1. 北部湾城市群城市环境治理水平分布情况

　　根据灰色综合评价法对无量纲化后的三级指标进行权重得分计算，得到北部湾城市群各城市的环境治理水平得分及排名，反映各城市环境治理水平情况。下面对 2008～2016 年北部湾城市群各城市环境治理水平评价分值分布进行统计。

　　由图 12－37 可以看到 2008 年北部湾城市群城市环境治理水平得分情况，没有城市的环境治理水平得分在 21 分以下，有 2 个城市的环境治理水平得分在 21～23 分，有 2 个城市的环境治理水平得分在 23～25 分，有 1 个城市的环境治理水平得分在 25～27 分，有 1 个城市的环境治理水平得分在 27～29 分，有 2 个城市的环境治理水平得分在 29～31 分，有 2 个城市的环境治理水平得分在 31 分以上，表明北部湾城市群环境治理水平得分分布的均衡性较好。

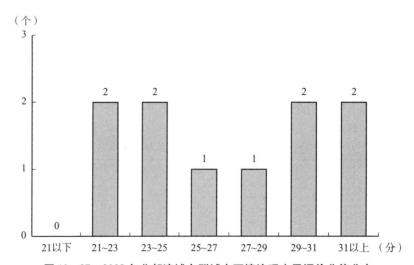

图 12－37　2008 年北部湾城市群城市环境治理水平评价分值分布

　　由图 12－38 可以看到，2009 年北部湾城市群城市环境治理水平得分分布较不均衡，没有城市的环境治理水平得分在 21 分以下，没有城市的环境治理水平得分在 21～23 分，有 4 个城市的环境治理水平得分在

23~25 分，有 2 个城市的环境治理水平得分在 25~27 分，有 2 个城市的环境治理水平得分在 27~29 分，没有城市的环境治理水平得分在 29~31 分，有 2 个城市的环境治理水平得分在 31 分以上，表明北部湾城市群的环境治理水平得分集中在中间分数段，各城市的环境治理水平得分拉开差距。

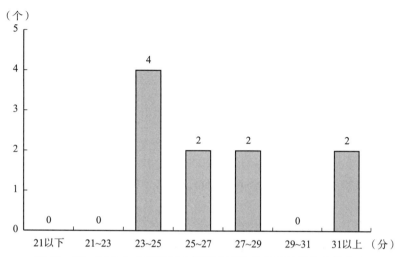

图 12-38　2009 年北部湾城市群城市环境治理水平评价分值分布

由图 12-39 可以看到，2010 年北部湾城市群城市环境治理水平得分分布较为均衡，有 1 个城市的环境治理水平得分在 21 分以下，有 2 个城市的环境治理水平得分在 21~23 分，没有城市的环境治理水平得分在 23~25 分，有 2 个城市的环境治理水平得分在 25~27 分，有 1 个城市的环境治理水平得分在 27~29 分，有 1 个城市的环境治理水平得分在 29~31 分，有 3 个城市的环境治理水平得分在 31 分以上，表明北部湾城市群的环境治理水平得分稍有下降，但整体的环境治理水平得分均衡化发展。

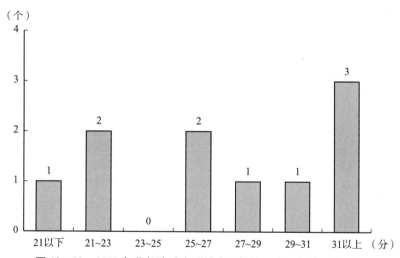

图 12-39　2010 年北部湾城市群城市环境治理水平评价分值分布

由图 12-40 可以看到 2011 年北部湾城市群城市环境治理水平得分情况，有 2 个城市的环境治理水平得分在 21 分以下，有 1 个城市的环境治理水平得分在 21~23 分，没有城市的环境治理水平得分在 23~25 分，有 2 个城市的环境治理水平得分在 25~27 分，有 2 个城市的环境治理水平得分在 27~29 分，有 1 个城市的环境治理水平得分在 29~31 分，有 2 个城市的环境治理水平得分在 31 分以上，表明北部湾城市群整体的环境治理水平得分分布更为均衡，城市群内部的环境治理水平得分衔接性问题依旧存在。

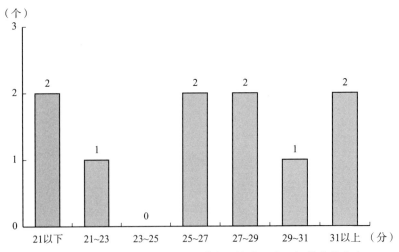

图 12－40　2011 年北部湾城市群城市环境治理水平评价分值分布

由图 12－41 可以看到 2012 年北部湾城市群城市环境治理水平得分情况，没有城市的环境治理水平得分在 21 分以下，有 2 个城市的环境治理水平得分在 21～23 分，有 1 个城市的环境治理水平得分在 23～25 分，有 2 个城市的环境治理水平得分在 25～27 分，有 3 个城市的环境治理水平得分在 27～29 分，有 1 个城市的环境治理水平得分在 29～31 分，有 1 个城市的环境治理水平得分在 31 分以上，表明北部湾城市群的环境治理水平得分提高，整体的环境治理水平得分分布较为均衡，内部得分分布衔接性交叉问题得到改善。

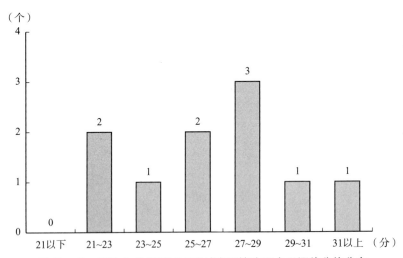

图 12－41　2012 年北部湾城市群城市环境治理水平评价分值分布

由图 12－42 可以看到 2013 年北部湾城市群城市环境治理水平得分情况，有 1 个城市的环境治理水平得分在 21 分以下，没有城市的环境治理水平得分在 21～23 分，有 1 个城市的环境治理水平得分在 23～25 分，没有城市的环境治理水平得分在 25～27 分，有 6 个城市的环境治理水平得分在 27～29 分，没有城市的环境治理水平得分在 29～31 分，有 2 个城市的环境治理水平得分在 31 分以上，表明北部湾城市群的环境治理水平得分较为集中，整体的环境治理水平得分分布均衡性较差。

由图 12－43 可以看到 2014 年北部湾城市群城市环境治理水平得分情况，有 2 个城市的环境治理水平得分在 21 分以下，没有城市的环境治理水平得分在 21～23 分，有 1 个城市的环境治理水平得分在 23～25 分，有 1 个城市的环境治理水平得分在 25～27 分，有 4 个城市的环境治理水平得分在 27～29 分，没有城市的环境治理水平得分在 29～31 分，有 2 个城市的环境治理水平得分在 31 分以上，表明北部湾城市群整体的环境治理水平得分降低，内部环境治理水平得分分布不均衡。

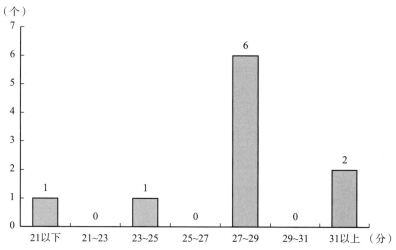

图 12 - 42　2013 年北部湾城市群城市环境治理水平评价分值分布

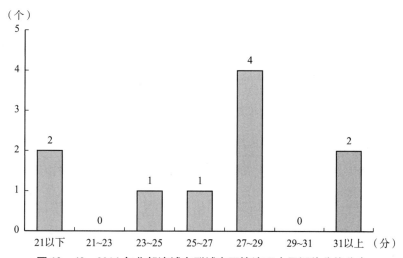

图 12 - 43　2014 年北部湾城市群城市环境治理水平评价分值分布

由图 12 - 44 可以看到 2015 年北部湾城市群城市环境治理水平得分情况，没有城市的环境治理水平得分在 21 分以下，有 1 个城市的环境治理水平得分在 21 ~ 23 分，有 5 个城市的环境治理水平得分在 23 ~ 25 分，有 2 个城市的环境治理水平得分在 25 ~ 27 分，有 1 个城市的环境治理水平得分在 27 ~ 29 分，没有城市的环境治理水平得分在 29 ~ 31 分，有 1 个城市的环境治理水平得分在 31 分以上，表明北部湾城市群环境治理水平得分稍有提高，内部得分分布不均衡问题和衔接性问题稍有改善。

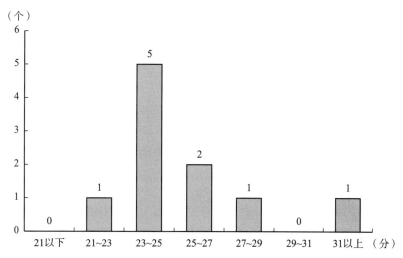

图 12 - 44　2015 年北部湾城市群城市环境治理水平评价分值分布

由图 12－45 可以看到 2016 年北部湾城市群城市环境治理水平得分情况，没有城市的环境治理水平得分在 21 分以下，有 2 个城市的环境治理水平得分在 21～23 分，有 4 个城市的环境治理水平得分在 23～25 分，有 2 个城市的环境治理水平得分在 25～27 分，有 1 个城市的环境治理水平得分在 27～29 分，没有城市的环境治理水平得分在 29～31 分，有 1 个城市的环境治理水平得分在 31 分以上，表明北部湾城市群整体的环境治理水平得分分布依旧不均衡。

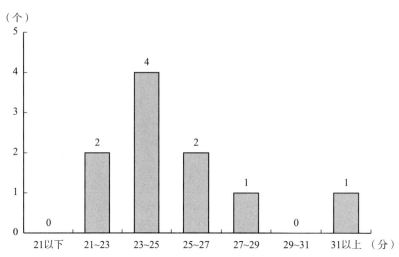

图 12－45　2016 年北部湾城市群城市环境治理水平评价分值分布

2. 北部湾城市群城市环境治理水平跨区段变动情况

根据图 12－46 对 2008～2009 年北部湾城市群各城市生态绿化建设水平的跨区段变化进行分析，可以发现在 2008～2009 年有 6 个城市的生态绿化建设水平在北部湾城市群的位次发生大幅变动。其中，南宁市由上游区下降至中游区，阳江市由中游区上升至上游区，崇左市和玉林市由中游区下降至下游区，北海市和钦州市由下游区上升至中游区。

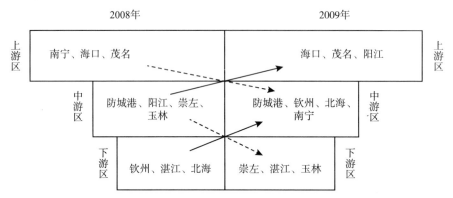

图 12－46　2008～2009 年北部湾城市群各城市生态绿化建设水平大幅变动情况

根据图 12－47 对 2009～2010 年北部湾城市群各城市生态绿化建设水平的跨区段变化进行分析，可以发现在 2009～2010 年有 7 个城市的生态绿化建设水平在北部湾城市群的位次发生大幅度变动。其中，阳江市由上游区下降至中游区，北海市、钦州市和南宁市由中游区下降至下游区，玉林市由下游区上升至上游区，湛江市和崇左市由下游区上升至中游区。

根据图 12－48 对 2010～2011 年北部湾城市群各城市生态绿化建设水平的跨区段变化进行分析，可以发现在 2010～2011 年有 4 个城市的生态绿化建设水平在北部湾城市群的位次发生大幅变动。其中，玉林市由上游区下降至中游区，湛江市由中游区上升至上游区，崇左市由中游区上升至下游区，北海市由下游区上升至中游区。

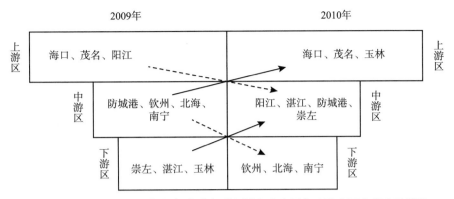

图 12 - 47　2009～2010 年北部湾城市群各城市生态绿化建设水平大幅变动情况

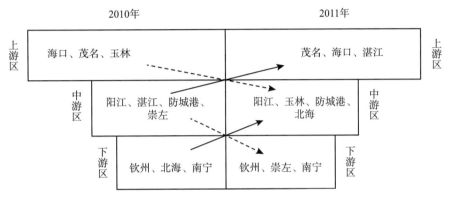

图 12 - 48　2010～2011 年北部湾城市群各城市生态绿化建设水平大幅变动情况

　　根据图 12 - 49 对 2011～2012 年北部湾城市群各城市生态绿化建设水平的跨区段变化进行分析，可以发现在 2011～2012 年有 6 个城市的生态绿化建设水平在北部湾城市群的位次发生大幅变动。其中，海口市由上游区下降至中游区，阳江市由中游区上升至上游区，玉林市和北海市由中游区下降至下游区，钦州市和崇左市由下游区上升至中游区。

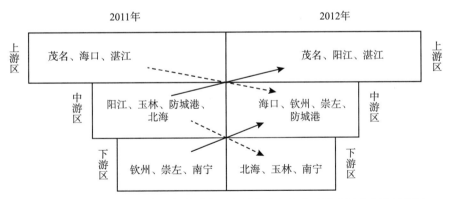

图 12 - 49　2011～2012 年北部湾城市群各城市生态绿化建设水平大幅变动情况

　　根据图 12 - 50 对 2012～2013 年北部湾城市群各城市生态绿化建设水平的跨区段变化进行分析，可以发现在 2012～2013 年有 6 个城市的生态绿化建设水平在北部湾城市群的位次发生大幅变动。其中，阳江市由上游区下降至中游区，海口市由中游区上升至上游区，钦州市和崇左市由中游区下降至下游区，北海市和玉林市由下游区上升至中游区。

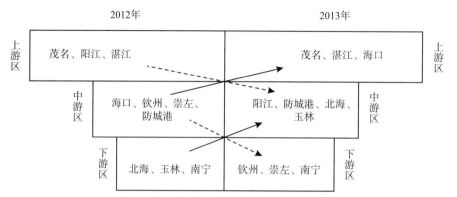

图 12 － 50　2012～2013 年北部湾城市群各城市生态绿化建设水平大幅变动情况

根据图 12 － 51 对 2013～2014 年北部湾城市群各城市生态绿化建设水平的跨区段变化进行分析，可以发现在 2013～2014 年有 4 个城市的生态绿化建设水平在北部湾城市群的位次发生大幅变动。其中，海口市由上游区下降至中游区，阳江市由中游区上升至上游区，北海市由中游区下降至下游区，崇左市由下游区上升至中游区。

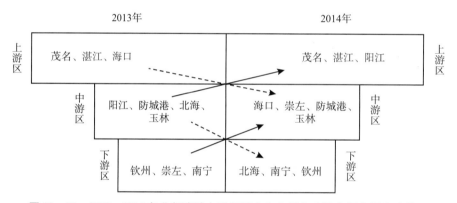

图 12 － 51　2013～2014 年北部湾城市群各城市生态绿化建设水平大幅变动情况

根据图 12 － 52 对 2014～2015 年北部湾城市群各城市生态绿化建设水平的跨区段变化进行分析，可以发现在 2014～2015 年有 9 个城市的生态绿化建设水平在北部湾城市群的位次发生大幅变动。其中，茂名市由上游区下降至中游区，湛江市和阳江市由上游区下降至下游区，海口市和防城港市由中游区上升至上游区，玉林市由中游区下降至下游区，南宁市由下游区上升至上游区，北海市和钦州市由下游区上升至中游区。

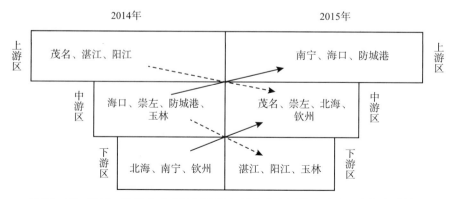

图 12 － 52　2014～2015 年北部湾城市群各城市生态绿化建设水平大幅变动情况

根据图 12 － 53 对 2015～2016 年北部湾城市群各城市生态绿化建设水平的跨区段变化进行分析，可以发现在 2015～2016 年有 7 个城市的生态绿化建设水平在北部湾城市群的位次发生大幅变动。其中，海口市和防城港市由上游区下降至中游区，茂名市由中游区上升至上游区，北海市和钦州市由中游区下降至下游区，阳江市由下游区上升至上游区，湛江市由下游区上升至中游区。

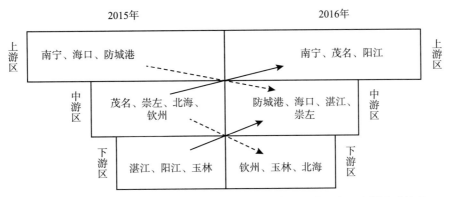

图 12－53　2015～2016 年北部湾城市群各城市生态绿化建设水平大幅变动情况

　　根据图 12－54 对 2008～2016 年北部湾城市群各城市生态绿化建设水平的跨区段变化进行分析，可以发现在 2008～2016 年有 4 个城市的生态绿化建设水平在北部湾城市群的位次发生大幅变动。其中，海口市由上游区下降至中游区，阳江市由中游区上升至上游区，玉林市由中游区下降至下游区，湛江市由下游区上升至中游区。

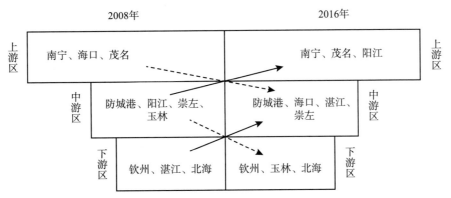

图 12－54　2008～2016 年北部湾城市群各城市生态绿化建设水平大幅变动情况

第十三章　提升北部湾城市群高质量协同发展的政策建议

一、人口就业

（一）提高人口发展质量，创造良好人口环境

1. 坚持计划生育基本国策，提高优生优育水平

第一，坚持计划生育基本国策，全面推进一对夫妇可生育三个子女政策。实施计划生育服务管理改革，实行网上生育登记服务，优化服务流程，简化办理程序；密切关注生育水平过高和过低地区，因地制宜地提供不同人口发展政策，积极发挥计生协会等社会组织作用，引导群众在政策允许范围内有计划、负责任生育；科学评估经济社会发展对生育行为的影响，做好全面两孩政策效果跟踪评估，密切监测出生率、死亡率、自然增长率、人口抚养比、人口老龄化程度等指标，做好政策储备，完善计划生育政策。第二，确保婚检、孕前优生健康检查、重点病种产前筛查工作落实到位。做好优生优育全程服务，为妇女儿童提供优质的孕前优生健康检查、住院分娩、母婴保健、避孕节育、儿童预防接种等服务，做好流动孕产妇和儿童跨地区保健服务以及避孕节育的接续；加强出生缺陷综合防治，开展出生缺陷发生机理和防治技术研究，推进新生儿疾病筛查、诊断和治疗工作；加强妇幼保健计划生育服务管理能力建设。第三，解决公共就业人才服务机构集体户挂靠人员结婚难、生育难问题。公共就业人才服务机构集体户挂靠人员在办理婚姻登记和计划生育服务证等手续时，公共就业人才服务机构应及时提供户口卡，对有意推诿、拖延时间的单位及工作人员，依法追究其责任。

2. 完善人口综合调控体系，促进人口结构优化

第一，完善人口综合调控体系，实现人口规模在结构优化基础上的适度增长。加强人口调控政策研究，推动人口发展从控制人口增量向控制人口总量和优化人口结构转变，促进人口在性别结构比和年龄结构比正常的基础上适度增长；健全生育服务体系和家庭发展支持体系，引导生育水平保持在适度的区间范围，延续和发挥人口势能优势，促进人口自身均衡发展。第二，创新人口调控模式，综合运用人口政策、产业政策和住房政策。通过城市功能疏解、机构搬迁、有序放开户籍准入制度、调控区域人口有序流动和区域公共服务均等化等措施，引导和鼓励人口向重点城镇转移；以产业为引导，通过产业布局、产业迁移和产业结构调整影响就业，从而间接影响人口分布和结构；合理规划用地结构，控制住房建筑总面积，对不同地区制定不同的建筑用地税收标准，通过税收和法律手段控制人口流向。第三，完善人口机械增长管理制度，持续推进户籍制度改革，调整户籍人口迁移政策。推动农业转移人口和未入户的城市常住人口在城市落户，维护农民在农村的土地承包权、宅基地使用权和集体收益分配权，建立健全农民"三权"自愿有偿退出机制，保障农民合法权益，落实落户人口享有与城镇居民同等的社会福利待遇；进一步放宽北部湾城市群中各市各区户口迁移、集体户设立、亲友搭户、挂靠户口、购房入户等条件。

3. 加强流动人口信息管理，提高对流动人口管理服务水平

第一，完善城乡统一的居民户口登记管理制度，健全完善人口信息管理制度，做好人口调查统计工作，全面、准确掌握人口规模、人员结构、地区分布等情况。加快建立以居民身份证号码为唯一标识、以人口基础信息为基准的全区人口基础信息库，为制定人口发展战略和人口政策提供基础信息支撑。第二，发挥人口基础信息对决策的支撑作用，建立跨部门的人口信息共享机制，加快推进北部湾城市群人口基础信息库建设。第三，充分发挥综合部门在统筹协调、人口规划宏观引导和人口计划的调控作用。整合分散

在教育、公安、民政、人力资源社会保障、卫生计生、统计等不同部门的人口数据和信息资源，实现就学升学、户籍管理、婚姻家庭、殡葬事务、就业创业、生育和健康、人口普查和抽样调查统计等人口基础信息的互联互通、动态更新和综合集成，不断拓宽数据信息共享和应用的范围，为政府部门、企事业单位、社会公众做好人口信息服务。

（二）建设高水平人才队伍，注重人口与经济良性互动

1. 发挥劳动力资源富集优势，打造人力资本高地

第一，适度发展劳动密集型产业，积极承接东部地区产业转移，吸纳新成长劳动力和返乡就业劳动力。推动建筑业产业链向高端延伸，深挖就业潜力；加快制造业与服务业融合发展，开拓制造业就业空间；开展重大工程和项目的就业效果评估，以带动就业情况作为政策扶持的重要依据；支持新兴产业规模化、集群化发展，培育就业新增长点；提升发展现代服务业，进一步增强就业吸纳能力。第二，深入实施教育振兴行动计划，大力建设国家民族教育示范区、省部共建民族地区职业教育综合改革试验区，打造面向东盟的教育国际交流合作高地。推进义务教育薄弱学校改造，加快城乡义务教育公办学校标准化建设；普及高中阶段教育，大力改善普通高中办学条件，不断提高基本公共教育服务均等化水平；加快完善职业教育体系，形成适应发展需求、产教深度融合、中高职衔接、职教普教沟通、与产业发展相匹配、与扶贫富民相适应、体现终身教育理念、具有民族特色的现代职业教育体系。第三，优化职业教育结构和布局，推动建立终身职业技能培训制度。实施新生代农民工职业技能提升计划，健全职业培训、就业服务、劳动维权"三位一体"的工作机制，开展面向重点人群和社会公众的职业培训，并按规定给予补贴。

2. 积极开发老年人力资源，促进大龄劳动人民重回工作岗位

第一，充分发挥老年人参与经济社会活动的主观能动性和积极作用。有效挖掘开发老年人力资源，通过教育培训、健康服务、就业促进等方式鼓励大龄失业人员回归劳动力市场；大力发展老年教育培训。第二，鼓励专业技术领域人才延长工作年限，积极发挥其在科学研究、学术交流和咨询服务等方面的作用。鼓励老年人积极参与家庭发展、互助养老、社区治理、社会公益等活动，继续发挥余热并实现个人价值。第三，实施大龄劳动力人力资本开发行动，支持大龄劳动力就业创业，加强大龄劳动力在岗继续教育培训和再就业职业培训，提高就业技能，避免过早退出就业市场。加强公共就业服务网络平台建设，为大龄失业人员提供更多个性化职业指导、职业介绍、政策咨询等公共就业服务；结合大龄失业人员特点，提供更多非全职就业、志愿服务和社区工作等岗位。

3. 鼓励农民工返乡就业创业，探索重点人群保障新方式

第一，发展农民工返乡创业园区，建设农民工返乡创业孵化基地，引导返乡农民工创业集聚发展。做好返乡农民工创业培训，创新培训方式，扩大培训覆盖范围；加大农民工返乡创业的财税金融扶持力度。第二，落实城镇职工基本养老保险关系转移接续政策，确保返乡农民工社保关系顺畅转移接续。完善医疗保险关系转移接续和异地就医结算政策；保障农业转移人口随迁子女享有平等义务教育权利，逐步完善并落实随迁子女在流入地接受中等职业教育免学费、普惠性学前教育和升学考试的政策，制定义务教育学段后升学考试实施办法；对农业转移人口提供免费公共就业服务，加大就业创业扶持力度。第三，将农业转移人口纳入社区卫生和计划生育服务体系，提供基本社区卫生和计划生育服务。加快将与企业建立稳定劳动关系的农业转移人口纳入城镇职工基本养老保险和医疗保险，进一步健全城乡统一的居民基本医疗保险制度；推进社会救助的城乡统筹；采取多种方式满足农业转移人口的基本住房需求；积极稳妥推进农村土地和产权制度改革，明晰产权归属，健全流转和分配机制，消除转移人口进城的后顾之忧。

二、区域经济

（一）明确区域产业分工，完善产业布局

1. 延伸产业链条，促进产业集群

第一，产业集聚是促进产业一体化发展的重要举措。依托龙头企业和重大产业项目，延伸上下游产业链，加快形成配套完善、市场竞争力强的产业集群，打造沿海环保型重化工产业带和以南宁、北海为主体

的经济区高新技术产业带，壮大产业集群。第二，激活现有汽车工业的技术和制造能力，为新能源汽车的发展提供支撑；加强钢铁、石化和有色金属等产业的转型升级，为新材料产业的发展提供基础；推进现有医药工业的产业化，为大健康产业的发展提供依托，做大节能环保、新材料、新能源汽车等战略性新兴产业规模总量。第三，加快发展技术成熟、开发潜力大的信息产业、装备制造业，将现有比较成熟而具有优势的传统产业提升为战略性新兴产业。

2. 突出各区域产业发展重点，形成协调发展的联动分工格局

第一，优化产业空间布局是实现产业一体化发展的基础。根据各地区资源禀赋和产业基础，进一步明确各地区产业发展方向和重点，促进北部湾城市群整体协调发展；南宁市产业布局逐步向周边产业园区集中；依托良好的城市环境，重点发展商贸业和金融、会展、物流、旅游、服务外包等现代服务业，打造区域性商贸物流基地、信息交流中心、金融中心；促进北海市建设环境优美舒适宜居海滨城市，推进各个城市之间形成协调发展的联动分工格局。第二，高新技术的产业化和传统产业的改造提升实现产业的升级换代，运用高新技术对已经存在的产业、产品进行更专业、更精细的分工，将高新技术与传统产业充分融合，打造战略性新兴产业。第三，通过政府支持、必要的规制和利益的调整，形成良性的人才、资金、市场需求等多元机制，重点从现有与战略性新兴产业相关的高新技术产业中选择具有较强优势的产业进行培育，重点引进一批拥有核心技术、带动力强、市场潜力巨大的新兴产业，推动产品从低端走向高端、产业链从窄短迈向宽广、产业效应从分散转向集中，使传统产业既得到充分发展，又能培育出具有竞争力的战略性新兴产业。

（二）大力发展海洋经济，改造升级传统海洋产业

1. 培育壮大新兴海洋产业，建设南海资源开发综合保障基地

第一，依托陆海资源优势，联合打造一批创新型园区、海洋特色产业园区、战略性新兴产业基地及新闻出版、广播影视产业基地（园区），培育电子信息、高端装备、海洋产业、新能源、生物、地理信息等新兴产业集群；以南宁、海口高新技术产业园区和北海工业园区为核心，打造电子信息产业集群。第二，推动重型机械、船舶、石化装备制造等向港区集中，打造高端装备制造基地。推进湛江国家海洋高技术产业基地、北海海洋产业科技园区建设，打造北海、防城港、钦州、阳江新能源基地。第三，依托南宁国家高技术生物产业基地、国家南繁育制种基地等，加快发展生物医药、生物制造等生物产业。

2. 加快发展跨境旅游，推进北部湾特色旅游业发展

第一，加快发展休闲度假、生态旅游、边境旅游、民族风情、健康养生、乡村旅游、红色旅游等业态，促进旅游业转型升级，提升城市群国际化旅游服务品质。以建设海南国际旅游岛、北海银滩国家旅游度假区以及海花岛旅游度假区、阳江海陵岛大角湾海上丝路旅游区、湛江"五岛一湾"滨海旅游示范区为重点，推进东兴—芒街、德天—板约等跨境旅游合作区建设，构建大中小城市协作协同的旅游发展格局。第二，深入挖掘骆越、壮族、黎苗、百越、疍家、客家等特色文化资源，强化南宁、北海、崇左、湛江、海口等交通连接，打造环湾特色旅游线路。第三，整合沿海岸线旅游资源及南海岛屿旅游资源，发展精品邮轮游艇线路，推进在重点城市实行针对特定国家和地区的免签、落地签政策。

三、农业生产

（一）增加农业产出，促进农民增收

1. 加大政策助农增收，建立投入稳定增长机制

第一，实施产业扶贫，发展扶贫特色优势产业，设立产业化扶贫专项基金，推进脱贫攻坚示范县建设。依托互联网平台，探索完善农村股份合作制，推进农业产业化，增加农民收入；支持边境地区贫困群众积极发展边境贸易，通过合法的贸易活动实现脱贫致富。第二，推动农村创业创新和农民就业增收。加强公共就业服务设施建设，健全覆盖城乡的公共就业服务体系，大规模开展职业技能培训，促进农民工多渠道转移就业；实施乡村就业创业促进行动，鼓励在乡村地区兴办环境友好型和劳动密集型企业，培育一批家庭工场、手工作坊、乡村车间，促进农民就地就近就业；加快推进创新创业孵化基地、农民工创业园

等平台建设，支持农民工返乡创业；实施农村致富带头人培育工程。第三，拓宽农民增收渠道，增加农村低收入者收入，扩大农村中等收入群体，保持农村居民收入增速快于城镇居民。

2. 提高农民科学种养水平，提高农业劳动生产率

第一，大力推广农业清洁生产实用技术。结合各农场生产特点，开发区引导农场职工和农业企业生产经营者因地制宜地推广农业节能减排、生态循环农业、绿色植保、测土配方施肥、水肥一体化滴灌和农业废弃物综合利用等农业清洁生产技术。第二，发展现代化农业，引入规范化的生产规程，培育新型农业经营主体，建立健全农业基础设施，大力推广清洁生产，实现示范点农业现代化、标准化、规范化的种植管理模式，推进示范点由点带面的辐射，实现农业科学生产的发展。第三，加快推进农业机械化。落实农机购置补贴政策，优化农机装备结构，加快发展农业农村先进适用、安全可靠、节能减排、生产急需的各类农业机械设施装备研发推广，突出农业基础设施和装备建设，支持开展农机化重大工程和重大项目，加强粮食烘干、仓储设施、节水灌溉等设施建设；突出主要作物和关键环节，坚持农机农艺融合，推进主要农作物生产全程机械化推进工程。

3. 推动扩大农业保险范围，强化农业社会化服务业企业

第一，以建设国家沿边金融改革试验区为契机，引导互联网金融"下乡进村"，拓宽农业融资途径，反哺"三农"。第二，农业保险以服务农业现代化和扶贫开发战略为重点，逐步健全农业保险的体制机制，加强完善基层服务体系建设，加大宣传引导增强农户保险意识，大力发展中央补贴型险种的同时推动地方特色险种多点开花。第三，有力支持因寒害、冰雹、暴雨、台风等自然灾害受损的农户灾后重建、恢复生产生活，农业保险成为区内稳定农民收入、保护农民利益的重要安全屏障。

（二）稳步发展粮食生产，增强粮食安全保障能力

1. 保护耕地资源，提升耕地质量

第一，开展农村生态环境突出问题整治行动。制订实施农业面源污染综合防治方案，强化规模化畜禽养殖场污染防治和环境管理，推进散养密集区畜禽粪便污水综合治理和利用，严控甘蔗等农作物秸秆及生活垃圾露天焚烧。第二，梯次推进农村生活污水治理，基本实现镇镇建成生活污水处理设施并有效运营，农村生活污水处理能力逐年提高；深入实施土壤污染防治行动计划，推进重金属污染耕地修复；妥善处置冶炼、化工等历史遗留废渣、废料、废水，消除环境隐患。第三，加大环境监测和执法力度，强化"散乱污"企业综合整治，严厉打击非法转移、倾倒和处置固体废物行为，严禁工业和城镇污染向农业农村转移。

2. 加大农业投入和扶持力度，提升农业的科技含量

第一，按照"基在农业、利在农民、惠在农村"的思路，紧紧围绕产业深度融合的现代农业园区的决策部署，以促进农民增收为核心，不断加大政策扶持和资金投入力度；坚持改革创新、典型引路；坚决破除体制机制弊端，使市场在资源配置中起决定性作用，更好发挥政府作用，激活主体、激活要素、激活市场。第二，树立推动乡村振兴先进典型，加大宣传推广力度，以典型示范、重点突破，带动乡村振兴全面深入推进。制订实施农产品加工业提升发展规划，完善产业和政策扶持体系，推动农产品加工企业向园区聚集，因地制宜形成每个县均有规模以上加工企业、优势特色产业有加工龙头企业带动的发展格局；大力发展农产品产地初加工，加强粮食、果蔬、食用菌、中药材、水产品、畜禽等商品化处理；引导农产品加工企业向精深加工发展，打造北部湾粮油加工基地，发展地方特色功能性食品，支持蔗糖业精深加工及综合利用，推进茧丝绸、茶叶、林木林化、木本油料深加工。第三，扶持地方特色主食工业化发展，推介主食加工老字号。加快农产品加工园区和特色小镇建设，培育优势特色农产品加工产业集群；鼓励企业打造全产业链，支持农民专业合作社等发展加工流通。

3. 提高农业生态保护意识，保证农业的有序进行

第一，加强党对"三农"工作的领导，坚持稳中求进工作总基调，牢固树立新发展理念，落实高质量发展要求，紧紧围绕统筹推进"五位一体"总体布局和协调推进"四个全面"战略布局，坚持将解决好"三农"问题作为重中之重，坚持走中国特色社会主义乡村振兴道路。第二，坚持农业农村优先发展，按照产业兴旺、生态宜居、乡风文明、治理有效、生活富裕的总要求，围绕推动乡村产业振兴、人才振兴、文化振兴、生态振兴、组织振兴，建立健全城乡融合发展体制机制和政策体系，统筹推进农村经济建设、政治建设、文化建设、社会建设、生态文明建设和党的建设，加快推进乡村治理体系和治理能力现代化，实施特色农业强优、生态环境优化、文化繁荣兴盛、治理能力提升、脱贫惠民富民、体制机制创新"六大工程"，强化组织、规划、政策、金融、人才、法治"六大保障"，加快推进农业农村现代化，让农业成为有奔头的产业，让农民成为有吸引力的职业，让农村成为安居乐业的美丽家园。第三，深入推进农业供给侧结构性改革，坚持质量兴农、绿色兴农，突出农业绿色化、优质化、特色化、品牌化，构建现代农业产业体系、生产体系、经营体系，推动农业由增产导向转向提质导向，加快实现由农业大区向农业强区转变。

四、工业企业

（一）加快优势工业转型升级，构建高端高质高效现代产业体系

1. 打造"5＋X"制造业集群，推进优势工业智能化发展

第一，全面推动北部湾经济区制造业集群攻坚战，以产业园区为载体，以大项目支撑、大集团引领、小企业配套、大品牌创建为抓手，强化跨区域、跨园区、跨行业的链式整合和横向联合，推行"整机＋配套""原材料＋制成品"等模式，提升专业化协作和本地化配套能力，重点打造石化、装备、冶金、电子、轻工食品5大"千亿级"优势产业集群，积极推进制糖、造纸、建材建筑及轻纺等产业集群化发展。第二，统筹规划，整体推进，重点突破，实施智能制造工程，构建新型制造体系。加快新一代信息技术与制造业深度融合，促进云计算、大数据、物联网、3D打印技术、智能制造装备和终端产品在企业研发设计、生产制造、经营管理、销售服务等全流程和全产业链的综合集成应用，推进生产过程智能化，培育新型生产方式。第三，积极推进机器人在装备制造、纺织、电子、化工、海洋、制药、现代物流、商业服务和家庭服务等领域应用，加快设备智能化改造，建设重点领域智能工厂/数字车间，提高精准制造、敏捷制造能力；推进"互联网＋工业"行动，深化互联网在产业集群中的应用，促进网络众包、协同设计、大规模个性化定制、精准供应链管理、全生命周期管理、电子商务等发展，提高产业集群信息化水平，建设智慧集群，重塑产业价值链体系。

2. 加快重点工业园区升级发展，培育战略性新兴产业

第一，继续发挥重点产业园区作为北部湾经济区经济发展核心载体的作用，加快推进园区发展理念、兴办模式、管理方式等转型，重点推动20个产业园区"四化六升级"（集群化、融合化、智慧化、绿色化，产业升级、质效升级、设施升级、营商环境升级、管理运营升级、开放合作升级），实现由追求速度向追求质量转变，由政府主导向市场主导转变，由同质化竞争向差异化发展转变，由硬环境见长向软环境提升转变，打造广西北部湾经济区产业园区升级版。第二，推动南宁经济技术开发区、南宁江南工业园区、北海铁山港工业区、防城港大西南临港工业园、广西钦州保税港区、钦州石化产业园等重点产业园区产值从百亿元级向千亿元级跨越，支持中马钦州产业园区等建设新一代产业园。第三，实施战略性新兴产业倍增计划，将战略性新兴产业发展与传统优势产业改造提升相结合，以培育北部湾新的经济增长点为目标，以产学研结合、军民融合为依托，以关键领域和重点产业为突破口，以培育企业主体和建设战略性新兴产业集聚区为抓手，充分发挥战略性新兴产业投资基金的引导作用，大力推动新一代信息技术、高端装备制造、生物产业、新材料、新能源、节能环保、新能源汽车等新兴产业发展，促进形成1～2个战略性新兴产业集群，打造全区战略性新兴产业集聚发展示范区。

3. 培育发展高端装备制造业、生物医药产业二大战略性新兴产业

第一，培育发展现代物流装备、现代农业装备、现代航空装备、轨道交通装备、光机电一体化、卫星及应用产业、超高压输电设备、智能制造装备（机器人、智能安防装备等）、无人驾驶汽车、高效内燃机、风电设备、海洋工程装备和修造船、高端船舶装备、高效节能环保装备、高端零部件及关键基础部件等。第二，规划建设北部湾修造船及海洋工程制造基地、钦州和北海石墨烯与超高压输配电装备产业基地、南宁研祥科技装备东南亚总部项目，加快玉柴产业园、南宁新兴产业园、南宁经济技术开发区、南宁高新技术产业开发区和北海国家高新技术产业开发区先进装备制造业发展。第三，大力发展现代生物制药、保健品、中药和民族药等生物医药产业，积极发展生物基产品、绿色生物工艺装备等生物制造产业。重点建设南宁高新技术产业开发区生物医药产业园、南宁经济技术开发区生物医药产业园、北海银河生物产业园、

钦州高新区生物医药产业园、中马钦州产业园区、玉林中医药健康产业园，打造南宁国家高技术生物产业基地、沿海海洋生物产业基地和国家基本药物重大疾病原料药基地、沿边中草药产业种植基地及深加工基地。

（二）推进市场一体化建设，释放市场活力

1. 率先建立一体化市场秩序，健全市场监管体系

第一，全面清理和废除妨碍城市群统一市场形成和公平竞争的各种地方性法规和政策，加快构建统一开放、竞争有序、充满活力的区域市场体系，探索建立区域市场一体化合作机制；统一市场准入，推行负面清单管理。第二，加强市场信用体系建设，共建共享信用信息平台，培育发展区域信用服务市场，统一失信惩戒制度；健全市场监管体系，联合打击侵权行为，共同维护企业和消费者合法权益。

2. 推进区域金融市场和产权交易市场发展，促进劳动力自由流动

第一，支持金融机构在风险可控的前提下依据相关规定在北部湾城市群设立分支机构。强化金融监管合作，合力防范和打击非法集资行为，逐步推进金融信息、外汇管理等金融管理服务一体化。第二，建立北部湾知识产权、技术成果交易市场。按照"总量控制、合理布局、审慎审批"的原则，统筹发展排污权、水权、林权、海域使用权等交易平台；依托现有交易场所，探索发展面向西南和东盟的橡胶、能源、钢材、糖等特色商品现货交易。第三，深化户籍制度改革，放宽南宁、海口落户限制，全面放开其他城市户籍迁移限制。推进人口服务同城化建设，实现身份证换领补领、户口迁移网上审批、出入境管理、车辆管理等事项异地办理；建立北部湾人才市场，共享就业信息和人才信息，推行各类职业资格、专业标准的城市间统一认证认可。

3. 制定城市群统一的承接产业转移政策，强化承接产业转移管理

第一，制定城市群统一的承接产业转移政策，实施严格的污染物排放标准和环境准入标准。严格禁止高耗能、高污染和其他可能削弱地区资源环境承载能力的项目，避免低水平重复建设和产能过剩项目引进。第二，面向东盟及"一带一路"沿线国家，积极参与国际产业对接和产能合作，构建东盟企业进入中国大陆的"落脚点"和中国企业走向东盟市场的"始发站"，汇聚国际国内双向产业资源。吸引海内外投资者在重点产业集聚区设立加工制造基地、配套基地、研发中心、采购中心和物流中心。建立产业转移跨区域合作机制，鼓励以连锁经营、委托管理、投资合作等多种形式合作共建跨区域产业园区。第三，探索建立区域产业协作利益共享和持续发展的长效机制，鼓励与国内发达地区、海外战略投资者共建产业园区。通过联合出资、项目合作、资源互补、技术支持等多种方式，推进湛江—北海粤桂北部湾经济合作区、珠三角产业转移园等跨区域合作园区建设，深化区域产业分工协作。支持城市群各城市间合作共建产业园区，逐步形成横向错位发展、纵向分工协作的发展格局。

五、基础设施

（一）推动基础设施互联互通，强化基础设施支撑

1. 打造空海航运体系，优化沿海港口布局和分工协作

第一，优化近岸海域空间布局，严格控制围填海规模，强化岸线资源保护和自然属性维护，加强生态修复，确保自然岸线保有率稳步提高。第二，优化存量占用、严控增量建设，按照海洋功能区划，提高开发岸线利用率和配置效率，实行分区管控，最大限度降低城镇建设、基础设施、产业项目对海岸线的干扰和破坏。第三，建立海岸线管理省际协作机制，建立健全海岸线动态监测机制，加强对占用岸线项目建设的跟踪监测和动态监管。

2. 加强与东盟国家陆路互联互通，畅通对接"三南"陆路通道

第一，研究建设南宁—崇左铁路，推进东兴—芒街—下龙—河内、凭祥—河内高速公路等跨境公路建设，对接泛亚铁路，提升与越南、马来西亚、新加坡等国家互联互通水平。第二，提升边境口岸集疏运能力，加快建设防城港—东兴铁路、崇左—水口高速公路等，实现边境口岸与城市群内部多通道高效联通。畅通对接"三南"陆路通道；建设南北陆路新通道，推进南宁—贵阳、合浦—湛江高速铁路建设，规划建

设防城港—文山—蒙自铁路，推进湛江—海口铁路改造，强化与成渝、黔中、滇中等西南地区城市群的联系。第三，推进南宁—柳州—长沙高速公路扩建和铁路改造，建设玉林—桂林高速公路，提升外联中南地区的能力。推进茂名—深圳铁路建设，加快实施黎塘—湛江铁路电化改造，规划研究茂名—广州铁路，积极推动南宁—浦北—云浮高速公路建设，加强与珠三角城市群的联系。

3. 推进边境公路提级改造工程，构筑城市群内快速交通网络

第一，协调推进建设南宁—新加坡高等级公路网、凭祥—河内高速公路、东兴—下龙—海防高速公路；重点推进建设柳州—合山—南宁、荔浦—玉林、贵港—合浦、博白松旺—铁山港东岸、玉林—湛江、硕龙—隆安—贵港、北流清湾—南宁苏圩、崇左—水口、崇左—靖西，改扩建南宁经钦州至防城港高速公路；加快建设南宁新江镇至崇左扶绥县一级公路、广西滨海公路、钦州—灵山一级公路、峒中—东兴二级公路。第二，以南宁、海口、湛江全国性综合交通枢纽为支点，以高速铁路、城际铁路、普通铁路等多层次轨道交通和高等级公路为骨干，构建"两横两纵一环"综合交通网络。打通防城港—钦州—湛江—阳江沿海高速铁路通道，推进南宁—崇左城际铁路和南宁—浦北—云浮高速公路建设，构建"两横"骨干通道。提升南宁—北钦防高速铁路城际服务功能，规划贵港—玉林城际铁路，开展湛江—海口跨海通道前期论证，构建"两纵"骨干通道，力争实现主要城市间2小时通达、邻近城市间1小时通达。第三，贯通广西滨海公路、海南环岛旅游公路，形成"环湾"交通通道。实施国省干线公路提级改造，加强地区间互联互通，提升交通网络覆盖范围和连通程度；规划建设防城港—崇左—靖西沿边铁路，推进边境公路提级改造工程。

（二）打造高速共享安全的信息网络，加快建设中国—东盟信息港

1. 加快构建新一代信息基础设施，搭建城市群信息服务平台

第一，完善区域高速网络布局，加快通信枢纽和骨干网建设，提升网络质量。实施"宽带城市群"工程，提高百兆接入能力，推进城镇光纤到户，建成城市群高速宽带网；实施"无线城市群"工程，实现第四代移动通信网络城乡全覆盖，实现热点区域免费高速无线局域网全覆盖。第二，整合城市"公共云"资源，建设南宁、海口、湛江3大综合数据服务中心，提高云资源应用水平。构建大数据基础资源体系，整合信息资源，推动跨城市、跨部门数据全面对接和共享。第三，构建统一的地理信息公共服务平台，推进城市群政务信息共享和业务协同，建立数据资源清单，编制数据资源目录，制定相关技术体系、标准规范和推动机制，实现应急、公安、交通、消防、国土等多部门信息跨区域互联共享和协同联动；推进物流信息公用共享，构建覆盖城市群、联通全国、对接东盟的智能物流公共信息平台。

2. 提升信息安全保障水平，保障城市群信息网络数据健康有序发展

第一，提升网络安全整体保障水平。贯彻实施国家网络安全等级保护制度，加强城市群网络安全工作监管。第二，以城市群关键信息基础设施和大数据安全为重点，实现信息化建设与网络安全同步规划、同步实施、同步运行，严格落实网络安全责任制和各项网络安全等级保护工作，建立健全网络与信息安全信息通报机制，加强实时监测、通报预警、应急处置工作。第三，严厉打击危害关键信息基础设施和数据安全的网络违法犯罪活动，构建网络安全综合防御体系，保障和促进城市群信息网络数据健康有序发展。

3. 加强云计算服务平台建设，建立北部湾数据资源和交换中心

第一，以南宁为核心、覆盖全区、服务西南中南地区，构建面向东盟的国际通信网络体系和信息服务枢纽，实现中国—东盟信息网络互联互通。第二，搭建基础设施、信息共享、技术合作、经贸服务、人文交流五大平台，打造东盟区域信息基础设施海外业务服务和运营基地。加快南宁核心基地建设，建设中国—东盟海陆光缆等国际通信设施，提升国际出入口通信能力，力争将南宁建成我国第4个国际互联网出口点和国家级互联网骨干互联节点。第三，依托中国—东盟信息港，建设一批面向东盟的网络视听基地、北斗卫星产业园、智慧城市产业园、技术转移中心、检验检测及认证中心等产业聚集区，推动跨境电子商务、远程医疗、网络文化、智能电网、金融信息、技术创新、网络安全等信息服务业发展，打造信息产业集群。

六、社会福利

（一）完善社会保障体系，保障落实民生福祉

1. 加快发展养老服务事业，健全老年优待政策

第一，推动养老与健康服务业融合化、集聚化、社会化、信息化发展，促进转型升级，完善养老与健康服务业产业体系。积极发展生命信息、高端医疗、健康管理、健康保险、养生保健、慢病预防、体育健身等健康服务业，加快发展生活照料、家政服务、康复护理、医疗保健等养老服务业。第二，推动健康医疗与旅游业融合发展，打造具有特色的中医药保健旅游产品，提升康体旅游的区域国际化水平。建设中国—东盟（南宁）健康产业城、广西太和自在城、广西体育产业城、北部湾国际滨海养生健康服务基地、防城港国际滨海休闲养生基地、北部湾滨海特色健康养老基地、中国（崇左）乐养城、玉林国际健康城。第三，引导和鼓励社会力量兴办养老服务机构。采取公建民营、民办公助、政府购买服务、补助贴息等多种模式，引导和支持社会力量兴建各类养老服务设施；经县（市、区）级以上民政部门批准、符合建设项目管理规定的新建、改扩建的非营利性民办养老机构，政府给予每张新增床位不低于3000元的标准扶持补贴，对建成开业的养老机构给予每张床位每年一定的运营补贴，由当地财政负担或在福彩公益金留存资金中支付。

2. 加强服务保障，完善农村留守儿童和妇女、老人关爱体系

第一，认真贯彻落实中央关于加强农村留守儿童关爱保护工作的要求，开展"合力监护、相伴成长"关爱保护专项行动，建立农村留守儿童关爱保护工作协调机制，农村留守儿童关爱服务体系进一步健全，效果进一步显现。第二，定期开展留守儿童与父母的线上交流互动，让广大在外务工人员均能够与孩子沟通得更好，争取让远方的孩子始终感受到父母就在身边，在亲情关怀下成长。第三，建设扶贫系统大数据平台是配套政策。北部湾城市群将依托电子政务外网基础设施资源，充分整合扶贫开发综合管理信息系统已有资源，进一步改善扶贫信息化建设应用基础环境，建成北部湾城市群统一、数据集中、服务下延、互联互通、信息共享、动态管理的脱贫攻坚大数据管理平台，实现市、县、乡、村四级高速接入。

3. 按时发放残疾人两项补贴，保障基本生活权益

第一，全面开展重特大疾病医疗救助工作，将重特大疾病并造成医疗和家庭生活困难的城乡居民，将可申请获得一定金额的医疗救助。健全和完善医疗救助经费"一站式"即时结算机制。第二，将农村低保对象全部纳入精准识别范围，困境儿童有望获得分类保障；困难残疾人、重度残疾人将分别获得生活补贴和护理补贴，落实保障，全面夯实残疾人事业发展基础。第三，加快推进残疾人小康进程纳入政府目标管理和绩效考核。各级财政将残疾人事业经费纳入预算安排，并建立逐年递增机制；切实将残疾人服务项目纳入县镇村三级公共服务平台范畴，增强服务能力；加强残疾人工作者队伍建设，强化残疾人权益保障机制，加强残疾人事业宣传，形成保障残疾人合法权益的良好社会环境。

（二）创新利益协调机制，保障人民基本权益

1. 构建现代化服务集群，研究建立北部湾城市群一体化发展基金

第一，以商贸物流、信息服务、现代金融、商务会展、海洋服务、文化服务等为重点，推进南宁、海口等城市现代服务业集聚发展。提升南宁物流枢纽功能，打造钦州、防城港、湛江、玉林、茂名综合型商贸物流基地；提升南宁、湛江跨境金融服务功能，推动区域金融改革创新，研究开展海南离岸金融试点；强化中国—东盟博览会等会展品牌效应，提升发展中国—东盟商品交易中心，构建以南宁和海口为中心，其他城市为节点的会展体系。第二，发展大健康产业，打造富有滨海和山水特色的健康养生基地。研究建立北部湾城市群一体化发展基金；根据城市群建设实际需求研究筹建北部湾城市群一体化发展基金，积极引入各类社会资本，重点支持跨地区基础设施建设、生态联防联治、重大公共服务平台建设等。

2. 建立公共服务协同发展机制，实现成本共担和利益共享

第一，协同开展先行先试，探索将海南国际旅游岛建设先行先试和促进沿边地区开放的部分改革举措和政策，率先在北部湾城市群内推广，协同攻坚、共克难题。鼓励北部湾城市群建立产业跨行政区转移的

利益共享机制，相关项目收益由合作各方分享探索建立跨行政区水资源开发利用、生态环境保护和生态补偿机制；实现城市群公共交通"一卡通"和公路收费"一卡通"，取消城市群内固定电话长途费和移动数据漫游费。

3. 推进社会保障管理服务一体化，完善跨部门信息核对平台

推行"互联网＋人社"，统筹推进社会保障等领域信息化建设，形成一体化的信息化应用支撑体系，逐步实现城市群内社保"一卡通"；建立和完善社保关系跨地区转移接续机制；探索建立跨省异地就医结算机制，逐步实现城市群内参保人员信息互联共享、定点医疗机构互认和异地就医直接结算；健全基本医疗保险、大病保险、商业保险、医疗救助等"一站式"及时结算机制；完善跨部门社会救助家庭经济状况信息核对平台。

七、居民生活

（一）提高城乡居民收入，保障居民生活质量

1. 提高劳动生产率，保证经济稳定增长

第一，加快形成公正合理有序的收入分配格局。健全职工工资正常增长机制，完善最低工资保障制度、企业工资集体协商制度；健全机关事业单位工资动态调整机制，切实提高基层及贫困地区公务员待遇水平。第二，加强收入分配调节，明显增加低收入者收入，持续扩大中等收入群体，逐步缩小城乡居民收入差距。完善社会保障体系；以增强公平性、适应流动性、保障可持续性为原则，以社会保险、社会救助、社会福利为基础，以基本养老、基本医疗、最低生活保障制度为重点，以慈善事业、商业保险为补充；全面实施城乡居民大病保险制度；统筹救助体系，支持慈善事业发展，广泛动员社会力量开展社会救济和社会互助；构建城乡一体的社会保障体系。第三，做大做强做优工业促增收。以提高资源精深加工水平、促进产业链向中高端延伸、增强企业核心竞争力为重点，大力发展先进制造业；以加大技术改造力度，提高资源综合利用和精深加工水平为重点，加快传统产业转型升级；以落实加快推进战略性新兴产业发展实施方案为重点，以建设产业示范基地为抓手，以国家级和省级创新平台建设为支撑，加快推进战略性新兴产业发展。

2. 逐步解决相对贫困，提高居民生活质量

第一，在巩固精准扶贫的基础上，逐步解决相对贫困问题。通过发展生产、易地搬迁、生态补偿、教育支持、医疗救助、低保兜底等有效措施，持续改善相对贫困人口的生活水平，完善相对贫困人口精准识别、精准扶持和精准脱贫的长效机制。第二，探索建立以居民福利提升为核心目标的治理体系，以居民的获得感作为政府治理有效的重要评估指标，强化对相对贫困人口的政策支持。第三，在发展中实现增收，在富民中促进发展，形成居民收入与经济发展良性互动关系，持续提高城镇居民收入在国民收入分配中比重、劳动报酬在初次分配中比重，努力缩小地区间差距，扩大中等收入群体，逐步形成日趋合理的收入分配格局。

3. 履行好再分配职能，推动区域共同富裕

第一，加快形成公正合理有序的收入分配格局。健全职工工资正常增长机制，完善最低工资保障制度、企业工资集体协商制度；健全机关事业单位工资动态调整机制，切实提高基层及贫困地区公务员待遇水平；加强收入分配调节，明显增加低收入者收入，持续扩大中等收入群体，逐步缩小城乡居民收入差距，调节过高过低收入。第二，健全技术要素参与分配机制。建立健全以实际贡献为评价标准的科技创新人才薪酬制度，鼓励企业和有条件的事业单位对急需的高层次、高技能人才实行协议工资、项目工资、年薪制等；在农业科技、科技创新等领域，开展科技成果入股、岗位分红权激励试点，研究制定科技成果转化促进办法，建立健全有利于科技成果转化的分配政策。第三，维护劳动者合法权益。健全工资支付保障机制，预防和打击欠薪行为，限制或禁止恶意欠薪用人单位经营、融资等行为；落实清偿欠薪的工程总承包企业负责制，建立健全建筑施工等领域工资保证金和欠薪应急周转金制度，完善与企业信用等级挂钩的差别化工资保证金缴纳办法；规范劳务派遣用工行为，依法惩治非法劳务派遣，保障被派遣劳动者享有与用工单位劳动者同工同酬的权利；加大劳动报酬争议案件的预防和调处力度，对异地务工人员劳动报酬争

议案件开辟"绿色通道",优先立案、优先开庭、优先审结。

（二）完善社会保障体系,促进社会和谐稳定

1. 强化公共事务协同治理,满足人民需求

第一,整合灾害信息资源,建立一体化的防灾减灾体制,探索城市群救灾应急行动的协调和指挥,加强防洪、抗台、病虫害防治、消防、地震预防合作。第二,建立区域性食品药品检验检测中心,推进信息互通、资源共享、执法互助,协同保障食品药品安全。加强跨区域警务协作和联合执法,加强警务信息交流,建立群体性事件预警、案件应急处置、交通安全部门协作机制。第三,严厉打击跨省市犯罪和非法出入境、拐卖人口、走私贩毒、恐怖主义等违法犯罪活动,在维护社会稳定、处置突发事件等方面实现区域联动。

2. 强化消费市场监督管理,保障市场秩序稳定

第一,进一步放宽服务消费领域市场准入,在旅游领域中,强化旅游政务服务建设。深化"放管服"工作,不断完善"双随机一公开"监管方式,充分运用网上服务监管平台,大力发展智慧旅游,促进旅游政务服务更加便捷智能。第二,落实带薪休假制度,鼓励错峰休假和弹性作息。推动全域旅游示范区创建单位加强旅游基础设施和公共服务设施建设。第三,强化商品和服务质量监管。每年开展重点商品和服务质量专项整治行动,加大对儿童用品、建筑装饰装修材料、家用电器等重点商品质量抽检力度,提高网络商品抽检比重,逐年增加网络抽检批次;建立健全商品质量抽检系统、信息数据库和信息公示制度,强化对抽检不合格商品的跟踪监测和查处力度,及时向社会和相关部门通报抽检不合格信息和名单,发布消费警示。第四,进一步完善全国网络交易平台监管服务系统(北部湾城市群)功能,强化对广西网络市场信息收集、分析和运用,为政府决策和市场监管提供参考。

3. 完善城市生活环境系统功能,提升生活性服务业品质

第一,加大基础设施扶持力度,重点解决农村的通路、通水、通电、通广播电视、通宽带网络等问题,保障贫困户有稳固住房,扩大基础设施覆盖面,增加公共服务供给;深化拓展乡村建设工作,加快推进农村垃圾收运体系规范化、专业化,大力推进农村生产生活废弃物实现资源化利用;全面推进农村生活污水治理,加速开展农村污水治理设施建设;扎实推进农村"厕所革命",实现农村人居环境新提升。第二,统筹城乡公共文化设施布局,推进基层综合性文化服务中心建设,推进县级图书馆和文化馆、乡镇综合文化站及村级综合性文化服务中心标准化建设,实现乡村两级公共文化服务全覆盖,加大文化惠民演出力度;推动公共文化资源重点向乡村倾斜,深入开展送文化下基层活动,提供更多更好的农村公共文化产品和服务,组织引导群众性文体活动,满足广大人民群众的精神文化需求。第三,全面提升北部湾城市群的购物消费环境,以综合购物中心、机场免税商店、购物特色一条街、特色工艺品城为基地,打造东盟国家小商品、蔬菜、水果、食品商业城,开发都市购物旅游产品,丰富城市购物环境。

八、科教文卫

（一）构建教育交流沟通平台,加强教育合作

1. 建立北部湾教育交流合作联席会议制度,实现教育公平和均衡发展

第一,积极引进培养创新人才,将建立健全人才激励机制。设立人才发展资金,对高层次人才和急需紧缺人才,统一发放"北部湾人才服务绿卡",根据相关标准享受住房、落户、社保保险、医疗保障、子女入学、配偶就业等公共服务方面的优惠政策和便利服务。第二,加强中国—东盟人才资源开发合作,共同研究制订人才派遣计划,促进人力资源互利共享。加快建设面向东盟的人力资源合作基地,与东盟国家试行学历学位、职业资格互认,其居民享有与我国公民同等就业机会。第三,建立北部湾教育交流合作联席会议制度,引导优质学校异地创办分校和合作办学,建立中小学教师研训合作机制,加强教科研合作,整体提升北部湾经济区教育信息化水平,逐步实现教育公平和均衡发展。

2. 坚持改革创新,驱动教育科学发展

第一,坚持自主创新、重点跨越、支撑发展、引领未来方针,促进科技进步与产业升级紧密结合,加

快科技创新成果向现实生产力转化。完善科技创新体制机制，强化科技创新基础，增强科技创新能力，构建科技创新体系，加快构建创新型经济区。第二，积极发展学前教育，巩固提高义务教育质量和水平，扩大高中阶段教育规模，普及高中阶段教育。大力发展职业教育，为经济发展提供高素质劳动力；着力提升高等教育发展水平，扩大高等教育规模；加快发展继续教育，构建灵活开放的终身教育体系；构建充满活力、富有效率、更加开放的人才制度环境。第三，深化干部人事制度改革，完善人才引进和使用方式，完善人才法规体系。优先发展教育事业，大力发展普惠性学前教育，加快推进义务教育公平发展；普及高中阶段教育，办好特殊教育、发展职业教育、提升高等职业教育质量，加快发展继续教育，打造高素质教师队伍，提升教育发展活力；深化考试招生制度改革和教育教学改革，提高高校办学水平和创新能力，为广西北部湾经济区经济发展提供高素质劳动力。

3. 加强文化市场管理相关机构执法合作，共同推动文化繁荣

第一，研究建设北部湾21世纪海上丝绸之路博物馆、中国—东盟文化产业基地等。挖掘"南海Ⅰ号"品牌价值，弘扬北部湾海洋历史文化；共同承办全国性乃至国际性重大文化活动和联合组织对外商演展览。第二，建立跨地区文化联盟，探索建立跨区域公共图书馆文献、地方文献共享网络平台。第三，加强文化市场管理相关机构执法合作，建立信息互通、联合执法机制。加强跨地区体育交流合作，联合举办区域性竞技体育和群众性体育活动，共同承办国际重大体育赛事。

4. 坚持开放交流，打造区域教育对外开放特色

第一，落实教育部《推进共建"一带一路"教育行动》，立足东盟、面向世界，加大教育对外交流与合作力度，全方位、宽领域、多层次与21世纪海上丝绸之路沿线国家开展教育交流与合作，不断提高北海教育的国际化水平，努力将北海建设成为广西教育面向东盟开放的重要门户和人文交流基地。第二，积极鼓励本市高校与国外一流大学举办中外合作办学机构，引进境外优质资源，开展互派教师作为访问学者、互派留学生、科研合作等交流项目。积极争取中国—东盟大学落户北海；积极参与每年一次的广西东盟国际教育展和两年一次的中国—东盟职业教育联展暨论坛；继续办好与美国、澳大利亚、日本等国家的友好城市之间的教育交流项目，支持鼓励有条件的中小学校与国外学校结为姐妹学校、友好学校，规范组织学生到国外游学、访学活动，开阔学生的国际视野。第三，吸引区内外知名高校在北海设立分校、创办合作办学机构。进一步落实引进高等院校的优惠政策，积极筹建中国东盟大学、研究生联合大学；引进清华大学、浙江大学、南京大学、中国海洋大学、广西大学等著名高校进入北海海洋产业科技园区。

（二）推进医疗卫生资源共享，推进医疗卫生资源共享

1. 全面加强公共卫生服务体系建设，关注人民健康

第一，加强城市群各级各类医疗卫生机构建设，提升整体服务能力和水平，打造"健康北部湾"。深化医疗卫生体制改革，全面建立分级诊疗制度，提高基层服务能力；鼓励城市群内医疗机构通过远程诊疗、派驻专家、交流进修等方式加大交流与合作；探索建立标准统一、接口统一的医疗信息化平台；积极探索重大疫情信息通报与联防联控工作机制、突发公共卫生事件应急合作机制和卫生事件互通协查机制；积极推进陆海空立体医疗转运与救治，探索建立海（水）上紧急医学救援基地。第二，关注人民健康，发展卫生事业。全面加强公共卫生服务体系建设，逐步提高人均公共卫生经费标准，提高突发重大公共卫生事件应急处置能力；逐步建立农村医疗急救网络；普及健康教育，广泛开展爱国卫生运动。第三，健全农村三级医疗卫生服务网络，完善以社区卫生服务为基础的新型城市医疗卫生服务体系。积极稳妥推进公立医院改革，建立和完善以国家基本药物制度为基础的药品供应保障体系；坚持中西医并重，支持中医药事业发展；满足群众多层次、多样化的医疗卫生需求，健全农村三级医疗卫生服务网络和城镇社区医疗卫生服务体系；逐步建立农村医疗急救网络，提高突发重大公共卫生事件应急处置能力；建立和完善药品供应保障体系；统筹推进卫生信息化建设，加强卫生人才队伍建设；加快发展养老事业。

2. 普及健康教育，加强公共卫生基础设施建设

第一，推进智慧健康信息平台项目建设，全面完善市级卫生计生信息综合管理服务平台和电子居民健康卡建设；依托社区卫生服务中心等资源，设立体医结合健康服务站或运动康复保健服务站，推广社区体育健康促进计划。第二，推进医疗卫生信息化建设，建立健全全员人口信息、电子健康档案和电子病历三大数据库；整合卫生计生执法资源，加强卫计综合执法力量；积极推动社会办医，有序放宽社会力量办医

准入，加快实施医师多点执业，形成多元化办医格局。第三，贯彻落实卫生与健康"1＋13"政策，加快完善各级健康服务设施。推进分级诊疗制度建设，构建紧密型的医联体和医共体；加大基层医疗卫生机构基础设施标准化建设，加快社区卫生服务中心新建或改建，提高乡镇医疗卫生服务标准，进一步完善15分钟医疗服务圈；大力推进面向基层、偏远和欠发达地区的远程医疗服务，制定和完善远程医疗服务管理、服务项目价格和费用。

3. 壮大基层医护人员队伍，提高医疗卫生服务人员队伍整体素质

第一，不断完善乡村医生的社会福利保障政策。积极推进乡村卫生室则按照"乡村一体化管理"要求，实行"乡聘村用"，按每千人口配备1名村医的标准核定村医数，财政按卫生院补助标准核拨经费给所属卫生院；卫生院、村卫生室人财物实行统一管理，进一步提高乡村医生待遇。第二，不断提高基层医疗卫生人员的服务能力和服务水平。加强实施基层卫生人员在岗培训计划，积极组织城市相关医学院校通过集中面授、网络视频教学、临床进修等多种方式开展针对性的理论培训和实践培训，提高在岗医生培训数量；扩大在岗医生培训覆盖范围，不断巩固和强化城市基层医疗机构的医疗卫生服务能力，提高基层卫生人员对常见病、多发病的诊疗水平以及实践操作能力，进一步提升医疗安全和管理质量。第三，全面落实订单培养和全科医生转岗培训项目。加强乡村医生订单定向培养工作，为城市基层医生队伍及时培养后备力量；落实基层人才队伍招聘和职称晋升政策，健全完善乡镇卫生院招聘机制；落实基层卫生人才奖励政策，加快引进人才，稳定和充实基层医疗卫生队伍。

九、生态环境

（一）充分发挥后发优势，率先建设生态文明示范区

1. 加大节能减排力度，加快实施重点节能工程

第一，建立和完善节能目标责任和评价考核制度。强化对重点耗能企业的跟踪、指导和监管；加快实施重点节能工程，调整和优化产业结构，控制高耗能、高污染行业过快增长，加快淘汰落后产能；完善促进产业结构调整的政策措施。第二，完善落后产能退出机制，指导、督促淘汰落后产能企业做好职工安置工作。支持淘汰落后产能工作，完善淘汰落后产能公告制度；对未按期淘汰的企业，依法吊销排污许可证、生产许可证和安全生产许可证；对虚假淘汰行为，依法追究企业负责人和政府有关人员的责任。第三，加快传统产业改造升级。推动运用高新技术和先进适用技术改造提升传统产业，促进信息化和工业化深度融合，重点支持对产业升级带动作用大的重点项目和重污染企业搬迁改造；促进加工贸易转型升级；引导企业兼并重组，提高产业集中度。

2. 大力发展循环经济，全面推进清洁生产

第一，实施循环经济试点，建设玉林进口再生资源循环利用示范园区、南宁再生资源产业示范园区，推进资源综合利用。组织编制重点行业循环经济推进计划；重点在制糖、铝业、钢铁、锰业、石化、建材、林浆纸等行业构建循环利用产业体系，推动产业循环式组合；制定和发布循环经济评价指标体系；深化循环经济试点，争取利用国债资金支持一批循环经济项目；推进垃圾资源化利用，全面推进清洁生产。第二，加强资源综合利用。加强共伴生矿产资源及尾矿综合利用，减少矿产开发废弃物对环境的污染，建设绿色矿山；推动火电、冶炼、有色金属、建材等行业实施煤矸石、粉煤灰、尾矿、赤泥、工业副产石膏、冶炼和化工废渣、建筑和道路废弃物及农作物秸秆综合利用、农林废物资源化利用，大力发展利废新型建筑材料，努力实现废弃物就地转化，减少转移。第三，大力调整能源结构。推进能源多元清洁发展，转变能源生产和利用方式，深度开发水电，优化发展火电，努力发展核电，积极发展生物质能、风能、太阳能、地热能、潮汐能等可再生清洁能源，加大能源合作力度，提高可再生能源在能源消费中的比重。

3. 加强生态保护建设，保护和修复城市群的生态系统

第一，优化能源供应结构。加快打造绿色低碳、保障安全的沿海电源基地；安全稳妥推动阳江、防城港、昌江等核电建设，有序发展天然气发电；大力发展可再生能源，加快推动陆上和海上风电资源开发，推进海洋能工程化应用与示范，因地制宜推进农光互补、渔光互补等分布式光伏建设，积极发展天然气分布式能源和天然气车船，推进生物质能源发展；严格控制火电规模，新建燃煤发电机组大气污染物排放浓

度达到燃气轮机组排放限值。第二，在严格保护海洋生态环境前提下，推动北部湾和南海油气资源开发利用，通过加强能源国际合作，保护和修复城市群的生态系统。

（二）增强环境治理能力体系，全面提升环境管理水平

1. 加强环境污染治理，推进环境保护工作

第一，加强跨界水体污染治理。以小流域为单元推进水污染防治，重点加强九洲江、鹤地水库、黄华江、罗江等粤桂省际跨界河流、水库及南流江、鉴江、昌化江等跨市河流的水环境综合整治；开展近岸海域水环境保护，规范入海排污口设置，实施入海污染物总量控制和考核，严格约束陆域入海污染负荷，倒逼滨海地区产业绿色发展。第二，强化区域大气污染联防联控。突出治理好大气颗粒物污染，力争城市空气质量全面达优；重点抓好电力、冶金、石化、造纸等工业源治理，协同推进移动源、生活源、农业源综合治理；实施重点行业清洁生产技术改造，推行绿色交通，推进港口船舶大气污染防治；大力发展天然气等清洁能源以及生物质成型燃料等可再生能源；强化噪声源监管。第三，加强土壤污染防治和固体废物治理。结合城市环境质量提升和发展布局调整需要，以拟开发建设居住、商业、学校、医疗和养老机构等项目的污染地块为重点，开展土壤污染治理与修复；对污染耕地集中区域优先组织开展治理与修复；加强固体废物无害化处置与资源化利用；以化工、石化、有色金属冶炼等行业为重点，加强危险废物的无害化处置或综合利用；加强危险废物区域协同处置能力建设。

2. 强化环境管理基础能力建设，提升环境执法能力

第一，密切跟踪规划实施对区域、流域、海域生态系统和环境以及人民健康产生的影响，重点对资源开发、城市建设、产业发展等方面可能产生的不良生态环境影响进行监测评估。第二，建立重点生态功能区监管制度。对纳入规划的重大基础设施建设项目依法履行环评审批程序，严格土地、环保准入，合理开展项目选址或线路走向设计；建立统一、高效的环境监测体系以及跨行政区环境污染联合防治协调机制、环境联合执法监督机制、规划环评会商机制，实行最严格的环境保护制度。第三，发展先进适用的节能减排技术，实行更加严格的排放标准，严格控制实施区域内重点污染物排放总量。将环境影响问题作为规划评估的重要内容，并将评估结果作为规划相关内容完善的重要依据。

3. 深化环境管理体制机制改革创新，建立生态保护红线管控制度

第一，建立健全节能减排目标和工作责任考核制度。综合考虑经济发展水平、产业结构、节能潜力、环境容量及产业布局等因素，将节能减排目标合理分解至各地区；推进节能减排指标层层分解落实。第二，加快制定实施节能减排地方性法规。配合国家相关部门开展环境保护法、大气污染防治法、建设项目环境保护管理条例等法律法规的修订工作，推进节约能源、循环经济、资源综合利用、清洁生产、生活垃圾处理等领域法制建设。第三，严格执行环境影响评价制度。切实落实规划环评，将污染物排放总量指标作为环评审批的前置条件，严格落实减排目标，实行阶段性环评限批。

参 考 文 献

[1] 安翠娟，侯华丽，周璞，刘天科．生态文明视角下资源环境承载力评价研究——以广西北部湾经济区为例 [J]．生态经济，2015，31（11）：144-179．

[2] 曾晨，刘艳芳，周鹏，崔家兴．城市蔓延综合指数的评价与分析——以武汉市为例 [J]．地域研究与开发，2015，34（2）：62-90．

[3] 曾鹏，钟学思，李洪涛等．珠江-西江经济带城市发展研究（2010~2015）[M]．北京：经济科学出版社，2017：卷一至卷十．

[4] 陈美玲．城市群相关概念的研究探讨 [J]．城市发展研究，2011，18（3）：5-8．

[5] 陈明华，刘玉鑫，王山，刘文斐．中国十大城市群民生发展差异来源及驱动因素 [J]．数量经济技术经济研究，2020，37（1）：23-40．

[6] 陈明华，刘玉鑫，张晓萌，仲崇阳．中国城市群民生发展水平测度及趋势演进——基于城市DLI的经验考察 [J]．中国软科学，2019（1）：45-81．

[7] 程玉鸿，罗金灿．城市群协调发展研究述评 [J]．城市问题，2013（1）：26-31．

[8] 戴其文，魏也华，宁越敏．欠发达省域经济差异的时空演变分析 [J]．经济地理，2015，35（2）：14-29．

[9] 戴艳娟，泉弘志．基于全劳动生产率的中国各产业生产率的测算 [J]．财经研究，2014，40（12）：89-101．

[10] 董维，蔡之兵．城镇化类型与城市发展战略——来自城市蔓延指数的证据 [J]．东北大学学报（社会科学版），2016，18（2）：137-142．

[11] 豆建民，汪增洋．经济集聚、产业结构与城市土地产出率——基于我国234个地级城市1999-2006年面板数据的实证研究 [J]．财经研究，2010，36（10）：26-36．

[12] 杜俊义．基于城市流强度模型的珠江—西江经济带城市发展研究 [J]．广西社会科学，2016（12）：94-98．

[13] 樊福卓．地区专业化的度量 [J]．经济研究，2007（9）：71-83．

[14] 范德成，刘刊．投资倾向对产业产出的影响作用研究 [J]．科技与经济，2010，23（1）：55-91．

[15] 冯苑，聂长飞，张东．中国城市群经济韧性的测度与分析——基于经济韧性的shift-share分解 [J]．上海经济研究，2020（5）：60-72．

[16] 葛星，郑耀群．中国九大城市群综合承载力的空间非均衡及其动态演进 [J]．统计与信息论坛，2018，33（12）：73-81．

[17] 龚唯平，赵今朝．协调指数：产业结构优化效果的测度 [J]．暨南学报（哲学社会科学版），2010，32（2）：50-162．

[18] 郭华，蔡建明，杨振山．城市食物生态足迹的测算模型及实证分析 [J]．自然资源学报，2013，28（3）：417-425．

[19] 韩正清．中国城乡金融二元结构强度分析 [J]．农村经济，2009（5）：62-65．

[20] 胡瑞文，王红．2020年我国教育经费投入强度需求预测及实施方案构想 [J]．教育发展研究，2010，30（1）：1-7．

[21] 黄亮雄，安苑，刘淑琳．中国的产业结构调整：基于三个维度的测算 [J]．中国工业经济，2013（10）：70-82．

[22] 黄荣清．人口发展指标体系和穆斯林民族人口发展状态分析 [J]．西北人口，2009，30（6）：

49－53.

[23] 黄荣清. 中国各民族人口发展状况的度量 [J]. 人口学刊，2009（6）：3－13.

[24] 黄亚玲，刘冰，吴彦虎. 农业综合生产能力评价体系的研究及实证分析 [J]. 宁夏社会科学，2008（5）：54－58.

[25] 江克忠，刘生龙. 收入结构、收入不平等与农村家庭贫困 [J]. 中国农村经济，2017（8）：75－90.

[26] 江曼琦. 对城市群及其相关概念的重新认识 [J]. 城市发展研究，2013，20（5）：30－35.

[27] 金双华. 财政支出水平对地区收入差距作用的统计评价 [J]. 统计研究，2011，28（2）：39－44.

[28] 蓝庆新，郑学党，韩雨来. 我国人口城镇化质量发展的空间差异研究 [J]. 社会科学，2013（9）：50－61.

[29] 李爱民. 中国半城镇化研究 [J]. 人口研究，2013，37（4）：80－91.

[30] 李国平，李宏伟. 经济区规划促进了西部地区经济增长吗？——基于合成控制法的研究 [J]. 经济地理，2019，39（3）：20－28.

[31] 李红，丁嵩，刘光柱. 边缘省区县域经济差异的空间格局演化分析——以广西为例 [J]. 经济地理，2012，32（7）：30－36.

[32] 李健，范祚军，谢巧燕. 差异性金融结构"互嵌"式"耦合"效应——基于泛北部湾区域金融合作的实证 [J]. 经济研究，2012，47（12）：69－82.

[33] 李江苏，骆华松，王焱. 主体功能区适度人口容量测算初探 [J]. 西北人口，2008（3）：1－5.

[34] 李金华. 中国十大城市群的现实格局与未来发展路径 [J]. 中南财经政法大学学报，2020（6）：47－56.

[35] 李涛，张伊娜. 企业关联网络视角下中国城市群的多中心网络比较研究 [J]. 城市发展研究，2017，24（3）：116－124.

[36] 李艳丽，刘瑞. 社会事业和社会产业协调发展的评价方法及协调度测算 [J]. 社会科学研究，2009（1）：47－52.

[37] 李雨潼. 中国人口性别结构分析 [J]. 人口学刊，2013，35（6）：61－69.

[38] 梁邦海，严汉平，李冀. 西部三大经济区城市经济增长收敛性研究 [J]. 城市问题，2013（1）：32－39.

[39] 梁红艳. 中国城市群生产性服务业分布动态、差异分解与收敛性 [J]. 数量经济技术经济研究，2018，35（12）：40－60.

[40] 林光祥，吕韬，彭路. 广西基本公共服务与区域经济协调关系探讨 [J]. 地域研究与开发，2017，36（3）：22－28.

[41] 刘澈元，苏毓敏，徐晓伟. 泛北部湾中国区域农村居民社会信任水平的影响因素探讨 [J]. 经济地理，2013，33（8）：26－51.

[42] 刘传明，王卉彤，魏晓敏. 中国八大城市群互联网金融发展的区域差异分解及收敛性研究 [J]. 数量经济技术经济研究，2017，34（8）：3－20.

[43] 刘日星，蒋文莉. 工资、就业结构偏离与就业动态关系差异研究 [J]. 统计与决策，2016（24）：135－139.

[44] 刘士林. 关于我国城镇化问题的若干思考 [J]. 学术界，2013（3）：5－13.

[45] 刘晓丽，方创琳. 城市群资源环境承载力研究进展及展望 [J]. 地理科学进展，2008（5）：35－42.

[46] 刘亚萍，赫雪姣，金建湘，李丽. 基于二分式诱导技术的WTP值测算与偏差分析——以广西北部湾经济区滨海生态环境保护为例 [J]. 资源科学，2014，36（1）：156－165.

[47] 刘玉亭，王勇，吴丽娟. 城市群概念、形成机制及其未来研究方向评述 [J]. 人文地理，2013，28（1）：62－68.

[48] 陆万军，张彬斌. 户籍门槛、发展型政府与人口城镇化政策——基于大中城市面板数据的经验研究 [J]. 南方经济，2016（2）：28－42.

［49］罗恩立，方丹丹．家庭随迁、居留意愿与流动人口就业质量——基于2016年全国流动人口动态监测数据的分析［J］．人口与发展，2020，26（3）：26－128．

［50］吕拉昌，李永洁，刘毅华．城市创新职能与创新城市空间体系［J］．经济地理，2009，29（5）：710－751．

［51］吕添贵，吴次芳，李洪义，游和远，蔡潇．人口城镇化与土地城镇化协调性测度及优化——以南昌市为例［J］．地理科学，2016，36（2）：239－246．

［52］马燕坤，肖金成．都市区、都市圈与城市群的概念界定及其比较分析［J］．经济与管理，2020，34（1）：18－26．

［53］马忠新，伍凤兰．湾区经济表征及其开放机理发凡［J］．改革，2016（9）：88－96．

［54］麦土荣，宋周莺，刘卫东．西部地区的经济空间格局研究［J］．经济地理，2010，30（9）：1417－1422．

［55］毛丰付，潘加顺．资本深化、产业结构与中国城市劳动生产率［J］．中国工业经济，2012（10）：32－44．

［56］欧胜彬，农丰收，陈利根．建设用地差别化管理：理论解释与实证研究——以广西北部湾经济区为例［J］．中国土地科学，2014，28（1）：26－32．

［57］欧阳晓，朱翔．中国城市群城市用地扩张时空动态特征［J］．地理学报，2020，75（3）：571－588．

［58］彭韶兵，郑伟宏，邱静．地方GDP压力、地方国有企业产值操控与经济后果［J］．中国经济问题，2014（4）：38－48．

［59］乔伟峰，刘彦随，王亚华，方斌，赵酉辰．21世纪初期南京城市用地类型与用地强度演变关系［J］．地理学报，2015，70（11）：1800－1810．

［60］秦尊文，汤鹏飞．长江中游城市群经济联系分析［J］．湖北社会科学，2013（10）：52－56．

［61］邱德荣，陈建军．城市内部因素对中国城市人口规模扩张的影响［J］．重庆大学学报（社会科学版），2016，22（1）：40－49．

［62］任致远．关于城市文化发展的思考［J］．城市发展研究，2012，19（5）：50－54．

［63］沈体雁，张晓欢，赵作权，赵璐．我国就业密度分布的空间特征［J］．地理与地理信息科学，2013，29（1）：64－68．

［64］石忆邵，吴婕．上海城乡经济多样化测度方法及其演变特征［J］．经济地理，2015，35（2）：7－13．

［65］宋准，孙久文，夏添．城市群战略下都市圈的尺度、机制与制度［J］．学术研究，2020（9）：92－99．

［66］苏红键，魏后凯．密度效应、最优城市人口密度与集约型城镇化［J］．中国工业经济，2013（10）：5－17．

［67］孙鹏，宋琳芳．基于非期望超效率－Malmquist面板模型中国海洋环境效率测算［J］．中国人口·资源与环境，2019，29（2）：43－51．

［68］孙伟增，张晓楠，郑思齐．空气污染与劳动力的空间流动——基于流动人口就业选址行为的研究［J］．经济研究，2019，54（11）：102－117．

［69］汤二子，刘凤朝，张娜．生产技术进步、企业利润分配与国民经济发展［J］．中国工业经济，2013（6）：18－30．

［70］唐红祥．广西参与"一带一路"建设的战略思考［J］．广西社会科学，2016（1）：17－22．

［71］唐隽捷，顾剑华，陈铭杰，陆浩翔．民族地区人口城市化质量综合评价及系统耦合分析［J］．系统科学学报，2019，27（3）：102－107．

［72］田光进，庄大方．90年代中国城镇用地动态变化的遥感监测［J］．资源科学，2003（3）：77－82．

［73］田秋生．新时代广东经济发展：挑战、机遇与战略［J］．广东社会科学，2019（1）：16－25．

［74］汪瑾，吴晨漪．"一带一路"对广西开放型经济发展的影响研究［J］．调研世界，2019（11）：48－53．

[75] 汪行东，孙良柱，鲁志国. 城市紧凑度与全要素生产率研究——基于面板数据 GMM 方法 [J]. 云南财经大学学报，2017，33（5）：128－136.

[76] 王海军，夏畅，张安琪，刘耀林，贺三维. 基于空间句法的扩张强度指数及其在城镇扩展分析中的应用 [J]. 地理学报，2016，71（8）：1302－1314.

[77] 王金营，李天然. OECD 国家人口变动对经济发展方式转变的影响 [J]. 中国人口科学，2018（6）：2－126.

[78] 王猛，李勇刚，王有鑫. 土地财政、房价波动与城乡消费差距——基于面板数据联立方程的研究 [J]. 产业经济研究，2013（5）：84－92.

[79] 王庆丰，党耀国. 基于 Moore 值的中国就业结构滞后时间测算 [J]. 管理评论，2010，22（7）：3－7.

[80] 王玉明. 城市群环境共同体：概念、特征及形成逻辑 [J]. 北京行政学院学报，2015（5）：19－27.

[81] 王震. 乡城流动工人医疗保险覆盖率及其影响因素的经验分析——基于大连、上海、武汉、深圳、重庆五城市调查数据 [J]. 中国人口科学，2007（5）：60－96.

[82] 王志民. "一带一路"背景下的西南对外开放路径思考 [J]. 人文杂志，2015（5）：26－32.

[83] 韦政伟，王俊俊，陈嘉浩. 中国城市群人口－经济时空格局演变非均衡差异研究 [J]. 统计与决策，2020，36（18）：81－84.

[84] 邬丽萍. 产业专业化、多样化对城市群经济增长的影响 [J]. 财经理论与实践，2012，33（5）：96－100.

[85] 邬丽萍. 城市群空间演进与产业联动——以广西北部湾城市群为例 [J]. 经济问题探索，2013（3）：82－88.

[86] 吴海瑾. 论现代服务业集聚区与中国城市转型发展 [J]. 山东社会科学，2011（10）：149－152.

[87] 吴旭东，王秀文. 地方政府财政自给能力的实证分析 [J]. 财经问题研究，2013（12）：69－74.

[88] 徐涛，魏淑艳，王颖. 同城化概念及其界定问题探讨 [J]. 社会科学家，2014（11）：56－60.

[89] 许金菁. 基于区位商指数模型的服务业集聚度测算 [J]. 统计与决策，2016（11）：63－65.

[90] 许露元，李红. 城市空间经济联系变化的网络特征及机理——以珠三角及北部湾地区为例 [J]. 城市问题，2015（5）：20－26.

[91] 许露元，邬丽萍. 北部湾城市群各城市的经济联系与地缘经济关系 [J]. 城市问题，2016（10）：59－96.

[92] 许统生，涂远芬. 贸易开放度的就业贡献率比较——基于 1995－2006 年省际面板数据的实证分析 [J]. 当代财经，2009（5）：87－92.

[93] 晏月平，王楠. 改革开放四十年中国人口发展与人口效率研究 [J]. 山东大学学报（哲学社会科学版），2019（5）：102－114.

[94] 杨龙，米鹏举. 城市群何以成为国家治理单元 [J]. 行政论坛，2020，27（1）：120－129.

[95] 杨森平，唐芬芬，吴栩. 我国城乡收入差距与城镇化率的倒 U 关系研究 [J]. 管理评论，2015，27（11）：3－10.

[96] 杨莎莎，晁操. 十大城市群人口－经济空间集聚均衡特征的比较 [J]. 统计与决策，2017（7）：116－120.

[97] 杨艳昭，封志明，赵延德，游珍. 中国城市土地扩张与人口增长协调性研究 [J]. 地理研究，2013，32（9）：1668－1678.

[98] 姚常成，宋冬林. 借用规模、网络外部性与城市群集聚经济 [J]. 产业经济研究，2019（2）：76－87.

[99] 易行健，杨碧云. 世界各国（地区）居民消费率决定因素的经验检验 [J]. 世界经济，2015，38（1）：3－24.

[100] 余雷. 皖江城市带产业区位商动态变化与承接产业转移研究 [J]. 统计与决策，2016（20）：

121 - 124.

[101] 原毅军，孔繁彬. 中国地方财政环保支出、企业环保投资与工业技术升级 [J]. 中国软科学，2015 (5)：139 - 148.

[102] 原长弘，孙会娟，李雪梅. 地方政府科技投入强度及本地市场技术需求对研究型大学专利产出效率影响研究 [J]. 科技进步与对策，2013，30 (10)：26 - 30.

[103] 张红振，王金南，牛坤玉，董璟琦，曹东，张天柱，骆永明. 环境损害评估：构建中国制度框架 [J]. 环境科学，2014，35 (10)：4015 - 4030.

[104] 张惠丽，王成军. 城市文化产业发展水平综合评价实证分析 [J]. 科技管理研究，2013，33 (19)：221 - 224.

[105] 张慧，王洋. 中国耕地压力的空间分异及社会经济因素影响——基于 342 个地级行政区的面板数据 [J]. 地理研究，2017，36 (4)：731 - 742.

[106] 张磊. 中新互联互通南向通道驱动因素分析与对策 [J]. 学术论坛，2018，41 (5)：156 - 161.

[107] 张利华，陈钢，徐晓新，刘会武. 城市人口承载力的理论与实证研究——以北京市海淀区为例 [J]. 管理评论，2008 (5)：28 - 64.

[108] 张满银. 基于灰色关联评价的省级区域规划实施成效评估 [J]. 统计与决策，2019，35 (22)：41 - 45.

[109] 张衔春，赵勇健，单卓然，陈轶，洪世键. 比较视野下的大都市区治理：概念辨析、理论演进与研究进展 [J]. 经济地理，2015，35 (7)：6 - 13.

[110] 张协奎，安晓明. 北海市城市可持续发展能力分析 [J]. 中国人口·资源与环境，2011，21 (6)：37 - 43.

[111] 张协奎，黄跃. 广西区域经济发展差异时空变化分析 [J]. 城市问题，2014 (9)：65 - 70.

[112] 张燕，徐建华，吴玉鸣. 地理空间效应视角下的后发经济区趋同研究——以北部湾经济区为例 [J]. 经济地理，2011，31 (12)：1981 - 1987.

[113] 张勇民，梁世夫，郭超然. 民族地区农业现代化与新型城镇化协调发展研究 [J]. 农业经济问题，2014，35 (10)：87 - 112.

[114] 赵楠，申俊利，贾丽静. 北京市基础设施承载力指数与承载状态实证研究 [J]. 城市发展研究，2009，16 (4)：68 - 75.

[115] 振宇，宁哲，张杰. 新型城镇化新型度评价研究——基于城市群的视角 [J]. 经济问题，2017 (7)：92 - 98.

[116] 郑秉文. 中国失业保险基金增长原因分析及其政策选择——从中外比较的角度兼论投资体制改革 [J]. 经济社会体制比较，2010 (6)：1 - 20.

[117] 郑继承. 区域经济一体化背景下我国城市群发展的战略选择——基于我国"十二五"规划区域协调发展的理论探讨 [J]. 经济问题探索，2013 (3)：73 - 81.

[118] 中国宏观经济研究院国土开发与地区经济研究所课题组，高国力，刘保奎，李爱民. 我国城镇化空间形态的演变特征与趋势研判 [J]. 改革，2020 (9)：128 - 138.

[119] 中国社会科学院工业经济研究所课题组，李平. "十二五"时期工业结构调整和优化升级研究 [J]. 中国工业经济，2010 (1)：5 - 23.

[120] 周春山，罗彦，陈素素. 近 20 年来广州市人口增长与分布的时空演化分析 [J]. 地理科学，2004 (6)：641 - 647.

[121] 周明，张鑫武. 我国社会保障水平测度与综合评价 [J]. 上海行政学院学报，2014，15 (4)：94 - 104.

[122] 卓云霞，刘涛. 城市和区域多中心研究进展 [J]. 地理科学进展，2020，39 (8)：1385 - 1396.

后　记

　　经过我们研究团队一年多时间的通力合作最终完成了，呈现给读者的这本著作是课题组多年来对北部湾城市群高质量协同发展研究的全面整合和更进一步地深入探讨。既从理论上探讨了城市群高质量协同发展的内涵与机制，也对北部湾城市群高质量协同发展的现状进行了全面评估。其中既包括课题组的独特思考和创新，也传承了前人在北部湾城市群各方面研究所奠定的基础。由于北部湾城市群规划从真正实施至今已有五年多，而规划实施之后经济带各城市发展得如何？规划实施效果是否明显？城市各方面发展成效还有很多内容值得挖掘，研究永无止境，课题组也将持续关注北部湾城市群高质量协同发展研究水平，追踪北部湾城市群发展规划实施成效。

　　回首本书的创作过程，内心五味杂陈，同时心中充满了感谢。本书是我的研究生团队共同努力的研究成果，从选题到确定写作提纲，从实地调研到论文撰写，从数据处理到理论分析，既有艰辛和不易，也有快乐和成就。

　　在本书即将付梓之际，我的政治经济学专业博士生导师、著名经济学家、中国社会科学院学部委员、中国社会科学院大学首席教授程恩富教授、我的理论经济学专业博士后合作导师、著名经济学家、长江学者、山东大学经济研究院院长黄少安教授和我的技术经济及管理专业博士生导师、著名经济学家、哈尔滨工业大学经济与管理学院原院长于渤教授等三位老师欣然为本书作序。在此，谨向指导我学习和成长的程恩富老师、黄少安老师和于渤老师表示我最衷心的感谢。

　　我还要对广西民族大学卞成林书记表示最衷心的感谢，不是卞成林书记给我创造的良好的科研环境和条件，本书难以付梓；感谢广西民族大学陈铭彬副书记、社科处刘金林处长、民族学与社会学学院郝国强院长、研究生院的胡良人书记、黄焕汉副院长及研究生院的其他各位同志，是他们在工作上点点滴滴的支持和帮助，使我在繁忙的工作中能够静下心来深入思考，最终完成本书的撰写，对他们的付出，我心怀感激；感谢经济科学出版社李晓杰编辑对本书出版所付出的辛勤劳动，感谢在本书的校对和出版过程中所有付出心血的朋友们。感谢每一位帮助过我们的人。

　　由于我们的学识有限，书中难免存在疏漏，我们真诚地希望读者能够提出批评指正，以使我们能够完善自身研究的缺陷与不足，在学术道路上能有进一步提升。

2023 年 12 月